上海对外经贸大学
法律硕士实务丛书

民办教育机构IPO案例全景解析

利益的追逐与价值的维护

何周　唐威　谢宝朝　著

法律出版社 | LAW PRESS

写在前面

——教育行业不可被资本牵着走①

大家这么晚了还在这听我胡说八道,其实很不好意思。其实没什么好讲的,因为都是老话,就是新东方带了一个坏头,也带了一个好头。带好头是因为在新东方以前的其他机构很少把教育或者是培训教育跟上市公司结合起来,结合起来之后大家马上发现把教育和资本结合起来能为教育领域带来很多财富的涌入或者是资本的涌入,使我们的培训教育尤其是做得比较好的教育有了后续资金迅速做大做强。

但它也是一个坏事,因为我们再也没有心平气和真正做教育的心态,而是被资本牵着走,新东方进入这个行当后变成了美国上市公司,如何把上市公司和教育这两个内涵不太一样的行业比较完美地结合起来?你如果找不到结合点就是死路一条,你光是被资本牵着走,肯定也是死路一条。

资本的特点是逐利性,教育的特点是非逐利性,教育追逐的是价值体系,追求的是内在成就感,教育有一个特点就是以教育为骄傲。这两种东西可以统一,也会产生矛盾。比如,资本逐利性是越快越好,追求短期,任何资本不可能陪你一辈子。

我刚才讲到的资本逐利性和它的短期行为常常在无意中把你逼上死路。现在可以看到有几个上市的教育机构和没有上市的教育机构,已经被逼上了死路。当然资本家也说,我不逼,他也死,他的经营方针和策略不对照样死路一条。资本家们还说:俞敏洪我们进来五年,你怎么没死?不是资本家让你死,是你自己该死了才会死。

我想,如果没有资本家催促一个教育机构不断成长、不断并购、不断开设教学点的话,自己能定心做,不一定能死。正是因为被追逐得太厉害,不断地增加

① 本文节选自俞敏洪2011年7月在“新领军论坛教育行业峰会”上的讲话实录。

教学点,增加各种各样设施,人才又短缺,自然就会产生很多的痛苦,再加上匆忙中决策的错误,完全有可能导致自己的灭亡。

关于这点,5 年当中我做得比较从容,资本家不会烦我,新东方的股票持续稳定增长,所以跟资本家博弈中我算是有了一点点胜算,我没有被资本掌握命运,而是资本被我掌握了命运,你们爱买不买。从某种意义上来说我控制了新东方的发展节奏,从上市到现在平均增长值是每年 35%,坦率来说是被我控制的数字。等我发现新东方的增长超过 30% 的时候,我会逐渐停下来,速度慢一点,先把内部工作做好,团队搭建好,看看教学目标订得怎样,教研做成了没有,布点合适了没有。

教育是我一辈子的事情,新东方是我一辈子的事情,我有机会去倒卖房地产、倒卖钢材,但是我都没去做,我觉得人一辈子只能做成一件事情,不要想那么多。

新东方有一个定位,先把企业目标定位好了再往前发展,并不是有钱什么都干,教育领域不能多元化。新东方曾经做过公务员培训,司法考试也在做,幼儿园也在做,做了很多,后来发现这不是新东方的强项。当然,有的人说都是为了培训人,让人成长。但是你专注于做你能做的事情十分重要。

当我们回头思考新东方的时候,我认为,我们不要为了资本什么项目都做。这其中有两个原因,首先就算你把项目做成了,他符不符合你作为一个教育集团整个一贯的价值体系?对教育集团来说,重要的就是你的价值体系是否一致,什么东西赚钱你就去做这是没有价值体系,新东方不一定做得成。我们现在做的幼儿园、亲子中心、公务员培训都不是新东方的核心产业,但是也是符合新东方整个大的价值体系的。其次,还要考虑这是不是你的专长,是不是你能做的?即使价值体系一致,还有一个专长的问题,不是你的专长,你做它干什么。最后的结果就是失败,赚不到钱,还把自己的品牌搞乱了。

在我看来,企业光增长不算成功。新东方在未来三五年里每年实现 30% 以上增长不成问题。但这不是新东方牛,而是整个中国的教育市场被炒起来了,被很多人的创业热情和资本的进入炒起来了。培训机构增加了几十万家,但并不是所有人都认为自己是想搞教育,有不少人都是抱着我进来只要成功就能变成富翁的想法。这样的想法去做教育,做成了也是昙花一现。我特别希望教育机构的人不要用昙花一现的心态去做教育,总想着我要变成上市公司,赚一笔钱,变成有钱人。把教育当成一种创业机会是可以,但是你要愿意为这个领域献出自己一辈子的时间和生命,并且要把对学生的成长和培养当作自己的终极目标来做。如果能做到这一点,就极有可能是双丰收,事业成长了,可以干长久了,资本市场追捧你了,就可以像新东方一样上市了。反之,如果光捞一笔钱的话,你也可能成功,但终将成为回忆,背后有多少学生因为你的短期行为受害,你因为钱不会在乎这些,但良心上总有过不去的时候。

其实做教育不是那么容易的事情,我不反对大家利用资本力量去实现自己的理想。如果能帮助你的理想插上翅膀再好不过,但是如果资本力量是束缚你理想的枷锁,枷锁摧毁教育理想的时候,你使用资本时就要尽可能地小心一点。

人做事情就要做一辈子,通过一辈子的时间把自己铸就成一个有价值的人。同理,对一个机构来说也要把这个机构做成一辈子的事业,而不是做成一个短暂的事业。把企业当成儿子养、当猪卖,这是一个严重错误的决策思想。但很多机构都是把这个企业当猪卖,卖掉之后猪是死是活跟我没关系,这是资本家、投资者的游戏,很正常,也很有道德。因为资本家就是干这个活的。就好像小时候我妈养猪养得再肥、再可爱,长大就得卖,换钱回来养家糊口。但是我们作为教育机构的领头人,作为实业家、教育家,最好把自己的机构当作儿子养,并且一直养下去,他始终是你的儿子,抱着爱心做这个机构,这个事情就好办得多。

对于资本运作,我完全不反对。我们不是公立中学或公立大学,有国家的大量支持。我们所做的一切如果不盈利,就面临倒闭,就会被人整合,我随时做新东方倒闭的准备。我们是做教育的,也应该用经营企业的思路来做教育。你必须学会算总账、收支平衡、成本节约、费用节约等,把利润分给你的团队、员工,还有剩下来的推动事业建设。你必须按照企业经营思路做教育,但又不能完全按照企业来经营,这样才能做好教育培训事业。

教育特殊性要求你必须把理念完全融入你的经营当中,才能两不误。既有企业良性发展,又有教育理念和理想实施,把这两头抓好了,一个教育机构才能做长做久,做到双丰收。

其实没有太多经验可以传播,我刚才讲的那些话实实在在都是我每时每刻在心里警告自己的话,千万不要太狂,不要有了钱就乱来,不要为了利润盲目挤压,最后把团队空间、发展空间挤没了。千万别说某一天把股票顶到很高之后,把它卖掉,之后新东方是死是活跟我没关系,要跟他同生死、共命运,我做新东方目标就会更长远一点,谢谢大家。

编者后记:新东方在俞敏洪先生的带领下,按照6年前演讲时就确定的策略继续前行,业绩稳步上升,在追求业绩和教育价值之间取得很好的平衡。“智者虑远”,我们有理由相信新东方一定有美好的未来。

俞敏洪

序

——民办教育发展的历史机遇

1982 年我国修改的《宪法》中提出鼓励社会力量举办教育。从那时开始与世界各国一样，教育不仅由国家举办，社会力量也开始介入。2002 年人大常委会通过《中华人民共和国民办教育促进法》规范并推动了民办教育发展，截至 2016 年，全国各级各类民办学校共 17.10 万所，在校学生达 4825.47 万人。另有民办培训机构 1.95 万所，847 万人接受培训。但也存在不少问题亟待解决：法人属性不明，产权归属不清，合理回报无法兑现，政府加大扶持力度很难操作，特别是民办学校筹资融资困难。为此，2016 年 11 月 7 日全国人大常委通过了《关于修改〈中华人民共和国民办促进法〉的决定》，本次修法的核心是对民办教育实施营利和非营利分类管理。两类民办教育都属公益性，但赋予营利性民办学校更大自主经营权，民办学校可进行市场运作，资金来源可更具多样性。

《民办教育促进法》（2016 年修正）的通过和 2017 年 1 月国务院《关于鼓励社会力量兴办教育促进民办教育健康发展的若干意见》的发布，标志着我国民办教育的发展进入了新的历史时期。教育是民族振兴、社会进步的重要基石，在从教育大国向教育强国迈进的征程中，国家离不开社会办学力量的支持。而这些年来，我国民办教育更是在促进教育公平和实现优质教育资源广泛共享、增加人民群众对教育的选择需要、提高教育质量和建设学习型社会、推动教育理念变革和培养具有国际竞争力的创新人才等各方面起到了重要的作用。民办教育是我国教育体系的重要组成部分，也是实现我国教育现代化目标不可或缺的动力与支撑。

新修正《民办教育促进法》确定了民办学校分类管理的原则，明确了举办者可选择设立“营利性”学校，允许“营利性”民办学校的举办者取得办学收益，并依法进行公司化运营。这无疑为民办教育机构的国内资本之路打开了“一扇窗”，使教育机构境内外投融资的渠道和机会大大增加。但与此同时，民办教育机构还须坚守教育公益性的底线，遵循教育规律，遵守教育法规，从而建立健全教育机构的内部管理机制和财务管理制度。

国内针对企业上市融资的论著不少，但专门针对教育机构上市及资本运作进行系统性研究的著作还很少见。众多想要、将要或正在进行 IPO 上市或挂牌的民办教育机构还没有一本系统指导其上市及资本运作的专业性“操作指南”。因此，《利益的追逐与价值的维护——民办教育机构 IPO 案例全景解析》一书的诞生可谓恰逢其时。

首先，对于教育机构举办者和运营者而言，本书能够帮助其增长专业知识、加深行业了解，并指导其进行实践操作、解决专业性问题。例如，一方面，教育机构的管理者可以通过本书全面系统地了解与学习民办教育资本运作涉及的诸多专业概念与理论，涵盖法律、金融、财税、外汇等多个领域。这将帮助管理者整合已有的经验和知识，系统地分析和解决实际问题，规避其在资本运作过程中可能产生的诸多法律政策风险。管理者还可通过本书中的大量境内外实操案例进一步学习和掌握资本运作的具体操作流程及不同案例的经验总结。另一方面，作为一本系统指导教育机构上市的专业性书籍，本书将对教育机构及其资本运作产生重要的影响。众所周知，上市有利于建立现代企业制度，规范法人治理结构，降低经营风险。一旦成功上市，对于教育机构而言无异于脱胎换骨，它将极大地提升企业的知名度和影响力，且企业通过并购重组等资本运作手段能更快地成为行业领导者。而随着教育机构上市及资本运作的日益频繁，教育行业的市场流动性与资金的利用率也必将提高，这将加速企业之间的优胜劣汰与行业整合，促进我国教育事业的进一步发展。

但同时，民办教育机构的举办者和管理者亦应保持理性，将“上市”视为其发展过程中的重要里程碑，而不是其终极目标。书中的多个真实案例亦告诉我们，教育机构只有在其资本之路上坚守“教育初心”，实现营利性与公益性的平衡，才能真正地做大做强，进而提供更好的教育造福世人。而这也正是新修正《民办教育促进法》认可民办教育“营利性”的核心价值所在。

其次，对于社会投资者而言，本书亦具有重要的价值和意义。随着政策的逐步放开，尤其是新修正《民办教育促进法》对民办教育“营利性”的认可，民办教育产业目前已经成为热门的投资领域。众多 A 股上市企业及其他投资者纷纷布局教育行业，希望了解与其相关的各种最新的法律政策规定、行业发展趋势及教育机构的资本运作状况。而本书既能帮助其快速了解民办教育行业及其各细分领域的发展现状和最新趋势，又能帮助其认识众多知名教育机构境内外上市、并购重组及新三板挂牌过程中的经验总结与利弊得失。尤其是，本书汇聚了 38 家国内知名教育机构境内外上市（挂牌）的真实案例，包括基础教育（枫叶教育、海亮教育）与高等教育

（民生教育、新高教）的全日制民办学校，涉及幼教的新三板挂牌公司（亿童文教、嘉达早教），以及众多教育培训类企业如新东方、学而思、学大教育、正保远程、51Talk无忧英语等。这些真实的案例和翔实的数据有力地反映了行业发展的最新趋势与特点，如民办教育行业各细分领域发展的不均衡问题、互联网及国际化趋势等。由此可知，本书对于准备或正在布局教育领域的投资者亦具有重要的参考价值。

最后，从国家教育改革与发展的角度来分析，我国民办教育自20世纪末兴起以来，在其发展历程中就一直交织着“营利性”与“非营利性”的争论，如何实现营利性与公益性的平衡关系到新时期国家教育改革计划的顺利进行和长远发展。在本书看来，民办教育的“上市”路径将逐步打开，未来教育机构可通过上市融资获得更多的资金发展其教育事业。这必将有利于丰富国内教育资源的供给，满足人民群众日益多样化的教育需求，进而为我国教育事业的改革发展做出积极贡献。

对于民办教育而言要处理的关系包括：举办者、政府、社会、教师和学生等多层级多角度的关系，涉及面广，涉及人多，而教育机构的资本运作无疑是民办教育发展中的一个重要环节。

民办教育机构上市的过程，也是一个自我蜕变，化茧成蝶的过程，无论从内部治理、内控制度完善，还是财务制度规范、经营税收合规、业务稳步增长的角度，均对教育和社会大有裨益。对于政府而言，能够上市的民办教育机构，由于其已置于专业机构和社会大众的监督之下，管理成本反而更低，社会效用更大。打开民办教育机构的资本之路，我们相信政府是乐见其成的！

随着新修正《民办教育促进法》的实施，我国民办教育的发展亦将面临新的历史机遇。未来，在新的法律、政策环境下，国内教育机构的上市、融资活动将日益增多。目前，《利益的追逐与价值的维护——民办教育机构IPO案例全景解析》一书作为国内少见的系统指导教育机构资本运作的专业性书籍，不仅准确把握住了我国教育行业的发展脉搏，未来也必将对我国民办教育的发展产生重要的推动作用。

因此，本书可供教育机构举办者、社会投资者、政府、研究教育的专家学者和法律从业人员参阅。而就本书内容而言，其时效性、独创性、系统性、综合性和专业性尤为值得信赖。

黄清云*

2017年8月8日

* 黄清云教授：上海建桥学院创校校长，上海民办教育协会专家委员会副主任。

自　序

——他山之石，可以攻玉

教师是我的第一份职业，因而对教育，我有天然的执念。后来的律师执业使我“贩法为生”且不断接触境内外资本市场，因此对于教育领域的法律问题，特别是教育领域的资本运作问题，我就自然一直比较关注，也做了一些研究工作。

2016年11月7日，第十二届全国人大常委会第二十四次会议审议并通过最新修正的《民办教育促进法》，该法首次明确对民办学校实行“分类管理”，除义务教育阶段的民办学校外，举办者可以设立营利性民办学校。国家首次在法律层面为民办教育机构的上市之路扫清了障碍。在新的法律和政策背景下，我结合在境内外资本市场多年的法律实务经验，认为有必要撰写一本将资本运作的法律法规规则和教育机构资本运作案例相结合的著作，从而为广大民办教育举办者、关心教育市场的投资人士以及从事或者有志于从事教育法律服务的专业人士答疑解惑，提供专业性的操作指导。《利益的追逐与价值的维护——民办教育机构IPO案例全景解析》这本书由此诞生。

2017年6月，我们出版了一本解读学校各类法律问题的案例汇编《学校法律问题案例全解》，该书作为以学校和教育机构为轴心的案例汇编和评析，内容几乎覆盖了学校教育法律领域的方方面面，因此该书涉及法律问题更多、面更广，具有较大的普法价值。而本书，则聚焦教育领域最新的法规政策动态和行业发展讯息，剖析众多知名民办教育机构的上市案例，从法律、行业、上市规则、外汇、外商投资和资本运作等多个角度进行了全面地解读和分析，将会对所有向往教育资本之路的国内民办教育机构具有重要的专业参考价值和借鉴意义。

具体而言，作为一本系统解读国内教育机构境内外资本运作规则及案例的综合性读物，本书有以下三个主要特点：

1. 内容专业系统，视野宽阔

为了能够全面地呈现国内教育机构资本运作的全景图，本书系统地梳理了我国民办教育机构境内外上市(资本运作)涉及的多个专业领域的主要问题。例如,本书的第三章先从宏观上,对境内外上市的普遍问题(主体资格、上市标准、会计制度、股权激励等)进行总结梳理;又从微观上,就教育机构境内外上市过程中遇到的特殊问题(返程投资、VIE 构架等)进行了深入研究。

同时,本书从经济层面、法规政策层面以及行业层面等多元化视角帮助读者拓宽认识视野,学习民办教育资本运作的过程和风险,并通过对境内外主要资本市场上市(挂牌)规则与流程的归纳梳理使其知识体系更为完备。

2. 案例丰富翔实,重点突出

本书的第五章节重点介绍了境外(美股、港股)上市的 21 家教育机构和境内(A 股、新三板)资本运作的 17 个典型的案例。案例主要涵盖公司概况(背景介绍)、重组历程(收购过程)、上市(挂牌)构架、主要风险或问题分析(如有)及案例评析这几个部分的内容,相关资料主要来源于公司的招股说明书(公开转让说明书)、公告等公开披露的信息以及权威机构发布的相关数据信息,力图客观准确地呈现这些教育机构的上市(资本运作)全貌。

本书选取的教育机构,既有功成名就的教育巨头,如新东方、好未来,亦有新兴的创业公司,如 51Talk 无忧英语、达内科技;还有各个细分领域的佼佼者,如正保远程、枫叶教育、全通教育。这些案例汇聚了这些教育开拓者们在创业之路上的各种跌宕起伏和惊心动魄,也凝聚了他们宝贵的上市经验和深刻的反思总结。因此,在资本之路上,他们为后来者们提供了更多的经验和启发。

3. 实操与理论相结合,逻辑层次清晰

本书以“民办教育 + 资本运作”为核心,从理论分析与案例解读这两个层面展开。两者相辅相成,呈现一般与特殊、共性与个性的逻辑关系。如本书第三章中提出的 VIE 构架问题,则是国内教育机构境外上市过程中几乎都要面临的法律问题,在本书境外上市的 21 个企业中均有体现。再如本书第二章介绍的境内外主要资本市场,则是书中教育机构境内外上市(资本运作)的主要场所。

综合以上三个方面的特点可见,本书不同于传统的案例汇编书籍,也不是单纯的法学理论专著,而是将案例分析与原理阐释及法规政策解读紧密地结合在一起。案例分析深刻地体现了原理与法规的理解与运用,原理阐释与法规政策解读有助于读者进一步理解案例中的具体问题和实务操作。由此,这将进一步鼓励广大读者朋友们未来在实操层面运用原理分析和解释问题,并创造性地解决问题或做更加深入的研究。

从最初的构思到本书的出版,一路走来,感谢团队成员李晓、王婷、徐进和郑凯颖付出的辛勤劳动，持续关注行业发展动态并做了大量境外英文资料的收集和翻译、专业资料的搜集和筛选工作；没有你们对工作的认真与热情，没有你们对我的强大支持，本书的出版将无从谈起；感谢姚娟对书稿文字的前期校对；感谢法律出版社邢艳萍编辑对本书付出的心血和汗水；感谢唐威先生对本书的系统梳理及立意建议，没有你们就没有本书的付梓。

如今，我们将这本书交到读者手中，如果能给您带来任何的帮助或启迪，我们将荣幸之至！

若您发现本书有任何错漏之处，或对本书有任何建议，可以发送邮件至：lawedureview@163.com。

何周

2017年8月8日

目录 / CATALOGUE

第一章 新《民办教育促进法》时期：民办教育资本运作的新机遇与挑战

【本章导读】2016年11月7日，新《民办教育促进法》①出台，这将成为我国民办教育发展过程中的一个重要的分水岭。本章以新《民办教育促进法》为切入点分析了新法之前我国教育机构对接国内资本市场的主要法律障碍及突围之法，以及新法之后，其对我国教育机构资本运作产生的具体影响。有人说，新《民办教育促进法》是我国民办教育的春天，也有人认为这将是灾难，但其实机遇与挑战并存。只有将教育做好，才能走得更高更远。

第一节 新《民办教育促进法》之前：国内教育机构资本运作存在障碍

近几年，国民收入的提高与观念的转变、经济的增长以及政策的逐步放开，带动了我国民办教育市场的迅猛发展。随之出现了关于技能、应试和语言相关的培训机构，以及关于学历教育方面的知识技能培训。新时代人们对于教育越来越重视，很多职业教育以及国际教育机构都大量的涌现出来，出现了众多优秀的民办教育机构，如新东方、学而思、学大教育、巨人教育、枫叶教育、环球雅思等。

不过因为教育这个行业比较特别，再加上中国民办教育机构本身的自然属性，以及非营利的特殊性质，让很多教育机构在对接国内资本市场时经历了巨大困难。在允许兴办营利性民办学校的新《民办教育促进法》正式实施以前，国内民办教育机构很难跨过法律的门槛，实现境内上市。由于被阻断了通向国内资

① 新《民办教育促进法》是指根据2016年11月7日十二届人大常委会第二十四次会议通过的《全国人民代表大会常务委员会关于修改〈中华人民共和国民办教育促进法〉的决定》修正后的文本，该修改决定2017年9月1日起施行。

本市场的道路,众多国内教育机构选择了境外上市的路径,如赴美上市的新东方、好未来、环球雅思等,赴港上市的枫叶教育、宇华教育等。

一方面,我国庞大的教育市场存在旺盛的融资需求;另一方面,只有极少数教育机构能够"走出去",实现"曲线救国"。由此,笔者不禁要问,究竟是什么阻碍了我国民办教育机构进入国内的资本市场呢?

一、主要障碍

(一)上市主体问题:民办教育机构非企业法人属性

首先,从民营教育机构的法律属性上来看,其就不符合上市主体的资格。国内具有上市资格的主体应当为经工商行政部门批准并登记的营利性法人。根据相关法规条例,如《民办教育促进法》和《教育类民办非企业单位登记办法(试行)》的规定,民办教育事业归属为公益性事业,而且中国民营的教育机构基本上都是在民政部门办理的注册和登记,属于非企业法人。因此,现在的民办教育机构大部分都不符合上市企业的标准。

(二)法律对民办教育的营利性限制

我国《教育法》在2015年12月27日被修订以前,第25条第3款一直明确规定:"任何组织和个人不得以营利为目的举办学校及其他教育机构。"同时,我国的《民办教育促进法》亦规定,"民办教育事业属于公益性事业",这些都从法律上排除了民办教育机构的营利性基础。

但我国《民办教育促进法》在制定时,虽然存在巨大的争议,立法者依然增加了"合理回报"这个规定,2016年修订之前,《民办教育促进法》第51条规定:"民办学校在扣除办学成本、预留发展基金以及按照国家有关规定提取其他的必需的费用后,出资人可以从办学结余中取得合理回报"。这就间接承认了民办学校的营利性,然而,该项规定在执行过程中却陷入了尴尬的境地,即"合理回报"的程度有多大,以及具体实现的方式都不清晰。而且教育机构申请办学许可证的时候,要求"合理回报"的请求一般很难获得批准,即便获得批准,有关合理回报的具体分配也会受到更多的监管。

同样,2016年修订之前的《民办教育促进法》还规定了,民办教育属于公益性事业,在工商行政管理部门登记注册的经营性民办培训机构的管理办法,由国务院另行规定。但时至今日,这一"另行规定"仍未出台。

(三)监管主体不明确

《民办教育促进法》(2013年修正)第11条规定:"举办实施学历教育、学前教育、自学考试助学及其他文化教育的民办学校,由县级以上人民政府教育行政部门按照国家规定的权限审批；举办实施以职业技能为主的职业资格培训、职业技能培训的民办学校，由县级以上人民政府劳动和社会保障行政部门按照国家规定的权限审批，并抄送同级教育行政部门备案。”

在实操层面，民办教育机构其实处在多家政府行政部门的监管之下，如教育行政部门、工商行政管理部门，甚至有时还要到商务委员会、民政、劳动保障与人力资源等部门办理相关的手续。因此，民办教育的行政监管主体并不十分明确。而又由于上市主体往往都需要明确的监管机构，所以，民办教育行业这种模糊不清的监管现状必将对民办教育机构的上市产生不小的阻碍。

（四）税收问题

《民办教育促进法》（2013 年修正）第 46 条规定：“民办学校享受国家规定的税收优惠政策。”

《民办教育促进法实施条例》第 38 条规定：“捐资举办的民办学校和出资人不要求取得合理回报的民办学校，依法享受与公办学校同等的税收及其他优惠政策。出资人要求取得合理回报的民办学校享受的税收优惠政策，由国务院财政部门、税务主管部门会同国务院有关行政部门制定。”

由此可知，民办学校不要求合理回报的，可以与公办学校享受同等的待遇。但是，要求合理回报的，法律规定由国务院财政部门和税务主管部门另行制定相关规定，但是到目前为止并没有相应的法规条例出台。而且在实践中，不少要求合理回报的民办学校往往享受着当地政府的各种税收减免优惠政策。而一旦这些学校筹备上市，那与法律规定相矛盾的操作也必将被审核机关质疑。

（五）会计制度的问题

在实际操作中，多数民办教育机构依照《企业会计准则》进行其财务操作，但是《企业会计准则》中明确规定了其适用范围为“在中华人民共和国境内设立的企业”。据此，具有“民办非企业法人”属性的民办教育机构显然不能适用。

而且，依法应该由民办教育机构适用的《民间非营利组织会计制度》又要求民间非营利组织“不以营利为宗旨和目的”，且“资源提供者向该组织投入资源不取得经济回报”以及“资源提供者不享有该组织的所有权”，这些规定显然与国内上市主体的要求不符。同时，上述内容亦反映出国内民办教育存在会计制度不统一的问题，这也必然会对民办教育机构的成功上市造成阻碍。

（六）募集资金的问题

《民办教育促进法实施条例》明确规定民办学校不得向社会公开募集资金，这样也造成了它进入资本市场的障碍。

《民办教育促进法实施条例》第8条第2款规定:“民办学校的举办者不得向学生、学生家长筹集资金举办民办学校,不得向社会公开募集资金举办民办学校。”该规定显然阻断了民办学校通过公开募集资金进行融资的渠道,这也无形中增加了民办学校IPO上市的难度。

二、教育机构的资本突围之路

鉴于国内的政策环境,我国民办教育机构的非营利性定位和民办非企业法人的属性阻碍了教育机构进入国内的资本市场。因此,中国教育机构纷纷选择海外上市、借壳等方式进行“曲线救国”,直接或间接地登陆境内外资本市场。

(一)境外上市

自2006年新东方赴美上市后,十多年来,先后有20多家国内教育机构在境外上市,如好未来、环球雅思、学大教育、51Talk无忧英语等。其主要上市地点集中在美国纽交所、纳斯达克和香港联交所。这些教育机构几乎都采用了VIE结构(协议控制)作为其上市的基本构架。具体而言,其境外上市实体与境内运营实体相分离,境外上市实体通过协议的方式控制境内运营实体,使该运营实体成为上市实体的可变利益实体。这种安排可以通过控制协议将境内运营实际业务的民办教育机构取得的学校收益以服务费的方式转移至境外上市实体,使境外上市实体的股东(境外投资人)实际享有境内运营实体经营所产生的利益。[①] 但是,赴美上市的企业可能要面临做空和SEC调查、股东集体诉讼以及企业价值被低估等外部压力。

(二)上市公司收购、重组

虽然由于政策法规的限制,民办教育机构不能在国内直接通过IPO上市融资,但仍然有一些教育机构通过收并购或借壳上市的方式间接登陆A股,以进入国内资本市场。例如,2015年7月,学大教育宣布私有化方案,与银润投资达成约3.5亿美元的交易协议;2016年勤上光电发布公告拟以14.17元/股发行1.06亿股,并支付现金5亿元,共计作价20亿元,收购广州龙文教育科技有限公司100%股权;四通股份2016年6月30日晚间发布公告拟斥资45亿元,通过发行股份的方式,购买启行教育100%股权;等等。上市公司收购民办教育机构,多采取现金收购且不构成重大资产重组的方式以规避证监会和交易所的审核。[②] 而

---

① 参见https://wenku.baidu.com/view/e1514c8b866fb84ae45c8dc4.html,2017年2月3日访问。

② 恒都律师事务所:《民办教育机构上市之路回顾》,载https://523420.kuaizhan.com/63/74/p384624564f9e8a,2016年11月18日访问。

且,证监会于2014年10月24日发布了修订后的《上市公司重大资产重组管理办法》取消了对不构成借壳上市的上市公司重大资产重组的审批,[①]对于无法直接通过IPO上市的教育机构来说也是一利好消息。

(三)新三板挂牌

同A股上市相比,对于国内许多教育机构来说,新三板门槛更低、手续更简便,无疑是其实现融资目的一个不错的选择。其中,挂牌的企业也主要集中在教育器材、平台建设等从事教育辅助类工作的领域,如主营幼儿教育产品的研发和推广的亿童文教,涉及培训服务、互联网信息服务、出版发行、咨询服务等众多细分领域的华图教育以及从事职业培训服务的朗顿教育等。

(四)资产证券化

对于民办教育机构而言,除了挂牌新三板这一相对便捷的融资途径,教育资产证券化也受到更多人的青睐。尤其是2016年新《民办教育促进法》的修正使民办教育的营利性得到认可,将有望加快国内教育行业的资产证券化。根据"MBA智库百科"的定义,资产证券化是指将缺乏流动性但具有可预期收入的资产,通过在资本市场上发行证券的方式予以出售,以获取融资,以最大化提高资产的流动性。因此,对于想要融资的教育机构而言,亦可通过在资本市场中以发行证券的方式出售其未来能够持续产生预期收入的教育资产(如机构中学生的学费、寄宿费等收入)的方法,获得融资。

第二节　新《民办教育促进法》颁布:消除民办教育机构资本运作的障碍

2016年11月7日,十二届人大常委会第二十四次会议审议并通过了关于修改《民办教育促进法》的决定,新《民办教育促进法》于2017年9月1日起实行。

此次修法共做了18处调整。其中,删除了两条,如旧法第51条关于"合理回报"的规定;增加了一条作为第1章第9条,旨在加强党的建设;其余15条全部在内容上做了修改,如第19条确立了分类标准、第38条明确了营利性民办学校的自主定价权。

这些制度调整的重点是对民办学校实施分类管理,使民办学校的法律属性

---

① 张明远、秦昔:《教育培训行业A股上市之路》,载http://www.goingconcern.cn/article/4583,2016年11月5日访问。

更加清晰，使得民办学校资本运作的法律障碍得以消除。

一、新法修正：消除对接资本市场的法律障碍

（一）为民办教育的“营利性”提供法律依据

新法正视民办教育的营利性使民办教育机构 A 股 IPO 法律障碍终获消除，也为资本进入民办教育行业打开了一个窗口。

修正后的《民办教育促进法》第 19 条第 1 款规定：“民办学校的举办者可以自主选择设立非营利性或者营利性民办学校。但是，不得设立实施义务教育的营利性民办学校。”该条规定表明学校举办者可以自主选择民办学校的属性，允许举办实施除义务教育阶段以外的其他类型的营利性民办教育机构，如学前教育、高中、高等教育、职业教育等。同时，新《民办教育促进法》第 19 条第 4 款规定：“民办学校取得办学许可证后，进行法人登记，登记机关应当依法予以办理。”由此，法律确立了营利性和非营利性的民办学校法人地位。

值得一提的是，2017 年 3 月全国人大发布的《民法总则》于同年 10 月 1 日起生效。《民法总则》将《民法通则》中的企业法人与非企业法人更改为营利法人与非营利法人，不仅更加直观地体现法人的根本属性，亦可将新《民办教育促进法》关于民办学校“营利性”与“非营利性”法人属性的区分看作其关于法人分类规定的一种延续。尤其是《民法总则》第 76 条规定：“以取得利润并分配给股东等出资人为目的成立的法人，为营利法人。营利法人包括有限责任公司、股份有限公司和其他企业法人等。”其中，“利润分配”与“出资人”的概念与新《民办教育促进法》中关于营利性民办学校的规定相辅相成。

（二）进一步保障举办者的合法权益

对于举办者权益保障的内容，新《民办教育促进法》第 59 条第 2 款规定：“非营利性民办学校清偿上述债务后的剩余财产继续用于其他非营利性学校办学；营利性民办学校清偿上述债务后的剩余财产，依照公司法的有关规定处理。”该规定从法律的层面上进一步保障了民办学校的举办者分配处置办学利润的权利。同时，新法明确了举办者参与学校管理的权利，如新《民办教育促进法》第 20 条第 2 款规定：“民办学校的举办者根据学校章程规定的权限和程序参与学校的办学和管理。”

新《民办教育促进法》第 19 条增加了“营利性民办学校的举办者可以取得办学收益，学校的办学结余依照公司法等有关法律、行政法规的规定处理”的规定，第一次在法律上明确了营利性民办学校的法人财产地位，允许营利性民办学校从办学活动中取得收益，利润和结余可以在出资者之间进行分配，退出时清偿学

校债务后的剩余财产可以按照公司法等有关法律、行政法规来处理。

（三）进一步完善民办学校财政、税收、土地等的扶持政策

新《民办教育促进法》规定了非营利性和营利性民办学校在财政收费、税收优惠、土地等方面的扶持政策。同时，该法特别规定了非营利性民办学校与公办学校在税收、土地等方面享有同等的政策，比如第47条规定，“民办学校享受国家规定的税收优惠政策；其中，非营利性民办学校享受与公办学校同等的税收优惠政策”；第51条规定，新建、扩建非营利性民办学校，人民政府应当按照与公办学校同等原则，以划拨等方式给予用地优惠”等。这些规定着重强调民办学校应享受与公办学校的同等待遇，力图从多方面消除民办学校遭受的歧视性对待。

（四）营利性民办学校拥有更多的自主权

新《民办教育促进法》第38条规定：“民办学校收取费用的项目和标准根据办学成本、市场需求等因素确定，向社会公示，并接受有关主管部门的监督。非营利性民办学校收费的具体办法，由省、自治区、直辖市人民政府制定；营利性民办学校的收费标准，实行市场调节，由学校自主决定。民办学校收取的费用应当主要用于教育教学活动、改善办学条件和保障教职工待遇。”自此，法律确立了营利性民办学校的财政收费自主权，营利性民办学校的收费标准由学校自主决定。

二、未来面临的挑战

虽然，新《民办教育促进法》对民办学校“营利性”的规定为民办学校的资本运作扫清了法律障碍。但随着新法的落地和执行，未来民办教育面临着诸多挑战，如过渡期如何安排、现有民办学校如何转性、营利性民办教育机构进行资本运作要如何监管等问题仍有待进一步的指导意见加以明确。

（一）营利性民办学校的限制：禁止义务教育

新《民办教育促进法》在规定民办学校分类管理的同时亦规定了“不得设立实施义务教育的营利性民办学校”，对义务教育阶段的民办学校做出了限制，禁止营利性民办学校进入义务教育领域。对此，官方给出的回应是不得设立实施义务教育的营利性民办学校，是党中央明确提出的要求。义务教育作为国家强制实施的教育，体现国家意志，应当充分体现教育的公平性和公益性，在该领域限制举办营利性民办学校是必要的。

虽然，该禁止性规定对现实的民办义务教育学校影响不大，孩子上不了学或者转学的情况，基本不会发生。但是，这种“一刀切”的方式可能会使教育行业中的义务教育领域面临投资低潮。

（二）准入门槛的不确定性

为保障新法的落地实施，各地方陆续出台的细则应就完善两类学校的管理制度体系、落实财政、税收、土地等奖励扶持政策、细化审批登记手续、厘清资产产权、规避资本风投影响等方面做出进一步的规定。但是对于营利性民办学校，不少学者都认为地方政策对于其准入条件要求会设置得比较严格。

虽然根据新《民办教育促进法》的规定，营利性民办学校的举办者可以取得办学收益，学校的办学结余依照《公司法》等有关法律、行政法规的规定处理，且其收费标准由学校自主决定，市场调节。但是，新法实施后，选择登记为营利性的民办学校依法应当缴纳相关税费，且原政府支持的各项扶持政策可能不再享有。这无疑增加了其办学的税务成本和政策成本。

而且，新《民办教育促进法》删除了旧法第66条，即“在工商行政管理部门登记注册的经营性的民办培训机构的管理办法，由国务院另行规定”。这意味着新《民办教育促进法》实施后，国家对教培机构的监管力度将加强。未来，教培机构将受到教育行政部门和工商行政管理部门的双重监管。即使是营利性的教育培训机构也应当先取得当地教育行政部门的审批获得办学许可证，才可到相应的工商行政管理部门申请登记。由此可知，新法实施后，教培机构无证办学的风险将增大很多。自2017年5月以来，国内多个城市如上海、成都、西安、兰州等都对当地的教育培训机构进行了治理活动，大量无证办学、未经登记的教培机构、学校被注销办学资质。这些事实有力地证明了目前国家对营利性民办教育机构的监管逐渐收紧。

（三）现有民办学校的转性问题

2017年1月18日，教育部、人力资源社会保障部、民政部、中央编办、工商总局五部门联合印发了《民办学校分类登记实施细则》（以下简称《登记细则》）。根据《登记细则》的规定，现有民办学校是指2016年11月7日《全国人民代表大会常务委员会关于修改〈中华人民共和国民办教育促进法〉的决定》公布前设立的民办学校。

该《登记细则》同样规定了选择登记为营利性学校的，应当进行财务清算，经省级以下人民政府有关部门和相关机构依法明确土地、校舍、办学积累等财产的权属并缴纳相关税费，办理新的办学许可证，重新登记，继续办学。由此可知，新法实施后，选择登记为营利性的民办学校面临着如何进行财务清算、如何补缴相关税费、是否能够重新获得办学许可证等一系列未知的挑战。

综上所述，随着新法的落地和执行，未来民办教育还将面临竞争加剧、转型提质等新挑战。但值得一提的是，由于新法对于民办教育营利性的认可，除义务教育阶段以外的学前教育、高中阶段教育、高等教育以及非学历教育等领域或将迎来教育机构上市、并购、投资和资产证券化的大潮。

第三节　民办学校实施细则落地：分类管理与营利性民办学校的监管

2017 年 1 月 18 日，教育部、人力资源社会保障部、民政部、中央编办、工商总局五部门联合印发了《登记细则》，教育部、人力资源社会保障部、工商总局联合印发了《营利性民办学校监督管理实施细则》（以下简称《监督细则》）。作为《民办教育促进法》修法后的配套文件，两个细则回答了民办学校实行分类管理后，两类学校如何设立审批、如何登记，以及营利性学校如何监管的问题。本书将结合新《民办教育促进法》对上述的《登记细则》和《监督细则》进行重点解读。

一、《民办学校分类登记实施细则》

修订后的《民办教育促进法》确立了民办学校的分类标准，明确了民办学校的法人属性，即民办学校取得办学许可证后，进行法人登记，从法律上确立了营利性和非营利性民办学校的法人地位。而《登记细则》在新《民办教育促进法》的基础上进一步明确了民办学校的审批程序，细化与完善了民办学校的分类登记机制，并解决了新《民办教育促进法》公布前的“现有民办学校”的登记问题。《登记细则》的主要内容如下：

（一）设立审批

1. 审批程序：应当依法依规进行审批，经批准正式设立的民办学校，由审批机关发给办学许可证。

2. 设立标准：应当参照国家同级同类学校设置标准。

3. 申请材料：应当提交法律法规、学校设置标准规定的材料和学校党组织建设有关材料。

（二）新设民办学校的登记问题

1. 营利性民办学校，依据法律法规规定的管辖权限，到工商行政管理部门办理登记。

2. 非营利性民办学校有两种登记情况：

（1）符合《民办非企业单位登记管理暂行条例》等民办非企业单位管理有关规定的，到民政部门登记为民办非企业单位。

(2)符合《事业单位登记管理暂行条例》等事业单位登记管理有关规定的，到事业单位登记管理机关登记为事业单位。其中，实施本科以上层次教育的非营利性民办高等学校，由省级人民政府相关部门办理登记；实施专科以下层次教育的非营利性民办学校，由省级人民政府确定的县级以上人民政府相关部门办理登记。

(三)现有民办学校的登记问题

现有民办学校是指2016年11月7日《全国人民代表大会常务委员会关于修改〈中华人民共和国民办教育促进法〉的决定》公布前设立的民办学校。实施分类管理后：

1. 选择登记为非营利性学校的，修改学校章程，履行新的登记手续，继续办学。

2. 选择登记为营利性学校的，应当进行财务清算，经省级以下人民政府有关部门和相关机构依法明确土地、校舍、办学积累等财产的权属并缴纳相关税费，办理新的办学许可证，重新登记，继续办学。

二、《营利性民办学校监督管理实施细则》

关于营利性民办学校，新《民办教育促进法》第一次在法律的层面上明确了其法人财产地位，确立了营利性民办学校的财政收费自主权，允许营利性民办学校从办学活动中取得收益，利润和结余可以在出资者之间进行分配，退出时清偿学校债务后的剩余财产可以按照公司法等有关法律、行政法规来处理。而《监督细则》在新《民办教育促进法》的基础上，系统全面地完善了营利性民办学校的管理监督机制，从学校的设立、组织机构、教育教学、财务资产、信息公开，再到学校的变更与终止、监督与处罚等都做出了制度性安排，重点解决了营利性民办学校"能办什么学""怎么办学""怎么办好学"的问题。以下则为该《监督细则》的主要内容：

(一)申请设立

1. 设立标准：应当参照国家同级同类学校设置标准。

2. 设立程序：一般分筹设、正式设立两个阶段，筹设期内不得招生。筹设、正式设立营利性民办学校，应当提交相应的材料。

3. 审批原则：应当坚持高水平、有特色的导向。设立营利性民办高等学校，应当纳入地方高等学校设置规划。学校注册资本数额要与学校类别、层次、办学规模相适应。

4. 举办者资质：举办营利性民办学校的社会组织和个人，应当具备与举办学校的层次、类型、规模相适应的经济实力。社会组织在法人资格、信用状况、法定代表人等方面，个人在国籍、住所、信用状况、犯罪记录、政治权利和完全民事行为能力等方面，应当符合规定条件。

5. 登记程序：经审批机关批准正式设立并颁发办学许可证的营利性民办学校，依法到工商行政管理部门登记。

（二）组织机构

1. 明确了学校的主要组织机构。营利性学校应当建立董事会、监事（会）、行政机构、党组织、教职工（代表）大会和工会等机构，学校法定代表人由董事长或者校长担任。

2. 提出了学校组织机构的人员要求。监事会中教职工代表不得少于1/3，有犯罪记录、无民事行为能力或者限制行为能力者不得在董事会、监事会、行政机构任职，一个自然人不得同时在同一所学校的董事会、监事会任职等。

3. 对学校党组织参与决策做出专门规定。推进“双向进入、交叉任职”，监事会中应当有党组织领导班子成员，以确保党组织在重要决策中发挥指导、保障和监督作用。

（三）教育教学

1. 坚持教育的公益性，始终把培养高素质人才、服务经济社会发展放在首位，实现社会效益与经济效益相统一。

2. 以培养人才为中心，遵循教育规律，不断提高教育教学质量，增强受教育者的社会责任感、创新精神和实践能力。

3. 抓好思想政治教育和德育工作，加强思想政治理论课和思想品德课教学，引导师生员工树立正确的世界观、人生观、价值观。

4. 严格按照国家和地方有关规定设置专业、开设课程、选用教材、开展教育教学活动。

5. 依据国家有关规定开展招生工作，招生简章和广告应当报审批机关备案，其中，本科高等学校的招生简章和广告应当报省级人民政府教育行政部门备案。

6. 加强教师队伍建设，学校应当按国家有关规定聘任教师，加强教师师德建设和业务培训，依法保障教职工工资、福利待遇和其他合法权益。

（四）财务资产

1. 依法执行财务会计制度，独立设置财务管理机构，统一学校财务核算。

2. 建立健全财务内部控制制度，按实际发生数列支。

3. 营利性民办学校按学期或者学年收费，收费项目及标准应当公示。

4. 实行财务专户管理制度，学校收入由学校财务部门统一核算、统一管理，保障学校教育教学和建设发展需要。党建、思想政治和群团组织等工作经费纳入学校经费预算。

5. 落实学校法人财产权，办学结余的分配应当在年度财务结算后进行。

6. 建立健全风险防范、安全管理制度和应急预警处理机制。

（五）信息公开

1. 建立信息公开制度及信息公开保密审查机制，保证各方面安全稳定。

2. 信息公开内容和方式应当符合国家有关规定。

3. 应当按照国家有关企业信息管理要求，通过国家企业信用信息公示系统公示年度报告、行政许可、行政处罚等信用信息。

（六）变更或终止

民办学校的分立、合并、终止及其他重大事项变更，应当在依法保障学校教育教学秩序和师生员工切身权益的前提下，依法依规办理。

1. 应当由学校董事会通过后报审批机关审批、核准。其中，营利性民办本科学校的分立、合并、终止、名称变更事项，须由教育部审批；其他变更事项，由省级人民政府核准。

2. 在审批机关审批、核准后，依法向工商行政管理部门申请变更、注销登记。

3. 学校党组织应当向上级党组织请示报告，上级党组织应及时对学校党组织的变更或者撤销作出决定。

4. 学校应当制定实施方案和应急工作预案，并按隶属关系报学校主管部门备案。

5. 学校终止时应当依法进行财务清算、财产清偿、撤销建制、注销登记、缴回证照和印章等一系列程序。

（七）监督与规范办学行为

各级教育行政、人力资源社会保障、工商行政管理等部门，根据法律法规对营利性民办学校的办学行为进行监督与管理。主要采取以下几方面的措施：

1. 建立健全年度检查、年度报告公示、信息公开、信息公开保密审查等工作机制。

2. 加大对教学质量、招生和学籍、证书发放等环节的监管力度。

3. 通过实施审计、建立监管平台等措施，对营利性民办学校的财务资产状况进行监督。

4. 针对营利性民办学校可能出现的七种违法违规办学行为，规定了处罚主体和处罚措施。

5. 明确民办学校举办者不得举办或者参与举办营利性民办学校的负面清单。

三、整体影响评价

（一）《登记细则》对民办教育行业的影响

《登记细则》进一步细化了新《民办教育促进法》的分类管理规定，对两类学校的审批、登记问题作出了程序性的规定。尤其对于大家普遍关注的营利性民办学校的登记等相关问题，《登记细则》作出了较为明确的规定，即营利性民办学校，依据法律法规规定的管辖权限，到工商行政管理部门办理登记。而且，《登记细则》还对现有民办学校的问题做出了规定，即选择登记为非营利性学校的，修改学校章程，履行新的登记手续，继续办学；选择登记为营利性学校的，应当进行财务清算，经省级以下人民政府有关部门和相关机构依法明确土地、校舍、办学积累等财产的权属并缴纳相关税费，办理新的办学许可证，重新登记，继续办学。这为现有的大量民办学校后续的"转性"问题指明了方向。但其中关于转性为营利性的规定或许会使许多跃跃欲试想要变更为营利性的学校望而却步，因为相关税费的缴纳无疑将加重营利性学校的办学成本。此外，该细则的发布，按照民办学校的市场化程度和资产运作模式，首先利好市场化程度高、轻资产运作的民办幼儿园，其次利好民办高中、职业学校。①

（二）《监督细则》对民办教育行业的影响

《监督细则》对营利性民办学校进行具体细致的规定，可谓是将其从"出生"到"死亡"涉及的相关问题都囊括其中，具体包括申请设立、组织机构、教育教学、财务资产、信息公开、变更与终止、行为规范七个方面。它从整体上规范了营利性民办学校的管理监督机制，亦表明了其对于营利性民办学校的高要求。虽然目前国家在法律的层面上认可了民办学校的营利性，但同时也对营利性民办教育机构设立了更高的门槛。毕竟，教育乃国之重器，关乎整个民族的兴衰，对营利性民办学校的严格把关，也是对老百姓的负责。

---

① 教育行业事件点评：《〈民办学校分类登记实施细则〉等三大政策事件点评》，载 http://www.cfi.net.cn/p20170120000525.html，2017 年 1 月 20 日访问。

第四节 新《民办教育促进法》时代:民办教育离A股IPO还有多远

2016年《民办教育促进法》修正以前,由于我国民办教育"公益性"的限制,国内民办教育机构在A股上市的门槛极高。不少教育机构为了进行融资,选择了境外间接上市,如搭建VIE构架或通过借壳上市的途径登陆境外资本市场。但由于在VIE结构下境外注册的上市实体与国内的可变利益实体(境内从事具体教育服务业务的实体公司或学校)相分离,因此在实际操作中存在诸多的政策和经营风险。同时,通过借壳上市的教育中概股公司(双威教育、中国教育集团)都被强制摘牌。所以,近几年不少境外上市的教育机构开始布局回归国内A股。

同时,随着2016年年底新《民办教育促进法》的出台以及后续《关于鼓励社会力量兴办教育促进民办教育健康发展的若干意见》《民办学校分类登记实施细则》《营利性民办学校监督管理实施细则》三个配套文件的落地,我国关于民办教育的分类管理制度开始逐步确立起来,其对于民办学校营利性的支持也为民办教育资产的资本运作扫清了法律障碍。因此不论是希望回归国内A股市场的教育中概股企业还是渴望扩张融资的国内教育机构,在新《民办教育促进法》生效后都在跃跃欲试,谋求A股上市的各种可能。那么,中国民办教育机构离A股还有多远?

(一)修法后,民办教育机构能直接IPO吗

从理论上来讲,修法后,选择营利性的民办教育机构主体可以直接上市,获得更多资金,从而增加教学投入,扩张品牌,使教育机构各方面的条件得到提升。但是,新《民办教育促进法》及上述三个配套文件虽然消除了民办学校境内上市的法律障碍,但随着新法的落地和执行,在实际的操作层面仍存在许多不确定性,如现存大量的民办学校如何转性的问题、两类学校的各种扶持优惠政策如何落实的问题、用地政策问题等。

尤其是民办学校如何完成营利性登记以及登记过程中财务清算、税负成本等方面的问题,是目前许多企业和民办学校管理者十分关注的问题。与此同时,关于新《民办教育促进法》的各项规定都需要当地政府配合才能实施,而各个地区的民办学校在登记审批中所涉及的问题和费用也会存在差异。同时,对于地方性的政策法规,大部分省市仍处在制定的阶段,因此仅就完成转性及两类学校的审批登记问题仍需要一定的时间来落实。

而且，由于新《民办教育促进法》对营利性学校的办学和管理进行了更为严格的规定，使今后营利性学校的实际办学成本大幅提高。如不能享受到政府各项关于用地、税费等扶持政策，由此造成的结果是，一方面，在巨大办学成本的压力下，许多学校未必就会选择直接登记为营利性或从非营利性转变为营利性；另一方面，许多学校可能仍然选择通过关联交易实现学校办学利润的转移与输出。当然这也对后续监管部门的执法和监督提出了更高的要求。因此，其实目前还很难直接断言新修正的《民办教育促进法》生效以后，国内教育行业就会在短时间内迎来教育机构在A股的上市潮。

（二）民办学校短期内难以实现A股上市

新《民办教育促进法》落地之前，民办学校A股上市的最大障碍就是市场准入的问题，即民办学校的非营利属性使其不具备上市的资格。虽然修法后，新《民办教育促进法》从法律的层面明确了民办学校的营利性法人地位，但在实际操作中各项具体问题仍未解决，比如，在两类学校的转性改制过程中，如何保障师生、学校与举办人的利益；学校财产如何界定、如何进行财务清算、学校净资产如何处置、涉及的各项税种如何确定和缴纳、土地的使用和划拨，等等。而这些也仅仅是转性过程中涉及的问题，更不要说转性成功后营利性学校面临的巨大办学成本和以后更为严格的监管与更为激烈的市场竞争。

目前，上述的各种问题都亟待地方性的实施细则予以规范。但问题是许多地方政府还处于观望状态，并未正式出台相应的配套政策和法规。而改制过程中涉及的部门多且杂，部门之间的上位法亦存在冲突。这中间涉及的税费缴纳亦相对繁重，加之营利性学校的优惠政策又规定得模棱两可，所以短期内，不论是高等教育、高中还是幼儿园，都不可能正式启动营利性的变更。

除了上述原因，其实考虑到A股上市的复杂性，且民办学校又没有可以参照的先例或者说是经验，这必然导致营利性民办学校的A股上市之路，还需要一个相对较长的摸索期。同时各地方在新法的实施过程中，也必将经历立法阶段、新法落地后的执行阶段以及后续的完善阶段，这都会使营利性民办学校的"摸索期"延长。

因此，由于政策法规亟待完善，营利性民办学校在短时间内很难实现A股上市。且修法后，营利性民办学校在转性过程中将涉及各种税费的缴纳，这也会使营利性民办学校面临巨大的办学成本。具体而言，在学校改制过程中将主要涉及营业税①、土地增值税、企业所得税与个人所得税的缴纳。其中，营业税的计税

① 现营业税已改为流转增值税。

依据为土地出让收入总额，土地增值税的计费依据为土地增值率的大小，企业所得税的计税依据为学校的应纳税所得额，而个人所得税的计税依据为个人从学校改制中取得的收入。此外，政府给民办学校的土地有不少是免费划拨地，或者是价格比较便宜的出让地，有一些政府还曾经给过民办学校财政补贴。但是，把这些民办学校变更为营利性学校则会涉及历史资产归属的复杂法律问题。① 因此，面对高昂的成本风险，新《民办教育促进法》生效后是否会有大量民办学校转性为营利性亦值得商榷。

综上，国内民办学校想要实现 A 股 IPO 的目标，应首先进行营利性变更。而目前来看，显然这本身也不是一蹴而就的事情。而且，由于必须先补交税费才能完成营利性的变更，面对多且重的税费，未来可能很多学校根本就不会选择变更为营利性，更不要说短时间内实现大规模的 A 股上市了。

而同国内情形相反的是，近几年我国学历制民办学校出现了扎堆登陆港股市场的热潮。前有 2014 年赴港上市的枫叶教育，后有 2016 年的成实外教育，随后又有 2017 年上市的睿见教育、宇华教育、民生教育以及新高教。究其原因，一方面当然是国内政策环境限制了民办学校的 A 股路径；另一方面也是因为近几年教育中概股在美国遇冷，价值频频被低估。因此，作为上市的“唯一出路”，中短期内民办学校仍将以境外作为其上市的首选。

（三）培训类教育机构将以国内资本市场为主

目前，我国境外上市的教育中概股中大多数都为教育培训企业。而且新《民办教育促进法》出台前，已有部分教培机构通过重组并购或借壳上市的方法间接登陆了国内 A 股市场，如新南洋收购交大昂立、银润投资收购学大教育、勤上光电收购龙文教育等。因此，对于培训类民办教育机构而言，其在未来登陆国内 A 股市场的可能性将更大。

综上，《民办教育促进法》修法完成后，民办教育机构上市障碍被清除。因此，相比于学历制的民办学校，资本活跃度相对较高的教培企业有望最先实现国内的 A 股上市。但是需要注意的是，新《民办教育促进法》正式施行后，教培机构必须先向相关的教育主管部门申请办学许可证，然后才可在相关的政府主管部门办理登记，进行业务运营。

---

① 夏韬、吴冠雄：《学历制教育不会因〈民办教育促进法〉实施而大量涌入 A 股》，载 http://www.jiemodui.com/N/68588.html，2017 年 5 月 3 日访问。

第二章 教育机构上市场所：境内外主要资本市场

【本章导读】本章介绍了国内外主要资本市场的上市（挂牌）规则和流程，包括国内的上海证券交易所、深圳证券交易所、全国中小企业股份转让系统，境外的纽约证券交易所（美国）、纳斯达克证券交易所（美国）以及香港联交所。国内的教育机构主要集中在上述6个交易场所进行资本运作。而且，除了提供翔实丰富的干货，本章还将这些规则进行了分析对比，使其更加直观地展现给读者。

第一节 境内资本市场

一、上海证券交易所

（一）上海证券交易所概述

上海证券交易所（Shanghai Stock Exchange，以下简称上交所）是中国两家证券交易所之一，位于上海市浦东新区。上交所成立于1990年11月26日，同年12月19日开业，受中国证监会监督和管理。按照“法制、监管、自律、规范”的八字方针，上交所致力于创造透明、开放、安全、高效的市场环境，其主要职能包括：提供证券交易的场所和设施；制定证券交易所的业务规则；接受上市申请，安排证券上市；组织、监督证券交易；对会员、上市公司进行监管；管理和公布市场信息。

1. 市场数据

经过27年的快速成长，上交所已发展成为拥有股票、债券、基金、衍生品四大类证券交易品种且市场结构较为完整的证券交易所，拥有可支撑上海证券市场高效稳健运行的交易系统及基础通信设施，拥有可确保上海证券市场规范有序运作的、效能显著的自律监管体系。依托这些优势，上海证券市场的规模和投资者群体也在迅速壮大。2016年年末，沪市上市公司家数达1182家，总市值

28.5万亿元,全年累计成交金额50.2万亿元,日均成交达2056亿元,股市筹资总额达8056亿元;债券市场挂牌只数达8077只,托管量6.2万亿元,累计成交224.7万亿元;基金市场只数137只,累计成交8.9万亿元;衍生品市场2016年全年累计成交431.9亿元。沪市投资者开户数量已达22485万户。

2. 产品情况

上交所是具有国际影响力的市场,与全球37家交易所签署了合作谅解备忘录,是国际证监会组织联席会员,是亚洲暨大洋洲交易所联合会成员。

为契合时代的发展,上交所开发的产品种类丰富多样,主要涉及以下几大类:股票、基金、债券和股票期权。

股票中除了普通股还有优先股。优先股是指依照《公司法》,在一般规定的普通种类股份之外,另行规定的其他种类股份,其股份持有人优先于普通股股东分配公司利润和剩余财产,但参与公司决策管理等权利受到限制。优先股股东按照约定的票面股息率,优先于普通股股东分配公司利润。公司因解散、破产等原因进行清算时,公司财产在按照《公司法》和《破产法》有关规定进行清偿后的剩余财产,应当优先向优先股股东支付未派发的股息和公司章程约定的清算金额,不足以支付的按照优先股股东持股比例分配。优先股股东的表决权受到限制。除特殊情况外,优先股股东不出席股东大会会议,所持股份没有表决权。但是公司累计3个会计年度或连续2个会计年度未按约定支付优先股股息的,优先股股东有权出席股东大会,每股优先股股份享有公司章程规定的表决权。

基金产品包括交易型开放式基金(Exchange Trade Fund,ETF)、实时申赎货币基金、交易型货币基金、上市开放式基金(Listed Open-ended Fund,LOF)、分级LOF基金和封闭式基金。封闭式基金即采用封闭式运作方式的基金,是指经核准的基金份额总额在基金合同期限内固定不变,基金份额可以在依法设立的证券交易场所交易,但基金份额持有人不得申请赎回的基金。创新封闭式基金是封闭式基金的一种,采用封闭式运作方式,是指经核准的基金份额总额在基金合同期限内固定不变,基金份额可以在依法设立的证券交易场所交易,但基金份额持有人不得申请赎回的基金。与传统封闭式基金不同的是,创新封闭式基金的投资标的范围和投资者买卖门槛不同。创新封闭式基金不仅仅投资于二级市场股票及债券等,其投资范围还包括非上市公司股权以及其他经证券监督管理机构认可的产品。

开放式基金采用开放式运作方式的基金,是指基金份额总额不固定,基金份额可以在基金合同约定的时间和场所申购或者赎回的基金。

ETF 是一种跟踪“标的指数”变化且在证券交易所上市交易的基金。投资人可以如买卖股票那么简单地去买卖“标的指数”的 ETF,可以获得与该指数基本相同的报酬率。

ETF 是一种特殊的开放式基金,吸收了封闭式基金可以当日实时交易的优点,投资者可以像买卖封闭式基金或者股票一样,在二级市场买卖 ETF 份额。

债券类产品包括国债、地方债、公司债、企业债、可转换公司债、分离债、政策性银行金融债、可交换债券等。政策性银行金融债是由我国政策性银行(国家开发银行、中国农业发展银行和中国进出口银行)为筹集信贷资金,经国务院批准向银行金融机构及其他机构发行的金融债券。按性质分为浮动利率债券、固定利率债券、投资人选择权债券、发行人选择权债券以及增发债券等。2013 年国开行获准并成功在上交所试点发行政策性银行金融债,首批发行额度 300 亿元。资产支持证券,是指企业或其他融资主体将合法享有的、缺乏流动性但具有可预测的稳定现金流的资产或资产组合(基础资产)出售给特定的机构或载体(Special Purpose Vehicle,SPV),SPV 以该基础资产产生的现金流为支持发行证券,以获得融资并最大化提高资产流动性的一种结构性融资手段。基础资产类型包括:企业应收款、租赁债权、信贷资产、信托受益权等财产权利,基础设施、商业物业等不动产财产或不动产收益权,以及中国证监会认可的其他财产或财产权利。2014 年 11 月,证监会发布《证券公司及基金管理公司子公司资产证券化业务管理规定》及配套规则,改事前行政审批为事后备案,实施负面清单管理制度。

股票期权合约为上交所统一制定的、规定买方有权在将来特定时间以特定价格买入或者卖出约定股票或者跟踪股票指数的交易型开放式指数基金(ETF)等标的物的标准化合约。

期权是交易双方关于未来买卖权利达成的合约。就个股期权来说,期权的买方(权利方)通过向卖方(义务方)支付一定的费用(权利金),获得一种权利,即有权在约定的时间以约定的价格向期权卖方买入或卖出约定数量的特定股票或 ETF。当然,买方(权利方)也可以选择放弃行使权利。如果买方决定行使权利,卖方就有义务配合。

3. 组织架构

上交所下设办公室(党委办公室、理事会办公室、监事会办公室)、人事部(党委组织部)、党建办公室(党委宣传部)、纪检监察办公室、交易管理部、发行上市中心、上市公司监管一部、上市公司监管二部、监管执行部、会员部、债券业务中心、国际发展部、产品创新中心、市场监察一部、市场监察二部、法律部、投资者教育部(企业培训部)、总工程师办公室、信息管理部、北京中心、财务部、风控与内审部、资本市场研究所、自贸区交易平台筹备工作小组、基建工作小组、花桥基地工作小组等内设部门或小组,以及控股子公司——上交所技术有限责任公司、上证所信息网络有限公司、上证金融服务有限公司,通过其合理分工和协调运作,有效地担当起证券市场组织者、监管者的角色。此外,上交所还参股了21家公司机构。

(二)主板市场

1. 主板市场概述

主板市场也称为一板市场,指传统意义上的证券市场(通常指股票市场),是一个国家或地区证券发行、上市及交易的主要场所。主板市场先于创业板市场产生,两者既相互区别又相互联系,是多层次资本市场的重要组成部分。主板市场对发行人的营业期限、股本大小、盈利水平、最低市值等方面的要求标准较高,上市企业多为大型成熟企业,具有较大的资本规模以及稳定的盈利能力。中国主板市场的公司在上交所和深交所两个市场上市。

2. 主板市场上市条件

(1)股票经国务院证券管理部门审核已向社会公开发行。

(2)发行人最近3个会计年度净利润(以扣除非经营性损益前后较低者为计算依据)均为正且累计超过人民币3000万元;最近3个会计年度经营活动产生的现金流量净额累计超过人民币5000万元,或者最近3个会计年度营业收入累计超过人民币3亿元。

(3)发行前股本总额不少于人民币3000万元。

(4)向社会公开发行的股份不少于公司股份总数的25%;如果公司股本总额超过人民币4亿元的,其向社会公开发行股份的比例不少于10%。

(5)发行人是依法设立且持续经营3年以上的股份有限公司。原国有企业依法改组而设立的,或者在《公司法》实施后新组建成立的公司改组设立为股份有限公司的,其主要发起人为国有大中型企业的,成立时间可连续计算。

(6)公司在最近3年内无重大违法行为,财务会计报告无虚假记载。

(7)最近1期期末无形资产(扣除土地使用权等)占净资产的比例不超过20%。

(8)最近3年内公司的主营业务未发生重大变化。

(9)最近3年内公司的董事、管理层未发生重大变化。

(10)国家法律、法规规章及交易所规定的其他条件。

二、深圳证券交易所

(一)深圳证券交易所概述

深圳证券交易所(以下简称深交所)于1990年12月1日开始营业,是经国务院批准设立的全国性资本市场。主要职能包括:提供证券交易的场所和设施;制定本所业务规则;接受上市申请、安排证券上市;组织、监督证券交易;对会员和上市公司进行监管;管理和公布市场信息;中国证监会许可的其他职能。

深交所根植于中国改革开放的前沿,服务于中国经济发展战略,致力于建设全球最具活力的资本市场平台。二十多年来,在中国证监会领导下,深交所努力建设完善多层次市场体系、多样化产品体系,已经成为我国国民经济不可分割的重要组成部分,成为支持实体经济发展、服务国家战略的重要基础平台和推动支持创新中国建设的重要力量。

1. 市场数据

深市市场体系完整,主板、中小企业板、创业板层次清晰、特色鲜明、功能互补,主板服务市场化蓝筹企业,中小企业板服务行业细分龙头,创业板服务自主创新企业和成长型创业企业,充分匹配中国经济多元协同发展优势,包容性强,市场化程度高,成长性突出,创业创新特色显著。

截至2016年12月31日,深市上市公司1870家,其中主板478家,中小板822家,创业板570家,总市值22.31万亿元。2016年全年,深市股票成交金额累计77.6万亿元,股票筹资额7344亿元,其中IPO融资479亿元,再融资募集资金6865亿元。

2. 产品情况

深市产品契合实体经济需求,贴近居民资产配置和风险管理需要,拓展有序、相互衔接,为企业、公共机构、商业机构和个人提供多元化投融资工具,引领证券市场行业创新。

固定收益包括公募债、私募债、资产支持证券等各类产品,股债结合品种和资产支持证券特色突出,标准化质押式回购优势显著。创新推出保障房、小额贷款、不动产等开创性证券化品种,积极推动绿色证券化创新,拓宽投融资渠道,降低投融资成本。截至2016年12月31日,挂牌债券(含资产支持证券)2869只,托管总面值13333.4亿元。资产支持证券的基础资产涵盖融资租赁、公用事业、小额贷款、应收账款、商业物业等九大类,对基础设施建设、中小微企业融资、绿色金融等关键领域提供了重点支持。

“基金超市”包括 ETF、LOF、分级基金和封闭式基金四大类，其中 LOF 为深市首创，覆盖境内外主要市场，开创推出“乐富基金超市”并形成独特品牌，打造低成本、高效率的“一站式”资产配置交易和转换平台。截至 2016 年 12 月 31 日，共有 511 只上市基金，资产规模 1943.36 亿元。近年来，先后推出商品期货基金（白银 LOF）、跨时区 ETF（纳指 100）、类 REITs①（鹏华前海）产品，进一步丰富了上市基金品种，推动跨境产品实施日内回转交易，推出 ETF 实时逐笔全额非担保交收支付（Real Time Gross Settlement，RTGS）业务，不断完善基金配套机制建设。

指数序列覆盖规模、综合、行业、风格、主题和策略六大类，深证成指、中小企业板指数和创业板指数分别表征深市全市场和特色板块，充分展示中国经济面貌，助力投资者分享市场成长回报。积极发展深市特色期权等金融衍生品，为投资者提供风险管理工具。

3. 组织架构

在深交所党委的统一领导下，治理运营架构包括以下几个层次：一是会员大会为最高权力机构；二是理事会为日常决策机构，目前由 5 名会员理事和 2 名非会员理事组成，下设战略规划委员会、风险管理委员会、自律监管委员会、创新发展委员会、中小企业培育发展委员会、上诉复核委员会 6 个专门委员会；三是监事会为监督机构，目前由 1 名会员监事、1 名专职监事、2 名职工监事组成；四是经理层，包括总经理 1 人、副总经理 5 人，下设上市委员会、纪律处分委员会 2 个专门委员会；五是内设及下属机构，设有 28 个直属部室和 5 家下属机构，下属机构分别为深圳证券通信有限公司、深圳证券信息有限公司、深圳证券交易所行政服务有限公司、深圳证券交易所创业企业培训中心、中国创盈市场服务有限公司。

党的工作机构方面，设有党委办公室、党务工作部（党委宣传部）、党委组织部，实现党办、宣传、组织、党群工作职能全覆盖。党组织实行“所党委—基层党委—党支部”三级管理。群团方面，设有工会、团委，成立了职工代表大会。

深交所在中国证监会领导下，将以服务全面建成小康社会、全面深化改革为宗旨，以加快建设我国多层次资本市场体系为使命，贯彻创新、协调、绿色、开放、共享的发展理念，全力服务供给侧结构性改革和“一带一路”国家战略，推进自主创新，服务实体经济，支持中小企业，打造创新资本形成中心，释放成长新动力。

---

① 房地产信托投资基金（Real Estate Investment Trust，REITs）。

（二）中小板

1. 中小板概述

（1）中小板就是相对于主板市场而言的，中国的主板市场包括深交所和上交所。有些企业的条件达不到主板市场的要求，所以只能在中小板市场上市。中小板市场是创业板的一种过渡，我国的中小板的市场代码是以“002”开头的。

（2）中小板块是流通盘1亿元以下的创业板块。

（3）中小企业板的建立是构筑多层次资本市场的重要举措，也是创业板的前奏。虽然于2004年6月25日揭幕的中小企业板在现阶段并没有满足市场的若干预期，如全流通等，而过高的新股定位更是在短时期内影响了指数的稳定，但中小企业板所肩负的历史使命必然使这个板块在未来的制度创新中显示出越来越蓬勃的生命力。

2. 中小板上市条件

（1）主体资格

依法设立且合法存续的股份有限公司。

（2）经营年限

持续经营时间应当在3年以上（有限公司按原账面净资产值折股整体变更为股份公司可连续计算）。

（3）盈利要求

①最近3个会计年度净利润均为正数且累计超过人民币3000万元，净利润以扣除非经常性损益后较低者为计算依据。

②最近3个会计年度经营活动产生的现金流量净额累计超过人民币5000万元；或者最近3个会计年度营业收入累计超过人民币3亿元。

③最近1期不存在未弥补亏损。

（4）资产要求

最近1期末无形资产（扣除土地使用权、水面养殖权和采矿权等后）占净资产的比例不高于20%。

（5）股本要求

发行前股本总额不少于人民币3000万元。

（6）主营业务要求

最近3年内主营业务没有发生重大变化。

(7)董事及管理层

最近3年内没有发生重大变化。

(8)实际控制人

最近3年内实际控制人未发生变更。

(9)同业竞争

发行人的业务与控股股东、实际控制人及其控制的其他企业间不得有同业竞争。

(10)关联交易

不得有显失公平的关联交易,关联交易价格公允,不存在通过关联交易操纵利润的情形。

(11)成长性与创新能力

即将或已进入成熟期,成长稳定,创新能力强,但规模较主板小的中小企业。

(12)募集资金用途

应当有明确的使用方向,原则上用于主营业务。

(13)限制行为

①发行人的经营模式、产品或服务的品种结构已经或者将发生重大变化,并对发行人的持续盈利能力构成重大不利影响;

②发行人的行业地位或发行人所处行业的经营环境已经或者将发生重大变化,并对发行人的持续盈利能力构成重大不利影响;

③发行人最近1个会计年度的营业收入或净利润对关联方或者存在重大不确定性的客户存在重大依赖;

④发行人最近1个会计年度的净利润主要来自合并财务报表范围以外的投资收益;

⑤发行人在用的商标、专利、专有技术以及特许经营权等重要资产或技术的取得或者使用存在重大不利变化的风险;

⑥其他可能对发行人持续盈利能力构成重大不利影响的情形。

(14)违法行为

最近36个月内未经法定机关核准,擅自公开或者变相公开发行过证券,或者有关违法行为虽然发生在36个月前,但目前仍处于持续状态;最近36个月内无其他重大违法行为。

(15)发审委

2017年7月7日,主板和创业板发行审核委员会合并,人数调整为66人。

(16)初审征求意见

为贯彻国务院关于进一步深化行政审批制度改革的精神,落实中国证监会《关于进一步推进新股发行体制改革的意见》的要求,中国证监会与国家发展和改革委员会经协商一致,对主板和中小板首发企业提交用于征求国家发展和改革委员会意见的材料进行简化,简化后的材料包括:申请文件电子版光盘、募集资金投资项目的项目备案(核准、批复)文件、环评批复、土地预审意见、节能评估文件等固定资产投资管理文件的复印件单行本。

(17)保荐人持续督导

首次公开发行股票的,持续督导的期间为证券上市当年剩余时间及其后 2 个完整会计年度;上市公司发行新股、可转换公司债券的,持续督导的期间为证券上市当年剩余时间及其后 2 个完整会计年度。持续督导的期间自证券上市之日起计算。

(三)创业板

1. 创业板概述

创业板市场是我国多层次资本市场格局的重要组成部分(我国资本市场的大体格局共五个层次:主板、中小板、创业板、全国股份转让系统和区域性场外市场),主要服务于规模相对较小的自主创新及具有较高成长性的创业企业。创业板在深圳证券交易所运行,发行上市遵照《公司法》、《证券法》和《首次公开发行股票并在创业板上市管理办法》,相比主板和中小板,发行上市条件较低。创业板上市企业体现为"两高六新"——高科技、高成长;新经济、新服务、新农业、新材料、新能源和新商业模式。对于新商业模式,主要包括连锁经营、收益分成、虚拟经济等。

2. 创业板上市条件

(1)财务,最近 2 年连续盈利,净利润累计不少于 1000 万元;或者最近 1 年盈利,最近 1 年营业收入不少于 5000 万元,净利润以扣除非经常性损益前后孰低者为计算依据。

(2)资产,最近一期末净资产不少于 2000 万元,且不存在未弥补亏损。

(3)股本,发行后股本总额不少于 3000 万元。

(4)主营业务,发行人应当主要经营一种业务,最近 2 年内主营业务没有发生重大变化。

(5)董事(高级管理人员、实际控制人)的变化,最近 2 年内董事、高级管理人员均没有发生重大变化,实际控制人没有发生变更成长性和创新能力。

重点推荐具有“两高六新”特征的企业在创业板上市；具有一定的自主创新能力，在科技创新、制度创新、管理创新等方面具有较强的竞争优势；具有较强的成长性，在核心技术、研发能力、业务特色、业务模式、市场开拓能力等方面具有竞争优势募集资金用途；募集资金应当用于主营业务。

3. 创业板上市的法律风险与防范

(1)法律风险

创业板市场对上市企业的法律要求相当明确，在一定程度上更加严格。而从一些创业板企业公开披露的信息来看，存在一些股份代持现象，有公司股东曾因股份代持引发纠纷而诉诸公堂。在首批登陆创业板的28家公司中，新松机器人公司某股东在2007年的一场官司也揭示了股份代持现象的冰山一角。此外，华谊兄弟、西安宝德招股书受到质疑，也曾遭遇股东代持存在争议的问题。当事人也曾出具过承诺函，承诺其所持股份权属清晰，不存在代持、信托持股情形。因此，股东承诺函的可信度受到了质疑。我国企业家及社会公众法律意识比较淡薄，各种在主板市场发生的违规行为同样会在创业板市场上发生，且创业板市场还很不成熟。法律风险贯穿于企业经营的各个领域和阶段，隐秘性极强，不易被发现，一旦爆发，对企业产生的影响十分巨大。

(2)风险防范

首先，就创业板的法律依据而言，企业家要认真研究《公司法》、《首次公开发行股票并在创业板上市管理办法》以及《深圳证券交易所创业板股票上市规则》等法律、法规和实际规范。其次，创业板企业应充分利用中介机构的资源为其所用。聘请顾问律师，通过讲座、培训等方式，培养企业领导层的法律意识，强化法治化管理与风险防范理念，提高企业员工的法制观念和建立依法经营的企业文化，增强员工识别法律风险的能力，使律师服务的企业形成“法律是一种管理资源”的现代企业理念，并协作企业建立起健全的风险防范机制，使企业对在生产经营过程中可能出现的各种风险真正做到事前预防、事中控制、事后补救，杜绝引发法律风险。

《深圳证券交易所创业板股票上市规则》要求上市企业每季度都要进行信息披露，这与主板存在很大的不同。这是因为上主板市场的公司都是比较成熟的公司，而在创业板上市的公司都是有很大成长潜力的公司。但是这些公司都存在一个问题，那就是由于处在成长期，变化因素很多，存在非常大的风险。创业板上市公司应当注重创业板规则，更应对自身的法律风险多加防范。

(3)创业板上市的审核重点

针对创业企业的特点，创业企业的业务内含(产品及服务)及其创新、创业企业的成长性及其持续盈利能力，始终是监管部门的审核重点、审核主线。该主线引申出以下监管或审核重点：

①创业企业的业务集中是创业板的基本要求。发行人应当主要经营一种业务，其生产经营活动符合法律、行政法规和公司章程的规定，符合国家产业政策及环境保护政策。主要经营一种业务并不是说企业只能经营一种产品。

②与发行人成长性及持续盈利能力重要相关的几个因素在审核中受重点关注，包括行业情况、技术情况、团队情况、会计情况等。

③行业情况主要关注目前的行业规模、成长性、持续性；关注行业的集中程度；关注行业的政策和环境，是否具有实实在在的政策支持；处于上下游行业的位置及是否处于强势地位；潜在的竞争，特别是高毛利率的情况，是否能够长期维持，先发优势是否明显等。

④技术情况主要关注技术的先进性、创新性及实用性，是否经历过市场的充分考验；关注技术应用的时机；关注核心技术的来源等。

⑤团队情况主要关注团队的执行能力、应变和创新能力，团队的凝聚力等以考察发行人是否具备持续的创新能力。

⑥会计情况则主要关注在新商业模式下某些特殊商业模式或商业行为的收入确认问题，无形资产的确认和计量问题，资产减值、主要税收政策、税种、税率、税负减免。

⑦募集资金投向。秉承主板监管从严的理念，对创业板募集资金使用提出更加严格的要求，与此同时，为体现创业板特点，在强化监管的前提下，创业板募集资金使用应当体现灵活性。

⑧强化未来三年发展规划的披露，以进一步引导创业企业的持续盈利能力和发展方向，要求发行人的规划应当与发行人的资源、招股说明书及其他章节具有逻辑一致性，不能是自己盲目吹嘘的“镜中月，水中花”。

⑨为构建持续发展的发行人主体及其组织基础，强化准入主体的诚信规范，创业板在规定发行人主体的定量标准、存续时间、业务技术及其创新等实质性要求的基础上，对发行人主体的诚信、规范提出具体要求，主要表现在股权、独立性、公司治理、内控制度、会计基础工作规范、资金管理制度、章程、董监高资格等方面，尤其是突出了创业板审计委员会的作用。具体有：

A. 创业板延伸控股股东或实际控制人的诚信合规底线，除要求发行人外，创业板要求发行人的控股股东及其实际控制人最近 3 年内不存在重大违法行为。

B. 发行人的控股股东及其实际控制人应当对招股说明书出具确认意见。同时,对控股股东或实际控制人等所持公司股份实行严格的限售制度。

C. 股权清晰。控股股东和受控股股东、实际控制人支配的股东所持发行人的股份不存在重大权属纠纷。

D. 特别关注发行前 1 年内新增股东的情况,防止私募股权投资(Private Equity,PE)腐败,防止对赌性条款对发行人稳定性及持续经营的影响,同时交易所规定,对申报前(以证监会正式受理时间为准)6 个月内新增股东所持有的股份应当自完成工商变更登记之日起禁售 3 年。

E. 发行人资产完整,业务及人员、财务、机构独立,具有完整的业务体系和直接面向市场独立经营的能力。与控股股东、实际控制人及其控制的其他企业间不存在同业竞争,以及严重影响公司独立性或者显失公允的关联交易。

F. 发行人具有完善的公司治理结构,依法建立健全股东大会、董事会、监事会以及独立董事、董事会秘书、审计委员会制度,相关机构和人员能够依法履行职责。

G. 发行人会计基础工作规范,财务报表的编制符合《企业会计准则》和相关会计制度的规定,在所有重大方面公允地反映了发行人的财务状况、经营成果和现金流量,并由注册会计师出具无保留意见的审计报告。

H. 发行人内部控制制度健全且被有效执行,能够合理保证公司财务报告的可靠性、生产经营的合法性、营运的效率与效果,并由注册会计师出具无保留结论的内部控制鉴证报告。

I. 发行人具有严格的资金管理制度,不存在资金被控股股东、实际控制人及其控制的其他企业以借款、代偿债务、代垫款项或者其他方式占用的情形。

J. 发行人的公司章程已明确对外担保的审批权限和审议程序,不存在为控股股东、实际控制人及其控制的其他企业进行违规担保的情形。

(四)A 股(主板、中小板和创业板)上市的一般流程

公开发行股票并上市应该遵循以下程序:

1. 对企业改制并设立股份有限公司

拟定改制重组方案,聘请保荐机构(证券公司)和会计师事务所、资产评估机构、律师事务所等中介机构对改制重组方案进行可行性论证,对拟改制的资产进行审计、评估,签署发起人协议,起草公司章程等文件,设置公司内部组织机构,设立股份有限公司。除法律、行政法规另有规定外,股份有限公司设立取消了省级人民政府审批这一环节。

2. 对企业进行尽职调查与辅导

保荐机构和其他中介机构对公司进行尽职调查、问题诊断、专业培训和业务指导，学习上市公司必备知识，完善组织结构和内部管理，规范企业行为，明确业务发展目标和募集资金投向，对照发行上市条件对存在的问题进行整改，准备首次公开发行申请文件。目前已取消了为期 1 年的发行上市辅导的硬性规定。

3. 制作申请文件并申报

企业和所聘请的中介机构，按照证监会的要求制作申请文件，保荐机构进行内核并负责向中国证监会尽职推荐；符合申报条件的，中国证监会在 5 个工作日内受理申请文件。

4. 对申请文件审核

中国证监会正式受理申请文件后，对申请文件进行初审，同时征求发行人所在地省级人民政府和国家发展和改革委员会意见，并向保荐机构反馈审核意见，保荐机构组织发行人和中介机构对反馈的审核意见进行回复或整改，初审结束后发行审核委员会审核前，进行申请文件预披露，最后提交发行审核委员会审核。

5. 路演、询价与定价

发行申请经发行审核委员会审核通过后，中国证监会进行核准，企业在指定报刊上刊登招股说明摘要及发行公告等信息，证券公司与发行人进行路演，向投资者推介和询价，并根据询价结果协商确定发行价格。

6. 发行与上市

按照中国证监会规定的发行方式公开发行股票，向证券交易所提交上市申请，在登记结算公司办理股份的托管与登记，挂牌上市，上市后由保荐机构按规定负责持续督导。

(1)股票发行申请经发行审核委员会核准后，取得中国证监会同意发行的批文。

(2)刊登招股说明书，通过媒体巡回进行路演，按照发行方案发行股票。

(3)刊登上市公告书，在交易所安排下完成挂牌上市交易。

（五）主板、中小板和创业板上市条件的对比

表 1　主板、中小板和创业板上市条件对比

条件	主板/中小板①	创业板
主体资格	依法设立且合法存续的股份有限公司	依法设立且持续经营 3 年以上的股份有限公司
经营年限	持续经营时间应当在 3 年以上(有限公司按原账面净资产值折股整体变更为股份公司可连续计算)	持续经营时间应当在 3 年以上(有限公司按原账面净资产值折股整体变更为股份公司可连续计算)
盈利要求	(1)最近 3 个会计年度净利润均为正数且累计超过人民币 3000 万元,净利润以扣除非经常性损益前后较低者为计算依据;(2)最近 3 个会计年度经营活动产生的现金流量净额累计超过人民币 5000 万元;或者最近 3 个会计年度营业收入累计超过人民币 3 亿元;(3)最近一期不存在未弥补亏损	最近 2 年连续盈利,最近 2 年净利润累计不少于 1000 万元,且持续增长;或者最近 1 年盈利且最近 1 年营业收入不少于 5000 万元,最近 2 年营业收入增长率均不低于 30%。净利润以扣除非经常性损益前后孰低者为计算依据(注:上述要求为选择性标准,符合其中一条即可)
资产要求	最近 1 期期末无形资产(扣除土地使用权、水面养殖权和采矿权等后)占净资产的比例不高于 20%	最近 1 期期末净资产不少于 2000 万元
股本要求	发行前股本总额不少于人民币 3000 万元	发行后的股本总额不少于 3000 万元
主营业务要求	最近 3 年内主营业务没有发生重大变化	发行人应当主营业务突出。同时,募集资金只能用于发展主营业务
董事及管理层	最近 3 年内没有发生重大变化	最近 2 年内未发生重大变化
实际控制人	最近 3 年内实际控制人未发生变更	最近 2 年内实际控制人未发生变更
同业竞争	发行人的业务与控股股东、实际控制人及其控制的其他企业间不得有同业竞争	发行人与控股股东、实际控制人及其控制的其他企业间不存在同业竞争
关联交易	不得有显失公平的关联交易,关联交易价格公允,不存在通过关联交易操纵利润的情形	不得有严重影响公司独立性或者显失公允的关联交易

① 中小板上市条件与主板完全一致,中小板是以“小盘”为最突出的特征,流通盘约为 1 亿元以下。

续表

条件	主板/中小板	创业板
成长性与创新能力		发行人具有较高的成长性,具有一定的自主创新能力,在科技创新、制度创新、管理创新等方面具有较强的竞争优势[请参考“两高五新”,即高科技:企业拥有自主知识产权的;高增长:企业增长高于国家经济增长,高于行业经济增长;新经济:(1)互联网与传统经济的结合(2)移动通信(3)生物医药;新服务:新的经营模式如(1)金融中介(2)物流中介(3)地产中介;新能源:可再生能源的开发利用,资源的综合利用;新材料:提高资源利用效率的材料,节约资源的材料;新农业:具有农业产业化,提高农民就业、收入的]
募集资金用途	应当有明确的使用方向,原则上用于主营业务	应当具有明确的用途,且只能用于主营业务
限制行为	(1)发行人的经营模式、产品或服务的品种结构已经或者将发生重大变化,并对发行人的持续盈利能力构成重大不利影响;(2)发行人的行业地位或发行人所处行业的经营环境已经或者将发生重大变化,并对发行人的持续盈利能力构成重大不利影响;(3)发行人最近1个会计年度的营业收入或净利润对关联方或者存在重大不确定性的客户存在重大依赖;(4)发行人最近1个会计年度的净利润主要来自合并财务报表范围以外的投资收益;(5)发行人在用的商标、专利、专有技术以及特许经营权等重要资产或技术的取得或者使用存在重大不利变化的风险;(6)其他可能对发行人持续盈利能力构成重大不利影响的情形	(1)发行人的经营模式、产品或服务的品种结构已经或者将发生重大变化,并对发行人的持续盈利能力构成重大不利影响;(2)发行人的行业地位或发行人所处行业的经营环境已经或者将发生重大变化,并对发行人的持续盈利能力构成重大不利影响;(3)发行人在用的商标、专利、专有技术以及特许经营权等重要资产或者技术的取得或者使用存在重大不利变化的风险;(4)发行人最近1年的营业收入或净利润对关联方或者有重大不确定性的客户存在重大依赖;(5)发行人最近1年的净利润主要来自合并财务报表范围以外的投资收益;(6)其他可能对发行人持续盈利能力构成重大不利影响的情形

续表

条件	主板/中小板	创业板
违法行为	最近36个月内未经法定机关核准，擅自公开或者变相公开发行过证券，或者有关违法行为虽然发生在36个月前，但目前仍处于持续状态；最近36个月内无其他重大违法行为	发行人最近3年内不存在损害投资者合法权益和社会公共利益的重大违法行为；发行人及其股东最近3年内不存在未经法定机关核准，擅自公开或者变相公开发行证券，或者有关违法行为虽然发生在3年前，但目前仍处于持续状态的情形
发审委	2017年7月7日，主板和创业板发行审核委员会合并，人数调整为66人	
初审征求意见	征求省级人民政府、国家发展和改革委员会意见	
保荐人持续督导	首次公开发行股票的，持续督导的期间为证券上市当年剩余时间及其后2个完整会计年度；上市公司发行新股、可转换公司债券的，持续督导的期间为证券上市当年剩余时间及其后2个完整会计年度。持续督导的期间自证券上市之日起计算	在发行人上市后3个会计年度内履行持续督导责任（相关内容在《中国证券监督管理委员会发行审核委员会办法》中得到体现）
创业板其他要求		(1)发行人的经营成果对税收优惠不存在严重依赖；(2)在公司治理方面参照主板上市公司从严要求，要求董事会下设审计委员会，并强化独立董事履职和控股股东责任；(3)要求保荐人对公司成长性、自主创新能力作尽职调查和审慎判断，并出具专项意见；(4)要求发行人的控股股东对招股说明书签署确认意见；(5)要求发行人在招股说明书显要位置做出风险提示，内容为“本次股票发行后拟在创业板市场上市，该市场具有较高的投资风险。创业板公司具有业绩不稳定、经营风险高等特点，投资者面临较大的市场波动风险，投资者应充分了解创业板市场的投资风险及本公司所披露的风险因素，审慎作出投资决定”；(6)不要求发行人编制招股说明书摘要

三、全国中小企业股份转让系统(新三板)

(一)新三板市场概述

2013年12月13日,国务院正式发布《国务院关于全国中小企业股份转让系统有关问题的决定》(国发〔2013〕49号)(以下简称《国务院决定》),明确指出,全国股份转让系统是经国务院批准,依据证券法设立的全国性证券交易场所;证监会就落实《国务院决定》有关事宜答记者问时指出,全国股份转让系统是继沪深交易所之后第三家全国性证券交易场所,在场所性质和法律定位上,与证券交易所相同,都是多层次资本市场体系的重要组成部分。作为全国性证券交易场所,全国股份转让系统定位于非上市公众公司发行和公开转让股份的市场平台,为公司提供股票交易、发行融资、并购重组等资本市场服务,为市场参与人提供信息、技术和培训等服务。

全国中小企业股份转让系统有限责任公司作为全国股份转让系统的运营机构,于2012年8月22日获证监会同意组建,同年9月20日在国家工商总局注册,注册资本30亿元,2013年1月16日正式揭牌运营,由证监会直接管理。公司的宗旨是坚持公开、公平、公正的原则,完善市场功能,改进市场服务,维护市场秩序,推动市场创新,保护投资者及其他市场参与主体的合法权益,推动市场健康发展,有效服务实体经济。

为切实服务好创新型、创业型、成长型中小微企业,《国务院决定》要求,国务院有关部门应当加强统筹协调,为中小微企业利用全国股份转让系统发展创造良好的制度环境,各省(区、市)人民政府要加强组织领导和协调。2014年7月23日国务院常务会议及《国务院关于进一步促进资本市场健康发展的若干意见》(国发〔2014〕17号)等再次强调,要加快完善全国股份转让系统,建立小额、便捷、灵活、多元的投融资机制,支持中小微企业依托全国股份转让系统开展融资,扩大中小企业债务融资工具及规模,促进创新创业、结构调整和经济社会持续健康发展。

(二)新三板挂牌条件①

教育机构中广泛存在教育科技企业,也就是主营业务是开发研究教育机构相关高新技术的企业,比如新道科技等都是研究开发课程,并且自行研发课程软件,再如和君商学的教育产业就是立足于开发互联网教育科技类产品。这些公司都在新三板挂牌,对于这些企业来说充分地了解新三板的挂牌条件十

① 适用法律为《全国中小企业股份转让系统业务规则(试行)》(2013年修订)。

分必要。

1. 依法设立且存续满2年

(1)依法设立,是指公司依据《公司法》等法律、法规及规章的规定向公司登记机关申请登记,并已取得《企业法人营业执照》。

①公司设立的主体、程序合法、合规

A. 国有企业需提供相应的国有资产监督管理机构或国务院、地方政府授权的其他部门、机构关于国有股权设置的批复文件;

B. 外商投资企业须提供商务主管部门出具的设立批复文件;

C.《公司法》修改(2006年1月1日)前设立的股份公司,须取得国务院授权部门或者省级人民政府的批准文件。

②公司股东的出资合法、合规,出资方式及比例应符合《公司法》相关规定

A. 以实物、知识产权、土地使用权等非货币财产出资的,应当评估作价,核实财产,明确权属,财产权转移手续办理完毕;

B. 以国有资产出资的,应遵守有关国有资产评估的规定;

C. 公司注册资本缴足,不存在出资不实情形。

(2)存续2年是指存续2个完整的会计年度。

(3)有限责任公司按原账面净资产值折股整体变更为股份有限公司的,存续时间可以从有限责任公司成立之日起计算。整体变更不应改变历史成本计价原则,不应根据资产评估结果进行账务调整,应以改制基准日经审计的净资产额为依据折合为股份有限公司股本。申报财务报表最近一期截止日不得早于改制基准日。

2. 业务明确,具有持续经营能力

(1)业务明确,是指公司能够明确、具体地阐述其经营的业务、产品或服务、用途及其商业模式等信息。

(2)公司可同时经营一种或多种业务,每种业务应具有相应的关键资源要素,该要素组成应具有投入、处理和产出能力,能够与商业合同、收入或成本费用等相匹配。

①公司业务如需主管部门审批,应取得相应的资质、许可或特许经营权等。

②公司业务须遵守法律、行政法规和规章的规定,符合国家产业政策以及环保、质量、安全等要求。

(3)持续经营能力,是指公司基于报告期内的生产经营状况,在可预见的将来,有能力按照既定目标持续经营下去。

①公司业务在报告期内应有持续的营运记录,不应仅存在偶发性交易或事项。营运记录包括现金流量、营业收入、交易客户、研发费用支出等。

②公司应按照《企业会计准则》的规定编制并披露报告期内的财务报表,公司不存在《中国注册会计师审计准则第 1324 号——持续经营》中列举的影响其持续经营能力的相关事项,并由具有证券期货相关业务资格的会计师事务所出具标准无保留意见的审计报告。

财务报表被出具带强调事项段的无保留审计意见的,应全文披露审计报告正文以及董事会、监事会和注册会计师对强调事项的详细说明,并披露董事会和监事会对审计报告涉及事项的处理情况,说明该事项对公司的影响是否重大、影响是否已经消除、违反公允性的事项是否已予纠正。

③公司不存在依据《公司法》第 180 条规定解散的情形,或法院依法受理重整、和解或者破产申请。

3. 公司治理机制健全,合法规范经营

(1)公司治理机制健全,是指公司按规定建立股东大会、董事会、监事会和高级管理层(以下简称"三会一层")组成的公司治理架构,制定相应的公司治理制度,并能证明有效运行,保护股东权益。

①公司依法建立"三会一层",并按照《公司法》、《非上市公众公司监督管理办法》及《非上市公众公司监管指引第 3 号——章程必备条款》等规定建立公司治理制度。

②公司"三会一层"应按照公司治理制度进行规范运作。在报告期内的有限公司阶段应遵守《公司法》的相关规定。

③公司董事会应对报告期内公司治理机制执行情况进行讨论、评估。

(2)合法合规经营,是指公司及其控股股东、实际控制人、董事、监事、高级管理人员须依法开展经营活动,经营行为合法、合规,不存在重大违法违规行为。

①公司的重大违法违规行为是指公司最近 24 个月内因违反国家法律、行政法规、规章的行为,受到刑事处罚或适用重大违法违规情形的行政处罚。

A. 行政处罚是指经济管理部门对涉及公司经营活动的违法违规行为给予的行政处罚。

B. 重大违法违规情形是指凡被行政处罚的实施机关给予没收违法所得、没收非法财物以上行政处罚的行为,但处罚机关依法认定不属于的除外;被行政处罚的实施机关给予罚款的行为,除主办券商和律师能依法合理说明或处罚机关认定该行为不属于重大违法违规行为的外,都视为重大违法违规情形。

C. 公司最近24个月内不存在涉嫌犯罪被司法机关立案侦查,尚未有明确结论意见的情形。

②控股股东、实际控制人合法合规,最近24个月内不存在涉及以下情形的重大违法违规行为:

A. 控股股东、实际控制人受刑事处罚;

B. 受到与公司规范经营相关的行政处罚,且情节严重(情节严重的界定参照前述规定);

C. 涉嫌犯罪被司法机关立案侦查,尚未有明确结论意见。

③现任董事、监事和高级管理人员应具备和遵守《公司法》规定的任职资格和义务,不应存在最近24个月内受到中国证监会行政处罚或者被采取证券市场禁入措施的情形。

(3)公司报告期内不应存在股东包括控股股东、实际控制人及其关联方占用公司资金、资产或其他资源的情形。如有,应在申请挂牌前予以归还或规范。

(4)公司应设有独立财务部门进行独立的财务会计核算,相关会计政策能如实反映企业财务状况、经营成果和现金流量。

4. 股权明晰,股票发行和转让行为合法合规

(1)股权明晰,是指公司的股权结构清晰,权属分明,真实确定,合法合规,股东特别是控股股东、实际控制人及其关联股东或实际支配的股东持有公司的股份不存在权属争议或潜在纠纷。

①公司的股东不存在国家法律、法规、规章及规范性文件规定不适宜担任股东的情形。

②申请挂牌前存在国有股权转让的情形,应遵守国资管理规定。

③申请挂牌前外商投资企业的股权转让应遵守商务部门的规定。

(2)股票发行和转让合法合规,是指公司的股票发行和转让依法履行必要内部决议、外部审批(如有)程序,股票转让须符合限售的规定。

①公司股票发行和转让行为合法合规,不存在下列情形:

A. 最近36个月内未经法定机关核准,擅自公开或者变相公开发行过证券;

B. 违法行为虽然发生在36个月前,目前仍处于持续状态,但《非上市公众公司监督管理办法》实施前形成的股东超200人的股份有限公司经中国证监会确认的除外。

②公司股票限售安排应符合《公司法》和《全国中小企业股份转让系统业务规则(试行)》的有关规定。

(3)在区域股权市场及其他交易市场进行权益转让的公司,申请股票在全国股份转让系统挂牌前的发行和转让等行为应合法合规。

(4)公司的控股子公司或纳入合并报表的其他企业的发行和转让行为需符合《全国中小企业股份转让系统股票挂牌条件适用基本标准指引(试行)》的规定。

5. 主办券商推荐并持续督导

(1)公司须经主办券商推荐,双方签署了《推荐挂牌并持续督导协议》。

(2)主办券商应完成尽职调查和内核程序,对公司是否符合挂牌条件发表独立意见,并出具推荐报告。

(三)新三板挂牌流程

1. 各个阶段要求与工作

(1)决策改制阶段

决策改制阶段的主要工作为企业下定改制挂牌的决心,选聘中介机构,中介结构尽职调查,选定改制基准日、整体变更为股份公司。

根据挂牌上市规则,股份公司需要依法设立且存续满 2 年。

①依法设立,是指公司依据《公司法》等法律、法规及规章的规定向公司登记机关申请登记,并已取得《企业法人营业执照》。

②存续 2 年是指存续 2 个完整的会计年度。

③有限责任公司按原账面净资产值折股整体变更为股份有限公司的,存续时间可以从有限责任公司成立之日起计算。整体变更不应改变历史成本计价原则,不应根据资产评估结果进行账务调整,应以改制基准日经审计的净资产额为依据折合为股份有限公司股本。申报财务报表最近 1 期截止日不得早于改制基准日。

有限公司整体变更股份公司的基本流程参照主板上市改制要求,整体变更后设立的股份公司应达到以下基本要求:

①形成清晰的业务发展战略目标;

②突出主营业务,形成核心竞争力和持续发展的能力;

③避免同业竞争,减少和规范关联交易;

④产权关系清晰,不存在法律障碍;

⑤建立公司治理的基础,股东大会、董事会、监事会以及经理层规范运作;

⑥具有完整的业务体系和直接面向市场独立经营的能力,做到资产完整、人员独立、财务独立、机构独立、业务独立;

⑦建立健全财务会计制度,会计核算符合《企业会计准则》等法规、规章的

要求；

⑧建立健全有效的内部控制制度,能够保证财务报告的可靠性、生产经营的合法性和营运的效率与效果。

此外,企业申请新三板挂牌,还需要根据《公司法》《非上市公众公司监督管理办法》《全国中小企业股份转让系统业务规则(试行)》《非上市公众公司监管指引第3号——章程必备条款》等相关法律、法规及规则对股份公司的相关要求,在后续工作中落实。

(2)材料制作阶段

材料制作阶段的主要工作包括：

①申请挂牌公司董事会、股东大会决议通过新三板挂牌的相关决议和方案。

②制作挂牌申请文件。

③主办券商内核。

④主办券商推荐等主要流程。主要工作由券商牵头,公司、会计师、律师配合完成。

(3)反馈审核阶段

反馈审核阶段的工作主要是交易所与证监会的审核阶段,历时45~60天,中介机构会根据情况进行反馈。反馈审查的工作流程如下：

①全国中小企业股份转让系统公司接收材料

全国中小企业股份转让系统公司设接收申请材料的服务窗口。申请挂牌公开转让、股票发行的股份公司(以下简称申请人)通过窗口向全国股份转让系统公司提交挂牌(或股票发行)申请材料。申请材料应符合《全国中小企业股份转让系统业务规则(试行)》《全国中小企业股份转让系统挂牌申请文件内容与格式指引(试行)》等有关规定的要求。

全国中小企业股份转让系统公司对申请材料的齐备性、完整性进行检查:需要申请人补正申请材料的,按规定提出补正要求;申请材料形式要件齐备,符合条件的,全国中小企业股份转让系统公司出具接收确认单。

②全国中小企业股份转让系统公司审查反馈

A.反馈

对于审查中需要申请人补充披露、解释说明或中介机构进一步核查落实的主要问题,审查人员撰写书面反馈意见,由窗口告知、送达申请人及主办券商。

B.落实反馈意见

申请人应当在反馈意见要求的时间内向窗口提交反馈回复意见;如需延期

回复，应提交申请，但最长不得超过30个工作日。

③全国中小企业股份转让系统公司出具审查意见

申请材料和回复意见审查完毕后，全国中小企业股份转让系统公司出具同意或不同意挂牌或股票发行（包括股份公司申请挂牌同时发行、挂牌公司申请股票发行）的审查意见，窗口将审查意见送达申请人及相关单位。

（4）登记挂牌阶段

登记挂牌阶段主要是挂牌上市审核通过后的工作，主要工作包括：①分配股票代码；②办理股份登记存管；③公司挂牌敲钟。这些工作都会由券商带领企业完成。

2. 所需中介机构主要职责

新三板挂牌一般需要聘请的中介机构包括：证券公司，即主办券商；会计师事务所；律师事务所；资产评估机构（证券评估资质）。

各机构主要工作如下：

（1）主办券商

主办券商主要负责挂牌公司的改制、挂牌公司的规范、申请材料的制作与内核、挂牌申请及后续的持续督导等工作，具体工作如下：

①按照国家相关法律、法规规定协助企业进行股份制改制、成立股份有限公司，具体工作包括：

A. 对企业进行尽职调查；

B. 协助企业以及会计师事务所、律师事务所等中介机构制定改制的整体方案并进行法律、财务等方面的可行性研究；

C. 组织股份制改制工作小组；

D. 调查企业的资产状况和财务状况，对企业资产状况和财务状况中与改制要求不相符合的部分向企业提出整改的意见或建议，并协助企业以及会计师事务所解决有关财务问题；

E. 协助企业以及律师事务所解决在企业改制过程中的法律问题；

F. 编制企业股份制改制的工作时间表；

G. 协助企业及律师事务所制作、编制有关企业改制设立股份有限公司的申请文件；

H. 协助企业与政府有关主管部门沟通协调以取得股份制改制的所有批准；

I. 协助企业召开创立大会和第1届董事会第1次会议；

J. 协助企业完成有关设立股份有限公司的其他工作。

②对企业改制后设立的股份有限公司进行新三板挂牌前的辅导工作。

③按新三板挂牌的相关规定对股份有限公司进行尽职调查,对发现的问题提出解决办法并协助企业落实相关措施。

④协调、安排中介机构进场进行相关工作,并使其按时制作挂牌申报材料。

⑤协助企业与相关的主管部门沟通,推进企业资本运作、顺利开展挂牌工作。

⑥负责制作企业进行新三板挂牌申请所需材料,并为与之相关联的工作提供参考意见。

⑦企业申请新三板挂牌材料的内核。

⑧向全国中小企业股份转让系统递交挂牌申请的相关材料,并进行及时的反馈。

⑨企业挂牌之后,主办券商应持续督导所推荐挂牌公司诚实守信、规范履行信息披露义务、完善公司治理机制。

(2)会计师事务所

企业申请新三板挂牌,须聘请具有证券从业资格的会计师事务所承担有关审计和验资等工作。主要工作如下:

①负责企业改制的审计,并出具审计报告;

②负责企业资本验证,并出具有关验资报告;

③负责企业财务报表的审计,并出具 2 年及 1 期的审计报告;

④对发行人原始财务报表与申报财务报表的差异情况出具专项意见;

⑤提供与新三板挂牌有关的财务会计咨询服务。

(3)律师事务所

企业申请新三板挂牌,必须依法聘请律师事务所担任法律顾问,其主要工作如下:

①对挂牌企业改制重组方案的合法性进行论证;

②指导挂牌企业股份公司的设立或变更;

③对企业挂牌过程中涉及的法律事项进行审查并协助企业规范、调整和完善;

④对企业主体的历史沿革、股权结构、资产、组织机构运作、独立性、税务等公司法律事项的合法性进行判断;

⑤对企业挂牌过程中的各种法律文件的合法性进行判断;

⑥协助和指导企业起草公司章程等公司法律文件;

⑦出具法律意见书等挂牌所需要的文件;

⑧对有关申请挂牌文件提供鉴证意见。

(4)资产评估机构

企业股改的过程中必须要有证券资质的评估机构。

第二节　境外资本市场

一、美国

(一)纽约证券交易所

1.纽约证券交易所概述

纽约证券交易所(New York Stock Exchange,NYSE,以下简称纽交所)是上市公司总市值第一,IPO数量及市值第一,交易量第二的交易所,有大约2800家公司在此上市,全球市值15万亿美元。1792年5月17日,当时24个证券经纪人在纽约华尔街68号外一棵梧桐树下签署了梧桐树协议,宣告了纽约股票交易所的诞生。至2004年7月,30家道琼斯工业平均指数中的公司除了英特尔和微软之外都在纽交所上市。2005年4月末,纽交所和全电子证券交易所(Archipelago)合并,成为一个营利性机构。2006年6月1日,纽约证券交易所宣布与泛欧证券交易所合并组成纽约泛欧证交所(NYSE Euronext)。

纽交所具有组织结构健全,设备最完善,管理最严格及上市标准高等特点。上市公司主要是全世界较大的公司。中国电信等公司在此交易所上市。

2.纽交所上市条件

在上市热潮下,如何选择不同层次的资本市场?对于发展比较成熟的企业来说在纽交所上市是非常不错的选择,比如新东方,就是在纽交所上市的。对于轻资产的高新技术企业来说,在纳斯达克上市是可取的。但是这其中就要明白在这些场所上市的条件。

(1)纽交所上市条件

若有美国国内公司想要到纽交所挂牌上市,需具备以下几项条件:

①公众持股至少有110万股;

②公众持股份额市值不少于4000万美元;

③拟上市企业持有100股以上的股东人数不少于400名;

④财务标准(二选一):公司前3年的税前利润不低于1000万美元,且最近2年的利润分别不低于200万美元;或全球资产不低于2亿美元。

(2)美国纽交所外国公司上市条件

①社会公众持有的股票数目不少于250万股。

②有100股以上的股东人数不少于5000名。

③公司财务标准(三选其一):A.收益标准:公司前三年的税前利润必须达到1亿美元,且最近两年的税前利润分别不低于2500万美元。B.流动资金标准:在全球拥有5亿美元资产,最近12个月营业收入不少于1亿美元,最近3年流动资金不少于1亿美元,且最近2年的利润分别不少于2500万美元。C.净资产标准:全球净资产至少75,000万美元,最近财务年度的收入至少7500万美元。

④对公司的管理和操作方面的多项要求。

⑤其他有关因素,如公司所属行业的相对稳定性,公司在该行业中的地位,公司产品的市场情况,公司的前景,公众对公司股票的兴趣等。子公司上市标准:子公司全球资产至少5亿美元,公司至少有12个月的运营历史。母公司必须是业绩良好的上市公司,并对子公司有控股权。

(二)纳斯达克证券交易所

1.纳斯达克证券交易所概述

纳斯达克证券交易所(NASDAQ)始建于1971年,是一个完全采用电子交易、为新兴产业提供舞台的股票市场,也是目前全世界最大的股票电子交易市场之一,每天在美国市场上换手的股票中有超过半数的交易在纳斯达克上进行。尽管人们普遍认为谷歌、苹果、微软等企业的成功与他们在纳斯达克完成了惊险一跃密不可分,但实际上正好相反,正是信息和服务业的兴起催生了纳斯达克证券交易所。纳斯达克证券交易所是全球首家电子化的股票市场,通过应用先进的技术和信息——计算机和电信技术使它在全球股票市场中独树一帜,成为世界主要股票市场中成长速度最快的市场。

纳斯达克证券交易所是完全的电子证券交易市场,全球第二大证券市场,证券交易活跃。它采用证券公司代理交易制,按上市公司大小分为全国板和小板。面向的企业多是具有高成长潜力的大中型公司,而不只是科技股。

2.纳斯达克上市条件

2017年5月25日,商务部正式发布《关于中美经贸关系的研究报告》(以下简称《报告》)。《报告》指出,越来越多的中国企业选择在美国金融市场上市。截至2017年2月,共有约130家中国企业在纳斯达克交易所上市,70余家中国企业在纽交所交易。中国的教育科技类企业在自身业务比较稳定的情况下,可以去纳斯达克交易所上市。纳斯达克证券交易所的上市条件如下:

(1)NASDAQ 资本市场上市应满足净利润标准、股票市值标准和净资产标准(三者之一):

①净利润标准:最近会计年度(持续 2 年)或最近 2 个会计年度(持续经营 3 年)最低为 75 万美元的净利润。

②股票市值:净利润标准不少于 500 万美元;净资产标准和股票市值标准不少于 1500 万美元。

③净资产:净利润标准和股票市值标准不少于 400 万美元;净资产标准不少于 500 万美元。

④股东人数:需有 300 名以上的股东。

⑤公众持股份额:不少于 100 万股。

⑥财务报表:每年的年度财务报表必需提交给证监会与公司股东们参考。

⑦做市商:最少须有三位做市商(Market Maker)参与此案[每位登记有案的 Market Maker 须在正常的买价与卖价之下有能力买或卖 100 股以上的股票,并且必须在每笔成交后的 90 秒内将所有的成交价及交易量回报给美国证券交易商协会(NASD)]。

(2)NASDAQ 全球市场上市应满足利润标准、股票市值标准、净资产标准、总资产或总收入标准(四者之一):

①税前利润标准:最近 2 年中最近一年或 3 年中前 2 年分别税前利润不少于 100 万美元。

②净资产:利润标准不少于 1500 万美元;净资产标准不少于 3000 万美元。

③股票市值:股票市值标准不少于 7500 万美元。

④总资产或总收入:总资产或总收入标准不少于 7500 万美元。

⑤公众持股份额:公众持股份额不低于 110 万股。

⑥公众持股市值:利润标准不少于 800 万美元;股票市值标准不少于 2000 万美元;净资产标准不少于 1800 万美元;总资产或总收入标准不少于 2000 万美元。

⑦股东人数:需有 400 名以上的股东。

⑧财务报表:每年的年度财务报表必需提交给证监会与公司股东们参考。

⑨做市商:最少须有三位做市商的参与此案(每位登记有案的做市商须在正常的买价与卖价之下有能力买或卖 100 股以上的股票,并且必须在每笔成交后的 90 秒内将所有的成交价及交易量回报给美国证券交易商协会)。

(三)美国 IPO 上市流程

满足上市条件还仅仅是一个方面而已,后续的上市流程中如果不符合规定也很可能导致上市之路出现障碍,这就需要对上市流程也加了解。在美国上市更需要了解国外的法律规定。

1. 选择中介机构

公司改制境外上市过程中涉及的中介机构及主要职责:

(1)财务顾问。财务顾问是负责公司改制工作的总体协调机构,协助制定改制重组方案,负责与其他各中介机构和企业有关部门协调,是未来上市的辅导机构。

(2)土地评估师。土地评估师负责协助办理土地权证,完成土地评估报告,负责土地评估报告的核准,协助取得国土资源部关于土地使用权的处置批复。

(3)资产评估师。就资产评估问题与国有资产管理部门沟通,完成资产评估报告,与审计师对账,负责资产评估报告的核准。

(4)国际会计师事务所。负责出具财务审计报告、验资报告、公司筹备期间的财务审计报告,以及管理建议书,并就公司的内部控制情况进行评价。

(5)境内外律师。负责法律尽职调查,出具国有股权管理法律意见书和股份公司设立法律意见书,协助企业就改制法律问题与监管机构沟通,并拟定公司章程,境外律师就是否符合境外上市地上市条件出具相关法律文书。

(6)物业评估师。如要在香港地区交易所上市的话,按照香港地区交易所的要求,需要聘请有香港地区执行资格的物业评估师来对上市企业的物业(土地和房屋)进行评估,出具物业评估报告。

2. 向境外证监会或交易所提出申请(聆讯)

企业在拿到国内监管机构准许上市的有关批文和律师出具的有关法律意见书后,即可向境外交易所提交第一次申请上市的材料,由美国证券交易委员会(SEC)登记。

(1)准备登记文件

根据1933年《美国证券法》企业发行证券必须进行注册登记,向SEC递交公告,披露与此次发行相关的信息,也就是提交注册登记说明书。注册登记说明书由两部分组成:招股书及注册说明书,正式招股书会注明注册的生效时间、发行时间、发行价和其他相关信息;但这时用于申报的是非正式招股书,用红墨印刷,俗称"红鲱鱼"(preliminary prospectus,初步招股书),提醒读者这是非正式版本。其主要内容包括:封面、概要、公司、资金投向、分配政策、股权摊薄、资本化、财务数据摘要、管理层的讨论、管理层及主要股东、法律诉讼、证券介绍、总结。

注册登记说明书的内容包括:承销费用、董事及管理层的酬金、公司未登记的证券、其最近交易情况及附件和财务报表目录。

(2)有关规则

美国证券交易委员会(SEC)制定的关于证券市场信息披露的各种规则、规定包括《财务信息披露内容与格式条例》(《S—X 条例》)、《非财务信息披露内容与格式条例》(《S—K 条例》)10—K、10—Q 等;第三层次为交易所制定的有关市场规则。①

在 1933 年《美国证券法》和 1934 年《美国证券交易法》中,明确的规定主要集中在 S—K 条例、S—X 条例和 C 条例中。

①S—K 条例:具体规定了注册登记书中除财务外的部分资料的内容。

②S—X 条例:规定财务报告的内容。会计师应该非常熟悉 S—X 条例,企业应与会计师一同填写有关的财务资料。

③C 条例:规定程序化内容。如注册登记时遵循的步骤,注册登记说明书纸张的大小、数量及其他细节。

④财务报告发布:强化了 S—X 条例中对财经信息披露的要求。

⑤SEC 联合会计报告:属补充性资料。说明 SEC 职员对会计制度的理解和中国企业境外上市法律实务。

(3)填写各种表格

根据《1933 年证券法》授权,如果 SEC 认为目录 A 要求的信息或文件不适用于某类证券,或者认为登记文件不提供这类信息或文件也足以保护投资者,那么它有权制定规则或条例免除这类信息披露;相反,如果 SEC 认为增加对信息和文件的披露对维护公共利益或保护投资者来说是必要和适当的,它也有权制定规则或条例要求发行人披露。据此授权,SEC 先后制定出 S 系列表格和 F 系列表格,分别适用于美国发行人和外国(非美国)发行人的发行登记披露。中国企业在美国间接上市即应当选用 S 系列表格,直接上市时则应当适用 F 系列表格。②

注册登记说明书的具体规定主要体现在 S－1 至 S－18 表格里,其中 S－1 是最重要的注册登记表格。为了简便起见,SEC 又采纳了 SB－1(规模小于 1000 万美元的证券)和 SB－2(规模不限制),这两种格式的运用范围最为广泛。

表格 S－4 针对收购,表格 S－6 针对信托投资公司,表格 S－8 针对发行的

---

① 贾俊梅:《中美会计信息披露规范体系及监管职责划分的比较》,载《经济技术协作信息》2006 年第 18 期。

② [美]詹姆斯·B. 阿克波尔:《如何在美国上市:企业上市指南》,郑晓舟译,中国财政经济出版社 1998 年版,第 163 页。

股票并为职工股票选择权利或盈利计划，表格 S－11 针对房地产公司与投资公司。SEC 在审查上述注册登记文件及表格时，为证明其真实性和准确性，通常还会要求董事出具宣誓书。内容包括：工作经历，与拟上市公司的关系，在其他公司担任的职位，教育背景，曾参与过的业务组织，公司过去 5 年中聘请的律师、会计师，过去 10 年中参与的证券发行工作，过去与现在的受托管理关系，个人酬金，所持有的公司证券、过去或即将与公司进行的所有交易。

(4)提交登记

①预备会议

初次上市的公司，为了完善招股说明书的内容，可以选择与 SEC 有关人员开个见面会，以得到以下具体指导：帮助公司完善有关文件；咨询如何处理法律及会计问题；就已有的不十分明确的法规向 SEC 人员咨询；搞清某些可能会对注册登记产生影响的具体事项，以避免注册登记报告递交后不必要的等待；就有关特殊问题作出有限度的问答。

在预备会议之前，公司与有关中介如承销商、律师应准备好问题及有关材料，以便在会上与 SEC 人士探讨。

②正式登记

当公司按规定递交注册登记证明书后，SEC 有一个专门的小组来处理，其人员包括：律师、会计师、分析师及行业专家，他们会对注册登记说明书与 SEC 的要求是否相符进行确认，并对里面的所有信息作彻底的检查和证实。根据有关规定，注册登记自递交之日 20 天后自动生效，但也有 20 天生效期自动延长的条款。正常情况下，申请登记人一般会在首次递交报告后 4～6 个星期收到 SEC 的第一封意见信。

③意见信

SEC 对公司提交的注册登记说明进行审查后，会发出一封意见信。其主要表明 SEC 成员认为公司该如何修改招股书，使其更完善、更准确。其内容主要包括：公司目前情况、业务、产品及服务如何；关于新产品的所有信息都已披露，包括开发、生产、营销及配售满意程度；管理层人员的背景和经历是否有虚假成分或者没有全面披露；所有的关联交易是否全部披露了；要求对财务报表披露进行解释并加入风险因素；管理层对业务的分析和论述是否充分。

(5)修改报告

公司应根据 SEC 的意见信，修改自己的注册登记书，主要有以下形式：

①延迟修改报告：要求延长 20 天的注册登记失效期，以避免注册登记失效。

②实质修正报告:弥补注册登记说明书中的一些缺陷。

③价格修正报告:对发行价和最终的发行数进行确认。

(6)SEC 复核

复核的目的是证明公司的信息披露是否恰当,一般以信件或电话的方式表述自己的观点,分为以下几种复核方式:

①延迟复核:如果 SEC 认为注册登记报告完全没有可看之处,会发一封建议函,建议注册登记人撤回注册登记,否则发出中止命令。

②粗略复核:若 SEC 认为注册登记书没有太大的问题,可要求公司的中介机构承担相应的法律责任。

③概要复核:SEC 成员就有限的问题进行指点。

④最终复核:由复核小组中的各方专家对注册登记证明书进行全面复核,再由主管出具一份详细的意见信。

(7)通过或中止命令

如果 SEC 发出要求暂停注册登记说明书生效的命令,则表明公司不得发行上市,否则违法。

如果 SEC 不对经修改后的注册登记说明书提出任何意见,则表明通过,注册登记说明书在 20 日内自动生效。

(8)NASD 复核

在美国,公司注册登记发行股票,还必须得到美国证券交易商协会(National Association of Security Dealers,NASD)的批准。其复核主要依据 S—K 条例对注册登记说明书的内容以及承销商的佣金进行审查,目的是了解承销商的佣金是否合理,以保证广大公众投资者的利益。

3. 路演及定价

(1)路演

路演(Road Show)是投资者与证券发行人在充分交流的条件下促进股票成功发行的重要推荐手段。主要指证券发行人在发行前,在主要的路演地对可能的投资者进行巡回推荐活动。昭示将发行证券的价值,加深投资者的认知程度,并从中了解投资人的投资意向,发现需求和价值定位,确保证券的成功发行。

网上路演,是指证券发行人和网民通过互联网进行互动交流的活动。通过实时、开放、交互的网上交流,一方面可以使证券发行人进一步展示所发行证券的价值,加深投资者的认知程度,并从中了解投资人的投资意向,为投资者答疑解惑;另一方面使各类投资者了解企业的内在价值和市场定位,了解企业高管人员的素质,从而更加准确地判断公司的投资价值。

在海外股票市场,股票发行人和承销商要根据路演的情况来决定发行量、发行价和发行时机。众所周知,搜狐在纳斯达克发行股票时,就是根据当时情况,将发行价进行调整后才得以顺利发行的。中国联通在我国香港地区招股时,则是早期定价比较保守,后来又根据路演情况调高了招股价。当然,也有路演失败的案例,比如中海油的海外融资,在路演过程中投资者对公司反应冷淡,公司虽然宣布缩减规模并降低招股价,市场仍然没有起色,加上有关部门的意见分歧,招股计划只好放弃,转而等待下一个机会。所以,从路演的效果往往能够看到股票发行的成败。

由于国外与国内的市场参与者的结构不同,国外主要是机构投资者,新股发行公司可以通过路演与之沟通,而在国内,中小散户是证券市场的生力军,而且存在信息不对称的问题。因此,在国内,网上路演更重要、更流行,它是实现新股发行公司和中小投资者进行沟通的有效途径,并将起到舆论监督、强化信息披露、增加新股发行透明度的作用。

(2)定价

定价需要在中介机构和分析师的帮助下完成。国际新股发行定价是一个高度市场化的过程。在信息充分披露的严格监管要求及国际资本市场高度竞争的前提下,买卖双方最终达成的价格是公平的价格。具体来说,企业境外上市定价过程主要分为三个阶段:基础分析、市场调查以及路演定价。

第一阶段是基础分析,是指拟上市企业的保荐人或承销商通过尽职调查,研究了解企业现状,和企业一起解决历史存在问题,挖掘未来增长潜力,引进新的管理体制与机制,并制定未来业务发展战略与计划(包括引进战略投资者)。经过这一重组过程,企业价值得到充分体现和提升,并达到上市的监管与披露标准。在此基础上,承销商分析企业的业务发展前景和未来财务表现等多种影响企业未来价值的基本要素,与市场可比公司做出对比。同时考虑国际资本市场环境,对拟上市企业的估值作出一个初步的预测。

第二阶段是市场调查,即承销商向国际投资者介绍拟上市公司的投资故事及其估值分析,投资者根据承销商的推介以及自己的研究,对公司的估值作出初步判断,并反馈给承销商和发行人。如果国际投资者认可公司的发展前景,他们可能接受较高的估值;反之,接受的估值将较低,甚至拒绝参与认购拟上市公司的股票。

第三阶段是路演定价,管理层同投资者进行一对一路演和最后定价。这是海外发行定价过程的最后一个阶段,也是最重要的一个环节。对许多海外长线机构投资者而言,管理层的能力和表现是公司股票长期增值最根本的保证。如果管理层推介效果良好,投资者将能接受在发行价格区间里更高的价格,认购也会更踊跃。如果条件允许,在路演过程中甚至可以提高发行价格区间。

美国新股发行定价模式以累计投标方式为主。美国证券市场上重要的机构投资者有养老基金部、人寿保险基金部、财产保险基金部、共同基金部、信托基金部、对冲基金部、商业银行信托部、投资银行部、大学基金会、慈善基金会,一些大公司也设有专门负责证券投资的部门。这些机构投资者大都是以证券市场作为主要业务活动领域,运作相对规范,对证券市场熟悉。这些机构投资者经常参与新股发行,对不同发行公司的投资价值判断比较准确。由于机构投资者素质比较高,以这些机构投资者的报价作为定价的主要依据相对可靠。当然美国市场在新股发行定价中券商针对采用代销方式承销的小盘股也采用了固定价格发行方式,但从美国证券市场的实际情况来看这不是新股发行定价方式的主流。

4. 证券承销

证券发行需要承销商将发行人发行的证券承销出去,而证券承销就是通过承销商将公司拟发行的新股票发售出去。

(1)证券承销一般可以分为以下几种类型

①按承销证券的类别可以分为中央政府和地方政府发行的债券承销、企业支行的债券和股票承销、外国政府发行的债券承销和国际金融机构发行的证券承销等。

②按证券发行方式分为私募发行承销和公募发行承销。公募发行是指把主券商发行给广大社会公众;私募发行是指把证券发行给数量有限的机构投资者,如保险公司、基金公司等。私募发行方式一般较多采用直接销售方式,不必向证券管理机关办理发行注册手续,因此可以节省承销费用;而公募发行则要通过烦琐的注册手续,如在美国发行的证券必须在出售证券的所在州注册登记。

③按承销协议的不同可分为包销和代销。证券代销是指投资银行代发行人发售证券,将未出售的证券全部退还给发行人的承销方式。证券包销是指投资银行将发行人的证券按照协议全部购入或者在承销期结束时将售后剩余证券全部自行购入的承销方式,通常,几乎所有的承销都采取包销方式。包销方式将发行人的风险全部转移到投资银行身上,发行人因此必须付给投资银行更多的

报酬。

(2)承销程序

①发行准备阶段:发行人根据自身的经营情况,提出融资需要后,投资银行利用其经验、人才及信息上的优势,在对发行人的基本情况(包括公司发展历史、财务状况、组织结构状况、募集资金的投向、拟发行证券在市场上的受欢迎程度、领导成员等)进行详细调查、研究、分析的基础上,就证券发行的种类、时间、条件等向发行人提出建议。如果双方能就此次承销达成初步意向,投资银行还要向发行人提供其所需的资料,包括宏观经济分析、行业分析、同行业公司股票状况等,以供参考。

②签订协议阶段:当发行人确定证券的种类和发行条件,并且报经证券管理部门(如美国的证券交易委员会,SEC)批准后,与投资银行签订协议,由投资银行帮助其销售证券。承销协议的签订是发行人与投资银行共同协商的结果,双方都应本着坦诚、信任的原则。比如发行价格的确定就要兼顾发行人和投资银行双方的利益:过高的价格对发行人有利,可以使发行人获得更多的融资款,为公司未来的发展打下良好的基础,但投资银行可能要冒很大的发行失败风险;过低的价格则相反,投资银行乐于接受,而发行人的筹资计划可能会流于失败。因此,投资银行与发行人之间应综合考虑股票的内在价值、市场供求状况及发行人所处的行业发展状况等因素,定出一个合理的、双方都能接受,并能使承销获得成功的价格。当发行人的证券数量数额较大时,一家投资银行可能难以承受,则牵头经理人(Lead Manager,最早的那家投资银行)可以组成辛迪加(Syndicate)或承销团,由多家投资银行一起承销。如果牵头经理人不止一家,那么多家投资银行就被称为联合牵头经理人(Co-lead Manager)。除了牵头经理人,承销团里还有经理人(Manager)、主承销商(Lead Underwriter)、辅承销商(Sub-underwriter)和次承销商(Minor Underwriter),各家投资银行在承销团中的地位是由其承销的股份数额决定的。

③证券销售阶段:投资银行与证券发行人签订协议后,便着手证券的销售,把发行的证券销售给广大投资者。当然,在私募发行方式中,投资银行只把证券销售给机构投资者,因此,投资银行在此环节的作用得到弱化。投资银行组织一个庞大的承销集团,集团中不仅包括经理人和承销商,还包括非辛迪加的成员,强大的销售网络使证券的顺利销售得到实现。

（四）美国主板与创业板上市条件比较

表 2　美国主板与创业板上市条件比较

项目	美国主板	美国创业板资本市场净收益标准
实收资本	无具体要求	企业资产净值要求在 400 万美元以上
营运记录	须具备 3 年业务记录，发行人最近 3 年主要业务和管理层没有发生重大变化，实际控制人没有发生变更，采用《美国会计准则》	至少 2 个财政年度的营业记录期
盈利要求	3 年累计税前收益 1 亿美元，最近 2 年不少于 2500 万美元；或在全球拥有不少于 5 亿美元资产，过去 12 个月营业收入至少 1 亿美元，最近 3 年流动资金至少 1 亿美元且最近 2 年的利润分别不低于 2500 万美元	净资产不少于 400 万美元；持续运营期间 2 年中的最近 1 个会计年度或者 3 年中的最近 2 个会计年度净收入不低于 75 万美元
最低公众持股量	社会公众持有的股票数目不少于 250 万股；有 100 股以上的股东人数不少于 5000 名	110 万股
最低市值	公众持股市值不低于 1 亿美元	公众持股市值不低于 500 万美元
证券市场监管	其机制比较成熟，监管制度和监管力度较强，市场化程度高，政府的监管手段结合市场的力量对上市公司构成极大的约束，一旦上市公司出现违法违规，处罚严厉	

（五）中国公司进入美国资本市场的主要方式

1. IPO 上市

美国证券法规定境外公司在美国的普通股首次公开发行的监管与本土公司完全一致。毫无例外，该境外公司必须进行注册。另外根据公司的规模以及以前在美国的披露情况，美国证监会还制定了不同的表格，以供境外公司注册使用。基本上，境外公司与美国公司一样，必须以同样的格式向美国证券委员会（SEC）和投资人披露同等的信息。对于境外公司来说，美国证券市场的披露制度是非常严格的。美国的财务披露和会计准则比许多国家的都要更加详细和严格。对此，很多境外公司不适应此种严格的监管制度，因此美国证监会许可境外公司将其财务报表调节至符合美国的会计原则,并不一定要实际地按照美国标准来制作。此外,境外公司的股票一旦公开交易,该公司还必须按照美国证券交易法的规定定期向美国证券委员会报告。

2. 美国存托凭证挂牌(ADR)

存托凭证是一种代表拥有外国公司股权的可转让证明,可在美国证券市场以美元报价、交易。存托凭证是美国投资者买卖外国公司股票的工具。根据美国证券法,存托凭证可被看作美国国内证券,任何外国公司如想在美国融资或吸纳美国投资均可发行存托凭证。迄今为止,还有中国联通、中国移动、中石化等公司通过此方式在美国上市。

存托凭证种类很多,按用途不同分不同等级。一级存托凭证,只允许通过柜台交易(OTC)方式买卖,不可以在证交所挂牌交易。二级存托凭证可以在证交所挂牌交易。一、二级凭证主要用于扩大股东规模。三级存托凭证可在美国主要证交所交易、买卖,主要用途是市场融资。

3. 私募资金和美国证券法 144A 条例

私募资金是一种避免美国证券法要求的注册,而又能在美国出售证券的做法。但是,美国证券法规对于出售私募证券有很多限制。美国证监会 1990 年采纳的 144 A 条例允许将某些符合条件的证券出售给合格机构投资人,而不需履行证券法的披露义务。但与 144 A 条例关联的交易必须符合基本条件:(1)该证券必须只能出售给合格机构投资人;(2)证券发行时,该证券不能与在美国的任一证交所交易或是在如纳斯达克的券商询价系统报价的证券属同一种类;(3)卖家和未来的买家必须有权利获得发行公司的一些从公众渠道尚未得知的信息;(4)卖家必须确认,买家知道卖家可以依据 144 A 条例来免除证券法的登记要求。144A 条例还规定了合格机构投资人的条件。合格机构投资人通常包括美国银行、信用社和注册券商。

4. 反向收购

近年来,不少中国民营企业通过反向收购(Reverse Merger)的方式在美国上市。反向收购也称 Reverse Takeover(RTO),俗称借壳上市,是一种简化快捷的上市方式,是指一家私人公司通过与一家没有业务、资产和负债的上市公司合并,该私人公司反向并入该上市公司,该上市公司成为一个全新的实体。该上市公司也称为壳公司。私人公司并入上市公司后持有多数股权。

与 IPO 相比,反向收购具有上市成本明显降低、所需时间少以及成功率高等优势,一旦成为上市公司,公司的前景颇为可观;上市公司的市场价值通常远远高于同等行业、同等结构的私人公司;上市公司更易于筹集资金,因为其股票有市场价值而且可以交易;可以利用股票收购,因为公开交易的股票通常视为并购的现金工具。

但是,反向收购并非一蹴而就的获取资金的捷径,其只是募集资金的间接途径。所以,这一方式仅适宜于那些对资金的需求并不是特别急切,将要经历很长时间才能达到上市公司的规模和水平的公司,有助于其实现融资的长期目标。

二、我国香港地区

我国香港地区是一个有效的、容量大的、全方位的融资市场。所谓全方位,是指不仅大型企业可以在我国香港地区上市,中小型企业也可以;不仅国营、国有控股企业可以上市,民营企业也可以。我国香港地区有主板和创业板两个不同的上市板块,适合不同发展程度的企业在香港上市。此外,教育机构在我国香港地区上市也有很多优势。

(一)我国香港地区证券市场概述

我国香港地区的证券交易最早见于19世纪中叶。到1891年香港经纪协会成立时,我国香港地区开始有正式的证券交易市场。该会于1914年易名为香港经纪商会。我国香港地区第二间交易所——香港股份商会于1921年注册成立。两所于1947年合并成为香港证券交易所,并合力重建第二次世界大战后的香港股市。此后,我国香港地区经济快速发展,促成另外三家交易所的成立——1969年的远东交易所、1971年的金银证券交易所以及1972年的九龙证券交易所。

在加强市场监管和合并四所的压力下,四所时代于1986年3月27日画上句号,香港联合交易所有限公司(联交所)在1980年注册成立并于1986年4月2日开始运作。联交所与香港期货交易所(期交所)于2000年前实行股份化,于2000年3月6日与香港中央结算有限公司(香港结算)合并于单一控股公司香港交易及结算所有限公司(香港交易所)旗下,并在同年6月27日以介绍方式在联交所上市,成为世界首批上市的交易所集团之一。

业务产品:我国香港地区交易所集团经营证券和衍生产品以及相关的交易及结算服务,上市证券品种丰富,包括现货、期货和期权交易等市场,也是香港地区上市公司的前线监管机构。集团的全资子公司还包括全资控股的国际性金属交易所——伦敦金属交易所(London Metal Exchange,LME)。

业绩:我国香港地区证券市场是全球重要的证券市场之一。截至2016年6月30日,港股总市值约23万亿港元,全球排名第8位,日均成交额约657亿港元。香港地区上市公司共有1902家(包括主板和创业板)。在香港地区上市的中国内地企业966家(包括152家红筹公司、231家H股公司及583家民营企业),上市公司总数占比达到51%,总市值及成交金额约占整体市场的70%。

(二)我国香港地区联交所概述

香港联交所证券市场有主板和创业板两个交易平台,为不同类型的公司提供集资市场。截至2015年12月31日,在香港联交所证券市场主板居于主导地位。主板中,金融行业的市值占比高达28%,为市值占比最高的行业;消费类公司数量约36%,为数量最多的行业。油气服务、金融业特色公司(如交易所、资产管理公司等)、可选消费(如电影与娱乐、专卖店、博彩、餐饮等)、电信和科技(电信公司、互联网与软件)等行业也占比较大。主板为业务基础较稳健而又符合盈利或其他财务要求的公司而设的市场。在主板上市的公司包括大型公司及银行以及公营机构及地产发展商。创业板为业务基础较稳健而又符合盈利或其他财务要求的公司而设的市场。在主板上市的公司包括大型公司、银行、公营机构及地产发展商。

表3 香港交易所2017年第一季度业绩报告

3月31日主板上市公司数目	1732	1656
3月31日创业板上市公司数目	277	277

(三)上市条件与流程

1. 主板上市

(1)上市条件

①市场目的:为众多包括为较大型、基础较佳以及具有盈利记录的公司筹集资金。

②盈利要求:采“盈利测试”标准,上市前3年合计盈利5000万港元(最近1年须达2000万港元,再之前2年合计3000万港元)。

③营业记录:须具备3年的业务记录。

④有关营业记录规定的弹性处理:联交所只接受基建或天然资源公司或在特殊情况下公司的“活跃业务记录”少于2年。

⑤主营业务:并无有关具体规定,但实际上,主线业务的盈利必须符合最低盈利的要求。

⑥附属公司经营的活跃业务:联交所将要求发行人必须对其业务拥有控制权。

⑦管理层、拥有权或控制权:至少前3个会计年度的管理层维持不变;至少

经审计的最近 1 个会计年度的拥有权和控制权维持不变。

⑧业务目标声明：须载列申请人的整体业务目标，并解释公司如何计划于上市那一个财政年度的余下时间及其后 2 个财政年度内达至该目标。

⑨最低市值：新申请人预期在上市时市值不低于 4 亿港元；采"市值/收益/现金流量测试"标准的，上市时市值至少为 20 亿港元；采"市值/收益测试"标准的，上市时市值至少为 40 亿港元。

⑩股东人数：于上市时最少须有 100 名股东，而每 100 万港元的发行额须由不少于 3 名股东持有。

⑪主要股东的售股限制：上市后 6 个月内不得售股，其后 6 个月内仍要维持控股权。

⑫竞争业务：公司的控股股东（持有公司股份 35% 或以上者）不能拥有可能与上市公司构成竞争的业务。

⑬信息披露：一年两度的财务报告。

⑭包销安排：公开发售以供认购必须全面包销。

（2）上市流程

①首先提出上市申请，预约暂定聆讯日期。

②聆讯日期至少 25 个营业日之前需要提交上市申请表格，支付首次上市费，根据《主板上市规则》第 9.11（1）条至第 9.11（5）条的规定，提交的文件包括：招股章程较为完备的初稿连同一份上市文件初稿或草稿的只读光碟（第三个财政年度的账目至少应为初稿格式）；保荐人及董事/拟担任董事提出所有要求豁免遵守《上市规则》规定及《公司（清盘及杂项条文）条例》条文的定稿或接近定稿的版本；每位新申请人委任的董事/监事所签署发出的书面确定；每名董事/监事拟担任董事/监事就某些事宜所签署发出的书面确认及承诺；所有要求的豁免应遵守《上市规则》规定以及《公司条例》条文的初稿；任何账目调查表的初稿；如属预托证券上市，预托协议初稿及预托证券的证书样本，并由规管预托协议的司法管辖区的法律顾问发出的法律意见。

③在暂定聆讯日期前至少 15 个营业日之前应根据《主板上市规则》第 9.11（10）条的规定提交文件，包括：盈利预测定稿或接近定稿的版本以及现金流量预测的备忘录的定稿或接近定稿的版本。

④在暂定聆讯日期前至少 4 个营业日之前应根据《主板上市规则》第 9.11（18）条至第 9.11（23）条的规定提交文件，包括：上市文件定稿连同载有同一版本的上市文件的只读光碟 2 份；预托协议、所有有关遵守《上市规则》规定及《公

司(清盘及杂项条文)条例》条文的已签立的豁免申请。

⑤如果被推荐,则由上市委员会进行聆讯;如果上市申请被拒绝,可酌情向上市委员会提出上诉。

⑥上市委员会进行聆讯后如果拒绝,可向上市(复核)委员会提出上诉;如果批准上市,根据《主板上市规则》第9.11(24)条至第9.11(28)条规定提交文件。

⑦在上市委员会聆讯申请后,上市文件刊发日期之前,根据《主板上市规则》第9.11(29)条至第9.11(32)条提交相关文件。

⑧刊发招股章程及正式通告,证券开始买卖。同时应依据《主板上市规则》第9.11(33)条,不迟于预计批准招股章程注册当日早上11时将有关文件送达香港联交所;依据《主板上市规则》第9.11(34)条及第9.11(38)条,于招股章程刊发后,但于有关证券买卖开始之前,将有关文件送至香港联交所。

2. 创业板上市

(1)上市条件

①市场目的:为有主营业务增长的公司筹集资金,行业类别及公司规模不限。

②盈利要求:不设盈利要求。前2个财政年度经营业务所得的净现金流入总额必须最少达到2000万港元。

③营业记录:须显示公司有紧接递交上市申请前24个月的“活跃业务记录”。

④主营业务:须主要经营一项业务而非两项或多项不相干的业务,不过,涉及主营业务的周边业务是容许的。

⑤附属公司经营的活跃业务:申请人的活跃业务可由申请人本身或其一家或多家附属公司经营。若活跃业务由一家或多家附属公司经营,申请人必须控制有关附属公司的董事会,并持有有关附属公司不少于50%的权益。

⑥管理层、拥有权或控制权:除非在联交所接纳的特殊情况下,否则申请人必须于活跃记录期间在基本上相同的管理层及拥有权下运营。

⑦业务目标声明:须载列申请人的整体业务目标,并解释公司如何计划于上市那一个财政年度的余下时间及其后两个财政年度内达至该目标。

⑧最低市值:股票无具体规定,但实际上在上市时不能少于1亿港元,公众人士持有的股本证券的市值不少于3000万港元;期权、权证或类似权利,上市时市值须达600万港元。

⑨最低公众持股量:一般而言,发行人已发行股份数目总额最低公众持股量

须为25%,例外的是若发行人预期在上市时的市值逾100亿港元,另外交易所也确信该等证券的数量,以及其持有权的分布情况,仍能使有关市场正常运作,则交易所可酌情接纳介乎15%~25%的一个较低的百分比。

⑩管理层股东及高持股量股东的最低持股量:在上市时管理层股东及高持股量股东必须共持有不少于公司已发行股本35%的股份。

⑪股东人数:于上市时公众股东至少有100名。

⑫主要股东的售股限制:管理层股东必须接受为期12个月的售股限制期,在这一期间,各持股人的股份将由托管代理商代为托管。高持股量股东则有半年的售股限制期。

⑬竞争业务:只要于上市时并持续地作出全面披露,董事、控股股东、主要股东及管理层股东均可进行与申请人有竞争的业务(主要股东则不需要作持续全面披露)。

⑭信息披露:按季披露,中期报和年报中必须列示实际经营业绩与经营目标的比较。

⑮包销安排:无硬性包销规定,但如发行人要筹集新资金,新股只有在招股章程所列的最低认购额达到时方可上市。

(2)上市流程

①首先提出上市申请,预约暂定聆讯日期。

②在聆讯日期至少25个交易日之前提交排期申请表格,附有上市时间表;支付首次上市费用,提交《创业板上市规则》第12.14条、第12.17条、第12.22条以及第12.23条规定的文件。

③由上市科批准,如果上市科拒绝上市申请,申请人可以向创业板上市委员会提出上诉。

④如果上市科批准上市申请,申请人在收到原则上批准上市通知后,于上市文件刊发日期之前,依据《创业板上市规则》第12.24条向联交所提交相关文件。

⑤刊发招股章程,同时在不迟于预计批准招股章程注册当日早上11时左右,依据《创业板上市规则》第12.25条向联交所提交相关文件;在招股章程刊发后,但于有关证券开始买卖之前,依据《创业板上市规则》第12.26条及第12.27条提交有关文件。

⑥股份开始买卖。

3. 香港主板与创业板上市条件比较

表 4　香港主板与创业板上市条件比较

项目	香港主板	香港创业板
实收资本	无具体要求	无具体要求
营运记录	须具备 3 年业务记录,发行人最近 3 年主要业务和管理层没有发生重大变化,实际控制人没有发生变更	必须显示公司有 2 年的“活跃业务记录”
盈利要求	盈利测试:过去 3 年纯利总额达 5000 万港元,其中最近年度须超过 2000 万港元,另外前两年的纯利合计须达 3000 万港元;市值/收益/现金流量测试:上市时市值至少为 20 亿港元;经审计的最近 1 个会计年度的净利润至少为 5 亿港元。新申请人前 3 个会计年度年现金流入合计至少 1 亿港元;市值/收益测试:上市时市值至少为 40 亿港元,经审计的最近一个会计年度的净利润至少为 5 亿港元	不设置盈利要求
最低公众持股量	一般占公司已发行股本至少 25%	一般而言,发行人已发行股份数目总额最低公众持股量须为 25%,例外的是若发行人预期在上市时的市值逾 100 亿港元,另外交易所也确信该等证券的数量,以及其持有权的分布情况,仍能使有关市场正常运作,则交易所可酌情接纳介乎 15% ~ 25% 的一个较低的百分比
最低市值	预期公开发行部分市值不低于 5000 万港元	无具体规定,但实际上在上市时不得少于 1 亿港元,期权、权证或类似权利,上市时市值须达 600 万港元
证券市场监管	其机制相对成熟,监管制度和监管力度较强,政府的监管手段结合市场的力量对上市公司构成极大的约束,监管层和公众投资者对上市公司的不规范问题则反应比较突出	全面信息披露,买卖风险自担

(四)内地公司在港上市主要方式

1. 发行 H 股上市

中国注册的企业,可通过资产重组,经所属主管部门、国有资产管理部门(只适用于国有企业)及中国证监会审批,组建在中国注册的股份有限公司,申请发行 H 股在香港地区上市。优点:(1)企业对国内公司法和申报制度比较熟悉;(2)中国证监会对 H 股上市,政策上较为支持,所需的时间较短,手续较直接。缺点:未来公司股份转让或其他企业行为方面,受国内法规的牵制较多。不过,随着近年多家 H 股公司上市,香港地区市场对 H 股的接受能力已大为提高。

2. 发行红筹股上市

红筹上市公司指在境外注册成立的控股公司(包括香港地区、百慕大或开曼群岛),作为上市个体,申请发行红筹股上市。优点:(1)红筹公司在境外注册,控股股东的股权在上市后 6 个月已可流通;(2)上市后的融资如配股、供股等股票市场运作灵活性最高。

3. 买壳上市

买壳上市是指向一家拟上市公司收购上市公司的控股权,然后将资产注入,达到“反向收购,借壳上市”的目的。香港联交所及证监会都会对买壳上市有几个主要限制——全面收购:收购者如购入上市公司超过 30% 的股份,须向其余股东提出全面收购。重新上市申请:买壳后的资产收购行为,有可能被联交所视作新上市申请。公司持股量:香港地区上市公司须维护足够的公众持股量,否则可能被停牌。买壳上市初期未必能达至集资的目的,但可利用收购后的上市公司进行配股、供股集资;根据国务院《关于进一步加强在境外发行股票和上市管理的通知》的规定,凡是中资控股公司在海外买壳,都受严格限制。买壳上市在已有收购对象的情况下,筹备时间较短,工作较精简。然而,需更多时间及规划去回避各类监管的条例。买壳上市手续有时比申请新上市更加烦琐。同时,很多国内的审批手续并不一定可以省却。

第三章　教育机构境内外上市的主要法律问题

【本章导读】不论是境内还是境外上市都要进行充分的筹备、复杂的审批与漫长的等待，其中将涉及各种专业的问题，如税务、财务、外汇、法律、金融等，教育机构上市也不例外。而本章将从宏观和微观两个层面，对教育机构上市的主要问题进行深入浅出的梳理和分析。宏观上，对境内外上市的普遍问题（主体资格、上市标准、会计制度、股权激励等）进行总结和梳理；微观上，就教育机构境内外上市过程中遇到的特殊问题（返程投资、VIE 构架等）进行深入研究。

第一节　境内外上市主要问题探析

一、上市主体

根据《证券法》和《公司法》的规定，中国大陆上市主体必须为股份有限公司，在上市之前必须从有限责任公司转为股份有限公司或者发起设立股份有限公司。

香港地区的上市主体必须是公众公司。香港地区《公司条例》第 32 条对“公司”作如下解释：公司是指依本条例组成注册的公司或指现有公司。香港地区的有限公司是指具有法人团体身份，为法律承认有存在权利和责任，并与其发起人、董事和成员截然分开的社会组织。香港地区公司的分类：私人有限公司、公众有限公司、无限公司（包括个人及合伙人）。香港地区公众公司又称开放式公司、公开公司、多数人公司或上市公司。根据香港地区普通法，香港地区公众公司是指没有公司章程对自己设定那些要求私人公司必须具备的限制的公司。香港地区公众公司的特点是股票可在联合交易所挂牌公开进行交易，成员的人数也没有法定最高数额限制。

在美国上市须为股份公司。五种可供选择的架构模式：非营利公司、个人所有权公司、合伙公司、有限责任公司和股份有限公司。不同的公司架构，将面对不同的风险责任，税务安排和产权转移方式。每一种公司架构都有各自的特点和优劣，发起人一定要结合自身的特点情况，考虑事业的发展前景和目的取舍。股份有限公司可以挂牌公开上市，也可以私下发行或限于柜台交易。

二、存续性要求

中国大陆主板和创业板上市均要求依法设立且持续经营3年以上的股份有限公司，只是创业板定位服务成长性创业企业。有限公司按原账面净资产值折股整体变更为股份公司可连续计算。

香港地区上市存续时间不少于3个会计年度的营业记录。香港地区创业板申请人须具备不少于2个财政年度的营业记录。

在美国纽约证券交易所上市，须具备3年业务记录，发行人最近3年主要业务和管理层没有发生重大变化，实际控制人没有发生变更。在美国纳斯达克交易所上市，有盈利的企业经营年限没有要求，无盈利的企业经营年限要在3年以上。

三、上市财务标准及营利性要求

中国大陆主板上市条件：发行人最近3个会计年度净利润均为正且累计超过人民币3000万元；最近3个会计年度经营活动产生的现金流量净额累计超过人民币5000万元，或者最近3个会计年度营业收入累计超过人民币3亿元。

中国大陆创业板上市条件：财务，最近2年连续盈利，净利润累计不少于1000万元；或者最近1年盈利，最近1年营业收入不少于5000万元，净利润以扣除非经常性损益前后孰低者为计算依据；资产，最近一期期末净资产不少于2000万元，且不存在未弥补亏损。

香港地区主板上市条件：过去3个财政年度至少5000万港元盈利（最近1年盈利至少2000万，以及前2年累计盈利至少3000万港元），同时上市时市值至少达到2亿港元；上市时市值至少达到40亿港元且最近1个经审计财政年度的收入至少为5亿港元；上市时市值至少达20亿港元，最近1个经审计财政年度的收入至少5亿港元，且前3个财政年度来自营运业务的现金流入合计至少1亿港元。

香港地区创业板上市条件：创业板申请人须具备不少于2个财政年度的营业记录，包括：(1)日常经营业务有现金流入，于上市文件刊发之前2个财政年度合计至少达2000万港元；(2)上市时市值至少达1亿港元。

美国主板财务标准（三选其一）：(1)收益标准：公司前3年的税前利润必须达到1亿美元，且最近2年的利润分别不低于2500万美元；(2)流动资金标准：在全球拥有5亿美元资产，过去12个月营业收入至少1亿美元，最近3年流动资金至少 1 亿美元,且最近 2 年的利润分别不低于 2500 万美元;(3)净资产标准:全球净资产至少 75,000 万美元,最近财务年度的收入至少 7500 万美元。

四、上市审批和注册、备案

中国大陆上市是核准制,发行人应当按照中国证监会的有关规定制作申请文件,由保荐人保荐并向中国证监会申报。特定行业的发行人应当提供管理部门的相关意见。中国证监会收到申请文件后,在 5 个工作日内作出是否受理的决定。中国证监会受理申请文件后,由相关职能部门对发行人的申请文件进行初审,并由发行审核委员会审核。中国证监会在初审过程中,将征求发行人注册地省级人民政府是否同意发行人发行股票的意见。中国证监会依照法定条件对发行人的发行申请作出予以核准或者不予核准的决定,并出具相关文件。自中国证监会核准发行之日起,发行人应在 6 个月内发行股票;超过 6 个月未发行的,核准文件失效,须重新经中国证监会核准后方可发行。

香港地区上市没有政府参与,属于"自律型注册"。注册制主要体现在《证券及期货条例》以及《香港交易所上市规则》中。根据规定,首次公开发行股票并准备申请在联交所上市的发行人,向香港证监会及联交所"双重存档",香港证监会可以对上市申请进行审核,但香港证监会会签署文件,将上市审核权转回给联交所,不过证监会仍保留否决权。在上市审核方面,香港地区市场除了尊重市场机制要求充分披露信息外,其余都依赖公开的法律法规进行运作,不依赖股票监管机构的实质判断。① 也就是说,股票监管机构制定市场规则,不过多干预市场运作,故简化审核流程,提高市场效率。

美国上市,美国证券法要求,证券在公开发行之前必须向美国证监会注册登记,并且向大众投资人提供一份详尽的招股书。注册审核是上市的核心阶段。公司、公司选任的法律顾问和独立审计师将共同准备注册说明书的初稿。注册说明书应包括两个部分:第一部分包含招股书;第二部分包括补充信息、签字和附件。招股书具有以下特征:必须符合美国证监会的要求,以及必须真实地披露相关表格要求的信息。通常,对境外公司的披露要求与美国本土公司是一致的,包括公司过去 5 年的业务、风险因素、财务状况、管理层的薪酬和持股、主要股东、关联交易、资金用途和财务审计报告等。

五、会计制度差异

在中国大陆主板或创业板上市适用的会计准则是《中国企业会计准则》。在香

---

① 顾纪生、曹文斌:《香港与内地股票市场发行制度的比较研究》,载《当代经济管理》2015 年第 1 期。

港主板或者创业板上市适用的会计准则为《香港财务汇报准则》或《国际财务汇报准则》，经营银行业务的公司必须同时遵守香港金融管理局发出的《本地注册认可机构披露财务资料》。在美国主板或创业板上市适用的是《美国通用会计准则》。

六、流通性要求

中国大陆上市：向社会公开发行的股份不少于公司股份总数的25%；如果公司股本总额超过人民币4亿元的，其向社会公开发行股份的比例不少于10%。

香港主板上市：新申请人与其证券上市时由公众人士持有的股份的市值至少为5000万港元。上市时市值至少达到40亿港元且最近1个经审计财政年度的收入至少为5亿港元；上市时市值至少达20亿港元，最近1个经审计财政年度的收入至少5亿港元，且前3个财政年度来自营运业务的现金流入合计至少1亿港元。创业板上市：新申请人上市时证券与其市值至少为1亿港元。美国主板上市最低市值为1亿美元，创业板全球市场总资产标准中规定公众持股的市值不低于2000万美元。

七、股东

（一）股东的适格性

中国大陆上市，在公开发行前，股份公司的股东人数为2～200人，一般自然人和企业都可以成为股东，但是国家机关的干部和职工不得投资公司成为股东。

香港主板上市：持有有关证券的公众股东须至少为300人，持股量最高的3名公众股东实际持有的股数不得超过证券上市时公众持股量的50%。创业板上市：持有有关证券的公众股东须至少为100人，持股量最高的3名公众股东实际持有的股数不得超过证券上市时公众持股量的50%。

（二）代持和隐名股东

中国大陆上市，上市企业股权要清晰明了，因此代持和隐名股东应该要还原，境外的代持或者隐名股东可以不还原，但是必须披露，VIE架构一般上市企业会选择拆除，但是在比例和行业满足国家产业目录的要求时也可以不拆除，但必须充分披露。

（三）股权激励和员工持股平台

各境内居民在特殊目的公司的持股比例，若有员工持股计划和管理层期权激励计划，应予以披露。企业员工持股计划可通过信托方式在外汇局[①]集合办理

① 国家外汇管理局及其分支机构、外汇管理部，以下统称为外汇局。

境外投资登记;企业期权计划应在办理特殊目的公司登记时办理备案手续,在行权时办理境外投资登记变更手续。

(四)国资股东

1. 依法行使股东权利,严格履行股东义务。在涉及上市公司事项的相关行为决策或实施过程中,国有股东要依法处理与上市公司的关系,切实维护上市公司在人员、资产、财务、机构和业务方面的独立性。同时,应当按照相关法律法规和公司治理规则要求,严格履行内部决策、信息披露、申请报告等程序,不得"暗箱操作"、违规运作。

2. 促进提高上市公司质量,增强上市公司核心竞争力。国有股东应当支持上市公司通过技术创新、资产重组、引进战略投资者等多种途径,不断做强做优;要严格规范与上市公司间的关联交易,推动解决同业竞争问题;要支持有退市风险及业绩较差的上市公司研究解决经营发展中存在的问题。

3. 规范国有股东所持上市公司股份变动行为。国有股东应当严格按照相关证券监管法律法规,以及《国有股东转让所持上市公司股份管理暂行办法》(国资委证监会令第 19 号)、《关于印发〈国有单位受让上市公司股份管理暂行规定〉的通知》(国资发产权〔2007〕109 号)的有关要求,规范所持上市公司股份变动行为,防止内幕交易、操纵股价、损害其他投资者合法权益等行为的发生。国有股东拟通过证券交易系统出售超过规定比例股份的,应当将包括出售股份数量、价格下限、出售时限等情况的出售股份方案报经国有资产监督管理机构批准。国有股东转让全部或部分股份致使国家对该上市公司不再具有控股地位的,国有资产监督管理机构应当报经本级人民政府批准。

4. 国有股东股份减持。国有股减持主要采取国有股存量发行的方式。凡国家拥有股份的股份有限公司(包括在境外上市的公司)向公共投资者首次发行和增发股票时,均应按融资额的 10% 出售国有股;股份有限公司设立未满 3 年的,拟出售的国有股通过划拨方式转由全国社会保障基金理事会持有,并由其委托该公司在公开募股时一次或分次出售。国有股存量出售收入,全部上缴全国社会保障基金。

5. 国有股东转让股份。国务院国有资产监督管理机构负责国有股东转让上市公司股份的审核工作。中央国有及国有控股企业、有关机构、部门、事业单位转让上市公司股份对国民经济关键行业、领域和国有经济布局与结构有重大影响的,由国务院国有资产监督管理机构报国务院批准。地方国有及国有控股企业、有关机构、部门、事业单位转让上市公司股份不再拥有上市公司控股权的,由省级国有资产监督管理机构报省级人民政府批准后报国务院国有资产监督管理机构审核。在条件成熟时，国务院国有资产监督管理机构应按照《企业国有资产监督管理暂行条例》的要求，将地方国有及国有控股企业、有关机构、部门、事业单位转让上市公司股份逐步交由省级国有资产监督管理机构审核。

6. 国有股东创业投资豁免。鼓励国有企业集众智，开拓广阔市场空间，增强国有企业竞争力。支持有需求、有条件的国有企业依法依规、按照市场化方式设立或参股创业投资企业和创业投资母基金。强化国有创业投资企业对种子期、初创期等创业企业的支持，鼓励国有创业投资企业追求长期投资收益。健全符合创业投资行业特点和发展规律的国有创业投资管理体制，完善国有创业投资企业的监督考核、激励约束机制和股权转让方式，形成鼓励创业、宽容失败的国有创业投资生态环境。支持具备条件的国有创业投资企业开展混合所有制改革试点，探索国有创业投资企业和创业投资管理企业核心团队持股和跟投。探索地方政府融资平台公司转型升级为创业投资企业。依法依规豁免国有创业投资企业和国有创业投资引导基金国有股转持义务。

7. 规范股份质押行为。国有股东将其持有的上市公司股份用于质押的，要做好可行性论证，明确资金用途，制订还款计划，并严格按照内部决策程序进行审议。国有股东用于质押的股份数量不得超过其所持上市公司股份总额的50%，且仅限于为本单位及其全资或控股子公司提供质押，质押股份的价值应以上市公司股票价格为基础合理确定。

8. 支持上市公司分配股利。国有股东要按照证券监管的有关法律法规要求，鼓励、支持上市公司在具备条件的前提下，通过包括现金分红在内的多种分配方式回报投资者。

（五）特殊组织形式的股东

《中国证监会关于职工持股会及工会能否作为上市公司股东的复函》（法律部〔2000〕24 号）中明确，根据中华全国总工会的意见和《工会法》的有关规定，工会作为上市公司的股东，其身份与工会的设立和活动宗旨不一致，可能会对工会正常活动产生不利影响。因此，中国证监会也暂不受理工会作为股东或发起人的公司公开发行股票的申请。

《中国证券监督管理委员会法律部关于职工持股会及工会持股有关问题的法律意见》（法协字〔2002〕第 115 号）中明确，证监会停止审批职工持股会及工会作为发起人或股东的公司的发行申请主要有两点考虑：其一，防止发行人借职工持股会及工会的名义变相发行内部职工股，甚至演变成公开发行前的私募行为；

其二,在民政部门不再接受职工持股会的社团法人登记之后,职工持股会不再具备法人资格,不再具备成为上市公司股东及发起人的主体资格,而工会成为上市公司的股东与其设立和活动的宗旨不符。

证监会认为,与发行申请人有关的工会或职工持股会持股的四种情形,建议分别处理:其一,对已上市公司而言,在受理其再融资申请时,应要求发行人的股东不存在职工持股会及工会,如存在的,应要求其按照法律部〔2000〕24 号文要求予以规范。其二,对拟上市公司而言,受理其发行申请时,应要求发行人的股东不属于职工持股会及工会持股,同时,应要求发行人的实际控制人不属于职工持股会及工会持股。其三,对于工会或职工持股会持有拟上市公司或已上市公司的子公司股份的,可以不要求其清理。其四,《非上市公众公司监管指引第 4 号——股东人数超过 200 人的未上市股份有限公司申请行政许可有关问题的审核指引》规定:"股权结构中存在工会或职工持股会代持、委托持股、信托持股,以及通过'持股平台'间接持股等情形的,应当按照本指引的相关规定进行规范……股份公司股权结构中存在工会代持、职工持股会代持、委托持股或信托持股等股份代持关系,或者存在通过'持股平台'间接持股的安排以致实际股东超过 200 人的,在依据本指引申请行政许可时,应当已经将代持股份还原至实际股东、将间接持股转为直接持股,并依法履行了相应的法律程序。"

八、资产和独立性

在企业上市过程中,证监会对于目标公司的资产独立性具有较为严格的要求。《首次公开发行股票并上市管理办法》第 21 条规定了发行人资产质量良好,资产负债结构合理,盈利能力较强,现金流量正常。第 42 条规定了发行人应当在招股说明书中披露已达到发行监管对公司独立性的基本要求。

(一)出资

1. 上市公司股东出资必须缴足,因此股东必须完整的履行出资义务。全体股东签订公司章程或出资协议书,约定出资额度、出资期限和出资形式(构成),股东应对出资形式的财产权承担瑕疵担保责任。

2. 如约定设立公司全部或部分立即实缴的,公司根据全体股东约定设立临时账户(可约定确定设立前以个人账户作为临时账户),股东货币出资的,于约定的期间内将约定货币种类和数量汇入该临时账户。

3. 以实物出资的,股东协商确定或指定财物保管人,及时交付发生物权转移的,将该出资实物交付保管人,并由保管人出具收到证明。

4. 以需变更产权登记的实物出资的,暂将该实物权属证明交付保管人或承诺公司设立后变更登记事项，公司设立后根据约定或法定时间为公司办理产权变更登记。

5. 以须经登记的工业产权出资的，应当于公司设立成功取得营业执照后合理期限内为公司办理变更权属登记，需将该技术约定为公司所有，并将该技术的相关资料移交公司备存。

6. 以不需登记的工业产权（如专有技术、技术秘密等）出资的，需将该技术约定为公司所有，并将该技术的相关资料移交公司备存。

7. 以著作权出资的，如需登记，应将著作权财产性权利登记变更为公司所有（如计算机软件著作权）；如不需登记的，应当将授权文书、权利记载文本等财产性文件交付公司。

8. 以其他无形财产权出资的，如需经登记的，应当于公司设立取得营业执照后合理期限内为公司办理权属变更登记（如土地使用权等）；无须登记的，应将相关权利记载文件和资料移交公司备存。

（二）资产的完整性和独立性

上市公司的资产权属及完整性，中国证监会审核通常关注以下问题：

1. 资产是否已经取得相应权证并详细披露，对于未取得权证的，是否披露了相关资产的详细情况以及权证办理的进展情况，预计办毕期限、相关费用承担方式。

2. 标的资产的权属是否存在争议或限制，如抵押、质押等担保权利限制或相关权利人未放弃优先购买权等情形，申请人是否逐项披露消除争议和限制的措施和期限，以及不能按期消除的风险和影响，并作出风险提示。

3. 如果标的资产作为担保物对应的债务金额较大，是否已经充分分析债务人的偿债能力，证明其具有较强的偿债能力和良好的债务履行记录。

4. 标的资产的资产评估及作价是否已充分考虑标的资产的权属瑕疵，如未考虑，是否已提出切实可行的价值保障措施。

5. 上市公司的资产涉及完整经营实体的，相关资产是否整体注入上市公司，包括生产经营所需的商标权、专利权、非专利技术、特许经营权等无形资产。如包括，是否详细披露权属变动的具体安排和风险；如未包括，是否需要向关联方支付或收取使用费，如何确定金额和支付方式。

6. 拟注入上市公司的标的资产涉及立项、环保、用地、规划、施工建设、行业准入、外资管理、反垄断等有关报批事项的，关注是否办理了许可证书或相关主管部门的批复文件。

7. 标的资产业务涉及特许经营的,关注特许经营授权具有的排他性、不可撤销性等特殊属性。

(三)同业竞争

从狭义上来讲,同业竞争是指公司所从事的业务与其控股股东(包括绝对控股股东与相对控股股东)、实际控制人及其所控制的企业(称为并行子公司)所从事的业务相同或近似,双方构成或可能构成直接或间接的竞争关系。从广义上来说,同业竞争是指公司的关联方所从事的业务同该上市公司业务构成或可能构成的直接或间接的竞争关系。

证监会在审核中要求公司详细披露与竞争方的业务竞争情况以及对同业竞争的解决措施,对业务竞争问题解决不力的应做"特别风险提示",对不存在同业竞争的应明确披露说明,并披露避免潜在同业竞争的承诺且要求公司律师对公司是否存在同业竞争及同业竞争的解决措施的有效性进行核查并出具意见。

1. 实施重组避免同业竞争

以收购方式,将相竞争的业务集中到拟上市公司,以前是可以用首发募集资金解决同业竞争问题的,后来对于该问题全面收紧。因此在收购中不得运用首次发行的募集资金来收购。这种方式会涉及业务合并的会计处理,拟上市公司对其他关联方某项竞争业务的合并也视同企业合并,按照企业合并的原则处理。

通过实施资产重组避免同业竞争即由控股股东将该部分与上市公司的业务具有相同性质的资产整合进入拟上市公司,一般通过现金购买竞争资产、股份置换或以其他非主业资产与竞争资产进行置换。这是目前解决上市公司同业竞争问题最为常见也是最彻底的方式。但通常此种方式注入上市公司的资产需要具有较为良好的盈利能力和持续经营能力,能够提升(或至少不能大幅拉低)重组后上市公司的每股盈利水平。重组后的上市公司不仅彻底解决了经营独立性和透明度的问题,资产整合带来的协同效应也将进一步提升上市公司的行业竞争力。

2. 放弃同业竞争企业或业务

(1)竞争方股东或并行子公司将相竞争业务转让给无关联的独立第三方

竞争方股东或并行子公司将相竞争业务转让给无关联的独立第三方以使控股股东与拟上市公司之间不再存在任何竞争关系。此种处置方案一般适用于关联方竞争企业资产规模较小、盈利能力不佳,或竞争资产注入上市公司存在障碍(如存在权属瑕疵或无法获得少数股东同意等)而无法出售给拟上市公司的情形。但该种方式涉及与竞争业务相关的资产负债处置问题。

(2)拟上市公司放弃存在同业竞争的业务

此种方式一般适用于该部分业务非拟上市公司的主营业务,且放弃后不会对拟上市公司的持续盈利能力造成影响的情形。业务相同,为包装业绩而剥离不符合整体上市要求。纵然是不同业务,也不鼓励剥离,重点鼓励整体上市。

3. 其他方式

(1)相关联企业改变经营业务范围,拟上市公司与竞争方股东协议解决同业竞争问题,竞争方股东作出今后不再进行同业竞争的书面承诺。

(2)直接注销关联方企业或将主要资产投资转让后注销关联方企业。

(四)关联交易

关联交易是指在上市公司与关联人士之间发生的交易。关联交易与普通交易之间的重大区别在于前者是发生在具有特定关联关系的当事人之间的交易。由此可进而看出关联交易的两个主要特征:一是它是在上市公司与关联人士之间发生的交易行为;二是上市公司与关联人士之间所进行的是交易行为,而不是管理或其他行为。关联交易与同业竞争之间的区别在于同业竞争主体之间为利益相反的关系,而关联交易主体之间不是必然为利益相反的关系,很多情况下是利益共同的关系。

1. 进行业务重组过程中,结合业务重组的具体方式,从上市公司同集团公司的资产、负债关系以及业务关系等角度来考虑关联交易问题,在具体的方案中要考虑以下解决办法:一是使拟上市的业务项目基本上形成从原料供应、生产、维修到销售的完整生产服务体系,把有关的业务、资产均纳入上市公司之内,变企业外部的交易行为为内部的服务行为。同时使上市公司具有直接面向市场独立经营的能力,原则上不应将部分车间、厂房或部分生产线包装上市,也不能将互不相干的生产企业捆绑上市。二是对于具有企业办社会性质的关联交易,力求在股份公司上市后逐步消除。

2. 在进行资产重组时,主要是根据业务重组方案,从减少关联交易的角度进一步确定资产的剥离方案,特别是要考虑经营性固定资产和非经营性固定资产的剥离方案对可能存在的关联交易的影响,同时要适当选择好国有股的控股股东。因为国有股控股股东选择不同,关联交易发生的情况便有很大不同,持股单位的级别越高,规模越大,附属企业越多,与上市公司业务关系越密切,发生关联交易的情况也就越多。由于关联交易的不可避免性,资产重组计划中要充分地考虑到潜在的关联交易,并尽量减少其数量。

3. 采取措施尽量淡化与上市公司主营业务有较密切关系的关联交易。对于一些与上市公司主营业务联系密切的具有独立法人地位的实体,可由上市公司采取并购等形式使其成为上市公司的下属子公司;或是由上市公司从该实体中撤出一部分股权或资产,变成不再拥有控股地位的股东;或是由上市公司将该实体兼并后撤销其法人实体地位,从资产、业务、人员等各方面操作以减少关联交易为目的的重组。

九、规范性要求

拟上市公司必须满足规范性要求,在企业运营过程中不能贪图私利或者为省事而不去履行各项法律法规政策规定的要求,比如税收方面,是否满足税收优惠的条件,是否存在违法偷税漏税的情形;在环保方面,是否取得了环保批复;在产品质量和安全生产方面,是否符合国家对产品质量和技术监督的标准等方面,这些内容都是发审委审核的对象,对企业能否顺利上市至关重要。

(一)税收方面

关于税务和财政补贴的调查,由于我国存在名目繁多且行政级别不同的税收优惠、财政补贴,如果并购主体存在享受税收优惠、财政补贴的情形,则要对相应的政策是否合法、合规、真实、有效予以特别关注,在某些情形下,这些政策是企业生存和营利的关键。要明确母公司或分公司、子公司目前适用的主要税种和税率,在财务报表中确认各自的税收。要提交公司过去 3 年的纳税证明。公司及分支机构最近 2 年如享受任何税收优惠及财政补贴,需提供主管机关的批文,并说明各项税收优惠及财政补贴占公司当年度利润总额的比例。公司股权转让代扣代缴个人所得税纳税证明、盈余公积金和未分配利润转增股本纳税证明、有限公司整体变更为股份公司的纳税证明。

(二)环保问题

关于环境保护的调查,应当调查企业的生产经营活动和已经投资或拟投资项目是否符合有关环境保护的要求,是否具有相关的环境评测报告和证书、环评报告及批复、排污许可证(如有)、环保设施验收报告、环保部门批准文件、环保检测报告、环保事故及处理结果。

(三)产品质量和安全生产

关于产品质量的调查,企业产品是否符合有关产品质量和技术监督标准,是否具有相关的产品质量证书,是否具有产品生产资质、产品检测报告、产品认证文件、客户投诉文件和安全生产资质,以及是否会发生安全生产事故。

(四)劳动和社保

关于企业人力资源情况的调查,在这方面应调查的信息资料需包括以下内容：主要人才的个人档案；聘用合同资料；员工利益的未来安排，如退休金、股票期权、奖金、利益分享、保险、丧失劳动能力补助、储蓄、离职、节假日、度假和因病离职的待遇等；人才流动的具体情况；员工纠纷的具体情况等。提供员工花名册及劳动合同范本，并说明劳动合同签署情况（签订率），提供公司和下属企业的主要管理或技术人员的简历，提供公司技术保密协议、竞业禁止协议范本及签署情况（签订率）。说明公司过去3年社保及住房公积金缴纳情况。

十、诉讼、仲裁和行政程序

关于企业面对的诉讼或处罚的调查，针对企业可能存在尚未了结的或可预见的重大诉讼、仲裁及行政处罚案件，以走访相关部门的形式予以调查核实。如果企业确实存在重大诉讼，要提供公司尚未了结的诉讼、仲裁和行政处罚的资料（如起诉书、答辩状、判决书或裁决书、执行通知书、行政处罚决定书）。如果公司及分支机构最近3年来如确实存在被工商、海关、税务、环保、产品/服务质量、劳动监察部门等政府机关作出处罚的情形，请说明有关情况并提供行政处罚及处理结果文件。

十一、境内权益境外上市特殊关注问题

（一）外商投资产业政策及体制变革

1. 外商投资产业政策

2017年6月28日，国家发展改革委、商务部发布第4号令，全文发布《外商投资产业指导目录》（2017年修订），自2017年7月28日起施行。《外商投资产业指导目录》（2015年修订）同时废止。

根据国家发展改革委官网发布的《外商投资产业指导目录》（2017年修订）（以下简称2017年版《目录》）说明，此次修订与《外商投资产业指导目录》（2015年修订）（以下简称2015年版《目录》）相比，主要作了以下调整。

（1）提高服务业、制造业、采矿业开放水平

2017年版《目录》进一步减少了外资限制性措施，保留63条（包括限制类条目35条、禁止类条目28条），比2015年版《目录》93条限制性措施（包括鼓励类有股比要求条目19条、限制类条目38条、禁止类条目36条）减少了30条。

服务业取消了公路旅客运输，外轮理货，资信调查与评级服务，会计审计，大型农产品批发市场建设、经营，综合水利枢纽的建设、经营等领域外资准入限制。制造业取消了轨道交通运输设备制造，汽车电子总线网络技术、电动助力转向系统电子控制器的研发与制造，新能源汽车能量型动力电池制造，摩托车制造，海洋工程装备（含模块）制造与修理，船舶低、中速柴油机及曲轴的制造，民用卫星

设计与制造、民用卫星有效载荷制造，豆油、菜籽油、花生油、棉籽油、茶籽油、葵花籽油、棕榈油等食用油脂加工，大米、面粉、原糖加工，玉米深加工，生物液体燃料（燃料乙醇、生物柴油）生产等领域外资准入限制，并取消了同一家外商在国内建立纯电动汽车生产合资企业不超过两家的限制。采矿业取消了油页岩、油砂、页岩气等非常规油气勘探、开发，贵金属（金、银、铂族）勘查、开采，锂矿开采、选矿，钼、锡（锡化合物除外）、锑（含氧化锑和硫化锑）等稀有金属冶炼等领域外资准入限制。

（2）提出外商投资准入负面清单

2017 年版《目录》对结构进行了调整优化，将 2015 年版《目录》中部分鼓励类有股比要求的条目以及限制类条目、禁止类条目进行了整合，提出了在全国范围内实施的外商投资准入特别管理措施（外商投资准入负面清单），统一列出股权要求、高管要求等外商投资准入方面的限制性措施。内外资一致的限制性措施以及不属于准入范畴的限制性措施，不列入外商投资准入负面清单。外商投资准入负面清单是对外商投资实行准入前国民待遇加负面清单管理模式的基本依据。负面清单之外的领域，原则上不得实行对外资准入的限制性措施，外商投资项目和企业设立实行备案管理。

（3）删除内外资一致的限制性措施

按照外商投资准入负面清单模式特点，2017 年版《目录》不再列示内外资一致的限制性措施，删除了 2015 年版《目录》限制类中的大型主题公园的建设、经营，小电网范围内单机容量 30 万千瓦及以下燃煤凝汽火电站、单机容量 10 万千瓦及以下燃煤凝汽抽汽两用机组热电联产电站的建设、经营；禁止类中的列入《野生药材资源保护管理条例》和《中国稀有濒危保护植物名录》的中药材加工，象牙雕刻，虎骨加工，大电网范围内单机容量 30 万千瓦及以下燃煤凝汽火电站、单机容量 20 万千瓦及以下燃煤凝汽抽汽两用热电联产电站的建设、经营，自然保护区和国际重要湿地的建设、经营，高尔夫球场、别墅的建设，危害军事设施安全和使用效能的项目，博彩业（含赌博类跑马场），色情业等条目。这些条目删除后，相关领域按照内外资一致原则管理。

（4）保持鼓励类政策总体稳定

2017 年版《目录》鼓励类条目共 348 条，与 2015 年版《目录》相比，新增 6 条，删除 7 条，修改 35 条。继续鼓励外商投资符合我国产业结构调整优化方向的领域，支持外资广泛参与“中国制造 2025”战略和创新驱动发展战略，促进引资引技引智相结合，更好发挥外商投资企业对促进实体经济发展的重要作用。新增的鼓励类条目包括智能化紧急医学救援设备制造，水文监测传感器制造，虚拟现实（VR）、增强现实（AR）设备研发与制造，3D打印设备关键零部件研发与制造，加氢站建设、经营，城市停车设施建设、经营等。删除的鼓励类条目包括轨道交通运输设备制造，海洋工程装备（含模块）的制造与修理，船舶低、中速柴油机及曲轴的制造，轻型燃气轮机制造，额定功率35万千瓦及以上大型抽水蓄能机组制造，会计、审计，综合水利枢纽的建设、经营等。

2. 外商投资管理体制变革

2016年10月8日，商务部发布并实施了《外商投资企业设立及变更备案管理暂行办法》（以下简称《办法》）。其中，《办法》第2条规定："外商投资企业的设立及变更，不涉及国家规定实施准入特别管理措施的，适用本办法。"《办法》将不涉及国家规定实施准入特别管理措施的外商投资企业设立及变更事项，由审批改为备案管理。这被誉为我国外商投资管理体制的一次重大变革。

2017年7月30日，商务部公布《关于修改〈外商投资企业设立及变更备案管理暂行办法〉的决定》，自公布之日起实施。此次修法是为进一步推进外商投资管理体制改革，体现简政放权、放管结合、优化服务的改革方向，核心内容是对于外国投资者并购境内非外商投资企业以及对上市公司实施战略投资，不涉及特别管理措施和关联并购的，适用备案管理。其中，修改的主要内容为：

（1）第5条增加1款，作为第2款："由于并购、吸收合并等方式，非外商投资企业转变为外商投资企业，属于本办法规定的备案范围的，按照本条第一款办理设立备案手续，填报《设立申报表》。"

（2）第6条第1款增加1项，作为第（3）项："并购设立外商投资企业交易基本信息变更。"

（3）增加1条，作为第7条："外国投资者战略投资非外商投资的上市公司，属于本办法规定的备案范围的，应于证券登记结算机构证券登记前或登记后30日内办理备案手续，填报《设立申报表》。

外商投资的上市公司引入新的外国投资者战略投资，属于备案范围的，应于证券登记结算机构证券登记前或登记后30日内办理变更备案手续，填报《变更申报表》。

备案完成后，如战略投资备案信息发生变更的，应于《证券法》及相关规定要求的信息披露义务人履行信息披露义务之日起5日内办理变更备案。"

（4）第7条第1款增加1项，作为第（7）项："外商投资企业最终实际控制人股权架构图(变更事项不涉及外商投资企业最终实际控制人变更的,无须提供)。"并在附件的"在线提交材料"部分增加此项内容。

(5)第7条第1款增加1项,作为第(8)项:"涉及外国投资者以境外公司股权作为支付手段的,需提供获得境外公司股权的境内企业《企业境外投资证书》。"并在附件的"在线提交材料"部分增加此项内容。

(6)删除附件1"外商投资企业设立备案申报材料"中的"外商投资企业设立备案申报表";删除附件2"外商投资企业变更备案申报材料"中的"外商投资企业变更备案申报表"。

综上可知,不论是2016年的规定,还是2017年的新规都体现了国家为进一步扩大对外开放,完善我国法治化、国际化与便利化营商环境的指导思想。

(二)VIE架构及适用范围

1. VIE架构

VIE架构(Variable Interest Entities,直译为"可变利益实体")在国内被称为"协议控制",是指境外注册的上市实体与境内的业务运营实体相分离,境外的上市实体通过协议的方式控制境内的业务实体,业务实体就是上市实体的VIE。我国教育机构在海外上市时,主要采用的就是这种构架,即境外上市的主体与境内经营教育业务的实体公司或学校分离,并通过合约对境内经营实体进行控制,获得收益。实际的操作是:

(1)公司的创始人或是与之相关的管理团队设置一个离岸公司,比如在英属维尔京群岛(BVI)或是开曼群岛。

(2)该公司与VC、PE及其他的股东,再共同成立一个公司(通常是开曼),作为上市的主体。

(3)上市公司的主体再在香港地区设立一个壳公司,并持有该香港地区公司100%的股权。

(4)香港地区公司再设立一个或多个境内全资子公司(WFOE)。

(5)该WFOE与国内运营业务的实体签订一系列协议,达到享有VIEs权益的目的,同时符合SEC的法规。

2. 适用范围

(1)美国"VIE会计准则"

VIE模式2000年首先被新浪采用,成功登陆美国资本市场。因公司采用该构架可以避免国内法律对某些行业(如互联网、民办教育行业)的外商投资的限制,后来被许多互联网公司采用。随着2006年新东方在美国的成功上市,该模式也被后来许多的国内教育机构采用。而且,该架构得到了美国 GAAP 的认可,专门为此创设了"VIE 会计准则",允许该构架下将国内被控制的企业报表与境外上市企业的报表进行合并,解决了境外上市的报表问题。[①]

(2)香港地区《VIE 上市决策》

继美国之后,香港地区也接受了采用 VIE 结构上市的国内企业,并于 2005 年发布了《关于 VIE 结构的上市决定》(HKEx LISTING DECISION)(HKEx - LD43 - 3)(以下简称《VIE 上市决策》),并在后来几次更改,对 VIE 结构/协议的内容和所适用的范围作出一定的限制和要求。[②] 2013 年,香港联交所修改的《VIE 上市决策》提升了对 VIE 合约安排合法性和有效性进行论证和强化信息披露的要求,又在 2014 年对 VIE 结构中扮演主要部分的各项协议内容进行了更明确的规范,[③]以减少由此产生的纠纷。值得一提的是,自 2014 年枫叶教育登陆港股以来,国内的民办学校就开始扎堆登陆港股,几乎都采用了 VIE 构架。目前来看,相对于国内 A 股和美股,港股已成为国内民办学校的最佳选择。

(三)返程投资

2005 年 10 月,外汇局发布了《关于境内居民通过境外特殊目的公司融资及返程投资外汇管理有关问题的通知》(汇发〔2005〕75 号,以下简称 75 号文),75 号文第 1 条第 2 款规定:"返程投资,是指境内居民通过特殊目的公司对境内开展的直接投资活动,包括但不限于以下方式:购买或置换境内企业中方股权、在境内设立外商投资企业及通过该企业购买或协议控制境内资产、协议购买境内资产及以该项资产投资设立外商投资企业、向境内企业增资。"其中,该定义中的"特殊目的公司",是指境内居民法人或境内居民自然人以其持有的境内企业资产或权益在境外进行股权融资(包括可转换债融资)为目的而直接设立或间接控制的境外企业。

返程投资是境内企业在境外间接上市时通常会涉及的一环。在境内企业搭建境外间接上市的构架时,境内居民(法人或自然人)通过其特殊目的公司进行境外融资后,通过返程投资将境外的融资资金调回境内公司,并将境内资产或财务业绩转移至境外特殊目的公司。根据 75 号文对返程投资的定义,我们知道境外

---

① 苏勇:《协议控制的法律监管》,载《剑南文学:经典阅读》2012 年第 1 期。

② 于森、王武、罗岚、刘杰:《香港联交所关于 VIE 结构的上市决策及最近更新》,载 http://www.globallawoffice.com.cn/content/details_13_295.html,2017 年 5 月 2 日访问。

③ 《财务金融香港联交所对于 VIE 结构的最新规定"LD43 - 3"》,载 http://www.yangqiu.cn/teain1707/13713.html,2017 年 5 月 2 日访问。

间接上市的特殊目的公司在中国境内进行返程投资的方式有很多:(1)购买或置换境内企业中方股权;(2)在境内设立外商投资企业及通过该企业购买或协议控制境内资产;(3)协议购买境内资产及以该项资产投资设立外商投资企业、向境内企业增资。

2006年9月8日,商务部、国资委、国家税务总局、国家工商总局、证监会、外汇局六个部委联合出台的《关于外国投资者并购境内企业的规定》(2006年第10号,以下简称10号文)生效。其中10号文第11条规定:“境内公司、企业或自然人以其在境外合法设立或控制的公司名义并购与其有关联关系的境内的公司,应报商务部审批。当事人不得以外商投资企业境内投资或其他方式规避前述要求。”除了对外资的关联并购进行了限制,10号文还特别对以股权为收购对价、通过特殊目的公司进行跨境换股等方式作出了具体的规定,并进行了严格限制。

由此,上述75号文规定的返程投资中的方式(1)购买或置换境内企业中方股权涉及上述10号文关于关联并购和跨境换股的规定,依法应经商务部审批。同时,方式(2)中在境内设立外商投资企业及通过该企业购买境内资产以及方式(3)协议购买境内资产及以该项资产投资设立外商投资企业、向境内企业增资则涉及了10号文第11条规定的内容,也要依法经商务部的审批。但在现实的操作中,该法实施后并没有相关资料显示商务部存在审批成功的先例。

而上述返程投资中方式(2)中的“在境内设立外商投资企业及通过该企业协议控制境内资产”的模式因没有涉及10号文对关联并购及跨境换股的限制性规定而被沿用了下来,也即现在的VIE模式。在这种模式之下,特殊目的公司并没有收购境内企业资产,而是通过合同绑定的方式控制境内企业资产。因此在10号文颁布之前,我国返程投资的方式是多种多样的,而在之后则受到了极大的限制,由此也极大地影响了国内企业海外间接上市的模式。

2014年7月14日,外汇局发布了《国家外汇管理局关于境内居民通过特殊目的公司境外投融资及返程投资外汇管理有关问题的通知》(汇发〔2014〕37号,以下简称37号文),替代了75号文,对原75号文中关于“返程投资”“特殊目的公司”等概念进行了修改,并重新规定了返程投资涉及的外汇登记问题。但37号文同样没有排除10号文的效力。

(四)关联并购

10号文第11条的规定使实际控制人注册离岸公司收购自己的境内企业,从而形成的跨境并购在10号文颁布后需要报商务部审批。但实际上,到目前为止并未有通过审批的先例出现。而由此产生的影响是,过去民营企业在境外一直通畅的红筹上市路径被切断。由此，作为变通模式的 VIE 构架开始登上历史的舞台，早期被国内众多互联网公司使用，随后又被教育机构采用，以规避政府对于关联并购的审批。

后来，商务部在 2008 年就此规定做出了解释："境内公司、企业或自然人以其在境外合法设立或控制的公司名义并购与其有关联关系的境内公司，应报商务部审批。目前受理范围仅限于境外公司为上市公司，或经批准在境外设立且已实际运行并以利润返程投资的。"这意味着返程投资的境外企业收购境内公司时将不可能取得商务部的审批，因此这些企业不得不采取各种方式规避《并购规定》的适用。①

（五）外汇问题

1. 境外直接上市中的外汇问题

境外直接上市的公司，是指在境内注册的股份有限公司经中国证券监督管理委员会许可，在境外发行股票（含优先股及股票派生形式证券）、可转换为股票的公司债券等法律、法规允许的证券（以下简称境外股份），并在境外证券交易所公开上市流通的行为。在境内公司境外直接上市的过程中，外汇局对其上市涉及的业务登记、账户开立与使用、跨境收支、资金汇兑等行为实施监督、管理与检查。主要法律依据为外汇局 2014 年 12 月 26 日发布的《国家外汇管理局关于境外上市外汇管理有关问题的通知》。

2. 境外间接上市中的外汇问题

处理境外间接上市涉及的外汇问题的主要依据是 2014 年 7 月 14 日外汇局发布的 37 号文。其对我国境外间接上市，即境内居民通过特殊目的公司进行境外融资及返程投资涉及的外汇问题作出了相关规定。

首先，境内居民以境内外合法资产或权益向特殊目的公司出资前，应向外汇局申请办理境外投资外汇登记手续。境内居民以境内合法资产或权益出资的，应向注册地外汇局或者境内企业资产或权益所在地外汇局申请办理登记；境内居民以境外合法资产或权益出资的，应向注册地外汇局或者户籍所在地外汇局申请办理登记。境内居民个人应提交以下真实性证明材料办理境外投资外汇登记手续：

（1）书面申请与《境内居民个人境外投资外汇登记表》。

---

① 《Practical Guidance 实践指引——外资并购中涉及的审批》，载 http://hk.lexiscn.com/topic/detail-practiceNote-pg_ma-4-175950.html，2017 年 5 月 2 日访问。

(2)个人身份证明文件。

(3)特殊目的公司登记注册文件及股东或实际控制人证明文件(如股东名册、认缴人名册等)。

(4)境内外企业权力机构同意境外投融资的决议书(企业尚未设立的,提供权益所有人同意境外投融资的书面说明)。

(5)境内居民个人直接或间接持有的拟境外投融资境内企业资产或权益,或者合法持有境外资产或权益的证明文件。

(6)在前述材料不能充分说明交易的真实性或申请材料之间的一致性时,要求提供的补充材料。

其次,已登记境外特殊目的公司发生境内居民个人股东、名称、经营期限等基本信息变更,或发生境内居民个人增资、减资、股权转让或置换、合并或分立等重要事项变更后,应及时到外汇局办理境外投资外汇变更登记手续。境内居民境外投资外汇变更登记完成后,方可办理后续业务(含利润、红利汇回)。

再次,境内居民因转股、破产、解散、清算、经营期满、身份变更等原因不再持有已登记的特殊目的公司权益的,或者不再属于需要办理特殊目的公司登记的,应提交相关真实性证明材料及时到外汇局办理变更或注销登记手续。

最后,与境内居民设立特殊目的公司办理的外汇登记不同,境内机构首先应当按照商务部《境外投资管理办法》向商务部和省级商务主管部门备案和核准,商务部门核发《企业境外投资证书》,之后到外汇局办理境外直接投资外汇登记,外汇局审核无误后向境内机构颁发《境外直接投资外汇登记证》。境内机构持核准文件和境外直接投资外汇登记证,在外汇指定银行办理境外直接投资资金汇出手续。①

(六)境内外上市涉及之中介机构

无论是境内上市,还是境外上市,有几个中介机构的角色是一定少不了。那就是保荐人、承销商、律师、会计师(核数师)、评估师等,如涉及专业评估(矿业、油、气评估常见),还需要发行人聘用境外通常比较认可的如美国、南非、澳大利亚的专业评估机构,如 SRK、NASI。

在境内外上市中,可能涉及机构角色和分工差异,除了境外上市的承销商比较多以外,最大的区别就在律师这个角色上。在境内 A 股上市中,通常大家只会

① 《浅析红筹架构中的外汇登记》,载 http://www.sohu.com/a/137908662_498839,2017 年 5 月 27 日访问。

看到一家律所的身影,极少的案例中,券商会单独聘请券商律师。在境外上市的案例中,发行人律师和券商律师必然是对等的,即发行人/券商中国律师,发行人/券商香港律师,发行人/券商美国律师,分别独立就上市项目涉及的各自领域的法律问题发表意见或者出具法律意见书,同时境外发行上市的主体,通常注册在离岸区,因此如开曼群岛、百慕大群岛、英属维尔京群岛的律师也会参与发行上市,那么一个境外上市项目涉及的律师事务所少则4家,多则七八家。

境内外上市在券商的功能上,还有一个区别,境外券商的主要能力体现在股票的承销上,境内券商不用考虑承销能力(至少目前的发行体制下如此),在境外,只要市场上卖得出去的股票,就可以上市发行。

另外,境内外律师的一个工作区别就在于,境外规模稍大的券商是"不屑于"撰写招股书的,这个工作通常会分发给公司律师或者券商律师来完成。

那么境外上市的招股书在庞大的券商和律师团的打磨下,通常还是比较经得起考验的,这是境外上市发行人的发行中介费用明显比境内费用高的原因所在。

第二节　教育机构境内外上市过程中普遍遇到的法律问题及分析

一、企业规范性问题

(一)股东的适格性

在教育机构上市或挂牌的过程中,证监会会询问股东适格性的问题,这个问题在教育机构上市过程中尤为重要,也比较突出,教育机构多与学校进行合作,因此事业单位和高等院校是否在教育机构中持股是证监会核查的重点。比如和君商学挂牌的过程中,证监会就询问股东适格性的问题。

事业单位是不允许进行投资做股东的。《中央行政事业单位国有资产管理暂行办法》第29条规定:"各部门行政单位和参照公务员法管理的单位,不得将国有资产用于对外投资。其他事业单位应当严格控制对外投资,不得利用国家财政拨款、上级补助资金和维持事业正常发展的资产对外投资。"

《关于进一步制止党政机关和党政干部经商、办企业的规定》第1条规定:"党政机关,包括各级党委机关和国家权力机关、行政机关、审判机关、检察机关以及隶属这些机关编制序列的事业单位,一律不准经商、办企业。凡违反规定仍在开办的企业包括应同机关脱钩而未脱钩,或者明脱钩暗不脱钩的,不管原来经过哪一级批准,都必须立即停办,或者同机关彻底脱钩。”

高等院校只能对高校资产公司进行投资,不允许再对外进行投资做股东。但是高校可以以资产公司的名义对外进行投资。《教育部关于积极发展、规范管理高校科技产业的指导意见》(教技发〔2005〕2 号文)中对部属高校做出了如下规定:“7. 高校除对高校资产公司进行投资外,不得再以事业单位法人的身份对外进行投资。高校以出资人身份向高校资产公司派出董事会和监事会成员,董事会和监事会依据《公司法》的规定行使相应职权。”

(二)股份代持

教育机构上市或挂牌案例中不少的情况涉及境外股东代持的问题。除了中介机构多角度的论述,涉及的外商投资、外汇、税务部门的必要确认更是不可或缺。比如行动教育挂牌过程中,证监会着重询问行动教育股权代持的问题,在第一次询问中,询问股权代持是否合法合规,是否清理彻底和存在潜在纠纷;在第二次询问中,询问股权代持的形成、变更和解除过程,是否取得全部代持人和被代持人的确认,解除方式是否真实有效,有无潜在纠纷。和君商学在挂牌过程中,询问到历次股权转让的合法合规性,是否存在股权代持。

首先,确认是否属于特殊目的公司。境外股东代持案件中,被首先问及的问题即是“代持股东是否属于特殊目的公司”。根据 37 号文,特殊目的公司是指境内居民(含境内机构和境内居民个人)以投融资为目的,以其合法持有的境内企业资产或权益,或者以其合法持有的境外资产或权益,在境外直接设立或间接控制的境外企业。其次,确认代持形成的合法性。境外股东出资是否符合外汇管理的有关规定是判断代持形成合法性的切入点。中介机构可以核查当地对外经贸经济合作局关于境外股东历次出资的来源、验资的批复,确认是否历次出资均来自境外且经外汇管理部门登记,是否符合《外汇管理条例》有关资本项目外汇管理的相关规定。再次,确认代持是否影响中外合资企业批准证书的法律效力及发行人的合法存续。中介机构可以就此事项获得商务局的确认,确认境外股东企业性质未发生变更。发行人取得的中外合资企业批准证书持续有效,发行人合法存续。最后,代持解除的审批确认。代持解除审批确认相对复杂。第一,需经当地商务局批复同意股权转让事宜;第二,向国税局说明本次代持解除是否涉及税款,补缴自成立中外合资企业以来所享受的企业所得税优惠 300 万余元,办理税务变更(变更为内资企业),并由国税局确认不存在潜在税收法律风险;第三,办理外汇登记变更,并由外汇管理局当地支局确认未有违反外汇管理规定行为而受处罚的情形。

(三)经营业务所需的全部资质和许可等

在新三板挂牌的企业一般是教育科技类企业,经营的主要业务侧重于科技,并非教育本身,比如,新三板企业上海行动教育科技股份公司主营业务为在教育管理领域的技术开发、技术咨询、技术转让、技术服务,教育信息咨询(除出国留学咨询及中介服务)、企业管理咨询、投资咨询(咨询类项目除经纪),企业形象策划、市场信息咨询与调查、会务服务、礼仪服务、系统内职工培训;会务资料、工艺礼品(除金银)、文化办公用品、日用百货的销售。其中涉及学校教育的方面比较少,主要是企业财务和管理培训等。因此取得企业法人营业执照就可以。如果所涉业务属于互联网出版,还需要取得互联网出版许可证。而对于民办学校而言,还需要取得民办学校经营许可证。

二、信息披露问题

(一)行业竞争情况,与同行业的可比性

教育产业可以说是“日不落”的产业。教育培训业的优势因素是“国家政策扶持+受教育者意愿”。不论是民办学校教育还是职业培训教育,教育产业都体现了极大的价值,民办教育学校这个领域则是面向学历制教育学校进行的培训,每个家长都有“望子成龙,望女成凤”的心态,小孩的教育也是社会关注的焦点,因此有刚性需求。但是在学历教育阶段的培训也是有竞争的,比如新东方、龙文教育、昂立教育等。证监会不但需要了解同行业的竞争问题,还需要对《招股说明书》中的成本利润进行同行业的比较,判断是否符合行业的整体发展趋势。

职业培训教育虽然不像学历教育有刚性需求,但是求职确属刚性需求,每个结束了学历教育阶段的青年步入社会都面临着求职的需要,这个时候职业培训教育学校就有了存在的必要,例如在法律行业有司法考试培训,在会计行业有初级会计、中级会计、高级会计和注册会计师的培训,在税务方面有注册税务师的培训等,还有各种语言培训,在新三板挂牌的企业都是针对职业培训或者企业管理培训,同时涉及较多的知识产权等无形资产,行业的更新换代和发展都很快,因此对同行业的竞争对比非常的重要。由于社会对人才的更高要求,加之广大受教育者对自我实现价值的渴求,民办教育已成为消费首选的重点领域。

(二)公司员工的教育背景和学历等与公司业务的匹配性

在新三板挂牌的企业大部分都会面临这个问题,需要对企业职工的教育背景、学历和职业经历的等与公司业务匹配性进行披露。在教育科技企业中尤为如此,比如和君商学历来重视董秘在企业资本经营中的重要作用,并逐渐形成了系统的董秘培养体系。课程共计分为16次大课，分别从董秘职业、法律、财务、信息披露、投资者关系、投融资、上市、并购、战略、市值管理等多个角度进行讲授，既包括董秘的基础能力培养，也注重企业资本经营高阶实操能力的训练，同时配套线下活动。如果教育机构自身的员工达不到授受这门课程的知识储备可能就无法开展系列的课程，因此企业员工的自身教育学历背景也是非常重要的，直接影响到企业自身的竞争能力。

（三）高新技术企业资格复审的风险

教育科技企业中涉及很多知识产权研发方面的事宜，而认定高新技术企业的条件包括知识产权的汇总和相关知识产权的时效性与关联性。因此该等企业申请上市的话，高新技术企业的复审需要着重关注，涉及企业税收合规等问题。

高新技术企业资格自颁发证书之日起有效期为3年。企业应在期满前3个月提出复审申请，不提出复审申请或复审不合格的，其高新技术企业资格到期自动失效。通过复审的高新技术企业资格有效期为3年。期满后，企业想继续成为高新技术企业的，须重新认定。

已认定的高新技术企业有下述情况之一的，应取消其资格：在申请认定过程中提供虚假信息的；有偷税、骗税等行为的；发生重大安全、质量事故的；有环境等违法、违规行为，受到有关部门处罚的。被取消高新技术企业资格的企业，认定机构在5年内不再受理该企业的认定申请。

在资格有效期内，高新技术企业经营业务、生产技术活动等发生重大变化（如并购、重组、转业等）的，应在15日内向认定管理机构报告；变化后不符合规定条件的，应自当年起终止其高新技术企业资格。按以前办法的规定，高新技术企业只要通过复审，资格就一直有效。

三、资产权属问题

（一）知识产权权属清晰

企业拥有领先的技术和知名的专利、商标、著作权等知识产权，就能赢得激烈竞争，获得丰厚利润。例如，专利权是国家授予专利权人的一种独占性的权利，企业拥有了它，就可以在市场上占据极大的优势，获取众多的好处：可以在一定时间内"垄断"专利产品的制造和销售市场，增加或者保持市场份额，获得经济效益；可以通过专利转让或许可实施，获取收益；利于企业进行广告宣传，增强消费者对企业的忠诚度；可以通过专利权质押获得资金；可以将专利权评估后进行投资；可以通过申请高新技术企业认定等举措，享受税收等方面的优惠政策等。拟上市/挂牌教育机构一般会存在如下的问题：

第一，企业存在知识产权信息披露不实。拟上市/挂牌教育机构应尽到知识产权等相关信息的披露义务。中国证监会要求上市教育机构对自身知识产权的内容，包括商标、专利、专有技术的取得、使用、价值等情况进行真实、准确、完整、及时披露。

第二，企业存在知识产权纠纷。作为教育机构获得利润的重要资产，知识产权纠纷特别是核心知识产权的纠纷不仅会使企业负担较大的诉讼成本，影响其当期的财务状况，而且会使企业进一步发展或保持持续盈利的能力处于一种不确定的状态，而不确定即意味着企业对这些知识产权的使用存在一定的风险。发行人在用的商标、专利等重要资产或者技术的取得或者使用存在重大不利变化的风险往往构成企业上市的“硬伤”。

（二）核心技术人员保密协议和竞业限制协议的纠纷或潜在纠纷

教育机构出于对自身竞争实力的掌握，会与核心技术人员签署保密协议和竞业限制协议，要求核心技术研发人员基于劳动关系的存在对所知悉的用人单位独有的、不愿第三方知晓的、能为用人单位带来经济利益的各种信息所应履行的保密义务。如果掌握核心技术的人员对企业不满，出现违反保密协议的情况，那么公司的核心技术经济价值也将受到减损，对拟上市或挂牌的企业是非常不利的。竞业限制主要是针对有独立研发能力的员工，因为在竞业限制的期限内，企业要按期支付补偿金，而保密义务没有这个要求。该等员工在劳动关系终止后的两年内不能去与之前企业有竞争业务的公司上班，教育机构要慎重选择这两种协议。而且在上市或挂牌期间如果出现违反竞业限制约定的纠纷或潜在纠纷会严重影响企业的上市之路。教育机构在运营的过程中，如果是自行研发的，对于研发团队的人员要签署上述的协议，如果是对外委托开发或者合作开发，也会约定知识产权的权属、利益分配的比例和知识产权份额在一定情况下的购买权等。

第三节　教育机构境外上市时的 VIE 架构问题

一、背景介绍

VIE 模式在国内被称为“协议控制”，是指被投资的企业拥有实际或潜在的经济利益，但该企业自身对此经济利益并无完全的控制权，而实际或潜在控制该经济利益的主要受益人需要将这个 VIE 做并表处理。

VIE 模式是在 2001 年美国安然事件之后产生的，美国财务会计标准委员会出台了 FIN46 进行规定。根据该条款,凡是满足以下三个条件任一条件的 SPV(特殊目的实体)都应被视作 VIE,将其损益状况并入"第一受益人"的资产负债表中:(1)风险股本少,这个实体主要由外部投资支持,实体本身的股东只有很少的投票权;(2)该实体的股东无法控制该公司;(3)股东享受的投票权和股东享受的利益分成不成比例。

二、法规分析

(一)《证券法》的最新发展对 VIE 架构的影响

1. 存在基础:规避境外上市申请核准

1999 年 7 月公布的《关于企业申请境外上市有关问题的通知》(该通知已于 2013 年废止)对海外直接上市规定了"456"标准:净资产不少于 4 亿元,过去 1 年税后利润不少于 6000 万元,筹资额不少于 5000 万美元。一般的民企很难达到这些标准。较高的门槛和复杂的审批要求使很多中小民营企业不能实现境外直接上市,由此催生了境外间接上市模式,而对于企业境外间接上市,具体的审批对象和标准一直不够清晰,监管法规也几经变化。目前,在规则上存在证监会批准与商务部批复函两方面的要求:

现行《证券法》第 238 条明确规定,境内企业直接或者间接到境外发行证券或者将其证券在境外上市交易,必须经国务院证券监督管理机构依照国务院的规定批准。

10 号文第 40 条明确规定,特殊目的公司境外上市交易,应经国务院证券监督管理机构批准。特殊目的公司(SPV)境外上市所在国家或者地区应有完善的法律和监管制度,其证券监管机构已与国务院证券监督管理机构签订监管合作谅解备忘录,并保持着有效的监管合作关系。中国证监会随即公布企业间接到境外发行证券或者在境外上市交易的行政许可事项,要求当事人向其报送"商务部对 SPV 返程并购境内公司的批复函"等材料。

但在实践中,所有境外间接上市公司(SPV)并未就返程并购报请商务部批准,也没有提供相关"批复函",同时相关监管法规没有将合同安排纳入监管,协议控制成为 SPV 规避证监会审批的主要手段。

2. 规则变化:将境外上市核准制改为备案制

《证券法》(2015 年修订草案)增加专门一章即第 4 章规定跨境证券发行与交易,第 100 条明确规定:"将境内企业直接或者间接境外发行证券或者将其证券在境外上市交易的,应当在国务院证券监督管理机构备案。国家另有规定的除外"。

3. 影响分析:或导致在规避境外上市监管方面没有意义

虽然该修订草案尚未生效,但是在构建开放型经济新体制的背景下,这已然成为发展趋势,证监会的一些改革措施也表明,放松对境外发行与上市的管制是证券监管的发展方向,例如,目前证监会已不再出具境外上市"无异议函",即取消对涉及境内权益的境外公司在境外发行股票和上市的法律意见书的审阅;取消了境内企业境外上市的分批预选制等。如果《证券法》(2015 年修订草案)中的上述规定顺利通过,VIE 架构在规避境外上市监管方面将没有存在价值。

(二)外汇局新规 37 号文(2014)对 VIE 架构的影响

1. 存在基础:规避外汇管理限制

相对于企业境外直接投资,VIE 架构下的外汇流动表现形式多样、与境内企业的真实关系更加隐蔽,随着监管规则的完善,外汇流动的真实关系更加清晰。尽管原 75 号文对 SPV 跨境资金流动实施更加严格的监管,但是在实践中仍可能以诉争公司不属于特殊目的公司为由规避监管,同时由外国投资者控制的类红筹模式不适用 75 号文,仍旧存在规避外汇管制的空间。

2. 规则变化:企业境外投资书规定为境内机构直接境外投资外汇登记必要文件

2014 年 7 月 37 号文实施,同时 75 号文被废止。这是外汇局调整 VIE 架构的两个重要法律文件,其中 75 号文为境内居民通过设立或控制 SPV 实现境外上市融资提供了合法性依据,具有开创意义;37 号文改革返程投资外汇管理,进一步便利跨境投融资。

相对被废止的 75 号文,外汇局 37 号文扩大了"特殊目的公司"的范围,监管更加严格:一是规定其目的性更加明确,即"以投融资为目的",明确了投资和融资两条线,而不仅仅是原 75 号文所表述的"股权融资"目的;二是特殊目的公司的资产或权益来源,不仅包括境内居民在境内的资产或权益,还包括在境外的资产或权益。

依据原 75 号文,协议控制等 VIE 模式、红筹上市应办理外汇登记,37 号文明确规定 VIE 等控制权权益应当办理特殊目的公司外汇登记。依据原 75 号文,外汇登记通常是唯一的境内审批要求,而按照 37 号文附件《返程投资外汇管理所涉业务操作指引》的相关规定,VIE 架构中境内机构直接通过新设、并购及其他方式在境外拥有非金融企业或取得既有非金融企业所有权、控制权、经营管理权及其他权益,在进行外汇登记时还需要获得商务部颁发的《企业境外投资证书》。

上述规定仅指境内机构的直接境外投资行为。境内居民设立特殊目的公司仍旧实行外汇登记管理。个人境外投资不需要取得上述证书。

3.影响分析:没有放宽对境外投资的监管

商务部在认定企业VIE结构、最终控制人及其性质方面具有优势,所以增加商务部出具企业境外投资书的要求具有一定的合理性,而对于该要求的性质属于审批还是备案的问题存在争议,具体涉及两个法律规定。2014年8月19日《境外投资管理办法》(商务部3号令)确立了"原则上实行备案管理、例外核准管理"的境外投资管理制度。但是外汇局37号文规定,当境内企业进行境外投资的出资行为前,需办理境外直接投资外汇登记,而办理该登记时必须提交的文件包括商务主管部门颁发的《企业境外投资证书》。这可能导致《境外投资管理办法》中的"备案"实质上构成境外投资的前置行政许可条件,商务部3号令可能实质上并没有放宽对境外投资的监管。

(三)《外国投资法》(2015年草案)可能对VIE架构的影响

1.存在基础:规避股权控制的监管规定

股权控制易于监管,在公司法、证券法、税法、会计法、外商投资法、外汇管理法等方面受到规制较多,VIE协议控制即是为规避上述监管而产生,绕过证券法的境外上市审批监管、公司法的关联交易规定,采取较隐蔽的控制方式,规避外部监管。

2.规则变化:采用"实际控制"的外国投资者认定标准

2015年1月商务部公布《外国投资法》(草案征求意见稿)和相关起草说明,向社会公开征求意见。其中两方面内容与VIE架构直接相关:

一是改革现行外商投资管理体制,实行准入前国民待遇加负面清单的管理模式。对于外商投资企业合同、章程不再保留行政审批,重新构建了"有限许可加全面报告"的外资准入管理制度;禁止和限制外国投资者投资的领域将以清单方式明确列出,清单以外充分开放,外国投资者及其投资享有不低于中国投资者及其投资的待遇。

二是采用"实际控制"的外国投资者认定标准,严格监管审查。草案之前,外商投资企业是以资金的来源为判断标准,但《外国投资法》(2015年草案)将协议控制明确规定为外国投资的一种形式,调整以协议控制方式进行投资的行为,"实际控制"成为认定外商投资企业的标准。《外国投资法》(2015年草案)界定了实际控制人,同时规定了实际控制标准,即虽然直接或者间接持有该企业的股份、股权、财产份额、表决权或者其他类似权益不足50%,但具有以下情形之一的仍为实际控制:

有权直接或者间接任命该企业董事会或类似决策机构半数以上成员;有能力确保其提名人员取得该企业董事会或类似决策机构半数以上席位;所享有的

表决权足以对股东会、股东大会或者董事会等决策机构的决议产生重大影响。通过合同、信托等方式能够对该企业的经营、财务、人事或技术等施加决定性影响的。

3. 影响分析：外国投资者控制的 VIE 企业适用《外国投资法》

现有的外资监管规则没有明确将 VIE 结构作为一种投资方式，仅在外资并购境内企业时将其纳入国家安全审查和反垄断审查，而仅以股权控制为基础的监管规则容易导致出现法律规避，中国投资者可以绕过外商投资产业目录的限制，享受外国投资者的待遇，外国投资者也可以借助 VIE 架构规避外资准入限制。

总体而言，《外国投资法》（2015 年草案）所体现出的 VIE 监管思路相对中立。外商投资企业按照内外资一致的原则，统一适用《公司法》等法律法规，不再区分企业类型分别适用不同的规则。无论外国投资者设立何种类型的企业、通过何种方式在中国投资，原则上均适用统一的《外国投资法》。《外国投资法》实施后，如果外国投资者通过 VIE 结构控制境内企业，该安排将被纳入"外国投资"的范畴，与传统的外商直接投资或并购方式一样，适用外资法下的外国投资准入制度、安全审查制度及信息报告制度等。

"实际控制"的外国投资者认定标准，一方面，在事实上强化了对外国投资的监管。外国公司在中国境内设立的全资子公司或者控股子公司，被视为外国投资者；后者设立的其具有控制权的子公司等，也将被视为外国投资者。由外国企业或个人控制的 VIE 企业将无法经营禁止实施目录中列明的领域。另一方面，取消了对中国投资者控制的 VIE 架构企业的产业准入限制。中国境内公司或个人控制的 VIE 企业被视为中国投资者，可以继续经营外资禁止准入的产业领域。①

第四节　教育机构境外上市时的返程投资登记问题

一、历史脉络

《关于完善外资并购外汇管理有关问题的通知》（汇发〔2005〕11 号，以下简称 11 号文）于 2005 年 1 月 24 日施行，《关于境内居民个人境外投资登记及外资

---

① 邢梅、易肸：《VIE 监管规则的最新发展及影响分析》，载微信公众号上交所企业上市服务，2017 年 6 月 30 日访问。

并购外汇登记有关问题的通知》(汇〔2005〕29 号,以下简称 29 号文)于 2005 年 4 月 21 日施行,75 号文于 2005 年 11 月 1 日实施。在 75 号文之前,国家出台了 11 号文和 19 号文,11 号文第 1 条有这样一个条款,境内个人设立境外企业必须得到有关部门的核准。第 2 条规定境内个人设立境外企业以后,必须持有关部门的核准文件到外汇管理局来办理外汇登记手续。11 号文出台以后,外汇局在隔了两个月以后,5 月又出台了 29 号文件,29 号文件实际上对 11 号文件的第 1 条并没有做明确的规定,没有指出来个人在境外设立企业需要得到哪一个部门的批准,对境内机构在境外设立企业必须得到国家发改委和商务部的核准,这是非常明确的。国家发改委对项目的许可进行回文,商务部对境外投资企业的设立进行回文,但就境内居民个人在境外设立企业到底是由发改委还是商务部,没有明确的法规规定,所以会给境内居民造成非常大的麻烦,到底这个企业的核准部门是谁,外汇局的 11 号文和 29 号文都没有解决这个根本上的问题。

29 号文是在 11 号文的基础上,对于 11 号文要求的外汇登记的程序进一步做了细化,同时明确了相应的处罚条款,除境外上市企业外,特殊目的公司不得保留外汇收入,境内居民个人直接获得或通过特殊目的公司间接获得的外汇收入,应于获得之日起 30 日内全额调回境内结汇,违者按照逃汇行为予以处理。11 号文和 29 号文出台以后,在整个业界,尤其是创投业界引起了非常大的反响和轰动。有的报道甚至说是 11 号文、29 号文出台是圣诞节后的噩梦,因为把在境外设立特殊目的公司返程投资这样的做法基本上堵塞住了,而且规定明确,必须按照逃汇罪进行处罚。

2005 年 10 月出台了 75 号文,业界对外汇局的反应又发生了很大的转向,说是圣诞节后的狂欢,甚至还有人说民营企业迎来了春天,是给民营企业的境外投资、境外融资指明了一条阳光大道。就说明外汇管理局在制定 11 号文和 29 号文、75 号文的过程中,包括之前,对于返程投资、融资这个问题始终在进行跟踪,进行研究,进行调研。当然对这个问题的认识也随着时间的推移,在慢慢地演进和发展。

国家外汇管理局在 2014 年发布的 37 号文取代了 2005 年以来一直实施的 75 号文。而 37 号文的出台,对"特殊目的公司""返程投资"的定义及相关的外汇登记程序都做了较大的调整,也直接影响存在境外投资、返程投资问题的拟 IPO 企业的外汇登记的规范处理。

二、11 号文、29 号文、75 号文和 37 号文的比较

在 2005 年这一个年度里,关于返程投资外汇登记的问题连续出台了 3 个文件,11 号文和 29 号文相隔仅仅 3 个月,29 号文和 75 号文相隔 6 个月。政策的变化与那个时候的时代背景紧密相关。75 号文是这 3 个文件中完整度比较高的一个,从设立之前,到资产注入以后,融资以后,到所涉及利润、转股等线路和脉络相对来说是比较清晰的。所以主要对 75 号文和 37 号文进行比较,同时也对 11 号文和 29 号文作出规定的地方进行对比。

（一）“特殊目的公司”及“返程投资”的定义范围

37 号文扩大了在境外直接设立或间接控制的境外企业的资金来源,资金来源包括其合法持有的境外资产或权益,不仅仅是境内企业的资产或者权益。进行返程投资的目的也进行了扩展,75 号文仅规定了以股权投资为目的,而在 37 号文中还规定了投资和融资,也就是说包括了并购和 VIE 架构,37 号文对特殊目的公司的定义范围比 75 号文更广。在 11 号文和 29 号文中均未体现这个定义。

相应地,37 号文项下“返程投资”的定义也扩大了,境内居民可以间接通过特殊目的公司对境内开展直接投资活动,也即,境内居民以境外资产或权益设立的境外公司新设外商投资企业时,也视为返程投资的一种;并且,37 号文将特殊目的公司新设或并购“项目”也视为返程投资的一种方式,但“项目”的定义尚有待明确。在 11 号文和 29 号文中均未体现这个定义。

（二）完善了境内机构和居民个人的定义

75 号文中指明返程投资的主体是“境内居民法人或境内居民自然人”,并对两个主体进行了解释,“境内居民法人”是指在中国境内依法设立的企业事业法人以及其他经济组织;“境内居民自然人”是指持有中华人民共和国居民身份证或护照等合法身份证件的自然人,或者虽无中国境内合法身份但因经济利益关系在中国境内习惯性居住的自然人。37 号文中指明的主体是境内机构和境内居民个人,“境内机构”是指中国境内依法设立的企业事业法人以及其他经济组织;“境内居民个人”是指持有中国境内居民身份证、军人身份证件、武装警察身份证件的中国公民,以及虽无中国境内合法身份证件、但因经济利益关系在中国境内习惯性居住的境外个人。37 号文比 75 号文的定义要精确一些,而且特别澄清了同时持有境内合法身份证件和境外(含港澳台地区)合法身份证件的,视同境外个人管理。

（三）明确境内机构返程投资的登记流程

11 号文规定了境内居民为换取境外公司股权凭证及其他财产权利而出让境内资产和股权的,应取得外汇管理部门的核准。对于境内居民通过境外企业并购境内企业设立的外商投资企业,各分局、外汇管理部应将其外汇登记申请上报总局批准。并且附件中规定了外商并购设立外商投资企业的外汇登记操作规程,但是没有明确说明设立时、设立中、设立后的具体外汇设立登记和变更登记等事宜,只是比较笼统地规定了外汇登记应当采用核准制。29 号文规定境内居民个人直接或间接持有股权的境外企业如发生增资、减资、股权转让、合并、分立、对外股权投资、涉及境内资产的对外担保等重大事项,直接或间接拥有该境外企业最大股权的境内居民个人,应于重大事项发生之日起 30 日内,向境外投资登记地外汇局办理外汇登记变更或备案手续。并且明确了外资并购外汇登记的情形有哪些,以及新设外商投资企业应该注意有哪些流程去外汇登记,最重要的是将未按照规定登记而汇出利润和其他资本项目款项的,按照逃汇行为处理。可见国家对外资并购外汇登记管制比较严格。

75 号文虽然规定了境内居民法人设立特殊目的公司返程投资与境内居民自然人的返程投资一样,需要办理外汇登记,但在过去的实践中,境内居民法人的返程投资外汇登记因规定不明而很难操作。37 号文明确了境内居民以境内外合法资产或权益向特殊目的公司出资前,应向外汇局申请办理境外投资外汇登记手续。境内居民以境内合法资产或权益出资的,应向注册地外汇局或者境内企业资产或权益所在地外汇局申请办理登记;境内居民以境外合法资产或权益出资的,应向注册地外汇局或者户籍所在地外汇局申请办理登记。也即境内机构设立特殊目的公司及返程投资行为按照一般的境外直接投资外汇登记流程办理。

(四)简化外汇登记的环节,放宽变更登记时间要求

75 号文要求特殊目的公司发生增资或减资、股权转让或置换、合并或分立、长期股权或债权投资、对外担保等重大资本变更事项且不涉及返程投资的,境内居民应于重大事项发生之日起 30 日内向外汇局申请办理境外投资外汇登记变更或备案手续。而 37 号文仅要求已登记境外特殊目的公司发生境内居民个人股东、名称、经营期限等基本信息变更,或发生境内居民个人增资、减资、股权转让或置换、合并或分立等重要事项变更后,应及时到外汇局办理境外投资外汇变更登记手续。境内居民境外投资外汇变更登记完成后,方可办理后续业务(含利润、红利汇回)。因此,只要不涉及登记的基本信息变更,无须因为境外融资交割的发生而办理一次变更登记。同时,37 号文取消了 75 号文下 30 天内办理变更登记的时间要求,只要求"及时"办理。另外,37 号文取消了提交融资意向书的要求,这可能意味着企业可以在更早的时候将红筹结构搭好,以便将来择机迅速进行境外融资。11 号文对变更登记没有规定时间要求。29 号文对重大事项的

变更应于重大事项发生之日起30日内,办理变更或备案手续。

(五)提供补登记的机会

75号规定本通知实施前,境内居民已在境外设立或控制特殊目的公司并已完成返程投资,但未按规定办理境外投资外汇登记的,应按照本通知规定于2006年3月31日前到所在地外汇局补办境外投资外汇登记。境内居民补办境外投资外汇登记后,外汇局可为相关境内企业办理外资、外债外汇登记手续。但是2006年3月31日后就处于灰色地带了。37号文为已设立但因各种原因未办理外汇登记的特殊目的公司明确提供了补登记的机会,并明确了涉及违反外汇管理规定的具体处罚。这为部分现有的集团公司纠正历史上的结构瑕疵提供了可行性,避免为满足返程投资的外汇登记而作伤筋动骨的架构重建。

另外,对于75号文时代的"非特殊目的公司"及其设立的外商投资企业(包括之前境内居民以境外资产设立的境外公司返程投资的"假外资"企业),根据37号文也应办理补登记。但由于该类情形之前并未纳入返程投资的外汇登记要求,外汇局很可能会适用法不溯及既往的原则,从而不会要求先处罚再补登记。

三、37号文的背景介绍

为了简政放权、促进跨境投资便利化,外汇局于2014年7月14日发布了37号文,同时废止了75号文,并就涉及返程投资外汇登记的相关问题进行了重新梳理和规范。

37号文清晰地反映了外汇局对待返程投资的最新监管思路,即"跨境流出按对外直接投资(Overseas Direct Investment,ODI)管理,跨境流入按境内直接投资(Foreign Direct Investment,FDI)管理",并以此为基础重新界定境内居民返程投资外汇管理的尺度及范围。由于返程投资外汇登记一直是国内民营企业境外私募融资及海外红筹上市的热点和难点之一,37号文一经颁布就引起了业界的密切关注,其也势必对境内民营企业、海外私募基金及中介机构有关的服务产生重要的影响。

四、法规分析

"特殊目的公司"是指境内居民(含境内机构和境内居民个人)以投融资为目的,以其合法持有的境内企业资产或权益,或者以其合法持有的境外资产或权益,在境外直接设立或间接控制的境外企业。

"返程投资"是指境内居民直接或间接通过特殊目的公司对境内开展的直接投资活动,即通过新设、并购等方式在境内设立外商投资企业或项目(以下简称外商投资企业),并取得所有权、控制权、经营管理权等权益的行为。

“境内机构”是指中国境内依法设立的企业事业法人以及其他经济组织；“境内居民个人”是指持有中国境内居民身份证、军人身份证件、武装警察身份证件的中国公民，以及虽无中国境内合法身份证件、但因经济利益关系在中国境内习惯性居住的境外个人。

“控制”是指境内居民通过收购、信托、代持、投票权、回购、可转换债券等方式取得特殊目的公司的经营权、收益权或者决策权。

（一）外汇登记管理

境内居民以境内外合法资产或权益向特殊目的公司出资前，应向外汇局申请办理境外投资外汇登记手续。境内居民以境内合法资产或权益出资的，应向注册地外汇局或者境内企业资产或权益所在地外汇局申请办理登记；境内居民以境外合法资产或权益出资的，应向注册地外汇局或者户籍所在地外汇局申请办理登记。

非上市特殊目的公司以本企业股权或期权等为标的，对其直接或间接控制的境内企业的董事、监事、高级管理人员及其他与公司具有雇佣或劳动关系的员工进行权益激励的，相关境内居民个人在行权前可提交以下材料到外汇局申请办理特殊目的公司外汇登记手续。

特殊目的公司完成境外融资后，融资资金如调回境内使用的，应遵守中国外商投资和外债管理等相关规定。返程投资设立的外商投资企业应按照现行外商直接投资外汇管理规定办理相关外汇登记手续，并应如实披露特殊目的公司的实际控制人等有关信息。

境内居民从特殊目的公司获得的利润、红利调回境内的，应按照经常项目外汇管理规定办理；资本变动外汇收入调回境内的，应按照资本项目外汇管理规定办理。

境内居民直接或间接控制的境内企业，可在真实、合理需求的基础上按现行规定向其已登记的特殊目的公司放款。境内居民可在真实、合理需求的基础上购汇汇出资金用于特殊目的公司设立、股份回购或退市等。

（二）外汇变更登记和注销登记

已登记境外特殊目的公司发生境内居民个人股东、名称、经营期限等基本信息变更，或发生境内居民个人增资、减资、股权转让或置换、合并或分立等重要事项变更后，应及时到外汇局办理境外投资外汇变更登记手续。境内居民境外投资外汇变更登记完成后，方可办理后续业务（含利润、红利汇回）。

因转股、破产、解散、清算、经营期满、身份变更等原因造成境内居民不再持有已登记的特殊目的公司权益的,或者不再属于需要办理特殊目的公司登记的,应提交相关真实性证明材料及时到外汇局办理变更或注销登记手续。

(三)未登记可补登记

37 号文实施前,境内居民以境内外合法资产或权益已向特殊目的公司出资但未按规定办理境外投资外汇登记的,应向外汇局出具说明函说明理由。外汇局根据合法性、合理性等原则办理补登记,对涉嫌违反外汇管理规定的,依法进行行政处罚。

境内居民与境外特殊目的公司之间的跨境收支,应按现行规定办理国际收支统计申报。

第四章　民办教育机构的资本之路

【本章导读】我国民办教育行业的发展吸引了越来越多的资本注入，随着教育机构做大做强，越来越多的公司渴望上市融资，进一步扩大其教育版图，而我国教育机构的资本之路也由此开启。因此，本章将首先对国内民办教育行业的发展概况和趋势进行简要概括，然后再对境内外上市的教育机构进行梳理和归纳，力图将教育机构资本之路的全景图清晰地展示给读者。

第一节　民办教育行业的概况及发展趋势

一、行业概况（行业划分及各细分领域）

（一）民办教育概述

在20世纪中期的时候，国内的教育资金严重短缺。到了20世纪后期，国家才同意社会力量举办民办教育，随后我国民办教育开始快速发展。随着经济全球化的发展，以及国际化的不断深入，中国的教育产业已经成为服务行业里极其重要的一部分。尤其是近几年，民办教育行业不断发展，资本、跨界、信息技术和国际化推动着整个行业不断地整合与变革。

1. 民办教育的定义与特点

民办教育又名私立教育（private education），是相对于公办教育的教育形式，指国家机构以外的社会组织或者个人，利用非国家财政性经费，面向社会举办学校及其他教育机构的活动。总体来说，我国民办教育的特点主要表现为以下几个方面：

（1）教育行政办学体制

中国的教育机制，是根据当前的国情设定的，其主体由政府操作，而其他形式的办学则作为辅助。目前，基础、高等、职业以及成人四种不同类型的教育并不是由一个行政机关负责，而是分属于不同的部门。地方政府主抓基础教育，高等教育的主体由中央和省级政府共同负责，而其他形式的办学则作为辅助；职业教育和成人教育，则是由政府牵头，更多的则需要企事业单位和社会其他方面的力量进行办学。

(2)民办教育处于起步阶段

综观我国的民办教育行业，无论是其外在表现形式还是内在经营理念都还不够成熟。虽然越来越多的资本开始流入这一行业，但是其总体规模与发达国家还是无法相提并论。

(3)市场化特征突出

中国的人口基数比较大，民办教育市场拥有巨大的发展潜力。但随着民办学校的持续增多，行业的竞争日益激烈，获客成本亦不断上升。依当前情况来看，因为国家对于公立学校各项扶持的严重倾斜，民办教育一直处在市场优胜劣汰的筛选机制之中，各个细分领域的表现更为明显。

从教育举办方的性质来看，教育培训可以分为公办教育和民办教育。我国公办教育占据了相当大的比例，民办教育作为补充则更多地覆盖了公办教育未能有效覆盖的专业培训、学前教育以及一些学历教育市场，其市场化特征更为突出。①

2. 民办教育的分类

教育行业指的是知识传递过程中所产生的经济行为，其包括的人群是全方位的。从年龄结构的角度可以将其简单分类为基础教育和成人教育；从学习特点角度可以将其分为学历教育和非学历教育；从学习方式的角度可以将其分为面授式教育和利用信息技术手段的远程学习。

我国的民办教育主要分为学历教育、考试辅导、技能培训和网络教育。其中，实施民办学历教育的是由教育行政部门批准的民办教育机构；进行考试辅导的涉及中小学课程辅导、语言培训、考研公务员等各类应试培训；从事技能培训的则涉及IT、职业、就业以及艺术特长等的培训；网络教育则是利用互联网等信息技术手段实施的远程教育。此外，还有学前培训以及教育咨询、教材出版、翻译等辅助性的教育服务机构。

3. 民办教育行业的发展趋势

中国的民办教育已经走过了近三十年的道路，从建立以来一直在不断地完

---

① 《中国民办教育行业分析》，载 https://wenku.baidu.com/view/b9a2df64f705cc175427090b.html，2017年2月9日访问。

善，现在有了一定的规模，并且建立了相对完善的民办教育制度。2017 年年初，国务院发布《关于鼓励社会力量兴办教育促进民办教育健康发展的若干意见》，提到截至 2016 年年底我国民办教育机构数量已经突破 17 万所。结合近年来我国民办教育机构数量来看，总体上保持了增长的态势，在校学生数量也不断增长，从 2007 年的 2583.5 万人增至 2016 年的 4825.47 万人。①

中国人口数量巨大，公共教育资源并不能够满足国民的教育需求，民办教育就是在这样的形势下产生的，并在我国的教育行业中扮演着越来越重要的角色。经统计，中国近年各类民办教育机构的招生和在校的人数保持平稳上升趋势，民办教育市场需求旺盛，规模日益庞大。幼儿教育是民办教育中发展速度最快的行业。以 2013 年的统计数据为例，我国民办幼儿园就读人数较上年增加 265.3 万人。而随着新一轮人口出生高峰的到来和家庭对于学前教育投资加大，民办学前教育发展面临良好时机。② 此外，民办高校也受到了社会的支持，吸引了大量的民间资本争相投资，近几年得到了快速的发展，如 2017 年赴港上市的宇华教育和新高教就是民办高校中的佼佼者。

从地域分布来看，我国民办教育在北上广等一线的大城市发展最为迅速。这当然离不开当地的经济消费水平与地方政策的鼓励，而且由于人才竞争激烈，人们对教育更加重视，这些地区的民办院校在规模以及质量上都优于其他地区。

（二）民办教育各细分领域的发展概况

1. 学历教育

与非学历教育体制不同，我国学历教育体制向学生提供自中国政府获得正式证书的机会。中国学历教育行业主要包括中小学教育（亦称 K－12③ 教育）、高等教育和职业教育。而且，同培训行业全部是民办机构不同，我国学历教育领域的民办化程度较低，高校、中职民办化程度超过 20%，中小学等基础教育民办化程度不足 10%。④

---

① 李佩娟：《门槛降低　民办教育将迎来新发展》，载 http://www.qianzhan.com/analyst/detail/220/170425－e6a96c89.html，2017 年 4 月 25 日访问。

② 博思数据研究中心：《2014～2019 年中国民办教育市场竞争力分析及投资前景研究报告》，载 http://www.bosidata.com/qitawenjiao1408/J14380OE2G.html，2017 年 2 月 9 日访问。

③ 在中国教育体制下，K12 则指小学 6 年、初中 3 年和高中 3 年共 12 年的中小学基础教育阶段。

④ 王磊：《教育产业各细分领域投资机会与布局》，载 http://q.stock.sohu.com/news/cn/308/002308/4900337.shtml，2017 年 2 月 9 日访问。

(1)民办中小学教育

根据弗若斯特沙利文报告显示,中国民办基础教育行业的总收入自2012年的1241亿元增至2015年的1842亿元,且于2020年将增至3255亿元,复合年增长率分别约为14.1%及12.1%。如此快速的增长主要受家长及学生日益青睐民办学校的影响,民办学校招生人数增多,收取的学费增加。图1载列中国民办基础教育行业2012～2015年的总收入及2016～2020年的预计收入。

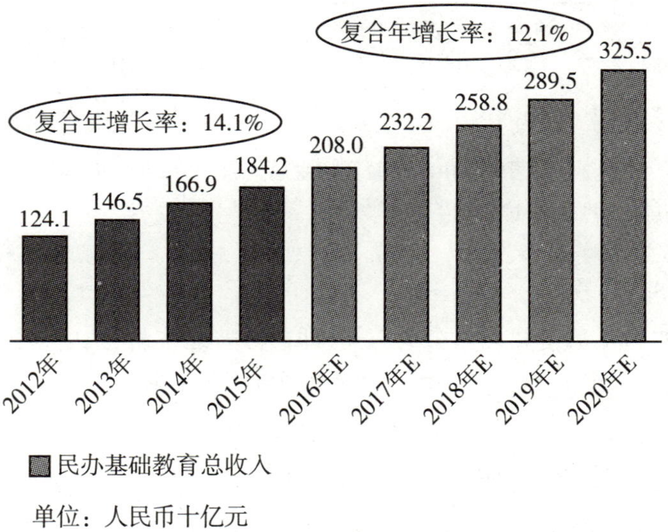

图1　中国民办基础教育总收入(2012～2020年)

资料来源:弗若斯特沙利文报告。

根据弗若斯特沙利文报告,2012～2015年,公立学校向民办学校转学的学生人数上升。

在基础教育体系中,民办学校的渗透率近年来有所上升,且该趋势未来可能持续。根据弗若斯特沙利文报告,民办小学、民办初中及民办高中的渗透率预计将分别由2015年的7.4%、11.7%及10.8%增加至2020年的8.9%、13.8%及12.8%。这表明,民办教育于中国日益受到欢迎,被视为中产阶级人口的高品质选择。

图2载列2012～2015年中国民办中小学教育招生总人数及2016～2020年的预计招生人数。

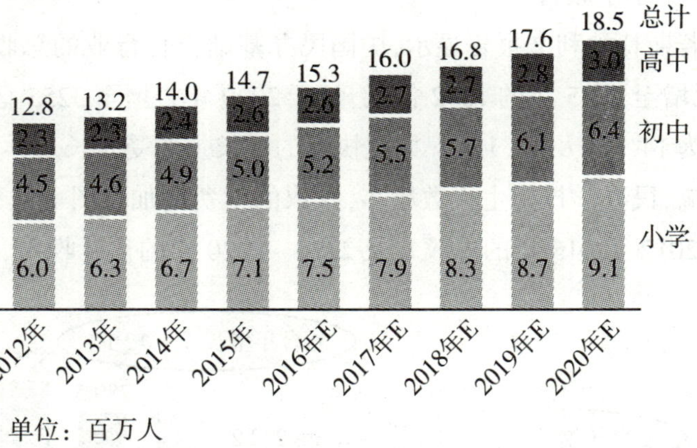

图 2　中国民办中小学教育招生总人数(2012～2020 年)

资料来源:弗若斯特沙利文报告。

(2)民办高等教育

中国民办高等教育机构可分为三类,即民办普通本科、独立学院及民办普通专科。民办高等教育机构不同于公立普通高校,主要表现为公立普通高校一般由国家或地方政府营办及其主要资金来源为中国公共教育支出。

2011～2015 年,中国民办高等教育机构的总数由约 698 所增至 734 所,其中,民办普通高校的总数由 389 所增至 459 所。此外,2015 年中国民办高等教育行业产生的总收入为 926 亿元,而 2011 年为 646 亿元,年复合增长率约为 9.4%,预计 2020 年将达到 1563 亿元。图 3 说明了 2011～2015 年中国高等教育行业产生的总收入及 2016～2020 年的收入预测。

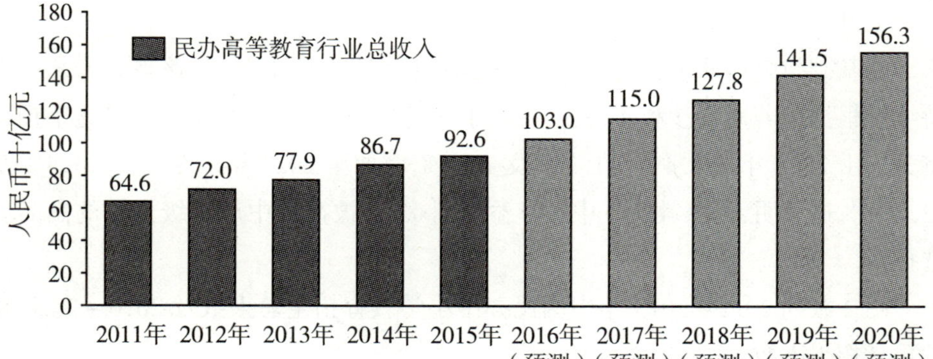

图 3　中国民办高等教育行业总收入[2011～2020 年(预测)]

资料来源:弗若斯特沙利文报告。

财富的不断增加及对高等教育及学历的更大需求促进了中国高等教育业的发展。根据弗若斯特沙利文报告,中国民办高等教育的在校人数总数由2011年的510万人增至2015年的610万人,年复合增长率约为4.9%。2020年,中国民办高等教育的在校人数总数预计将达870万人。图4为2011～2015年及2016～2020年(预测)中国高等教育行业的在校人数总数。

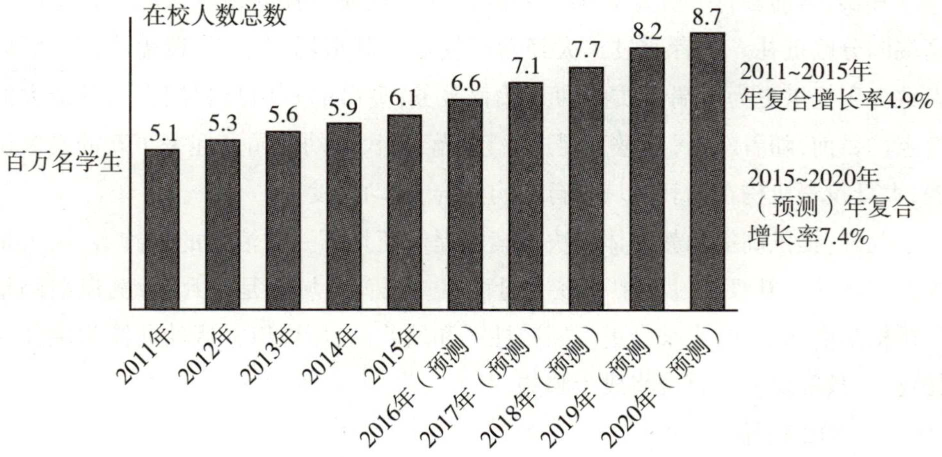

图4　中国民办高等教育的在校人数总数[2011～2020年(预测)]

资料来源:弗若斯特沙利文报告。

中国民办高等教育行业的发展主要受以下因素的影响:(1)中国家庭财富及对高等教育的需求增加;(2)各领域对更多技术型人才的市场需求增长;(3)中国民办高等教育行业多样性及教育质量提高驱动。

其未来发展趋势主要包括:(1)民办高等教育机构数目与日俱增;(2)提供实践培训的民办大专院校及其他教育机构预计将呈差别化及专业化趋势;(3)中国民办高等教育机构规模及资质提升。

2. 非学历教育

民办教育中从事非学历教育的主要为民办教育培训机构,涉及幼儿教育、K12辅导、IT培训、职业培训和在线教育等。中国当前的教育培训仍有较大的发展空间,并且维持快速地发展,市场规模日益庞大,办学主体亦更加多元化,其覆盖的领域也在日渐增多,学前教育、课外辅导、互联网、金融、企业管理等也都囊括其中。但同时,随着市场份额的饱和,更多资本的注入,以及新技术的推动,教育培训领域的竞争也日益激烈,整个行业面临着新一轮的整合与变革。

(1)幼儿教育

前瞻网学前教育行业报告数据显示,2005～2011年,我国公办幼儿园所占比重持续下降,而民办幼儿园所占的比重持续上升。2012～2013年,我国民办幼儿园数量占比有所减少,公办幼儿园数量有所提升。2015年全国有22.37万所幼儿园,其中民办园14.64万所。①

其实,学前教育一直是我国民办教育发展最为迅猛的领域,其中,普惠园与高端园分庭抗礼。前者通过扩大经营规模增强其市场竞争力,覆盖率广。而后者致力于提供更为高端优质的幼儿教育服务,高昂的费用与利润率是其最大的特点。目前,随着新《民办教育促进法》的落地,民办幼儿园又迎来了新的发展机遇,大量投资机构在幼教领域进行并购整合,推动其发展。

此外,提供高端幼教整体解决方案的提供商是下一波浪潮的领跑者,在大量中低端幼儿园升级的过程中存在大量商机。托育领域也是一片蓝海,以前的早教机构是商场模式,未来会更多回归社区和幼儿园,所以以社区幼儿园为主体对托育、早教等机构的整合将成为趋势。②

(2)K12辅导

K12是教育行业中最大的细分领域,主要覆盖中小学义务教育和高中教育,整个时间跨度为12年。随着中产阶级的崛起、教育理念的升级以及中高考竞争压力的加剧等,中国家长对K12教育辅导的需求非常大,从学而思的火爆、奥赛班的狂热就可见一斑。作为刚性的教育需求,K12教辅市场的发展潜力巨大。数据显示,中国中小学阶段的在校生总数在1.8亿人到2亿人,从市场规模来看,K12领域蕴含的发展空间是巨大的。整个2016年,各地学校、辅导机构以及创业公司纷纷涌入这个领域,从教育信息化、在线课堂再到学习工具,每个分类几乎都是一片蓝海。③

虽然新《民办教育促进法》禁止兴办义务教育阶段的营利性民办学校,但K12领域的教育辅导机构并不受该项规定的影响。而且由于新《民办教育促进法》对营利性民办教育的认可,K12教培市场将吸引更多投资者的目光。其实,

① 《民办学前教育地位日益突出发展前景广阔》,载http://www.ppdai.com/zixun/caijing_wz268326_p1,2017年2月9日访问。

② 王磊:《教育产业各细分领域投资机会与布局》,载http://q.stock.sohu.com/news/cn/308/002308/4900337.shtml,2017年2月9日访问。

③ 都大人:《K12教育这个最有潜力的市场,今年的机会来自哪里?》,载http://news.jueshe ng.com/a/1089.html,2017年2月9日访问。

从目前的行业发展状况来看,竞争激烈是必然结果,优胜劣汰也是自然现象,行业整合还在继续,但两极分化比较严重。毕竟像新东方、好未来这些教企大佬已经形成了垄断优势,想要分得蛋糕,就必须不断创新,输出更加优质的教育产品。

(3)职业培训

职业教育的整体市场潜力巨大。尤其在非学历职业培训领域,涌现出了不少成功的企业,如致力于远程教育的正保远程集团、从事 IT 培训的达内科技以及准备向职业培训转型的 ATA 公司。这三家教育机构均为赴美上市的教育公司,是各自专营领域的佼佼者。

由此也说明,资本与互联网是该领域近年来发展的主要趋势。泛 IT 培训、公务员考试培训、金融财会类培训是现阶段拉动非学历教育细分市场的三驾马车。在线化程度高是非学历职教领域的显著特征,近五年来在线职教复合增长率保持在 40% 之上。[①]

(4)互联网教育

其实,回顾我国互联网教育的发展,就可知道在线教育技术最早应用于高等教育领域。但随着我国互联网技术的发展和创新,在线教育逐渐渗透到 K12 领域、职业教育、英语培训等多个细分领域。目前,众多互联网大佬已经在布局在线教育,如百度教育在 2017 年推出的教育大脑,应用场景主要包括:百度文库、百度阅读、智能营销平台、智能资源管理平台以及百度传课;腾讯推出的腾讯课堂,作为专业的在线教育平台,聚合了优质教育机构和教师的海量课程资源,提供囊括职业培训、公务员考试、托福雅思、考证考级、英语口语、中小学教育等众多类别的在线教育课程。

2012 年,美国 MOOC(Massive Open Online Courses)进行的大规模融资活动使国内的在线教育开始受到资本的青睐。国内互联网龙头企业(新浪、腾讯、百度等)开始关注在线教育行业。在此阶段,国内的在线教育迎来了巨大的发展机遇。随后,企业间的投资并购与行业整合又无疑加速了教育产业的升级与行业的复苏,由此,行业巨头初见规模,如新东方、好未来、学大教育等。

目前,在我国教育培训市场约 9800 亿元的市场规模中,K12 与幼儿教育规模最大,占比分别为 42.7% 和 22.4%,而职业教育、出国留学和国际学校还处于发

① 《政策红利引爆教育行业,迎接投资并购潮!》,载 http://www.sohu.com/a/127800117_428742,2017 年 3 月 9 日访问。

展扩张阶段,现市场规模约为1500亿元、400亿元和500亿元。[①] 虽然我国K12领域近几年发展迅猛,但随着该领域的竞争日益激烈,行业整合将不可避免。

二、发展趋势(在线教育与国际化趋势)

(一)在线教育是我国民办教育发展的下一个风口

2007年,孟加拉裔美国人萨尔曼·可汗创办了可汗学院,其运营模式开始影响世界。由于此时国内互联网行业在电子商务、网络游戏领域的机会依然不多,在线教育有望成为新的投资热点。

2012年,美国MOOC进行的大规模融资活动使国内的在线教育开始受到资本的青睐。国内互联网的龙头企业开始关注在线教育行业。

随后,众多新兴在线教育创业公司开始进入教育市场。传统的线下教育模式不断被"颠覆",新兴的在线教育最大限度地解放了用户的自由,使人们的学习不再受时间和空间的限制,更多的人开始接受并使用在线教育产品。

2017年1月19日,国务院印发的《国家教育事业发展"十三五"规划》提到,积极发展"互联网+教育",支持各级各类学校建设智慧校园,综合利用互联网、大数据、人工智能和虚拟现实技术探索未来教育教学新模式。

近几年,互联网已深刻地改变了人们的思维方式和衣食住行,随着政策的导向和互联网技术的革新,"互联网+教育"的模式也不再是新事物。相反,随着互联网在教育行业的不断渗透,传统的教育模式正面临着挑战。

1.在线教育发展历程

我国的在线教育始于20世纪末,且发展速度缓慢。受限于当时国内互联网技术的发展,如网络宽带的限制、家用电脑的使用以及接受网上教育的习惯尚未养成等,多数在线教育产品还是文档形式。此时,我国在线教育还处于发展的萌芽期。

(1)重要转折点:2000年

2000年是我国在线教育发展的一个重要拐点。因为,2000年以后我国在线教育进入了多媒体阶段。同时,基于政策原因,我国共有68所高校成为国内现代远程教育的试点院校,且准许开设网络教育学院,颁发网络教育文凭。此外,当时的新东方网校也开始运行,传统教育培训学校也开始涉足国内在线教育市场。

---

① 《陆海空——教育培训行业分析报告》,载http://max.book118.com/html/2017/0510/105723939.shtm,2017年3月9日访问。

(2)停滞期:2000～2011 年

之后,由于没有找到可盈利的商业模式,大量网校纷纷死掉,整个行业在摸索中前进,在线教育此时发展缓慢,进入一个相对停滞的阶段。

与此同时,美国人萨尔曼·可汗创办的可汗学院开始影响世界。当时,之前在国内得到迅猛发展的电子商户与网络游戏市场的机会已经不多,而随着可汗学院模式在全世界的风靡,投资者们开始将目光投向国内的在线教育。

(3)爆发期:2012～2014 年

2012 年,美国 MOOC 进行的大规模的融资活动使国内的在线教育开始受到资本的青睐。国内互联网企业纷纷开始布局教育领域,如百度旗下的百度教育成为中国最大的互联网在线教育资源平台;腾讯课堂凭借 QQ 客户端的优势,实现在线即时互动教学等。据投资界人士提供的统计信息,2013 年就有 20 多亿元资金注入到在线教育行业。① 在此阶段,国内的在线教育迎来了巨大的发展机遇。

(4)高速发展期:2015～2020 年

随后,伴随着投资和发展热潮而来的就是企业间的并购融合。这无疑加速了教育产业的升级与行业的复苏。同时,数以百计的新兴互联网教育机构亦开始进入市场,且随着日益激烈的市场竞争,新一轮的研发与扩张将开始,上市热潮亦将兴起。

2. 在线教育行业现状

根据艾瑞咨询统计,2015 年中国在线教育行业整体规模达 1191.7 亿元,同比增长 19.4%,同时预计 2015～2018 年仍将维持 20.0% 左右的年均复合增速,持续增长;2018 年中国在线教育市场有望超过 2000 亿元规模。根据 CNNIC 统计,2015 年我国在线教育用户规模达 1.10 亿人,其中移动在线教育课程用户达 5303 万人,中国在线教育行业用户基础初具规模(见图 5)。

在巩固并发展传统线下教育的同时开拓线上教育的模式,是许多成熟的教育机构正在进行的教育布局,旨在整合线上线下的教育资源,互相影响,扩大其受众范围和品牌影响力。资源的整合与互联网技术的创新是目前许多大型教育培训机构和新型创业公司共同关注的问题。毕竟在当前大数据的背景之下,谁能满足客户更为碎片化、多元化与个性化的学习需求,谁就能成为赢家。而且,

---

① 《在线教育行业单日营收迈入"亿级时代"》,载 http://www.sohu.com/a/121641494_354728,2017 年 3 月 15 日访问。

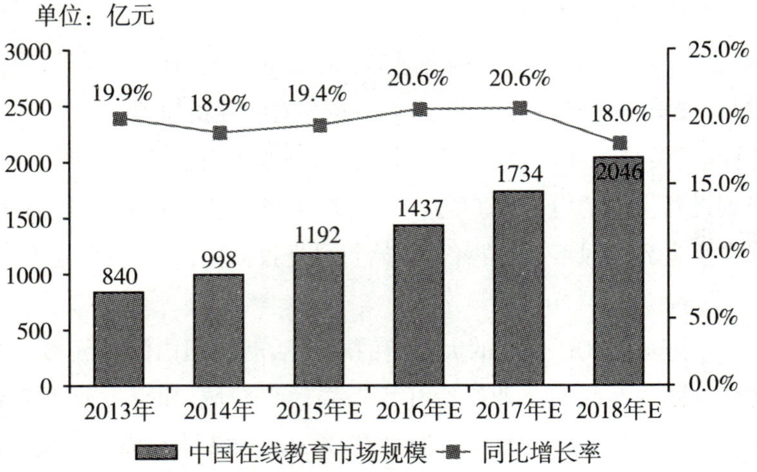

图5　中国在线教育市场规模

资料来源:《2015 年中国在线教育平台研究报告》,艾瑞咨询。

除了经济发达的城市,未来能否吸引其他地区的用户,在教育资源更为稀缺的地域占据市场份额,也是布局在线教育的企业应该关注的问题。

3. 在线教育细分领域

按学科大类及学习目的来分,在线教育行业可分为语言类和非语言类及应试类和非应试类;结合学前儿童、中小学生、大学生、职业人群等不同年龄及社会身份的人群,衍生出儿童启蒙教育、青少年素质教育、中小学课外辅导、大学生外语考试培训、大学生考研考博培训、青少年及大学生出国留学考试培训、大学生校园招聘培训、职业资格考试培训、职业技能培训、企业 E-learning 内部培训等多个细分领域。

根据艾瑞咨询统计,以市场规模论,大学生教育、职业教育、中小学教育是目前中国在线教育行业的前三大细分市场,其中大学生在线教育和职业在线教育市场的发展得益于 18 岁以上人群自主学习能力相对较强,在线教育的学习效果相对可见,以及升学、就业压力下的应试类培训需求相对刚性。根据 CNNIC 抽样调查统计,现阶段,中小学在线教育、职业在线教育(包括应试类和非应试技能培训类)、语言培训(包括应试类和非应试类)的用户使用率较高,用户基数相对较大,其中语言类在线培训市场的发展与国内重视外语学习的普遍性有关。

具体而言,由于政策及历史的原因,在线教育首先应用于国内的高等教育机构,在 2000 年的时候其已经占据当时在线市场份额的 90% 以上。而随着近几年互联网技术的迅猛发展及其在其他细分领域的渗透,高等教育占据的市场份额已经下降,但仍属最高。

此外,职业教育也是在线教育领域中发展不错的细分领域,前有正保远程,后有 51Talk 无忧英语,这两所教育机构的成功充分证明了两者的结合能够产生极佳的效果。

而且,虽然起步晚,但在线教育增速在 K12 领域中却最快。尤其是近几年,不论是教育巨头如新东方、好未来,还是互联网巨头,都在布局 K12 阶段的在线教育。

(1)学前在线教育

艾瑞咨询数据显示,2014 年中国学前在线教育市场规模为 2.22 亿元,到 2018 年预计市场规模达到 6.8 亿元。由于学前在线教育的用户群体比较特殊,目前主要以 App 使用为主,内容涉及识字、外语、唐诗等。学前教育的主要盈利点更多在其延伸的电商网购等部分。[①]

(2)K12 在线教育

当前,我国 K12 领域中,不论是从事学历教育的全日制民办学校还是 K12 课外辅导机构,仍以传统线下教学模式为主,在线教育的市场占有率并不高。但令人无法忽视的是其增长率却比其他细分领域都要高。自 2013 年起,在线教育用户数量增速开始加快。[②] 2014 年起,用户规模增长率持续上涨,已达到 9640 万人,[③]而 2016 年,我国在线教育用户已达到 1.18 亿人。同时,腾讯课堂发布的《2014 K12 教育市场分析报告》表明,2014 年我国 K12 教育培训市场规模达到 2549 亿元。因此,未来随着各类信息技术的提高、资本的支持以及国际化的推动,K12 领域中在线教育的市场将拥有更强的生命力。

(3)高等学历在线教育

与其他细分领域相比,高校远程教育是我国互联网教育最早涉足的领域,发展得相对成熟。在其发展的早期,基于政策原因,国内多所高校成为现代远程教育的试点院校,并占据了国内当时在线教育的绝大多数市场总量。根据艾瑞咨询的数据显示,我国高等学历在线教育市场规模预计在 2018 年达到 1096.3 亿

---

① 艾瑞咨询:《2015 中国在线教育平台报告》,载 http://www.useit.com.cn/thread-10775-1-1.html,2017 年 3 月 15 日访问。

② 钟奇:《天时地利人和——K12 在线教育将迎来下一个风口》,载 http://doc.mbalib.com/view/ad93699f7c786e4fcc1c569a10c0b894.html,2017 年 3 月 15 日访问。

③ 潘福达:《在线教育市场报告:在线教育用户规模接近一亿》,载 http://news.xinhuanet.com/book/2015-12/23/c_128558730.htm,2017 年 3 月 15 日访问。

元,而且其用户规模预计于2018年达到3205.6万人。

(4)职业在线教育市场

艾瑞咨询数据显示,我国职业在线教育市场规模和用户规模预计于2018年分别达到515.5亿元和4033.1万人,显示出该领域广阔的市场前景。以我国远程教育领域第一品牌正保远程为例,该公司是完全基于互联网实施职业培训的教育机构,旗下拥有18家品牌网校、开设200多个辅导类别。也正是由于其拥有丰富的线下合作机构,开发了大量的专业性课程,涵盖了会计、法律、医学、IT、财务等多个职业教育领域,[①]所以能够专注于线上平台的业务操作,并取得巨大的成功。再如我国的达内科技,专注于IT行业培训,并自主研发IT相关的培训课程,同时对接需要相关技术人才的IT企业,并为其输出企业所需的专业技术人才,同时为学员解决就业问题。由于同时抓住了互联网企业和学员的痛点,因此取得了成功。而这两种模式也都值得在线教育行业的从业人员借鉴。

其实,从上述正保远程、达内科技的运作模式来看,它们之所以能够取得不凡的成绩,离不开其线上与线下资源的对接与整合。而未来,线上职业教育机构的发展必然离不开线上和线下、平台和内容、技术和体验之间的结合,[②]在线职业教育行业的经营模式和细分领域亦将呈现多元化的趋势。未来,更开放好用的平台,加上良好的运营,更符合互联网的口味,将会受到广大培训机构和市场用户的青睐。[③]

4. 在线教育发展趋势

在当前阶段,互联网教育会呈现以下几个方面的趋势:

(1)市场竞争加剧

近年来,全球范围内,包括在线教育在内的教育科技领域成为风险投资、资本市场看好并追捧的细分领域之一,政策利好、行业前景获得较为普遍的认可。伴随大量资本涌入,大型互联网公司、知名教育机构加大对平台产品的投入和建设,以及直播等技术手段进步带来的模式演变,行业进入门槛呈降低趋势,拥有自主师资或较强运营能力的线上机构成长相对较快,资本对业内顶级教研资源

① 《在线职业教育市场发展及O2O分析》,载https://tieba.baidu.com/p/3798231439,2017年3月15日访问。

② 《2015互联网+教育高峰论坛——为办好人民满意的教育》,载http://www.sohu.com/a/16313372_135831,2017年3月15日访问。

③ 《在线职业教育市场发展及O2O分析》,载https://tieba.baidu.com/p/3798231439,2017年3月15日访问。

的争夺在迅速影响用户流量走向。整个在线教育行业,对核心教育资源和最终用户的争夺更为激烈,市场格局不断发生变化。而且,如果过度竞争导致竞争环境恶化,则将不利于行业持续健康成长。

(2)网络基础设施升级与新一代信息技术应用促进在线教育行业发展

当前,信息化建设已上升至国家战略,是带动中国国民经济和社会发展的重要举措,同时也为中国在线教育行业发展打下良好基础。

根据工信部统计,2015 年全国互联网宽带接入端口数量达 4.7 亿个,同比增长 18.3%,其中光纤接入(FTTH/0)端口达到 2.69 亿个,占比由上年的 40.6% 提升至 56.7%,“光进铜退”趋势更加明显;新增移动通信基站 127.1 万个,是上年净增数的 1.3 倍,总数达 466.8 万个,其中 4G 基站新增 92.2 万个,总数达 177.1 万个;新建光缆线路 441.3 万公里,光缆线路总长度达 2487.3 万公里,同比增长 21.6%,比上年同期提高 4.4 个百分点。移动宽带(3G/4G)用户数达 7.85 亿户,比上年同期增长 34.8%,在手机用户中的占比自上年末的 45.3% 提升至60.1%。2015 年,全国移动互联网接入流量消费达 41.87 亿 G,同比增长 103%,比上年提高 40.1 个百分点。月户均移动互联网接入流量达 389.3M,同比增长89.9%。手机上网流量达 37.59 亿 G,同比增长 109.9%。固定宽带接入时长达50.03万亿分钟,同比增长 20.7%。

同时,以大数据、云计算、移动互联网、物联网、语音识别技术、图像识别技术、直播等为代表的新一代信息技术为在线教育行业构筑起不断创新发展的教育服务生态环境。在此生态环境中,信息技术与教育教学资源加速融合,在线教育行业在产品形态、教学方式、商业模式等方面加速嬗变,教学质量、教学效果、教研体系等行业发展根基在不断的试错和创新中获进一步增强或完善。

①大数据。今天,在线教育行业正逐渐数据化和个性化。大数据支持下的教学更具针对性和实效性,基于大数据的学习更加个性化和智能化。新的教学模式和教学环境开始出现,学生的学习行为数据、过程数据受到更多关注,助推了“翻转学堂”“自适应学习”等新的教学理念的引入和实施,如何基于学生的全量数据为其推荐具有针对性的学习资源,设计个性化的学习方案成为越来越多的在线教育行业从业者都在思考的问题。大数据在在线教育行业的应用,有利于因材施教教育理念的落地,有助于为教育决策、教育研究和教育创新提供依据和可验证的环境。

②云计算。随着云计算的普及和推广,教育信息化朝着教育云平台时代迈进,有助于推动我国教育事业均衡发展,促进教育公平性与公正性目标的达

成。同时,云服务的理念之下,在线教育平台能够给予学校、教师、家长、学生更多的教育资源共享、更多的教育服务支持,帮助学校摆脱硬件升级和软件更新的压力,帮助教师集中于教研工作本身而不是技术学习,从而推动在线教育行业的健康发展。

③移动互联网。中国移动互联网商业环境在终端、网络和应用服务三个方面均已成熟且不断发展,移动互联网技术的应用由最初的互动娱乐领域逐渐扩散至教育、医疗等社会应用领域。依托智能终端和宽带网络,逐步实现并完善了随时随地、碎片化学习,跨屏展现数字教育内容,社交分享,直播互动的教学体验,并催生 O2O 教育生态出现。

(3)在线教育人群呈现规模化、移动化和低龄化

2015 年搜狐教育年度消费者调查显示,平时以互联网视频课程、互联网文字课程作为最主要学习方式的用户占被调查人群总数的 44.33%,与选择书籍进行学习的用户比例相近。当前在线教育市场已具有可观的用户基础。其中,移动互联网教育的用户渗透率仍然较低,具有长足的提升空间(见图 6)。

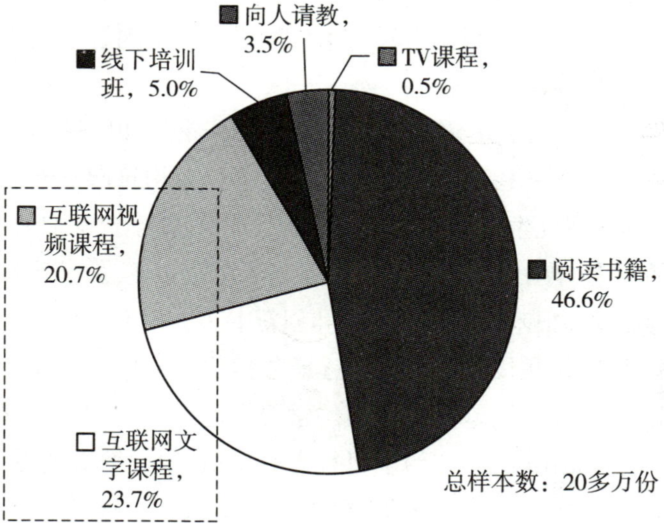

图 6　用户主要学习方式的选择

资料来源:《2015 年中国教育白皮书》,搜狐教育。

(4)中国在线教育市场规模仍具有巨大提升空间

德勤报告显示中国教育产业本身仍处于扩张阶段,将从 2015 年的 1.6 万亿元增长至 2020 年的 3 万亿元左右,年均复合增速达 12.7%。其中,在线教育行

业整体及各个细分市场的互联网化程度均处于低位,仍有巨大提升空间。

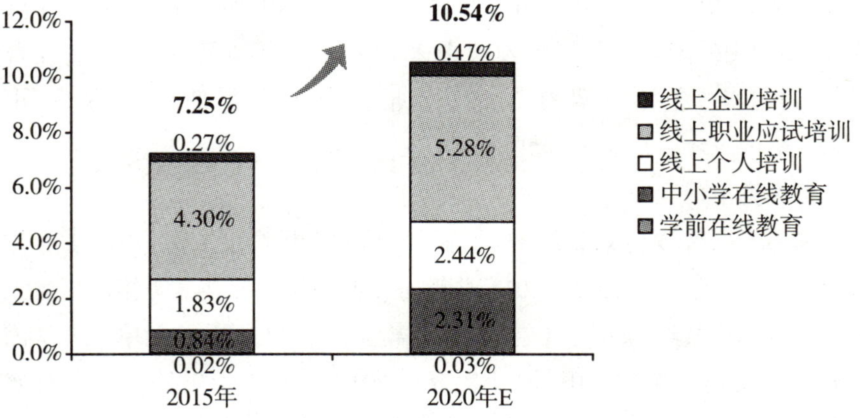

图 7　中国在线教育市场占教育产业整体的比重

资料来源:《风口上的教育产业》,德勤,2016 年 5 月。

(二) 中国国际学校的发展趋势

国际学校为在基础教育阶段提供一系列国际课程或将中外课程合而为一之课程的学校,笼统分为两大类:一是仅供外籍学生入读的国际学校,提供的海外课程包括英国高中课程(A-level)、大学先修课程以及加拿大及澳洲官方课程;二是供中国及外籍学生入读的国际学校,一般提供中国及国际课程。

国际学校的高中毕业生一般可获颁英国、加拿大、美国等国家的国际文凭。部分出众的中国国际学校毕业文凭备受外国大学的认可。根据弗若斯特沙利文报告,2013 年中国超过 90% 的国际学校为民办学校,主要包括海外办学团体设立的国外分支或海外教育团体与中国本土学校合办的学校。提供外国课程的民办国际学校学费一般较本地民办学校更为高昂。

1. 中国国际学校的市场规模及趋势

据弗若斯特沙利文报告所示,中国国际学校市场产生的总收入从 2009 年的约 80 亿元人民币上升至 2013 年的约 184 亿元,期内复合年增长率约为 23.0%。增长迅速的主要原因是学生人均每年学费上涨以及国际学校市场招生人数增加。而且,在国际学校市场的总收入中,学费占大多数。

中国国际学校一直增长迅速,2013 年国际学校入读学生总人数约 156,500 人,接近 2009 年的两倍,2009 ~ 2013 年的复合年增长率约达 18.6%。在 2013 年入读国际学校的 156,500 人中,约有 100,600 人入读招收中国及外籍学生的国际学校。其实,中国国际学校招生人数快速增长,主要可归因于两个关键动力:其一是自20世纪90年代末以来居于中国的外国人增多;其二是中国家长将子女送往国外留学的意愿强烈。弗若斯特沙利文报告预期该两项趋势于未来年度仍会持续,因此中国的国际学校市场预期于2013～2017年维持快速增长,复合年增长率为11.8%,保持在双位数增长。招生总人数预期到2017年可达约244,600人。

2. 市场竞争情况

根据弗若斯特沙利文报告,中国国际学校的市场高度分散,市面上有数以百计的国际学校办学人。2013～2014学年前五大国际学校办学团体以招生人数计的市场占有率合共约为17.5%,招生总人数为31,137人。并无单一办学团体有超过10%的市场份额。其中,枫叶教育于2013～2014学年的市场占有率约为7.6%。其次为诺德安达及上海协和教育集团,市场份额均约为2.7%。在前五大国际学校中,枫叶、上海协和教育集团及德威国际学校招收中国及外籍学生,而诺德安达及耀中教育机构只招收外籍学生。

国际学校收取的学费一般较本地民办学校高昂,故国际学校大部分均位于平均可支配年收入相对较高的城市。北京、上海及广州为国际学校市场中三个最大的城市,其次为新兴城市,如大连、重庆、天津及武汉。2014～2015学年中国排名前五的国际学校所收取的平均学费在学前教育、小学、初中及高中阶段分别约为人民币112,060元、人民币141,131元、人民币156,262元及人民币167,920元。

3. 国际学校市场的主要增长动力

中国对国际学校需求日益旺盛,特别是对优质国际学校的需求,主要受益于以下推动因素:

(1)双语及多元文化教育对海外升学日益重要

英语教育的需求在中国日益迫切,主要是因为越来越多的中国家长希望将子女送往海外留学,相信能让子女接触多元文化及享有更优秀的就业前景。国际学校更注重教授英语,普遍认为能让学童为前往英语国家就读作更好准备。根据弗若斯特沙利文报告,美国、英国、澳大利亚及加拿大均属有意留学海外的中国学生心仪之选,2013年约73.0%往海外升学的中国学生前往该等国家。此外,中国家长更加重视往全球各地首屈一指的大学升学,作为迈向成功事业的重要途径,由于接受优良的英语学前教育至第十二级教育显著提高获顶尖大学录取的机会,家长因此更倾向将子女送往国际学校入读。

（2）中国家庭的收入增加

随着中国经济持续上扬及城市化发展，中国城市家庭人均可支配收入迅速增长，根据弗若斯特沙利文报告，由2009年的约人民币17,174.7元升至2013年的约人民币26,955元，预期到2017年更会升至约人民币39,948.5元，2013～2017年的复合年增长率约10.3%。可支配收入持续增长，已成为推动国际学校需求的主要因素，因为更多家庭有能力负担较高的学费。此外，根据弗若斯特沙利文报告，中国富裕人士（每年可支配收入达人民币100,000元以上者）的总数从2009年的约1700万人上升至2013年预计的约3800万人，2009～2013年的复合年增长率约为22%。预测到2017年会进一步升至约6300万人，2013～2017年的复合年增长率约为14%。富裕人士一般均对将子女送往海外就学有强烈意愿，故其皆为国际学校的潜在客户。

（3）驻中国外籍人口增长

中国逐渐与全球经济接合，向外资开放市场，令驻中国外籍人口一直增长。随越来越多驻中国外籍人士携眷迁入中国，外籍人士对国际学校的需求很有可能增加，因为他们偏好让子女接受与基本国类似的教育。

（4）中国政府的鼓励政策

中央及地方政府自20世纪80年代起已推出一系列政策，鼓励民办教育发展。例如，民办教育的公共开支2009年至2013年以复合年增长率约31.6%的速度增长。政府近来的政策显示，民办教育包括国际学校均会得到更多支持，如《2013年全国教育工作会议纪要》中，政府明示有意取消所有对民办教育不利的差别政策，指出为兴办国家教育体制，鼓励私人资金投放。此外，部分地区的地方政府已推行有利政策，以吸引知名民办学校在当地成立分校，政策包括提供免费土地及给予发展校舍的资金补助。

（5）公立基础学校素质

中国公立基础学校行业的特点在于课程标准化，强调应试技巧胜于其他诸如创意、社交技能、身心健康及自理能力等方面。公立课程有欠多元，亦意味着学生在挑选科目方面选择较少。此外，公立教育的资源并非平均分布于中国国内，令学校资质及师资在不同区域甚至在同一城市内均有极大差距。例如，位于城市的学校一般较位于农村的学校获配更多资源，因而设备通常较佳，具有更大的校舍及更优良师资。由于公立学校素质参差，许多家长认为民办学校为可更贴切满足学生需求的另外选择。国际学校一般而言尤其能提供较好的基础设施、小班教育、多元化课程及英语主导授课。因为基础教育及更高等教育竞争激烈,对高质素的民办教育服务的需求预期会在中国持续增长,尤以国际学校为甚。

4. 进入中国国际学校市场的门槛

国际学校市场一般有更高的入行门槛。第一,根据《教育法》、《职业教育法》、《民办教育促进法》及《合作办学条例实施办法》,中外合办学校或培训课程受中外合作办学条例特文监管。第二,任何中外合办学校或合营课程须得相关教育部门批准,并取得中外合作办学许可证。第三,投资持续稳定、多重资金来源及渠道对国际学校确保其营办相当重要,因为国际学校投放大量资源在现代校舍及设施、国际交流计划、英语授课教师及英语教材上。

国际学校亦需长期保持良好校誉及品牌,令其有口皆碑,方能顺利招收新生。家长及学生均偏好历史悠久、校誉昭著及具备相关市场地位的学校,以上种种需要经年建立。

第二节　民办教育行业中的上市企业及规律分析

一、登陆境内外各资本市场的国内教育机构及分布特点

2017 年年初,国内先后有 4 家民办学校登陆港股,掀起了民办教育机构赴港上市的热潮,如睿见教育、宇华教育、民生教育和新高教。而在此之前枫叶教育和成实外教育也已在香港地区成功上市。这也不禁让人们联想到 2010 年中国教育机构纷纷赴美上市的热潮。仅在 2010 年 1 年的时间里,就有安博教育、环球雅思、学而思(好未来)和学大教育四家知名的教育机构登陆美国资本市场。而在此之前已有新东方、诺亚舟、双威教育、弘成教育以及正保远程赴美上市。近几年,虽然中概股海外遇冷,但仍有不少教育机构登陆美股,如 2014 年、2015 年登陆纳斯达克的达内科技和海亮教育,2016 年、2017 年登陆纽交所的 51Talk 无忧英语与博实乐教育。

民办学校分类管理规定出台之前,由于国内政策的长期限制,国内很少有民办教育机构直接 IPO 登陆 A 股市场。因此,不少民办教育机构通过被上市公司收购或买壳的方式“曲线救国”登陆 A 股市场。同时,由于国内新三板门槛较低,近年来亦有不少国内教育机构在此挂牌交易,如华图教育、分豆教育、行动教育等。而且,不少赴美上市的教育中概股亦通过分拆旗下的部分业务挂牌国内的新三板,进行其在国内资本市场的布局,如新东方的新东方在线、正保远程的正

保育才等。目前来看，截至2016年年底我国已经有50家教育机构[①]在新三板挂牌，这些教育机构多集中在教育辅助类的领域，如教材、信息技术、教学器材等。

（一）美国上市

截至2017年6月，赴美上市的教育中概股已有15家，这些教育机构多以教育培训类企业为主，而且大多数都集中在2010年及之前上市。其中，从事学历制教育的全日制民办学校有两家，分别是海亮教育集团和博实乐教育；从事信息化和教育硬件的非教育培训类企业的是诺亚舟、ATA公司、弘成教育；从事在线教育培训的企业为正保远程、51Talk无忧英语、中国教育集团，剩余则为其他的教培企业，分别为新东方、安博教育、学而思（好未来）、学大教育、双威教育、环球雅思和达内科技，而且这些公司主要通过VIE结构实现境外上市。

虽然，海外资本市场在政策和营利性方面的要求不高，但是对公司治理结构以及上市后财务规范方面要求比较严格，国内教育机构可能遇到“水土不服”的情况。[②] 截至2017年6月，在美国上市的教育公司中共有7家（双威教育、中国教育集团、环球雅思、诺亚舟、弘成教育、安博教育、学大教育）已经从纽交所或纳斯达克退市，其中，双威教育、中国教育集团、安博教育被强制摘牌，剩余4家则自行选择了退市。

（二）香港地区上市

截至2017年5月，在香港地区上市的国内民办教育机构已有7家，分别是中国网络教育集团、枫叶教育、成实外教育、睿见教育、宇华教育、民生教育、中国新高教。其中大多以提供学历教育的全日制民办学校为主，如提供中小学教育的枫叶教育、成实外教育以及睿见教育和提供高等教育的新高教集团与民生教育。而宇华教育更是集学前教育、基础教育、高等教育于一体的大型教育集团，旗下现有从幼儿园到大学共25所知名学校，在校学生总数近5万人，是中国最大提供由幼儿园至大学民办教育的集团。这些教育机构分布在全国各地，在各个地区都具备一定的影响力，随着教育版图的扩张，上市成为它们不二的选择。

值得一提的是，这些教育机构中有4家（睿见教育、宇华教育、民生教育、中国新高教）于2017年年初扎堆赴港上市，而且都是从事学历教育的民办教育机构。根据其招股书中披露的信息，不难看出其准备在新《民办教育促进法》正式

---

① 肖超：《教育机构上市路径及分析》，载 http://www.docin.com/p-1354439877.html，2017年3月8日访问。

② 同上。

实施(2017 年 9 月 1 日)之前尽快完成赴港 IPO 的动机。毕竟,新《民办教育促进法》生效,国内将禁止义务教育阶段的民办学校实施营利性办学,由于地方政策还未出台,政策方面存在较大的不确定性,而转为营利性,又涉及时间成本和办学成本。因此,对于国内的民办学校而言即使新《民办教育促进法》生效,A 股上市的路径依然不明。而考虑到未来或会出台更加严厉的政策限制,这些教育机构才纷纷选择在港股上市。

(三)登陆国内 A 股

由于国家对民办教育的鼓励政策,我国民办教育几年来发展迅速,表现出巨大的市场潜力。作为最具潜力的朝阳产业,民办教育亦吸引了不少资本的进入。于是,民办教育行业又迎来了新一轮的整合与变革,这其中就有不少国内的大型上市公司的身影。同时,国内民办教育机构或学校也开始不断地与这些上市公司合作,通过收并购或借壳的方式实现其教育资产登陆 A 股市场的目的。例如科大讯飞(002230. SZ)公告拟发行股份 1294 万股(派息调整后 27. 26 元/股)并支付现金 1. 43 亿元,作价 4. 96 亿元收购乐知行 100% 股权;2016 年 3 月,新南洋公告组建上海新南洋职业教育发展有限公司,并提出拟使用募集资金 2. 5 亿元新设立职业教育产业平台,其中拟投入 5015. 90 万元与某职业学院进行多方位的合作,剩余资金将用于积极拓展与其他职业院校开展教育服务合作;2015 年 7 月,学大教育宣布私有化方案,与银润投资达成约 3. 5 亿美元交易协议。

(四)挂牌新三板

从总体来看,新三板教育机构较为纯粹,大多专注教育相关业务。从细分行业来看,主要以提供教育技术支持的企业为主,这些企业利用自身技术优势和教育相关背景,目前正在向在线教育领域发展。①

值得一提的是,2017 年 3 月 21 日,从新东方集团成功分拆后的北京新东方迅程网络科技股份有限公司(新东方在线)在全国中小企业股份转让系统(新三板)正式挂牌公开交易。新东方集团持有该公司 67. 9729% 股份,是公司的控股股东;世纪友好持有新东方集团 100% 股份;俞敏洪持有世纪友好 80% 股份、俞敏洪的母亲李八妹持有世纪友好 20% 股份。因此,俞敏洪通过股权关系持有新东方网的控股权。借此,新东方也开始了其在国内资本市场的布局。

其实,教育机构与新三板的结合可以说是恰逢其时。新三板崛起的时候,恰

---

① 肖超:《教育机构上市路径及分析》,载 http://www. docin. com/p - 1354439877,2017 年 3 月 8 日访问。

逢我国民办教育快速发展，由于国内A股上市的通道被关闭，许多教育机构纷纷选择挂牌新三板，且数量巨大。

二、教育中概股的“回归潮”

随着中概股在美国资本市场的遇冷，中概股的回归似乎已经成为“普遍”现象，赴美上市的教育机构也不例外。截至2017年6月，从美股退市的教育中概股已有7家，其中双威教育、中国教育集团和安博教育则因财务问题或遭遇做空而被强制摘牌，由此也导致了教育中概股在美国资本市场的遇冷。有些教育机构主动选择了退市，或借壳或筹备IPO，从而间接或直接地回归国内A股市场，如学大教育和弘成教育。而有些企业虽未退市，但通过拆分旗下业务，亦回归了国内资本市场，如新东方在线于今年3月21日挂牌新三板、ATA于2015年拆分业务借道新三板、2014年退市的弘成教育于2016年正式启动上市进程。

（一）中概股回归的原因分析

其实，造成境外上市的教育机构频频“返乡”的原因是多元的。一方面，境外上市的企业要面临浑水公司狙击、集体诉讼、SEC诉讼和调查以及企业价值被低估等诸多外部压力，致使中概股教育机构长期低迷。另一方面，国内A股教育概念股如火如荼，例如全通教育2014财年营收不足2亿元，市值却达到近250亿元。[①] 这些教育中概股难挡“回家的诱惑”在所难免。

新《民办教育促进法》落地之前，由于我国民办学校“非营利”属性的限制门槛，其在对接国内资本市场的时候存在困难。而且A股市场上也鲜有以民办学校作为主体资产进行IPO或重大资产重组的案例。因此，不少民办教育机构纷纷选择谋求境外资本市场上市。而随着2016年年底新修正的《民办教育促进法》通过，国内民办教育机构对接资本市场的障碍又得到了进一步的消除，未来教育机构的“返乡潮”极有可能持续升温。

（二）多元化回归路径

据悉，学大教育之所以选择以并购的方式回归，主要基于两点原因：第一，是希望用时短，如果私有化再IPO，这个时间比较长，不确定性也比较大；第二，新三板还不是一个比较成熟的资本市场，学大教育希望回来就是一个完全公开的市场，能够让其放手去做事情。[②]

---

① 余源：《学大教育、新东方陆续回归　细数2016上市的教育新贵》，载http://sc.stock.cnfol.com/gppdgdzx/20160810/23244623.shtml，2017年3月8日访问。

② 岑小瑜：《聚焦中概股回归三大看点》，载《股市动态分析》2015年第47期。

其实,自2011年以来,国内赴美上市的教育机构就掀起了一股"回归"热潮。按时间顺序来看,2011年环球雅思从美国纳斯达克退市,2014年诺亚舟教育与弘成教育分别从纽交所和纳斯达克主动退市,2015年ATA公司拆分其考试业务挂牌新三板,2016年的学大教育与正保远程以及2017年新东方教育集团通过拆分其在线业务实现了国内资本市场的回归。而除了学大教育通过并购实现回归的路径之外,其他从美股回归的教育机构也是八仙过海,各显神通,呈现出了多元化的回归路径。

1. 拆分业务回归新三板

2015年,ATA公司拆分其考试服务,成立了全美在线(北京)教育科技股份有限公司作为集团的全资子公司,在中国"新三板"挂牌。因此,ATA公司通过借道国内新三板"回归"了国内市场,被认为是其寻求集团未来发展的重要尝试。

2016年6月14日,全国中小企业股转系统公告显示,北京正保育才教育科技股份有限公司(以下简称正保育才)的挂牌申请获得批准,并于当日开始公开转让。公司的实际控制人为纽交所上市公司正保远程(China Distance Education Holdings Ltd.),其通过公司股东北京中熙正保远程教育技术有限公司及北京正保网格教育科技有限公司对公司决策及日常经营管理施加影响。

2017年3月21日,从新东方集团成功分拆后的北京新东方迅程网络科技股份有限公司(新东方在线,以下简称新东方网)在全国中小企业股份转让系统正式挂牌公开交易。俞敏洪通过股权关系持有新东方网的控股权,是新东方网的实际控制人。

其实,如新东方、正保远程、ATA公司这类不经私有化、拆VIE架构而分拆部分业务登陆国内资本市场的方式,既保留了美国上市公司身份,又实现了旗下资产回归国内资本市场。同时,此种方式也避开了烦琐的私有化退市、上市的程序,一步搞定,可谓是一箭多雕!

2. 先私有化,再申请IPO

据悉,2013年6月21日,弘成教育宣布董事会收到由董事会执行主席黄波和CEO丁向东组成的买方集团发起的不具约束力的私有化要约,收购所有不属于买方集团的在外流通股,收购价为每股现金2.33美元,即每ADS为7美元(1ADS=3股普通股),对整个公司的估值大约为1.288亿美元。

2014年4月24日,弘成教育宣布从当日起停止ADS股份在纳斯达克市场的交易,正式从纳斯达克股票交易市场退市。回归国内的资本市场后,弘成教育在接下来两年的时间里完成了近15亿元的融资,其中2015年完成了近10亿元的

Pre-IPO 轮融资。2016 年该集团正式启动上市进程。

3. 两步并行,借壳直航

与其他企业不同的是,学大教育通过两步并行、借壳直航的方式一步实现转板国内 A 股上市的目的。

据悉,2015 年 4 月,银润投资向学大教育初步提出私有化要约。同年 7 月,银润投资宣布拟以 2.75 美元/股的价格收购学大教育集团在纽约证券交易所挂牌交易的 100% 股权,收购总价约为 3.7 亿美元。在收购学大的同时,银润投资的股权也有所变动。2015 年 4 月,银润投资原控股股东深圳椰林湾将其持有的 15.59% 股份转让给了紫光卓远。2016 年 1 月,紫光卓远正式控股银润投资,公司实际控制人变更为清华控股有限公司,最终实际控制人变更为教育部。

2016 年 6 月 6 日,银润投资发布关于收购学大教育集团暨重大资产重组进展公告。公告显示,学大教育集团已与 Xueda Acquisition Limited 完成合并,成为银润投资的全资子公司。

三、美股教育机构集体"水土不服",风波频现

一直以来,美国资本市场都是国内教育机构海外上市的首要选择。截至 2017 年 6 月,赴美上市的国内教育机构已达 15 家,多集中在纽交所和纳斯达克。然而,随着美国做空机构的频频出手,以及教育机构本身存在的问题,赴美上市的教育中概股企业纷纷出现了"水土不服"的症状。

(一)中国教育机构扎堆海外上市

2006 年 9 月 7 日,中国出现了第一家海外上市的教育公司,即新东方,可谓意义非凡。毕竟由于国内政策的限制,当时教育机构很难实现 A 股上市。而新东方开辟了新道路,更多的教育机构紧随其后,如诺亚舟、双威教育、弘成教育以及正保远程紧接着新东方分别于 2007 年、2008 年赴美上市。

到了 2010 年,国内教育行业更是迎来了赴美上市的"热潮",多所教育机构在这一年扎堆上市,可谓是盛况空前:

2010 年 8 月 5 日,国内传统教育大佬安博教育集团在纽约证券交易所正式挂牌上市,交易代码为"AMBO",IPO 发售 10,677,207 股美国存托凭证,成功融资 1.07 亿美元。

2010 年 10 月 8 日,环球教育科技集团公司成功登陆美国纳斯达克,股票交易代码 GEDU,IPO 发行 640 万股美国存托凭证,融资 6100 万美元。

2010 年 10 月 20 日，[1]学而思（好未来）在纽交所正式挂牌交易，IPO 成功融资 1.2 亿美元。

2010 年 11 月 2 日，学大教育集团正式在美国纽约证券交易所挂牌上市，IPO 共发行 13,430,000 份美国存托凭证股票，发行规模约为 1.28 亿美元。

然而，似乎是“盛极必衰”，2010 年以后，美国浑水公司开始频频“攻击”中概股公司，中概股随后在美国遭遇“寒冬”。教育中概股公司也不能避免，如新东方上市后在 2012 年遭美国证券交易委员会的调查，并被浑水公司质疑；安博教育陷入财务造假的丑闻、双威教育因内部控制权争夺引发的危机等。

不过，最近几年，虽然中概股海外遇冷，纷纷开启“返乡”模式，但仍有不少教育机构登陆美股，如 2014 年、2015 年登陆纳斯达克的达内科技和海亮教育，2016 年、2017 年登陆纽交所的 51Talk 无忧英语与博实乐教育。

（二）水土不服，问题频现

以安博教育为例，其在上市后，经历了推迟年报、私有化邀约、大股东诉讼、三大股东从董事会辞职等风波，股价从上市之初的 10 美元，跌至 1 美元以下。2014 年，退市后的安博教育位处 OTCBB，市值也已严重缩水。

其实，在经历了中国的教育机构纷纷赴美上市的浪潮后，这些教育机构上市后的日子并没有想象中的那么美好，而是风波不断。

1. 新东方遭 SEC 调查和浑水公司质疑

2012 年 7 月 18 日，新东方因对其 VIE 结构进行部分调整而遭到了美国证监会（SEC）的调查，令投资者感到恐慌，大举抛售股票，成交量大幅放大。同时美国的一家叫作浑水公司的做空机构亦对其提出了质疑，认为新东方涉嫌造假，其存在的问题比 VIE 架构暴露的风险还要严重。

其实，VIE 结构的调整并非是十分严重的问题。而美国浑水公司对新东方的财务、税收等诸多方面提出的质疑，对其产生了十分负面的影响。好在新东方随后采取了积极应对的措施，也通过了美国证券交易委员会的审查，才逐渐平息了该风波。

2. 双威教育：前高管涉嫌欺诈、内幕交易

2011 年开始，双威教育内部的控制权争夺愈演愈烈，来自中国本土的管理层与美国投资人之间的矛盾逐渐激化。虽然以公司创始人陈子昂为代表的本土管理层最终在 2012 年年初的公司股东大会上失去了集团的控制权，但由此产生的

---

① 学而思（好未来）于美国东部时间 2010 年 10 月 20 日在纽交所正式挂牌交易。

负面影响就是其公司财报未能按时递交,股票被纳斯达克停牌。而且集团旗下的境内主要资产被转移,集团新任的管理层无法取得对于双威教育的实际控制,甚至最后只得到一个“一无所有”的空壳公司。

双威教育的风波表面上看是由公司内部不同利益方的权力争夺而引起的,但实际上却暴露了其 VIE 结构的缺陷。虽然公司创始人陈子昂最后在公司权力争夺中失败,但由于公司采用了 VIE 构架,即境外上市公司与境内实体公司相分离,所以重新掌握控制权的境外股东得到的只是并没有进行实体业务经营的空壳公司,并不能真正控制境内的实体公司。因此,一旦本土管理层想要转移集团在境内的资产和业务,境外的股东利益必然受损。

3. 安博教育:虚假收购、年报延迟递交

(1)涉嫌虚假收购

据悉,2013 年安博教育投资者起诉安博,认为 2008 年安博并购长沙竞才修业学校(Changsha Study School),实际上仅仅是付款购买后者的名字和营收数据为前者 IPO 做准备。起诉方援引媒体报道称,“收购的现金款后来以某种虚假的软件收入的形式转回了安博”。

2008 年安博并购长沙竞才修业学校的时候,总计 5228.2 万元的收购款以“一半现金 + 一半股票”的模式实现(其中现金为 2500 万元,另加等值于 2728.2 万元待上市的股票,折合 1400560 普通股)。但这 2500 万元的现金,长沙竞才修业学校并不能得到。根据协议,学校要配合安博用每年分次转入的“收购款”向安博旗下的安博在线“购买”教学软件,形成安博在线的当期销售软件产品收入。同时,该校作为课外辅导培训的年营业收入业绩也并表计入安博教育的“年总净营收”。

安博教育成功上市后,股价一路下挫,而该校的原始股东则被牢牢地拴死在 180 天锁定期内。等解禁结束,原本价值 2728.2 万元的等值股票,其市场价值已大幅缩水。由此引发部分持股股东与安博教育的矛盾。

(2)年报延迟递交

据悉,北京时间 2012 年 5 月 16 日,安博教育宣布由于有个别项目需要进行调整,将继续延迟 2011 年 20 - F 年报的递交。这些会计项目的调整包括营收确认方式、坏账计提、此前某收购的税收和潜在费用等。前一年的 20 - F 年报按照计划将在 2012 年 4 月 30 日递交,安博此前将年报递交时间延迟到 5 月 15 日,16 日该公司称因为完成审计需要额外的时间,故再度申请延迟递交年报。随之而来的是安博教育股价暴跌 11.52%。

2013 年 5 月 20 日,安博教育宣布公司由于未在 4 月 30 日前及时向 SEC 递交 2012 年 20 - F 年报收到纽约证券交易所退市警告。

2014 年 5 月 22 日,依据纽约证券交易所 5 月 16 日公告,纽约证券交易所决定展开法律程序对安博教育进行摘牌,安博股票自 5 月 19 日开始暂停交易。据悉,安博股票自 2013 年 3 月 22 日起开始停牌,此后纽交所一直在研究该公司是否适合继续上市,监管层鉴于公司 2014 年仍未提交截至 2012 年 12 月 31 日经审计 2012 年财报,该公司已经用尽向 SEC 提交年度报告的最大允许期,交易所决定对其开始执行退市程序。

4. 中国教育集团被质疑“财务造假”

据悉,2010 年 11 月 29 日,美国投资管理公司 KerrISdale Capital 发布报告指责中国教育集团业绩造假,公司股价当即暴跌 33.56%,并于美东时间下午 2 点紧急停牌。Kerrisdale Capital 质疑中国教育集团的在线教育网站几乎无法运行,和公司声称的盈利能力很强形成反差,聘请的审计事务所是不知名的小事务所,以及利润率不合理等。最有力的攻击是,中国教育集团在其 2008 年的年报中称其年度营收为 2490 万美元,这与该公司提交给中国工商部门描述的“公司主营业务在中国,营收不超过 100 万美元”情况自相矛盾。

2010 年 12 月上旬,Rosen Law Firm、Milberg LLP.、Sarraf Gentile LLP. 等机构向中国教育集团提起集体诉讼,指控其违反联邦证券法对投资者造成损害。从 2010 年 11 月 29 日 Kerrisdale Capital 发表报告公开质疑算起,中国教育集团股价一周跌幅高达 46.94%。

(三)风波过后,回归初心

中概股教育机构之所以产生种种水土不服的症状,一方面,来自外部的压力,即中国的美股上市公司在决策上受到严厉监督,特别是在中国从事非主营业务等方面的投资失败都有可能面临法律风险;且美国做空机构频频出手,指责很多中国概念股公司的财务等方面有问题;[①]另一方面,中国的教育机构,主要是教培机构在其自身尚未发展成熟的情况下就进行疯狂的扩张与资本追逐,结果既没有先进的教育理念指引正确的方向又没有现代化规范化的经营体制保驾护航,在缺乏强烈的质量意识和风险意识的情况下,许多教培机构就进入了舍本逐末、盲目扩张的误区。而且,如果这些企业最终选择上市,则其背后的业绩利润需求也会让这些企业不堪重负,无法兼顾,最终与其做教育的初心背道而驰。

---

① 唐骏:《中概股海外退市的三大原因》,载《中国经济周刊》2013 年第 10 期。

福祸相依,经历风波后,不少教育机构也开始反躬自省,寻求转型变革,而回归教育本身,已成为业内共识。而且,对于“回归”,没有人比经历各种动荡的新东方更有发言权。其执行总裁就曾表示,新东方的核心竞争力体现在如何招募和留住全中国最优秀的人才和老师。在未来几年,新东方将投入更多精力提升班级教学,包括大班教学。他还强调,这么做就是“回到最初、回到了原点”,如果能做好也就找到了解决问题的办法。[①]

① 《中概股海外遇冷波及教育:开启“回归”模式》,载 http://www.sootoo.com/content/399733.shtml,2017 年 2 月 23 日访问。

第五章 中国教育机构境内外上市案例

【本章导读】本章重点介绍了境外(美股、港股)上市的21家教育机构,境内(A股、新三板)资本运作的17个真实的案例,既有功成名就的教育巨头,如新东方、好未来,亦有新兴的创业公司,如51Talk无忧英语、达内科技,还有各个细分领域的佼佼者,如正保远程、枫叶教育、全通教育。这些案例汇聚了这些教育开拓者们在创业之路上的各种跌宕起伏和惊心动魄,也凝聚了他们宝贵的上市经验和深刻的反思总结。因此,在资本之路上,他们为后来者们提供了更多的借鉴和启发。

第一节 美国纽交所上市案例

[案例一]新东方海外融资:开启中国教育机构上市的先河

公司名称:新东方教育科技集团(New Oriental Education & Technology Group Inc.)

公司注册地:开曼群岛

股票代码:EDU

上市时间:2006年9月7日(美国东部时间)

上市地点:美国纽交所(NYSE)

发行价:每股美国存托凭证(ADS)15美元

发行股票:750万股美国存托凭证(每股ADS代表4股普通股)

融资:1.125亿美元

承销商:瑞士信贷、高盛和Piper Jaffray

2006 年 9 月 7 日，新东方教育科技集团（以下简称新东方[①]）在美国纽交所成功上市，成为国内第一家赴美上市的教育机构。上市之前，新东方通过 IPO 共发行 750 万股美国存托凭证（ADS），每股 ADS 相当于 4 股普通股。其中，美股 ADS 定价为 15 美元，共募集资金 1.125 亿美元，承销商包括瑞士信贷、高盛和 Piper Jaffray。

作为赴美上市的国内教育机构第一股，新东方的成功上市无疑给当时正蓬勃发展的国内民办教育行业打了一剂强心针，鼓舞了众多渴望做大做强的民办教育机构。11 年过去了，新东方不断地发展壮大，俨然已经成为中国教育行业的一面旗帜。而截至 2017 年 3 月，新东方的市值更是超过了 90 亿美元。因此，有必要再次回顾其激动人心的海外上市之路，以此来追忆那些年我国教育产业化的曲折历程。

一、新东方概况

根据新东方官方网站的介绍，新东方由 1993 年 11 月 16 日成立的北京新东方学校发展壮大而来，作为中国教育培训领域的“领头羊”，其培训课程、培训人次和学习中心保有量三项均居全国第一。新东方的业务体系以英语及其他外语培训为核心，涵盖中国、美国和英联邦国家的主要入学考试、能力考试，以及国内中小学教育全科培训课程、服务与产品。同时，新东方在基础教育、职业教育、教育研发、出国咨询、文化产业等方面亦取得骄人业绩。截至 2014 年 5 月 31 日，新东方已经在全国 50 座城市设立了 56 所学校、31 家书店以及 703 家学习中心。自成立以来，新东方累计面授学员近 2000 万人次。

二、上市前的重组历程

新东方的首家学校是 1993 年由其董事长兼首席执行官俞敏洪（Michael Yu）在中国北京创办的，旨在为大学生提供托福备考课程。2001 年新东方创办了新东方教育科技集团有限公司（New Oriental China）（以下简称新东方教育），囊括了新东方的所有学校及学习中心。自创建以来，新东方已迅速从最初的语言培训与备考公司发展与转型为中国最大的私教服务提供者，为全中国学生提供范围广泛的教育课程、服务及产品。

为推进国外机构对新东方的投资，新东方于 2004 年 8 月在英属维尔京群岛成立了海外控股公司 New Oriental Education & Technology Group Inc.，即新东方

---

① 新东方可指包括 New Oriental Education & Technology Group Inc.（上市实体）在内的所有上市实体旗下的子公司、国内经营实体及其他关联实体。

上市实体的前身。2006 年 1 月 25 日,新东方完成了将其海外控股公司法人住所变更至开曼群岛的手续,由此,新东方的上市实体成了一家开曼群岛的股份有限公司。

三、公司构架

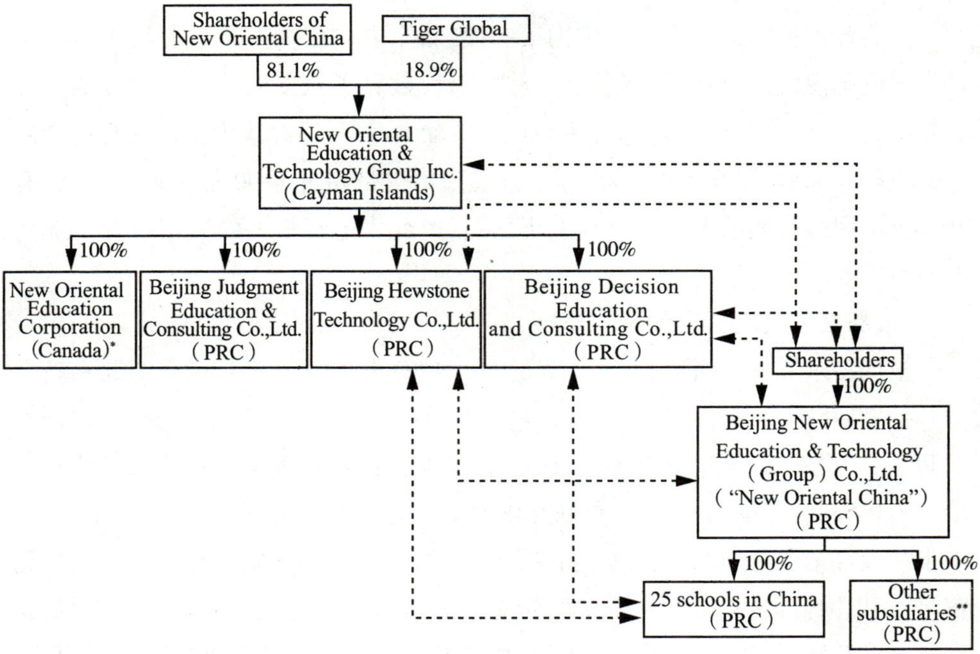

图 8　截至 2006 年 5 月 31 日新东方的公司结构和每个经营实体的公司注册地

资料来源:新东方 IPO 招股书。

注:实线代表股权控制,虚线代表协议控制。

如图 8 所示,由于中国法律法规禁止外商投资国内的义务教育机构,因此,新东方与新东方教育、其子公司及股东通过订立控制协议的形式(VIE 结构)开展其在中国的教育业务。而且,新东方教育是新东方在中国的业务运营实体(VIE),由新东方的创始人及/或其各自的附属公司直接拥有。

同时,新东方在其提交的招股书中披露,中国法律法规要求投资中国教育事业的任何国外实体,必须是在中国境外具备相关教育服务经验的教育机构。新东方的开曼控股公司并不是教育机构,也不提供教育服务。且由上文可知中国禁止义务教育阶段的民办教育机构的外资所有权。因此,新东方的全资子公司在中国被视为外资公司,当时没有申请中国的教育执照及许可证的资格。

故而,新东方教育的子公司持有在中国开展教育事业以及运营学校、学习中心、书店及在线教育事业的必要执照与许可证。新东方始终希望继续通过新东方教育及其子公司来开展其在中国的教育业务,直至新东方能够根据中国的法律法规直接拥有中国的教育产业,并将新东方教育及其子公司收购为新东方的全资子公司。但在此之前,新东方同新东方教育、其子公司及股东签订了一系列的控制协议,以便新东方能够获得对其国内运营实体的有效控制,且取得这些实体公司的运营收益。具体而言,根据合约,新东方将通过其在中国的全资子公司有偿为新东方教育及其子公司提供专有的教学支持、全新入学系统支持及其他服务。

四、上市后的挑战

(一)股价暴跌事件

2012 年 7 月 18 日,新东方因对上述 VIE 结构进行部分调整而遭到了美国证监会(SEC)的调查。同时,美国的一家叫作浑水研究公司(Muddy Waters Research,以下简称浑水公司)的做空机构亦对其提出了质疑,认为新东方涉嫌造假,公司存在十分严重的问题。

值得注意的是,美国浑水公司之所以能够“名利双收”,离不开被其做空的众多赴美上市的中概股公司,新东方当然也不例外。浑水公司在其对新东方的调查报告中指出新东方涉嫌财务造假,毛利虚高。因为同行业中的一般水平在 20% ~30% ,而新东方在其提交的报告中显示的该项数据则在 60% 左右。而且浑水公司还指出新东方旗下的学校系国有资产、税收亦存在问题等。

双重打击之下,新东方迎来了上市以来的最大危机,其股价遭受重创,持续下跌。随后,新东方亦及时采取了措施:一方面,对于浑水公司的各种质疑,新东方向媒体一一做出解释,表明其是一家合法经营的公司,在中国的法规政策框架下,并不存在浑水公司质疑的问题;另一方面,经过调查,新东方对其 VIE 结构的调整通过了美国证监会的审查,风波过去,股价亦有所回升。

(二)新业务的挑战

根据新东方在其招股书中披露的信息,随着因特网迅速的发展,基于因特网的课程、服务及产品市场具有技术变革与创新快速、产品周期及用户偏好不可预期这些特点。在网络课程、服务及产品收入方面,新东方的经验有限,并且这类业务的运作结果也有很大程度的不确定性。越来越多的入学考试采用了基于计算机的考试形式,这可能会使更多的学生寻求网络备考课程。因此,新东方必须快速更新其课程、服务及产品,以适应不断变化的学生需求及偏好。新东方在不断完善在线服务及相关技术时,可能会产生高昂的费用及技术风险。而新东方可能会无效地使用新技术,或者无法及时以具有成本效益的方式来更新其网络产品、服务及相关技术。如果新东方未能及时更新旗下的网络产品及相关技术,造成系统中断,或者无法与市场预期或偏好保持一致,那么未来新东方可能会失去市场份额,其业务也可能会受到不利影响。

五、新东方上市 10 年:风雨兼程,不断突破

上市后,新东方创始人俞敏洪在接受《新京报》的采访时表示,“我们在中国民办教育行业中率先上市,主要来自我们的内部需求。我们长期做教育,一直以来就在观察,发现中国民办教育行业长期困扰的问题:一是民办教育机构后劲不足,缺乏资金支持;二是作为培训学校,不能异地办学,没法扩展,所以必须公司化。从我们公司内部来说,学校不改成企业,就不能吸收优异的人才,就没法为建立高级教育的理想而奋斗。加上我们的团队有一些国际人才,对国外情况比较了解,特别是美国民办教育比较发达,出现一批上市公司,给了我们很好的借鉴”。①

同时值得关注的是,自 2011 年美国做空机构向赴美上市的中概股公司频频发难以来,国内赴美上市的热潮就开始遇冷。不少中概股企业开始采取各种方式回归国内资本市场,新东方也不例外。它没有选择退市,而是另辟蹊径,避开私有化、拆 VIE 构架的方式,通过分拆其在线业务了登陆国内资本市场。于是就有了 2017 年 3 月 21 日,新东方旗下的在线业务“新东方在线”在国内新三板正式挂牌,虽然已经分拆,但俞敏洪仍是其实际控制人。实际上,3 年前新东方已经完成了上述的业务拆分,并计划登陆美国资本市场。但随着国内民办教育的迅猛发展和中概股在美国的集体遇冷,新东方将目光投向了国内资本市场,并最终选择挂牌新三板的路径。

目前,新东方的股价已经翻了 10 倍,2016 财年的营收约 100 亿元。对于未来市场布局,新东方提出了四圈的战略:第一圈是坚守地面教育;第二圈是把线上线下教育结合,发展 O2O 教学模式;第三圈是建立控股的护卫型系统;第四圈则是参股和新东方业务互补的新公司,扶植其长大后,未来独立上市或由新东方收购控股。② 回顾新东方上市后这 11 年的发展历程,也可谓跌宕起伏,但不变的

---

① 《俞敏洪谈新东方上市:用美国的钱办好中国教育》,载 http://edu. qq. com/a/20060922/000018. htm,2017 年 6 月 22 日访问。

② 《新东方上市 10 年:在磨砺中成长》,载 http://finance. stockstar. com/IG2016112000000009. shtml,2017 年 6 月 21 日访问。

是持续创新与敢于尝试,使其具有无人可挡的发展势头,也最终造就了其在国内教育培训行业中当之无愧的巨无霸地位。

[案例二]诺亚舟纽交所上市:“学习机”的突围之路

公司名称:诺亚舟教育控股有限公司(Noah Education Holdings Ltd.)

公司注册地:开曼群岛

股票代码:NED

上市时间:2007 年 10 月 19 日(美国东部时间)

上市地点:美国纽交所(NYSE)

发行价:每股美国存托凭证(ADS)14 美元

发行数量:985 万股美国存托凭证(每股 ADS 代表 1 股普通股)

融资额:融资 1.4 亿美元

承销商:德意志银行

美国东部时间 2007 年 10 月 19 日,中国教育类企业诺亚舟教育控股有限公司(以下简称诺亚舟[①])在美国纽约证券交易所成功挂牌上市,交易代码为 NED。此次 IPO,每股美国存托凭证的发行价为 14 美元,诺亚舟共发售了 985 万股美国存托凭证,融资约 1.4 亿美元,主承销商为德意志银行。

然而,诺亚舟却于 2014 年 7 月 31 日从美国纽交所正式退市,从一家境外上市公司变为私人控股公司。令人遗憾的是,退市时诺亚舟的股价已经暴跌至原先的十分之一左右,同时市值亦严重缩水。这不禁让人想起诺亚舟过去未能登陆伦敦证券交易所的失败经历,虽然其后来在美国成功上市,但似乎依然没有获得期望的效果。

诺亚舟曾经在竞争激烈的电子产品市场中凭借“学习机”异军突起,在教育行业赢得一席之地。但好景不长,上市后诺亚舟就先后陷入产品质量问题、虚假广告、侵权等一系列风波之中,而随着产品结构单一、创新乏力等问题的出现,诺亚舟亦进入了事业发展的“瓶颈”期,并最终促使这家老牌教育科技公司开启了其在教育行业的“突围”之路。

---

① 诺亚舟指包括 Noah Education Holdings Ltd.(上市实体)在内的所有上市实体旗下的子公司、国内经营实体以及其他关联实体。

一、诺亚舟概况

2007年10月,诺亚舟在提交给美国证券交易委员会的招股书中表明,其是中国互动教育内容的领先供应商。公司主要以数字学习设备或互联网为载体,为中国中小学生提供教育辅导资料。诺亚舟开发和销售交互式的多媒体学习资料,作为国内中小学教科书的补充内容,涉及科目包括英语、汉语、数学、物理、化学、生物、地理、政治科学和历史。且诺亚舟主要通过各种电子学习设备,如学习机、词典机、点读机等,为广大中小学生们提供学习内容。这些学习资料可以直接在学习机内获取,或通过公司提供的8500个销售点、约2000个下载中心或其网站 www.noahedu.com 上获取。此外,公司还出售各类电子词典。

诺亚舟的产品主要针对5~19岁的学生,截至2007年,该用户群体的数量在中国约2.91亿人。且该公司相对于其竞争对手具有以下几个方面的竞争优势:

- 强大的教育内容研发能力
- 极具吸引力且用户界面友好的交互式学习平台
- 专有技术
- 中国地区内广泛的覆盖率和销售网络
- 强大的品牌效应
- 令人信服的执行力与管理能力

二、公司的历史和构架

1999年2月,诺亚舟的创始人许东、王晓童与唐本国一起创办了深圳市诺亚舟实业有限公司(以下简称诺亚舟实业),专注于翻译设备的设计、生产和销售。2004年4月,这些创始人在开曼群岛注册成立了诺亚舟教育控股有限公司对诺亚舟实业的资产进行收购,对教育内容进行重点开发,并将开发的产品进行营销和分销。与此同时,Baring Asia II Holdings(22) Limited 和 Alpha Century Assets Limited 向诺亚舟共投资1600万美元。

诺亚舟通过旗下的全资子公司创新诺亚舟电子(深圳)有限公司、新诺亚舟科技(深圳)有限公司、诺亚舟教育科技(深圳)有限公司在中国开展业务,并通过国内的经营实体控制互联网方面的业务。之所以做如此安排,是因为中国的法律法规从不同的层面来限制或禁止外国与民营资本投资国内的互联网产业。诺亚舟在中国设立的子公司,作为外商投资公司,也只能在有限的范围内从事互联网相关的业务。因此,诺亚舟与深圳市致远诺亚舟互联网科技有限公司(以下简称致远诺亚舟)根据协议安排通过 www.noahedu.com 网站从事互联网方面的业务。同时,诺亚舟与致远诺亚舟及其股东(中国公民)签署了一系列的控制协议以便有效地对其进行控制。

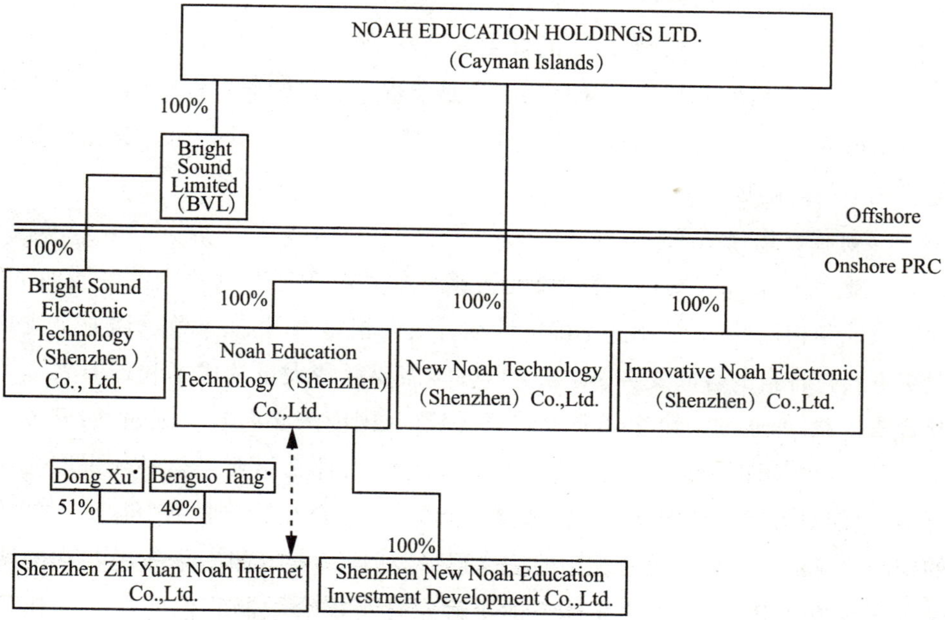

图 9　截至 2007 年 10 月 5 日,诺亚舟与其子公司及其经营实体的关系

资料来源:诺亚舟 IPO 招股书。

注:实线代表股权控制,虚线代表协议控制。

三、上市中存在的风险

从上述内容可知,作为境外上市主体的诺亚舟教育控股有限公司并不从事实际的业务运营,而是同其他选择境外上市的教育机构一样,采取了 VIE 架构控制境内的运营实体以获取收益。但是,由于其通过中国境内的子公司及运营实体开展各方面的实际业务,所以公司依然在许多方面受到中国法律的监管和限制。根据其招股书中披露的信息,诺亚舟在上市时存在如下风险:

(一)线上业务的风险

我国政府对国内的互联网行业进行广泛的监管,其中就包括境内互联网公司的外资持股限制、相关的授权和许可要求等。诺亚舟的上市实体是一家注册于开曼群岛的控股公司,在中国的法律下属于外国法人。由于国内政策的限制,诺亚舟通过协议控制其在中国注册成立的致远诺亚舟来进行其线上的业务。致远诺亚舟是诺亚舟的境内运营实体,直接归属于公司的创始人。诺亚舟并未持有任何致远诺亚舟的股权,仅通过一系列的协议安排获得其经济效益。因此,如果致远诺亚舟或任何其未来的子公司被发现违反任何现有或未来的中国法律、法规,或无法依法获得维持公司运营存续所需的许可证或行政批准,国内的监管部门在处理这类违规行为有广泛的自由裁量权,如撤销运营许可证、中断或限制任何关联方交易、实施罚款、关闭服务器、要求重组公司的所有权结构、限制或禁止使用境内收益等。而任何前述的处罚措施都会对诺亚舟的公司业务和财务状况造成不利的影响。

(二)控制协议的风险

诺亚舟依靠合同安排,通过致远诺亚舟及其股东运营其境内的在线业务。同股权控制相比,协议控制的不确定性和有效性相对更弱,如果致远诺亚舟或其股东不履行各自的合同义务,则诺亚舟可能需要耗费大量的成本和资源来维护其合法权益,如通过法律途径要求赔偿,但这在国内未必有效。例如,如果致远诺亚舟以及股东拒绝转让其公司利润或恶意违约,那么诺亚舟就必须采取法律行动,迫使对方履行合同义务。关于这一问题,诺亚舟在其招股书中称:“大部分的控制协议依照中华人民共和国的法律解释,其纠纷需依照中华人民共和国法律程序解决。然而,中国法律体系的不确定性可能会限制我们的能力来执行这些合同安排。如果我们不能执行这些合同安排,我们可能无法对我们的附属实体施加有效的控制。而这些负面影响可能导致我们无法继续我们的线上业务”。

(三)税务风险

诺亚舟与其境内的子公司以及运营实体公司之间签署的相关协议可能受到中国税务机关的详细审查,而一旦被发现还存在其他未被缴纳的税费,则公司的合并净收益和投资价值将会被极大地削弱。也就是说,根据我国的法律法规,关联方之间的协议安排和相关交易可能受到中国税务机关的审查。因此,国内的税务机关一旦认定诺亚舟与其境内的全资子公司及其经营实体公司之间的相关协议,包括某些资产转让合同,存在不对等的交易内容或以违法的形式调整收入,则诺亚舟将面临实质性的不利后果。此外,中国税务机关也会要求实体公司对逾期未付的税费缴纳滞纳金,并对其进行相应的处罚。由此,诺亚舟的综合净收入就会收到实质性的不利影响。

四、退市后:曲折的转型之路

由上文可知,诺亚舟于2007年赴美上市,7年后就宣布了退市。从开盘价的19.77美元到退市时的股价2.85美元,公司此时的市值已缩水了近九成。

这家靠研发和出售电子学习机而迅速崛起的教育科技企业也面临着“转型”的难题。

(一)“成”也学习机,“败”也学习机

众所周知,诺亚舟是一家通过“学习机”而迅速崛起的教育科技企业。2000年,诺亚舟研发出了一款在发音技术上拥有自主知识产权的电子词典(NH2000),随后,诺亚舟在2003年创造了辉煌的销售业绩,挤进行业的前三名,发展迅猛。2004年,诺亚舟又先后成功推出一系列手持式电子移动辅学设备,使其成为家喻户晓的电教行业领军品牌。

但同时,也有不少人对其夸大式的广告宣传和技术含量不高的电子产品产生怀疑,认为该公司是“广告砸出来的知名品牌”,之所以取得成功也无非就是利用了中国万千家长对孩子望子成龙的心理。但无论怎样,不可否认的是学习机确实存在功能单一、价格昂贵、用户体验差等多种缺陷,而且其本身并不属于高端科技产品,缺乏长期发展前景。原英连帮(学习机)营销总监冯志勇就曾说过:“(学习机)最初就是一种简单得不能再简单的复读机。”[①]因此,面对发展困境,诺亚舟亦开始了转型突围之路。

(二)从“电子科技”到“教育服务”

由于“电子学习机”并不具有发展前景,诺亚舟随即开始剥离其电子学习产品业务,逐渐将其业务核心转移到教育服务市场。但说起来容易,实践起来却并非那么简单。经过几次不太成功的尝试后,诺亚舟最终决定通过并购来实现核心业务的转型。

2009~2011年,诺亚舟将长沙小新星教育集团、深圳文泰教育集团和渊博教育集团纳入旗下,开始从电子教育产品提供商向优质教育服务商转型。

2011年6月,诺亚舟完成了对传统电子教育产品业务的分拆,从而更加专注于为2~18岁的幼儿及青少年提供优质教育服务,范围涵盖高端幼教市场、基础教育、青少年英语培训、国际教育交流服务等。[②] 由此,诺亚舟开始致力于国内幼教市场的开拓,为成为国内领先的学前教育品牌而努力。

根据诺亚舟官方网站发布的信息,目前,诺亚舟旗下企业包括文泰教育集团、渊博教育集团、小新星教育集团、中大基础及元迪学前教育,企业业务范围覆

---

① 《不能持续火爆的游戏公司！2014退市科技公司》,载 http://3c. ycwb. com/2015 - 01/08/content_8597441. htm,2017年6月2日访问。

② 参见 http://www. noaheducation. com/News. aspx? NewsID = 6077&TypeID = 16,2017年5月11日访问。

盖高端幼教市场、基础教育、青少年英语培训、国际教育交流服务等,服务机构广泛分布在华南、华东、华中、西南、华北和其他社会经济比较发达、教育消费水平比较高的地区和城市。致力于提供优质学位,定位于中高端幼教市场,以大型高档住宅社区和新区为主要办学点,侧重于选择大型房地产集团和地方政府作为合作伙伴,实现教育教学管理资源的共享。

可见,经历了上市、退市、质疑、分拆等一系列波折后,诺亚舟终于成功实现了其从"电子科技"到"教育服务"业务的成功转型,其曲折的发展历程和转型之路值得更多教育机构进行思考和借鉴。

[案例三]正保远程:中国在线职业教育赴美上市第一股

公司名称:正保远程教育(China Distance Education Holdings Limited)

公司注册地:开曼群岛

股票代码:DL

上市时间:2008 年 7 月 30 日(美国东部时间)

上市地点:美国纽交所(NYSE)

发行价:每股美国存托凭证(ADS)7 美元

发行股票:875 万股美国存托凭证(每股 ADS 相当于 4 股普通股)

融资额:约 6125 万美元

承销商:花旗集团和美林

美国东部时间 2008 年 7 月 30 日上午 9:30,正保远程教育(China Distance Education Holdings Ltd.,以下简称正保远程[①])在纽约证券交易所高增长板(NYSE Arca)[②]正式挂牌上市,股票代码"DL"。此次 IPO,正保远程共发行了 875 万股美国存托凭证(ADS),每份 ADS 代表 4 份普通股,即为 3500 万普通股,每股发行价为 7 美元,共募得资金约 6125 万美元。上市首日,其开盘以 6.5 美元破发,下跌至 6.25 美元后又持续上升,最高升至 7 美元,然后又跌至 6.6 美元左右,

---

① 正保远程可指包括 China Distance Education Holdings Limited(上市实体)在内的所有上市实体旗下的子公司、国内经营实体以及其他关联实体。

② 纽交所高增长市场是全球知名的全电子交易平台,新兴的高增长企业,可以选择在纽交所高增长市场挂牌。其与纽约证券交易所同属纽约泛欧交易所集团,两者以及紧密联系来吸引计划在纽交所高增长市场上市的公司。纽交所高增长市场的上市企业一旦达到标准,即有机会便捷地转板至纽约证券交易所,并且免除支付首次上市费。

最后收盘时为6.63美元。

正保远程成功登陆海外资本市场被认为是中国远程教育的里程碑，同之前赴美上市的新东方、诺亚舟、弘成教育等上市企业不同的是，正保远程是完全基于互联网实施职业培训的教育机构，旗下拥有18家品牌网校、开设200多个辅导类别，可谓是纯正的在线教育公司。正保远程上市后一直发展稳健，目前已成为国内在线教育行业当之无愧的领跑者。

一、正保远程概况

根据正保远程官网的介绍，其自2000年成立以来，始终坚持“学员利益至上，一切为学员服务”，汇聚天下名师，自主建设智能交互远程教育平台，采用高清视频课件并结合手机移动课堂，为学员提供高质量的课程，并辅以24小时在线答疑和客户服务，倾力打造完美的虚拟课堂。

正保远程从“中华会计网校”（www.chinaacc.com）起步，目前拥有18个品牌网站，开设200多个辅导类别，覆盖了会计、医药卫生、建设工程、法律、创业实训、中小学、自考、成人高考、考研、外语等13个不同行业，2016财年培训规模达370万人，高居中国远程教育领先地位。

正保远程不断开拓创新，率先推出了高清课件、手机移动课堂等多项满足学员需求的产品，并以开放的教育理念、先进的互联网技术倾力打造了正保教育开放平台，实现跨地域、跨专业、跨人群乃至世界教学资源的共建共享，引领了中国远程教育发展的革命。

二、上市前的重组历程

北京东大正保科技有限公司（Beijing Champion Hi-Tech Co.，Ltd.，以下简称东大正保科技公司），是一家在中国成立的有限责任公司，2000年7月开始运营，后来成为正保远程在国内的业务运营实体（VIE）。

2003年3月，正保远程在香港地区成立了香港中华远程教育有限公司（CDEL Hong Kong，以下简称香港中华公司）。然后，于2004年3月，正保远程采取了以下的措施重组了公司的结构，并使香港中华公司成为正保远程的离岸控股公司：

- 2003年6月，正保远程的联合创始人、董事长兼首席执行官朱正东和他的妻子，即正保远程的联合创始人兼副董事长殷保红拥有东大正保科技公司80%的股权，成为其控股股东。2004年5月，朱先生和殷女士收购了东大正保科技公司剩下的20%的股权，分别拥有其79%和21%的股权。
- 2004年1月，香港中华公司在中国设立了其全资子公司北京中熙正保远程教育技术有限公司(Champion Technology,以下简称中熙正保公司)。中熙正保公司收购了东大正保科技公司的多项资产,包括在线教育软件平台和课程研发技术、计算机服务器,其他计算机硬件和视频设备。

- 2004 年 5 月,香港中华公司和中熙正保公司同东大正保科技公司及其股东进行了一系列的协议安排以获得对东大正保科技公司的有效控制。
- 2007 年 4 月,香港中华公司在中国成立了其另一家全资子公司北京东大正保教育技术有限公司(Champion Education Technology,以下简称东大正保教育技术公司)。东大正保教育技术公司亦为上述部分控制协议的当事人。

2008 年 1 月,正保远程于开曼群岛成立了其上市实体,即 China Distance Education Holdings Limited(CDEL Cayman)。在 CDEL Cayman 向香港中华公司的现有股东发行股票换取香港中华公司的所有流通股后,于 2008 年 3 月,CDEL Cayman 成为正保远程的最终控股公司。

2007 年 9 月,东大正保科技公司和独立的第三方实体 Beijing 100 Online Education Information Consulting Co. ,Ltd. (100 Online)签订协议以成立一家名为财考网(Caikaowang)的合资企业,来运营 www. ck100. com。这是一家提供会计培训课程的线上平台,以补充正保远程现有的在线会计培训。

基于上述协议,2007 年 11 月,东大正保科技公司出资 40 万元(合 57,000 美元),相当于该合资企业注册资本总额的 40%。2008 年 6 月,东大正保科技公司从 100 Online 那里收购了财考网剩余的 60% 的股权,收购价为 400 万元(合 60 万美元)。由此,财考网成了东大正保科技公司的全资子公司。

2008 年 6 月,东大正保科技公司和独立的第三方成立了一家名为北京正保网格教育科技有限公司(Champion Wangge,以下简称正保网格)的合资企业。东大正保科技公司投资 3000 万元(合 430 万美元)成了持有正保网格69. 8% 股权的控股股东。该合资企业的剩余股权由另一合资伙伴持有。而且,这个新的合资企业将提供覆盖中小学教育科目的在线课程。

三、公司构架

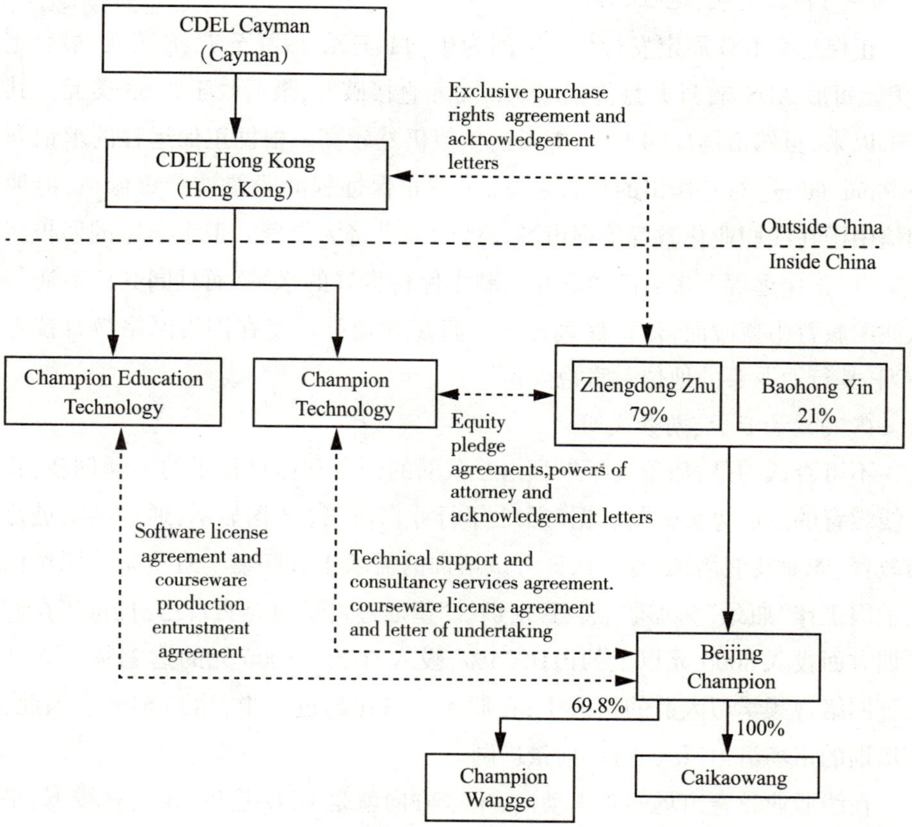

图 10　经过上述的一系列重组后，截至 2008 年 7 月 29 日正保远程的公司结构

资料来源：正保远程 IPO 招股书。

注：实线代表股权控制，虚线代表协议控制。

如图 10 所示，由于中国法律对国内互联网行业的外资限制，正保远程通过其国内的经营实体东大正保科技公司经营其在中国的在线教育业务，即采用了 VIE 结构。东大正保科技公司由正保远程创始人朱正东和殷保红所有，两人都为中国公民。香港中华公司、中熙正保公司和东大正保教育技术公司，都是正保远程的全资子公司，并与东大正保科技公司及其股东进行了一系列合约安排，包括技术支持和咨询服务协议，独家购买权协议和确认函，课件授权协议和担保书，软件授权协议，课件制作委托协议，股东担保书等。由此，正保远程实现了其对东大正保科技公司的间接控制，并获得了东大正保科技公司在中国的经营收益。

四、上市后：正保远程的行业地位及发展趋势

（一）稳健发展，地位稳固

正保远程 IPO 原定发行预估区间为 9～11 美元，后降至 7～8 美元，最后定为 7 美元每股 ADS，首日开盘价就以 6.5 美元直接破发，最后收于 6.63 美元。其自上市以来，虽然市场反响不佳，但所给估值仍然较高。根据正保远程的承销商之一 Piper Jaffray 对其作出的估价可知，虽然正保远程的股票被严重低估，但他们相信中国在线职业化教育培训市场强劲的需求将为投资人带来丰厚的回报。而事实上，正保远程上市后的盈利状况基本保持良好的水平，而且同其他遭遇各种风波的教育中概股而言，正保远程也一直步伐稳健地走在国内网络教育技术的前列，其行业龙头的地位一直稳固。

（二）潜力巨大，前景光明

不可否认的是，随着近年来国内互联网的普及和信息技术的不断创新，我国在线教育的发展势头强劲。据《2012 年行业白皮书》数据显示，通过网络进行学历教育、职业技能培训、专业认证考试培训的需求十分旺盛。31.7% 的职场白领表示因工作"瓶颈"参加职业教育培训，期望通过再学习充实自己，且每年在职业培训方面投入 8000 元以上的占比 25%，投入 5000～8000 元的达 31%。在计划通过网络视频学习人群的构成中，在职人员占比超过一半，达到 57%。因此，职教培训的市场潜力巨大，行业前景广阔。

在线职业教育市场的基本动向、未来方向就是 O2O 趋势，线上和线下，平台和内容，技术和体验之间会不断磨合，在线职业教育行业模式越来越清晰。① 而正保教育之所以能够取得成功，则与其"线上 + 线下"相结合的运营模式密不可分。

（三）另类回归，试水国内资本市场

值得一提的是，2016 年 6 月 14 日，北京正保育才教育科技股份有限公司（以下简称正保育才）的挂牌申请获得批准，并于当日开始公开转让。公司的实际控制人为正保远程。这一消息一经披露即引发诸多猜想，不少人认为这是正保远程准备退市、回归国内资本市场的初次"试水"。对此，正保远程创始人朱正东曾在会议中表示："目前正保远程教育不会从美国退市。在中美两地的资本市场均有融资通道可以帮助正保远程教育更灵活的融资，获得低成本的兼并收购及其

---

① 《2015 互联网 + 教育高峰论坛——为办好人民满意的教育》，载 http://www.sohu.com/a/16313372_135831，2017 年 5 月 1 日访问。

他发展所需的资金,将投资回报和股东价值最大化”。① 正是一语道破其此次“试水”国内资本市场的背后玄机。此时,正保育才跨入国内资本市场,不仅意味着其背后的正保远程,这家教育独角兽的产业链完善,同时也勾勒出一幅新的教育生态格局。

[案例四]中国教育集团:“借壳上市”登陆美股

公司名称:中国教育集团(China Education Alliance, Inc.)
公司注册地:美国北卡罗来纳州
股票代码:CEU
上市时间:2009 年 7 月
上市地点:美国纽交所(NYSE)

中国教育集团(以下简称中教联盟②)于 2004 年 9 月通过借壳上市登陆美国场外柜台交易系统(Over the Counter Bulletin Board, OTCBB),并于 2009 年 7 月转板至美国纽交所,股票代码为 CEU。2011 年 12 月 21 日,集团收到纽交所停牌通知,其股票在 2011 年 12 月 29 日开盘前将被暂停在纽交所交易。2011 年 12 月 29 日,集团被纽交所摘牌,退到场外市场(OTC)③继续交易,新代码为 CEAI。经过梳理中教联盟上市历程的脉络,我们知道从其借壳成功到转板纽交所,中教联盟耗费了 5 年的时间来筹备,而从其上市到退市才不过短短两年的时间,令人不胜唏嘘。

一、集团概况

中教联盟是美国上市公司,是全方位、专业化的教育资源服务提供商,主要从事远程教育技术、教育资源开发、教育项目策划与推广、教学平台及课件的开发和定制、教育信息咨询、教育信息与技术服务等经营项目。公司自成立以来,始终积极参与我国终身学习体系的建设,以远程及网上教育服务为核心业务,开创了成熟的教育运营服务体系。目前通过幼儿教育、中小学教育到高等教育、职

---

① 车锦文:《关于正保远程教育是否退市及校企合作盈利模式,都在这里》,载 http://www.duozhi.com/company/201602254419.shtml,2016 年 3 月 2 日访问。

② 中教联盟可指包括 China Education Alliance Inc.(上市实体)在内的所有上市实体旗下的子公司。

③ 场外交易市场(OTC),又称柜台交易市场,柜台交易是指在证券交易所以外的市场所进行的股权交易。和交易所市场完全不同,OTC 没有固定的场所,没有规定的成员资格,没有严格可控的规则制度,没有规定的交易产品和限制,主要是交易对手通过私下协商进行的一对一的交易。

业教育、继续教育、企业培训、资质认证,农民工教育、残疾人教育、再就业教育、大学生求职教育、留学、老年教育等服务覆盖了各个年龄阶段,从而满足了所有求学者的不同需求。[①]

二、上市前的重组历程

China Education Alliance, Inc.(上市实体)的前身为"ABC 房地产公司"(ABC Realty Co.)。该公司于 1996 年 12 月 2 日根据美国北卡罗来纳州的法律成立。ABC 房地产公司成立的主要目的是在住宅房地产交易中担任经纪人或代理人。2004 年 9 月 15 日,ABC 房地产有限公司根据《交易计划》进行了重组,收购了哈尔滨众合利达教育科技有限公司(ZHLD,以下简称众合利达),该公司成立于 2004 年 8 月 9 日,中国黑龙江省哈尔滨市,注册资本为 60,386 美元(人民币 50 万元)。众合利达是一家从事中国在线教育业务的技术公司。其使命是促进中国远程教育的发展,提高小学教育、高等教育、职业教育、技能教育,成人教育和专业培训课程的效率和效果,并融入国际教育体系。

2004 年 9 月 15 日,ABC 房地产公司执行了其与众合利达以及 ABC 房地产公司前董事长 Duane C. Bennett 之间的《交易计划》,据此,众合利达股东以 60,386 美元的公司注册资本兑换了 ABC 房地产公司 18,333,334 股普通股或其公司约 95% 的普通股。2004 年 11 月 17 日,ABC 房地产公司更名为中国教育集团(中教联盟)。2004 年 12 月 13 日,中教联盟完成了其与众合利达及其股东之间的《交易计划》。

2005 年 7 月 8 日,黑龙江众合教育培训中心(ZETC)在中国注册成立,其注册资本为 60,386 美元,为众合利达的全资子公司。众合利达拥有黑龙江众合教育培训中心 99% 的股权。同时,出于对中教联盟利益的考虑,另外的 1% 的股权由于希群以信托形式持有。

2006 年 9 月 30 日,北京华育汇众科技发展有限公司(BHYHZ)在中国注册成立。众合利达拥有北京华育汇众科技发展有限公司 70% 的股权。其余 30% 的股权由中国职业教育指导中心持有。

2008 年 4 月 18 日,众合利达与哈尔滨日报报业集团(以下简称哈尔滨日报)通过签订相关协议成立了一家合资企业,即哈尔滨新发现传媒有限公司。其中,众合利达向该公司出资了人民币 3,000,000 元(约合 430,000 美元),哈尔滨日

① 中国教育集团 CEU 的公司介绍参见 http://stockpage.10jqka.com.cn/CEU/company/,2017 年 6 月 5 日访问。

报向该公司出资了3,120,000元（约合445,000美元）。作为他们各自的投资回报，众合利达将拥有哈尔滨新发现传媒有限公司49.02%的股权，哈尔滨日报则拥有该公司50.98%的股权。根据上述协议的补充协议条款，哈尔滨日报将《科学发现》报纸的所有权利转让给哈尔滨新发现传媒有限公司。该交易于2008年7月7日完成，哈尔滨新发现传媒有限公司成为由众合利达持股49.02%的子公司，主要从事出版和科技报纸的发行业务。

2008年12月23日，中教联盟的子公司世界交流有限公司在中国注册成立了它的全资子公司，北京韦氏易通教育科技有限公司（BJWSYT）。世界交流有限公司为北京韦氏易通教育科技有限公司注资了10万美元，即为其总注册资本。作为注资回报，世界交流有限公司拥有北京韦氏易通教育科技有限公司百分之百的股权。北京韦氏易通教育科技有限公司于2008年12月23日注册成立，营业期为30年。该公司董事会的成员由于希群、郭宇立和董旭昕组成，其中于希群任董事长及北京韦氏易通教育科技有限公司的法定代表人。北京韦氏易通教育科技有限公司主要从事英语培训业务。

在2009年1月4日，中教联盟的子公司众合利达与第三方投资成立了一家合资公司，即众合利达（北京）管理咨询有限公司（ZHLDBJ）。众合利达向该公司注资人民币425,000元（约合62,107美元），另一合作方注资了人民币75,000元（约合10,960美元），双方投资的金额即为公司的总注册资本。其中，另一合作方持有众合利达（北京）管理咨询有限公司的15%的股权。同时，众合利达授权于希群代其持有众合利达在该合资公司中的20%的股权。众合利达（北京）管理咨询有限公司主要参与中教联盟的职业培训业务，特别是执行"百万经理培训计划"。"百万经理培训计划"是中国首个针对升级管理技能的管理培训计划。

三、公司构架

经过上述的一系列的重组历程，截至2009年3月30日，中教联盟的公司结构见图11。

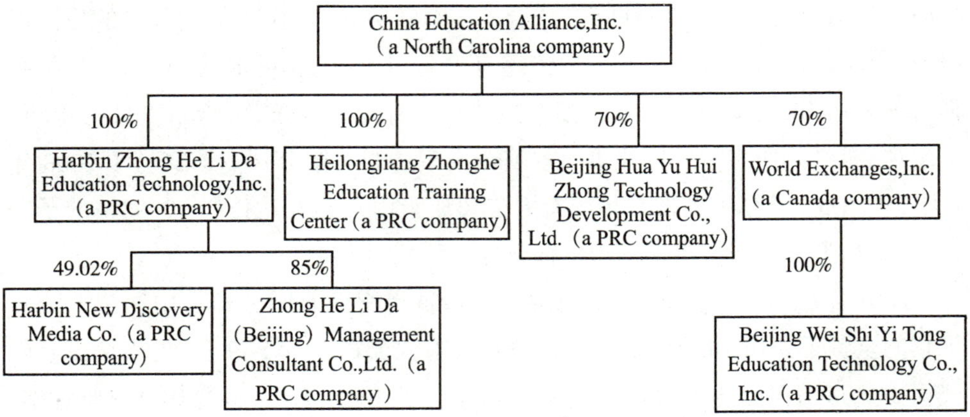

图 11　中教联盟的公司结构

资料来源:中教联盟招股书。

四、上市后的挑战

根据中教联盟招股书披露的信息,其在上市后将面临如下挑战:

- 中教联盟的成功很大程度上依赖于其董事长兼首席执行官于希群的管理才能,以及他与教育工作者、管理人员以及其他业务往来的关系。因此,于希群的亏损将降低中教联盟执行业务计划的能力,并对旗下业务造成不利影响。

- 中教联盟受到《美国海外反腐败法》的约束,《美国海外反腐败法》通常禁止美国公司从事贿赂或其他违规付款给外国官员,从而达到获得业务或保留业务的目的。外国公司,包括一些可能与中教联盟竞争的公司,不受这些禁令的约束。但是,中教联盟无法保证其员工或其他代理人不会从事将由中教联盟承担责任的贿赂行为。如果中教联盟的雇员或其他代理人被发现从事了贿赂行为,中教联盟可能会受到严重的处罚和其他重大不利后果,尤其是对中教联盟的业务、财务状况和业绩产生重大的不利影响。

- 中教联盟通过人民币进行业务往来核算。人民币对美元和其他货币的汇率可能会产生波动,并受到政治、经济形势变化的影响。在 2005 年 7 月 21 日,中国政府改变了过去将人民币与美元挂钩的政策。2005 年 7 月 21 日至 2009 年 3 月 23 日,政策的变化导致了人民币在兑换美元时升值了约 17%。然而,中国政府在采取更灵活的货币政策方面仍然面临着较大的国际压力,这可能导致人民币近一步的升值。中教联盟未来的收入在某种程度上以美元以外的其他货币计价,因此中教联盟所受到的与外汇汇率波动有关的风险将会增加,这可能对中教联盟的财务状况和经营业绩产生重大不利影响,因为集团的经营业绩以美元汇报,汇率的重大变化可能对其报告的收益产生重大影响。

五、上市不易,摘牌可惜

有上文可知,中教联盟早先通过“借壳”的方式登陆了美国的 OTCBB,随后筹备了 5 年的时间,才符合纽交所挂牌上市的条件。但可惜的是,同其他中概股一样,中教联盟亦遭到了美国做空机构的调查,被指财务造假。

中教联盟在 2011 年提交给美国证券交易委员会(SEC)的文件中显示,有投资者将中教联盟的现任及其前任董事、高管起诉至加利福尼亚中心区法院,称其在提交给美国证券交易委员会的业务和财务业绩文件中作出或发出虚假和误导的陈述,从而违反信托义务,并破坏了公司。原告寻求金钱赔偿,包括起诉的成本和费用。

随后,中教联盟股价下跌,而且在同年 12 月 21 日收到纽交所停牌通知,该公司股票在 2011 年 12 月 29 日开盘前将被暂停在纽交所交易,并退至美国场外市场交易,市值亦严重缩水。这不禁让我们联想到赴美上市的双威教育。双威教育同样通过借壳的方式以美国 OTCBB 为跳板成功转板至纳斯达克,但随后由于内部管理矛盾引发了一系列风波,导致其最后黯然退市。

对此,美国资本市场顾问有限公司副总裁黄华国于 12 月 23 日在微博中表示,“公司(中教联盟)于 2004 年 9 月美国 OTCBB 借壳上市,并在 2009 年 7 月 20 日成功转板纽约证券交易所,这类上市模式通常比较勉强,5 年后才升级成功,说明先天不足,这类公司 SEC 是很关注的。如果公司不是造假的,有很充足的理由是可以要求 90 天延长听证”。① 可见,通过借壳再加转板上市的模式登陆美国资本市场,虽然看似是一条“捷径”,但同时亦充满了各种风险,需谨慎看待!

[案例五]安博教育:快速发展背后的“困局”

公司名称:安博教育集团(Ambow Eduction Holding Ltd.)

公司注册地:开曼群岛

股票代码:AMBO

上市时间:2010 年 8 月 5 日(美国东部时间)

---

① 赵春燕:《中国教育集团被纽交所勒令退市　业内人士称“活该”》,载 http://www.nbd.com.cn/articles/2011-12-27/625532.html,2017 年 6 月 5 日访问。

上市地点：美国纽交所(NYSE)

发行价：10 美元

发行股票：约 1067 万股美国存托凭证(ADS)(每股 ADS 相当于 2 股普通股)

融资额：约 1.07 亿美元

承销商：摩根大通和高盛

2010 年 8 月 5 日，国内传统教育大佬安博教育集团(以下简称安博教育①)在纽约证券交易所正式挂牌上市，交易代码为“AMBO”。此次 IPO，安博教育共发售 10,677,207 股美国存托凭证，每股美国存托凭证相当于 2 股普通股，成功融资 1.07 亿美元。作为最早一批在美国上市的中国教育服务机构，安博教育致力于提供高品质教育服务与学习服务，业务涉及基础教育、职业教育和企业培训。

但上市后，安博教育一直风波不断，先是 2011 年随着中概股危机的到来，股价开始下跌，然后于 2012 年因无法如期递交财报，股价暴跌至 2 美元。接着，安博教育又深陷收购骗局的丑闻和美国投资者对其财务造假的指控，而到了 2014 年更是被纽交所强制摘牌，退至场外市场，市值严重缩水。而种种危机的背后也暴露了其在快速扩张过程中面临的发展困局。

一、安博教育概况

根据安博教育官网的介绍，其创始于美国硅谷，2000 年开始在中国发展。伴随着中国经济的快速发展及互联网行业的发展，安博教育也作为一股重要的力量推动着国家和地区人才战略的升级，实践着“互联网 + 教育”模式的探索发展。安博教育致力于搭建标准化、信息化、国际化的教育服务平台，并依此建立优质教育服务资源的协作、共享与推广机制。目前，公司业务涉及基础教育、职业教育和企业培训，旗下机构遍及全国二十个省(市、自治区)。

在面向升学的基础教育服务领域，安博教育在国内外拥有多所直营全日制中小学校，这些学校是其进行教育教学研究、国际合作、资源集散、技术与服务创新的基地，它们也都是当地或全国知名的学校。以这些直营学校为圆心，安博教育在国内拥有数十所特色共建学校及数百所资源共享中小学校。

在面向就业的职业教育和企业培训领域，安博教育利用安博云服务平台和应用技术型人才培养体系，在全国范围内，与数十所大学合作共建学院、共建专

---

① 安博教育可指包括 Ambow Eduction Holding Ltd.(上市实体)在内的所有上市实体旗下的子公司、国内经营实体以及其他关联实体。

业，依托布局在环渤海、长三角、珠三角等经济发达区域的实训安博教育基地为数百多所高校提供全方位的实训服务，另外，遍布在全国二十多个城市的拓展培训基地每年为数千家企业提供内训服务。

二、上市前的重组历程

安博教育的创始人，黄劲博士 2000 年在美国加利福尼亚成立了 Ambow Corporation。随后公司快速发展壮大，成为中国教育和职业提升服务的领先供应商。

2000 年到 2005 年 1 月，安博教育的主要业务通过如下几个实体公司运营：

北京安博在线软件有限公司（Ambow Online，以下简称安博在线），一家由 Ambow Corporation 于 2000 年在中国设立的外商独资企业。

北京师大安博教育科技有限责任公司（Ambow Shida，以下简称安博师大），一家于 2004 年在中国设立的有限责任公司。

2005 年 1 月，安博教育在开曼群岛成立了一家获豁免的有限责任公司 Ambow Education Co.，Ltd.（AECL），作为其控股公司。2005 年 5 月，这家控股公司从 Ambow Corporation 收购了安博在线的所有流通股。2010 年 4 月，AECL 又将该部分权益转让给了安博教育管理（香港）有限公司［Ambow Education Management（Hong Kong）Limited，以下简称安博香港］。

随后，通过在 2005 年 5 月和 2008 年 12 月进行的一系列转让操作，安博教育的集团高层谢学军和薛建国共持有了安博师大 100% 的股份。

2007 年 6 月，安博教育在开曼群岛成立了另一家或豁免的有限责任公司 Ambow Eduction Holding Ltd.（Ambow），作为其新的控股公司，也是安博教育赴美上市的主体。2007 年 7 月 18 日，Ambow 与 AECL 及其股东签订了换股协议，由此，AECL 成为 Ambow 的全资子公司。同样根据这份协议，安博教育在香港成立了两家全资子公司，分别为安博香港和 Ambow Education（Hong Kong）Limited。

随着业务在中国的发展，安博教育在中国的许多城市成立了国内实体公司。例如，2006 年 5 月 16 日成立的上海安博教育信息咨询有限公司（Ambow Shanghai，以下简称安博上海），2007 年 4 月 17 日在中国设立的安博思华教育科技有限责任公司（Ambow Sihua，以下简称安博思华），2009 年 2 月 25 日在中国成立的苏州稳健创业投资管理顾问有限公司（Suzhou Wenjian，以下简称苏州稳健），以及 2009 年 7 月 20 日在中国设立的基金稳健共赢创业投资企业（Wenjian Gongying，以下简称稳健共赢）。

随后，安博师大、安博上海、安博思华和苏州稳健以及这些公司的股东分别与安博在线订立了一系列的控制协议,即通过 VIE 架构,安博在线对这些国内的运营实体进行有效控制,并获得其经营收益。

三、公司构架

经过上述的重组历程,截至 2010 年 6 月 30 日,安博教育的公司结构如图 12 所示。

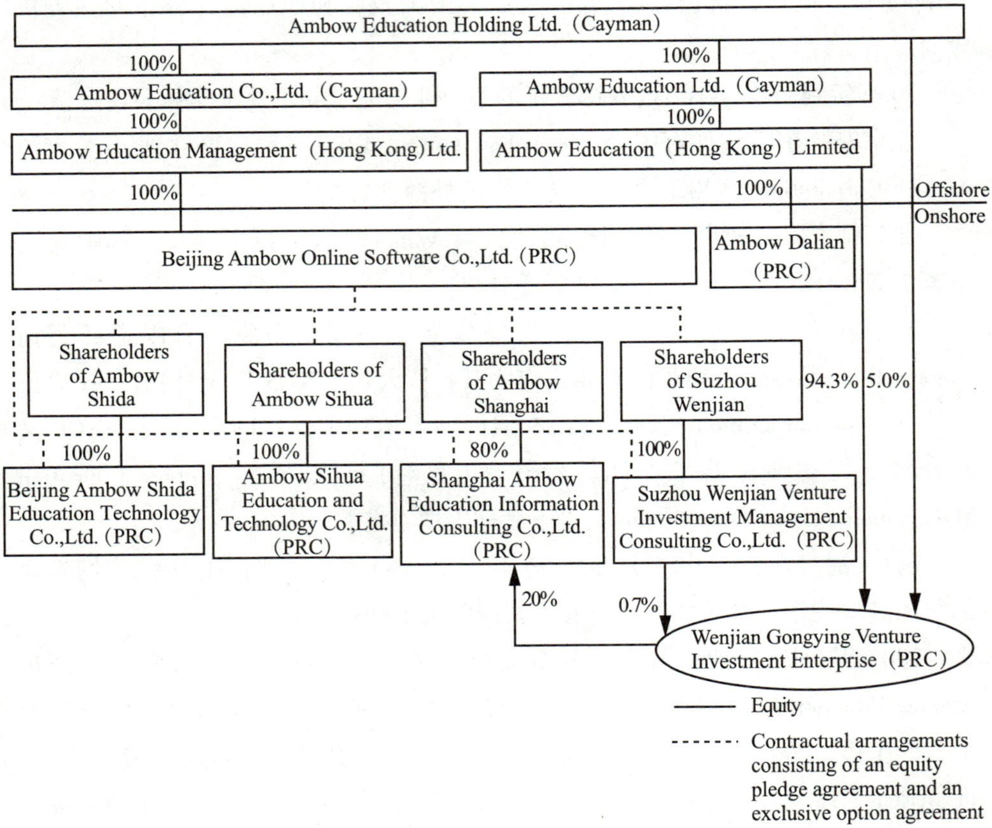

图 12 安博教育的公司结构

资料来源:安博教育 IPO 招股书。

注:虚线为协议控制,实线为股权控制。

四、上市后的危机

(一)涉嫌财务造假、迟交年报

安博教育上市后的 1 年里,股价持续上升,表现良好,从首日开盘价 10 美元,最高一度升至 14 美元。但是,随着 2011 年中概股在美国遇冷,安博教育的股价也在一定程度上受到了负面影响,下跌到了 8 美元左右。2012 年,由于安博教育无法按期递交年报,其股价遭遇滑铁卢。同年,其第一季度的财报又显示其业绩下滑,再加上公司高管的离职风波,最后安博教育股价暴跌至2美元左右。

而祸不单行的是,更大的危机随即爆发,使安博教育陷入了虚假收购、业绩造假的丑闻。为了扩大公司规模,筹备上市,安博教育自2008年开始就在全国范围内进行了几十起教育机构的并购。但后来安博教育旗下被并购学校相继指出安博教育这一系列并购活动涉嫌造假。根据其招股书中的内容,安博教育通过融资获得的资金在上市前的两年内先后耗资约16亿元在全国范围内收购各地优质的民办学校和教培机构达23所,其收购方式主要为“一半现金+一半股票”。

其实上述“现金+股票”的收购方式本身并不存在什么问题,但是不少媒体和投资人都对其收购提出了质疑,因为如果安博教育将其收购款通过其他虚假的形式再转回自己账户的话,就难逃操纵营收入及财务造假的嫌疑。一旦美国证券交易委员会介入调查,且罪名成立,对公司将带来毁灭性的打击。

而随着事件的持续发酵升温,2013年年初,安博教育的美国投资者对其提起了诉讼,质疑其财务造假行为。但安博教育似乎采取了回避的态度,一直没有做出正面回应,甚至也不披露其财务数据。由此带来的后果是,其股价在2013年跌至1美元,处于濒临退市的巨大危机中。

(二)纽交所强制摘牌

2013年3月,遭遇各种风波后,安博教育的股票开始停牌。后来,又因为其未提交2012年财报,纽交所决定对其执行退市程序。2014年5月16日,安博教育被纽交所启动摘牌程序,退至场外柜台交易系统(OTCBB)进行交易。此时,安博教育的股价已经低至0.43美元,代码也从AMBO变成AMBOY,市值10亿美元跌到了不足3000万美元。

虽然,根据SEC的规定,上市公司被罚退市后,可以依规申请上诉,而且安博教育在两个月内完成相关财报审计,仍有机会复牌。但这也只是存在理论上的可能性。专业人士认为,根据安博教育当时内忧外患的处境,复牌的概率并不大,因为除了补缴之前的财报,公司还面临着重组、股权纠纷等众多问题。退一步讲,即使复牌,由于经历了一系列的丑闻和风波,安博教育也必将元气大伤,短期内难以回到全盛时期。

退至场外市场后,关于安博教育的未来究竟如何,一时间也是众说纷纭。一方面复牌之路困难重重,而且经历了一系列的动荡不安后,安博教育股价暴跌,元气大伤的它难以恢复至往日的荣耀。另一方面即使退至场外市场交易,市值严重缩水,但其旗下仍有许多的优质教育培训资产,如果直接退市资产重新组合,到香港上市或登陆国内资本市场,也不失为一条出路。但具体会如何,还要看安博教育自己的选择和意愿。

五、从安博教育上市看其快速发展背后的“困局”

综上,安博教育的乱局始于其为筹备上市而在全国范围内展开的一系列并购整合,这帮助安博教育在短时间内扩大规模、集中优质教育资源、增强行业竞争力,成为继新东方后的又一家独角兽型的教育机构。但是在疯狂的并购背后也暴露了许多问题。随着后续事态的发酵,我们可以看出安博教育似乎并没有妥善地管理、安置这些并购的教育资产,而是乱象频出。尤其是安博教育在湖南地区收购的几家学校更成为其一系列事件的导火索。

安博教育上市后,由于股价持续下跌,当初其在湖南地区收购的同升湖学校、长沙竞业秀才学校纷纷指控其当初的并购是一场骗局,为了上市虚构业绩,存在财务造假的行为。同升湖学校的创始人更是在接受采访时表示,同升湖学校被安博教育收购后管理混乱,完全沦为赚钱机器。

自此,安博教育似乎就被打上了“骗子”标签,再加上大股东诉讼、高管离职、推迟年报等一系列打击,安博教育就此元气大伤,荣耀不再。究其原因,客观来说,安博教育上市后确实是中概股在美国股市最困难的时期,作为当时极少数的教育中概股,受到波及实属正常。但同时,更为重要的原因还是在于其过度追逐资本从而忽略教育行业的核心价值和根本规律,一味地追求“速度”,最后反而揠苗助长。

资本是把“双刃剑”,对教育行业而言,尤其是如此的。它能帮助教育机构扩大规模,快速成长;也会使其陷入资本游戏的旋涡中无法自拔,忘记初心。从安博教育的案例中我们应该更加深刻地意识到,做教育要慢慢来,踏实严谨,只有高质量的产品和好的口碑,才能经得起时间的考验,教育机构才能走得更远。

[案例六]学而思(好未来)海外上市:中国K12教培巨头的崛起

公司名称:学而思国际教育集团(TAL Education Group)

公司注册地:开曼群岛

股票代码:XRS

上市时间:2010年10月20日(美国东部时间)

上市地点:美国纽交所(NYSE)

发行价:每股美国存托凭证(ADS)10美元

发行数量:1200万股美国存托凭证(每股ADS代表2股普通股)

融资:1.2亿美元

承销商:瑞银、摩根士丹利、Piper Jaffray和Oppenheimer & Co.

2010年9月29日,学而思国际教育集团(以下简称学而思①)向美国证券交易委员会提出首次公开募股的申请,公司将以"XRS"为股票代码在纽交所上市交易。瑞银、摩根士丹利、Piper Jaffray和Oppenheimer & Co.将担任此次IPO主承销商。公司发行价为每股美国存托凭证(ADS)10美元,IPO将发行1200万股ADS,每股ADS代表2股普通股。美国东部时间2010年10月20日,学而思在纽约证券交易所正式挂牌交易。在此前IPO中,学而思成功融资1.2亿美元。

作为国内领先的中小学教育培优机构,学而思的成功上市对其未来发展的重要性不言而喻。一方面,学而思对于自身的市场定位将更为明确,即坚持专注于中小学教培领域的市场发展方向;另一方面,其今后将拥有更为雄厚的资本扩大其在教育产业的市场版图。

一、学而思概况

根据学而思2010年10月15日发布的招股书显示,学而思是中国最大的中小学课外辅导服务提供者。他为K-12领域内的学生提供的辅导服务覆盖了K-12领域的核心学科,包括数学、英语、语文、物理、化学和生物。且"学而思"作为国内领先的教育品牌已经在中国K-12私人教育市场享有极高的声誉,即高质量的教育水平与优异的学习成绩。

2003年,北大在读研究生张邦鑫与其同学曹允东创办了奥数网。作为学而思的前身,这家公司在创办伊始,其营业收入就以每年100%~200%的速度增长。2010年10月,学而思更是在美国纽约交易所成功上市,成为国内首家赴美上市的K12辅导机构。随后,2013年8月19日,学而思更名为好未来,定位为"一个用科技与互联网来推动教育进步的公司",实现传统教育与线上教育的融合。②

根据学而思官网的介绍,十余年来,学而思致力于用科技推动教育进步,旗

---

① 学而思可能包括TAL Education Group(上市实体)在内的所有上市实体旗下的子公司、国内经营实体及其他关联实体。

② 《"学而思"正式更名"好未来"》,载http://www.100tal.com/e/20130819/52117875409aa.shtml,2017年3月9日访问。

下拥有子品牌：学而思培优、学而思网校、爱智康、励步英语、摩比、乐外教、家长帮、考研帮、高考帮和海边。其中，学而思培优作为K12高端培优教育平台，下设三个子品牌：学而思理科、乐加乐英语和东学堂语文。在全国42个城市，共有230万学员走进好未来的课堂，另有1700多万名学员通过线上获取优质的教育资源。另外，好未来旗下的家长帮是国内覆盖面广、可信度高的教育互联网信息平台，月度活跃用户达3000万人。

二、上市前的重组历程

2003年8月，学而思的创始人张邦鑫和曹允东还在北京大学攻读研究生时就开始从事课外数学辅导。刘亚超及白云峰分别于2003年及2005年作为老师加入了学而思，并因其出众的表现被提拔为公司高管。2005年，学而思的创办人在中国成立了北京学而思教育科技有限公司(Xueersi Education，以下简称北京学而思)。

2008年1月10日，为进行境外融资，学而思依据开曼群岛的法律成立了海外控股公司TAL Group。TAL Group于2008年3月在香港成立了Xueersi Hong Kong作为学而思的中间控股公司。随后，Xueersi Hong Kong又在中国成立了三家全资子公司：北京世纪好未来教育科技有限公司(TAL Beijing，以下简称北京好未来)(2008年5月)，北京环球智康时代教育咨询有限公司(Huanqiu Zhikang，以下简称环球智康)(2009年9月)以及亿度慧达教育科技(北京)有限公司(Yidu Huida，以下简称亿度慧达)(2009年11月)。

2008年，学而思进行了五次收购活动，以对目标公司现有的学生资源及营业执照加以利用。这五次收购为：(1)2008年3月以20万美元的对价购买天津一所学校的资产及相关业务；(2)2008年7月以20万美元的对价购买了湖北监利的一所学校；(3)2008年7月以20万美元的对价购买了湖北潜江的一所学校；(4)2008年7月以160万美元的对价购买了湖北武汉的一所学校；(5)2008年8月以100万美元的总对价购买了Shanghai Leihai及其上海全资子公司。

三、公司构架

由于中国法律对国外机构在华投资教育事业方面有一定的限制，故学而思通过与北京学而思、北京学而思网络科技有限公司(Xueersi Network，以下简称学而思网络)及其股东、子公司和学校达成一系列的控制协议(VIE构架)来开展学而思在中国的大部分家教服务业务，同时，学而思在北京的高端私教服务通过其子公司环球智康提供。因此，学而思并不持有北京学而思及学而思网络的任何股权。它通过上述的控制协议实现对两者的控制，并成为其主要受益人。

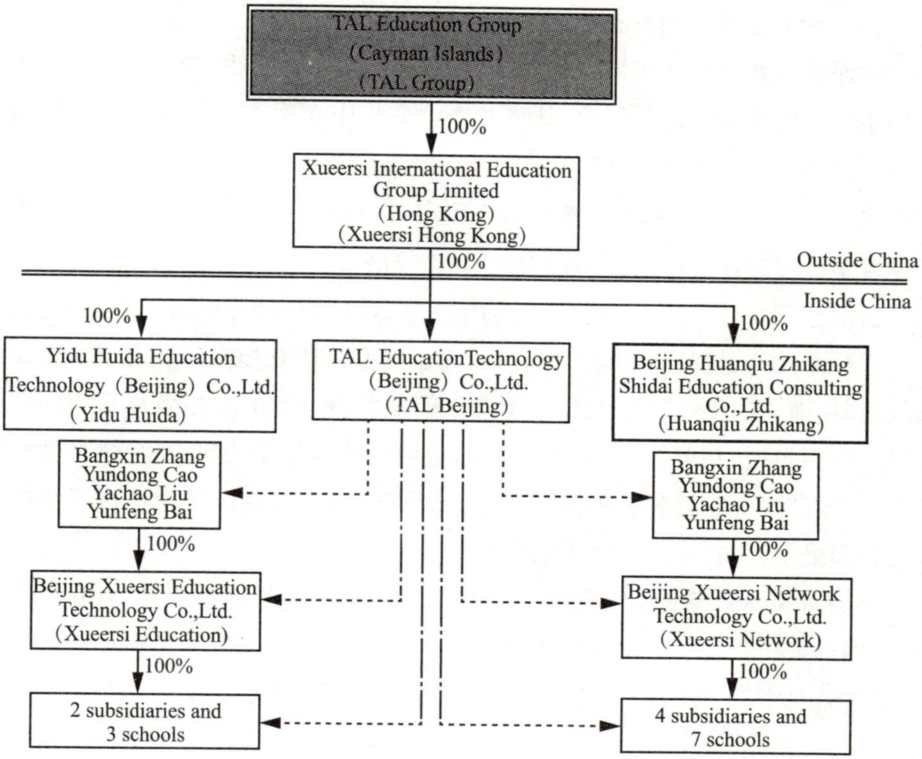

图 13　截至 2010 年 10 月 15 日,学而思的公司结构

资料来源:学而思 IPO 招股书。

注:实线代表股权控制,虚线代表协议控制。

四、上市后:股价一路高歌猛进,“破百”背后的玄机何在

上市后,学而思的发展势头依然强劲,尤其是近几年随着其在国内教育行业的爆发,更是造就了其国内教育行业巨头的霸主地位,与另一教企大佬新东方不相上下。自学而思 2010 年在美国上市以来,股价就一路高歌猛进,截至 2016 年年底其股价已然翻了 6 倍,随之而来的更是其市值的猛涨。截至 2017 年 6 月 21 日,学而思的股价已达 119 美元,市值为 96.25 亿美元。而在同年 5 月 16 日,其股价更是冲至 132.29 美元,市值突破百亿美元。

上市后的学而思在短短六年的时间里,就实现了股价和市值的双“破百”,每到报名季更是一位难求,让家长们爱恨交织,其传奇成长史的背后究竟存在什么样的“玄机”?其实,学而思如此迅猛的发展势头固然离不开国内教育行业的各种利好条件作为支持。但具体而言,其“开挂”的背后实际上与其所处的 K12 领域息息相关。

（一）学而思所处的行业概况及其行业地位

学而思所处的K12领域，在中国指小学6年、初中3年和高中3年共计12年的中小学基础教育阶段。因此，其消费者主要集中在中小学生及其家长这两类人群，尤其随着国内中产阶级的崛起、社会竞争的日益激烈以及家长们对教育的重视，近几年来K12教辅俨然已成为广大家长们的刚性需求。而且随着国内中小学升学压力的日益提升，我国K12教辅市场潜力巨大。

目前，学而思可以说是中国最大的中小学K12课外辅导教育机构之一，从其在大江南北的火爆程度就可见一斑。学而思拥有全国0.26%和北京市4.5%的市场份额，面向中小学生开展语文、数学、英语、物理、化学、生物六科课程的课外辅导。学而思把"精英教育"观点植入人心，在学生与家长心目中树立"好学生更应当去补习"理念。这种宣传推广使学而思在中小学培训市场中抓住了最容易被忽视但最重要的一份市场"蛋糕"。[①]

学而思的办学成绩也比较出色。据学而思官方提供的数据，在2010年高考中，学而思430名高中毕业生中有169名考取北京大学或清华大学；同年，学而思约5700名北京、上海的初中毕业生考入重点中学，升学率达60%，比当地平均升学率高出一倍；同样在北京和上海，学而思超过5500名学而思的学生进入重点初中，80%的升学率比当地15%～25%的平均升学率高出约3倍。[②]

（二）行业规模：刚需驱动，可达万亿

根据德勤的研究报告，未来5年内，教育产业的总体规模还会持续翻倍，即从2015年的1.6万亿元增长至2020年的3万亿元左右，年均复合增长率将高达12.7%。其中，2015年的K12教育市场规模约为5000亿元，到2020年，这一数据有望达到8800亿元，未来五年年复合增长率约为12%。[③]

众所周知，我国K12学生群体十分庞大。而且随着学生数量的增长和人们教育理念的升级，尤其是在优质公办教育资源紧张而又无法同时满足大范围人群多层次教育需求的情况下，K12教辅市场需求旺盛，发展迅猛的态势就不难理解了。而且，考虑国内众多学生家长"望子成龙""望女成凤"的迫切心

---

① 《54i美股投资研报——学而思（2010年12月IPO版）》，载http://3y.uu456.com/bp_543re23rpt9f98j84o1b_1.html，2017年1月12日访问。

② Sherry：《中国教育股研究之一：学而思》，载http://blog.sina.com.cn/s/blog_49e9b15d0102dxog.html.i，2017年1月12日访问。

③ 邹翠利：《2017年教育服务行业投资策略：政策助力，K12教育大有可为》，载http://stock.stockstar.com/JC2016120600000786.shtml，2017年1月12日访问。

情,在刚性需求的驱动下下,更多人相信 K12 教辅市场的规模未来可达万亿。

同时,值得注意的是,在教育资源相对集中、培训对象基数较大、居民收入水平相对较高的一线城市,竞争更为激烈。而规模相对较小、整体实力偏弱的中小型培训机构在未来存在被兼并收购或淘汰出局的风险。[①] 因此,目前 K12 教育行业虽然潜力巨大,但竞争也十分激烈。一些较为传统的课外辅导机构可能会面临竞争加剧而市场份额下降的风险。与此同时,面对当下的行业现状,许多 K12 教育机构也都在寻求突破与创新,这将为整个 K12 教育产业带来新的变革与机遇。

[案例七]读懂"学大教育"的两个关键词:"走出"与"回归"

公司名称:学大教育集团(Xueda Education Group)

公司注册地:开曼群岛

股票代码:XUE

上市时间:2010 年 11 月 2 日(美国东部时间)

上市地点:美国纽交所(NYSE)

发行价:每股美国存托凭证(ADS)9.5 美元

发行数量:1343 万份 ADS(每份 ADS 代表 2 股普通股)

融资额:约 1.28 亿美元

承销商:高盛、Baird 和 William Blair &Company

2010 年 11 月 2 日(美国时间),学大教育集团(以下简称学大教育[②])正式在美国纽约证券交易所挂牌上市,共发行 13,430,000 份美国存托凭证股票(ADS),每份美国存托凭证代表两股普通股。其中,每份 ADS 定价为 9.5 美元,且在不考虑超额配售的情况下,此次发行规模约为 1.28 亿美元。

虽然,学大教育创造了中国赴美 IPO 融资规模最大的教育类公司的纪录。然而,由于美国资本市场并不了解中国的个性化教育,导致学大教育的市值被大幅低估。据学大教育公布的财报显示,其 2014 财年营收为 3.47 亿美元,在

① 《这八家"地头蛇"K12 辅导机构挂牌后,究竟如何"跑马圈地"?》,载 http://www.mifong.cn/newshow.asp? Cid = 11&Pid = 7697,2017 年 1 月 12 日访问。

② 学大教育可指包括 Xueda Education Group(上市实体)在内的所有上市实体旗下的子公司、国内运营实体以及其他关联实体。

所有上市教育公司中规模位居前三。但是,其市值却不足2亿美元。最终,由于资本市场的巨大反差,促使了学大教育启动了回归A股的计划。自此,“海外上市”和“回归A股”成为学大教育传奇的发展历程中尤为重要的两个转折点。

一、学大教育概况

作为国内中小学课外辅导服务领域占据全国领先地位的教育机构,学大教育一直专注于提供个性化的课外辅导服务。据悉,通过上市,学大教育希望能够整合更多的资源、团队和更好的模式来提升和完善其教育服务,并能够把国内先进的教育理念和教育模式带到国外去,实现国际化的交流。

根据学大教育官网的介绍,学大教育创立于2001年9月,目前已在全国100多个城市开设了600多所个性化学习中心,在全国拥有15000多名员工,其中专职教师近万人,是目前国内个性化教育辅导机构的领导者。截至目前,学大教育已使近百万学生受益,赢得了众多家长和学生的信赖。

2010年11月2日,学大教育成为迄今中国赴美IPO融资规模最大的教育类公司。

2014年,学大教育首创平台,用“互联网+线下辅导”的模式,实施大数据追踪,精准诊断学习问题,提高学习效率,实现教育过程闭环,将个性化教育升级为个性化智能教育。

2015年,由于看好国内市场,学大教育牵手清华紫光开启回归A股之路。

2016年,学大教育正式回归A股(股票代码:000526),开创了中概股被上市公司直接收购回归A股的新模式。

未来,学大教育将在原有业务基础上,同步发力国际教育及在线教育,实现由辅导机构向综合性教育集团的战略转型。

二、上市前的重组历程

为了筹备上市,学大教育在2009年和2010年进行了以下重组:

2009年4月24日,学大教育于开曼群岛注册成立了一家控股公司(Xueda Education Group)作为其上市主体。同时,在重组期间,学大教育成立了其香港控股公司中华学大有限公司(Xueda Hong Kong,以下简称中华学大)和其中国的子公司学成世纪(北京)信息技术有限公司(Xuecheng Century,以下简称学成世纪)。其中,学大教育通过其在香港设立的全资子公司中华学大持有学成世纪100%的股权。并且,学大教育通过其VIE构架,即其在国内的运营实体,包括其在中国境内的子公司以及他们的学校提供辅导服务,并通过一系列协议安排对这些运营实体进行控制。

学成世纪

学成世纪成立于2009年8月17日,营业时间为20年,即从2009年8月17日至2029年8月16日。学成世纪不提供任何辅导服务或教育服务,因此,不需要对这类服务的范围进行相关的授权。根据其营业执照上的内容,该公司的经营范围是研究、开发和设计计算机软件和硬件、网络通信技术及产品;提供技术转让、技术服务、技术咨询、与产品相关的计算机技术培训以及专利产品的销售。学成世纪在其经营范围内为集团的经营实体提供广泛的技术咨询和管理服务。

学大信息

2009年7月13日,Xueda Technology的股东,由自己或各自的指定方,成立了北京学大信息技术有限公司(Xueda Information,以下简称学大信息)以取代Xueda Technology,成了学大教育在国内的主要经营实体。从2009年11月开始,学大信息及其子公司开始实质性地接管Xueda Technology的所有业务,资产和人员。

学大教育上市时,其在国内的所有辅导服务业务都由学大信息及其子公司,或通过他们的学校提供。学大教育所有的收入都是通过其可变利益实体,即学大信息及其子公司和学校获得。学大教育并未直接持有这些经营实体的股权,其通过学成世纪与学大信息及其股东之间订立的一系列控制协议来获取其国内业务经营的收益。

截至2010年6月30日,学大教育通过学大信息在中国的36家全资子公司和45所培训学校经营着国内157家学习中心。2009年8月和2010年7月,学大教育分别与学大信息及其股东订立了控制协议,使其能够对学大信息进行有效的控制,并使其获得学大信息及其子公司的全部实质性的经济利益。

三、公司构架

学大教育经过一系列重组后,截至2011年5月31日的公司结构如图14所示。

如图14所示,学大教育的上市主体是一家注册于开曼群岛的控股公司。该上市主体拥有学大教育在香港注册的控股公司中华学大100%的股权。而中华学大又拥有其子公司学成世纪的全部股权。学成世纪为一家外商独资企业,是学大教育在中国的子公司。目前,学大教育通过学成世纪,以及与其国内运营实体学大信息及其股东订立的一系列控制协议在中国进行其业务操作。

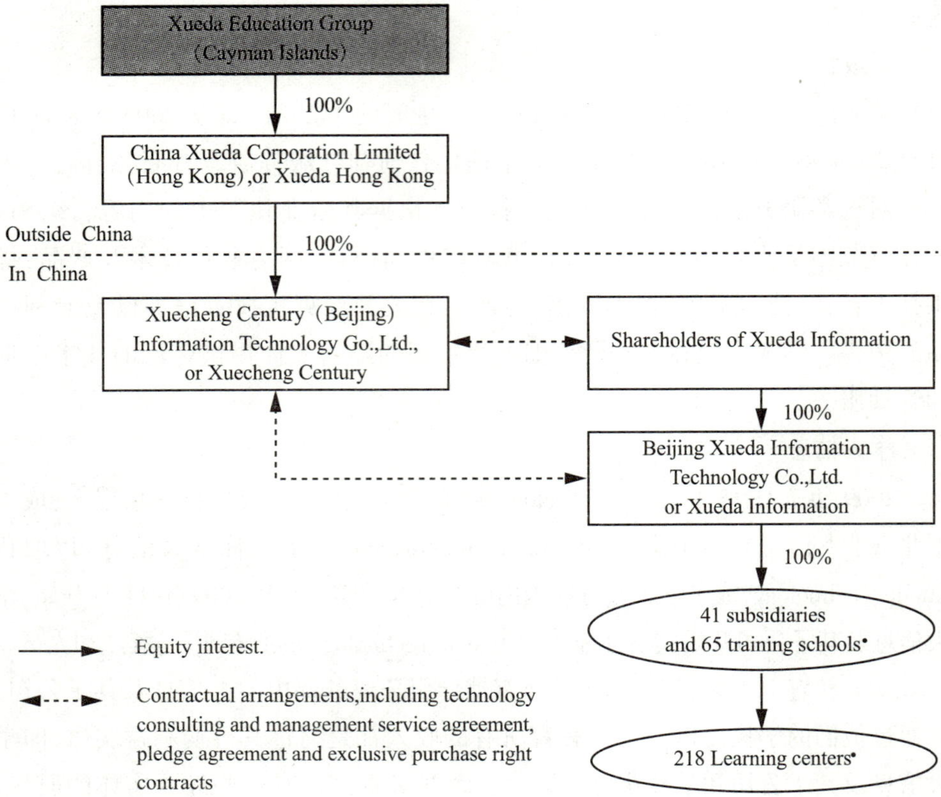

图 14 学大教育公司结构

资料来源:学大教育招股书。

注:实线代表股权控制,虚线代表协议控制。

四、学大教育上市后的“回归”

上市以后,由于美国资本市场并不了解中国的个性化教育,导致学大教育的市值被大幅低估。随着境内外资本市场的反差日益扩大,学大教育于 2015 年 7 月 27 日发布公告,正式启动了回归国内 A 股的计划。2015 年 4 月,银润投资向学大教育初步提出私有化要约。同年 7 月,银润投资宣布拟以 2.75 美元/股的价格收购学大教育在纽约证券交易所挂牌交易的 100% 股权,收购总价约为 3.7 亿美元。2016 年 6 月 6 日,银润投资发布关于收购学大教育暨重大资产重组进展公告。公告显示,学大教育已与 Xueda Acquisition Limited 完成合并,成为银润投资的全资子公司。

其实,自 2011 年以来,国内赴美上市的教育机构就掀起了一股“回归”热潮,如 2011 年环球雅思从美国纳斯达克退市,2014 年诺亚舟教育与弘成教育分别从纽交所和纳斯达克主动退市等。而除了学大教育特殊的回归方式以外,2017 年 3 月新东方通过拆分其在线业务回归新三板,以避开复杂的退市程序及国内上市程序;2014 年弘成教育通过私有化的方式从美国纳斯达克交易所退市,于 2016 年正式启动国内 IPO 上市进程。

近年来,我国民办教育一直处于迅猛发展的态势,吸引了众多投资者。随着民办教育的兴起及教育的产业化,包括学大教育在内的不少其境外上市的教育机构们纷纷把目光投向国内的资本市场,开始了“回归”之路。尤其是随着民办教育的营利性得到法律的认可,教育资产登陆国内资本市场的障碍已经基本清除。因此,A 股将很快向教育培训行业开放,一大批符合要求的教育机构或将群体性上市,尤其是大量在境外上市的中国教育概念股回归 A 股将将成为趋势,教育很快会形成一个全新的高热度板块,而且将持续多年。①

[案例八]51Talk 赴美上市:在线教育的国际化之路

公司名称:51Talk 无忧英语(China Online Education Group)

公司注册地:开曼群岛

股票代码:COE

上市时间:2016 年 6 月 10 日(美国东部时间)

上市地点:美国纽交所(NYSE)

发行价区间:每股美国存托凭证(ADS)19 美元

发行股票:240 万股美国存托凭证(每股 ADS 相当于 15 股普通股)

融资:约 7240 万美元

承销商:摩根士丹利、瑞银

美国东部时间 2016 年 6 月 10 日,中国在线教育公司 51Talk 无忧英语(以下简称 51Talk②)在纽约证券交易所正式挂牌上市,股票代码为 COE,发行价为 19 美元,为 2016 年中国互联网公司赴美上市第一股。据悉,51Talk 发售 240 万股

---

① 《教育行业:变革在即　推荐 5 股》,载 http://stock.10jqka.com.cn/20151225/c586687474.shtml,2017 年 3 月 8 日访问。

② 51Talk 可指包括 China Online Education Group(上市实体)在内的所有上市实体旗下的子公司、国内运营实体以及其他关联实体。

美国存托股票(ADS),其中每股 ADS 相当于 15 股普通股。此次融资包括 4560 万美元 A 类普通股、2000 万美元基石投资以及投行行使绿鞋机制的 680 万美元融资,共融资约 7240 万美元。

作为近几年国内知名的在线教育机构,一方面 51Talk 的上市备受海内外媒体的关注;另一方面亦饱受争议。其实,51Talk 赴美上市之际正值众多中概股纷纷从美股退市,寻求国内上市机会的时期。51Talk 选择在此时登陆美股,可谓是独树一帜,逆势而上。其不到一个月就成功上市的速度亦令人咂舌。当然,这也显示出其想通过上市实现融资,并提高知名度的迫切心情。

一、51Talk 概况

根据其官网发布的信息,51Talk 是北京大生知行科技有限公司旗下的在线英语教育品牌,其作为中国在线英语教育的领导品牌,51Talk 专注于外教 1 对 1,通过有效的沉浸式学习法,打破传统的英语"知识"学习模式。专业国际团队研发的适合中国人学习的英语课程,帮助中国人用更快捷有效的方式,达成英语水平的提升。

51Talk 的创始人 CEO 黄佳佳来自清华大学外语系,首创"外教一对一,在线学英语"的互联网学习模式,以优质的外籍师资、经济实惠的价格和全球专家研发的专业英语课程赢得了数万名英语学习者的认可和好评。

51Talk 是新东方联合创始人、著名英语教育专家徐小平老师唯一推荐的在线英语教育品牌。学员打开电脑、戴上耳机,即可与远在海外的真人外教一对一实时互动学习,互联网帮助众多英语学习者足不出户实现了平价"留学"的梦想,让教育公平化成为可能。

二、公司的历史和构架

为了筹备境外上市,实现境外融资,2012 年 11 月,51Talk 于开曼岛注册成立了 China Online Education Group(COE),作为其离岸控股公司,这也是其海外上市的主体。2013 年 1 月,中国网络教育(香港)有限公司[China Online Education (HK) Limited,以下简称网络香港]在香港注册成立,成为 COE 的全资子公司。2013 年 6 月,北京大生在线科技有限公司(Beijing Dasheng Online Technology Co.,Ltd.,以下简称大生在线)由网络香港在中国注册成立,作为其在国内的全资子公司。

由于中国的法律对国内增值电信市场的外商投资进行了限制,51Talk 通过其可变利益实体北京大生知行科技有限公司(Beijing Dasheng Zhixing Technology Co.,Ltd.,以下简称大生知行)在国内运营其线上业务。大生知行持有其在中国进行在线平台运作所必需的 ICP 许可证、公司域名(包括 51 talk.com)、51Talk 在中国的注册商标和三个软件著作权,这些都是 51Talk 在中国进行在线业务的关键。

51Talk 通过与大生知行及其股东订立的一系列合约在中国进行线上和移动平台的运营。虽然 51Talk 的上市实体并未直接控股大生知行,但通过一系列的合约安排,其仍然是大生知行的主要受益人。

2014 年 10 月,51Talk 进行了内部重组,建立了两个新的子公司,即在香港地区设立的 51Talk English International Limited(COE HK Co. II)和在菲律宾设立的 China Online Innovations Inc.(Philippines Co. II)。重组以后,外籍教师在 51Talk 的线上平台提供付费课程时,不再需要与 Philippines Co. I 订立服务协议,而需要与 COE HK Co. II 订立。此外,51Talk 将其在菲律宾的大部分业务从 Philippines Co. I 转移到了 Philippines Co. II。2016 年 1 月,51Talk 在菲律宾成立了一个新的子公司 On Demand English Innovations Inc.(Philippines Co. III)。2016 年 4 月,51Talk 将 Philippines Co. I 的所有业务和大部分资产转移到了 Philippines Co. III。

重组后,Philippines Co. III 从事 51Talk 有关免费试用课程的业务,且这些课程由位于菲律宾碧瑶市的相关教师提供。同时,Philippines Co. II 从事 51Talk 在菲律宾的其余部分的业务,如教师培训、教学质量控制和课程内容开发等。

Philippines Co. II 的七个自然人股东和 Philippines Co. III 的五个自然人股东分别持有其各自公司的 0. 00014% 和 0. 004% 的股权。COE 分别与(1)Philippines Co. II 及其七个自然人股东(2)Philippines Co. III 及其五个自然人股东订立了控制协议。这些合约安排使 51Talk 具有对前述自然人股东所持的这两家公司股权的独家购买选择权以及行使公司股东权的权力。

2015 年 1 月,51Talk 收购并整合了 91 外教的业务和资产。91 外教是一个英语教学网站,为出国留学、移民以及需要英语口语交流的人提供在线英语教学。

51Talk 经过一系列重组后,截至 2016 年 6 月 6 日,公司的结构如图 15 所示。

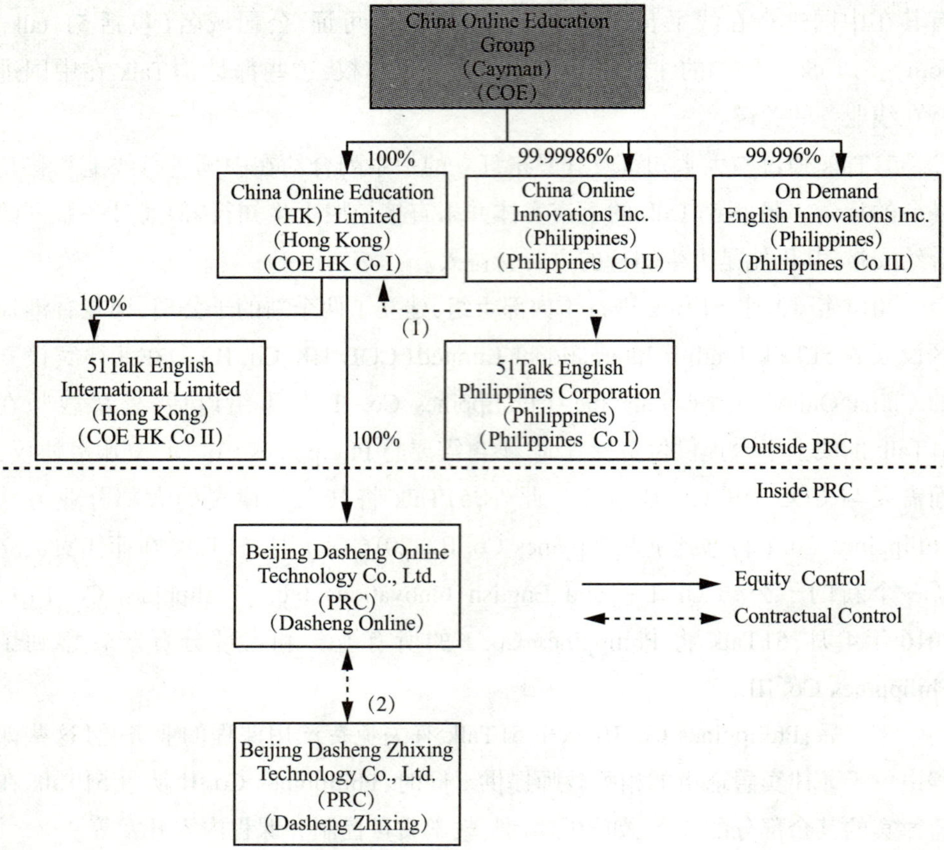

说明：

(1)黄佳佳持有 Philippines Co I 99.90%的股权；Kei Hattori 持有该公司 0.02%的股权；Nelson Tan 持有该公司 0.06%的股权；Frank Lin 持有该公司 0.02%的股权。

(2)黄佳佳持有大生知行 61.25%的股权；舒婷持有该公司 26.25%的股权；Ling Chen,51Talk 天使投资人的附属公司，持有大生知行 12.50%的股权。

图 15　51Talk 公司结构

资料来源：51Talk 无忧英语 IPO 招股书。

注：实线代表股权控制，虚线代表协议控制。

三、上市后的主要挑战：亏损问题

上文可知，51talk 选择赴美上市的时机似乎并非十分有利，当时正值中概股在美遇冷，不少上市公司纷纷选择退市，回归国内资本市场。但 51Talk 却反其道而行，选择在美国上市，坚持走国际化品牌的路线。值得注意的是，自上市以来业内对 51Talk 此次 IPO 的问题争议不断，而这些备受关注的问题恰恰是 51Talk 在今后发展过程中面临的实际挑战。

51Talk 持续亏损的问题一直是外界对其产生怀疑的重要原因。在 2016 财年,51Talk 净营收为 4. 14 亿元(约合 6020 万美元),比 2015 年的 1. 547 亿元同比增长 170% ,不过公司的年净亏损却达到了 5. 148 亿元(约合 7410 万美元),相比上年 3. 27 亿元的亏损扩大了 1. 878 亿元。[①] 同时,据 51Talk 招股书数据显示,2013 年、2014 年、2015 年 51Talk 的亏损分别为 1780 万元、1. 117 亿元、3. 271 亿元。尽管这三年的营收可观,分别为 2170 万元、5220 万元和约 1. 5 亿元,但总体来看分明就是营收越多,亏损越大,似乎总是填补不了亏损的“黑洞”。

对此,51Talk CEO 黄佳佳在接受创业邦的采访时表示:行政研发费用,技术、课程研发上的人力、资源投入非常健康,未来将继续加大。随着时间的推移,未来几年这部分成本会降到合理范围内。而市场营销费用高的原因,在于作为每年增长 300% 的高速增长互联网公司,成本结构和成熟期教育公司不一样。

其实,51Talk 的亏损问题与其巨额的营销成本有很大的关系。而极高的营销成本又说明 51Talk 的获客成本亦不低。因为学费的支付可以分为多次,但为争取到支付该笔费用的学员却要一次性支出相应的营销成本,毕竟机会不等人,这也是很好理解的事情。因此,随着公司的快速发展和学员的持续增长,反而从会计上看起来亏损得越多。究其原因,或许是因为使用产品的用户规模还不够大,一直不足以使公司的盈亏达到一个相对平衡的状态。但是,值得一提的是,从之前 5 个季度的数据看,市场营销费用在现金收入中的占比在逐步下降,规模效应正在显现。[②]

四、上市后:51Talk 的国际化发展趋势

51Talk 无忧英语联合创始人舒婷在接受媒体 CNN 的采访时曾表示:“借助在纽交所上市以及企业跨速度的发展,51Talk 的希望是在未来,让全球更多的人能更早地与世界对话,拓宽人们认知世界的视野。”[③]充分反映出 51Talk 布局全球教育市场,致力于国际化教育的发展路径。

众所周知,互联网已经彻底颠覆了人们的思维和生活,教育行业亦是如此。尤其是近几年,我国的在线教育快速发展,在不断地创新和技术升级之下,越来越多

---

① 《51Talk 陷盈利困境:规模越大亏损越大?》,载 http://finance. sina. com. cn/stock/usstock/c/2017 - 04 - 10/doc-ifyeceza1944499. shtml,2017 年 6 月 1 日访问。

② 《如何提高工作杠杆率? 卖得更贵与卖出更多次》,载 http://www. microbell. com/ecodetail_4281215. html,2017 年 6 月 1 日访问。

③ 《51Talk 舒婷接受 CNN 独家专访　畅谈中国在线教育》,载 http://news. chinabyte. com/28/14038028. shtml,2017 年 6 月 1 日访问。

的人开始使用互联网进行教育培训。根据frost&sullivan的在线教育行业报告显示,中国在线英语教育市场正以每年38%的速度飞快增长,到2020年,中国在线英语教育市场将达到655亿元,占比中国英语教行业36%。① 而51Talk,作为中国最大的在线英语教育平台,其在美国纽交所挂牌上市,一方面凸显了其行业领导地位;另一方面也现实了中国在线教育开始走出国门,面向世界的一种国际化趋势。

综上,在全球化程度日益加深的今天,国际化必将是每个想要做大做强的企业必经的道路,互联网教育亦不例外。这也充分解释了为什么在中概股纷纷从美股回归的时候,51Talk仍选择"逆势而上",登陆美国资本市场,无疑是看中其不可比拟的国际化视野和全球性的影响力。因此,对于国内教育公司的未来,尤其是身处在线教育行业的创业者们,"国际化"已然成为其未来一个重要的发展方向。

[案例九]"博实乐(碧桂园)"赴美上市:教育集团背后的地产玄机

公司名称:博实乐教育控股有限公司(Bright Scholar Education Holdings Limited)

公司注册地:开曼群岛

股票代码:BEDU

上市时间:2017年5月18日(美国东部时间)

上市地点:美国纽交所(NYSE)

发行价区间:每股美国存托凭证(ADS)10.5美元

发行股票:1500万股美国存托凭证(每股ADS相当于1股普通股)

融资:约2亿美元

承销商:摩根士丹利、德意志银行

2017年4月18日,博实乐教育控股有限公司(以下简称博实乐②)向美国证券交易委员会提交招股说明书,拟赴美上市,计划募集资金2亿美元(约合人民币13.8亿元)。美国时间2017年5月18日上午9点30分,博实乐教育控股有限公司在美国纽交所正式挂牌上市,发行1500万股美国存托凭证,每股发行价

---

① 《51Talk舒婷接受CNN独家专访 畅谈中国在线教育》,载http://news.chinabyte.com/28/14038028.shtml,2017年6月1日访问。

② 博实乐可指包括Bright Scholar Education Holdings Limited(上市实体)在内的所有上市实体旗下的子公司、国内运营实体以及其他关联实体。

10.5 美元。

提起博实乐(原碧桂园教育集团①)就不能不提国内的地产大亨杨国强(碧桂园集团创始人)。据悉,1994 年,杨国强根据"以教育带动楼盘销售"的商业模式,创办了广东碧桂园学校,即碧桂园教育集团(自 2017 年 1 月 12 日更名为博实乐)的前身。由于广东碧桂园学校的成功迅速拉动了房子的销售,"以教育带动楼盘销售"这一套路被碧桂园沿用至今。而"地产 + 教育"的模式似乎亦成为许多地产大佬们实施业务转型与升级的首选。

一、博实乐概况

根据其官网的介绍,博实乐是中国最大的多元化教育集团之一。首家学校 1994 年成立于广东顺德,目前在全国 7 个省份拥有 K12 国际学校 6 所,双语学校 11 所,幼儿园 34 所,并在北上深佛拥有 16 所培训学校,业务还包括海外游学、国内营地、教育科技等,总计超过 30,000 名在校生及 6000 名教职工。

K12 国际学校从幼儿园到高中开满 IBO 三个阶段课程。同时 A-Level,AP,IFY 等多种国际课程项目供学生个性化选择。2016 年 5 月,博实乐正式成为剑桥国际考试委员会(CIE)的战略合作伙伴,今后将拥有旗下连锁学校开办剑桥课程的独立审批权。二十多年成功办学经验,在实力雄厚的碧桂园集团支持下,博实乐积极推动中国民办教育的发展,受到政府的大力支持及社会的认可。

二、上市前的重组历程

博实乐的历史可以追溯到广东碧桂园学校,这是其于 1994 年创办的第一所私立学校。随后,在过去的 20 年里,博实乐在中国建立并收购了若干学校和学习中心。而自 2016 年起,其为筹备上市,博实乐进行了一系列的安排:

1. 成立上市实体

2016 年 12 月,杨美容②于开曼群岛注册成立了 Bright Scholar Education Holdings Limited 作为博实乐在美国的上市实体。

2. 收购 Impetus Investment Ltd.

2016 年 1 月,博实乐收购了由其集团 CEO 何军立和其他售股股东设立的 Impetus Investment Ltd. ,这是一家开曼群岛注册的公司。

3. 成立中国子公司

时代教育控股有限公司(Time Education China Holdings Limited)于 2017 年

---

① 碧桂园集团是中国最大的城镇化住宅开发商,跻身《福布斯》2016 年全球上市公司榜单 500 强。

② 系碧桂园创始人杨国强胞妹。

1 月成立了珠海横琴博实乐管理咨询有限公司(Zhuhai Hengqin Bright Scholar Management Consulting Co. ,Ltd. ,以下简称珠海横琴),作为博实乐在中国的全资子公司。

4. 合约安排

2017 年 1 月,博实乐通过其在中国设立的子公司珠海横琴与博实乐的关联实体,包括广东碧桂园教育投资管理有限公司(BGY Education Investment,以下简称碧桂园教育)与其拥有并经营的学校以及碧桂园教育的股东杨美容与杨文杰,订立了一系列的合约,以获得对这些关联实体的有效控制。

三、公司构架

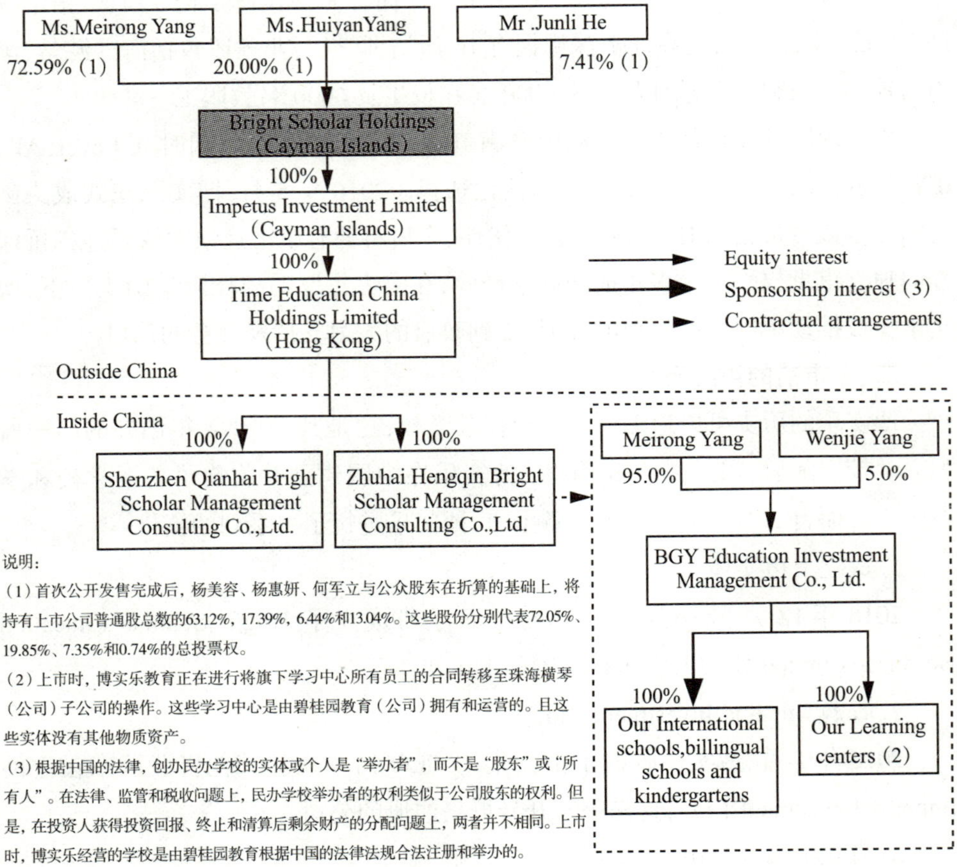

图 16 截至 2017 年 4 月 18 日,博实乐的公司构架

资料来源:博实乐 IPO 招股书。

注:实线代表股权控制,虚线代表协议控制。

由上文可知,2016 年 12 月,博实乐在开曼群岛成立了 Bright Scholar Education Holdings Limited 作为其在美国的上市实体。2017 年 1 月,博实乐又通过其香港地区的子公司时代教育设立了珠海横琴,作为其中国的全资子公司。由于受到中国法律的限制,博实乐通过碧桂园教育,即一家由中国公民持股的国内实体公司,在境内开展其业务。2017 年 1 月,珠海横琴与碧桂园教育及其股东和其运营的学校、杨美容、杨文杰订立了一系列的控制协议。其中,杨美容是博实乐的创始人之一,同时也是集团董事长杨惠妍的亲属,而杨文杰则是杨美容的商业伙伴。据此,博实乐通过上述的控制协议取得了对碧桂园教育的控制权,并成为其第一受益人。且这些协议自 2017 年 1 月 25 日开始生效实施。由此可知,博实乐采用了 VIE 构架,其所有实体资产和业务运营都由其位于中国的关联实体公司拥有和操作。

四、上市后面临的挑战

根据博实乐提交的招股书中的信息披露,博实乐上市后仍面临如下挑战:

1. 博实乐在 2014 财年、2015 财年的净亏损分别达到了 3810 万元和 2990 万元,直到 2016 财年才开始盈利,而且在未来其可能不会继续盈利或提高盈利能力。

2. 博实乐旗下的大多数学校位于中国广东省,因此,该地区经济的重大衰退或地方监管制度的不利变化都可能对其业务、财务状况和运营结果产生重大影响。

3. 广东碧桂园学校和当地农村合作社签订了一份 70 年的租赁协议,于 1994 年生效。但根据中国法律的规定,土地应按其具体用途进行分类使用。广东碧桂园学校租用的土地被定性为农业用途,但学校的建设和运行应在指定的教育用地上进行。因此,广东碧桂园学校占用的土地有一定的财产缺陷,可能对博实乐的经营造成不利影响。

4. 博实乐已经启动,或在未来将持续启动与居民住宅进行的办学合作项目,目前这些居民住宅都由碧桂园集团进行开发,因此,碧桂园是否能够成功地开发和出售现有的以及新的房地产项目将在很大程度上影响到博实乐的业务和未来的增长。

五、从博实乐上市看教育与房地产的结合

由上文可知,博实乐原名为碧桂园教育集团,其前身广东碧桂园学校就是由碧桂园集团的创始人杨国强创办,并由此带动了教育带动地产销售的新型发展模式。虽然独立运营的博实乐与碧桂园并无股权关系,但杨国强的女儿杨惠妍却是博实乐的第二大股东,同时又是其董事长。因此,两者背后的千丝万缕的联系已不言而喻。而且,根据博实乐提交的招股书显示,由于博实乐当前和以后的办学项目离不开碧桂园集团的支持,其目前和未来的发展还在很大程度上受到碧桂园集团的影响。

从1994年碧桂园集团与其他学校合作开办的广东碧桂园学校开始，“教育+地产”模式逐渐在国内兴盛起来。时至今日，广东碧桂园学校占地面积约30万平方米，配套设施齐全，除教学大楼外，还建有信息中心、歌剧院、图书馆、陶艺馆、医院等。现有在校中外学生4300多人，中外教师600多人，提供从幼教到高中毕业一条龙的教育服务。[①] 由此，随着“教育+地产”带来的巨大商业价值，越来越多的房地产企业开始进行跨界转型和业务升级。同时，“教育地产”这一概念也开始深入人心，广为流传。

（一）教育地产

教育地产即在地产项目中引入学校（教育），以提升项目附加值的一种开发模式。教育地产与名校的合作办学一般有民办公助、公办民助两种，基本模式是开发商出地、出资金，在校舍、设备等硬件上投资，并负责硬件设施的维护管理；学校出师资，负责日常教育教学管理。此种办校方式的好处显而易见：有力的出力，有钱的出钱，开发商与学校达成最优资源组合。尤其将教育作为产业看待的开发商，将会把办校放在与地产开发同等重要的位置。[②]

（二）结合模式

目前，“教育+地产”的商业运营模式主要有以下三类：

1. 借力名校的品牌

有一部分房地产商上看中了名校的品牌，选择在这些学校的附近开发或出售房屋，从幼儿园到大学各个学历制阶段的名校都存在这种现象。最近几年异常火爆的“学区房”就是这样，不论是新房还是二手房，只要是在名校附近，即使这些房屋的质量与其他地区的房子相差无几，但由于借力了名校的金字招牌，绝对会身价倍涨，遭到疯抢。可见这种“傍名校”的结合模式也有其巨大的商业价值。

2. 房地产为主，教育为辅

这种模式其实也很常见，如海亮集团、绿城房产基本都上都属于这种模式。尤其是大型的房地产商，更希望通过开拓新的朝阳行业来保持集团业务和盈利能力的持续增长，增加其主业的附加值。

---

① 《2016年教育地产展望报告》，载 http://3y.uu456.com/bp_7doln13spk0ne2c1faxw_1.html，2017年4月1日访问。

② 百度百科：“教育地产”词条，载 http://baike.baidu.com/link?url=il3dwohJowfvY8snbbtKlRPGAE4_xYS8558OhSzsqevk0x8QQSZnTabIl3yH_LJVzkhRkK5vJQkJP4cgZg4oTxrX-UevhPqzgMrByfk8rCxMDv2ruJIIHPH0cf_59Spd，2017年4月1日访问。

3. 引名校模式

这类模式是开发商和已有名校联姻，由开发商负责兴建，名校负责经营。这种类型主要借力于现存的幼儿园、小学和中学中的名校。这是北京教育地产中新楼盘和教育联姻最常见的方式。①

综上，自 1994 年碧桂园开办广州碧桂园学校以来，“教育 + 地产”这一新兴的商业模式开始进入大家的视野，并在国内快速地发展了起来，前有海亮教育纳斯达克上市，后有博实乐登陆美国资本市场，据此亦可以看出我国的教育地产也开始逐渐走向产业化。目前，对开发商而言，教育地产不再是一个包袱，学校配套不再仅仅是一项重要的社区配套，而是当作一个相对独立的项目进行运作。②相信在未来，房地产企业会更加深入地参与到教育行业，而两者必将碰撞出更多的火花。

第二节　美国纳斯达克上市案例

[案例十] 双威教育“被退市”：VIE 有风险，上市需谨慎

公司名称：双威教育集团（ChinaCast Education Corporation）

公司注册地：美国特拉华州

股票代码：CAST

上市时间：2007 年 10 月

上市地点：美国纳斯达克（NASDAQ）

国内中概股在美国遇冷之前，众多中小企业通过“反向收购”③的方式登陆美国的资本市场，但成功实现转板上市者寥寥，而双威教育集团（以下简称双威教育④）则成为少数通过“反向并购”成功登陆美股的教育机构。

---

① 《教育名邸　让孟母不再三迁——京城教育地产推荐》，载 http://house.ifeng.com/column/goufangji/house21，2017 年 4 月 1 日访问。

② 《教育地产的运营模式和发展战略分享》，载 http://www.docin.com/p-1541023223.html，2017 年 4 月 1 日访问。

③ 反向收购（又叫买壳上市）是指非上市公司股东通过收购一家壳公司（上市公司）的股份控制该公司，再由该公司反向收购非上市公司的资产和业务，使之成为上市公司的子公司，原非上市公司的股东一般可以获得大部分上市公司的控股权，从而达到间接上市的目的。

④ 双威教育可指包括 ChinaCast Education Corporation（美国上市实体）在内的所有上市实体旗下的子公司、国内运营实体以及其他关联实体。

双威教育于2006年12月通过反向并购的方式登陆美国场外柜台交易系统(Over the Counter Bulletin Board,OTCBB),而此时的股票代码为CEUC。随后,双威教育以此为跳板最终于2007年10月成功转板至纳斯达克,交易代码亦更换为CAST。然而,令人遗憾的是其在2012年6月25日黯然退至场外交易市场(OTC)[①],被业内人士称为"VIE失败第一案"。

一、双威教育概况

双威教育是以信息科技、教育产业投资、控股为主业的企业集团公司,旗下全资子公司有:双巍信息技术(上海)有限公司、上海双威理想通信网络有限公司、语培信息科技(上海)有限公司,并成功收购了广西师范大学漓江学院、重庆师范大学涉外商贸学院和湖北工业大学商贸学院。双威教育通过先进的卫星通信及互联网技术为教育行业、政府机构及大企业用户提供远程教育、行业与职业培训、视频会议系统、宽带多媒体平台、信息与数据传输等全面解决方案及运营维护服务。

双威教育拥有信息产业部颁发的全国VSAT经营许可,建立卫星数据广播网的许可、ISP运营许可和ICP许可,是中国领先的卫星增值业务服务商、远程教育服务商及教育资源提供商。其亦是美国休斯公司DIRECPC新一代高速宽带多媒体介入技术的远程教育服务商及教育资源提供商,拥有世界上先进的DIRECPC、PES、HARMONIC等卫星通信平台、通过亚洲三号卫星为客户提供单项、双向、有线电视网、宽带多媒体等多项卫星通信服务。

二、上市前的重组历程

(一)上市主体

Great Wall Acquisition Corporation,作为双威教育美国上市实体ChinaCast Education Corporation(CEC)的前身,成立于2003年8月20日,主要从事兼并、资本证券交易以及资产收购类业务。并与一家主营业务在中国的公司进行类似的业务合并。2007年7月11日,CEC完成了对ChinaCast Communication Holdings Limited(CCH)的公司收购,以搭建其VIE构架。

(二)ChinaCast Communication Holdings Limited(CCH)

2003年11月20日,CCH于百慕大成立,是一家获豁免的有限责任公司。它

---

① OTC(场外交易市场,又称柜台交易市场),柜台交易是指在证券交易所以外的市场所进行的股权交易。和交易所市场完全不同,OTC没有固定的场所,没有规定的成员资格,没有严格可控的规则制度,没有规定的交易产品和限制,主要是交易对手通过私下协商进行的一对一的交易。

与 ChinaCast Li Xiang Co. Ltd.（CCLX）及其母公司 ChinaCast Co. Ltd.（CCL）签订了重要的经营协议。据此，CCH 与 CCLX 之间形成了协议控制的关系，后者是前者在中国的经营实体，这种关系在 CCH 的财务报表中亦有体现。其中，CCLX 由 CCL 持股 90%，由 CCH 的执行董事兼首席运营官持股 10%。而 CCL 则由 Tibet Tiantai Investment Management Co.，Ltd. 持有 70% 的股份，并且 CCH 的董事长为 Tibet Tiantai Investment Management Co.，Ltd. 的主要股东。同时，CCH 亦从 CCL 的北京分公司（CCLBJ）获取管理服务费用，故而 CCLX 和 CCLBJ 都为双威教育在中国的运营实体（VIE），共同被称为"卫星通信业务运营实体"。

CCH 的主要子公司是 ChinaCast Technology（BVI）Limited（CCT），该子公司成立于 1999 年，为 CCL 提供卫星宽带互联网服务的资金。CCL 利用这笔资金购买了休斯网络系统公司的 DirecPC 产品以获取宽频带的卫星通信网络，并在位于北京的网通卫星上行数据中心建立了一个网络操作中心（NOC），为全国网络提供全天候的监控。随着卫星宽带基础设施的建立，在 2000 年下半年，CCH 通过 CCL 开始提供 Turbo 163 互联网宽带接入的商业服务。

三、公司构架

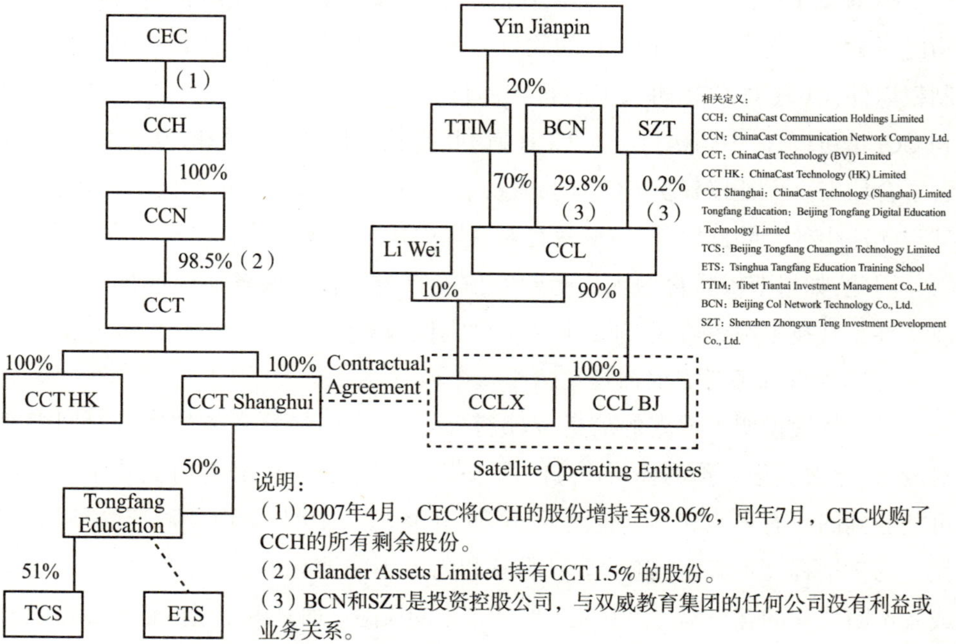

说明：

（1）2007年4月，CEC将CCH的股份增持至98.06%，同年7月，CEC收购了CCH的所有剩余股份。

（2）Glander Assets Limited 持有CCT 1.5% 的股份。

（3）BCN和SZT是投资控股公司，与双威教育集团的任何公司没有利益或业务关系。

图 17　双威教育截至 2006 年 12 月 31 日的公司架构

资料来源：双威教育招股书。

注：实线为股权控制，虚线为协议控制。

根据双威教育在其招股书中披露的信息，双威教育为了获得在中国运营卫星通信业务的合法资格，需要取得VSAT（Very Small Aperture Terminals）许可证。但在双威教育成立之初，持有VSAT许可证的境内公司禁止境外股东持股。因此，双威教育在设计公司架构时使用了VIE结构，即由CCLX和CCLBJ组成的“卫星通信业务运营实体”，使CCH能够在参与中国卫星通信市场的同时，还能够从中国境外的投资者那里获得融资。因此，CCH通过上述的境内运营实体提供卫星通信相关的业务服务，并订立了一系列的控制协议。

四、上市后的挑战

（一）VIE结构的问题

双威教育在其招股书中表示，如果其通过协议控制的境内运营实体（VIE）没有履行义务，其未来的业务将可能受到损害。根据CCH与其运营实体订立的技术服务协议，CCH向获准在境内提供增值卫星宽带业务的公司CCLX提供技术服务，并且为CCL的北京分公司CCLBJ提供技术服务。双威集团向那些认为是自己的客户的卫星运营实体的客户提供技术服务。当中国客户直接与双威集团进行合作时，双威集团还会聘请卫星业务实体以提供所需的卫星宽带业务。

CCH对CCLX具有一定的经营控制权，但却并未直接或间接地拥有这家公司的所有权。而且除了对CCL的北京分公司CCLBJ的运作具有一定的管理控制权以外，CCH对CCL亦没有管理控制权。因此，根据前述内容，虽然由CCLX和CCL的股东在中国执行了对CCH有利的《技术服务协议》和《质押协议》（包含了合约安全保证以保护CCH的利益），但是这些保障措施可能无法强制执行，甚至无法生效。除此以外，双威教育对其国内运营实体并没有其他的法律规制。

因此，如果双威教育的国内运营实体没有履行技术服务协议所规定的义务或者终止其技术服务协议，那么其将无法提供服务。

（二）经营业务存在的问题

根据招股说明书披露的信息，双威教育及其境内经营实体的经营时间都相对较短，导致其很难预测公司业务的未来发展。因此，双威教育将面临早期公司可能遇到的所有风险和不确定因素，例如：市场增长不明朗，市场对产品、服务和技术的接纳程度不确定；电子学习服务和内容不断演化的性质；竞争、技术变革或者不断变化的客户偏好为其业务经营带来的风险。而且由于过度依赖双威教育收购的三所高校（广西师范大学漓江学院、重庆师范大学涉外商贸学院和湖北工业大学商贸学院）带来的营收，而公司的管理构架又过于复杂，双威教育的投资人很难对双威教育的境内主要实体资产和业务进行控制，已对其权益造成隐患。

（三）外汇存在的问题

双威教育以人民币向其客户进行计价，但是根据其招股书披露的信息，双威教育在2004财政年度、2005财政年度和2006财政年度的收入中13%、11.9%和10.8%是以港元进行计价的。此外，这些财政年度各自的采购/支出的19.5%、8.8%以及13.8%是以美元进行支付的；1.1%、3.1%和3.7%是以新加坡元进行支付的；而10.1%、9.5%以及7.7%则是以港元进行支付的。由于人民币并不是可以自由兑换的货币，国家外汇管理局在中国人民银行的管辖下，对人民币兑换为外币进行严格控制，人民币的价值受到中国中央政府政策的影响也是无法避免的风险。因此，双威教育可能会受到这些货币之间汇率波动的影响。

五、从上市到退市：由VIE结构引发的风波

双威教育上市之时，正值国内教育机构兴起海外上市热潮之际，作为当时极个别赴美上市的教育机构，对行业内的其他教育公司都具有极大的借鉴意义。而随着中概股在美国资本市场的遇冷，双威教育亦难逃"厄运"，随着其内部控制权的争夺，VIE架构的风险亦暴露出来，并由此引发了一系列危机。

2011年开始，双威教育内部的控制权争夺愈演愈烈，来自中国本土的管理层与美国投资人之间的矛盾逐渐激化。虽然以公司创始人陈子昂为代表的本土管理层最终在2012年年初的公司股东大会上失去了集团的控制权，但亦由此产生了诸多的负面影响。而且双威教育旗下的境内主要资产被转移，新任的管理层无法取得其对于双威教育的实际控制。由此产生结果就是曾经潜力无限的知名教育公司遭受重创，最直接的表现就是股价暴跌，因不满足上市条件而被退市，最终退至美国的场外交易市场。

而这一系列风波的背后则充分暴露了赴美上市的中概股企业采用VIE架构时可能面临的风险，即由于境内运营实体公司与境外上市主体分离，境外投资方的权益无法得到保护，而且一旦公司内部的本土高管与境外投资人产生矛盾，风险将加剧，甚至会发生侵占公司资产的恶性事件，双威教育的风波就是有力的证明。而且前述"主要风险"部分亦表明如果通过协议控制的境内运营实体（VIE）没有履行义务，公司未来的业务将可能受到损害，而境外的股东又很难得到国内法律的庇护。由此产生的消极影响则会造成美国投资人对中国公司VIE的恐慌，未来相似模式的公司赴美上市难度或将会更大。[①]

---

① 吴梅梅：《双威教育——一颗教育之星的辉煌与没落之路》，载http://www.pintu360.com/article/54d7016e14ec53c11660ee59.html，2017年6月12日访问。

[案例十一]弘成教育:国内网络教育行业的早期开拓者

公司名称:弘成教育集团(ChinaEdu Corporation)

公司注册地:开曼群岛

股票代码:CEDU

上市时间:2007 年 12 月 11 日

上市地点:美国纳斯达克(NASDAQ)

发行价:每股美国存托凭证(ADS)10 美元

发行股票:682 万股美国存托凭证(每股 ADS 相当于 3 股普通股)

融资额:约 6820 万美元

承销商:贝尔斯登、Piper Jaffray 和 CIBC 世界市场

美国当地时间 2007 年 12 月 11 日,弘成教育集团(以下简称弘成教育①)正式在纳斯达克挂牌上市,开盘价为每股 ADS10 美元,收盘价为 7.97 美元。弘成教育通过此前的 IPO 发售了约 680 万股美国存托凭证,每股美国存托凭证相当于 3 股普通股,发行价为 10 美元,共融资 6820 万美元。

作为国内网络教育行业提供专业服务的最早开拓者,1999 年,弘成教育开创了中国网络教育服务公司与国内重点大学的合作先河。提起弘成教育,许多人对其最深刻的印象就是开拓创新、低调严谨。在教育行业摸爬滚打 18 年,弘成教育经历了 2007 年上市、2014 年退市,如今又在筹备回归国内 A 股市场,虽然回归之路并不平坦,但其做教育的决心一直未有动摇。

一、弘成教育概况

弘成教育是国内网络学历教育服务模式的开创者,是领先的学历教育全面服务提供商。业务覆盖网络高等教育、成教信息化、继续教育行业管理等领域。根据其官网介绍,弘成教育作为国内网络高等学历教育服务模式开创者,十余年来,凭借先进的技术、优质的资源及对教育的深厚理解,弘成教育先后与百余所院校建立合作,提供从技术到招生、从项目服务到全面合作等灵活多样的服务模式。业务覆盖网络高等教育服务、在线教育职业培训服务等领域,帮助 170 万余

---

① 弘成教育可指包括 ChinaEdu Corporation(上市实体)在内的所有上市实体旗下的子公司、国内运营实体以及其他关联实体。

名学习者成长、进步。

二、上市前的发展历程

1999 年,弘成教育在开曼群岛注册成立了一家获豁免的有限责任公司。

根据弘成教育官网发布的信息,1999 年 9 月,弘成教育与其第一所合作大学中国人民大学开展网络学历教育的全面合作。自此,弘成教育开始快速地扩张其网络学历教育服务领域的业务,如下所示:

从 2001 年 12 月到 2007 年,弘成教育成功上市,其依次与华东理工大学、江南大学、东北财经大学、重庆大学、南京大学、中国农业大学、北京语言大学、中央财经大学和兰州大学等知名大学开始网络教育的全面或部分的合作。

此外,通过并购,弘成教育于 2005 ~ 2006 年增加了在线辅导、基础教育和国际教育方面的业务。

2005 年 4 月,弘成教育与安庆四中签订合作协议,创建安庆市外国语学校。同年 9 月,其又与荆州中学签订合作协议。

2006 年 9 月,参与其 BCIT 项目、FEC 项目的学校数量分别达到 6 所和 18 所。

2006 年 12 月,弘成教育旗下 101 远程教育网用户突破 100 万。

2007 年 2 月,弘成教育正式获得开展现代远程教育公共服务体系建设试点项目资质。

三、公司构架

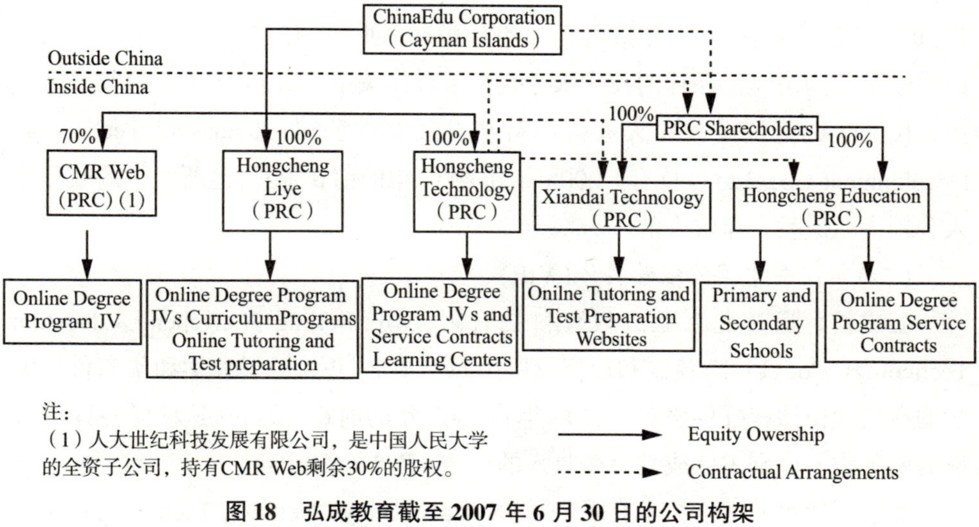

图 18　弘成教育截至 2007 年 6 月 30 日的公司构架

资料来源:弘成教育 IPO 招股书。

注:实线代表股权控制,虚线代表协议控制。

弘成教育的主要业务是为国内知名大学的网络学位课程提供全方位的教育服务。除了两个网络学位课程项目是通过弘成教育在中国的其中一个经营实体进行操作,弘成教育的学历教育服务和国际课程业务均通过其在中国的三家子公司运营。上市时,由于国内对在线辅导业务和民办中小学领域进行的外资所有权限制和操作,弘成教育均通过其在中国的经营实体(VIE)开展这些业务。弘成教育采用了VIE结构进行国内的实体业务运营,因此其对这些实体公司没有直接的所有权,没有义务承担其经营损失和债务。但弘成教育能够通过双方的合约安排间接控制公司的经营操作,并获取其全部的经济收益。

(一)弘成教育在中国的子公司

北京弘成立业科技股份有限公司(Hongcheng Liye,以下简称弘成立业)为弘成教育的全资子公司,已与中国4所大学建立了合作关系,为其网络学位课程提供全方位的技术服务。弘成立业的合作伙伴为北京语言文化大学、中国农业大学、东北财经大学和中央财经大学。2006年和2007年的前6个月,这四所大学的服务收入分别占弘成教育净收入的35.2%和31.9%。

弘成科技发展有限公司(Hongcheng Technology)为弘成教育的全资子公司,与重庆大学建立了合作关系,为其网络学位课程提供技术服务。该公司同时为江南大学和南京大学的网络学位课程提供服务。2006年和2007年的前6个月,这三所大学的服务收入分别占弘成教育净收入的9.7%和10.1%。

东方兴业网络教育服务有限责任公司(CMR Web),成立于1999年7月29日,黄波为其法定代表人,弘成教育为拥有其70%股权的控股股东。该公司同人民大学就其网络学位课程的技术服务建立了合作关系。其剩余30%的股权由中国人民大学的全资子公司人大世纪科技发展有限公司(Rendashiji Technology Development Co.,Ltd.)持有。2006年和2007年的前6个月,这所大学的服务收入分别占弘成教育净收入的17.8%和21.6%。

(二)集团在中国的经营实体(VIE)

弘成教育通过北京弘成教育科技有限公司(Beijing Hongcheng Education Technology Co.,Ltd.)控制和运营三所民办中小学,并为兰州大学和华东科技大学的在线学位课程提供服务。2006年和2007年的前6个月,从这些学位课程收取的服务收入分别占弘成教育净收入的9.2%和8.6%。

北京现代兴业网络技术有限公司(Xiandai Xingye Network Technology Co.,Ltd.)成立于2000年11月7日,法定代表人为黄涛。该公司和其子公司分别持有弘成教育旗下网站 www.chinaedu.net、www.prcedu.com 和 www.chinaedu.

com 的 ICP 许可证。

四、上市后面临的挑战

由上文可知,弘成教育的收入主要来自国内高校网络学位课程的服务收入,对于该项业务的任何不利因素都会对其发展带来实质性的不利影响。根据弘成教育的招股书显示,2004 年,其所有收入来自该项服务;2005 年这项收入占弘成教育净收入的 78%;2006 年为 73.5%;2007 年的前 6 个月为 74%。该项业务的持续增长依赖于弘成教育能够不断地引进新的高校以及这些高校能够吸引更多的学生进行网络学位课程的学习。由此,公司在经营的过程中将面临以下几个方面的挑战:

1. 为了向弘成教育合作的高校提供关于其网络学位课程的相关服务,弘成教育通过其在中国的子公司和其经营实体(VIE)或者与高校成立的合作机构运营此类业务。而这种经营构架可能会被国内监管部门认定为违反国内对于实体公司的限制性规定。

2. 网络学位课程的需求依赖社会的接受程度和这些课程本身对学生的吸引力。如果无法保证这些课程的实际教学质量,或者传统学位课程、在职培训以及留学项目的可替代性增加,那么,弘成教育必将面临生源减少、流失重要客户的风险。

3. 与弘成教育合作的高校为这些网络学位课程的主要负责人,他们在进行教学活动时的方向和重点有时会同弘成教育的实际利益产生矛盾,这无疑也是弘成教育经营过程中无法避免的风险。

4. 与弘成教育合作的高校都具有经教育部批准开设网络学位课程的资质,或者经教育部批准作为其网络教育的试点运营网络学位课程。但弘成教育并不能确保教育部未来不会限制、暂停或取消这些项目,或者说经过教育部批准进行网络学位课程的高校,包括与弘成教育合作的学校都不能保证其未来能够持续性地拥有运营这些项目的资质。

五、退市后:低调耕耘,厚积薄发

弘成教育的 CEO 黄波在接受媒体的采访时曾表示,弘成教育为国际资本市场所接受也正反映了国际投资人对中国网络教育市场的强大信心。而作为中国对网络教育行业提供专业服务的最早的开拓者,弘成教育对国内的网络教育行业的高速发展做出了巨大贡献。在其创业初期,弘成教育就通过与中国人民大学合作,开创了国内网络教育的整体服务模式,推动了体制内的远程教育发展。随后,其又陆续牵手多家高校,开展多种灵活多样的合作模式。

自从2014年退市后,弘成教育这家老牌教育机构就显得过于“低调”,很少被提及。但实际上,其坚持的脚步一直没有停止。从美国纳斯达克退市后,弘成教育先后进行了约15亿元的融资。2016年,弘成教育正式启动其在国内A股的IPO进程。现在,弘成教育仍在为国内A股的上市而努力筹备,期望在国内的在线教育市场中继续其征程。我们也相信,前期的“低调”也只是“蛰伏”,一旦积蓄的力量充盈,弘成教育将会厚积薄发,再次崛起!

[案例十二]ATA公司:一家不属于“教育行业”的教育公司

公司名称:ATA公司(ATA Inc.)

公司注册地:开曼群岛

股票代码:ATAI

上市时间:2008年1月29日

上市地点:美国纳斯达克(NASDAQ)

发行价:每股美国存托凭证(ADS)9.5美元

发行股票:4874012股美国存托凭证(每股ADS相当于2股普通股)

融资额:4630.31万美元

承销商:美林证券、Piper Jaffray、Susquehanna Financial Group,LLLP

ATA公司①于2008年1月29日在美国纳斯达克正式挂牌上市,首次公开发行约490万份美国存托股票(ADS),每股美国存托股票相当于两股普通股。其中,发行价为9.5美元,融资额约4630万美元。

其实,ATA本来是一个硬盘接口的技术简称,而ATA公司更是让许多人怀疑其是否为一家真正的教育公司。有知名分析师在评价该公司时就曾表示,ATA公司就像一个“四不像”,业务强劲,技术强劲,但其价值却被严重低估。究其原因还是因其无法被明确归类行业,不是电商不是快消品类,也不算是严格意义上的教育培训,但它是教育产业链里重要一环!②

---

① ATA公司可指包括ATA Inc.(上市实体)在内的所有上市实体旗下的子公司、国内运营实体以及其他关联实体。

② 《ATA的转型之路:面向未来,做有积累的事儿》,载http://www.sohu.com/a/77061271_103936,2017年5月3日访问。

一、ATA 公司概况

根据 ATA 公司官网的介绍，ATA 公司是中国智能化考试测评服务的创始者与领导者；最大的计算机智能化考试测评服务供应商之一；全球操作类考试测评技术的领导者。

ATA 公司长期致力于为中国以及全球政府机构、行业协会、企业和考生提供专业的考试测评和在线学习服务；ATA 公司自主知识产权的考试测评技术以多种语言应用于全球多个国家和地区，是将考试技术向海外输出的中国公司之一；ATA 公司创造性地将形成性评价技术应用于在线学习领域，为千万考生能力提升提供卓有成效的学习模式，为主办方提供成熟、可靠的在线学习技术与运营服务。

ATA 公司拥有遍布全国 31 个省、自治区、直辖市及特别行政区，以及欧洲、美洲的 3000 余家考站，可为考试主办方和招聘企业提供最广泛的计算机智能化考试测评服务，具备在同一天部署实施百万科次考试测评，年部署实施数千万科次考试测评的能力。

ATA 公司总部位于北京，研发及运营中心设于上海，在全国设有多家分支机构。ATA 公司凭借十七年来积累的考试测评服务核心技术和能力，基于大数据链接学习、考试、求职及职后发展各环节；以"测""评""学"为切入点，融通教育资源与考生、招聘企业与应聘者、培训资源与学习者；从而为人才成长提供个性化解决方案，实现人才与雇主之间，人才与职业发展之间高效、精准的匹配；为行业、企业的人力资源管理和发展提供平台化的服务。

二、上市前的重组历程

ATA 公司的前身（American Testing Authority, Inc.）是一家于 1999 年开始运营的纽约公司，同年，该公司在中国设立了全资子公司即全美测评软件系统（北京）有限公司[ATA Testing Authority（Beijing）Limited，以下简称 ATA 测评]。2001 年 11 月，ATA 公司的创始人成立了 ATA 测评软件系统（控股）有限公司[ATA Testing Authority（Holdings）Limited，以下简称 ATA 控股]，该公司是一家成立于英属维尔京群岛的公司。随后，American Testing Authority, Inc. 并入 ATA 控股，而 ATA 控股成为 ATA 公司的控股公司。

2003 年 6 月，ATA 公司同 Yinchuan Holding 成立了一家中国合资公司北京全美教育技术服务有限公司[ATA Learning（Beijing）Inc.，以下简称全美教育]。最初，ATA 公司持有全美教育 40% 的股权并拥有一个购买选择权，即以 3000 万元收购 Yinchuan Holding 在全美教育的 60% 的股权。同时，Yinchuan

Holding 也拥有一个出售选择权,可以要求 ATA 公司以 3000 万元收购其在全美教育的 60% 的股权。2005 年 5 月,ATA 公司行使了该购买选择权,并将全美教育成为 ATA 控股的全资子公司。而 ATA 公司成为全美教育的主要受益人。

2006 年 9 月,ATA 公司在开曼群岛注册成立了 ATA Inc. ,作为其上市主体。2006 年 11 月,该公司通过向 ATA 控股的现有股东发行股票换取 ATA 控股的所有流通股,而成为 ATA 公司的最终控股公司。

ATA 公司和其子公司过去曾持有以下经营实体的股权:

(1)2001 年 12 月,ATA 测评与另一合资伙伴成立了一家中国合资企业 Sai Er Testing,ATA 测评持有该合资公司 50% 的股权。2005 年 10 月,ATA 测评出售了其在 Sai Er Testing50% 的股权。

(2)2002 年 4 月,ATA 测评和另外两个合资伙伴成立了第二家中国合资公司 ATA Jiangsu,其中 ATA 测评持有该公司 30% 的股权。2006 年 5 月,ATA Jiangsu 自愿进行了清盘。

(3)2005 年 4 月,全美教育同另外两个合作伙伴成立了 Xiamen Wendu Education。全美教育准备出售其在 Wendu Education 的 40% 的股权,并计划于 2008 年 3 月 31 日完成。

三、公司构架

为了符合中国的现行法律,ATA 公司通过一系列控制协议来运营其在中国的线上备考业务。签署该协议的公司包括 ATA 控股、全美教育和一家于中国成立并由 ATA 公司的联合创始人马肖风(董事长兼 CEO)与王林(另一联合创始人)所有的实体公司全美在线(北京)教育科技股份有限公司[ATA Online (Beijing) Education Technology Limited,以下简称全美在线]。全美在线拥有运营 ATA 公司线上考试业务所必需的许可证。

图 19 所示为 ATA 公司截至 2008 年 1 月 28 日的股权构架,除了 ATA 控股为在英属维尔京群岛注册设立的公司,ATA 公司的所有子公司和附属实体皆为于中国成立的公司。

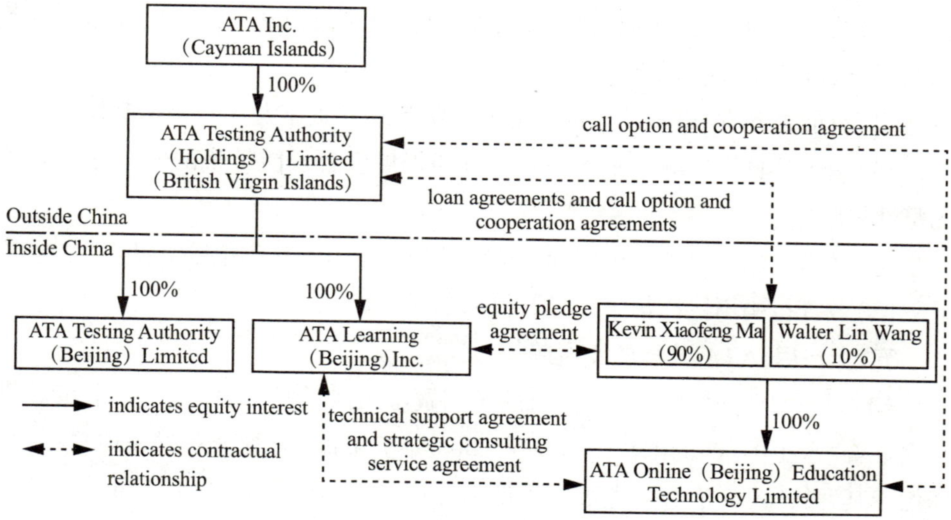

图 19 ATA 公司的股权架构

资料来源:ATA 公司 IPO 招股书。

注:虚线为协议控制,实线为股权控制。

四、上市后的挑战

根据 ATA 公司招股书中披露的信息,其在未来运营中仍存将面临如下挑战:

1. 以计算机为基础的考试服务和以职业为导向的教育服务在中国市场仍处于发展阶段。如果市场对 ATA 公司的产品和服务的接受程度下降或不增长,其收入增长可能会放缓,或者可能会收入减少。

2. ATA 公司的很大一部分收入依赖于国内市场对其线上测试平台和其他计算机测试技术的接受程度,如果未来 ATA 公司无法预测和满足其客户的技术需求和行业标准等,其产品和服务可能会失去市场竞争力,利润率和经营结果也会受到不利影响。

3. ATA 公司的独立注册会计师事务所,在审计其合并财务报表的过程中,注意到其内部对财务报告的控制方面的不足。如果 ATA 公司未来不能建立起关于公司财务报告的有效的内部控制系统,其可能无法准确及时地报告财务结果或发现、防止欺诈。

4. 在中国市场中,基于计算机的测试服务和就业导向型教育服务仍然是新兴的产业,ATA 公司的成功主要取决于其有能力让客户相信其技术和服务具有价值,使他们能够更加经济地享受教育产品。因此,ATA 公司在未来必须解决以下问题:

(1)关注时间、人员和资金的承诺,以实现 ATA 公司基于计算机的测试服务和以职业为导向的教育服务;

(2)有能力开发 ATA 公司的电脑测试服务或以职业为导向的教育服务;

(3)基于计算机的测试服务和第三方课程提供者可能带来的安全性和学术完整性风险;

(4)学术团体不愿意采用以计算机为基础的学习资料和电脑测试;

(5)教育机构不愿依赖第三方课程和学术认证。

五、上市后:ATA 公司的发展趋势

ATA 公司属于国内最早一批登陆美国资本市场的教育公司,但在上市后仍然面临着“水土不服”的困境。自从其 2008 年上市以来,股价一直表现平平,长期低于其发行价,其价值一直被严重低估。但是在 2015 年,ATA 公司拆分其考试服务业务,即全美在线,在中国“新三板”挂牌(股票代码 835079)。由此,ATA 公司通过借道国内新三板“回归”了国内市场,被认为是其寻求未来发展的重要尝试。

由上文可知,全美在线挂牌新三板,反映了 ATA 公司未来的重要发展趋势,同时根据全美在线在其公开转让说明书中披露的信息可知,ATA 公司未来的发展战略为在拓展传统市场的基础上,开拓新的业务领域。

(一)拓展传统市场

中国的考试测评市场空间巨大,纸笔考试向计算机化考试转变的趋势不可阻挡。根据公司估计,每年中国有超过 1.7 亿人次参加各类考试,而整体机考率还比较低,处在快速发展期,未来将可能形成超过百亿元的考试市场空间。由于计算机考试在标准化方面的优势,再加上考后对证书、资质和后续培训便于管理等优势,纸笔考试向计算机化考试迁移是大势所趋。纸笔考试向机考迁移而形成的市场是 ATA 公司重点的销售领域。

国家考试去行政化改革后,资格准入类的考试会取消,水平评价类的考试会大力发展。2015 年上半年,大量归部委主管的考试已经移交给了专业行业协会,而这些协会更加依赖于像 ATA 公司这样的第三方公司实施考试。因此,2015 年很多新的订单都是来自改革后的新机会,未来这种机会将会越来越多。公司积极拓展与中国各个有行业准入的协会的合作机会。公司的业务增长将基于中国考试计算机化的大趋势。

对于 B2B 市场,ATA 公司凭借为全国性银行和大型国企校园招聘所积累的成功经验,在人力资源测评选聘行业已形成了较强优势。无论从方案设计、运营组织和招聘管理等方面都表现出了较强的竞争力。上述优势使ATA公司在向客户销售公司有关产品和服务时能脱颖而出。

（二）开拓新业务领域

在业务转型方面，ATA公司也进行了积极的探索。目前，其正处于向平台型公司转变的时刻，前期对测评大数据应用的研究成果已产品化。

在考试——学习互动环节，ATA公司未来将着力于应用大数据分析方法，将考生的基本情况、学习轨迹、考试表现等信息综合分析，给予考生学习建议和学习路径，向考生推荐相关教培机构，实现真正意义上的信息交互平台。在招聘——求职环节，公司将利用自身在职业考试领域的数据积累，以考试测评为核心，通过入职考试、职业资格考试累计的数据为考生、受测者和招聘企业提供双向选择的通道和信息交互的平台。

未来ATA公司将立足于考试测评的巨大优势，并着力拓展对大数据的开发和应用。ATA公司旗下的全美在线也将不仅是一家在考试测评服务领域拥有丰富经验和先进技术的高科技公司，更是一家以考试测评为核心能力，基于大数据链接学习和考试、求职及职后发展，为人才成长提供个性化解决方案的平台型公司。

[案例十三]“环球雅思”的资本追逐与自我救赎

公司名称：环球天下教育科技集团（Global Education & Technology Group Limited）

公司注册地：开曼群岛

股票代码：GEDU

上市时间：2010年10月8日

上市地点：美国纳斯达克（NASDAQ）

发行价：每股美国存托凭证（ADS）10.5美元

发行数量：6375000份ADS（每份ADS代表4股普通股）

融资额：约6100万美元

承销商：瑞士信贷和美银美林

2010年,美国时间10月8日上午9点,环球天下教育科技集团(以下简称环雅[①])成功登陆美国纳斯达克,开盘价10.5美元,股票交易代码GEDU。环雅此次赴美上市,IPO发行640万股,融资6100万美元,其中发行价为每股10.5美元,为此前发行区间的上限。

作为我国最大的雅思考试培训机构,环雅在纳斯达克的成功上市反映出我国国际教育行业的发展与进步。但是在2011年11月,环雅却被英国培生收购,12月19日即完成交易并退市。从上市到退市,环雅也只用了约一年的时间,有新闻媒体称这是民办教育机构从对资本追逐到自我救赎,回归教育初心的真实写照。

一、环雅概况

根据公司的官网介绍,环雅是中国专注于提供海外留学语言培训的领先机构之一,拥有近20年丰富的行业经验,致力于为年轻人提供从游学考察、考前培训、留学咨询直至模拟课堂的"一站式"服务。

一直以来,环雅高质量的学术和教学成效在业界享有盛名。通过培生严谨科学的测评体系和丰富的模拟题库,公司为学生提供了高效的知识点吸收课程;同时借助培生混合式学习设计的APPROACH & ACHIEVE创新课程体系,让教学与吸收相配合。环雅以中国学生为中心,为他们开发出量身定制的自我适应课程体系,不仅关注学生起点水平,更加关注学习进程,随时调整课程设计,匹配综合能力,帮助学生达到预期目标。

多年来,经过孜孜不倦的努力,环雅不断发展壮大,已在全国近200个城市设立了500多家考试和培训中心,其中在16个主要城市设有71个直营中心,在121个城市有199个特许经营中心,环雅提供的全方位"一站式"的服务包括初高中英语国际课程、游学、留学咨询和留学相关考试培训,并且提供落地陪伴与生活类语言课程,明星专项服务包括封闭教学及海外考试服务。迄今为止,环雅已经累积培养了大约40万名学生,在独特的"环球实用应试教学模式"培养下,学员实现个性化学习,快速提高学习成绩,达到出国留学的标准。

二、重组历程与公司构架

2001年,环雅的第一个学习中心成立于北京,以提供英语备考课程。2006

---

① 环雅可指包括Global Education & Technology Group Limited(上市实体)在内的所有上市实体旗下的子公司、国内运营实体以及其他关联实体。

年 8 月，环雅成立了上海环球前途教育科技控股有限公司（Shanghai Global Career，以下简称环球前途），将其所有直接运营的学习中心纳入旗下。2002 年，环雅在哈尔滨建立了第一个特许授权的学习中心。2004 年环雅开始提供在线备考课程，并于 2006 年开始提供留学咨询服务和儿童教育项目。

为了方便境外融资，环雅建立了 Sunnykey International Holdings Limited（Sunnykey），一家于 2006 年 8 月成立于英属维尔京群岛的境外公司，作为环雅的离岸控股公司。Sunnykey 又依次在中国设立了两家全资子公司，即北京环球天下教育科技有限公司（Beijing Global Education，以下简称环球教育）和天下精英教育科技（上海）有限公司（Shanghai Global Elite，以下简称环球精英）。

通过一系列的合同安排，环球教育对环球前途进行了有效的协议控制，其中环球前途是环雅在中国的主要经营实体，进行其在中国的实体业务运营。环球教育主要从事教育技术和管理类的业务，并为特许授权的学习中心发放商标许可证。环球精英直接持有环雅旗下从事市场开发咨询服务的学习中心所在地的土地资产。

2009 年 12 月，环雅在开曼群岛成立了 Global Education & Technology Group Limited 作为其美国上市的主体。随后，Sunnykey 被收购为环雅的全资子公司。由此，2010 年 2 月，Global Education & Technology Group Limited 成为环雅的最终控股公司

2010 年 5 月，环雅在香港地区设立了环球教育科技（香港）有限公司［Global Education & Technology（HK）Limited，以下简称环球香港］作为 Sunnykey 的子公司。2010 年 8 月，环雅将 Sunnykey 对环球教育的所有权转让给环球香港。

经过一系列重组后，截至 2010 年 10 月 5 日，环雅的公司结构如图 20 所示。

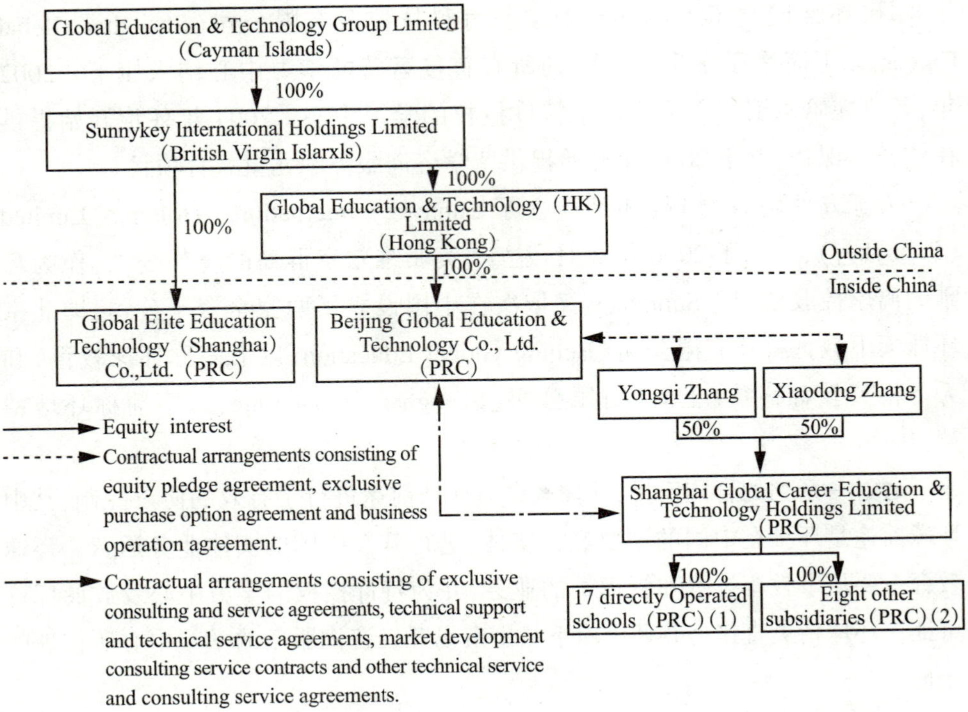

说明:(1)学校是管理集团旗下学习中心的法律实体,每个学校都有一个或多个学习中心。

(2)由多个中国子公司组成,经营着集团的教育内容出版、在线教育和海外留学咨询业务。

图 20 环雅的公司结构

资料来源:环雅 IPO 招股书。

注:实线代表股权控制,虚线代表协议控制。

三、上市后的危机

(一)资本追逐之路

对于环雅而言,2006 年无疑是其发展历程中的一个重要的转折点。这一年的 7 月 6 日,作为国内外语培训巨头的新东方赴美上市,从某种程度上促成了环雅的资本追逐之路。因其在 2007 年 9 月获得数亿元的融资后,就迅速在全国各地跑马圈地,加速扩张。截至 2010 年 6 月底,环雅已经在中国数百个城市拥有 292 家教学中心、118 家连锁分校、144 所环球灵童少儿英语连锁学校、17 所倍趣科学儿童学苑等。

而随着规模和业务的不断扩大,环雅亦将其目光投向了海外资本市场,期望通过上市融资实现做大做强的目标,真正从民办培训学校走向标准化规模化的现代企业。拿到融资后,环雅先后并购了一些优质培训机构和学校,并完成了投资方提出的年增长目标。从 2007 年到 2012 年环球雅思的收益从 1 亿元涨到 7 亿元,6 年长了 6 亿元。[①]

(二)回归教育初心

而环雅上市后的"日子"似乎并不好过,越来越多的融资确实让这家培训机构改头换面,做大做强。但追逐资本的背后付出的代价也让环雅"难以消化"。融资后的业绩压力、资本对利润的疯狂追逐似乎让这家教育公司离其做教育的初心越来越远。环雅的校长王耀宁在接受采访时就表示上市一年多的时间里不堪重负,工作氛围压抑,甚至可以用"枷锁"来形容。

他提到:"在资本这个赛场上,我们始终是业余选手,与专业运动员角逐的感觉,与平时练习完全不同。这让我开始反思:教育行业是否真的适合到资本市场跑?环雅是否真的适合到资本市场跑?"[②]正是基于这样的反思与拷问,环雅最终决定面对现实,找到一条适合自己的"自我救赎"的出路,回归教育本体。于是,就有了英国培生集团对环雅的收购。环雅希望通过培生这一全球化的教育平台,做出更好的教育产品,为更多的学生服务,回归教育初心。

四、从环球雅思上市看其所处行业的发展

其实,环雅从 2006 年开始融资扩张,到 2010 年在美国成功上市,再到 2011 年宣布退市,也不过短短 5 年的时间。这 5 年环雅的发展可谓是"一波三折",经历了各种跌宕,有光荣与荣耀,也有痛苦与煎熬;有突破与创新,也有迷茫和冲动。这一切风波与动荡也恰恰是整个中国民办教培行业发展的真实缩影。

自 2006 年新东方在纽交所成功上市后,国内的教育培训机构获得越来越多的资本关注,于是不少教培机构利用资金不停地扩张并购,追求业绩与利润,企图做大做强。以环雅为例,不少教培机构在其自身尚未发展成熟的情况下就进行疯狂的扩张与资本追逐,结果既没有先进的教育理念指引正确的方向又没有现代化规范化的经营体制保驾护航,在缺乏强烈的质量意识和风险意识的情况下,许多教培机构只知一味地扩张、追求利润,为其今后的发展埋下了巨大的隐患。而且,如果这些企业最终选择上市,则其背后的业绩利润需求也会让这些企

---

① 《环球雅思:一个民办教育机构的上市到退市之路》,载 http://edu. qq. com/a/20131009/012775_all. htm,2017 年 3 月 14 日访问。

② 《环球雅思:一个民办教育机构的上市到退市之路》,载 http://edu. qq. com/a/20131009/012775_all. htm,2017 年 3 月 14 日访问。

业不堪重负,无法兼顾,最终与其做教育的初心背道而驰。

值得注意的是,我国的教培行业在经历了早前的野蛮扩张阶段之后,近年来,行业扩张的步伐已经明显放缓,进入了由冲动回归理性的调整期。同时,越来越多的教培机构开始寻求突破与创新,为整个教育产业带来新的机遇。如国内 K12 领域最大的服务运营机构——全通教育,构建了自己的“智慧教育生态圈”,创造了以“平台应用 + 服务拓展 + 内容增值”为主的商业模式;银润投资入主学大教育布局“O2O 教育生态”;立思辰布局以“校内和校外相结合”“国内与国外相结合”“线上与线下相结合”“产业与资本相结合”为核心的宏伟蓝图。除此以外,还有一些教育机构向幼教、素质兴趣教育、在线教育产品研发等方面发力,也有一部分计划以直营或加盟形式从一线城市逐步向三、四线城市扩张,或通过向二线以下城市合作伙伴输出课程教研等争夺市场份额。由此,我们期待着该产业能在未来为我们提供更加多元、便捷和优秀的教育产品。

[案例十四]达内科技的崛起:精准把握市场“痛点”

公司名称:达内科技(Tarena International,Inc.)

公司注册地:开曼群岛

股票代码:TEDU

上市时间:2014 年 4 月 3 日

上市地点:美国纳斯达克(NASDAQ)

发行价:每股美国存托凭证(ADS)9 美元

发行股票:1530 万股美国存托凭证(每股 ADS 相当于 1 股普通股)

融资额:约 1.38 亿美元

承销商:高盛、瑞信、Jefferies 和奥本海默

2014 年 4 月 3 日,达内科技①成功登陆纳斯达克,交易代码为 TEDU。此次 IPO,美国存托股票发行价为 9 美元,在承销商未行使超额配售权的情况下,共发行 1530 万股美国存托凭证,募集资金约 1.38 亿美元,公司估值约 5 亿

① 达内科技可指包括 Tarena International,Inc.(上市实体)在内的所有上市实体旗下的子公司、国内运营实体以及其他相关实体。

美元。

根据IDC的数据，达内科技目前市场份额超过8.3%。它是国内最大的IT培训机构。其实达内科技的经营模式很简单，即招生—培训—就业。但正是这简单的六个字帮助达内科技迅速抓住了当前职业培训行业的市场痛点，同时拿下了IT培训领域的学生端和企业端，迎合了IT市场旺盛的人才需求。而且，达内科技的成功上市亦反映出国内IT职业培训行业的巨大潜力，未来有可能发展成为每年百亿元、百万培训人次的巨大市场。

一、达内科技概况

根据其官网的介绍，达内科技创办于2002年。根据IDC的数据，达内科技目前市场份额超过8.3%。达内科技致力于培养面向电信和金融领域的Java、C++、C#/.Net、3G/Android、3G/IOS、PHP、嵌入式、软件测试、UID、互联网营销、主办会计、Web前端等19大课程方向软件人才，先后获得美国国际数据集团IDG、集富亚洲JAFCO ASIA、美国高盛银行的三轮投资。达内科技经过14年运营，以中关村科技园区为依托，在中国软件业发达城市——北京、上海、广州、深圳、大连、南京、武汉、杭州、西安、苏州、成都、太原等40个大城市，建立140多个职业教育中心。已累计为IBM、微软、摩托罗拉、华为、中软、用友、Yahoo、阿里巴巴、TOM、新浪、搜狐、百度、联想、神州数码、大唐电信、亚信等知名IT企业培养输送了28万多名中软件人才。

除IT人才实训外，达内科技同样致力于IT人才输送、教育平台建设、软件研发等综合服务。目前，已形成包括人才实训中心、软件研发中心、软件人才中心、IT教育中心四大人才服务模块，致力于打造以IT培训为主的多元化、综合性的职业教育及人才服务品牌。达内科技的各个中心由软件专家负责运营，课程设计引进北美先进技术，同时，聘请北美海外专家与来自IBM、华为、用友、亚信、东软等国内外名企的一线实战专家担任讲师。达内科技还在课程设计与培训模式上开创了“零首付、低押金，就业后付款”的信贷就业模式先河，改革培训模式保持培训规模扩大的同时确保90%以上的就业率，同时高质量就业。

二、上市前的重组历程

达内科技成立于2002年9月，最初由北京达内科技有限公司（Beijing Tarena Technology Co.,Ltd.）开始其业务经营。2012年11月，达内科技将北京达内科技有限公司更名为达内时代科技集团有限公司（Tarena Technologies Inc.,以下简称达内北京）。

2003 年 10 月,Tarena International,Inc.(上市实体)在开曼群岛注册成立,成为集团的最终控股公司。

2012 年 10 月,达内科技于香港地区成立了达内集团(香港)有限公司(Tarena Hong Kong Limited),作为其全资子公司。该公司全资拥有达内科技于 2013 年 1 月在国内成立的一家实体公司,达内软件技术(杭州)有限公司[Tarena Software Technology(Hangzhou)Co.,Ltd.]。

2012 年之前,达内科技主要的业务通过其在中国的经营实体即 VIE,以及这些实体各自的子公司和学校来运营。

2012 年 1 月 30 日,2011 年修订的《外商投资产业指导目录》开始施行,其将职业教育服务列为政府"鼓励"外商投资的行业。

根据这种变化,从 2012 年下半年开始,达内科技开始将其国内经营实体负责的业务,包括公司的相关资产和负债转入达内北京及其子公司和学校。

截至 2013 年 12 月 31 日,实体公司负责的其所有学习中心的业务都转移到了达内北京及其子公司和学校。

上市前,达内科技已经逐步停止经营上海达内软件科技有限公司(Shanghai Tarena,以下简称达内软件)的运营。由于北京达内金桥科技有限公司(Beijing Tarena,以下简称达内金桥)持有运营 www.it211.com.cn 网站必需的 ICP 许可证,达内科技将继续对达内金桥进行协议控制(见图 21)。

	Net Revenlles (1)		Total Assets (1)
	For the year ended December 31,2012	For the year ended December 31,2013	As of December 31,2013
Tarena and its wholly-owned subsidiaries	67.7%	92.0%	96.8%
Consolidated VIEs	32.3%	8.0%	3.2%
Total	100%	100%	100%

图 21　达内科技及其全资子公司与其 VIE 于上市前关于净收入与总资产的比例

资料来源:达内科技 IPO 招股书。

三、公司构架

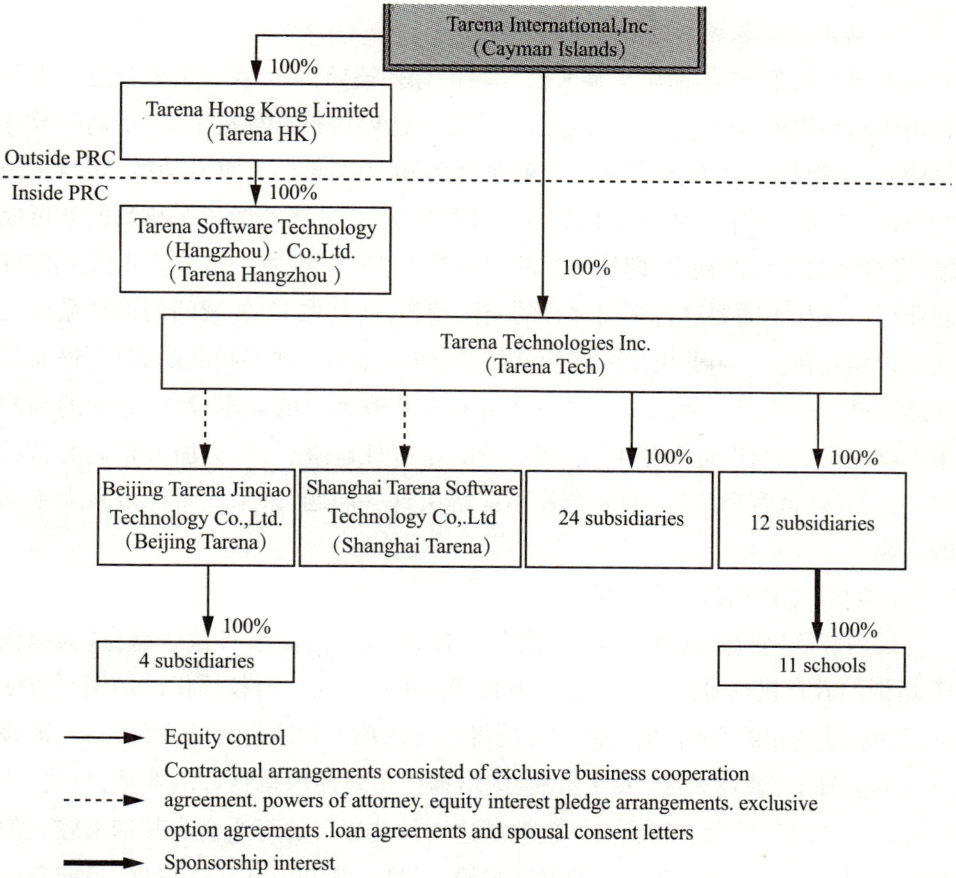

图 22　截至 2014 年 3 月 19 日达内科技的公司构架

资料来源:达内科技 IPO 招股书。

注:实线代表直接控制,虚线代表协议控制。

达内科技的创始人、董事长兼首席执行官韩少云拥有达内金桥 70% 的股权,李建光拥有达内金桥 30% 的股权,且两人均为中国公民。而且韩少云和李建光分别拥有达内软件 49% 和 51% 的股权。同时,由上文可知,达内科技已经逐步停止达内软件的运营。

图 22 中,因为中国互联网和其他增值电信服务行业的外资所有权限制,达内科技采用了 VIE 构架,需通过其在中国的经营实体达内金桥来运营 www.it211.com.cn 网站的业务。且达内金桥持有 www.it211.com.cn 网站的 ICP 许可证。因此,达内科技同达内金桥及其股东进行了一系列协议安排,以便达内科

技能够对其进行有效的财务控制，并获取其在中国的经济收益。

四、上市后面临的挑战

(一)用户获取成本过高

不同于新东方、学而思从事 K12 领域的课外辅导，可以在学员成长过程中一直提供辅导服务，甚至是终身性的培训类型。达内科技这种提供 IT 培训的教育机构，一旦学员习得技能，并获得了就业机会，是不会再回来重复消费，相当于是“一锤子买卖”。而且，不同于体制内的课程培训，需要考查学生多科目的学习成绩，进行多门科目的补习，即补数学的同时补化学补学物理。基于就业目的的 IT 职业培训往往不需要进行多门课程的交叉销售，而且像 IT 领域的培训产品亦无法实现相互转化。由此引发的问题就是，机构需要不停地寻找新的客户，进而加大品牌推广的支出。所以这就导致达内科技获取客户的成本较高，企业的利润率很难提升。而且，近几年 IT 培训市场的竞争日益激烈，只会加大企业的营销费用，同时降低客户单价，如果企业不能解决这一问题，未来或将产生重大不利的影响。

(二)特殊行业的周期性风险

国内互联网行业的迅猛发展，使企业对 IT 人才的需求日益旺盛，这为提供 IT 培训的教育机构带来了巨大的商业机遇。但由于达内科技提供的培训是以学员成功就业为最终目的，也就使其发展将过度依赖互联网行业的发展态势，即该行业蒸蒸日上，就业火爆，人才紧缺，则培训公司就能取得良好的业绩；反之，则会对其发展产生重大不利影响。也就是达内科技所属的行业会为其带来较大的行业周期性风险。就目前行业的发展来看，经过改革开放和快速发展，目前我国的 IT 产业已形成了较为完整的工业生产体系，且已经成为推动国家经济发展的主导产业。未来一段时期，随着我国 IT 产品更新换代，向 IT 强国的转变，国家的信息化进程将持续推进，行业的发展势头将依旧良好。

(三)扩张带来的挑战

从 2012 年开始，达内科技就开始进入相对快速的扩张期，尤其是从 IT 培训领域扩展至更多非 IT 领域，但实际上这样存在相当高的风险。众所周知，达内科技之所以成为 IT 培训领域的“领头羊”，与其团队人员的专业技术背景密不可分。比如，达内科技的创始人韩少云就拥有强大的技术背景，并在创业后相当长的一段时间内只做 Java 培训，由此积累了良好的口碑，然后，才涉足 C + + 、软件测试、嵌入式、PHP、Android 等课程的培训。因此，扩张至其他领域后，新开设课程的教育质量和效果是否能达到之前的效果，还有待观察。

五、从达内科技的上市看其成功背后的"秘诀"

达内科技从过去一家默默无闻的小品牌发展至如今职业教育领域的佼佼者,其崛起离不开富有远见的市场定位和独创性的商业运营模式。作为我国目前最大的职业教育公司,其将客户群体定位在面临激烈市场竞争并有强烈就业需求的高校毕业生们。对于一流大学毕业的学生,达内科技旨在提升其进入知名企业、获得高薪的竞争力;而对于二、三本普通大学毕业的学生,则旨在提升其获得工作的基本技能。由此,满足不同学生的多层次就业需求。

具体而言,一方面,达内科技成功把握住了时下学生就业问题的痛点,旨在为毕业大学生进行专业系统性就业培训,这一准确的市场定位为其提供了巨大的潜在客户人群;另一方面,随着我国互联网行业迅猛发展,IT 人才的缺口很大,供不应求。达内科技正是把握住了这一点,将其培训方向定位在 IT 市场,集中一流的师资力量,为学生提供从招生、培训到就业的一体化就业服务。由此,达内科技同时抓住了 IT 市场人才缺口的痛点,在拥有学生端的同时,又把握住了企业这一端。

最后,值得一提的是,除了对市场痛点的精准把握,在宏观上来看达内科技的崛起亦离不开整个 IT 培训行业快速发展的大环境,尤其是国内 IT 行业的快速发展和未来仍将持续的高速增长将使国内企业对 IT 人才的需求进一步扩大。也就是说,未来国内 IT 培训行业的前景将非常广阔,潜力巨大。

[案例十五]海亮赴美 IPO:K12 教育的逆袭

公司名称:海亮教育集团(Hailiang Education Group Inc.)

公司注册地:开曼群岛

股票代码:HLG

上市时间:2015 年 7 月 7 日(美国东部时间)

上市地点:美国纳斯达克(NASDAQ)

发行价:每股美国存托凭证(ADS)7 美元

发行股票:2,858,000 份美国存托证券(每份 ADS 代表 16 股普通股)

融资额:2000 万美元

承销商:Network 1 Financial Securities, Inc.

2015 年,美国东部时间 7 月 7 日下午,海亮教育集团(以下简称海亮教育①)成功登陆纳斯达克,共发行 285.8 万股美国存托凭证,每股发行价 7 美元,总计融资 2000 万美元,承销商为 Network 1 Financial。海亮教育是国内首个登陆美股的基础教育集团,其成功于纳斯达克证券市场挂牌上市,标志着海亮教育已经成为一个国际性的教育品牌。

一、海亮教育概况

根据其官网的介绍,海亮教育由中国 500 强企业——海亮集团投资兴办,始创于 1995 年 8 月。2015 年 7 月,海亮教育在美国纳斯达克全球市场挂牌交易(股票代码为 HLG),成为国内首家登陆美股的 K12 领域的民办全日制学校。

海亮教育目前拥有浙江诸暨天马实验学校、私立诸暨高级中学、海亮艺术中学、海亮外国语学校、海亮幼儿园、海亮小学、海亮初级中学、海亮高级中学、湖北仙桃第一中学、新昌南瑞实验学校。办学层次包括高中、初中、小学、幼儿园、国际教育及教育培训。目前,在校中外师生共计 36000 余名。

办学 21 年来,海亮教育始终坚持全面贯彻执行党的教育方针,坚持按教育规律全面育人,坚持董事会确立的“服务社会、泽被后人”的办学宗旨,拥有一支师德高尚、业务精湛、富有创新精神的优秀教师队伍。其中,全国优秀教师、省级学科带头人、教坛新秀等 30 人,特级教师十多人,外籍教师近百人,市县级骨干教师近千名。

先进的办学理念,高素质的教师队伍,严谨科学的教育管理,使学校获得高质量的办学成果:高考上线率都在 95% 以上;累计向国内外高校输送人才 3 万余人,其中多人进入剑桥、哈佛、麻省理工、帝国理工、北大、清华等世界名校。有 20 多位同学先后获得高考、中考“状元”。在全国、省市级学科竞赛,以及各级各类中小学生体育比赛、艺术大赛和科技创新大赛中连年取得优异成绩。

---

① 海亮教育可指包括 Hailiang Education Group Inc.(上市实体)在内的所有上市实体旗下的子公司、国内运营实体以及其他关联实体。

二、上市前的重组历程

海亮教育在1995年开始了公司的经营活动,当时海亮教育的第一所私立学校——诸暨海亮外国语学校是由冯海良创办的。海亮教育的第二所私立学校,即私立诸暨高级中学,是由冯先生和孟章焕于2001年创办的。在创办之初,冯先生拥有该校60%的股权,孟先生持有该校剩余的股权。2011年11月,冯先生从孟先生手中买下了私立诸暨高级中学剩余40%的股权,成为私立诸暨高级中学的唯一举办人。海亮教育的第三所私立学校,即天马实验学校,于2009年7月被冯先生和孟先生共同收购。当时,冯先生和孟先生分别持有该校80%和20%的股权。2011年11月,冯先生从孟先生手中收购了该校20%的股权,成为天马实验学校的唯一举办人。为了筹集资金和寻求其他商业机会,孟先生将自己在私立诸暨高级中学和天马实验学校的股权进行了转让。因此,冯先生拥有海亮教育三所学校的100%股权。

为了筹备上市,海亮教育在2011年至2013年,进行了企业重组。特别是:

2011年4月,冯先生在开曼群岛注册成立了Hailiang Education Group Inc.(Hailiang Inc.)作为其赴美上市的实体,同时在香港地区成立了海亮(香港)有限公司(Hailiang HK)。2012年1月,他将海亮(香港)有限公司的所有股份转让给了Hailiang Inc.。

2011年12月,冯先生将其在Hailiang Inc.的所有股份转让给了4家BVI控股公司。同时,海亮(香港)有限公司成立了浙江海亮教育咨询服务有限公司(Hailiang Consulting,以下简称海亮咨询)作为其在中国的全资子公司。

2012年3月,独立第三方Maxida International Company Limited以300万美元的价格,购买了Hailiang Inc.的500万份新发行的普通股,占其总流通股份的1.4%。

2012年4月,冯先生成立了由其全资拥有的浙江海亮教育投资有限公司(Hailiang Investment,以下简称海亮投资),来持有海亮教育上述三所学校的股权。

三、公司构架

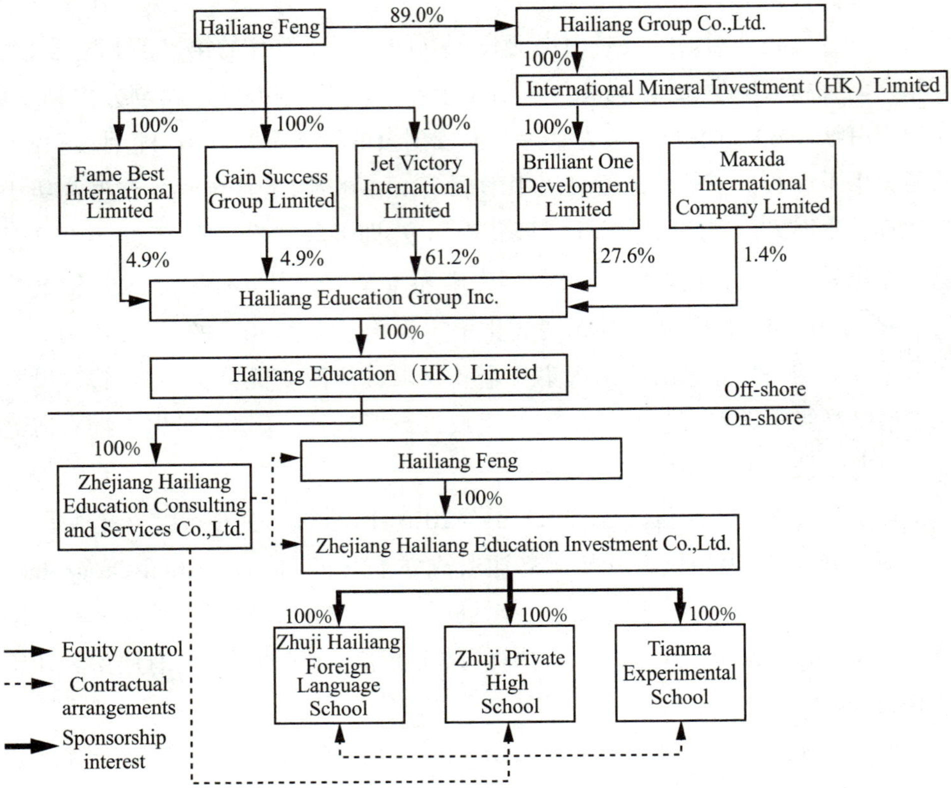

图 23 截至 2015 年 6 月 2 日海亮教育的公司结构

资料来源:海亮教育 IPO 招股书。

注:实线代表直接控制,虚线代表协议控制。

如图 23 所示,海亮教育的上市主体是一家于开曼群岛注册成立的一家获豁免的有限责任公司。海亮教育通过其在中国的子公司和附属机构开展业务。截至 2015 年 6 月 2 日,海亮教育在中国经营着三所提供 K12 教育服务的私立学校。

中国对其教育服务行业的外资所有权有严格的限制,特别是对于提供小学、初中阶段教育服务的企业或机构,中国的法律法规目前禁止外资对其拥有所有权,并限制外商对高等教育服务领域的投资。海亮教育的中国子公司海亮咨询,是一家外资企业,目前没有资格申请并持有相关的营业执照来从事 K12 领域的教育,也不能直接持有学校的股权。由于这些限制,海亮教育通过其中国子公司海亮咨询同其在中国的业务运营实体(VIE),包括海亮投资和其股东冯先生及其控制并拥有的学校，订立了一系列控制协议。由此，海亮教育与其在中国的经营实体没有直接或间接的股权控制关系，而是根据上述的协议安排控制其在中国的经营实体。

四、上市后面临的挑战

根据海亮教育在其招股书中披露的信息，其面临着如下的挑战：

1. 海亮教育旗下的 K－12 学校的学费、住宿费和其他费用由中国政府调控，其收入高度依赖于这些费用的高低和被录取的学生的数量。

2. 海亮教育旗下国际项目增长的主要动力之一是越来越多的中国学生选择出国留学，尤其去往美国、加拿大和英国，这反映出中国学生对海外高等教育的需求不断增长。因此，在移民政策、恐怖袭击、地缘政治不确定性以及任何涉及这些国家的国际冲突等方面的任何限制性变化，都可能增加中国学生申请海外留学签证的难度，或者减少中国学生在这些国家学习的吸引力。海外教育机构所采用的录取标准的任何重大变化都可能影响中国学生对海外教育的需求。

3. 海亮教育的三所学校目前位于浙江省诸暨市，而且短期内的绝大部分业务将集中在诸暨市。因此，任何影响该地区经济、政治和社会发展的不良因素，都可能对海亮教育的业务、财务状况和经营结果产生重大影响。

4. 海亮教育未来将高度依赖于市场对于以营利为目的 K－12 教育业务的接受和扩张的程度。海亮教育旗下的三所民办学校，即诸暨海亮外国语学校、私立诸暨高级中学和天马实验学校，皆为以营利为基础的私立学校。虽然 2017 年 9 月 1 日施行的新《民办教育促进法》认可了民办教育的营利性，但地方具体的实施细则还未出台，政策的不确定性也会对海亮教育的业务和经营带来影响。尤其是，如果浙江或诸暨市出台新规，对旗下的民办学校施加额外的限制或负担，将会对海亮教育的业务造成重大不利的影响。

5. 海亮教育未来的重要增长战略是通过收购更多的学校来实现增长，而将收购学校的商业运作和管理理念整合起来，具有挑战性。而且，收购学校的整合是一个复杂、耗时和昂贵的过程，如果没有适当的规划和实施，可能会严重扰乱海亮教育的业务。

五、从海亮教育上市看其未来的发展

尽管许多人是因为其在纳斯达克上市才知道了海亮教育，但其却是中国民办教育的十大影响力品牌。虽然其在校生总数约 1.7 万人，但其高考上线率都在 95% 以上，向国内外的顶级高校输送了不少人才。从市场份额的占有率来看，其无法与新东方、学而思、学大等教育机构相比，但其从事的 K－12 教育领域却存在巨大的市场潜力,覆盖了从小学到高中教育阶段12年的学习时期。因此,从未来私立中小学校的市场规模来看,海亮教育如果能够用好资本,那么前景还是非常值得期待的。①

与枫叶教育、成实外教育、睿见教育等登陆港股的全日制民办教育不同,海亮教育是极少数登陆美股的全日制民办学校。之所以选择美国上市,也是相比国内严苛的上市审核以及监管层对教育行业的高度谨慎,赴美上市流程相对简单,并能快速满足企业的融资需求。② 而关于其未来的发展,不容忽视的一个问题就是2017年新《民办教育促进法》正式实施后,海亮教育旗下的三所要求"合理回报"的全日制民办学校如何转性的问题。不论是选择营利性还是非营利性,都将对其未来的发展造成重大的影响。尤其是,如果未来地方性的实施细则出台以后,对营利性民办学校施加更为严格的政策限制,则海亮教育在其未来的发展中将面临更大的挑战。

第三节 香港联交所上市案例

[案例十六]枫叶教育登陆港股:民办高端国际学校的上市之路

公司名称:中国枫叶教育集团有限公司

公司注册地:开曼群岛

上市时间:2014年11月28日

上市地点:香港联交所

股票代码:1317

发行价:2.88港元

发行数量:3.34亿股

融资:9.62亿港元

联席保荐人:法国巴黎证券(亚洲)有限公司、中信里昂证券资本市场有限公司

---

① 《海亮教育在美国上市或引发国内私立中小学投资热》,载http://news.51edu.com/news/70664.html,2017年3月17日访问。

② 《海亮教育赴美IPO:K12教育或迎来爆发》,载http://ipo.chinabgao.com/hot/5480.html,2017年3月17日访问。

2014年11月28日，中国枫叶教育集团有限公司（以下简称枫叶教育[1]）在香港联交所主板上市。枫叶教育本次共计发行3.34亿股，每股发行价格2.88港元，本次发行筹资额共计约9.62亿港元。本次公开发行由法国巴黎证券（亚洲）有限公司和中信里昂证券资本市场有限公司出任联席保荐人。

一、枫叶教育概况

根据官网介绍，枫叶教育作为中国国际教育领军者，是中国基础教育领域开办最早、规模最大的国际学校办学机构。1995年创建以来，秉承"中西教育优化结合，实施素质教育"的办学理念，致力于不分种族、肤色、国籍，为所有受教育者提供一流教育服务的使命。枫叶教育专注于幼儿园至高中阶段教育，开设中加两国优化课程；开创独特的双语双学历教育模式；创立小学"快乐教育"、初中"三好习惯养成教育"和高中"理想教育"的育人体系。在先进文化和理念指引下，培养了一批批国际精英人才，成为中国最具影响力的国际教育品牌。

枫叶教育拥有22年的办学实践经验，从一校到多校，从一市到多市发展，目前已在中国大连、上海、天津、重庆、武汉、义乌、镇江、洛阳、海口、西安、平顶山、鄂尔多斯、荆州、淮安、平湖、潍坊、湖州和盐城，以及加拿大温哥华和甘露市等国内外20个城市开办枫叶国际学校75所。截至2017年3月31日，在校生规模突破26,000人，中外籍教职员工4000多名，形成集外籍人员子女学校、幼教、小学、初中、高中为一体的多层次高品质的国际教育体系，获得社会的广泛认可。

创立至今，枫叶教育已培养万余名毕业生从枫叶走向世界，被全球30个国家和地区的603所高校录取，其中超过50%的毕业生被枫叶全球百强名校录取，包括美国斯坦福大学、芝加哥大学，英国剑桥大学、帝国理工大学、伦敦大学学院、加拿大多伦多大学、澳洲国立大学、新加坡国立大学和香港大学等。

二、上市前的重组过程

枫叶教育的上市实体China Maple Leaf Educational Systems Limited于2007年6月在开曼群岛注册成立，原始股东为Sherman Investment[2]。同年11月，枫叶教育增资扩股，增加新股东TBIG（独立第三方，由Kazimir、Shipton、BIH三个公司控股，其中BIH股东为枫叶教育非执行董事之一的Balloch）。此后枫叶教

① 枫叶教育可指包括中国枫叶教育集团有限公司在内的所有上市实体旗下的子公司、国内运营实体以及其他关联实体。

② Sherman Investment于英属维尔京群岛注册成立的公司，由枫叶教育创办人任书良全资拥有。

育于2008年2月和3月分别两次进行增资,并于3月12日增加新股东Sequoia Capital[①]。2008年4月,枫叶教育股东Sherman Investment分别向枫叶教育创办人[②]堂妹任书玲转让100万股普通股;向执行董事兼加拿大方面校监James William Beeke转让10万股;向Richard David Rabson转让5万股,以及向Chong Yuen Sang(独立第三方)转让2.5万股。

2010年11月,Sherman Investment又向BeiKai(中间公司,由Kazimir和BIH共同控股)转让1,397,160股。2011年1月,Sherman Investment向Chingching Yao(独立第三方)转让6万股。2011年7月,TBIG向BeiKai转让其持有的全部360万股。

2011年9月,Chong Yuen Sang向任书玲转让其持有的全部2.5万股。2012年8月和9月,BeiKai分别两次向Sherman Investment转让共计1,280,730股,并于2014年4月向Shopton Maple Leaf(独立第三方)和TBIG转让1,513,800股和2,202,630股。自此Beikai和Chong Yuen Sang不再是枫叶教育股东,枫叶教育个人股东和机构投资者共有8名,分别是Sherman Investment、Sequoia Capital、Shopton Maple Leaf、TBIG、任书玲、James William Beeke、Chingching Yao、Richard David Rabson。

上市时,枫叶教育的主要附属公司包括大连枫叶高中[③]、特高投资有限公司(香港)[④]、北鹏软件[⑤]、大连科教、大连教育集团、外籍人员子女学校等。其中枫叶教育主要经营实体大连枫叶高中由Maple Leaf Educational System Limited[⑥](枫叶教育创办人和堂妹任书玲为控股股东)持股95%,大连科教持股5%;大连科教由李万庆、臧宛生和张景霞分别持有95.3%、2.35%和2.35%。

三、公司构架

图24为紧随资本化发行及全球发售完成后枫叶教育的公司架构。

---

① Sequoia Capital指Sequoia Capital China Growth Fund I,L.P.(于开曼群岛注册的获豁免有限合伙企业)、Sequoia Capital China GF Principals Fund I,L.P.(于开曼群岛注册的获豁免有限合伙企业)及Sequoia Capital China Growth Partners Fund I,L.P.(于开曼群岛注册的获豁免有限合伙企业)之统称。

② 集团创办人:任书良,为一名加拿大籍公民及枫叶教育之创办人、主席兼联席首席执行官。

③ 大连枫叶国际学校(高中),为一间由Sherman(Holdings)Limited及(最初为)石家庄市燕山纺织品有限公司于1996年4月15日根据中国法律成立的中外合资企业民办学校。

④ 特高投资有限公司于2007年6月7日在我国香港地区注册成立,该公司为成立北鹏软件而设立。

⑤ 北鹏软件于2008年3月10日由特高投资有限公司根据中国法律注册成立的大连北鹏教育软件开发有限责任公司,是由枫叶教育的间接全资附属公司。

⑥ Maple Leaf Educational System Limited(或英属维尔京群岛控股公司),一间于1992年4月28日根据英属维尔京群岛法律注册成立的公司,为枫叶教育的全资附属公司。

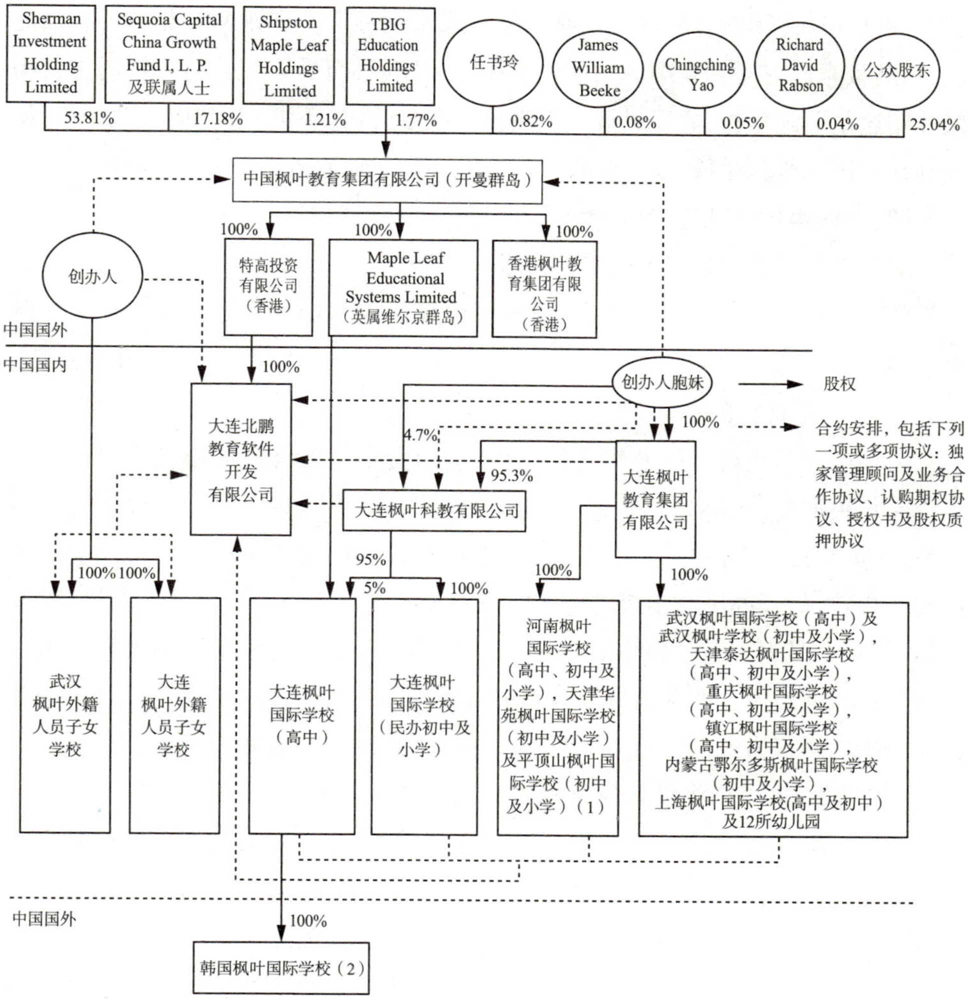

说明：

（1）河南枫叶国际学校（高中、初中及小学），天津华苑枫叶国际学校（初中及小学）及平顶山枫叶国际学校（初中及小学）是由大连教育集团成立及营办的民办学校。该三所学校的校舍及土地使用权分别由河南洛阳新区管理委员会、天津滨海高新技术产业开发管理委员会及河南尚学堂实业有限公司提供。

（2）法定实体韩国枫叶国际学校于2012年4月27日创立，为一所有可能成立的教育设施，上市时正在磋商阶段，若然成功，将位于南韩顺天市。

图24　枫叶教育的公司架构

资料来源：枫叶教育IPO招股书。

注：实线代表股权控制，虚线代表协议控制。

除大连枫叶国际学校系根据《中外合作办学条例》及其实施办法成立的一家中外合作办学机构外，其他教育机构均与枫叶教育在境内设立的外商投资企业

(WFOE)大连北鹏教育软件开发有限公司采取了协议安排即 VIE 结构。也就是说,枫叶教育没有对其在中国的经营实体直接控股,而是采用合约安排的方式有效控制这些国际学校,并通过设立特高投资有限公司(香港)及其旗下北鹏软件,为其在中国的全部学校、幼儿园提供服务并向其收取服务费。

四、上市中的特殊法律监管问题

枫叶教育是我国规模最大的国际学校之一。考虑到其民办教育和中外合作办学的双重背景,应当受到我国民办教育法律法规和中外合作办学法律法规的双重监管。

(一)民办教育监管

由于国际学校属于民办教育的一种,应当受到我国有关民办教育法律法规的规制。根据新《民办教育促进法》(2013 年修正)[①]和《民办教育促进法实施条例》(2004 年),开办民办学校应符合当地的教育发展需要及教育法等相关法律法规的规定,而开办民办学校的标准应遵照设立同级同类公办学校的标准;此外根据新《民办教育促进法》(2013 年修正)第 11 条的规定,民办教育机构从事学历教育、学前教育、自学考试等应送教育行政部门审批;从事职业资格培训、职业技能培训则送人力资源和社会保障部门审批,并抄送同级教育行政部门。尽管《民办教育促进法》仍将民办教育视为公益性事业,但仍作出了"合理回报"[②]的规定,该法第 51 条规定民办学校在扣除办学成本、预留发展基金以及按照国家有关规定提取其他的必需的费用后,出资人可以从办学结余中取得合理回报。然而由于当时法律法规对合理回报并无明确指引,且收取合理回报仍然存在法律风险,因此枫叶教育旗下学校的投资人并无要求合理回报,转而以服务费、咨询费的方式收回投资成本,这是当时民办教育领域一种风险较小的投资模式。

(二)中外合作办学监管

根据我国现行的《中外合作办学条例》(2013 年修正)(以下简称《办学条例》)及实施细则的规定,在我国外资不得参与实施义务教育,也就禁止了我国小学和初中的外资所有权。此外教育部于 2012 年 6 月 18 日颁布的《关于鼓励和引导民间资金进入教育领域促进民办教育健康发展的实施意见》规定,在中国从事教育活动的外商投资公司应遵守《外商投资产业指导目录》(以下简称《目

---

① 本篇法规已被《全国人民代表大会常务委员会关于修改〈中华人民共和国民办教育促进法〉的决定》(2016 年 11 月 7 日发布,2017 年 9 月 1 日实施)修正。

② 于 2017 年 9 月 1 日实施的新修正的《民办教育促进法》已经删除了"合理回报"的规定。

录》),而义务教育属于《目录》划分的“禁止”类别。

此外法规就幼儿园和高中也作出一定限制。枫叶教育上市时,外商投资幼儿园虽不受《目录》规管,然而《办学条例》规定,禁止外商独立成立和经营学校、幼儿园,外商即使合作办学也仍需受到《办学条例》规制。外商投资高中除本身属于《目录》规定的“限制类”产业外,《办学条例》还对其资质、经验、出资比例作出要求。故此直接投资幼儿园和高中需要直面上述监管和审批风险,因此枫叶教育采用合约安排进行投资经营,减轻因法律法规监管带来的运营压力。

五、从枫叶教育上市看其行业地位及发展

枫叶教育(01317. HK)自登陆香港资本市场以来,可谓势头强劲,股价连创新高,被称为“中国学历教育第一股”。2016 年,枫叶教育股价上升超过 3 倍,在中国中产市场潜力巨大,引发了众多机构的关注和追捧。同时,枫叶教育的学校人数目前已超过 2.1 万人,目标于 2020 年国内学生增至 4.1 万人。因此,由枫叶教育的成功上市以及之后的迅猛发展可知我国的国际教育市场潜力巨大,前景广阔,这将给后来者们巨大的鼓励。

根据枫叶教育的招股书所示:弗若斯特沙利文报告称,中国国际学校市场产生的总收入从 2009 年的约人民币 80 亿元上升至 2013 年的约人民币 183 亿元,期内复合年增长率为 23.0%。增长迅速的主要原因是学生人均每年学费上涨以及国际学校市场招生人数增加。弗若斯特沙利文报告还称,2013 年国际学校入读学生总人数约 156,500 人,其约有 100,600 人入读招收中国籍及外籍学生的国际学校。

图 25 为国际学校在 2009 年至 2013 年的招生人数,以及 2014 年至 2017 年的预测招生人数。

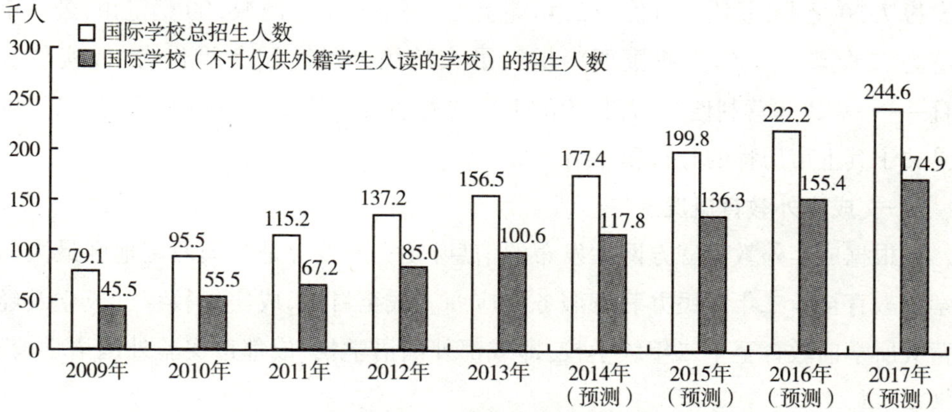

图 25　2009 年至 2017 年(预测)的国际学校纳招生人数

资料来源:弗若斯特沙利文报告。

其实,我国国际教育市场迅猛增长可主要归因于两个关键动力。其一是自20世纪90年代末以来居于中国的外国人增多;其二是中国家长将子女送往国外留学的意愿强烈。而第二种原因更是其最主要的动因,尤其是随着社会的发展,我国的中产阶级家庭的数量会不断增长,很多家庭将放弃以高考为目标,转投海外优秀大学。这也是目前国际化学校越来越受欢迎的根本原因。实际上,虽然中国总的学生人数在不断减少,但高端民办国际学校有足够大的存量替代空间。

[案例十七]“成实外”赴港上市:民办学校的“上市潮”到来

公司名称:成实外教育有限公司

公司注册地:开曼群岛

股票代码:1565

上市时间:2016年1月15日

上市地点:香港联交所

发行价:2.40港元

发行数量:7.50亿股

融资额:18.00亿港元

独家保荐人:麦格理

2016年1月15日,全国第一家全日制学校教育集团,成实外教育有限公司(以下简称成实外教育①)在联交所主板成功挂牌上市。成实外教育此次上市共发售7.50亿股,股票发行价为2.40港元,共募集资金金额18.00亿港币,公司市值为72亿港元。作为我国西南地区最大的民办教育服务提供者,成实外教育——一家“非营利性”教育集团的上市之路引发了广泛的好奇和猜想,以下则是关于其上市历程的分析和介绍。

一、成实外教育概况

根据成实外教育官方网站发布的信息,成实外教育是中国西南地区最大的学前教育至十二年级民办教育服务供应商。截至目前,成实外教育已成立及经营五所学前教育至十二年级学校,即成都外国语学校、成都市实验外国语学校、

① 成实外教育可指包括成实外教育有限公司在内的所有上市实体旗下的子公司、国内运营实体以及其他关联实体。

成都市实验外国语学校(西区)、成都外国语学校附属小学及成外附小幼儿园。此外,成实外教育还经营一所大学,即四川外国语大学成都学院。

目前,成实外教育经营的上述六所学校,均位于四川省成都。成实外教育通过该等学校提供覆盖幼儿园至大学的正规教育及全面教育课程。截至2015年6月30日,成实外教育共有约31,580名在读学生,包括约13,684名大学生,同时成实外教育共聘用约1978名教师。除成实外教育持有75.70%实际权益的大学外,成实外教育经营的其他五所学校均由四川德瑞全拥有及由成实外教育通过结构性合约控制。

根据弗若斯特沙利文报告,按入学人数计算,成实外教育在中国西南地区高度分散的民办基础教育行业位居前列,拥有0.43%的市场份额。同时,于2012年、2013年及2014年举办的高考中,成实外教育参加考试的高中毕业生中分别约60.1%、73.6%及69.5%考取可申请并升读中国多所顶级大学的分数,包括北京大学、清华大学、复旦大学、浙江大学及上海交通大学等名校。根据弗若斯特沙利文报告,全中国、四川省及成都市参加高考而取得可申请并升读中国顶级大学分数的学生人数百分比分别为9.8%、5.5%及15.5%。此外,营业记录期间,成实外教育若干毕业生升读海外大专院校,如共有五名成都外国语学校毕业生被哈佛大学、哥伦比亚大学、康奈尔大学及西北大学录取。

二、上市前的重组历程

为筹备上市,成实外教育进行了以下公司重组:

(一)注册成立海外集团公司

1. 成实外教育有限公司

成实外教育的上市实体(Virscend Education Company Limited)于2015年3月13日在开曼群岛注册成立为获豁免有限公司,法定股本为50,000美元,分为50,000股每股面值1美元的股份。同日,严玉德以象征性代价1美元向注册成立人收购公司股本中的1股股份,而本公司另外49,999股股份亦按面值缴足股款配发及发行予严玉德。

2. Virscend Investment[①]

Virscend Investment于2015年3月20日根据英属维尔京群岛法例注册成立为有限公司,法定股本为50,000美元,分为50,000股每股面值1美元的股份。同日,

---

① Virscend Investment全名为Virscend Investment Holding Company Limited,是一家于2015年3月20日在英属维尔京群岛注册成立的有限公司,为成实外的全资附属公司。

Virscend Investment 的 50,000 股股份按面值缴足股款配发及发行予严玉德。

3. 华泰[①]

华泰于 2014 年 9 月 8 日根据香港法例注册成立为有限公司,10,000 股股份按面值每股 1 港元入账列作缴足股款配发及发行予严玉德。

（二）向 Virscend Investment 转让华泰

2015 年 6 月 18 日,Virscend Investment 根据公司重组,以象征性代价 1 港元向严玉德收购华泰的全部已发行股本。转让于同日完成,华泰由 Virscend Investment 全资拥有。

（三）向成实外教育转让 Virscend Investment

2015 年 6 月 19 日,成实外教育根据公司重组,以象征性代价 1 美元向严玉德收购 Virscend Investment 的全部已发行股本。转让于同日完成,Virscend Investment 及华泰成为成实外的全资附属公司。

（四）成实外股份更改币种及拆细

2015 年 6 月 19 日,成实外教育法定股本的币种由美元更改为港元,汇率为 1 美元兑 7.6 港元。更改币种后,成实外教育法定股本为 380,000 港元,分为 380,000 股每股面值 1 港元的股份。同日,成实外教育法定股本的每股股份及成实外教育每股面值 1 港元的已发行股份拆细为 100 股每股面值 0.01 港元的股份。拆细后,成实外教育的法定及已发行股本为 380,000 港元,分为 38,000,000 股每股面值 0.01 港元的股份,由严玉德全资拥有。

（五）向四川德瑞[②]的股东转让成实外教育有限公司

2015 年 6 月 20 日,Virscend Holdings[③]、Happy Venus[④]、Top Alliance[⑤]、Lucky Sign[⑥] 及 Smart Ally[⑦] 根据公司重组,各自以象征性代价 1 港元向严玉德收购成实

---

① 华泰为香港华泰投资有限公司,是一家于香港地区注册成立的有限公司,为成实外教育的全资子公司。

② 四川德瑞为四川德瑞企业发展有限公司,是一家于 1993 年 1 月 3 日在中国成立的公司。

③ Virscend Holdings 为 Virscend Holdings Company Limited,一家于 2015 年 3 月 20 日在英属维尔京群岛成立的有限公司。

④ Happy Venus 为 Happy Venus Limited,一家于 2015 年 5 月 7 日在英属维尔京群岛成立的有限公司。

⑤ Top Alliance 为 Top Alliance Global Limited,一家于 2015 年 5 月 20 日在英属维尔京群岛成立的有限公司。

⑥ Lucky Sign 为 Lucky Sign Global Limited,一家于 2015 年 5 月 11 日在英属维尔京群岛成立的有限公司。

⑦ Smart Ally 为 Smart Ally International Limited,一家于 2015 年 5 月 12 日在英属维尔京群岛成立的有限公司。

外26,388,340股、7,048,240股、1,812,220股、1,611,200股及1,140,000股股份。转让于同日完成，最终个人股东及成实外教育的股权比例与四川德瑞相同。成实外教育随后分别由Virscend Holdings、Happy Venus、Top Alliance、Lucky Sign及Smart Ally持有约69.44%、18.55%、4.77%、4.24%及3.00%权益。

（六）于中国成立西藏华泰教育管理有限公司

2015年8月22日，西藏华泰教育管理有限公司（西藏华泰）在中国成立为外商独资企业，注册资本为500,000美元，由华泰全资拥有。成实外教育的中国法律顾问确认，西藏华泰的注册资本已于规定期限内缴足。

西藏华泰的主要业务是向中国经营实体提供技术及管理咨询服务。

（七）出售德瑞教育基金权益

紧接公司重组前，成都外国语学校、成都市实验外国语学校、成都市实验外国语学校（西区）、小学及大学分别拥有德瑞教育基金30.95%、26.19%、14.29%、4.76%及9.52%权益。德瑞教育基金其余权益由成都市实验外国语学校附属小学及德瑞教育管理分别拥有4.76%及9.52%权益。德瑞教育管理的权益分别由何其康、李长久拥有92.9%及7.1%。

（八）订立结构性合约控制成实外的学校

西藏华泰于2015年9月7日与成实外教育的中国经营实体等订立组成结构性合约的多项协议，中国经营实体业务所得全部经济利益以中国经营实体应付西藏华泰服务费的形式转让予西藏华泰。

（九）成立成都德瑞华泰商贸有限公司

成都德瑞华泰商贸有限公司（成都华泰）是于2015年10月29日在中国成立的有限公司，注册资本为人民币100,000元，由西藏华泰全资拥有。

（十）USA Wahtai Educational Consulting Services Inc.

USA Wahtai Educational Consulting Services Inc. [Wahtai（US）] 于2015年11月2日根据加利福尼亚州法律注册成立，700,000股股份及300,000股股份已分别配发及发行予华泰及独立第三方Robert T. Chi博士。

三、公司构架

同其他境外上市的教育机构一样，成实外教育通过其中国运营实体（VIE）在中国经营民办教育业务。目前，中国法律法规除对外国的投资者规定资历要求外，亦禁止外资拥有在中国开办的小学及初中，中外合资经营幼儿园、高中及高等教育机构亦受限制。因此，成实外教育并未持有中国经营实体的任何股权，而是通过一系列结构性合约控制中国的经营实体，从中获得经济利益，即成实外教育并未实际拥有成都外国语学校、成都市实验外国语学校、成都市实验外国语学校(西区)及小学和幼稚园(仅开办学前教育)及大学(仅开办高等教育)的任何直接股权,而是透过结构性合约予以控制。

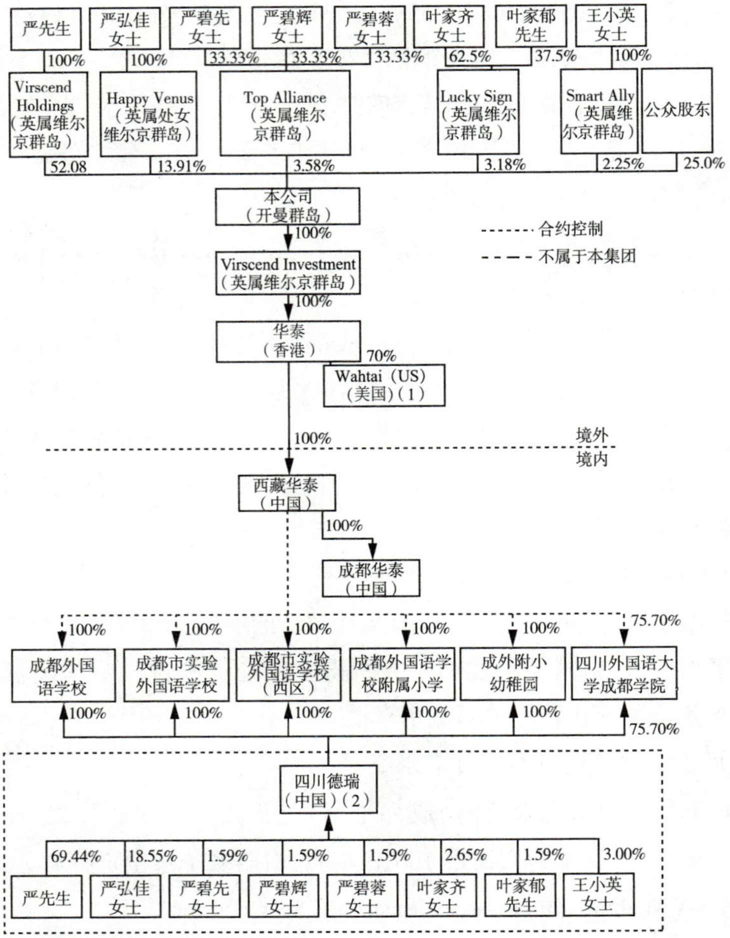

说明:

(1)华泰及独立第三方 Robert T. Chi 博士分别持有 Wahtai(US)70% 及 30% 权益。

(2)四川德瑞并非综合联属实体,亦并非成实外教育集团的一部分。董事认为该中国经营实体架构不会影响结构性合约的有效性(包括本公司即成实外教育的上市实体,向四川德瑞股东提起诉讼的情况)。

图 26　上市后(假设未行使超额配股权)成实外的公司架构[①]

资料来源:成实外 IPO 招股书。

注:实线为股权控制,虚线为协议控制或表示不属于本集团。

① 图中本公司指成实外教育有限公司。

四、上市后:新政策的影响及应对

2016年11月7日,全国人民代表大会常务委员会通过了《关于修改〈中华人民共和国民办教育促进法〉的决定》(以下简称《决定》),并于2017年9月1日起生效。该决定对《民办教育促进法》作出若干修正。根据《决定》,民办学校的学校出资人可以自主选择设立非营利性或者营利性民办学校,但提供义务教育的学校只可设立为非营利性民办学校。

众所周知,新《民办教育促进法》落地之前,民办教育行业的"非营利性"一直是国内民办教育机构登陆境内外资本市场的主要障碍。2015年修法以前,《教育法》严格规定,"任何组织和个人不得以营利为目的举办学校及其他教育机构"。因此,民办教育行业一直面临着教育行业的非营利性和资本逐利性的矛盾。而且《民办教育促进法》(2013年修正)中规定的"合理回报"是出资人唯一可以收回投资回报的方式,但实际上民办学校在章程中几乎都没有要求合理回报。

本来,新《民办教育促进法》中关于民办学校分类管理的规定有助于我国民办教育机构与资本市场的对接,但是由于其中规定在内地禁止举办营利性义务教育民办学校,这就使从事义务教育领域的民办学校(民办小学和民办初中)面临新的挑战。与此同时,在资本市场领域里,随着《民办教育促进法》修正案公布以后,K12领域中尤其是K9阶段的投资亦骤然降温,且成实外教育的股价亦因此下跌。

面对新政策的影响,成实外教育在其2017年2月17日发布的公告中表明了其态度和应对策略。成实外教育表示由于上述决定尚未生效,而地方政府机关尚未颁布有关现有民办学校转型为营利性或非营利性学校的详细规则及法规,故此对该决定的诠释及实施仍然存在不确定因素。由此,成实外教育未就(1)提供义务教育的学校应何时转型为非营利性学校;及(2)提供非义务教育的学校应为营利性或非营利性民办学校作出决定。

而且,成实外教育认为该决定生效后并不会对其业务(包括目前营运及潜在扩展计划)造成重大不利影响,亦不会对其民办学校营运构成财务影响,原因为(其中包括)其根据结构性合约通过成实外教育全资拥有的实体向其营运的学校提供服务,从而产生经济利益。成实外教育在其公告中亦指出,据其中国法律顾问的意见,公司现有的结构性合约安排并未违反上述决定,原因为《决定》并未禁止任何营利性或非营利性民办学校就其营运支付服务费,或对营利性或非营利性民办学校将予支付的服务费金额施加任何限制。且于《决定》生效及有关现有民办学校转型为营利性或非营利性学校的详细规则及法规颁布后,成实外教育将采取措施在适当时候依法将提供义务教育的学校转型为非营利性学校,以及就是否将现有民办学校转型为营利性或非营利性学校作出最终决定。

五、从成实外上市看民办学校境外上市的趋势

成实外教育在香港主板上市,总会令人联想起之前同样在香港主板上市的枫

叶教育以及在美国纳斯达克上市的海亮教育。毕竟三者都将自身定位为中高端私立学校,提供从幼儿园到高中的学历教育服务,且都提供国际课程。从总体来看,三所学校在许多方面都处在相似的规模和等级上,同时也存在一些细微的差异。

首先,从地理位置来看,枫叶教育分布在全国各地,学校广泛分布在国内的11个城市。海亮教育和成实外则主要在浙江和成都设立多所学校,开展业务,可谓是雄霸一方。其次,三所学校提供的教育服务都涵盖了K12教育领域的各个阶段,即从幼儿园到小学、初中、高中,此外成实外教育还经营一所大学的学院。他们提供的课程包括普通高中课程还有面向出国留学学生的国际课程,而且枫叶和成实外教育还双语授课,可以给学生颁发高中双文凭(中国文凭和美国或加拿大文凭)。最后,成实外教育2015年的总收入是三者中最高,约为7亿元,但是净利润确最低只有1.25亿元。值得注意的是尽管净利润率最低,但成实外教育反而在资本市场上表现最好,是估值最高的一所全日制K12民办教育机构。而且,对于这三个教育集团而言,都是高中的收费定价最高,且占收入的大部分。具体原因为:(1)旗下的高中提供面向出国的国际课程等其他附加教学内容;(2)国家对高中范围内的价格把控相对宽松。

令人无法忽视的是,继枫叶教育(2014年)、海亮教育(2015年)、成实外教育(2016年)境外上市后,另有四所民办教育学校睿见教育、宇华教育、民生教育、新高教分别于2017年1月、2月、3月、4月赴港上市,俨然已成趋势。境内民办学校不断地"走出去"反映了我国民办教育近几年迅猛发展的态势和我国民办教育市场的巨大潜力。同时,境外资本市场道路的通畅能够帮助这些民办教育机构引进资本,实现做大做强的目标,使我国K12教育产业得到更好的发展,这无疑是令人激动和惊喜的。因此我们期待,未来民办教育可以发展得更好,而这些民办教育机构也会走得更远,为我国的教育事业做出更大的贡献!

[案例十八]睿见教育香港招股:"低调"上市,"高调"办学

公司名称:睿见教育国际控股有限公司
公司注册地:开曼群岛
股票代码:6068(HK)
上市时间:2017年1月26日
上市地点:香港联交所
发行价:1.70港元
发行数量:5.0亿股
融资额:约8.50亿港元
独家保荐人:法国巴黎银行

2017 年 1 月 26 日,睿见教育国际控股有限公司(以下简称睿见教育[①])在联交所主板成功挂牌上市。睿见教育此次上市共发售 5.0 亿股,股票发行价为 1.7 港元,共募集资金约 8.5 亿港元,上市时公司市值约为 39.8 亿港元。

作为我国华南地区最大的高端 K12 民办教育服务机构,睿见教育选择上市的时机可谓非常微妙。一方面,此时距新《民办教育促进法》落地也不过两三个月的时间,由于此次《民办教育促进法》修正后禁止内地举办营利性义务教育民办学校,一时间导致市场反应过激,资本遇冷,如成实外教育和枫叶教育的股价就因此下跌;另一方面,作为猴年最后一只登陆港股的挂牌股票,上市之际正值新春,"风头"完全被春节盖过,以至于教育媒体对这一件事都没有报道。

当然,虽然目前来看义务教育阶段的民办教育看似处在"风口浪尖",但睿见教育在当时选择在香港主板上市,仍旧表明我国民办中小学在港股上市没有障碍,海外路径仍是通畅的。那么,如此"低调"的睿见教育的上市历程究竟是怎样的呢?

一、睿见教育概况

根据弗若斯特沙利文报告,按截至 2015 年 9 月 1 日的招生人数衡量,睿见教育是华南地区最大的经营高端小学及中学的民办教育集团。睿见教育的教育目标为"以诚心服务社会,以爱心培育人才"。截至 2016 年 9 月 1 日,睿见教育经营的 6 所高端民办学校,总招生人数为 31,788 名学生。2013 ~ 2014 学年、2014 ~ 2015 学年及 2015 ~ 2016 学年,学校接近 95% 的高中毕业生被中国大学录取。2016 年 9 月,睿见教育位于山东省潍坊市的潍坊光正实验学校开始运营,且已与四川省广安市及广东省云浮市的地方政府分别订立合作协议,以在该等城市设立一所新学校。睿见教育除中国教育课程外,也为高中学生提供国际课程,同时设置包括体育、艺术、音乐和中国文学等一系列校本选修课程。2013 年,睿见教育获全国中小学教育学会颁发的"全国中小学教育科研百强单位",2014 年获东莞市民办教育协会颁发的"东莞市优秀民办学校"。2015 年 9 月,东莞市光明中学高中生男子篮球队,受邀参加于夏威夷檀香山举办的久负盛名的伊奥拉尼篮球传统邀请赛。

睿见教育于 2003 年选择广东省东莞市作为其学校网络发展的切入点,乃由于东莞市是一个人口密度大、位于珠江三角洲经济区内的战略性位置、中产阶级迅速壮大的城市。于 2013 年,睿见教育将学校网络拓展至另一人口密度大、经济增长强劲的城市——广东省惠州市。成功于广东省建立睿见教育的影响力及声誉后,睿见教育已开始向位于中国主要经济区的其他城市进军。2014 年 9 月,睿见教育位于东北三省经济区的辽宁省盘锦市的学校开始运营。2016 年 9 月,睿见教育位于环渤海经济圈山东省潍坊市的新学校开始运营,且截至 2016 年 9

---

① 睿见教育可指包括睿见教育国际控股有限公司在内的所有上市实体旗下的子公司、国内运营实体以及其他关联实体。

月1日招收约718名学生。睿见教育已分别与四川省广安市地方政府及广东省云浮市地方政府订立合作协议,以于各城市开设新学校,睿见教育亦已与广东省肇庆市鼎湖区地方政府就双方的潜在合作订立一份框架协议,以在肇庆市设立一所新学校。

而且,睿见教育在招生、教师聘用及收入方面取得稳定增长。自2014年度至2016年度,睿见教育的总收入按约15.8%的复合年增长率增长,图27载有与睿见教育的增长相关的信息。

年度	截至9月1日 2013年	2014年	2015年	2016年
招生人数	19,354	22,837	27,644	31,788
教师人数	1162	1359	1666	1960

年度	截至8月31日 2014年	2015年	2016年
	(百万元人民币)	(百万元人民币)	(百万元人民币)
总收入	450.9	568.7	700.7

图27 睿见教育的增长信息

资料来源:睿见教育IPO招股书。

同时,根据睿见教育提交的招股书所示,其主要竞争优势如下:

(1)华南地区提供高端小学及中学课程的最大的民办教育集团。

(2)学生成绩及提供优质中国课程的良好声誉。

(3)透过提供全方位的小学及中学课程,营造较高的商业能见度。

(4)复制睿见教育可盈利业务模式的成功往绩记录。

(5)乐于奉献和稳定的管理团队。

二、上市前的重组过程

睿见教育国际控股有限公司于2010年7月13日在开曼群岛注册成立,法定股本为50,000美元,分为50,000股每股面值1.0美元的股份。同日,Bright Education Holdings(一家由睿见教育联合创办人刘学斌全资拥有的公司)以面值向睿见教育创办人收购睿见教育1股股份,并按面值向Bright Education Holdings配发及发行睿见教育额外6股缴足股款股份;及按面值向Bright Education Investment(一家由睿见教育联合创办人李素文全资拥有的公司)配发及发行睿见教育3股缴足股款股份。

2016年6月24日,睿见教育分别按面值(按比例)向Bright Education Holdings及Bright Education Investment配发及发行63股股份及27股股份。同日,Bright Education Holdings以代价人民币90,000,000元向Bright Education

Investment 售出睿见教育 8 股股份,该代价乃经参考市盈率倍数由各订约方公平磋商后按一般商业条款厘定。完成该出售后,Bright Education Holdings 及 Bright Education Investment 分别持有 62 股股份及 38 股股份,占睿见教育全部已发行股本的 62% 及 38%。

2017 年 1 月 3 日,睿见教育向 Bright Education Holdings 发行 48,360 股每股面值 0.01 港元的缴足股份,向 Bright Education Investment 发行 29,640 股每股面值 0.01 港元的缴足股份后,借由增设 10,000,000,000 股每股面值 0.01 港元的普通股,睿见教育的法定股本增加 100,000,000 港元。同日,睿见教育购回及注销以 Bright Education Holdings 名义登记的 62 股每股面值 1 美元的股份,及以 Bright Education Investment 名义登记的 38 股每股面值 1 美元的股份。购回后,睿见教育法定但未发行股本因其股本中每股面值 1 美元的全部 50,000 股未发行股份被注销而削减。

1. 光正教育有限公司(Bright Education BVI)

光正教育有限公司于 2010 年 7 月 29 日在英属维尔京群岛注册成立,而睿见教育为一份股份的初始认购人。

2. 光正教育香港[光正教育(香港)有限公司]

光正教育香港于 2010 年 9 月 15 日在香港地区注册成立,而睿见教育为一份股份的初始认购人。

3. 东莞瑞兴(东莞瑞兴商务服务有限公司)

东莞瑞兴于 2013 年 5 月 17 日在中国成立,为外商独资企业,注册资本为人民币 100 万元,并由光正教育香港全资拥有。2014 年 7 月,光正教育香港悉数缴足东莞瑞兴的注册资本。

4. 深圳优越(深圳光正优越科技开发有限公司)

为在日后筹备销售电子教育材料的潜在业务,深圳优越于 2015 年 10 月 10 日在中国成立,为外商独资企业,注册资本为人民币 100 万元,并由光正教育香港全资拥有。根据其组织章程细则,光正教育香港须于 2020 年 12 月 31 日前缴交深圳优越的初始注册资本。于最后实际可行日期(2017 年 1 月 6 日,下同),光正教育香港并无缴纳深圳优越的任何注册资本,且深圳优越尚未开始任何业务营运。

5. 东莞悦兴(东莞悦兴教育咨询有限公司)

东莞悦兴于 2012 年 12 月 4 日在中国成立,为外商独资企业,注册资本为人民币 10,000,000 元,并由光正教育香港全资拥有。于最后实际可行日期,并无缴纳注册资本,且根据其细则须于 2022 年 11 月 15 日前缴纳。

6. Brighter Dewey Education Corporation

Brighter Dewey Education Corporation 于 2016 年 5 月 27 日在加拿大安大略省注册成立。自注册成立以来直至最后实际可行日期,Brighter Dewey Education Corporation 由光正教育香港及 Dewey International Holdings Limited 分别持有 55% 及 45%。

于 2016 年 7 月 1 日,东莞瑞兴及其他订约方与睿见教育的综合联属实体[①]订立多项协议,构成合约安排,据此,睿见教育的综合联属实体业务产生的所有经济效益在中国法律及法规准许的情况下,通过其综合联属实体向东莞瑞兴支付服务费的方式转让给东莞瑞兴。

三、公司构架

同其他境外上市的企业一样,睿见教育国际控股有限公司作为境外上市主体,通过 VIE 架构来经营其学校及获取学校产生的利润。

① 睿见教育透过合约安排控制的实体,于最后实际可行日期,包括广东光正、东莞市光明中学、东莞市光明小学、东莞市光正实验学校、潍坊光正实验学校、东莞文汇、广安光正、惠州光正、惠州市光正实验学校、盘锦光正、盘锦光正实验学校、潍坊光正及云浮光正。

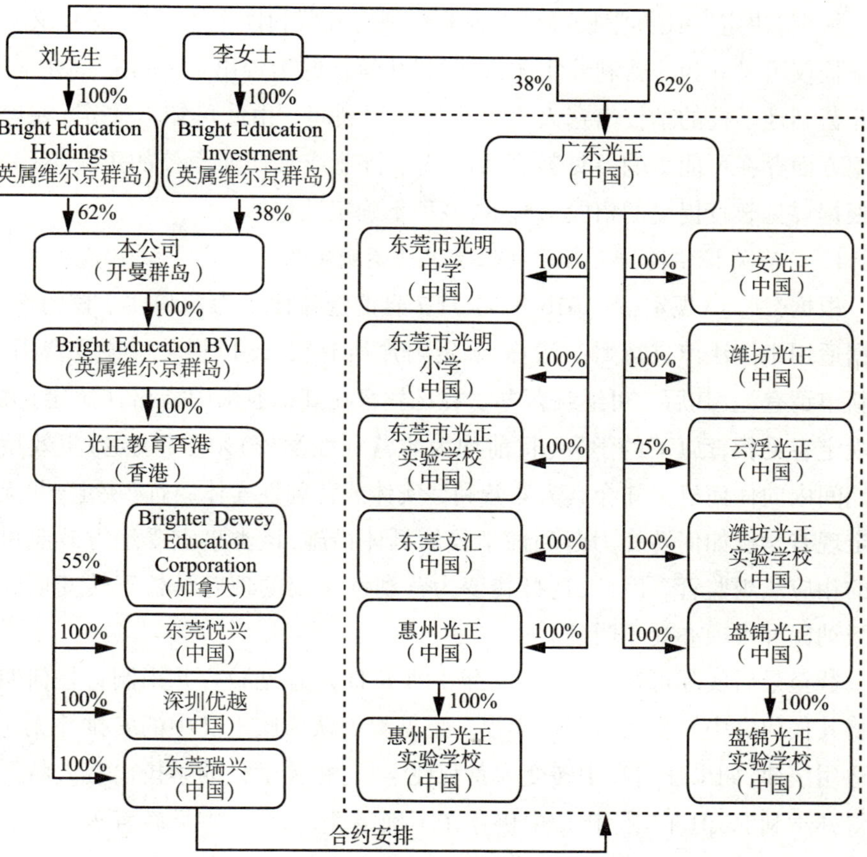

图 28　紧随重组后及全球发售完成前睿见教育的公司结构[①]

资料来源：搜狐教育。

注：实线为股权控制，虚线为协议控制。

四、《关于修改〈中华人民共和国民办教育促进法〉的决定》的影响

与成实外教育不同的是，睿见教育是在 2016 年年底新《民办教育促进法》落地之后，选择了赴港上市，这个时机更为微妙。毕竟新法出台后，一时间导致义务教育阶段的民办教育市场资本骤冷，如成实外教育和枫叶教育的股价就因此下跌。而且，上市时关于新法对于其产生的风险和影响，睿见教育在其招股书中做出了较为全面细致的风险分析。

2016 年 11 月 7 日，全国人民代表大会常务委员会通过《关于修改〈中华人民共和国民办教育促进法〉的决定》（以下简称《决定》），并于 2017 年 9 月 1 日生

① 图中“本公司”指睿见教育国际控股有限公司。

效。根据《决定》,民办学校可设立为非营利性或营利性实体,但是提供义务教育的学校仅可设立为非营利性实体,且营利性学校的学校出资人可获得办学利润,而非营利性学校的学校出资人不可获得办学利润。由此可知,《决定》在诠释及应用方面存在可能影响睿见教育所在整个行业或其任何学校的重大不确定性。且根据睿见教育提交的招股书所示,该种不确定性包括:

(一)有关将学校转变为营利性学校的不确定性

根据《决定》规定,在2016年11月7日前选择设立为营利性学校的学校,须根据适用中国法律进行财产清算、确定财产所有权、支付相关税项及费用,以及重新申请登记,其后方可继续营办。睿见教育在其招股书中指出,《决定》并未明确规定睿见教育旗下的学校(目前均为非营利性学校)须于《决定》生效后的规定期间内向任何机关知会其为非营利性实体或营利性实体。且《决定》并无明文规定现有学校如何转变为营利性学校的具体措施,该类事宜受地方政府机关颁布的相应法规监管。因此,选择转变为营利性学校的现有学校于转变期间须如何缴纳额外税项亦尚不明确。

截至最后实际可行日期(2017年1月6日),睿见教育并未制订任何明确计划将其任何高中转变为营利性学校。睿见教育认为旗下高中的安排并无违反中国适用法律,如果任何高中转变为营利性学校,相关学校的学校出资人将可依法获得办学利润,但在实际操作中仍存在不确定性。此外,睿见教育表明无法明确获知其是否须、须何时及如何知会相关机关确认其非营利性学校的状态,或在规定的截止日期前将旗下的高中转变为营利性学校,或(如需作出转变)是否能够在不对业务产生不利影响的情况下按要求转变为营利性学校,或根本不会转变为营利性学校。如果每一所高中转变为营利性学校,都须缴纳额外税项并进行重新登记或财务结算,睿见教育认为其将不能保证未来能够如期取得及完成或根本不会取得及完成(视情况而定)所有必要的批文、备案、重新登记及其他相关程序。同时,这也会对学校的运营产生重大不利影响,或会对其业务、财务状况、经营业绩及股份市价产生重大不利影响。

(二)有关清盘的不确定性

根据《决定》的规定,营利性民办学校清盘后,学校出资人可在清偿学校债务后获得学校的剩余资产。同时,现有的非营利性民办学校清盘后,学校出资人可在清偿学校债务后自学校剩余资产申请补贴或奖励,其余学校剩余资产须用于其他非营利性学校的运营。但《决定》并无明文规定控制或处置已清盘非营利性学校的上述其余剩余资产的方式或人员。由此,睿见教育认为《决定》一经生效,其或许不能在其学校(目前均为非营利性学校)清盘后将其全部或部分剩余资产及剩余权益转让给东莞瑞兴或另一中国子公司。因此,睿见教育的业务、财务状况及股份市价或会因此受到重大不利影响。

(三)有关学费的不确定性

根据《决定》,民办学校的收费应根据成本及市场需求确定。营利性学校的收费由学校自行决定,而非营利性学校的收费应根据相关地方政府机关颁布的法规确定。但是,未来相关地方政府机关就实施《决定》而颁布的法规可能对睿见教育旗下学校(现时均为非营利性学校)的收费施加限制,或阻止其将学费及寄宿费提高至期望水平,或使其根本无法提高学费及寄宿费。由于地方性的实施条例尚未出台,睿见教育认为无法确定未来是否会对非营利性学校的一般收费或其他学校的收费产生任何重大不利影响。且睿见教育预测其日后可能无法维持学校当前的学费及寄宿费水平,亦可能无法按照其期望的幅度、时间及地点提高任何相关费用,或根本无法提高学费及寄宿费。因此,睿见教育的业务、财务状况及股份市价或会因此受到重大不利影响。

(四)有关扶持措施的不确定性

根据《决定》有关规定,非营利性学校享有的扶持措施多于营利性学校,如政府补贴、基金奖励及捐资激励等。且非营利性民办学校将享有与公立学校同等的税收优惠待遇,而营利性学校预期将不会享有与公立学校及非营利性民办学校同等的税收优惠待遇。睿见教育在其招股书中表明,《决定》并未指明选择转变为营利性学校的现有学校于转变期间是否需要缴纳及如何缴纳额外税项。由于国内用于区分非营利性及营利性学校的相关税务法律并未作出修改,故目前无法确定《决定》生效后税收政策是否会发生变动。同时,根据《决定》的内容,非营利性民办学校可在土地供应方面享有与公立学校同等的待遇,土地将由政府通过分配或其他方式供应,而营利性学校预期将无法享有与公立学校及非营利性学校同等的待遇。但是,睿见教育认为,上市时其尚无法确定旗下的学校是否能够及如何如期地从任何额外扶持措施中获益,或根本无法获益。因此,睿见教育也就无法保证《决定》项下的税收及其他待遇于《决定》生效后将不会发生变动或继续适用于学校。

综上,虽然风险和不确定性依然存在,但本着做大、做强的决心,睿见教育依然选择在这样一个看似并非十分有利的时机上市,且最终成功登陆了境外资本市场。可见,之前资本遇冷的反应确实过度了,反而证明国内义务教育阶段的民办学校海外上市之路径依然通畅,且 K12 民办教育市场拥有的蓬勃生命力。

五、从睿见教育看我国高端民办教育的发展

我们知道,睿见教育作为华南地区最大的优质 K12 民办教育的提供者,一直以来都是走高端私立学校的路线。同时,枫叶教育、海亮教育以及成实外教育也涉足高端民办教育领域,以提供优质的 K12 教育作为其核心竞争力。而近几年,他们的相继上市也证明了我国高端民办教育领域的巨大发展潜力。

目前,我国的民办学校一般分为三类:(1)提供国际课程的高端民办国际学校;(2)提供中国教育课程的高端民办学校;(3)提供中国教育课程的非高端/大众型民办学校。中国家长愿意支付高昂费用的民办教育类型为高端民办学校,此类学校通过收取较非高端/大众型民办学校更高的学费向学生提供更优质的教育、更先进的教育设施及更令人满意的环境。而且,高端民办学校通常更注重学生的全面发展,令学生进入重点大学的机会较大。相比较而言,非高端/大众型民办学校通常建于工业区,该区域雇用大量来自其他诸多省份的劳工,而其子女却难以被公立学校系统录取。该等学校旨在以低廉实惠的学费为收入相对较低的劳工子女提供大班教学服务。

根据弗若斯特沙利文报告,中国的高端民办学校包括每年收取学费高于所属省份学生人均公共教育财政预算的民办学校。由中国居民收入增加及对教育质量提高的预期所推动,自 2016 年至 2020 年的可预见期间,中国高端民办小学及中学教育招生人数预期以较民办小学及中学教育整体招生人数更高的复合年增长率增长。相反,与中国整体民办教育市场相比,非高端民办中小学教育的发展预计将较为缓慢。

[案例十九]宇华教育强势登陆香港主板,隐忧仍在

公司名称:中国宇华教育集团有限公司

公司注册地:开曼群岛

股份代码:6169

上市时间:2017 年 2 月 28 日

上市地点:香港联交所

发行价:2.05 港元

发行数量:7.50 亿股

融资额:约 15.38 亿港元

独家保荐人:中信证券国际

2017年2月28日,中国宇华教育集团有限公司(以下简称宇华教育[①])在香港联交所主板成功挂牌上市,发行价为每股2.05港元,共募资约15.38亿港元。根据其招股书披露,创始人李光宇拥有公司75.02%的股权,上市前并未引入外部投资者。作为河南省民办教育龙头的宇华教育在上市之初就收获了业界的好评。

但上市以来,宇华教育的股价却表现平淡,整个3月累计涨幅4.78%。与此同时,之前上市的睿见教育和枫叶教育的股价明显上涨,涨幅为20.59%与14.04%。有分析人士表示或许是因为资金还未发力,股价还未进入稳定期;抑或许是有些投资者对这家民办教育集团不够了解,因此还未产生投资意向;又或者是由于2016年年底《民办教育促进法》修正案的出台给宇华教育的未来发展带来的不确定等。由此,虽然宇华教育成功登陆了境外资本市场,但其未来发展的不确定性仍在。

一、宇华教育概况

根据宇华教育官网的介绍,其是集学前教育、基础教育、高等教育于一体的大型教育集团,旗下现有从幼儿园到大学共25所知名学校,校区遍布河南9个城市,在校学生总数近5万人,是中国最大的提供由幼儿园至大学民办教育的教育集团。董事局主席李光宇是全国人大代表、全国劳动模范、中国民办教育十大杰出人物、中国民办教育协会副会长和北大光华EMBA校友总会执行副会长。

宇华教育旗下的郑州市宇华实验学校(原北大附中河南分校)是全国百强名校,建校于2001年,在2004~2016年高考中,共培养出12名省、市高考状元,毕业生遍布国内985、211工程名校及加州大学伯克利分校、悉尼大学等近百所世界知名高校。

宇华教育旗下的郑州工商学院(原河南理工大学万方科技学院)现有17个系部、48个本科专业、24个专科专业,在2016年中国大学校友会公布的全国独立学院综合实力排行榜上名列全国第二,是河南省规模最大、专业设置最多、学科门类最齐全的独立学院。2007年河南省教育厅高校德育工作评估总分第一名,2013年毕业生就业竞争力指数位居河南省所有本科高校第九名,2014年本科第一志愿报考率位居河南省民办高校第一名,素质教育成果突出,学生就业

① 宇华教育可指包括中国宇华教育集团有限公司在内的所有上市实体旗下的子公司、国内运营实体以及其他关联实体。

率、考研率、社会满意度高。

二、上市前的重组历程

为了筹备上市，宇华教育进行了以下重组：

(一)注册成立境外集团公司

1. 中国宇华教育集团有限公司

中国宇华教育集团有限公司(上市实体)是一家于2016年4月25日在开曼群岛注册成立的获豁免有限责任公司。法定股本为50,000美元，分为50,000股每股面值1美元的股份。

同日，光宇投资(光宇投资控股有限公司)按票面价值向该公司创办人购买了一股股份。该公司继而按票面价值额外发行及配发7999股股份给光宇投资，且按票面价值发行及配发共2000股股份给五家公司，这五家公司作为代名人代光宇投资持有股份。2016年7月7日，为终止代名人协议，上述五家公司将其在中国宇华教育集团有限公司已发行股本中的各自权益按票面价值转让给光宇投资。该转让完成后，光宇投资持有该公司全部已发行股本。

2016年9月7日，中国宇华教育集团有限公司的法定股本增加500,000港元，分为50,000,000,000股股份。同日，该公司向光宇投资配发及发行2,250,000,000股股份，认购价为22,500港元。紧接配发及发行2,250,000,000股股份后，该公司以上述认购所得款项自光宇投资购回10,000股每股面值1美元的股份，已付总代价为22,500港元。紧随购回后，该公司的法定股本通过注销50,000股每股面值1美元的股份而减少为500,000港元，分为50,000,000,000股股份。

2. 宇华投资(BVI YuHua)

宇华投资是一家于2016年4月28日根据英属维尔京群岛法律成立的有限责任公司。法定股本为50,000美元，分为50,000股每股面值1美元的股份。同日，宇华投资按票面价值发行及配发予该公司一股股份。

3. 香港宇华(中国香港宇华教育有限公司)

香港宇华是一家于2016年5月12日根据香港地区法律成立的有限责任公司。股本为1000港元，分为1000股每股1港元的股份。宇华投资是香港宇华的唯一创办成员且持有该1000股股份。

（二）附属实体内部重组

2016 年 3 月至 6 月，宇华教育对其附属实体进行内部重组，以精简公司架构（见图 29）。

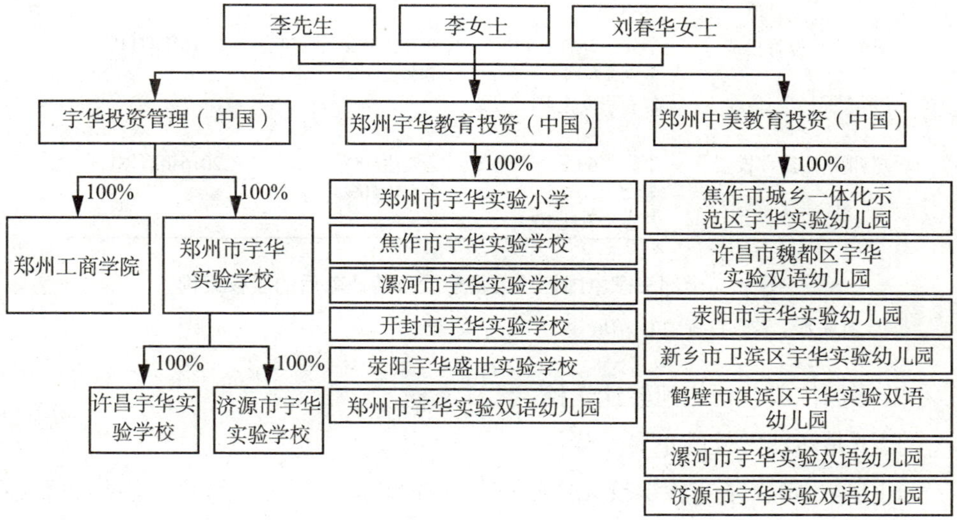

说明：紧随重组前，李先生及刘春华女士分别持有宇华投资管理 80% 及 20% 的股份，李先生、李女士及刘春华女士分别持有郑州宇华教育投资 36%、60% 及 4% 的股份，郑州中美教育投资 60%、20% 及 20% 的股份。

图 29　紧接并表附属实体重组前宇华教育的公司架构

资料来源：宇华教育 IPO 招股书。

自宇华教育第一所学校成立后，三家中国控股公司均受李光宇、李花（李光宇的女儿）及刘春华（李光宇的配偶）控制。为筹备全球发售，刘春华无偿将其于中国控股公司的全部股权转让予李花。

1. 转让中国控股公司的股权

公司	转让前的股权	转让后的股权	转让完成日期
宇华投资管理	李先生80% 刘春华女士20%	李先生80% 李女士20%	2016年6月12日
郑州宇华教育投资	李先生36% 李女士60% 刘春华女士4%	李先生36% 李女士64%	2016年4月19日
郑州中美教育投资	李先生60% 李女士20% 刘春华女士20%	李先生60% 李女士40%	2016年3月31日

图 30　全部三家中国控股公司于股权转让前后的股权架构

资料来源：宇华教育 IPO 招股书。

2. 中国控股公司之间转让学校

以下是转让学校的主要步骤：

(1)郑州市宇华实验学校无偿将许昌宇华实验学校转让给郑州宇华教育投资。该转让于 2016 年 3 月 10 日完成。

(2)郑州市宇华实验学校无偿将济源市宇华实验学校转让给郑州宇华教育投资。该转让于 2016 年 3 月 10 日完成。

(3)宇华投资管理无偿将郑州市宇华实验学校转让给郑州宇华教育投资。该转让于 2016 年 5 月 4 日完成。

(4)郑州宇华教育投资无偿将郑州市宇华实验双语幼儿园转让给郑州中美教育投资。该转让于 2016 年 6 月 7 日完成。

根据《民办教育促进法》(2013 年修正)规定，民办学校的举办人应发起民办学校举办人的变更，并获得相关教育主管机构的批文。经相关教育主管机构审批后，民办学校应将举办人变更在民政部或民办学校注册为民办非企业单位的地方民政机构备案。宇华教育的中国法律顾问表示，上文所载转让中国控股公司的股权、学校转让及所转让学校的举办人变更已根据中国所有相关法律法规妥善进行。

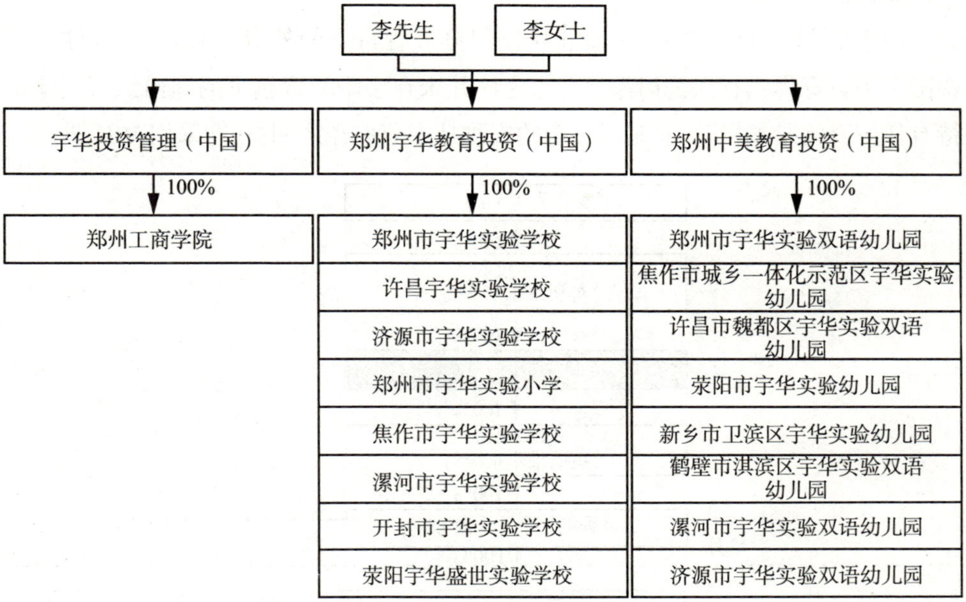

说明：李先生及李女士分别持有宇华投资管理 80% 及 20% 的股份，郑州宇华教育投资 36% 及 64% 的股份，郑州中美教育投资 60% 及 40% 的股份。

图 31　转让后宇华教育并表附属实体的架构

资料来源：宇华教育 IPO 招股书。

（三）成立外商独资企业

2016 年 7 月 22 日，外商独资企业作为一家全外资企业在中国成立，注册资本为 500,000 美元，由香港宇华全资拥有。

（四）订立合约安排

2016 年 9 月 7 日，外商独资企业及其他各方签订了各种协议，构成了与中国控股公司的合约安排。据此，附属实体的业务所产生的所有经济利益会于中国法律及法规许可的范围内，以中国控股公司应付外商独资企业之服务费的方式，转让给外商独资企业。

三、公司构架

由于中国法律法规限制及禁止中国民办教育行业的外资拥有权，境外注册的中国宇华教育集团有限公司作为上市主体并未在宇华教育旗下的国内经营实体中持有任何直接股本权益，而是通过合约安排从中获取经济利益，即采用 VIE 架构。

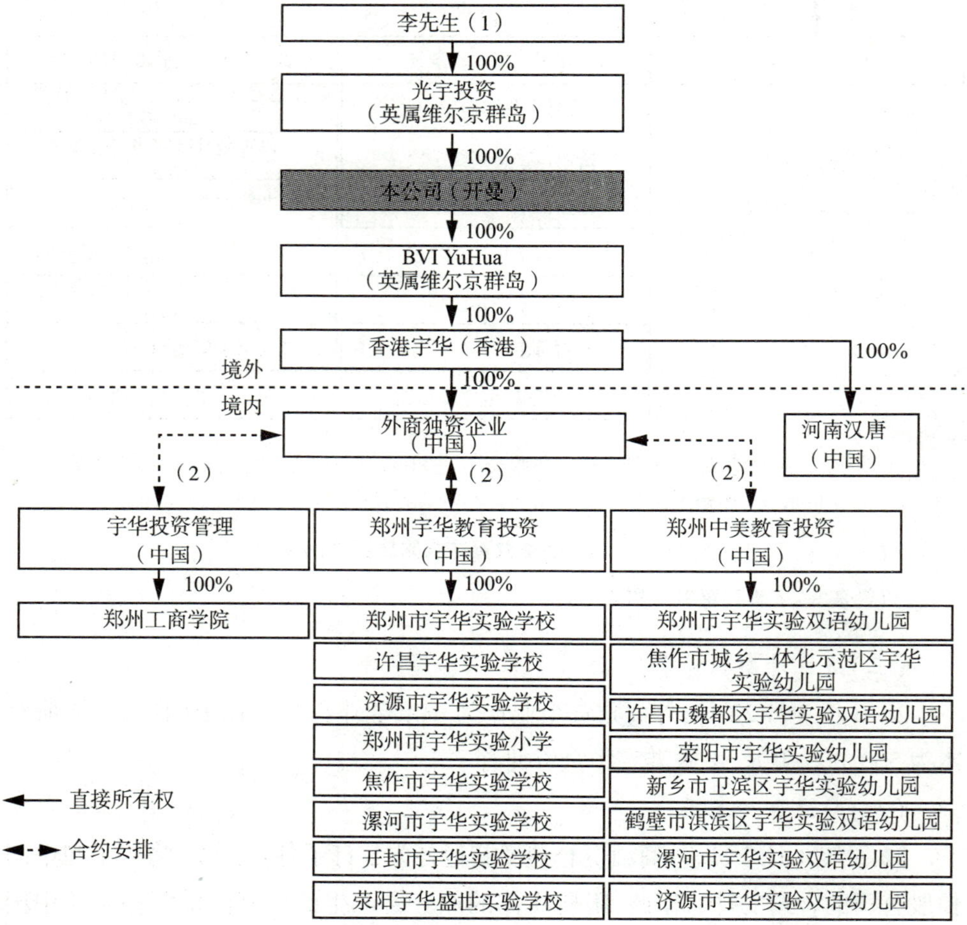

说明：

（1）作为信托人，李先生通过以（其中包括）李先生、李女士及李先生不时提名的其他受益人的利益而设立的信托控制光宇投资。

（2）李先生及李女士分别持有宇华投资管理 80% 及 20% 的股份，郑州宇华教育投资 36%、64% 的股份，郑州中美教育投资 60%、40% 的股份。为加强集团对并表附属实体的控制，宇华教育集团与李先生、李女士及集团的中国控股公司订立合约安排。

图 32　紧随重组后及紧接全球发售完成前宇华教育的公司结构

资料来源：宇华教育 IPO 招股书。

注：实线为股权控制，虚线为协议控制。

四、上市后的隐忧

从财报数据来看，宇华教育的盈利能力突出，同时估值处于低位。根据中国经济网获得的信息显示，以2016财年为例，宇华教育的经调整资产回报率为15.9%，睿见教育为7.6%，2016年中报显示，成实外教育的总资产回报率为4.59%。但是，虽然宇华教育在同业中的业绩领先，投资者们依然对其存在的不确定性表示担忧：

(一)新《民办教育促进法》的影响

2017年9月1日起施行的新《民办教育促进法》规定："义务教育阶段不得设立营利性民办学校。"因此，宇华教育作为从幼儿园至大学教育的民办教育供应商，未来其业务或许遭受重大不利影响。其实除了宇华教育，目前港股的教育板块里面，其余几个民办教育集团也几乎全部"躺枪"。9月1日法律实施后，这些小学和初中要么申请成为非营利性学校，要么停止办学。同时，这种不利影响究竟到什么程度，一方面要看义务教育的业务在这些民办教育机构占的份额；另一方面还要看各地方将要出台的配套实施细则的具体规定如何。其实，根据这些民办教育机构的招股书显示，包括宇华教育在内的几家港股民办教育学校（睿见教育、成实外教育等）在涉及新法的影响时，都避开了这一问题。

(二)收购业务整合的不确定性

前文提到，关于新法的影响，宇华教育在进行未来的规划时有意避开了此点。宇华教育拟计划用收购或扩建的方式设立新高中，以及收购新大学，并针对高中和大学阶段的教育引入国际课程。同时，宇华教育也在其招股书中披露了其在整合相关收购业务中存在风险。

宇华教育在其招股书中提到：其未必能成功整合自己收购的业务，或会致使其失去有关收购的预期利益并招致重大额外开支。宇华教育的增长策略之一是通过收购更多学校而达到业务增长。宇华教育认为其在整合所收购学校的业务及管理理念方面面对挑战。未来收购的益处很大程度取决于宇华教育能否及时有效整合管理、营运、技术与人员。收购及整合所收购学校过程复杂、耗时且费用高昂，不妥善的规划及实施可能严重扰乱宇华教育的业务经营及破坏其声誉。收购及整合所收购实体涉及的主要挑战包括以下各项：

(1)物色合适目标的能力；

(2)挽留任何所收购学校的合资格教职人员；

(3)整合所收购学校提供的教育服务；

(4)整合信息技术平台及管理基础设施；

(5)尽量避免影响管理层对持续经营业务的注意力;

(6)向学生及其家长保证及证明新收购学校不会导致已建立的品牌形象、声誉、教学质素或标准有任何不利变化。

由此,宇华教育认为其未必能及时甚至根本无法将自身的营运与其所收购学校的营运整合,亦未必能在宇华教育预期的时间内取得收购的预期利益或协同效益,这可能对其业务、财务状况及经营业绩有重大不利影响。

(三)品牌转换带来的不利影响

根据宇华教育招股书披露的内容,其在 2016 年完成将品牌统一为“宇华”前,根据北京大学合作协议,以“北京大学附属中学”的品牌名称经营若干 K12 学校。根据北京大学合作协议,北京大学授予宇华教育非独家许可使用权,可在其学校营运中使用“北京大学附属中学”的品牌名称、商标及标志。宇华教育以“北京大学附属中学”的品牌名称设立了第一家学校北京大学附属中学河南分校,其后以相同品牌名称于八个校园共设立 16 家学校。宇华教育认为“北京大学附属中学”品牌协助其在发展及营运的较早阶段于扩大市场份额方面发挥了很大作用,并持续对学生及家长选择入读其学校有着重大影响力。2014 年 9 月,宇华教育决定停止使用“北京大学附属中学”品牌,并以“宇华”(宇华教育自 2012 年起使用的自家品牌名称)作为该等学校的新品牌。重塑品牌过程中,宇华教育学校的员工、招生及教师招聘等业务营运保持不间断持续经营。

一旦停止以“北京大学附属中学”品牌经营其学校,由此而产生的任何谣言、猜测或负面报道,即使不真实,亦可能损害宇华教育的声誉并降低其对学生的吸引力。如果宇华教育未能成功执行品牌重塑计划,且未能顺利转用“宇华”新品牌,其业务、财务状况及经营业绩可能受到重大不利影响。

(四)终止与河南理工大学的合作而产生的不利影响

宇华教育于 2008 年与河南理工大学订立河南理工大学合作协议,据此建立了万方学院(宇华教育旗下大学的前身)。与河南理工大学合作期间,宇华教育建立了大学郑州校区,为独立校园,与河南理工大学的位置不同。根据河南理工大学合作协议,宇华教育自 2013 ~ 2014 学年起每学年支付根据大学学士学位课程入学学生所缴纳总学费计算的年费。

为提高大学的盈利能力,促使宇华教育成为独立高等教育供应商,其签订了河南理工大学终止协议终止与河南理工大学的合作。此后,宇华教育的大学与河南理工大学再无任何从属关系。随后,大学更名为“郑州工商学院”,于市场推广活动及营运中亦不再使用“万方科技学院”或“河南理工大学”品牌。大学的员工、招生及教师招聘等业务营运保持不间断。

终止与河南理工大学合作及以新名称“郑州工商学院”经营大学可能令有意入读宇华教育旗下大学的学生及其家长的兴趣减少。宇华教育无法保证未来可达到相同水平的在校人数增长，或根本无法增长。此外，报读其大学的学生可能对宇华教育旗下学校的教育质量及品牌知名度失去信心而选择转读其他公立或民办大学。倘若宇华教育无法有效推广大学及提高品牌知名度，其未必能维持或增加在校人数，这可能对其业务、财务状况及经营业绩构成重大不利影响。

综上，少了两个著名学校的品牌作为依托，宇华教育今后的招生或许会受到一些影响。而其选择在新法落地之前赴境外上市，或许也是因为其业务中含有较大份额的义务教育成分，希望在新法正式施行之前，提前通过境外上市以 VIE 的形式实现资本化。其实，不仅仅是宇华教育，赴港上市的其他几所民办教育机构，如枫叶教育、睿见教育、成实外教育，都面临着相似的问题。但由于其所处行业前景良好，且这些教育机构的业绩喜人，即使存在政策上的不确定性，上市以来仍然在不同程度上获得市场的追捧。

[案例二十]民生教育：“根正苗红”的民办高等教育第一股

公司名称：民生教育集团有限公司

公司注册地：开曼群岛

股票代码：1569

上市时间：2017 年 3 月 22 日

上市地点：香港联交所

发行价：1.38 港元

发行数量：10.00 亿股(不含超额配股权)

融资额：净集资约 13.06 亿港元

联席保荐人：花旗银行、麦格理

2017 年 3 月 22 日，民生教育集团有限公司(以下简称民生教育①)正式在香港联交所主板挂牌交易，市值约 60 亿港元。此次上市，民生教育全球发售 10 亿

① 民生教育可指包括民生教育集团有限公司在内的所有上市实体旗下的子公司及其他关联实体。

股股份,其中香港公开发售1亿股股份,国际发售9亿股股份,每股股份以1.38港元定价,净集资约13.06亿港元。

民生教育挂牌首日表现喜人,仅半日股价最高就升至1.7港元,较招股价1.38港元高约23%,期间成交金额达5.24亿港元。作为我国民办高等教育行业的先驱之一,立足重庆的民生教育率先登陆港股,成为国内第一家赴港上市的高等民办教育集团,引发了投资者的关注。

一、民生教育概况

根据民生教育官网发布的信息,民生教育为中国民办高等学历教育供应商,主要专注于培养专业人才。目前,民生教育在中国营办四所学校,即重庆人文科技学院、重庆工商大学派斯学院、重庆应用技术职业学院及内蒙古丰州职业学院(青城分院)。另外,民生教育已投资于新加坡的培根国际学院(向学生提供高等教育的民办教育机构)及香港能仁专上学院(具民办学历授予权的高等教育机构)。透过海外投资,民生教育拟致力向其在中国的学校引入先进的课程及创新的教学方法以提高学校的教育质量及声誉,为在校学生创造更多交流机会。

根据弗若斯特沙利文报告,按2016年6月30日的学生入学总人数计,民生教育为中国第十大民办高等教育供应商。2016年6月30日,民生教育拥有及营办的学校的学生入学总人数为30,616名。2016年10月31日,民生教育旗下的学校共有32,685名在校学生。

作为中国民办高等教育行业的领导者之一,民生教育亦为中国民办高等教育行业的先驱。民生教育旗下的学校取得了多个奖项及荣誉,例如,重庆人文科技学院2010年被评为"中国民政部评为全国先进社会组织",2011年被中国民办教育协会高等教育专业委员会评为"中国民办高等教育优秀院校",2013年被教育部列为"全国应用技术型大学战略研究试点高校",2015年被评为"重庆市民族团结进步模范集体"。重庆工商大学派斯学院被新浪网评为"2009年度最具品牌影响力独立学院",2010年被教育部中国教师发展基金会评定为"全国民办教育先进集体"。

二、上市前的重组历程

民生教育集团有限公司(本文第二部分,下称"民生集团"或"公司")于2005年12月13日在开曼群岛注册成立为获豁免有限公司。2005年12月13日,公司配发一股股份予初始认购人。2005年12月23日,初始认购人将股份转让予李先生(李学春)。2005年12月23日,公司向李先生及李先生的女儿李宁分别配发及发行26,999,999股股份及3,000,000股股份。

2006 年 10 月 17 日，为精简公司的股权，李先生及李宁将公司的全部股权转让给诚悦投资有限公司[①]，该公司分别由李先生及李宁拥有 90% 及 10% 股权。

2016 年 7 月 5 日，民生集团法定股本中每股面值 0.001 美元的股份拆细为 100 股每股面值 0.00001 美元股份，随后民生集团的法定股本变为 50,000 美元，分为 5,000,000,000股每股面值 0.00001 美元股份。2017 年 3 月 2 日，公司的法定股本增至 100,000 美元，分为 10,000,000,000 股每股面值 0.00001 美元的股份。

（一）收购及成立中国营运实体

2005 年 12 月 23 日，民生教育有限公司获成立为民生集团之全资附属公司。2006 年 3 月 16 日，重庆民升教育管理有限公司获成立为民生教育有限公司的全资附属公司。2006 年 8 月 21 日，重庆民升教育管理有限公司自李先生及李宁收购重庆利昂实业有限公司[②] 95% 股权。收购时，重庆利昂实业有限公司作为重庆人文科技学院、重庆工商大学派斯学院及重庆应用技术职业学院的学校出资人，获主管教育机关确认。

紧随上述收购完成后，民生教育通过重庆利昂实业有限公司的间接股权成为重庆人文科技学院、重庆工商大学派斯学院及重庆应用技术职业学院的学校出资人。

2006 年 8 月 1 日，民生教育服务有限公司成立，并于 2006 年 8 月 23 日成为民生集团的全资附属公司。2006 年 8 月 30 日，重庆博智教育服务有限公司由民生教育服务有限公司设立，作为其全资附属公司。2006 年 9 月 1 日，重庆博智教育服务有限公司以代价人民币 580 万元自重庆利昂实业有限公司收购重庆利昂教育服务有限公司[③]全部股权。2008 年 8 月 2 日，重庆利昂教育服务有限公司订立股权转让协议，以通过收购民盟中央内蒙古自治区委员会于内蒙古丰州职业学院持有的相应学校出资人权益以收购内蒙古丰州职业学院（青城分院）的全部股权，代价为人民币 1100 万元。

（二）收购及成立离岸实体以及于中国以外的学校的权益

2007 年 6 月 7 日，民生教育发展有限公司成立并于 2007 年 8 月 1 日成为民生集团的全资附属公司。2008 年 2 月 19 日，民生教育发展（香港）有限公司成立

---

① 诚悦投资有限公司，一间于 2006 年 4 月 3 日于英属维尔京群岛注册成立的有限公司，截至 2017 年 3 月 1 日由李先生持有 90% 及由李先生的女儿李宁持有 10%。

② 重庆利昂实业有限公司，一间 1998 年 10 月 7 日根据中国法律成立的公司，为民生教育的附属公司。

③ 重庆利昂教育服务有限公司，一间于 2003 年 11 月 4 日根据中国法律成立的公司，为民生教育的附属公司。

并于2008年2月22日成为民生发展的全资附属公司。民生教育发展(香港)有限公司目前并无从事任何业务活动。

2014年8月21日,民生教育发展有限公司成立香港工商学院,作为其全资附属公司。2015年11月10日,香港工商学院成为香港能仁专上学院有限公司两名股东之一。香港能仁专上学院有限公司为一间担保人根据香港法例成立的公司,为非营利机构,主要于香港从事提供高等教育的业务。根据其组织章程大纲及细则,倘若其清盘,民生教育须支付的注资金额应不超过100港元。

2015年11月16日,香港工商学院与香港能仁专上学院有限公司的另一名股东及独立第三方香港佛教僧伽联合会有限公司订立香港能仁营办协议,据此,香港工商学院同意向香港能仁专上学院有限公司授出本金总额为5000万港元的免息贷款,其中2000万港元已于2016年1月13日垫付予香港能仁专上学院有限公司,余下3000万港元将于垫付首次贷款分期日期第一周年及第二周年后20个营业日内分两个等额批次提供。于最后实际可行日期(2017年3月1日,下同),为订约方商讨支付余下3000万港元贷款的时间。香港能仁专上学院有限公司须使用其若干百分比的年度营运盈余偿还该等贷款。除承诺贷款外,于最后实际可行日期,民生教育并未向香港能仁专上学院有限公司作出其他财务承诺或投资。根据营办协议,香港工商学院须负责香港能仁专上学院有限公司非香港地区学生的录取。此外,根据营办协议,香港工商学院有权委任若干股东进入香港能仁校董会。尽管由于香港能仁专上学院有限公司的非营利身份,民生教育将不会通过成为香港能仁专上学院有限公司股东以股息派付的形式享有直接财务回报,但民生教育认为其在成为股东后间接从与香港能仁专上学院有限公司的合作中可以受益。相关合作包括重庆人文科技学院及重庆工商大学派斯学院提供的英国特许公认会计师公会项目。

2014年6月10日,民生教育发展有限公司订立一份股份转让协议,以收购培根国际学院720,000股股份,相当于其当时已发行股本30%,总代价为80万新加坡元。2015年3月17日,民生教育发展有限公司进一步认购培根国际学院股本中150,000股股份,代价为150,000新加坡元。截至最后实际可行日期,其拥有培根国际学院约25.59%权益。

三、公司构架

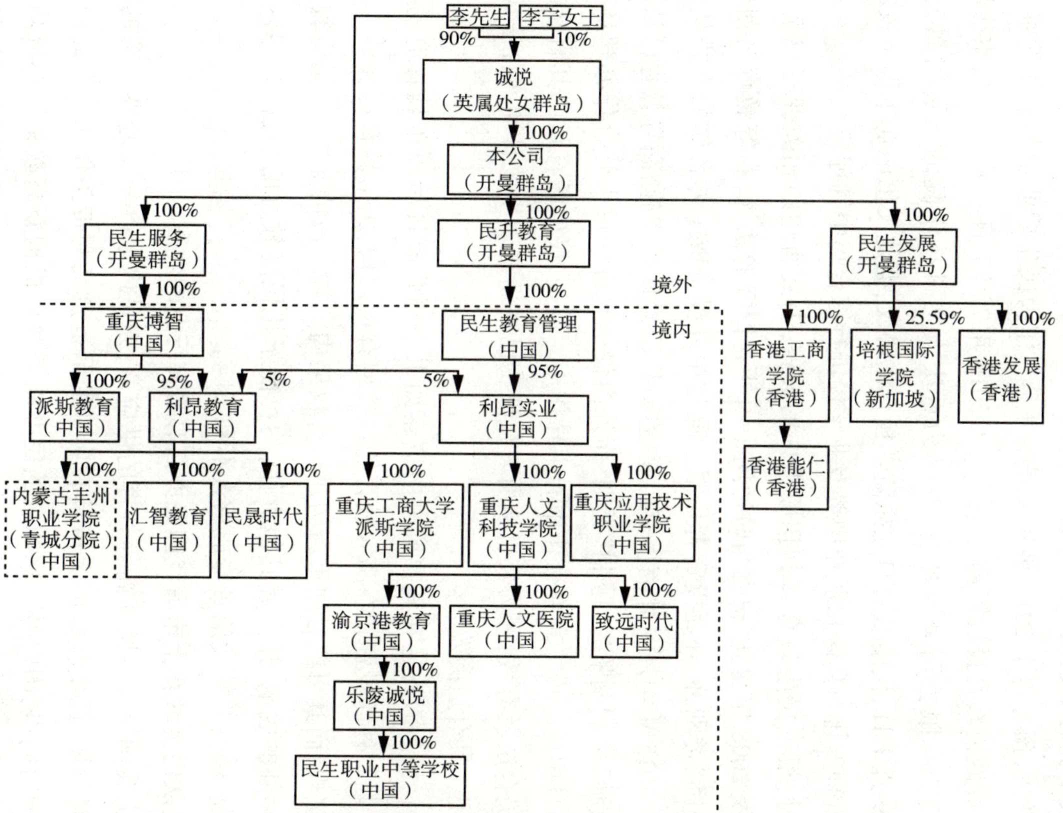

图 33　紧接全球发售前民生教育的公司构架

资料来源：民生教育 IPO 招股书。

如图33所示,民生教育通过直接拥有权架构拥有及营办学校,民生教育的附属公司(重庆民升教育管理有限公司及重庆博智教育服务有限公司)直接持有利昂实业(重庆利昂实业有限公司)及利昂教育(重庆利昂教育服务有限公司)的股权,而利昂实业及利昂教育则在民生教育于重庆的三所学校及一所于内蒙古的学校中拥有学校出资人权益。此外,民生教育也已创办第五所学校民生职业中等学校,预计将于2018年9月开始办学。作为民生职业中等学校的唯一出资人,乐陵诚悦教育投资管理有限公司于2016年7月7日注册成立,由重庆渝京港教育投资有限公司全资拥有,其又为重庆人文科技学院的全资附属公司。2016年9月1日,民生教育订立乐陵学校合作协议,据此民生职业中等学校将透过委托管理安排对乐陵市职业中等专业学校进行综合集中管理。

同时,根据民生教育在其招股书中的披露,上文所述的相关拥有权架构于2006年及2008年建立,根据当时适用中国外商投资的法规,高等教育名列外商投资"鼓励"类别,而外商投资者仅限于通过中外投资或中外合作的方式从事高等教育。2015年4月,《外商投资产业指导目录》经修订实施,高等教育已从外商投资"鼓励"类别调整为"限制"类别,而外商仅被允许通过中外合作办学从事高等教育,且国内合作方须在合作中起主导作用。但是,民生教育认为其直接拥有权架构仍合法及有效,因为其直接所有权架构已在新法规生效日期前合法成立,而新法规不具有追溯效力。

而且,民生教育还在其招股书中披露如果中国政府日后颁布具有追溯效力的法规,限制外商投资者在高等教育的直接拥有权架构,民生教育可被认为违反相关新法规,而其可能必须重新构建所有权架构。倘有该情况发生,民生教育可能产生额外的成本、开支或其他责任,均可能干扰民生教育的经营并对其业务、财务状况、经营业绩及前景造成重大不利影响。

四、从民生教育上市看我国民办高等教育行业的发展

作为我国第十大民办高等教育的供应商,亦是内地第一家赴港上市的民办高等教育集团,民生教育的上市具有典型的示范意义和带头作用。在此后不到一个月的时间里,国内另一家知名的民办高等教育机构新高教集团亦成功登陆港股,相信很多持观望态度的同行们也开始蠢蠢欲动,未来我国民办高等教育市场的规模也必将持续扩大。

那么,目前国内民办高等教育行业的发展究竟呈现出什么样的态势呢?

(一)行业概况

根据弗若斯特沙利文报告,民办高等教育行业的总收益增长稳定,由2010

年的人民币570.0亿元增至2015年的人民币926亿元，复合年增长率为10.2%。未来，中国民办高等教育的总收益预计将由2015年的人民币926亿元增至2020年的人民币1563亿元，预计复合年增长率为11%。图34所示为2010～2015年中国民办高等教育行业产生的总收益及2016～2020年的收益预测。

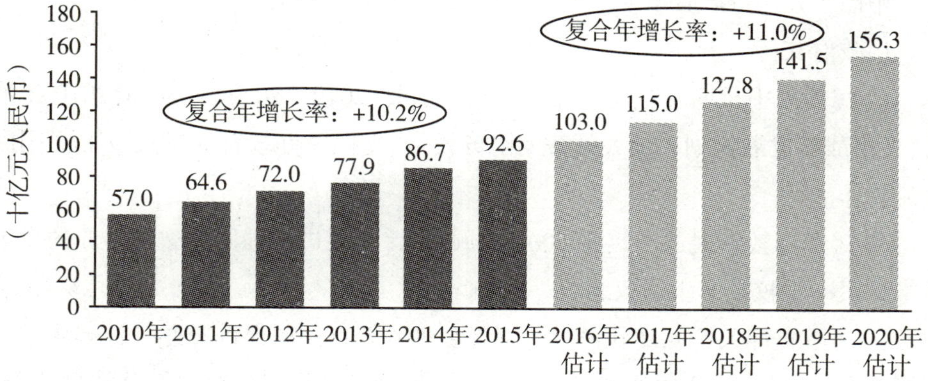

图34　2010～2020年中国民办高等教育行业估计的总收益

资料来源：弗若斯特沙利文报告。

根据弗若斯特沙利文报告，2010～2015年，中国民办高等教育招生总数由480万人增至610万人，复合年增长率约为5.1%。预计有关数目将由2015～2020年按复合年增长率7.4%增加至870万人。图35所示为2010～2015年中国民办高等教育行业招生总数以及2016～2020年招生人数预测。

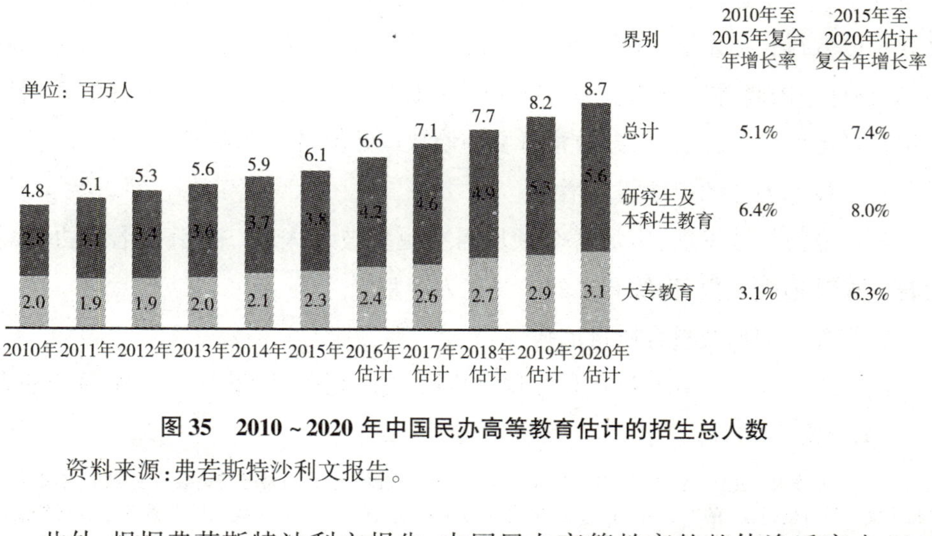

图35　2010～2020年中国民办高等教育估计的招生总人数

资料来源：弗若斯特沙利文报告。

此外，根据弗若斯特沙利文报告，中国民办高等教育的整体渗透率由2010

年的20.0%增加至2015年的21.7%，表明更多学生选择就读民办大学或学院而非公立学校，且由于预期渗透率将于2020年达27.2%，该趋势可能仍将存在。同期，高等教育于中国教育市场的民办学校中一直享有最高渗透率。

(二) 市场推动因素

中国民办高等教育事业的发展主要受以下因素推动：

1. 政府支持

(1)《国家中长期教育改革和发展规划纲要(2010～2020年)》：于2010年颁布，提出战略发展规划以加大教育的财务投资、支持民办教育的发展及加强国际交流合作。

(2)《民办教育促进法》：于2002年颁布，旨在促进中国民办教育事业的发展及维护民办学校及学生的权利。

(3)《教育部关于鼓励和引导民间资金进入教育领域促进民办教育健康发展的实施意见》：于2012年印发，旨在鼓励及支持民间资金在中国经营教育业务，包括高等教育机构。

(4)《民办教育促进法修正案(草案)》①：该修正案(草案)包括现行法律的修改。根据该修正案(草案)，民办学校可选择注册为营利性实体或非营利性实体。营利性实体可自主确定收取的学费，而无须寻求相关政府机关的批准。

2. 财富及对高等教育的需求增加

随着中国收入增加和居住生活条件改善，大众更加意识到教育的重要。凭借对高等教育快速增长的需求及相对有限的公共高等教育资源之间的缺口，民办教育已取得长足发展。随着持续的经济发展以及中国家庭的收入及财富不断增加，预计中国高等教育招生率将继续快速上升。然而，公共教育资源的发展可能保持稳定。因此，预计民办教育将填补该缺口并保持强劲发展。

3. 对技术人才的市场需求增长

随着经济持续发展，市场各个领域需要更多技术人才。尤其随着公办高等教育扩充其招生人数，训练有素的一线工人严重匮乏。

4. 多样性增加及教育质量加强

民办学历高等教育质量在利好政府政策支持及民办教育集团资源整合的影

---

① 《民办教育促进法》已根据2016年11月7日《全国人民代表大会常务委员会关于修改〈中华人民共和国民办教育促进法〉的决定》修正，于2017年9月1日正式施行，标志着我国民办教育分类管理制度的正式确立。

响下持续改善。主要民办大学的兴起及稳定发展表明中国民办学历高等教育市场的最新发展。同时,专注于专业教育的民办教育正增加其课程组合及提升专业化程度。相关发展预计将吸引更多学生考虑民办学历高等教育及带动市场增长。

(三)行业竞争格局

中国民办高等教育市场高度分散。根据弗若斯特沙利文报告,2015 年中国民办高等教育机构总数达 734 家,但高等教育机构相对基础教育较少位于本地市场营运。根据弗若斯特沙利文报告,2015 年,中国西部地区有 175 家民办高等教育机构,包括 91 家民办大学及 84 家民办大专院校,其中约 50% 的学校招生人数至少达 6000 名。同年,中国东南部地区有 197 家民办高等教育机构,包括 105 家民办大学及 92 家民办大专院校,其中约 60% 的学校招生人数至少达 6000 名。此外,根据弗若斯特沙利文报告,中国民办高等教育行业的十大参与者占市场份额约 8.2%。

(四)发展趋势

中国民办高等教育行业的发展趋势包括以下方面:

1. 行业整合

随着行业领先者持续推行透过并实现增长的基本策略持续发展,中国高等教育市场预期将持续整合。该趋势受创办高等教育机构严格的法规、巨大的资本要求以及筹备周期长等因素带动亦愈趋明显。

2. 由独立学院转设为民办普通本科

随着民办教育营办商整合优质学术及资本资源的能力不断提高以及持续提升教育质量及知名度,独立学院转设为民办普通本科可能成为主要的发展趋势。随着中国整体的社会经济及技术发展以及人们个人财富及教育支出不断增加而追求高等教育学历,该趋势亦愈演愈烈。

3. 鼓励民间资本

目前,中国大部分教育机构为政府机关出资及营办。中国政府可能鼓励更多民间资本进入教育系统,以提高效率,在此情况下,大型民办教育服务供应商可能更受青睐。

4. 人才培养的方向更加配合市场需求

专注应用艺术及技术的大学可提供实用技术方面的培训从而更好地培养受中国雇主欢迎的技术人才。预计中国政府将进一步加大对职业型高等教育及相关研究院发展的支持。

[案例二十一]新高教香港上市:我国应用型民办高等教育的兴起

公司名称:中国新高教集团有限公司

公司注册地:开曼群岛

股票代码:2001

上市时间:2017 年 4 月 19 日

上市地点:香港联交所

发行价:2.78 港元

发行数量:2.86 亿股(不含超额配股权)

融资额:净集资 7.43 亿港元

独家保荐人:法国巴黎银行

2017 年 4 月 19 日,中国新高教集团有限公司(以下简称新高教[①])成功在香港地区上市。交易首日,新高教以 2.78 港元开盘,总成交金额达 1.48 亿港元,上市时总市值 39.78 亿港元。在其上市前,新高教在其全球公开发售中获得 1.97 倍超额认购,发售定价为 2.78 港元每股,公开发售所得款项净额为 7.43 亿港元。

继枫叶教育(1317.HK)、成实外教育(1565.HK)、睿见教育(6068.HK)、宇华教育(6169.HK)、民生教育(1569.HK)之后,新高教成为又一家登陆香港资本市场的内地民办教育机构。作为国内领先的民办高等学历教育集团,新高教专注于提供各个领域的优质应用型高等教育,旨在教授学生具备实践经验及适用技能,从而帮助学生获得就业能力。作为国内第一家上市的应用型民办高校,新高教成功登陆境外资本市场也预示着我国应用型民办高等教育的兴起。

一、新高教概况

根据弗若斯特沙利文的资料,按 2013 年、2014 年及 2015 年毕业生的就业率计算,新高教是中国领先民办高等学历教育集团,取得了全行业领先的毕业生就业率。根据弗若斯特沙利文的资料,于 2013 年、2014 年及 2015 年,新高教的毕业生于其各自毕业年度年底的就业或进修率分别约为 98.7%、98.6%及 98.3%,而于该等年度的中国行业平均就业或进修率为 86.8%、87.4%及92.3%。此外,新高教旗下的云南学校及贵州学校的毕业生于 2016 年年底的就业或进修率约为98.3%。

---

① 新高教可指包括中国新高教集团有限公司在内的所有上市实体旗下的子公司、国内运营实体以及其他关联实体。

根据有关计算毕业生就业率的教育部通知,新高教旗下学校的毕业生就业率及已受聘或寻求继续升学的毕业生,与中国行业的毕业生就业率的计算方式一致。

新高教认为,其自身非常成功的毕业生就业记录足以证明其教育方法的成效,帮助其提高声誉及知名度并吸引有才华的高中毕业生。根据弗若斯特沙利文的资料,截至 2015 年 12 月 31 日,与欧洲和北美发达国家大学适龄人口的平均毛入学率分别约 64.0% 及 87.0% 相比,中国仅有约 37.1% 的大学适龄人口毛入学率。与此同时,中国政府在高等教育上的支出占教育总支出的比例近年来一直呈下降趋势。因此,新高教相信,中国的民办高等教育发展具有巨大市场潜力。同时,市场对具备实践经验及适用技能人才的需求不断增长,并且有望持续增长。在此行业背景下,新高教作为专注于提供应用型大学教育的民办高等教育集团,未来有望受益于中国高等教育发展的契机。

二、上市前的重组历程

为筹备上市,新高教进行了以下企业重组:

(一)注册成立离岸集团公司

Aspire Education Group Co. ,Ltd.(Aspire Education Group)于 2015 年 10 月 20 日在开曼群岛注册成立为获豁免有限公司,法定股本为 50,000 美元,分为每股面值 0.0001 美元的 500,000,000 股股份。注册成立时,N. D. Nominees Ltd. 认购 Aspire Education Group 股本中的一股股份。同日,上述已发行一股股份按面值转让予 Aspire Education Management,且分别向 Aspire Education Management、Aspire Education Technology 及 Aspire Education Consulting 发行 6849 股、2450 股及 700 股股份。

Aspire Education Information Co. , Ltd. (Aspire Education Information) 于 2015 年 10 月 29 日注册成立为英属维尔京群岛业务公司,法定股本为 50,000 美元,分为每股面值 1.00 美元的 50,000 股股份。同日, Aspire Education Information 的一股股份配发及发行予 Aspire Education Group,按面值列作缴足。Aspire Education Information 为投资控股公司。

Aspire Education Holding Co. ,Limited(Aspire Education Holding)于 2015 年 10 月 30 日根据香港法律注册成立为有限公司,由 Aspire Education Information 全资拥有。Aspire Education Holding 为投资控股公司。

(二)成立云南大爱方舟信息咨询有限公司

2016 年 3 月 16 日,云南大爱方舟信息咨询有限公司(方舟公司)于中国成立为外商独资企业,注册资本为人民币 3 亿元,由 Aspire Education Holding 全资拥有。方舟公司为一家投资控股公司,于最后实际可行日期[①]并无实质业务。于最后实际可行日期,方舟公司的注册资本已缴足。

(三)出售与高等学历教育无关的实体

1. 出售予独立第三方

为在上市前精简集团资产,新高教出售多个与高等学历教育不相关的实体及权益予嵩明众合(独立第三方)。经过公平磋商,嵩明众合同意全盘收购专修学院和职业学校及与教育不相关的其他实体及权益,代价合共为人民币41,577,469.34元,参考(1)出售实体及出售权益(专修学院、职业学校及昆明官渡银行部分权益除外)于2016年5月31日的合计资产净值;(2)专修学院和职业学校于2016年6月30日的总资产净值;(3)昆明官渡银行部分权益的投资成本;及(4)嵩明树人截至2016年7月31日的资产净值。

2. 出售予北京大爱企业管理有限公司

紧接出售之前,北京联合由北爱公司全资拥有。2016年5月31日,北爱公司与北京大爱企业管理有限公司(大爱管理)签订股权转让协议,北爱公司同意将北京联合的全部注册资本转让予大爱咨询全资拥有的投资控股公司大爱管理,代价为人民币66,258.94元(参照北京联合截至2016年5月31日之资产净值)。大爱咨询由李孝轩先生[②]拥有90%权益及由李先生的配偶杨女士拥有10%权益。股权转让于2016年7月15日完成及结算后,北京联合不再为新高教的附属公司。

(四)注册成立本公司[③]

本公司于2016年7月8日在开曼群岛注册成立为获豁免有限公司,法定股本为50,000美元,分为500,000,000股每股面值0.0001美元的股份。同日,1股股份转让予Aspire Education Group。

(五)Aspire Education Group的股权变动

1. 向Advance Vision发行股份

于2016年6月22日,Aspire Education Group向Advance Vision发行2,222股股份。

2. 向Aspire Education International发行股份

2016年7月14日,Aspire Education Group向Aspire Education International发

① 2017年3月27日,下同。

② 李孝轩先生新高教的创办人。

③ 本公司即为中国新高教集团有限公司(前称中国新大学集团有限公司),一间于2016年7月8日在开曼群岛注册成立的获豁免有限公司。其为上市实体。

行473股股份，主要以反映诚信投资及辉煌投资于云爱集团的投资，股份发行已于2016年7月11日完成。

3. Aspire Education Management 向 Aspire Education Worldwide 转让股份

2016年7月14日，Aspire Education Management（Aspire Education Management Co.，Ltd.，由李先生全资拥有）向 Aspire Education Worldwide（Aspire Education Worldwide Limited，由王雪萍女士[①]拥有99.995%及执行董事赵帅拥有0.005%）转让573股股份，以反映自大爱合伙（由李先生全资拥有）转让其所持云爱集团的股权予中益公司（由王女士全资拥有）。

4. 向 Design Time Limited 发行股份

于2016年7月15日，Aspire Education Group 向 Design Time Limited（Design Time）发行1310股股份。

5. 向 Gainful Asset Management Limited 发行股份

于2016年7月15日，Aspire Education Group 向 Gainful Asset Management Limited（Gainful Asset）发行306股股份。

（六）California Academy of Business，Inc.

California Academy of Business，Inc.（California Academy）于2016年7月18日根据加利福尼亚州法律注册成立为公司，其10,000股股份获配发及发行予 Aspire Education Holding。

（七）出资哈尔滨轩德科技有限公司

2016年7月29日，云爱集团（云南爱因森教育投资集团有限公司）以总代价人民币261,865,000元从哈尔滨轩德科技有限公司（哈轩公司）当时的股东取得哈轩公司的73.91%股权。

（八）成立西藏大爱辉煌信息科技有限公司

2016年8月5日，西藏大爱辉煌信息科技有限公司（辉煌公司）于中国成立为外商独资企业，注册资本为100万美元，由 Aspire Education Holding 全资拥有。注册资本已于2016年10月18日以 CSI Finance Limited 及中信银行（国际）有限公司向新高教批出的贷款所得款项悉数缴清。辉煌公司从事向新高教的中国营运学校及学校举办者提供技术及管理咨询服务。

（九）Aspire Education Group 向本公司转让 Aspire Education Information 的股份

2016年9月6日，Aspire Education Group 与本公司订立买卖协议，据此，本

---

① 王雪萍女士为李先生的朋友及一名独立第三方。

公司自 Aspire Education Group 收购 Aspire Education Information 全部已发行股本。作为代价,本公司按面值向 Aspire Education Group 配发及发行 14,310 股股份。紧随本次转让后,本公司由 Aspire Education Group 全资拥有,且持有 Aspire Education Information 全部已发行股本。

(十)订立结构性合约以由辉煌公司控制集团的中国综合联属实体

2016 年 9 月 8 日,辉煌公司与(其中包括)新高教的中国综合联属实体订立多项协议,该等协议构成结构性合约,据此,通过将其中国综合联属实体应付的服务费支付予辉煌公司,新高教的中国综合联属实体的业务所产生所有经济利益均转让予辉煌公司。

三、公司构架

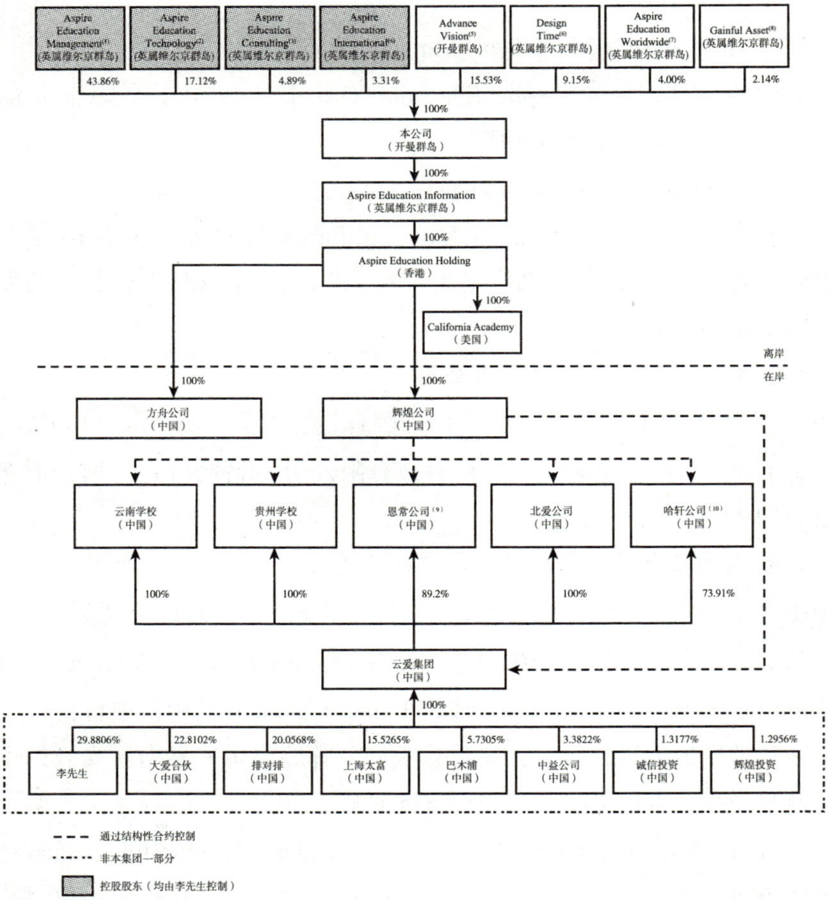

图 36　紧接上市前新高教的公司结构

资料来源:新高教 IPO 招股书。

注:实线为股权控制,虚线为协议控制或不属于本集团。

根据新高教提交的招股书披露的信息,新高教是通过 VIE 架构实现上市,通过结构性合约控制其在中国的两所民办高校,分别是云南学校(云南工商学院)和贵州学校(贵州工商职业学院),该两所学校主营业务为应用型高等教育,实际举办者为云爱集团。

四、新高教上市时存在的风险

(一)面临中国高等教育业界的竞争

近几年,中国高等教育行业的发展迅速,高度分散且存在竞争,预期未来业界的竞争将继续加剧。新高教主要与提供高等学历教育服务及课程的公立及民办大学及学院竞争。新高教在各种方面与此等学校竞争,包括提供的课程及课程设置、专业知识、教师的声望、学费及寄宿费、学校地点及设施。公立学校在税项豁免及政府补助等方面可享受政府部门的优惠待遇。新高教在其招股书中提到,其竞争对手或会采用相似的课程、学校支援及营销方式,但会提供比其更具吸引力的价格及服务组合。此外,新高教认为其部分竞争对手可能拥有更多资源,得以投放更多资源发展及推广其学校及招聘优秀教师及管理人员,并且可能比其更能够迅速应对学生需求、市场需求或新技术的改变。因此,为挽留或吸引学生,或寻找新市场机遇,新高教或须进一步提升教育质量及提高课程设置多样性,或增加开支来应对竞争。新高教亦在其招股书中提到,如果其未能成功争取新学生、维持或增加学费及寄宿费水平、吸引及挽留骨干教师或其他重要员工、提升教育服务素质或控制竞争成本,其业务及经营业绩或会受到重大不利影响。

(二)民办高等教育的中国监管规定新法规产生的影响

中国民办高等教育行业须遵守众多法律及法规,相关法律及法规或会不时变动以迎合教育行业的发展,尤其是民办教育市场。例如,我国《民办教育促进法》于 2013 年修正后,于 2016 年 11 月进一步修订,并于 2017 年 9 月 1 日起生效。根据新修正的《民办教育促进法》,(1)提供九年义务教育以外教育服务的民办学校的学校举办者可选择该学校作为营利性民办学校或非营利性民办学校;(2)营利性民办学校的学校举办者可收取营运盈利,而非营利性民办学校的学校举办者不得收取营运盈利;(3)非营利性民办学校享有与公立学校同样的优惠税收待遇,而营利性民办学校享有国家规定的优惠税收待遇;(4)营利性民办学校可考虑不同因素厘定收费,例如学校的营运开支及市场需求,且无须就有关费用事先取得政府机关批准,而非营利性民办学校须根据相关地方政府制定的措施收取该等费用。新增及现有法律及法规的诠释及执行存在不确定因素。由此,新高教在其招股书中披露,其无法保证将符合新增的法律及法规的规定(其诠释尚不明确),或将能够根据新监管环境快速变更其业务经营。如果无法做到上述各项,可能对其业务、财务状况及经营业绩造成重大不利影响。

(三)民办高等教育产业在中国的历史相对较短,短时间内较难获得广泛认可

新高教在其招股书中称其日后的成功很大程度上取决于中国民办高等教育服务的被认可度、发展及市场的扩展。民办高等教育服务市场于20世纪80年代初开始发展,而于20世纪90年代高速增长。究其原因,主要是因为中国政府实施了有利的政策。1997年,中国国务院颁布首部法规促进中国民办教育行业的发展。然而,直至2003年《民办教育促进法》生效,中国方允许发展营利性民办高等教育服务。该行业的发展一直伴随着大量有关民办高等教育机构管理及营运的新闻报道及公开辩论。中国公众是否认可该业务模式尚有不确定性。此外,由于中国法律的应用及诠释与民办营利性教育行业的推广有关,故存在大量不确定因素。例如,相关中国法律所述的若干有利政策适用于民办学校,如税收优惠待遇。倘若民办高等教育业务模式未获得中国一般公众(特别是学生及家长)的支持或广泛认可,或有利的监管环境日后有所改变,新高教未必能发展业务,而股份的市价可能受到重大不利影响。

五、从新高教上市看我国高等教育的应用型转变趋势

上文提到,新高教专注于提供各个领域的优质应用型高等教育,旨在教授学生具备实践经验及适用技能,从而帮助学生获得就业能力。而其最终能够成功上市,也预示着我国应用型民办高等教育的兴起,这也与当前我国高等教育的应用型转变的趋势相呼应。我国高等教育行业的具体发展趋势如下:

(一)初始阶段(精英高等教育)

自新中国成立起,由于当时的有限教育资源及社会结构,高等教育首先被确认为专门教育国家精英人才的发展平台。

(二)大众市场高等教育

中国高等教育行业于1998~2008年在经济发展中经历大规模扩招,在市场寻求更高水平的技能和人才时,帮助学生觅得更好的工作。在20世纪90年代初的中国经济快速增长中,民办高等教育尤其得益于这股潮流,且进一步自2000年后的市场需求扩张中获益。然而,该趋势在经济衰退时受当时劳动力供求失衡影响。高等教育毕业生不愿从事低技术工作,亦无法获得更高技术的工作,因而令高等教育毕业生供过于求的问题加剧。根据弗若斯特沙利文报告,2011年至2015年,新成长失业青年构成中国整体人才供应中待业求职者总人数约25%的稳定比例。2011~2015年,在新成长失业青年中,应届高等教育毕业生由2005

年的约 35% 增加至约 45%，说明应届高等教育毕业生寻找工作日渐困难。

图 37 载列 2005 ~ 2015 年应届高等教育毕业生占新成长失业青年总数的比例。

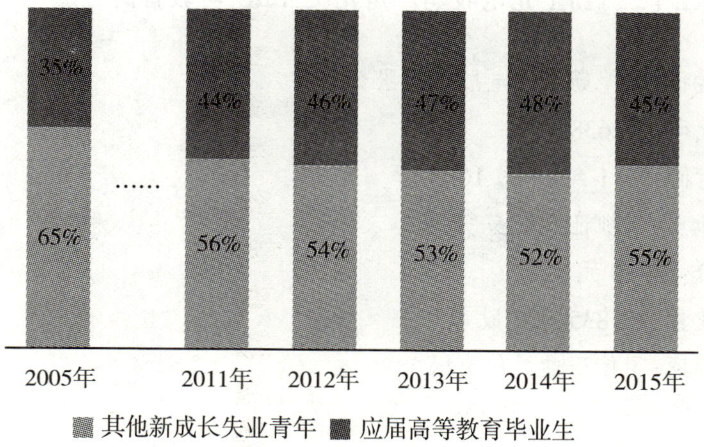

图 37　新成长失业青年明细（2005 年至 2015 年）

资料来源：新高教 IPO 招股书。

（三）高等教育改革（应用型转变）

由于中国各行业日益专业化，市场对具备实践经验及适用技能的人才需求增长，而且预期将持续快速增长。为应对此需求，中国政府正采取措施鼓励大学转型至应用型大学（专注于就业培训）。目前，政府已推出政策鼓励高等职业教育的发展，提供直接适用于毕业后求职的培训，例如，教育部、发改委及财政部于 2015 年 10 月颁布《关于引导部分地方普通本科高校向应用型转变的指导意见》，国务院于 2014 年 5 月颁布的《国务院关于加快发展现代职业教育的决定》。弗若斯特沙利文预期在 2020 年前，中国将有 500 ~ 700 家应用型民办高等教育机构合并资格提供本科教育，在校生人数将超过 700 万 ~ 900 万人。

此外，在教育部的支持下，应用技术大学（学院）联盟于 2013 年成立，其为民间组织，包括 35 家公立及民办高等教育机构。截至 2015 年 12 月 31 日，154 家高等教育机构加入此联盟，其中约 100 家为公立高等教育机构，超过 50 家为民办高等教育机构。该等高等教育机构致力于提供应用型高等教育，而且将自身定位为培训技术人才及专家的机构。应用型高等教育的需求持续增长。

第四节 A股案例

[案例二十二]勤上光电收购广州龙文:LED与教育的碰撞

公司名称:东莞勤上光电股份有限公司
股票代码:002638
发行时间:2011年11月16日
上市地点:深圳证券交易所
发行价:24.00元
发行数量:46,835,000股
主承销商:国信证券股份有限公司

一、背景介绍

LED与教育分水岭的渐灭:东莞勤上光电股份有限公司(SZ:002638,以下简称勤上光电)创建于1993年,在2011年11月在深圳证券交易所挂牌上市,当时的主营业务是LED照明灯具。但是,在2014年,受宏观经济影响,国内经济增速放缓,经济下行压力较大,加上半导体照明行业竞争激烈,半导体照明产业已形成“红海”格局。因此公司积极推进产业转型和行业整合升级,着力推进与广州龙文教育科技有限公司(以下简称广州龙文)的重大资产重组事宜。勤上光电切入教育行业的背景源于《教育法》和《民办教育促进法》修正案等顶层设计即将破冰的政策背景。《教育法》变动最大的一条是,删除了“任何组织和个人不得以营利为目的举办学校”,改为“由财政性经费、捐赠资产举办或者参与举办的学校及其他教育机构不得设立为营利性组织”。新《民办教育促进法》(2016年修正)将第18条改为第19条为:民办学校的举办者可以自主选择设立非营利性或者营利性民办学校。但是,不得设立实施义务教育的营利性民办学校。据此社会资本也产生了强烈介入教育行业的投资需求。

广州龙文财务报表净资产为负数,净利润才百万元,勤上光电为何狂撒20亿元?根据《广州龙文教育科技有限公司审计报告及财务报表》(2013年1月1日至2015年8月31日)的显示,广州龙文在2013年、2014年以及2015年其合并资产负债表中净资产均为负值,并且利润表中净利润为800多万元、1000多万元和900多万元。而勤上光电却花费20亿元来收购广州龙文,产生这种匪夷所思举措的原因在于广州龙文是国内领先的K12教育信息咨询服务提供商。广州龙文采用定制教学的方式,对不同年级和不同水平的学生授受不同的课程以及“一对一”的服务,同时通过布局全国连锁教学网点,自我培育优秀师资力量,不断研究和创新教学方案、教学方式和发展方向,构建了从团队建设、组织知识到网点体系的核心竞争力,奠定了业内领先的优势竞争地位。正是广阔的发展前景,勤上光电才愿意花费大价钱。

表5　广州龙文教育科技有限公司合并资产负债情况

(除特别注明外,金额单位均为元)

时间	2015年8月31日	2014年12月31日	2013年12月31日
资产总计	309,798,972.95	325,483,603.90	351,703,604.50
负债合计	376,027,408.49	430,996,423.48	499,466,351.41
四、净利润(净亏损以“-”号填列)	8,752,601.80	10,987,966.13	9,637,586.68

资料来源:勤上光电:广州龙文教育科技有限公司审计报告及财务报表。

二、收购过程

2016年1月3日晚,勤上光电发布公告,拟以14.16元/股发行1.06亿股(约15亿元),并向杨勇支付现金对价5亿元,共计作价20亿元,收购杨勇、华夏人寿及信中利等9名交易对方合计持有的广州龙文100%股权。同时,交易公司承诺,广州龙文2015~2018年累计实现的税后净利润不低于5.64亿元。广州龙文主营业务为K12阶段的非学历教育信息咨询服务,属于现代服务业中的其他服务业。但是并购的过程并没有那么顺利,中国证监会发布询问函,多次询问并购过程存在的问题,比如非经营性资产的剥离、子公司分公司变更经营范围的报批、1对1课程是否在经营范围内以及“59错题”是否需要申请网络出版服务许可证等,并购公司一一做出答复。最终,2016年6月29日,勤上光电发布公告称,经中国证监会上市公司并购重组审核委员审核,公司发行股份及支付现金购买资产并募集配套资金暨关联交易事项获得有条件通过,如需要勤上光电持续披露教育机构政策不确定性产生的影响以及龙文环球转让股份给广州龙文的股份是否构成勤上光电对标的公司股东的股份支付。

表6　交易方案

交易对方		交易对价（万元）	支付方式		
广州龙文股东	股权比例		现金对价(万元)	股份对价(万元)	股份(股)
杨勇	48.27%	96,540.00	50,000.00	46,540.00	32,867,231
华夏人寿	30.00%	60,000.00	0.00	60,000.00	42,372,881
信中利	8.40%	16,800.00	0.00	16,800.00	11,864,406
张晶	5.00%	10,000.00	0.00	10,000.00	7,062,146
朱松	3.15%	6300.00	0.00	6300.00	4,449,152
曾勇	3.15%	6300.00	0.00	6300.00	4,449,152
深圳富凯	0.84%	1680.00	0.00	1680.00	1,186,440
北京龙啸天下	0.61%	1220.00	0.00	1220.00	861,581
北京龙舞九霄	0.58%	1160.00	0.00	1160.00	819,209
合计	100.00%	200,000.00	50,000.00	150,000.00	105,932,198

注:“股份(股)”计算结果如出现不足1股的尾数舍去取整,下同。

资料来源:勤上光电拟非公开发行股票并支付现金用于购买广州龙文教育科技有限公司100%股权所涉及的广州龙文教育科技有限公司股东全部权益价值评估报告。

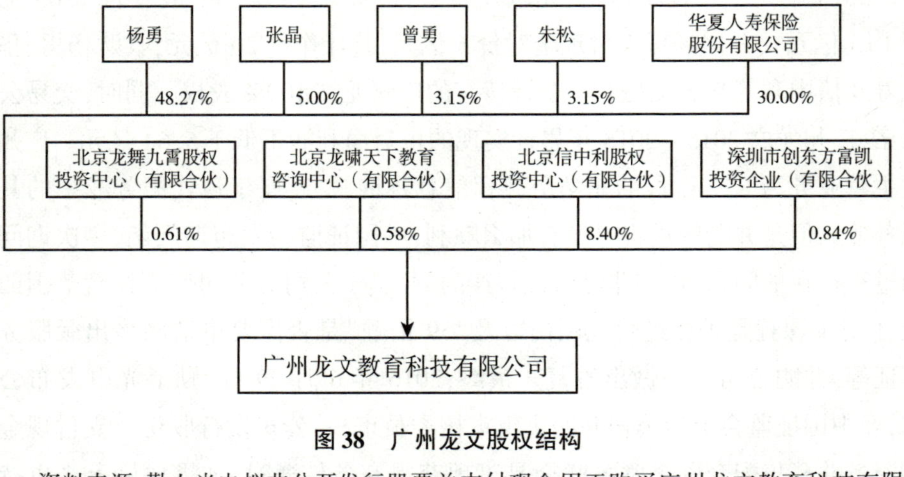

图38　广州龙文股权结构

资料来源:勤上光电拟非公开发行股票并支付现金用于购买广州龙文教育科技有限公司100%股权所涉及的广州龙文教育科技有限公司股东全部权益价值评估报告。

三、收购中存在的核心问题及解答

(一)规避民办非企业教育机构资产收购风险

《民办教育促进法》(2002年)虽然允许民办非企业教育机构(以下简称民非

企业)获取“合理回报”,但对合理回报如何获取没有进行专门表述,所以严格意义上来说,民非企业的股东能否取得学校经营的成果、能取得多少,都是未知数,在整个集团的会计核算中能否并表,目前尚存在歧义。所以在2014年年初广州龙文和龙文环球开始了资产重组的事项,把所有公司制企业的股权转让到广州龙文名下,民非企业从广州龙文剥离,使得广州龙文母公司及下属子公司分公司均为民办企业教育机构,不存在任何法律的风险。从审计报告可以发现,广州龙文架构中,清一色全是子公司,没有一家民非企业。

(二)龙文环球资产注入广州龙文变更经营范围报批事项

根据《公司登记管理条例》第2条第1款规定,有限责任公司的设立、变更和注销由该条例规范,所以本次龙文环球子公司、分公司注入广州龙文过程中,对于以出售子公司股权形式进行资产注入的情况,需在工商部门办理股东变更登记。根据《民办教育促进法》(2013年修正)第66条规定,经营性民办培训机构管理由国务院另行规定,但是根据国务院颁布的《民办教育促进法实施条例》,并未对该事项进行规定。目前,在广州龙文及各子公司开展业务的城市中,除上海、重庆出台了地方性法规作出细化规定,要求经营性民办教育培训机构的设立变更,由工商部门受理,在征求教育部门意见后予以登记,其他城市均未出台细则。因此,龙文环球的分、子公司注入广州龙文,除上海、重庆地区外,不涉及向教育主管部门履行法定审批、备案程序的事项。《建设工程消防监督管理规定》第2条第1款规定:“本规定适用于新建、扩建、改建(含室内装修、建筑保温、用途变更)等建设工程的消防监督管理。”广州龙文本次承接龙文环球原子公司、分公司业务后,原有教学点没有发生变化,仍在原有场所继续开展业务,并未对经营场所进行新建、扩建或改建,故在龙文环球分、子公司注入广州龙文的过程中,无须向消防主管部门履行审批、备案程序。由于上海与重庆两地对经营性民办教育机构的管理发布详细规定,因此在向当地教育管理部门征求意见时,经营场所的消防安全证明需作为申请材料之一。

(三)广州龙文下属公司变更经营范围报批事项

根据《民办教育促进法》(2013年修正)第66条以及全国人民代表大会发布的法律释义与问答之《民办教育促进法释义》第66条规定,“对在工商行政管理部门登记注册的经营性的民办培训机构的性质是营利性组织,其目的是通过提供教育培训服务而获取经济利益。在财产归属上受公司法、合同法等法律的调整。经营性的民办培训机构属于营利性组织,其登记机关是工商行政管理部门,应当按照《公司法》等相关法律、法规的规定登记注册,要采用企业会计《准则》,

按时接受年检,缴纳税款等”。除上海、重庆以外的其他广州龙文下属子公司所在城市暂无履行教育部门审批、备案手续的规定。广州龙文上海、重庆有关网点变更经营范围报批事项与其他地方不同。上海的规定是,经营性民办培训机构需要同时征得工商部门和教育行政部门或者人力资源社会保障部门的同意。另外在房屋安全证明和消防安全许可证明也应在设立民办培训机构时一同提交。因此在上海的子公司变更更为严格。

重庆的规定和上海类似,只是教育行政部门和人力资源社会保障部门负责监督管理的事项不同,但是设立经营性民办培训机构仍然是“工商 + 教育/人资社保”的模式,同时提供培训场所的消防安全验收合格证明。

(四)K12 阶段 1 对 1 辅导业务合规性

根据《产业结构调整指导目录(2015 年版)》(发改委令第 36 号)之规定,广州龙文从事的 1 对 1 辅导教育服务业务不属于国家产业政策限制或淘汰的业务。广州龙文及子公司均为在工商登记的有限责任公司,均从事 K12 阶段 1 对 1 辅导教育服务业务,属于《民办教育促进法》(2013 年修正)规定的在工商机关登记注册的经营性的民办培训机构,其性质是营利性组织,目的是通过提供 1 对 1 辅导教育服务而获取经济利益。广州龙文及子公司经营性民办培训机构的性质符合现行《民办教育促进法》(2013 年修正)的规定。

《民办教育促进法》(2013 年修正)第 66 条规定,经营性民办培训机构的管理由国务院另行规定。当前国务院未作出另行规定,《全国人民代表大会常务委员会关于修改〈中华人民共和国民办教育促进法〉的决定》(中华人民共和国主席令第 55 号)于 2017 年 9 月 1 日起施行,当前仅《上海市经营性民办培训机构登记暂行办法》、《重庆市民办非学历教育培训机构管理暂行办法》对于《民办教育促进法》(2013 年修正)规定的文化教育、职业技能教育以外在工商行政管理机关登记经营性民办培训机构进行了明确规定。上市公司律师通过对前述现行有效规定进行分析及咨询相关主管机关,并由交易相关方作出承诺,确认了本次重组所涉民办教育机构股权、经营范围变更程序及相关业务的合法合规性。

(五)网络出版新规对募集资金用途的影响

2016 年 2 月 4 日,国家新闻出版广电总局和中华人民共和国工业和信息化部联合发布《网络出版服务管理规定》。申请资料显示,广州龙文开发“59 错题”移动在线教育平台,本次交易募集资金用途包括在线教育平台及 O2O 建设项目。根据《网络出版服务管理规定》第 2 条规定,“本规定所称网络出版服务,是指通过信息网络向公众提供网络出版物。本规定所称网络出版物,是指通过信息网络向公众提供的，具有编辑、制作、加工等出版特征的数字化作品，《网络出版服务管理规定》第7条规定："《网络出版服务管理规定》从事网络出版服务，必须依法经过出版行政主管部门批准，取得《网络出版服务许可证》。"

经上市公司律师登陆广州龙文的59错题移动在线教育平台查验并经广州龙文书面确认，"59错题"系统现在仅供学员和员工内部使用。在具体使用中，学员只能查阅自己在学习过程中形成的错题及相应解答，讲师只可以查阅系统题库中自己负责的学员的错题信息，进行备课并形成教案。"59错题"系统是提高讲师备课针对性、完善教学定制化的辅助工具，并不对公众开放使用或向公众提供习题集之类的产品，对照《网络出版服务管理规定》第2条规定，不属于所述"通过信息网络向公众提供网络出版物"的情形，不适用《网络出版服务管理规定》。

同时，经上市公司律师会同独立财务顾问向有关新闻出版广电主管机关实地咨询，广州龙文的"59错题"系统目前无须办理《网络出版服务许可证》。根据募投项目的备案文件，本次募投项目之一为"在线教育平台及O2O建设项目"，根据《重组报告书（草案）》其内容涉及网络题库等内容，具有一定的网络文献数据库性质，鉴于该项目尚处于未开发建设阶段亦未对外运营，如相关内容属于网络出版物的范畴，广州龙文将在正式运营前根据《网络出版服务管理规定》的规定取得网络出版服务许可证。目前该项目未取得网络出版服务许可证，不违反《网络出版服务管理规定》，不影响其现有业务的开展。

四、案例评析

（一）未规定明确的事项咨询相关主管部门的答复

从广州龙文对证监会询问函的内容来看，其律师对于证监会提出的疑问，法律尚无明确规定或者已有规定但尚未生效施行之处，均采取了实地或者电话咨询相关主管机关的答复的做法进行处理。比如涉及K12阶段1对1课程辅导的合规性时，上市公司律师和独立法律顾问根据现行有效的规定分析和咨询了相关主管机关，并由交易相关方作出承诺，确认合规性。"59错题"是否需要申请网络出版服务许可证时，上市公司律师会同独立财务顾问向有关新闻出版广电主管机关实地咨询，获得确定答复。因此在公司并购或者上市的过程中，相关问题咨询主管机关的意见是一种比较可行的办法。

（二）其他法律对于教育机构A股上市产生影响的思量

在本次并购当中，证监会不仅仅对于资产重组过程进行了一系列的询问，而且对于募集资金的使用用途上也进行了考虑。在线教育平台和O2O项目是教育机构之后发展的一个方向,线下教育与线上教育同步进行,但是会受到《网络出版服务管理规定》的监督管理,即便现在有些项目还未启用或者处于研发阶段,之后一旦进行使用就会涉及网络出版服务许可的问题,因此也是对教育机构的一个警钟,在前期的发展阶段,企业进行的方方面面决策都应该符合法律的规定,为之后的上市打下良好的基础。

(三)消防机关的审批和备案启示

从理论上说,资产重组的过程并不会涉及消防机关,但基于教育机构的独特性,其线下教育都是与祖国的花朵息息相关。诚如广州龙文的答复所言,除了上海和重庆对于消防合规性有明确规定,其他城市没有类似的规定,而且广州龙文线下网点不涉及新建、改建和扩建等内容,因此无须消防机关的审批。从证监会的这个考虑可以看出国家对于《民办教育促进法》进行了修改,同时也会出台相关的法律法规来严格要求教育机构的消防合规。不论教育机构的性质为何,消防监督都是必须过关的,因此教育机构在经营的过程中必须注意这些极细却又影响宏观发展的节点。同时,广州龙文答复这个问题采取的方式也是非常灵活,并未正面答复其下属的多家子公司和分公司的消防是否合规,而是默认其建设工程设立之初就符合消防规定,现在未进行改动,所以一直符合消防规定。

(四)中国证监会的有条件过会启示

证监会提出的条件是勤上光电需要补充披露相关民办教育培训机构政策的不确定性对标的公司持续经营的影响,2015 年 8 月龙文环球将标的公司 10% 股份转给北京龙舞九霄、北京龙啸天下的决策程序,以及此次转让是否构成股份支付,并需要请独立财务顾问、律师核查并发表明确意见。

在并购发生之初,《民办教育促进法》处于修正状态,现在修订稿已经形成,并于 2017 年 9 月 1 日生效实施,同时,持续经营是会计基本假设之一,是企业能否正常开展生产经营活动的前提,因此证监会基于审慎的态度需要勤上光电披露该不确定性会给公司的持续经营带来的影响。

勤上光电收购广州龙文采用了现金支付和股份支付,龙文环球之前是广州龙文的股东,而现在与广州龙文不存在任何关系,因此证监会会要求勤上光电披露 10% 股份转让的实质含义。

《民办教育促进法》(修正案)已经公布实施,因此更多的教育机构不论是营利性还是非营利性均可在《民办教育促进法》生效施行之后进行一系列的整改措施,厘清未来发展的方向。为今后的 A 股上市打下坚实合规的基础。

[案例二十三]全通教育创业板上市:家校互动信息服务兴起

公司名称:广州全通教育股份有限公司

股票代码:300359

上市时间:2014 年 1 月 21 日

上市地点:深圳证券交易所

发行价:30.31 元人民币

发行数量:2000 万股

融资额:计划融资 1.2 亿元人民币

承销商:(主承销商)民生证券有限责任公司

一、全通教育发展历程

2002 年,陈炽昌从中山公用信息服务产业发展有限公司辞职,成立了中山全通数码科技有限公司,早期的业务主要是硬件销售。此后,陈炽昌利用在互联网领域的资源积累,开始涉足远程教育。2003 年,陈炽昌还以中山市远程教育中心总经理的身份出席过学生的开学典礼。

2005 年 6 月 9 日,陈炽昌与中山市全通数码科技有限公司共同以现金出资成立中山市全通教育信息技术有限公司。注册资本为人民币 50 万元。陈炽昌占 85% 股份,全通数码占 15% 的股份。

2005 年 11 月 2 日,经股东会决议通过,中山全通增加注册资本 950 万元,其中陈炽昌和中山数码分别以现金出资的形式增资 857.50 万元和 92.50 万元,陈炽昌占 90% 的股份,全通数码占 10% 的股份。

2005 年 11 月 3 日,经股东会决议通过,中山全通名称变更为“广东全通教育信息技术有限公司”(以下简称全通有限)。

2006 年 7 月 1 日,经股东会决议通过,广东全通数码科技有限公司(由中山数码更名而来)将其持有的全通有限 100 万元的出资转让给陈炽昌,转让价格 100 万元,本次股权转让后陈炽昌持有全通有限 100% 出资。

2007 年 10 月 8 日,经股东决定,全通有限增加注册资本 500 万元,全部由陈炽昌以现金方式出资,增资后全通有限注册资本为 1500 万元,实收资本 1500 万元。

2008 年 3 月 28 日,经股东决定,全通有限住所地变更为中山市东区库充大街一号综合商业楼第五层。

2010 年,公司业务发展势头良好,计划通过融资增加股东,优化股权结构。2010 年 5 月 25 日,经股东决定,全通有限增加注册资本 500 万元,由新进股东王海芳、陈文彬、肖杰、刘慷、丁钧分别以现金方式出资 100 万元,本次增资后全通有限注册资本 2000 万元,实收资本 2000 万元。

2010 年 7 月 21 日,经股东会决议通过,陈炽昌将其持有的全通有限 35% 的出资转让给新进股东中山市优教投资管理有限公司(以下简称优教投资)、林小雅、万坚军、汪凌、周卫。

2011 年 3 月 30 日增加广东中小企业股权投资基金有限公司和北京中泽嘉盟投资中心为公司新股东,同时公司注册资本增加 806.45 万元,增资至 5806.45 万元。

2011 年 5 月 30 日,拟以未分配利润 1,935,484 元转增公司股本,新增 1,935,484 股,按照公司股东原持股比例进行同比例转增股本增至 6000 万元。

二、发行人基本情况

全通教育是一家从事家校互动信息服务的专业运营机构,从属于家庭教育信息服务领域。主营业务是综合利用移动通信和互联网技术手段,采用与基础运营商合作发展的模式,为中小学校(幼儿园)及学生家长提供即时、便捷、高效的沟通互动服务,推动家庭教育和学校教育二者间的良性配合,满足家长对于关,心子女健康成长、提升教育有效性的需要。公司的业务体系、服务区域和收入规模等方面在国内家校互动信息服务行业中均处于领先地位,综合服务实力在国内家校互动信息服务提供商中名列前茅。

全通教育的控股股东为陈炽昌。陈炽昌直接持有公司 2,066.68 万股股份,约占公司本次发行前股份总数的 34.44%,为公司的第一大股东;同时,陈炽昌通过其控股的优教投资间接持有公司 930 万股股份,约占公司发行前股份总数的 15.50%;陈炽昌合计持有(包括直接持有和间接持有)公司 2996.68 万股股份,约占公司发行前股份总数的 49.94%。公司的实际控制人为陈炽昌与林小雅,二人系夫妻关系。林小雅直接持有公司 258.33 万股股份,约占公司发行前股份总数的 4.31%;陈炽昌、林小雅夫妇合计持有(包括直接持有和间接持有)公司 3255.01 万股股份,约占公司发行前股份总数的 54.25%。同时,陈炽昌为公司的创始人,担任公司董事长,本公司的法定代表人,林小雅担任公司的董事,陈炽昌、林小雅夫妇对公司股东大会及董事会决策有重大影响。2006 年 7 月至 2010 年 7 月,陈炽昌全资控制全通有限。

三、发行风险披露

全通教育在招股说明书中对于投资者的投资风险进行了披露。从招股说明书可见，全通教育本质上是一个开发软件的公司，并非和教育产业有直接的联系。在风险披露上其所说的内容也与一般的教育机构不同，全通教育开发的“校讯通”软件依赖于中国移动和中国电信之间是否能够正常签约，双方发生任何纠纷都将对全通教育的主营业务产生重大的影响。

随着中国联通、中国电信加大家校互动信息服务市场开发力度，以及依托其他即时通信手段而形成的新产品的涌现，家校互动信息服务市场的竞争将会加剧。虽然公司已采取自购短信通道的方式拓展非移动用户以应对市场竞争，但如果中国移动对于此项业务的经营发展战略发生重要改变，或受到来自中国联通、中国电信家校互动信息服务品牌业务或其他新产品的冲击，公司可能面临因客户集中而导致经营业绩受到影响的风险。

全通教育所开发的软件并不是一个刚性需求，现在通讯软件特别发达，如微信和 QQ 等，这些软件也能达到学校及时联络家长的需求。在有所选择的情况下，全通教育的客户市场有可能会缩水，因此全通教育所面临的市场竞争压力非常大。全通教育开发的区域面过于狭窄，在广东省的业务收入占到总收入的 70% 多，并没有向全国拓展其业务。同时也要考虑到“校讯通”收费方面的不稳定性，在九年义务教育阶段，国家对于学生的收费项目都是有规定的，如 2014 年深圳市教育局就取消了“校讯通”的业务收费，那将会严重影响全通教育的盈利能力。

四、公司上市股权架构

在上市发行之前，全通教育有股东 14 个（包括法人股东和自然人股东），总股本 6000 万股，本次拟发行 2000 万股，发行后总股本为 8000 万股，拟发行的社会公众股占发行后总股本的 25%。在上市之后，各个股东的股权均被稀释，但是陈炽昌和林小雅所持股份总额为 29.06%，仍然是全通教育的控股股东，同时全国社会保障基金理事会投资 174.04 万元给全通教育，占全通教育 2.18% 的股份，其他 2000 万股为社会公众股，由符合条件的法人或者自然人购买（如表 7 所示）。

表 7　全通教育股权结构

序号	股东姓名	发行前		发行后	
		持股数（万股）	持股比例（%）	持股数（万股）	持股比例（%）
	有限售条件的股份	6000.00	100.00	6000.00	75
1	陈炽昌	2066.68	34.44	2066.68	25.83
2	中山市优教投资管理有限公司	930.00	15.50	930.00	11.63
3	广东中小企业股权投资基金有限公司(SS)	500.00	8.33	325.96	4.07
4	北京中泽嘉盟投资中心(有限合伙)	333.33	5.56	333.33	4.17
5	林小雅	258.33	4.31	258.33	3.23
6	王海芳	258.33	4.31	258.33	3.23
7	陈文彬	258.33	4.31	258.33	3.23
8	肖杰	258.33	4.31	258.33	3.23
9	刘慷	258.33	4.31	258.33	3.23
10	丁钧	258.33	4.31	258.33	3.23
11	万坚军	206.67	3.44	206.67	2.58
12	汪凌	206.67	3.44	206.67	2.58
13	周卫	206.67	3.44	206.67	2.58
14	全国社会保障基金理事会	0.00	0.00	174.04	2.18
	无限售条件的股份	0.00	0.00	2000.00	25.00
	社会公众股	0.00	0.00	2000.00	25.00
	合计	6000.00	100.00	8000.00	100.00

资料来源：全通教育招股说明书。

截至招股说明书签署日，本公司共有股东 13 名，其中自然人股东 10 名，法人股东 3 名，其在公司的任职情况如表 8 所示。

表8　股东任职情况

序号	股东姓名	持股数(万股)	持股比例(%)	任职情况
1	陈炽昌	2066.68	34.44	董事长兼总经理
2	林小雅	258.33	4.31	董事
3	王海芳	258.33	4.31	监事
4	陈文彬	258.33	4.31	无任职
5	肖杰	258.33	4.31	无任职
6	刘慷	258.33	4.31	无任职
7	丁钧	258.33	4.31	无任职
8	万坚军	206.67	3.44	副董事长、副总经理
9	汪凌	206.67	3.44	董事、副总经理
10	周卫	206.67	3.44	董事、董事会秘书、副总经理

资料来源:全通教育招股说明书。

五、信息技术与教育市场的结合

全通教育官网对公司的介绍为:广东全通教育股份有限公司秉承立足校园、面向家庭的教育信息服务的定位,专注于K12基础教育领域持续深入耕耘,坚持走“平台建设+渠道拓展+内容服务”的全业务运营能力的发展途径,并将线下服务渠道与线上服务平台有效结合,率先开创教育信息服务领域的O2O业务模式,打造和强化以“O2O模式的教育领域专业渠道”为核心能力的竞争优势。

实际上,全通教育是从事家校互动信息服务的专业运营机构,从属于家庭教育信息服务领域。主营业务是综合利用移动通信和互联网技术手段,采用与基础运营商合作发展的模式,为中小学校(幼儿园)及学生家长提供即时、便捷、高效的沟通互动服务,推动家庭教育和学校教育二者间的良性配合,满足家长对于关心子女健康成长、提升教育有效性的需要。具体业务以家校互动为基础应用,融合多种家庭教育信息内容,具有多方位、全过程的特点:信息涵盖学生在校(幼儿园)学习表现、思想动态、课外辅导、素质教育、阅读综合、招考升学等多方面;服务覆盖学生从幼儿园到高中毕业、每天从入校(幼儿园)至离校(幼儿园)的在校(幼儿园)学习生活全过程。

可见,全通教育主要是开发一些软件,通过与中国移动和中国电信的合作,把学生在学校的信息通过短信的形式发送到父母的手机上,比如学生到了学校打卡、学生成绩的排名以及学生的家庭作业等内容都会发送到父母手机上。全通教育真正涉及教育的业务很少。随着全通教育面临的一系列经营风险,公司正在开拓新兴市场。2014 年 9 月全通教育因重大资产重组停牌,2015 年 1 月 28 日披露重组预案,拟通过发行股票及支付现金的方式收购在线教育平台继教网和西安习悦 100% 股权,同时募集配套资金,整个交易总额暂定为 11.3 亿元。

2015 年 1 月,全通教育以 5.25 亿元收购继教网 100% 股权。继教网专注 K12 基础教育教师的继续教育培训及学历提升技术服务,提供系统平台建设、课程内容开发、培训体系构建等服务,旗下全国中小学教师继续教育网为教育部首批推荐的"国培计划"网络培训平台。2015 年 1 月,全通教育以 4800 万元收购西安习悦 100% 股权。西安习悦专业从事教育信息服务,主要开发教育信息互联网产品,旗下移动互联网产品"家校即时通""知了""校园云""校园号"覆盖 K12 到高校整个校园入口。2015 年 3 月,以 5300 万元收购河北皇典 51% 股权。河北皇典专注教育信息化渠道运营,主要从事移动家校互动信息服务产品的推广和运营,在石家庄、唐山等地区有较高的市场占有率。2015 年 4 月,以 1042 万元收购介诚教育 100% 股权,提供 K12 出国留学/游学服务,打造万元级高 ARPU 值增值服务产品,丰富产品矩阵。2015 年 6 月,以 5327 万元收购杭州思讯 71.7% 股权。杭州思讯以教育行业为基础,专注于家校互动信息服务产品的研发、推广、运营及相关智能卡终端设备的开发制造,拥有坚实的技术基础和广泛的客户资源,在技术领域取得了 12 项专利。2015 年 7 月,以 4600 万元收购湖北音信 55% 股权。湖北音信专注教育信息服务产品研发及运营推广,业务包括家校互动、校园一卡通、湖北招考和教育云平台等。2015 年 6 月、8 月合计以 4400 万元获得智园控股 20% 股权。智园控股涵盖校园信息化咨询、URP 高校资源规划解决方案、LMS 学习/培训管理解决方案、ROOMIS 空间解决方案四大业务,致力为高等院校提高系统教学质量、提升资源使用效率、改善教学环境提供整体解决方案。2015 年 8 月,以 3124 万元收购广西慧谷 51% 股权。广西慧谷致力于教育信息化领域研发与服务,拥有涵盖家校互动、阅读学习、校园安全、素质教育等全过程多媒介教育信息化产品。

以全通教育和继教网打入教育体制内的能力为基点,也暂且认为收购后的继教网和西安习悦均能很快与全通教育业务融合,为其在在线教育领域开辟一片天地。从全通教育未来发展方向的转变,可知教育市场中 O2O 模式将会得到极大的发展。开发线上教学平台可以为学生提供更多的教育资源,同时也节省了企业的成本,至少实体教学场所可以缩减。让用户在各种终端和网络的环境下随时随地地进行学习并延续进度。中国家庭历来对子女教育格外重视,随着我国独生子女的不断增加,家庭教育类支出呈现支出金额大、占家庭总支出比例较高的特点。根据搜狐教育《2016 年中国教育行业白皮书》调查结果显示，作为家庭支出的重要组成部分，“教育支出”占中国社会中坚阶层家庭收入的持续增加，仅在英语学习上，2016 年准备为孩子在英语学习上投入 5000 元以上的家长占到超过 50%。通过对 EdTech 发展的现状与趋势进行分析可知，全球 Edtech 行业投融资金额从 2014 年的 16.53 亿美元，上升至 2015 年的 28.58 亿美元，增幅达 72.9%；而 Edtech 亚太地区投融资金额从 2014 年的 6.66 亿美元，上升至 2015 年的 13.21 亿美元，年度增幅更是达到了 98.3%，因此 Edtech 将会得到极大的发展。随着社会经济水平的发展，我国家庭可支配收入稳步提升，家庭教育类支出规模将进一步增长，有力地促进了家校互动信息服务行业快速发展。

[案例二十四]银润投资收购学大教育：中概股回归 A 股市场

公司名称：清华紫光股份有限公司

股票代码：00938

发行时间：1999 年 8 月 25 日

上市地点：深圳证券交易所

发行价：11.75 元/股

发行数量：4000 万股

融资额：约为 45,913 万元

主承销商：中国国际金融有限公司

一、银润投资和学大教育介绍

(一)银润投资简介

银润投资原主业为游乐设备综合服务及物业租赁，2013 年、2014 年分别实现净利润 -667 万元、196 万元，为扭转主营不振之势，公司 2015 年明确向教育领域转型的发展目标，确立内生式成长与外延式发展并举的战略规划。2015 年 4 月 23 日，银润发布投资公告，控股股东深圳椰林湾投资策划有限公司拟将其持有的银润投资 28.52% 股份中的 15.59% 以每股 40 元的价格作价 6 亿元转让给西藏紫光卓远股权投资有限公司(以下简称紫光卓远)，紫光卓远将成为第一大股东。紫光卓远是紫光集团有限公司(以下简称紫光集团)的全资子公司，紫光集团又是清华大学全资设立的国有企业清华控股有限公司(以下简称清华控股)控股子公司，因此银润投资实际控制人将变更为清华控股，最终实际控制人变更为教育部。转让完成后,紫光卓远将直接持有银润投资1500万股,成为公司控股股东,而清华控股成为信息披露义务的实际控制人。

当时,紫光卓远表示暂无改变银润投资主营业务作出重大调整计划,但不排除在未来12个月内适时对上市公司进行产业结构的调整,开拓新的业务,提高公司盈利能力和综合竞争能力。三个多月后,紫光卓远便正式开始了对银润投资的业务拓展。

(二)学大教育简介

学大教育创立于2001年9月,目前已在全国100多个城市开设了600多所个性化学习中心,在全国拥有15,000多名员工,其中专职教师近万人,是目前国内个性化教育辅导机构的领导者。截至目前,学大教育已使近百万学生受益,赢得了众多家长和学生的信赖。

作为国内数个率先数个提出个性化一对一辅导的K12培训机构之一,学大教育曾经一时风头无两。发迹互联网后,学大顺应潮流转型线下,以一对一辅导迎来了迅猛的发展。据公开资料显示,2007~2009年三年间学大总营收分别达到了441.8万美元、3410.6万美元和7718.8万美元。在2006年新东方赴美上市成功后,国内教育机构掀起了美股大潮。于是在美国当地时间2010年11月2日,学大教育成功登陆纽约证券交易所。2016年,学大教育正式回归A股(股票代码:000526),开创了中概股被上市公司直接收购回归A股的新模式。

未来,学大教育将在原有业务基础上,同步发力国际教育及在线教育,实现由辅导机构向综合性教育集团的战略转型。

二、收购过程

2015年4月20日,学大教育公司董事会宣布接到银润投资发来的初步非约束性提议函,银润投资在提议信函中表示,它有意以每股ADS3.38美元或每股普通股1.19美元的价格收购学大教育包括ADS代表的普通股在内的全部已发行股票。

2015年7月,学大教育宣布私有化方案,与银润投资达成约3.5亿美元交易协议;2015年8月10日,停牌半年的银润投资宣布一项55亿美元的定向增发,发行对象为紫光育才、长城嘉信、健坤长青、学思投资、乐金兄弟、乐耘投资、谷多投资、科劲投资、国研宝业和银润投资首期1号员工持股计划。其中23亿美元投向收购美股公司学大教育,17.6亿美元用于设立国际教育学校投资服务公司,其余14.4亿美元将用于在线教育平台建设(见表9)。

表9　学大教育持股情况

序号	发行对象	背后控制人	认购股数（万股）	认购金额（亿元）	发行后持股比例
1	紫光育才	紫光集团（清华紫光系）	10664	20.4	27.79%
2	乐耘投资	金鑫（学大教育创始股东）	7475	14.3	19.48%
3	长城嘉信	长城基金	2849	5.45	7.42%
4	学思投资	陈建忠	2013	3.85	5.25%
5	谷多投资	李如彬（学大教育创始股东）	1411	2.7	3.68%
6	科劲投资	姚劲波（学大教育创始股东）	1411	2.7	3.68%
7	国研宝业	国研科技（国务院发展研究中心）	1045	2	2.72%
8	银润投资首期1号员工持股计划	学大教育核心员工	1045	2	2.72%
9	乐金兄弟	蒋宇飞（学大教育大股东）	680	1.3	1.77%
10	健坤长青	健坤投资(清华紫光系)	157	0.3	0.41%
合计			28750	55	74.92%

资料来源:英才杂志。

2016年6月,学大教育宣布完成私有化;7月4日,紫光集团旗下银润投资发布公告,学大教育VIE协议控制的中国境内经营实体学大信息股权已交割并完成工商变更,学大信息已成为银润投资的全资子公司。这意味着,学大教育私有化已完成交割,目前已经成为A股公司银润投资的全资子公司。历时14个月,学大教育正式更名为“紫光学大”,并以全新的名称成功落户A股。

登陆A股首日,紫光学大确实可谓闪亮登场,首日开盘报51.00元,大涨3.7%,收于50.68元,当日成交1.12亿元。根据复盘当天数据,紫光学大市值达到48.8亿元,而学大教育美股停牌当天的市值仅为3.55亿美元,以最新汇率计算为23.75亿元。学大教育回归A股之后,市值比在美股时整整翻了一番,充分反映出市场对紫光学大前景看好。

三、中概股回归A股市场

在此前,学大教育的业绩并不能令美股机构投资者满意。财报显示,学大教育第四季度总净营收为5970万美元,同比下滑13.6%;归属于学大教育的净亏损为1670万美元,较之上年同期的净亏损430万美元有所扩大。赴美后的“水土不服”是困扰国内教育机构的普遍现象。近五年的时间里,学大教育在美股的表现一直不尽如人意。线下扩张成本、管理成本以及招生成本的提高困扰着每一个传统一对一培训机构,由此导致的低利润率成为普遍的难题,学大庞大烦冗的组织构成更加剧了这一弊端,折射至资本市场的反映就是不仅其市值大大缩水,股价也走势低迷。

其实从2016年开始,学大就在做一些转型,推一个新项目“e学大”,为鼓励教师和学生使用平板电脑进行学习,以低于市场价的价格销售平板,导致成本大幅提高。美股只看业绩,不会看你转型未来的潜力,所以学大教育最终选择回归A股。

近一段时间,中概股掀起了回归潮流,但是被上市公司直接并购的案例,学大教育尚属首例。那么为什么要选择并购,而非自己私有化然后IPO或是登陆新三板?学大教育基于以下两点思考:一是希望快速转型,如果私有化再IPO,这个时间比较长,不确定性也比较大;二是新三板还不是一个比较成熟的资本市场,学大教育希望回来就是一个完全公开的市场,能够放手去做事情。所以学大教育做了这个选择,由上市公司直接收购中概股从交易结构而言理论上并不会简化VIE拆除的难度,但可以提供更多样化的解决方案。

学大教育的VIE架构情况为:学大教育通过全资子公司中华学大在境内设立了外商独资企业学成世纪(北京)信息技术有限公司(以下简称学成世纪)。学大教育通过学成世纪与北京学大信息技术有限公司(以下简称学大信息)以及其股东等的一系列协议和/或合同安排(VIE协议控制),实现了对学大信息的有效控制,将学大信息变为学大教育的可变利益实体。

如果银润投资私有化收购学大教育的案例最终成功,那确实会给VIE架构或是中概股回归国内带来新的思路。以前拆除VIE架构需要一定的时间,而挂牌新三板或是走IPO的流程又需要一定的时间,在这样的时间成本之下,很多公司就被消耗一空。而并购本身的时间成本相对要低一些。

四、紫光学大发展展望

学大教育的野心不止于此。在“学大教育回归 A 股交接仪式”上,学大 CEO 金鑫明确表示了紫光学大的发展路径,回归 A 股意味着学大教育的一次全面升级。据称,学大教育的全面升级主要包括三个方面:一是行业升级,从原来专注 K12 一对一辅导领域向全面的教育领域升级;二是模式升级,未来学大不仅仅有 K12 辅导模式,还会有国际学校、职业教育等新发展模式;三是团队升级,学大现有团队今后不仅要优化现有业务,在其他领域也要有能力做大做强。

不难看出,紫光学大的战略方向将是走出“传统”的学大模式,实现由 K12 一对一辅导机构向综合性教育集团的战略转型。

与此同时,紫光集团的背书赋予了学大教育更大的底气。紫光集团乃是清华控股旗下的企业。此次更名,学大教育正式加入清华产业布局,紫光学大成为紫光集团教育产业板块的核心企业。根据公告所披露变更后的经营范围,紫光学大将依托紫光集团及其背后清华产业带来的技术、高等教育、基础教育等多方面宝贵资源和平台,在优化现有个性化辅导业务的基础上,向大教育领域扩展,进一步将触角延伸至国际教育、在线教育等新兴领域。

受益于教育营利性确权、高校改革等政策预期,依托清华教育资产平台打造市场稀缺 K12 教育平台是重要看点。国务院发布《统筹推进世界一流大学和一流学科建设总体方案》,方案重点指出“推进成果转化”,高校最为核心的优势是具备教育最为重要的内容和师资,我们认为,各重点高校在各项领域的核心优势成果会以高校资产证券化平台的形式释放出来,这将持续成为教育板块一大重要看点。清华大学作为国内乃至世界最优秀的大学,学术成果和资产运作能力市场有目共睹。公司定增完成后,紫光系将成为公司第一大股东,公司作为清华大学教育资产整合平台,旗下教育资源丰富,发展空间巨大,近期大股东派管理层入驻公司参与管理,更彰显大股东对公司发展的决心。

国际学校迎政策利好,庞大需求和公司资源有效匹配,高毛利率有效提升公司业绩。2013 年,教育部出台《高中阶段国际项目暂行管理办法》草案,明确要对各类高中“国际部”和“国际班”,从招生、收费等多方面予以规范,对部分不符合规定的“国际班”要进行清理或转制。大量的存量转移与消费升级带来的增量需求,使得国际学校近两年注册学校数量(2013 ~ 2015 年增长 20 倍)、就学学生数量爆发(2013 ~ 2015 年增长 25 倍),市场空间巨大。银润投资背靠清华大学和学大教育资源,在内容、教师和线上资源有协同优势是公司能够快速落地国际学校的有利因素。

[案例二十五]东方时尚——驾培第一股

公司名称:东方时尚驾驶学校股份有限公司

所属行业:驾校教育与培训

股票代码:603377

上市时间:2016 年 2 月 5 日

上市地点:上海证券交易所

发行价:16.4 元

发行数量:5000 万股

融资金额:8.2 亿元

一、东方时尚发展历程

2005 年 8 月 12 日,北京时空新领域科技开发有限公司(以下简称时空新领域)与徐雄共同出资设立北京东方时尚驾驶学校有限公司(以下简称东方时尚有限),取得北京市工商行政管理局颁发的《企业法人营业执照》。东方时尚有限成立时注册资本为 3000 万元。

2007 年 11 月 20 日,东方时尚有限临时股东会通过决议,时空新领域与徐雄签订了股权转让协议,将其持有的东方时尚有限 93.33% 的股权,以 2800 万元转让给徐雄,并相应修改了公司章程。本次转让后,东方时尚有限股权结构为,徐雄出资 3000 万元,系公司唯一股东。

经东方时尚有限股东决定通过,2009 年 11 月 1 日、12 月 9 日、12 月 15 日和 12 月 25 日,徐雄与东方时尚投资有限公司(以下简称投资公司)、孟喜姑及另外两个公司分别签订了《股权转让协议》,分别向其转让东方时尚有限 80%、4%、4% 和 4% 的股权,并相应修改了公司章程。本次转让后,股权结构为投资公司出资 2400 万元,占 80% 的比例,是东方时尚有限的控股股东。

2010 年 11 月 9 日,经东方时尚有限股东会决议通过,东方时尚有限控股股东投资公司将其持有的 8.3125% 股权即 249.375 万元出资额,分别转让给六个公司,并相应修改了公司章程。

2011 年 3 月 3 日、11 日,经东方时尚有限股东会决议通过,投资公司将其持有的东方时尚有限 6% 的股权即 180 万元出资额,分别转让给一个自然人股东和两个法人股东,并相应修改了公司章程。

2011 年 5 月 11 日,东方时尚有限召开股东会并签署发起人协议,确定以 2011 年 4 月 30 日为基准日,整体变更设立东方时尚驾驶学校股份有限公司。以截至该基准日经天健正信审计确认的净资产人民币 138,693,249. 14 元为基础,折股 12,000 万股,折股后资本公积为 18,693,249. 14 元。2011 年 5 月 26 日,公司创立大会批准通过了关于设立股份公司的议案。

二、发行人基本情况

1. 设立背景

北京东方时尚驾驶学校有限公司是于 2005 年 8 月 12 日成立的有限公司,由北京东方时尚驾驶学校有限公司整体变更而来。2011 年 6 月 16 日,北京东方时尚驾驶学校有限公司整体变更为东方时尚驾驶学校股份有限公司,取得《企业法人营业执照》,注册号为 110000008821793,注册资本 120,000,000 元。2014 年 5 月 8 日,公司以未分配利润、资本公积和盈余公积转增股本至 370,000,000 元。本次发行前,公司注册资本为 370,000,000 元,法定代表人为徐雄。

2. 专注驾培服务行业

公司是集机动车驾驶员培训、汽车陪练和汽车维修等业务于一体的汽车消费综合服务商。驾培业务是公司收入的最主要来源,收入占比一直在 99% 以上,是北京区域龙头。目前,公司已在北京市昌平区、昆明、武汉、石家庄和重庆设立了子公司,但生源和收入来源仍主要集中在北京地区。2014 年,公司在北京市场占有率为 25.54% ,市场势力逐年提升,带动了公司营业收入的快速增加。

3. 公司主要看点

首先,汽车消费综合服务行业是我国大力支持发展的行业。其次,我国驾驶员占总人口的比重只有 16% ,有非常大的增长空间,中国的汽车产业链处在全面扩容阶段,汽车驾培服务行业和汽车消费服务行业都处于快速扩张时期。最后,尽管目前我国驾培服务机构有区域化发展的特点,但未来优秀的培训机构将通过并购或自建的方式突破区域性限制,实现异地扩张。

三、发行风险披露

(一)驾驶培训模式改革的风险

2015 年 2 月 15 日,中央审议通过了《关于全面深化公安改革若干重大问题的框架意见》及相关改革方案,国务院办公厅于同年 2 月 17 日将文件印发至县团级,其中在深化公安行政管理改革方面提出“扎实推进户籍制度改革,取消暂住证制度,全面实施居住证制度”,“改革驾驶人培训考试制度,实行驾驶人自主预约考试、异地考试,减少群众排队等待,让群众有更多的自主选择的余地”。公安部、交通运输部联合发布了《关于推进机动车驾驶人培训考试制度改革的意见》，明确开始在有条件的地方试点小型汽车驾驶人自学直考，试点非经营性的小型汽车驾驶人自学直考。允许个人使用加装安全辅助装置的自备车辆，在具备安全驾驶经历等条件的随车人员指导下，按照指定的路线、时间学习驾驶，并直接申请考试。自学驾驶所用自备车辆，不得用于经营性的驾驶学习活动。自学人员上道路学习驾驶前应到公安机关免费领取学车专用标识和学习驾驶证明。自学人员在学习驾驶中有道路交通安全违法行为或者造成交通事故的，由随车指导人员依法承担责任。按照严格管理、保障安全的要求，制定实施用于自学驾驶的车辆条件、随车指导人员条件以及训练路线时间划定、交通违法处理、事故责任认定、保险理赔等管理制度。

（二）训练道路减少的风险

公司虽已在云南、湖北、河北等北京以外区域设立了三家子公司，但是驾培服务业务存在区域性差异的特点，公司品牌影响力和经营模式如何在国内其他地区快速有效复制存在不确定性。公司的主营业务驾驶培训对场地需求量较大，因为我国关于土地供应有较为严格的供地指标、招拍挂手续等方面的法律规定，以及国家和地方政策限制，公司能否按照计划取得项目发展所需用地存在不确定性，该等不确定性进一步带来对项目整体建设和运营的不利影响。目前公司的云南、湖北项目均取得了一部分用地，后续用地尚待经合法程序取得，公司能否按照计划取得相关用地存在不确定性。如果未来国内市场出现重大变化或国内市场开拓不力，公司经营业绩的持续稳定增长将受到不利影响，因此公司存在国内市场拓展风险。

（三）驾照考试难度增大的风险

近年来，交通部和公安部对道路安全、和谐交通的重视程度显著提高，努力推动驾培服务企业逐步从应试教育模式向素质教育模式的发展与升级，并对参加考试的学员提出更高要求，督促驾驶培训机构增加教学内容，驾照考试难度增大。该等措施可能导致机动车驾驶培训机构的运营成本提高，进而对公司经营业绩产生不利影响。

四、驾培产业与一般教育业不同之处

（一）监管部门差异

教育法主要调整的对象是学前教育、初等教育、中等教育、高等教育的学校教育，也就是学制教育。而驾驶技能培训教育并不属于规范范围，不需要相关主管部门的审批，一般是注册为公司制的企业。因此行业内的企业发展由市场发展决定。但是机动车驾驶培训服务公司的主管部门为交通运输部,根据《道路交通安全法》的规定,机动车的驾驶培训实行社会化,由交通主管部门对驾驶培训学校、驾驶培训班实行资格管理,其中专门的拖拉机驾驶培训学校、驾驶培训班由农业(农业机械)主管部门实行资格管理。县级以上地方人民政府交通主管部门负责组织领导本行政区域的道路运输管理工作。县级以上道路运输管理机构负责具体实施道路运输管理工作。

(二)成本项目差异

驾驶学校其主要业务就是对学员进行驾驶培训,其主要的成本一般是教练(人力成本)、燃料(汽油、柴油、天然气)、驾驶车辆(小轿车、货车、牵引车)。

人力成本其实在每个企业都存在,只是在驾驶培训企业中人力成本比较集中,主要是教练群体,而且企业中的人员性别比例、年龄分布和学历分布都与其他行业不一样。驾驶培训必然伴随着燃料的成本,公司所用燃料主要为汽油、柴油和天然气,耗用金额逐年增加,主要是由于业务规模的不断扩大使耗用量逐年增加。在报告期内,公司耗用汽油、柴油和天然气的总额占主营业务成本为21.63%、16.63%和13.24%,这个成本需求和一般教育机构也有差别。还有一个差别就是车辆。车辆在普通的教育机构中相当于书本的地位,也就是授课的工具,同时也是公司的主要资产。截至2014年12月31日,训练车数量排到前十的包括伊兰特双燃料车(1353辆)、爱丽舍(445辆)、东风风神(440辆)、宝来(409辆)、桑塔纳(313辆)、标致(160辆)、电动能源车(50辆)、捷达(22辆)东风(17辆)、金龙(15辆)。因此在风险披露中该等风险就与一般教育机构不同。

(三)刚需不足差异

空间巨大,区域分割明显。一方面,我国驾驶员人数已超过2.6亿,每年新增约2000万人,以每人平均3000元的学费来计算,全国驾驶培训每年的市场空间能达到600亿元。以北京为例,2014年市场空间已达到接近50亿。另一方面,由于驾驶培训为人力资本密集型行业,竞争壁垒不高,且需要与地方政府建立良好关系,因此区域割据明显,且竞争相对激烈,整体市占率较低。

五、"自学直考"考取驾驶证新政策影响对公司的影响

2015年12月,国务院办公厅转发《公安部交通运输部关于推进机动车驾驶人培训考试制度改革意见的通知》,其中提及"在有条件的地方,试点非经营性的小型汽车驾驶人自学直考",即人们可以不通过驾校学习而直接考取驾照。因此东方时尚将其列为公司风险而进行披露,目前,各地尚未根据国办发〔2015〕88号文出台具体的细则和方案,虽然理论上国家允许个人自学直考,但实际上个人自学直考操作难度仍然很高。如车型限定于“小型汽车”,不能从事经营性质的培训,要加装副制动装置、辅助后视镜等;必须有随车指导人员陪同,对随车指导人员有一定要求,在学习过程中有道路交通安全违法行为或者造成交通事故的,由随车指导人员依法承担责任;必须在交管部门指定的线路以及时间进行学习,并需要提前向交管部门提出申请等。所以基于这一系列的复杂程序操作起来比较麻烦,更多的人可能会选择去驾校接受培训,也就是俗话说的“花钱省麻烦”。

[案例二十六]上海新南洋收购昂立教育:上海新规的受益者

公司名称:上海新南洋股份有限公司
股票代码:600661
发行时间:1992年8月7日
上市地点:深圳证券交易所
发行价:55.8元/股
发行数量:75万股
主承销商:上海万国证券公司

一、上海新南洋与昂立教育背景介绍

(一)上海新南洋股份有限公司简介

上海新南洋股份有限公司(以下简称上海新南洋)成立于1992年12月,于1993年6月在上海证券交易所挂牌上市。公司最初上市时,总股本数为6600万股,第一大股东为上海交通大学。2013年,上海交通大学以无偿划转方式将所持有的公司股权转让给其全资子公司——上海交大产业投资管理(集团)有限公司。2014年,公司向特定对象发行股份购买上海昂立教育科技有限公司100%股权并募集配套资金。公司完成重大资产重组后,总股本数由173,676,825股变为259,076,526股,公司注册资金变为2.59亿元,第一大股东现为上海交大产业投资管理(集团)有限公司,第二大股东上海交大企业管理中心,因此上市公司的实际控制人为上海交通大学(如图39所示)。

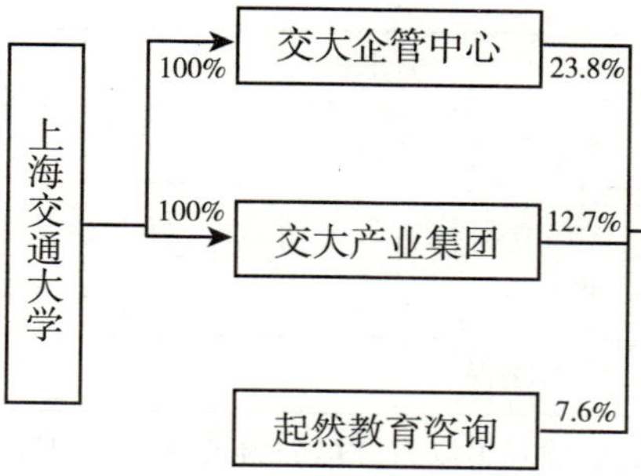

图 39　股东股权结构

资料来源:公司公告、广发证券发展研究中心。

公司依托上海交通大学在科研、教育、人才和信息等方面的优势,收购昂立教育重点发展教育培训业务,主要产品包括 K12 领域的少儿教育、中学生课余兴趣培训、语言类培训、初高中学历教育、职业教育、高端经营管理培训等。除教育业务以外,公司仍保留原有的机电配套产品、汽车配套传动抽等锻压件、青铜艺术品、数字电视运营业务。公司拥有 9 家控股子公司和 4 家参股子公司。

(二)上海昂立教育科技有限公司简介

昂立教育成立于 1984 年,成立 30 年来,昂立教育以上海交大雄厚教育背景为依托,从初期的四、六级英语培训课程到覆盖少儿教育、中学生课外兴趣培训、语言类培训、成人教育、教育培训咨询服务等完整的终身教育产业链。目前昂立教育产品涵盖幼儿园、少儿、中学生、外语、学历助学、企业管理、语言类培训、成人教育、教育培训咨询服务,形成了较为完整的终身教育产业链。此外,昂立教育拥有教师、学生、教研、教室等核心教育元素,专注 K12 教育培训,运营少儿、中学生培训、智立方等事业部,并有新课程、高学网等在线教育平台。

昂立教育授权旗下培训机构使用"昂立教育"等一系列品牌并相应收取品牌使用费,使其旗下培训机构有权在招生、宣传等公开场合使用"昂立教育"品牌;同时,昂立教育母公司有偿提供自主研发的教育培训管理系统给旗下培训机构使用,并确保及维护该系统正常有效运作。昂立教育授权旗下培训机构使用的系统涉及在线报名、客户服务、库存管理、人员招聘、内部培训等关键业务内容。

表 10　昂立教育发展历程

日期	大事件
1984 年	上海交通大学学生勤工俭学中心成立,并正式启用"昂立 ONLY"的名字,标志着"昂立"的诞生。

续表

日期	大事件
1988 年	上海交通大学发文成立“上海交大昂立公司”。
1992 年	昂立教育的前身,上海交大昂立科技有限公司成立,并开始从事电脑销售,图书销售(昂立书店)、文印等业务。
1994 年	开设大学四、六级等英语培训课程。
2000 年	上海市昂立进修学院成立,确立了以教育培训为主营业务的发展方向。
2001 年	托管上海交大外国语学院培训中心和交大思源学院,通过 ISO9001 的国际质量认证体系。
2003 年	开设管理培训,开始分区的校区拓展,总产值突破 5000 万元。
2004 年	开设昂立国际英语、世纪昂立幼儿园,昂立教育以总分第一名被评为“上海十佳外语培训机构”。
2005 年	开设中学生精品学堂项目,开始少儿英语全国连锁加盟校拓展,总产值突破 1 亿元。
2008 年	昂立中学生新课程在线教育启动,香港包玉刚家庭投资昂立教育。
2009 年	昂立智力方成立,开始高端教育市场运作,昂立进入快速发展期,产值超过 2 亿元。
2010 年	昂立教育集团荣获“上海市著名商标”荣誉称号,产值超过 3 亿元。
2011 年	与全球规模最大的在线教育集团 Megastudy 合作,投资创办在线教育平台。
2012 年	昂立教育集团总部建成使用,产值突破 5 亿元。
2014 年	6 月 18 日新南洋并购重组成功,成为国内教育行业 A 股上市第一股,确立 K12 发展重点,昂立教育进入新的发展时期。
2015 年	昂立大家庭持续扩容,东书房、STEM、诺课加入昂立教育大家庭。

资料来源:公司官网、广发证券发展研究中心。

二、收购背景与重组时间表

2016 年 3 月,新南洋公告组建上海新南洋职业教育发展有限公司,并提出拟使用募集资金 2.5 亿元新设立职业教育产业平台,其中拟投入 5015.90 万元与某职业学院进行多方位的合作,剩余资金将用于积极拓展与其他职业院校开展教育服务合作。新南洋职业教育通过与职业教育学院合作的方式,通过公司导入交大相关院系及外部职业教育培训机构的优质教育资源,向合作方提供招生就业咨询、课程体系建设、师资队伍建设与培训、实训及服务设施配套、促进与重点高校合作等服务,以促使学校提升教学质量、扩大招生规模、提高学生就业率,实现学校的良性发展,为社会培养更多更优秀的实践型人才。同时,该公司将大力开展各类技术人员的非学历培训业务,以满足日益增长的人才市场需求,完善公司的职业教育业务布局。

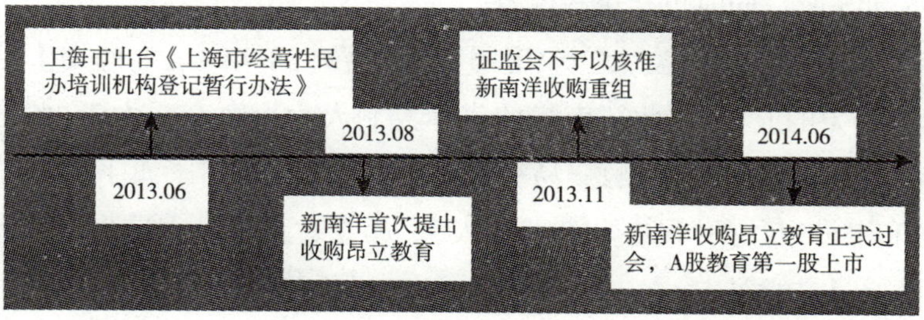

图 40　上海新南洋收购昂立教育的重组时间表

三、重组历程

（一）第一次重组

新南洋的第一次重大资产重组开始于 2013 年 3 月 25 日。当日,新南洋接到控股股东上海交大产业投资管理(集团)有限公司通知,交大产业正在酝酿与上市公司有关的重大事项,上市公司股票自 2013 年 3 月 25 日起停牌。

2013 年 8 月 27 日,停牌 5 个多月的新南洋终于公告重大资产重组草案并复牌,拟以 7.49 元/股的价格,向上海交大企业管理中心、上海起然教育管理咨询有限公司、上海立方投资管理有限公司和罗会云、刘常科等 45 位自然人股东定向增发 7767.64 万股,作价 5.82 亿元收购昂立教育的全部股权。此外,上市公司以询价方式非公开发行股份募集配套资金,募集资金的金额不超过本次交易总金额的 25%。该部分配套融资拟用于补充新南洋的流动资金。

根据当时披露的草案,上市公司下一步发展规划本来就包括教育产业。重组前新南洋原有的教育业务主要为学历教育、国际教育和高端培训业务等,且规模并不大。通过本次重组,将使上市公司的教育服务业务板块在现有基础上实现跨越式的发展,在业务规模、品牌建设、核心团队、发展潜力等方面都得以显著提升,为公司核心业务的顺利发展奠定坚实的基础。

（二）第二次重组

新南洋以发行股份的方式,向交大企管中心、起然教育、立方投资及罗会云、刘常科等 45 名自然人购买昂立教育 100% 股权。昂立教育 100% 股权评估价值仍按照 2013 年 3 月 31 日 5.82 亿元作价,本次发行股份购买资产方承诺 2014 ~

2016年净利润为4605.5万元、5815.9万元、7097.9万元。本次发行股份购买资产部分的发行价格为7.49元/股,发行股份购买资产部分发行股份总量为77,676,400股,其中向交大企管中心发行32,923,462股,向起然教育发行19,668,524股,向立方投资发行687,669股,向罗会云、刘常科等45名自然人发行24,396,745股。同时也会进行融资。

新南洋的控股股东为交大产业集团,持股比例38.45%,上海交大持有交大产业集团100%的股权,因此新南洋的实际控制人为上海交通大学,此次重组未导致新南洋控制权变化。收购交易获批前,昂立教育剥离了旗下的非营利性幼儿园业务和上海以外的"民办非企业法人"。昂立教育将设立昂立培训和优培教育,并承继原昂立学员、昂立中心的整体资产、债务、业务及人员,昂立学员、昂立中心将在承继完成后清算注册。昂立教育下属培训机构已完成上海地区外的教学场所剥离手续。截至报告书签署之日,昂立教育旗下有10家控股子公司和2家参股子公司;另有2家民办非企业法人机构的资产、负债、业务、人员已由昂立培训及优培教育承继,未来拟清算注销。

四、经验总结

(一)失败之处——经营性资产权属不清晰

证监会给出的审核意见具体如下:

1. 本次申报材料中标的资产有数量较大的资产不符合《上市公司重大资产重组管理办法》第11条第4项"重大资产重组所涉及的资产权属清晰,资产过户或者转移不存在法律障碍,相关债权债务处理合法"的规定。

2. 本次发行股份购买的资产存在不符合《上市公司重大资产重组管理办法》第11条第1项"符合国家产业政策和有关环境保护、土地管理、反垄断等法律和行政法规的规定"的规定的情况,标的资产中有相当部分办学场所未办理消防备案或验收,不符合《消防法》的规定。

3. 现行法律法规导致重组失败。基于中国目前的法律制度,教育培训类资产上市仍面临众多法律障碍。在昂立教育注入新南洋之前,新东方、学大教育、正保远程等10余家教育培训企业均选择远赴海外上市,A股市场也不存在一家主业为教育培训类的上市公司。

教育类公司A股上市主要在以下几个方面受管制:

1.《教育法》

第26条第1款　国家制定教育发展规划,并举办学校及其他教育机构。国家鼓励企业事业组织、社会团体、其他社会组织及公民个人依法举办学校及其他教育机构。任何组织和个人不得以营利为目的举办学校及其他教育机构。

2.《民办教育促进法》(2002 年)

第 3 条　民办教育事业属于公益性事业,是社会主义教育事业的组成部分。

第 51 条　民办学校在扣除办学成本、预留发展基金以及按照国家有关规定提取其他的必需的费用后,出资人可以从办学结余中取得合理回报。取得合理回报的具体办法由国务院规定。

第 66 条　在工商行政管理部门登记注册的经营性的民办培训机构的管理办法,由国务院另行规定。

在新南洋第一次的重组方案中,昂立教育的全部教学点正是按照"民办非企业单位"登记注册,显然不符合《上市公司重大资产重组管理办法》第 11 条第(4)项明确规定"重大资产重组所涉及的资产权属清晰,资产过户或转移不存在法律障碍,相关债权债务处理合法"。

(二)成功之处——非经营性资产借助新规可剥离

面对第一次重组失败,新南洋并未放弃。2013 年 12 月 23 日,新南洋公告重组未获得证监会审核通过,同时也立即向市场表达了继续重组的决心,"公司董事会同意继续推进本次发行股份购买资产并募集配套资金之重大资产重组事项,并根据证监会的要求和并购重组委的审核意见以及公司实际情况,对重大资产重组申请材料进行补充、修订和完善,尽快将修订后的申请材料重新提交中国证监会审核"。12 月 24 日,新南洋股价再度涨停,股价从 12 月 23 日收盘的 10.66 元/股,至 2014 年 9 月 1 日收盘高达 30.56 元/股,涨幅高达 186.68%。

另外,上海市及时出台的政策法规为昂立教育资产属性转变提供了政策支持。

2013 年 6 月,上海市工商行政管理局、上海市教育委员会、上海市人力资源和社会保障局联合下发了《上海市经营性民办培训机构管理暂行办法》[①],明确"第四条(管辖)(一)申请设立经营性民办培训机构的,申请人应当按照公司登记管辖的规定向工商行政管理部门提出登记申请。工商行政管理部门应当向同级教育行政部门或者人力资源社会保障行政部门征求意见。其中,从事文化教育类培训的向教育行政部门征求意见,从事职业技能类培训的向人力资源社会保障行政部门征求意见"。此外,上述主管部门还颁布了《上海市经营性民办培

---

① 根据上海市教育委员会《关于延长〈上海市经营性民办培训机构管理暂行办法〉等 22 件行政规范性文件有效期的通知》(沪教委法〔2015〕22 号),该法已于 2017 年 4 月 30 日失效。

训机构登记暂行办法》,提出了具体的登记要求。

随后,昂立教育在上海市的69个教学点立即转换为公司登记。由于这只是上海的地区性法规,昂立教育在江苏、浙江、湖南等的部分教学点暂时没有转为公司登记。对于这部分资产,新南洋进行了剥离。

而后,新南洋在第二次公布的重组草案中进行了相关修订:(1)昂立教育下属原民办非企业法人昂立学院、昂立中心的资产、负债、业务及人员已由权属清晰的公司制经营性教育培训机构昂立培训及优培教育承继。民办非企业法人组织将在承继完成后清算注销。(2)对注册于上海地区外民办非企业法人教育培训机构进行剥离,包括南京中心、苏州中心、南通中心、无锡中心和长沙学校。

2014年5月5日,证监会对新南洋重新申报的重大资产重组申请予以受理。6月18日,新南洋收到证监会通知,公司向特定对象发行股份购买资产并募集配套资金暨关联交易事项获得无条件审核通过。公司股票于6月19日复牌。

五、案例评析:新规对经营性民办教育机构的影响

表11 2015~2016年民办教育分类管理改革的法律进程

时间	具体内容
2015年1月7日	国务院常务会议讨论通过《教育法律修改一揽子修正案(草案)》,草案明确指出将"对民办学校实行分类管理,允许兴办营利性民办学校"。
2015年8月	民办教育分类管理首次列入全国人大常委会会议议程,正式进入立法程序。
2015年12月27日	第十二届全国人大常委会第十八次会议表决通过了关于修改《教育法》和《高等教育法》的决定,《民办教育促进法》二审稿暂不进行表决。
2016年1月8日	《民办教育促进法修正案(草案)》二次审议稿在中国人大网公布,向社会公开征求意见。
2016年4月18日	中央全面深化改革领导小组会议时审议通过了《民办学校分类登记实施细则》《营利性民办学校监督管理实施细则》等民办教育相关细则,其中要建立营利性和非营利性民办学校分类登记、分类管理制度,提高教育质量。
2016年4月22日	第十二届全国人大常委会公布了2016年立法工作计划,将于2016年6月继续审议《民办教育促进法(修正案)》。

在昂立教育注入新南洋期间,不仅上海市出台了支持政策给予非企业教育

培训机构得以“正身”的机会，各地也纷纷颁布相关的法律法规。

如 2013 年，浙江省温州市出台了《关于民办非企业法人学校改制为企业法人学校的办法》，该办法宣称“今后非营利性的全日制民办学校按照民办事业单位法人进行登记管理，登记机关为民政部门；营利性的全日制民办学校按照企业法人进行登记管理，登记机关为工商部门”。

2014 年 6 月，重庆市发布《重庆市民办非学历教育培训机构管理暂行办法》，明确“设立营利性民办非学历教育培训机构的，申请人应当向设立地区县（自治县）工商行政管理部门提出登记申请”。

2016 年 11 月 7 日第十二届全国人民代表大会常务委员会第二十四次会议通过了《关于修改〈中华人民共和国民办教育促进法〉的决定》，明确对非经营性民办学校与经营性民办教育学校的设立做出了明确的规定，举办者可以自主选择设立非营利性或者营利性民办教育学校，但是不得设立实施义务教育的营利性民办学校，该修改从 2017 年 9 月 1 日开始施行。

上海新南洋收购昂立教育这么快获得证监会无条件通过的批准，得益于上海率先出台新规，目前新修改的《民办教育促进法》尚未实施，但是在教育机构内部却是进行了很多大动作，该法实施之后，民办教育机构的资本将被盘活，进入完全的市场化状态。因此，随着教育培训机构 A 股上市路径的明确，早年海外上市的教育巨头将有可能回归 A 股。此外，很多具备教育概念的上市公司，如北大、清华、复旦等高校所拥有的教育资产，他们依附名校的优质资源及品牌声誉将被注入上市公司，并受到资本市场的大力追捧。

[案例二十七]科大讯飞收购乐知行：人工智能联手数字云

公司名称：安徽科大讯飞信息科技股份有限公司

股票代码：002230

发行时间：2008 年 5 月 21 日

上市地点：深圳证券交易所

发行价：12.66 元/股

发行数量：2680 股

融资额：33,929 万元

主承销商：国元证券股份有限公司

一、科大讯飞和乐知行简介

(一)科大讯飞简介

科大讯飞股份有限公司(以下简称科大讯飞)成立于1999年,长期专注于智能语音及人工智能核心技术的研发和产业化应用。股本结构方面,公司目前总市值457.64亿元,总股本13.26亿元,PE①(TTM)为94.69。其中流通股本(非限售)为87.72%,流通股(限售)为12.28%。上市公司实际控制人为以刘庆峰为代表的14位自然人股东及中科大资产经营有限责任公司,合计持有公司259,513,360股,持股比例为20.09%。

科大讯飞是上市公司中比较典型的科技驱动型公司,核心技术为语音,已经做到国际领先。估值、市值相比于业绩保持较高的水平,表明公司拥有足够的想象空间。教育板块是公司主推的领域之一,也是公司主要战略方向。目前公司核心的语音技术在教育领域更多发挥的是辅助作用,在教育信息化领域的优势并不明显,公司虽然开发出完整的教育产品体系,但是缺少产品落地实施的经验。本次对乐知行的收购也表明了公司希望在教育信息化领域快速落地技术、实现营收的意向。

(二)乐知行简介

北京乐知行软件有限公司(以下简称乐知行)成立于2011年,股权结构方面,杨军、张少华等7名交易者持有乐知行100%股权,所有股东包括北京乐教融智投资发展合伙企业(以下简称乐教融智)、北京嘉汇金源投资发展合伙企业(以下简称嘉汇金源)均为公司管理层,没有引入风险投资。其中,杨军除直接持有乐知行50.00%股权,还直接持有乐教融智66.67%股权和嘉汇金源66.67%股权。其中,乐教融智持有乐知行10%股权,嘉汇金源持有乐知行7%股权。杨军直接和间接合计控制乐知行67.00%股权,为乐知行的控股股东及实际控制人。杨军毕业于北京大学,曾任北大方正集团有限公司销售经理、北京京达来科技有限责任公司总经理。现任乐知行执行董事兼总经理、京达来执行董事兼总经理。子公司方面,乐知行拥有1家全资子公司,为北京京达来科技有限责任公司。

乐知行定位教育信息化综合方案解决的提供商,经过近年来的专注发展,乐

---

① 市盈率(Price earnings ratio,P/E ratio)也称"本益比""股价收益比率"或"市价盈利比率(市盈率)"。市盈率是最常用来评估股价水平是否合理的指标之一,由股价除以年度每股盈余(EPS)得出(以公司市值除以年度股东应占溢利亦可得出相同结果)。

知行形成了以数字校园解决方案、乐知云教育解决方案、区域教育云解决方案、四叶草教育互动平台等为特色产品的教育信息化综合解决方案体系。主要业务为向中小学及各级教育管理部门等各类教育机构提供教育信息化综合解决方案,通过参加客户招投标并中标直接获取订单方式销售产品服务,或者直接与客户通过协议签订合同获取订单。

二、收购过程

科大讯飞(002230. SZ)公告拟发行股份 1294 万股(派息调整后 27. 26 元/股)并支付现金 1. 43 亿元,作价 4. 96 亿元收购乐知行 100% 股权。乐知行 2016 ~ 2018 年业绩承诺为 4200 万元、4900 万元、5650 万元。公司股票将于 5 月 18 日复牌。

经科大讯飞与交易对方协商,杨军、张少华等 7 名交易对方将合计持有的乐知行 100% 股权作价为 49,595. 00 万元,上市公司将以发行股份及支付现金的方式向交易对方支付交易对价,其中,发行股份 12,942,04 股、支付现金 143,149,962. 34元。

科大讯飞拟向特定对象赛特投资、创毅投资分别发行 5,502,567 股、5,502,567股股份,共计 11,005,134 股股份,募集配套资金总额 30,000. 00 万元(其中 1. 21 亿元成立产业并购基金,1. 43 亿元支付现金对价),不超过本次交易总额的 100% 。本次交易募集的配套资金拟用于支付本次交易的现金对价、支付中介机构费用及相关税费、补充乐知行流动资金、产业并购资金等。

本次交易中,中联国信采用资产基础法和收益法两种方法,对乐知行的全部股东权益进行了评估,并以收益法评估结果作为最终评估结论。以 2015 年 12 月 31 日为基准日,乐知行的净资产账面值为 4907. 61 万元,乐知行 100% 股份评估值为 49,822. 07 万元,增值率为 915. 20% 。经交易各方协商,乐知行 100% 股份作价为 49,595. 00 万元。

表 12　乐知行股东权益评估情况

序号	交易对方	持有乐知行股权比例	交易对价合计(元)	对价支付方式	
				现金支付(元)	股份支付(股)
1	杨军	50. 00%	247,975,000. 00	71,574,994. 80	6,471,020
2	张少华	11. 50%	57,034,250. 00	16,462,237. 90	1,488,335
3	乐教融智	10. 00%	49,595,000. 00	14,314,998. 96	1,294,204
4	许桂琴	9. 50%	47,115,250. 00	13,599,243. 56	1,229,494

续表

序号	交易对方	持有乐知行股权比例	交易对价合计(元)	对价支付方式	
				现金支付(元)	股份支付(股)
5	朱鹏	7.50%	37,196,250.00	10,736,249.22	970,653
6	嘉汇金源	7.00%	34,716,500.00	10,020,493.82	905,943
7	王彬彬	4.50%	22,317,750.00	6,441,744.08	582,392
合计		100.00%	495,950,000.00	143,149,962.34	12,942,041

注:以上股份计算至个位,已考虑四舍五入,交易双方对上述股份数量的计算均不持异议。

资料来源:科大讯飞发行股份及支付现金购买资产并募集配套资金报告书。

三、语音智能与数字校园强强结合

乐知行所从事的教育信息化综合解决方案包括数字校园、乐知云教育、区域教育云、四叶草教育互动平台等。乐知行在产品研发上持续投入,从 2012 年起一直保持 100 人左右的研发团队,具备较强的技术实力,未来与科大讯飞整合后,两者的技术实力将强强联合。

(一)乐知行数字校园产品

同时,乐知行的数字校园产品还能兼顾区域数字校园云集中建设模式,通过开放平台和应用商店机制将区域云平台、校级数字校园平台、互联网在线教育平台有机融合。乐知行的区校级解决方案与科大讯飞的省市级云平台能够形成互补,跨越完整的教育产业链,实现渠道下沉。

(二)K12 业务线拓展

K12 业务线亮点频频,2B(对商家的产品)与 2C(对消费者的产品)业务双轮驱动。2B 方面:目前公司已经完成了 15 个省级教育平台,比如上海、洛阳、衡阳等 20 余个省、市、县、区教育信息化整体方案的建设,服务覆盖用户近 8000 万。随着 2015 年各市、区云平台项目招投标进程的不断加快,公司未来圈地的进度还将不断加快;同时,公司面向学校端的智慧课堂产品已经覆盖了超过 30 万个班级,目前已经在 10 多个省份进行试点推广,后续公司有望借助示范效应向其他区域推进。2C 方面:公司在原有 2B 业务的基础上,拓展了全新的 2C 在线教育平台——智学网,目前全国范围内已经与近百个地市、区县签订长期服务协议,平台用户突破 500 万,覆盖学校超过 4000 所,并构建起了全国规模最大、体系最全、配置最灵活的云测评大数据分析平台。

（三）语音智能结合数字技术——“讯飞超脑”

公司还启动了针对高级人工智能——认知智能的前瞻重大攻关项目“讯飞超脑”，目标是研发实现具有深层语言理解、全面知识表示、逻辑推理联想、自主学习进化等高级人工智能的智能系统，并将在教育、客服、人机交互、医疗等领域实现推广应用。讯飞超脑在教育领域的应用将为现有教育信息化业务带来巨大变化，进一步强化科大讯飞在教育领域的技术优势，目前基于“讯飞超脑”计划成果的中英文作文评分技术已取得应用突破，并在部分省市的初高中毕业会考中开始应用。乐知行是一个研究教育信息化的公司，与科大讯飞的语音更是强强结合，推出了一系列具有超强人工智能的系统，可以替代老师完成一些评卷阅卷工作。乐知行之前的产品对于学校的教育工作具有辅助作用，但是并未替代老师的工作。如今科大讯飞的产品赋予了智能系统更多的技能，其能否实现教育功能化是我们需要考虑的一个问题。

根据 2015 年年报披露：（1）公司英语考试市场布局进一步扩大，实施广东、江苏、上海、重庆、山东等 10 余省市的中高考英语听说考试，全年累计测试考生数近 1000 万；（2）包含“考、评、教、学、管”全产品的智慧教育整体解决方案全国推广良好，与多个省市签订了教育信息化建设合作协议，完成 15 个省级教育平台、20 余个市、县、区级教育信息化整体方案的建设，覆盖师生超过 8000 万；（3）面向学生的个性化教学平台“智学网”已经与近百个地市、区县签订长期服务协议，平台用户突破 500 万，覆盖学校超过 4000 所，并构建起全国最大的云测评大数据分析平台，能够实现教学过程中的动态大数据采集和分析，并进行个性化学习推荐。可见，科大讯飞的智能化在不久的将来将达到可以替代老师上课的水平，实现辅助作用到教育功能的大跨越。

四、教育市场的极大潜能——智能教育

（一）教育信息化政策导向

2012 年教育部发布的《教育信息化十年发展规划》明确指出：以教育信息化带动教育现代化，破解制约我国教育发展的难题，是加快从教育大国向教育强国迈进的重大战略抉择。随着互联网、云技术和新一代移动网络技术等兴起和快速发展，教育信息化建设从数字技术进入智能化时代，智能教育成为教育信息化发展的新趋势。在政策的激励导向下，诸多教育信息化的企业也崭露头角，乐知行公司在 2011 年 12 月 7 日设立，经营范围从最开始的计算机系统服务；数据处理；销售计算机软件硬件及辅助设备等，逐渐地向校园教育辅助软件进军，开拓新兴市场，最终取得很不错的成绩。

（二）科大讯飞智能产品

科大讯飞与乐知行软件在北京联合推出“数字校园 V6 新产品”，包括口语评测、全学科阅卷、停课不停学、新中高考全栈解决方案等，将成为具备学习过程大数据和海量学习资源的智慧校园平台。科大讯飞未来的智慧教学将提供海量资源、立体交互和精准讲解三个功能。在教学方面，科大讯飞将提供移动讲台和一键投屏；而阅卷和作业批改方面，科大讯飞则将支持作业和考试数据化，包括对重点问题的精准讲解。科大讯飞推出的智能评阅 2.0，让口语作文评测机器可以代替老师，减轻老师的工作量，将促进数学支撑下的个性化学习发展，让学习从灌输式向互动式、个性化方向演进。据悉，全国范围内，应用科大讯飞英语听说智能测试系统的考点数量已超 4000 个。这些成果逐渐地完善了科大讯飞 K12 教育发展框架，产品、渠道协同效应凸显。智能教育突飞猛进，推出的智能判卷、海量题库、名师视频、全部课程索引等，在 K12 阶段对学生的影响力也是十分地明显，秉持对学生有利的原则，智能教育值得倡导，但是智能教育也存在着弊端。

（三）未来社会发展对教育信息化积极推动

1. 全面开放二胎政策

全面二胎政策的实施，使得 K12 教育即将迎来良好的人口红利期，目前我国处于 K12 教育阶段的人口高达 1.8 亿，预计 2020 年达到 2.12 亿。另外，由于试错成本相对较高，教育产品属于非价格敏感类，因而需求与价格的稳定提高使 K12 教育成为抗周期的优秀行业，市场关注度不断提高。教育市场的蓬勃发展，使得伴随教育发展的辅助产品也有了广阔的市场，发展前景十分看好。在 2C 模式下，消费者的人群数量不断提高，产品的需求量也就不断地提高，二者相辅相成。

2. 民办教育机构的蓬勃发展

2017 年 9 月，随着新《民办教育促进法》及相关政策的施行和民办教育产业分类管理和发展成为对教育行业发展共识，各类社会资本将具有很强的进入教育产业的投资驱动，也将有越来越多的相关资产通过资本市场进一步加快教育产业化进程，因此民办教育的营利性企业将会不断增加。教育性质的企业除了提供线下辅导，也进行线上的追踪学习，而线上部分也为智能企业提供了巨大的发展空间，智能企业本身对于教育软件的开发拥有纯熟的技术和经验，因此智能教育机构的发展将会不断地扩大。

3. 我国发展智能教育还处于探索阶段

未来智能化将应用到各个领域，而智能教育关系甚为重要。教育体制不同，实施办法也不尽相同。我国智能教育发展要符合我国教育发展路线，以国家教育规划为基准,实行智能教育。目前,智能教育渐起,智能教育市场化发展潜力巨大,在发展智能教育的同时,应该规范市场智能教育发展,提高发展的智能化教育水平。

[案例二十八]四通股份收购启行教育:同股不同权的思考

公司名称:广东四通集团股份有限公司

股票代码:603838

预计发行时间:2015 年 7 月 1 日

上市地点:上海证券交易所

发行价:7.73 元/股

发行数量:3334 万股

主承销商:广发证券股份有限公司

一、四通股份和启行教育背景介绍

(一)四通股份简介

广东四通集团股份有限公司(以下简称四通股份)成立于 1997 年,是一家集研发、设计、生产、销售于一体的新型家居生活陶瓷供应商,产品覆盖日用陶瓷、卫生陶瓷、艺术陶瓷等全系列家居生活用瓷;是国家高新技术企业、国家文化出口重点企业、中国厨卫行业百强企业;公司以“全球家居生活陶瓷供应商”这一目标作为企业愿景,将传统工艺和现代技术紧密结合,通过资源综合利用、废瓷回收、节能降耗降低生产成本,通过全系列家居生活陶瓷产品为客户提供一站式采购服务,通过器型、材质、装饰、工艺的创新引领市场需求。公司是国家级高新技术企业,自成立以来,依托自主研发、技术创新与积累沉淀,已发展成为本土少数具备提供系列化优质生活陶瓷产品的名牌企业之一。四通牌日用陶瓷、卫生陶瓷、艺术陶瓷等产品款式多样,质量稳定,深受国内外客户的好评,畅销全球 90 多个国家和地区。四通股份的实际控制人是蔡镇城、蔡镇茂、李维香、蔡镇锋、蔡镇通 5 人,合计持有四通股份 59.27% 股权。

(二)启行教育简介

广东启行教育科技有限公司于 2013 年 12 月 12 日在广东省工商行政管理局登记成立。法定代表人李朱,公司经营范围包括教育信息咨询、教育项目开发、教育展览、教育交流与服务等。启行教育的主营业务由启德教育集团的经营性业务组成。后者是中国知名的国际教育综合服务商,主营出国留学咨询业务及考试培训业务启德教育集团曾以启德香港为核心主体搭建返程投资架构,并通过协议控制境内公司广东启德。启德教育集团曾收购受协议控制的明杰教育及其返程投资核心主体 NP(BVI),2016 年 5 月,启德教育宣布终止港股 IPO,目前启德教育集团返程投资及协议控制架构已拆除完毕。根据启行教育的工商档案和股权结构,其股权分布较为分散,持股 5% 以上股东包括纳合诚投资(20.89%)、李朱、李冬梅夫妻二人(17.46%)、至善投资(13.33%)、嘉逸投资(11.11%)、德正嘉成(10.67%)、林机(8.89%)、澜亭投资(6.67%)。

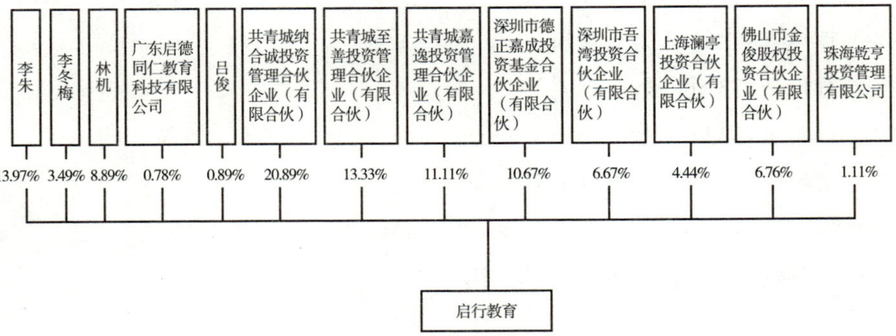

图 41 启行教育股权结构

资料来源:《新财富》杂志。

四通股份是家居生活陶瓷行业的领先企业,产品覆盖日用陶瓷、卫生陶瓷、艺术陶瓷等全系列家居生活用瓷。本次交易完成后,四通股份将实现从单一的家具生活陶瓷供应商向生产制造与国际教育服务产业并行的双主业的转变。本次收购将进一步优化上市公司的收入结构,开拓新的盈利增长点。

二、收购过程

四通股份 2016 年 6 月 30 日晚间发布公告称,拟斥资 45 亿元,通过发行股份的方式,购买启行教育 100% 股权。这就意味着,主营陶瓷供应的四通股份将跨界进入国际教育服务行业。公告披露,四通股份将以 13.98 元/股的价格发行约 3.22 亿股,作价 45 亿元收购李朱、李冬梅、启德同仁等 13 名交易对方合计持有的启行教育 100% 股权。本次交易完成后,公司原实际控制人及其一致行动人合计持股比例将由 59.27% 降至 26.85%。

此外,由于公司目前总股本仅为 2.67 亿股,此次交易完成后,公司总股本将大幅增至 5.89 亿股,公司原实际控制人及其一致行动人合计持股比例将由 59.27% 大幅降至 26.85%。

7月1日，四通股份发布公告，拟通过发行股份收购启行教育100%股权

交易方案

- **标的资产**：启行教育100%股权；
- **交易对手**：李朱、李冬梅、启德同仁、林机、吕俊、纳合诚投资、至善投资、嘉逸投资、德正嘉成、澜亭投资、吾湾投资、金俊投资、乾亨投资；
- **交易作价**：45亿元；
- **支付方式**：100%股份支付；
- **发行股份价格**：13.95元/股；
- **业绩承诺**：2016 年度、2017 年度、2018 年度净利润分别不低于24,000万元、27,500万元、31,000万元。

交易对方	持股比例	交易价格(元)
李朱	13.97%	735,602,384
李冬梅	3.49%	183,900,596
启德同仁	0.78%	69,999,968
林机	8.89%	381,669,120
吕俊	0.89%	38,166,932
纳合诚投资	20.89%	896,922,367
至善投资	13.33%	572,503,645
嘉逸投资	11.11%	477,086,383
德正嘉成	10.67%	458,002,916
澜亭投资	6.67%	286,251,857
吾湾投资	4.44%	190,834,526
金俊投资	3.76%	161,350,641
乾亨投资	1.11%	47,708,666
合计	100.00%	4,500,000,000

袁洲

图 42　四通股份收购启行教育概述

表 13　四通股份股权结构

股东名称	本次交易前		本次交易后		本次交易后含表决权股份	
	持股数量（股）	持股比例	持股数量（股）	持股比例	数量（股）	比例
上市公司实际控制人及其一致行动人	158,060,000	59.27%	158,060,000	26.85%	158,060,000	46.84%
富祥投资	12,000,000	4.50%	12,000,000	2.04%	12,000,000	3.56%
陈庆彬	9,800,000	3.67%	9,800,000	1.67%	9,800,800	2.90%
阳爵名光	8,000,000	3.00%	8,000,000	1.36%	8,000,000	2.37%
苏国荣	5,680,000	2.13%	5,680,000	0.97%	5,680,000	1.68%
蔡培周	5,660,000	2.12%	5,660,000	0.96%	5,660,000	1.68%
黄奕鹏	800,000	0.30%	800,000	0.14%	800,000	0.24%
其他省会股东	66,680,000	25.00%	66,680,000	11.33%	66,680,000	19.76%
李朱	—	—	52,618,196	8.94%	52,618,196	15.59%
李冬梅	—	—	13,154,549	2.24%	13,154,549	3.90%
启德同仁	—	—	5,007,150	0.85%	5,007,150	1,48%
非业绩承诺方	—	—	251,108,510	42.65%	—	—
合计	266,680,000	100.00%	588,568,405	100.00%	337,459,895	100.00%

资料来源:《新财富》杂志。

根据公告,标的公司业绩承诺方承诺标的公司2016年度、2017年度、2018年度净利润分别不低于24,000万元、27,500万元、31,000万元,业绩承诺期间内承诺净利润合计数不低于82,500万元。若标的公司完不成上述承诺,则业绩承诺方应对上市公司承担利润补偿义务。

启行教育的主营业务由启德教育集团的经营性业务组成。后者是中国知名的国际教育综合服务商,主营出国留学咨询业务及考试培训业务。启行教育2014年度、2015年度及2016年前4个月归属于母公司股东的净利润分别为1.5亿元、1.7亿元和2571万元。业绩承诺方面,2016年度至2018年度,启行教育净利润分别不低于2.4亿元、2.75亿元和3.1亿元。

三、成功上市之要义——规避借壳重组

根据证监会2016年公布的《重大资产重组管理办法》,控制权变化除了从股权认定之外,还包括了董事、高级管理人员的重大变化。

如此一来,四通股份收购启行教育,控制权就不是没有变化,而是有了变化,实际控制人从有变成了无。再加上证监会另外两条判断标准,四通股份的此次收购就有被界定为借壳上市的可能。这两条标准是:资产总额、资产净额、营业收入、净利润、增发股份五个指标,只要其中任一个达到100%或者虽然指标没有达到100%但主营业务发生根本变化,就视为控制权发生变化。

具体到四通股份和启行教育,不仅5个定量指标都超过了100%,而且完成收购后,教育业务的营收将占四通股份整体营收的一半以上,并将贡献绝大部分利润。这三项判断标准,如果放在过往,或许还有通过的可能,但在现在从严的监管环境下,通过的可能性将微乎其微,四通股份此次重组将很有可能会被认定为借壳上市,将按照IPO的标准进行审核。但启行教育在2012年搭建了VIE架构,只是在近期完成了拆除并注入四通股份,从选择的注入主体启行教育来看,由于收入和利润早已不在自身层面确认,其连续3年业绩是无法满足IPO标准的,根据重组预案,四通股份拟定增购买李朱、李冬梅、启行同仁等持有的启行教育100%股权,暂定交易价格为45亿元。标的资产的资产总额、营业收入、资产净额等均超过上市公司对应财务指标的100%。因此采取规避借壳上市的方案也就在情理之中了。

被收购方中的林机等人(预案的"非业绩承诺方")在交易完成后将持有上市公司42.66%的股权,但承诺无条件且不可撤销地放弃所持上市公司股份表决权、提名权、提案权,不向上市公司提名、推荐任何董事、高级管理人员人选。重组后上市公司控股股东仍是蔡氏家族不变,仍将拥有46.84%的表决权,因此公司认为实际控制人没有发生变化,本次交易不构成重组上市。

交流会上,中证中小投资者服务中心副总经理徐明首先指出,该方案是否能为监管部门认可表示担忧。他认为,即使放弃表决权等权利,也有可能发生控制权转移的情形。启行教育各股东的主观意识联动和客观行动协调有可能被认定为一致行为,资产注入方获得的上市公司股份合计达到54.69%,即已经取得了控制权。进一步而言,放弃表决权还有可能引起不良的后果,产生不当的示范效应,交易完成后原上市公司控制股东合计持股比例下降到26.85%,却拥有46.84%的表决权,而启行教育这一方拥有54.69%的股份,将导致出现"两个实际控制人"的状况,公司的治理结构产生扭曲。

针对徐明的相关疑问,四通股份独立财务顾问广发证券代表回应称,本次重大资产重组不构成重组上市,本次交易中非业绩承诺方放弃表决权,是在交易商业谈判过程当中基于交易各方的实际情况和诉求协商达成,是商业条款当中的组成部分,而非刻意规避构成重组上市。10名非业绩承诺方主要为私募投资基金,未来无意参加上市公司的经营和管理,放弃表决权比例,客观上增强了上市公司原控股股东对公司的控制,一定程度上提高了标的资产创始人股东李朱、李冬梅和启行同仁的表决权份量,为公司股权的稳定运营打下基础。

徐明提出,不可撤销放弃表决权的股份以后发生转让,上市公司的控制权是否存在进一步变化的可能。广发证券代表指出,其作为独立财务顾问也在积极探讨和研究比较稳妥的商业对策,以保证本次交易前后上市公司的控制权不发生变化。

四、问询函评析

2016年8月10日晚,公司对交易所问询函进行正式回复,对这些问题有较好的解答,其中有关于交易和估值合理性以及启德教育业务情况的回答。本文主要对关于上市公司控制权问询以及民办非营利性企业单位事项进行分析。

1. 本次交易完成后非业绩承诺方减持安排以及对上市公司控制权影响

本次交易完成后,交易对方合计持有上市公司股份比例为54.69%,其中非业绩承诺方合计持有上市公司股份比例为42.66%。本次交易非业绩承诺方补充出具了《说明与承诺》,具体内容如下:

截至《说明及承诺函》签署之日,非业绩承诺方及其控制的关联方尚未制定明确的减持计划,未来可能合法合规减持,作为上市公司股东期间应持续遵守放弃本次交易中取得的上市公司股份表决权等股东权利等相关承诺。

若非业绩承诺方及其控制的关联方采用包括但不限于协议转让、大宗交易、司法划转等非竞价交易方式向第三方进行股份转让的,非业绩承诺方及其控制的关联方在办理股权转让过户登记时应要求受让方继续履行放弃表决权等股东权利的承诺,否则不应办理股权转让过户登记手续,该部分股份后续再次转让时受让方亦须继续遵守相关承诺。该部分股份放弃表决权等股东权利的时限自本次交易完成之日起合计60个月。

因此,通过该等安排,即使锁定期满后非业绩承诺方出现转让上市公司股份的情况,通过非竞价交易方式减持的股份仍无法获得表决权等股东权利,从而上市公司控制权不会因此而发生变化;若通过竞价交易方式减持,该部分股份分布会更加分散,不易引起上市公司的控制权的变更。综上,在非业绩承诺方遵守其出具的《说明及承诺函》的前提下,未来上市公司不会因非业绩承诺方可能发生的减持行为而导致控制权发生变更。

结合上市公司实际控制人维持控股权的承诺,本次交易完成后,上市公司的控股股东、实际控制人仍为蔡镇城、蔡镇茂、李维香、蔡镇锋、蔡镇通,本次交易不会导致上市公司控制权发生变化。本次交易并不构成重大资产《重组管理办法》第13条所规定的借壳上市。

2. 本次交易完成后上市公司实际控制人关于维持上市公司控制权的措施

本次交易完成后,上市公司实际控制人及其一致行动人持有的表决权比例为46.9%,李朱、李冬梅、启德同仁合计持有表决权比例为21%,根据董事选举累计投票制的原则,上市公司实际控制人及其一致行动人至少可以决定董事会中3名董事的人选,而李朱、李冬梅、启德同仁可以确保其提名的1名董事通过,董事会成员中其余3名为独立董事。因此从董事会层面看,本次交易完成后上市公司实际控制人仍将继续具有控制权。

依据《发行股份购买资产协议》,交易完成后启行教育的董事会成员半数以上为上市公司委派。因此,李朱、李冬梅、启德同仁并不控制启行教育董事会,也无法影响上市公司控制权。未来启行教育不会为其管理层所实际控制。

3. 七家民办非企业单位的情况

本次交易中,标的资产下属的七家民办非企业单位均系不以营利为目的的主体,虽然根据现行《民办教育促进法》及《民办教育促进法实施条例》,民办教育属于公益性事业,民办学校的出资人可以从办学结余中取得合理回报,“合理回报”指“民办学校在扣除办学成本、预留发展基金以及按照国家有关规定提取其他的必需的费用后的结余的一定比例”,但民办非企业单位的合理回报不能等同于公司制法人取得的经营利润。因此，在本次交易中，标的资产下属的七家民办非企业单位以零对价进行转让。

第五节 新三板案例

[案例二十九]亿童文教：国内首家学前教育装备挂牌企业

公司名称：武汉亿童文教股份有限公司

所属行业：文化艺术行业（国民经济行业分类标准）

行业分类：教育（股转公司分类标准）

挂牌时间：2013 年 7 月 2 日

挂牌地点：全国中小企业股份转让系统

股票代码：430223

股票简称：亿童文教

股票种类：人民币普通股

每股面值：1.00 元

股票总量：5000 万股

所属层级：创新层

2013 年 7 月 2 日，武汉亿童文教股份有限公司（以下简称亿童文教）借着武汉成为新三板首批试点的机遇，以协议转让的方式在全国中小企业股份转让系统（以下简称新三板）挂牌，成为国内首家学前教育装备挂牌企业。

伴随着儿童教育领域的跨越式发展，亿童文教也从 2008 年成立之初注册资本只有 300 万的小企业，快速发展成为营收超过众多创业板公司的企业。2012 年，亿童文教营业收入 1.82 亿元，净利润 2604.44 万元。2013 年，公司营业收入 2.53 亿元，净利润达 4453.31 万元，同比分别增长 39.37% 和 70.99%。

2015 年 3 月，亿童文教发布公告称，与硅谷天堂资产管理集团股份有限公司（以下简称硅谷天堂）签署了《财务顾问协议》，亿童文教将聘请硅谷天堂担任收购与兼并等资本领域业务的财务顾问，由硅谷天堂向公司提供并购方案设计、财务与法律尽职调查、引荐投资人等服务。此举被外界认为是新三板首例“PE + 挂牌公司”模式。

2017 年 1 月 18 日，亿通文教发布公告称，拟首次公开发行股票并上市，已向证监会湖北监管局提交《接收拟公开发行股票公司辅导备案登记材料登记表》并得到其确认。截至公告发布之日,亿童文教完成了1次增发,向公司3名在册机构股东以32元/股发行500万股,募资1.6亿元。

一、亿童文教的基本概况

亿童文教成立于2008年,是一家为幼儿园提供幼儿教育整体解决方案的文化创意企业,公司主营业务为幼儿教育产品的研发和推广,提供的产品和服务主要包括学习材料、区域活动材料。具体包括幼儿图书材料、玩教具装备、家园共育产品、信息化产品和相关培训等一体化服务。公司致力于提供系统的解决方案、科学的幼儿教育产品、专业的培训服务,通过全国性的经销网络,为广大幼儿提供符合科学保教理念的全方位产品和服务。

根据亿童文教的公开转让说明书,2011年、2012年主营业务收入占营业收入的比例均在98%以上,其他业务收入主要系销售材料和包装物获得的零星收入,公司主营业务突出。挂牌新三板后,得益于2013年秋季学期推向市场的运动材料产品和网络培训产品,及区域活动材料产品收入的较快增高,2013年公司实现营业收入253,237,490.55元,同比增长39.37%。

2013年年末,亿童文教获得国家新闻出版广电总局批复,同意公司从事图书、音像制品及电子出版物总发行业务,有利于公司幼儿园出版物在全国的渠道拓展,增强公司的抗风险能力和持续发展能力。在图书出版的同时,公司加大对玩教具类装备的研发与推广,取得了不凡的业绩。2016年年度报告显示,图书资料收入占公司营业收入的61.26%,玩教具装备收入占公司营业收入的38.14%。

此外,亿童文教还推出互联网教育平台"亿童网校",为幼儿园教师提供"线上+线下"的一体化培训服务。2016年年度报告显示,报告期内,公司开发各类培训课件134种,组织实施培训5万多场,培训园长教师达138万人次,升级亿童幼师网校,提供高品质的线上培训课程,通过线上线下多种培训形式,系统搭建成长平台,提升教师专业技能。

目前,亿童文教已经成为国内领先的幼儿教育整体方案提供商。2013年"单独二胎"政策实施后,2014年出生人口总数同比增长2.9%;2014年国家提出"2016年全国学前三年毛入园率达到75%"的目标。政策红利推动幼教产业的发展,幼儿教育整体解决方案提供商相对比较稀缺,这为亿童文教的进一步发展提供了契机。2017年,亿童文教正式启动IPO申报工作,接受东兴证券的上市辅导,准备登陆A股市场。

二、公司成立与挂牌历程

有限公司成立。2008 年 5 月 30 日，曾长姣和刘仙芝共同出资成立武汉育童文化服务有限公司，注册资本为 300 万元。

改制为股份公司。2012 年 11 月 24 日，有限公司全体股东共同签署了《发起人协议》，同日召开临时股东会，决议有限公司整体变更为股份公司，注册资本为 5000 万元。

挂牌新三板。2013 年 7 月 2 日，武汉亿童文教股份有限公司以协议转让的方式在全国中小企业股份转让系统挂牌，成为国内首家学前教育装备挂牌企业。

三、挂牌架构

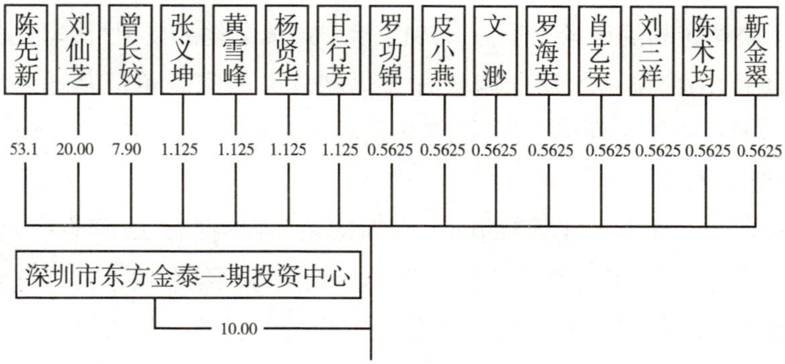

图 43　武汉亿童文教股份有限公司股权架构(单位:%)

资料来源:亿童文教公开转让说明书。

截至亿童文教公开转让说明书发布之日，陈先新持有公司 2655 万股，占公司股本总额的 53.1%，为公司的控股股东。陈先新与曾长姣夫妇合计持有公司 3050 万股，占公司股本总额 61%，能够通过股东大会、董事会决议影响公司经营管理决策及管理人员的选任。陈先新与曾长姣夫妇为公司的实际控制人。

亿童文教 2016 年度报告显示，截至报告期末，陈先新持有公司74,812,500股，占公司股本总额的 49.88%，为公司的控股股东。陈先新与曾长姣夫妇合计持有公司 83,077,500 股，占公司股本总额 55.39%，陈先新与曾长姣为公司的实际控制人。控股股东与实际控制人自首次披露以来未发生变动。

四、竞争优势与风险分析

(一)竞争优势

1. 运营模式优势

公司建立了市场化导向的“研发、销售、服务”一体化运营的模式和闭环的业务流程,涵盖了产品原创研发设计、产品制作、发行销售、培训服务、产品效果评估等较为全面的业务链条。此种运营模式,有利于提高公司的议价能力,避免与竞争对手进行低价竞争,减少了盗版和仿冒产品的冲击。

2. 品牌优势

公司作为国内领先的幼儿园教育整体解决方案提供商,在国内具有较高的品牌优势。良好的品牌形象有效提升了公司产品的市场知名度和盈利持续能力,增强了公司产品的市场竞争力。2012 年公司被文化部授予“国家文化产业示范基地”,成为国内第一家幼儿园教育文化创意类国家级示范基地。2015 年 6 月,“亿童”商标被国家商标总局授予“中国驰名商标”。

3. 培训优势

公司建立了“线上 + 线下”的师资培训体系,线下拥有 22 家省会培训中心,400 余名专家培训师,建立覆盖全国园所的培训服务网络。线上建立亿童幼师网校,使得更多的幼儿园能够有机会享受优质的培训服务。公司目前的培训以免费为主,意在完善业务布局,提高公司知名度。培训部门是公司的第一大核心部门,也是未来业务营收的重要增长点。

4. 产品线优势

公司重视产品的研发,2016 年度报告显示,报告期内公司对产品研发共投入 32,630,610.85 元,占营业收入的 6.17%。公司已取得专利权 200 余项,著作权 1100 余项,其中软件著作权 31 项,均为自主研发取得。公司已经推出了 300 余种幼儿园学习产品及近百种区域活动材料产品,几乎涵盖了在园幼儿一日活动所需要的各种教育材料,可以为幼儿园客户提供教育产品的“一站式”服务。

(二)风险分析

1. 知识产权保护风险

学前教育装备是公司的核心产品,体现公司的核心竞争力,也是最容易受到知识产权侵权的领域。作为全国 5 万家幼儿园教育整体解决方案提供商,公司的产品很容易受到其他商家的恶意仿冒,以及未经授权便擅自销售、复制、剽窃公司产品。虽然公司制定了《版权引进及保护管理办法》,规范自主知识产权的申请、管理,对各类产品的版权保护采取了多项措施,建立了完善的版权管理和保护机制。同时成立了法律事务部,使用法律手段对市场上的仿冒产品予以打击,但公司依然面临知识产权受到侵害的风险。

2. 产品结构调整的风险

教育行业受政策性影响很大,经常面临产品结构调整的风险。公司的产品类型主要包括学习材料和玩具,其中学习材料形成的收入占营业收入的绝大部分。2011 年教育部发布了《关于规范幼儿园保育教育工作防止和纠正"小学化"现象的通知》及《3～6 岁儿童学习与发展指南》,明确指出要遵循幼儿身心发展规律,纠正"小学化"教育内容和方式,使公司的产品结构存在一定的调整风险。

3. 委托加工的风险

区域活动材料产品是公司营收的重要增长点,这类产品公司主要采用的是外包委托加工的模式。虽然公司提供图纸,严格挑选供应商,要求样品获得国家玩具检验标准证书,但外包的形式依然存在产品质量及供应不足风险。

4. 新媒体竞争的风险

数字媒体的发展对传统出版物的生产方式、运作流程和销售收入造成了一定的冲击。目前,公司学前教育装备收入中的学习活动装备仍以纸质图书媒介为主,如果今后公司在数字出版和新媒体应用方面的发展跟不上社会新媒体的逐渐普及和图书出版信息化技术的变革,则可能对公司的经营造成一定影响。

五、双重驱动:内生增长与外延并购

(一) 内生增长

1. 幼儿园装备业务稳定增长

幼儿园装备业务是公司的核心业务,也是营业收入的主要来源。2016 年度,公司的学习材料业务(图书业务)收入 3.24 亿元,同比增长 13%;区域活动材料业务(玩教具业务)收入 2.01 亿元,同比增长 69%。2011 年教育部发布《关于规范幼儿园保育教育工作防止和纠正"小学化"现象的通知》,在政策支持之下,亿童文教积极布局区域活动材料业务,产品形式主要包括室内区域活动材料和室外区域活动材料两大类,公司在行业内率先进行了区域活动产品的系统性开发,并参与制定了国家级《幼儿园玩教具配备标准》,具有较明显先发优势。玩教具业务的收入占比已从 2015 年的 29% 提升至 2016 年的 38%。家庭教育业务空间广阔。

艾瑞咨询调研结果显示,与上一辈家长相比,新一代家长的学历文化水平提升很多。有 77.9% 的家长受教育程度在本科或者大专,有 14.5% 的家长拥有硕士及以上学历,高中学历的家长仅占 7.6%。与更高的文化水平相伴的,是新一

代家长更强的家庭教育意识,特别是对子女学前教育的重视。2015 年公司投资 2000 万元设立全资子公司武汉古立古豆文化科技有限公司,主要从事玩具、计算机软硬件的研发、销售、制造;图书、音像制品、电子出版物的销售。公司于 2016 年 4 月正式推出亿童家园共育课程,以“古立古豆父母学校”开展宣传和推广,通过幼儿园引导幼儿父母做好家庭教育。幼儿教育的特点是使用用户与付费用户的分离,因此公司的家庭教育产品以父母培训讲座为先导,提高父母的付费意愿。公司通过遍布全国的幼儿园网络进行家庭共育产品的宣传与推广,业务营收增长空间广泛。

2. 深度布局在线教育

为顺应在线教育的趋势与满足市场多样化的产品需求,公司推出以亿童网校和亿童课件为核心的在线教育产品,深度布局在线教育产业。亿童网校致力于打造方便快捷的幼师自学平台,通过 5 ~ 15 分钟的微视频让教师能够充分利用碎片化的时间进行专题学习。亿童网校的培训主要包括专业发展、生活活动、运动、游戏活动、学习活动五个模块,全面提升教师的教学能力与自身素质。亿童课件涵盖儿童生活、学习、运动、游戏等一日的主要活动,为教师提供多样化的教学选择。

(二)外延并购

1. 牵手硅谷天堂,首创“PE + 挂牌公司”模式

2015 年 3 月 10 日,公司宣布与硅谷天堂于签署《财务顾问协议》,聘请硅谷天堂担任收购和兼并等资本领域业务的财务顾问。此举开创了“PE + 挂牌公司”的新模式,有利于亿童文教借助硅谷天堂的平台进一步利用资本市场,通过兼并收购上下游公司将企业做大做强。公司与硅谷天堂资产管理集团股份有限公司共同出资设立武汉古立古豆文化科技有限公司,专注于婴儿和幼儿的家庭教育产品的研发、推广和销售。

2. 收购上下游企业,整合产业链

公司计划通过股份支付或现金方式对上游企业进行投资或收购,并且通过参股、控股或全资收购形式对经销商进行整合,提升渠道经销能力。2016 年 6 月,公司以现金支付的方式收购 5 家经销商公司的部分股权,分别为无锡童格文化发展有限公司 60% 股权、深圳市禹童文化咨询服务有限公司 70% 股权、黄石市思睿文化用品有限公司 60% 股权、宜昌童宜文化传播有限公司 60% 股权、仙桃沁和文化传播有限公司 100% 股权。投资或收购上下游企业,成为公司整合产业链的重要手段。

[案例三十]颂大教育:国内领先的教育信息化建设与运营服务商

公司名称:武汉颂大教育科技股份有限公司
所属行业:软件开发(国民经济行业分类标准)
行业分类:互联网和相关服务(股转公司分类标准)
挂牌时间:2013 年 7 月 2 日
挂牌地点:全国中小企业股份转让系统
股票代码:430244
股票简称:颂大教育
股票种类:人民币普通股
每股面值:1.00 元
股票总量:1100 万股
所属层级:创新层

2013 年 7 月 2 日,武汉颂大教育科技股份有限公司(以下简称颂大教育)以协议转让的方式在全国中小企业股份转让系统(以下简称新三板)挂牌,2015 年 7 月 2 日,变更为做市交易,是国内领先的教育信息化建设与运营服务商。

颂大教育自挂牌以来,一直是新三板市场上的明星企业,备受投资者与行业研究者的关注。颂大教育的公开转让说明书与年度报告显示,2012 年至今公司业绩实现超高速增长。2014 年,公司实现营业收入 6533 万元,同比增长 156%,净利润 1616 万元,同比增长 174%;2015 年,公司实现营业收入 2.53 亿元,同比增长 287%,净利润 3193 万元,同比增长 99%;2016 年,公司实现营业收入 3.52 亿元,同比增长 39%,净利润 5346 万元,同比增长 67%。

2013 年前,颂大教育主营业务是软件 + 服务,为各地教育局提供相应的服务;2014 ~ 2015 年加入硬件,用软件整合硬件,为教育云平台落地运营提供整体解决方案;2016 年在原有基础上又加入了内容体系的建设;2017 年公司预期布局移动互联增值运营服务。

2016 年,公司加速从幼儿园到高中阶段的十五年基础教育业务布局,继续推进“一核 N 驱”,通过“湖北升学”“决胜中考资源包”“颂大易查”“颂大联考”“颂大帮学”“课坊”“微校”等应用服务以及精准推送的优质内容,多模式探索互联网运营服务。另外在基础教育领域,公司参股设立武汉丁丁阳光(持股 28.9%),探索 K12

在线资源运营，打造资源类 IP；参股武汉笑脸科技（持股 20%），通过建立学校微信平台获取移动互联网用户入口通道。在学期教育领域，公司新设立控股子公司颂大童心，并参股华大天童，全年实现学前教育类收入 1486 万元，毛利率 86%。

2017 年 2 月 27 日，颂大教育发布公告称公司已向证监会湖北监管局提交《接收拟公开发行股票公司辅导备案登记材料登记表》并得到其确认，这意味着颂大教育拟 IPO 上市。

一、颂大教育的基本概况

颂大教育成立于 2009 年 7 月，以服务于教育局一线的学生考试信息化业务起家，是国内领先的教育信息化建设和运营服务商。公司专注于基础教育领域信息化环境建设、教育软件及系统研发、提供教育云平台运营和维护及学前教育管理与服务。公司以“教育行政部门 + 学校、幼儿园 + 教师 + 学生 + 家长”为服务对象和目标用户群体，以“公共经费采购 + 用户自主购买 + 关联第三方付费 + 资产运营”为盈利模式，以“直营 + 子公司 + 代理”为营销渠道。

理解“教育信息化”是理解颂大教育商业模式的基础。“教育信息化”是指由政府财政经费拨款，针对幼儿园、中小学、大学和职业院校的信息系统建设。目前，公司的产品主要是服务基础教育领域，也就是所谓的 K12 教育领域。K12 阶段的教育信息化系统由五部分组成：教育云平台、资源、应用、网络、终端。

颂大教育的主营业务可以分为五大板块：教育软件系统、基础教育信息化环境建设服务、软件开发及技术服务业务、学前教育、互联网教育服务，2016 年各业务营收分别为 1.35 亿元、1.50 亿元、0.51 亿元、0.14 亿元，互联网教育服务尚未产生收入。

颂大教育的产品架构俗称“一核 N 驱”，“一核”即颂大教育云平台，“N 驱”即颂大云电子书包、颂大云网阅、颂大云录播、颂大云课堂、颂大云教培、颂大云家教、颂大云穿戴设备等一系列与教育信息化相匹配的产品。

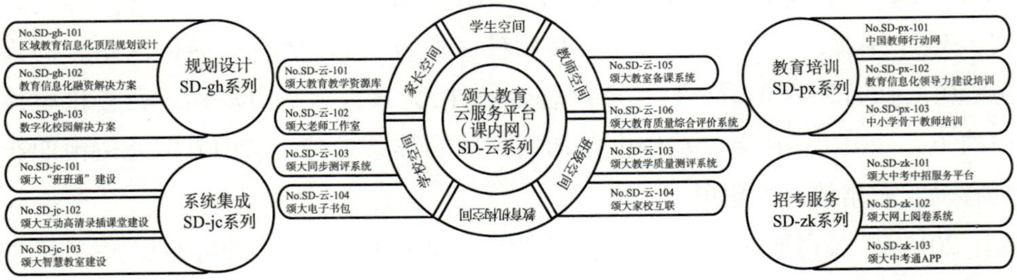

图 44 颂大教育的产品结构

资料来源：颂大教育官网。

由于地方壁垒、资源垄断、教育标准的差异等原因,K12 教育信息化市场地域分割较为明显,竞争格局高度分散。目前从事教育信息化产业的上市/挂牌公司主要包括:颂大教育、科大讯飞、立思辰、中教股份、威科姆、拓维信息、能龙教育等7 家企业。跨区域的扩张是所有教育信息化从业者的难点,也是业务突破的关键点。

2015 年 11 月,颂大教育联合三井住友融资租赁(中国)有限公司与云南省文山市、云南省宜良县分别签订了 8999 万元和 7961 万元的教育信息化合同;2016 年 3 月,颂大教育与三井住友融资租赁(中国)有限公司及腾冲市教育局三方共同签署了 5000 万元的教育信息化合同。这三笔云南省的业务彰显颂大教育布局全国市场的强大实力。目前,颂大教育的产品遍及全国 50 余地市,400 余县区,拥有 12,000 余所学校。

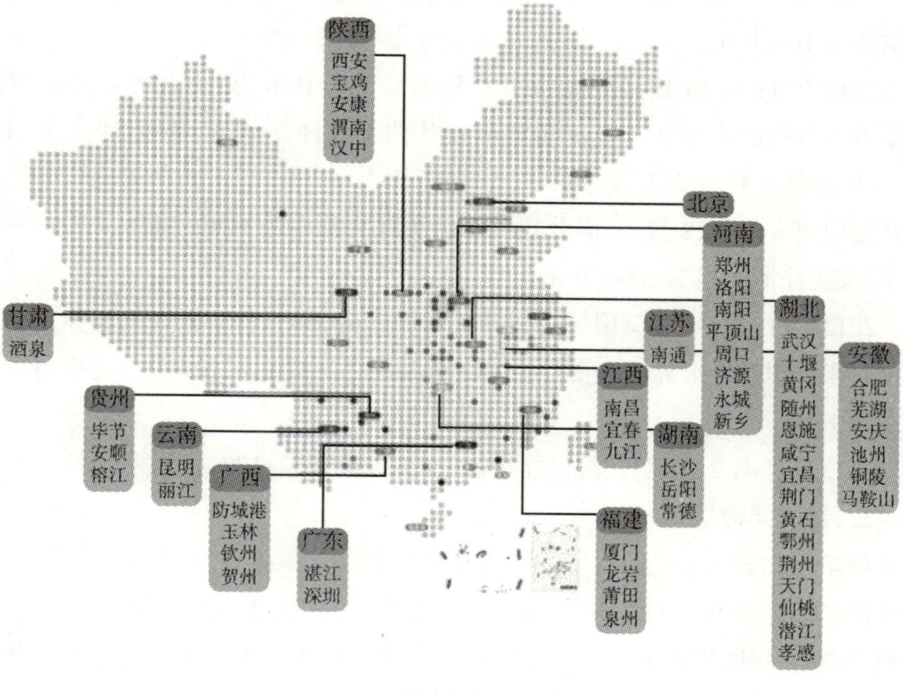

图 45 颂大教育业务的全国分布

资料来源:颂大教育官网。

颂大教育的业务模式主要有四种:直销、代理、PPP 和融资租赁。其中,直销和代理为传统的业务模式,由颂大教育直接销售或通过代理商间接销售。PPP 和融资租赁为近年新兴的业务模式。PPP 模式一般是由颂大教育等项目建设方进行先期垫资,再由政府分期回拨,这种模式要求建设方具有较强的资金储备实力。融资租赁模式是由融资租赁公司作为买受人(租赁合同中的出租人),向出卖人(如颂大教育)出资购买租赁产品,并出租给承租人(如地方教育局)使用,承租人分期向出租人支付租金。

颂大教育的盈利模式主要有三种:公共经费采购、市场化运营、关联第三方付费等,俗称“三块钱”。其中,公共经费采购是指由教育局或学校使用公共经费采购相关服务,教师和学生免费使用,这也是公司的主要盈利模式;市场化运营是指由终端用户(教师、家长、学生)按需购买个性化服务;第三方付费是指教育局、学校、教师、家长、学生等用户享受服务,经费由关联第三方支付(如广告公司等)。

二、公司成立与挂牌历程

2009 年 7 月 6 日,徐春林、刘敦云及周代明共同出资设立有限责任公司,注册资本为 100 万元。

2012 年 11 月 19 日,公司增加注册资本至 584.4156 万元,由楚天投资、张彤及朱香红以每股出资 7.7 元的价格分别认购新增注册资本 64.9351 万元、16.8831 万元和 2.5974 万元。

2012 年 11 月 28 日,有限公司股东会决议将资本公积 4155844 元转增注册资本,变更注册资本至 1000 万元。

2013 年 1 月 13 日,有限公司召开临时股东会,同意将有限公司整体变更为股份有限公司。经审计的净资产值 14530633.12 元按 1.3210∶1 的比率折合股本总额 1100 万股。

2013 年 7 月 2 日,颂大教育挂牌新三板,注册资本 1100 万元。

三、挂牌架构

截至颂大教育公开转让说明书发布之日,徐春林直接持有公司股份为 7,811,222 股,占公司总股本的 71.01%,为公司的控股股东和实际控制人。颂大教育 2016 年度报告显示,报告期末徐春林持有 49,210,700 股,持股比例为 48.71%,依然为公司的控股股东及实际控制人。

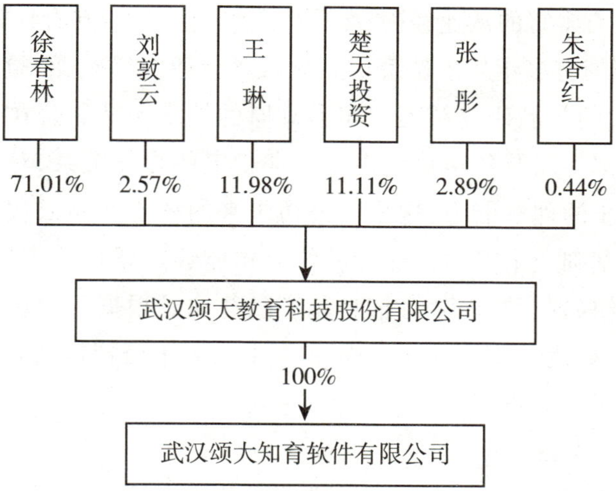

图 46　公司挂牌时的股权架构

资料来源：颂大教育公开转让说明书。

四、竞争优势与风险分析

（一）竞争优势

1. 公司产品优势

根据颂大教育的公开转让说明书，公司的主营业务是教育软件及系统平台的设计、开发、销售及相关技术服务。具体包括中考招生管理与服务系统、网上阅卷系统、成绩分析与教学质量评价系统、颂大云教育平台（教学教研管理与资源应用云平台）。如今公司已经形成“一核 N 驱”的产品架构，以颂大云教育服务平台为核心的系列产品和服务为主营定位。公司坚持“平台为核，数据为魂，应用为王”的产品研发和经营理念，精准市场需求判断，注重产品的实用性和组合性和有效性。公司的产品均针对基础教育管理核心业务或用户的共性需求进行模块化开发，用户既可以购买单一模块产品，也可以根据实际的业务需求情况进行系统化的定制。2016 年公司基础教育信息化环境建设服务收入同比增长 63%；教育软件系统业务收入小幅下滑 2%；软件开发及技术服务收入同比增长 128%，且毛利率高达 88%。随着公司产品结构的优化与软件业务占比的上升，公司的产品优势会依然保持。

2. 行业经验优势

国内教育信息化起步较晚，地区市场壁垒较强。早期公司的产品主要面向教育行政主管部门与学校，仅有技术往往无法打开市场，还需要有丰富的行业经验。一方面，公司创始人徐春林曾供职于武汉市委机关生活服务中心与浪潮集团武汉公司,具有丰富的从业经验,在开拓武汉当地市场方面具有独特的优势。另一方面,公司拥有多年从事教育信息化服务行业的经验、经验丰富的教育专家、行业内顶尖的产品研发精英和实力雄厚的技术团队。公司通过现有产品与各省市教育部门以及各学校建立了长期稳定的合作关系,对市场需求的变动有着先人一步的理解能力,这也为公司未来的核心产品云教育平台的推广奠定了良好的基础。丰富的行业经验使公司能够紧紧抓住市场需求,开发与更新市场最稀缺的产品,而教育信息化产品往往是根据各地区不同的特点量身定制,产品的替代性较差,这在一定程度上巩固了公司本就具有的行业经验优势。

3. 市场先发优势

公司以教育软件研发起家,在第一批产品抢占市场后,公司就不断根据市场反馈,对产品进行优化升级,不断推出新的产品与服务。国内参与中考业务信息化服务的公司有很多,但是绝大部分公司只能提供在个别业务流程上(如报名、志愿)实现局部功能的解决方案。而公司的中考招生管理平台是全国最早能够从报名、组考,到考试阅卷,再到志愿、招生录取及成绩分析等全业务流程上实现信息化解决方案的提供商之一,还是全国第一家省级中考招生管理平台的服务提供商,并且在全国近30个地市实现了产品的接入。另外,公司率先推出颂大教育云平台,迅速抢占市场。该平台集教育行政、学校教育管理要素、教学空间、资源与应用于一体,提供“应用+资源+服务”的整体解决方案。

(二)风险分析

1. 人力资源管理风险

高素质的人力资源是公司发展的核心力量,随着公司业务的快速发展和产品的优化升级,公司现有的人力资源体系建设、人才梯队建设相对滞后。公司是国内领先的教育信息化建设与运营服务商,核心技术人才对公司至关重要。而教育信息化在国内起步较晚,这方面的专业技术人才相对稀缺,且培养成本较高。近年来国内教育信息化市场的竞争者增多,核心专业技术人才市场需求旺盛,业内普遍存在高薪挖人,甚至存在不正当竞争的现象,这对公司的人力资源管理提出了很大的挑战。为此,公司也采取了多种措施,如通过战略合作、聘请专家、引进高端人才、内部骨干培养等,提升公司团队品质;通过加强文化建设、优化薪酬机制、改革绩效考核等,积聚优秀人才,保障公司长期稳定发展的人才需求。

2. 运营资金不足风险

随着行业规模的进一步扩大与公司产业布局的扩展,公司面临着运营资金不足的风险。教育信息化产品的前期投入较大,产品研发需要大量的资金支持,尤其是在 PPP 模式下,公司需要垫付大量的资金,这对公司的资金链提出了很大的挑战,营业收入远远不足以满足如此庞大的资金需求。为此,公司长年与银行间建立良好的信用关系,提高融贷效率,并发挥资本市场融资平台的的作用,最大可能保障公司快速发展的资金需求。

3. 规模化发展管理风险

一方面,公司深入推进"一核 N 驱"战略,多模式探索互联网运营。目前,公司的业务已经覆盖 19 个省、70 多个地级市。另一方面,公司加大区域市场开拓,完善产业链布局。近年来,公司在云南省频频签下大单,全国布局的雏形初现。2016 年公司投资成立了控股子公司岳阳颂大教育科技有限公司,探索 PPP 模式下的运营机制。另外公司还布局学前教育领域,2016 年公司投资成立武汉颂大童心教育发展有限公司,全面负责幼儿园的托管运营。这种规模化发展对公司的管理提出了全新的挑战,为此,公司不断优化组织结构,引进先进管理机制和专业人才,加强公司内训体系建设,不断提升管理水平,建设公司现代管理机制。

五、集团化运营:全面布局教育产业链

(一)内生增长

教育信息化是颂大教育的主业,也是内生增长的主要着力点。近年来,公司深入推进"一核 N 驱"产品架构,多模式探索互联网运营。2015 年公司采取融资租赁模式在云南签下三个大单,云南省的频繁拿单一方面说明了颂大教育在行业内具备较强的竞争力;另一方面说明了融资租赁模式是教育信息化公司全国性布局的重要模式,有望大幅缩短相关公司的回款周期,并能有效地缓解其资金压力。公司自挂牌以来共进行三次股权融资,其中 2014 年一次募集资金 2400 万元,用于拓展业务需要和加快公司发展;2015 年两次共募集资金 2.1 亿元,分别用于为做市商提供做市存股,补充流动性资金,加大新产品研发投入,提高市场占有率和增强抗风险能力。

(二)外延扩张

颂大教育通过"IP + 通道"的方式外延扩张,加快教育行业布局,提升公司整合资源的能力。基础教育方面,公司参股设立武汉丁丁阳光(持股 28.9%),探索 K12 在线资源运营,打造资源类 IP;参股武汉笑脸科技(持股 20%),通过建立学校微信平台获取移动互联网用户入口通道。学前教育方面,公司成立颂大童心,建设和获取学前教育产品通道;参股武汉华大天童教育(持股 21.43%),从事学前教育产品开发;参股童学文化(持股 10%),致力于少儿国学教育的 IP 与通道建设,实现了学前教育的业务拓展。

[案例三十一]嘉达早教:三位一体的早教产品和服务提供商

公司名称:广东嘉达早教科技股份有限公司
所属行业:文教、工美、体育和娱乐用品制造业(国民经济行业分类标准)
行业分类:教育(股转公司分类标准)
挂牌时间:2014年1月24日
挂牌地点:全国中小企业股份转让系统
股票代码:430518
股票简称:嘉达早教
股票种类:人民币普通股
每股面值:1.00元
股票总量:6000万股
所属层级:创新层

2014年1月24日,广东嘉达早教科技股份有限公司(以下简称嘉达早教)以协议转让的方式在全国中小企业股份转让系统(以下简称新三板)挂牌,同年12月变更为做市交易,致力于打造三位一体的早教产品和服务提供商。

2012年10月,嘉达早教拟申请首次公开发行股票并上市,并向中国证券监督管理委员会广东监管局提交了首次公开发行股票并上市的辅导材料,并同时开始接受申万宏源证券股份有限公司的辅导。从提交公开发行申请,到中止上市辅导,嘉达早教等待了三年半的时间仍然未能登陆A股。

嘉达早教早期的主要业务为早教益智产品研发、生产和销售,产品以出口外销为主,产品出口销售占公司销售总额的比例较高,导致公司产品的国内市场占有率很低。因此,公司业务受国际市场变化的影响较大。挂牌新三板后,公司加快对国内市场的开发与布局,建立更为均衡的客户结构和销售网络。

公司早期的产品以学习机、点读笔、趣味书屋等实体早教产品为主,产品结构较为单一,受原材料和市场波动的影响较大。挂牌新三板后,公司积极开发早教内容产品,以早教理论为指导形成培训课程,并通过早教机构提供培训和咨询服务。

嘉达早教从国外市场向国内市场转型,从传统制造业向教育行业转型,从实体产品制造商向早教内容服务提供商转型并非一帆风顺。公司 2016 年半年报显示，报告期内，公司实现营业收入 5712 万元，同比减少 58.43%；净利润 542 万元，同比减少 70.76%；公司应收账款 1.42 亿元。2017 年 4 月 17 日，公司发布公告称，因审计进度未达预期，特将 2016 年年报延期至 4 月 26 日披露。而 4 月 26 日，公司又发布公告称，由于审计报告延期出具的原因，公司未能按时完成年报编制，将无法于 2017 年 4 月 28 日前披露 2016 年年度报告。如果嘉达早教在 6 月 30 日前依然无法披露 2016 年年度报告，公司股票将面临被终止挂牌的风险。

一、嘉达早教的基本概况

嘉达早教的前身澄城嘉达电子玩具厂成立于 1992 年，挂靠集体企业。2001 年，公司脱钩改制并成立澄海市嘉达电子玩具实业有限公司。2005 年以前，公司的主要产品为益智车等普通玩具，2005 年以后公司逐步将产品定位于具有学龄前儿童益智功能的早教产品，2011 年开展早教培训业务，2012 年推出婴童系列产品。

目前，公司的主要业务为早教益智产品的研发、生产及销售，并向早教培训和早教咨询服务及软件服务内容方面延伸，致力于打造“早教理论应用研究 + 早教产品开发 + 早教服务”三位一体的早教产品和服务提供商。公司的客户主要为国内外早教益智产品经销商，未来公司希望依托嘉里乖乖平台，实现国内市场的去经销商化，以降低中间销售环节的成本。公司销售渠道主要为通过参加各种玩具展览会来获取出口订单，境内销售除通过参加各种玩具展会、媒体推广等传统形式来实现销售以外，还通过网络电商平台直接对接终端客户。

嘉达早教 2015 年年度报告显示，学习机、点读笔等学习益智类教具产品销售收入占公司营业收入的 70.29%，较上期的 85.34% 有所降低。2016 年半年度报告显示，公司实现营业收入 5712 万元，同比减少 58.43%；净利润 542 万元，同比减少 70.76%。公司今年上半年从以前年度的传统制造转向以提供教育内容为主要业务的发展路线，将早教内容植入实体产品进行生产销售。营业收入和净利润如此大的降幅想必是受到公司产品转型不顺利的影响。

二、公司成立与挂牌历程

（一）挂靠集体企业阶段

1. 1992 年 12 月，澄海县澄城嘉达电子玩具厂成立，注册资金为 8 万元，经济性质为集体所有制，经营范围为电子玩具、兼营塑料制品、工艺品。

2. 1997 年 7 月，因行政区划变更，澄海县澄城嘉达电子玩具厂更名为澄海市嘉达电子玩具厂。

3. 2000 年 4 月，公司增加注册资金增至 102.1 万元。

(二)有限责任公司阶段

1. 2001 年 8 月,公司脱钩改制,并成立澄海市嘉达电子玩具实业有限公司,注册资本为 1038 万元。

2. 2003 年 9 月 2 日,因行政区划名称变更,公司名称变更为汕头市澄海区嘉达电子玩具实业有限公司。

3. 2008 年 5 月,公司增加注册资本至 2500 万元,其中,陈树佳以货币方式增资 1023.40 万元,吴树依以货币方式增资 438.60 万元。

(三)股份有限公司阶段

1. 2008 年 7 月,嘉达有限召开股东会按 1.1527∶1 的比例折合股份 2500 万股,将嘉达有限改制为广东嘉达电子科技股份有限公司。

2. 2012 年 10 月,嘉达早教拟申请首次公开发行并上市,由于排队等待时间过长,公司选择挂牌新三板。

2014 年 1 月,嘉达早教以协议转让的方式挂牌新三板,注册资本 6000 万元。

三、挂牌架构

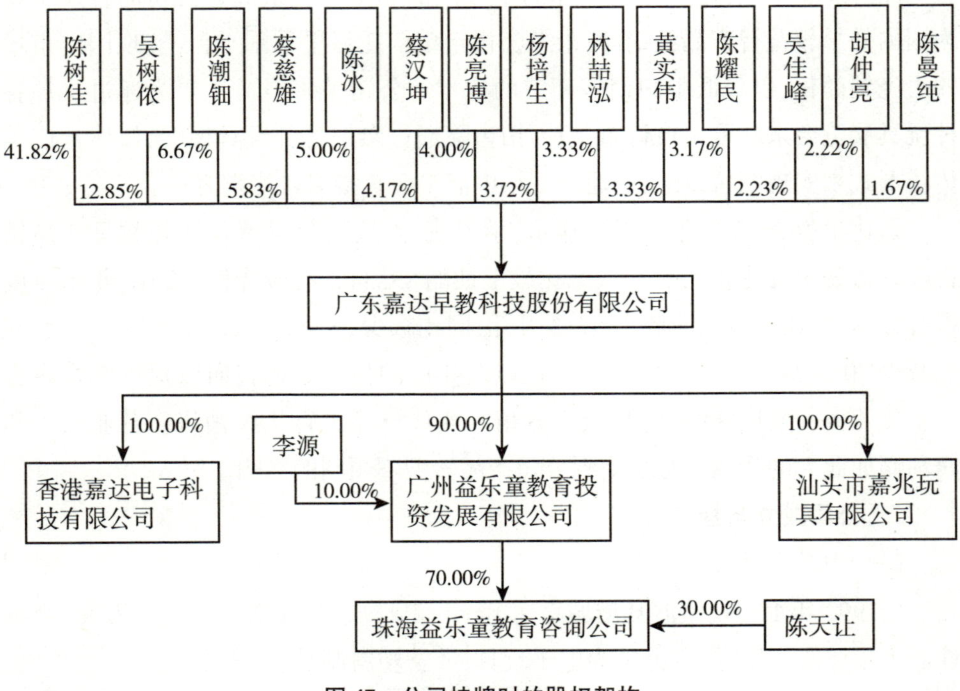

图 47　公司挂牌时的股权架构

资料来源:嘉达早教公开转让说明书。

截至嘉达早教公开转让说明书发布之日,陈树佳直接持有公司的股份为25,091,382.00股,占公司总股本的41.82%;吴树依直接持有公司的股份为7,708,618.00股,占公司总股本的12.85%,两人合计持有公司的股份为32,800,000.00股,占公司总股本的54.67%,控股股东、实际控制人为陈树佳及吴树依,两人为夫妻关系。

四、竞争优势与风险分析

(一)竞争优势

1. 商业模式优势

公司从整体上采用"早教理论应用研究+早教产品开发+早教服务"的"三位一体"商业模式。

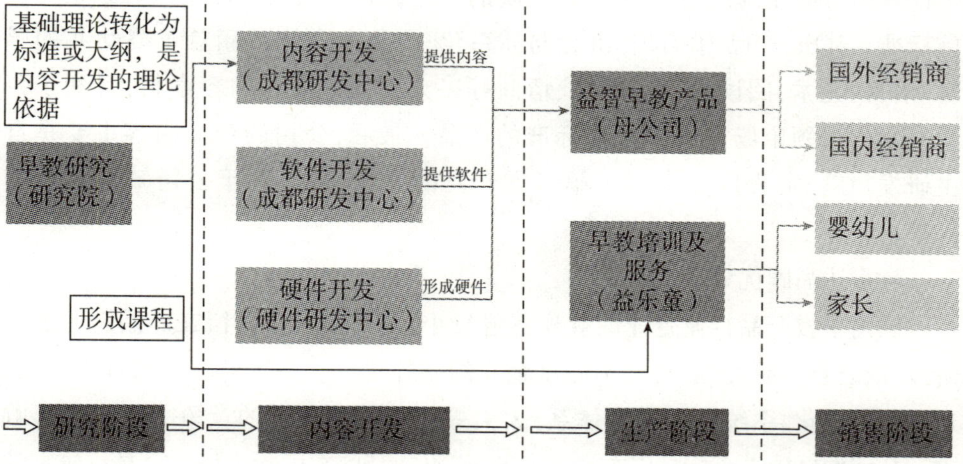

图48　嘉达早教商业模式

资料来源:嘉达早教公开转让说明书。

早教理论应用研究处于公司研发体系的最前端,为公司产品研发提供理论依据和理论指导。一方面,理论研究为产品开发提供内容大纲和实施标准;另一方面,以早教理论形成的早教培训课程,通过早教机构向市场提供早教培训和早教咨询服务。产品开发是产业链的重点与核心,标准化、体系化的产品内容是公司产品核心竞争力所在。早教培训服务是产业链的延伸,也能为产品开发提供及时的市场反馈。这种三位一体的商业模式能够充分发挥公司综合的早教资源优势,提高公司产品的核心竞争力。

2. 技术研发优势

公司是国家高新技术企业,广东省民营科技企业。公司的技术研发优势主要体现在以下几方面:首先,公司基于嵌入式系统的跨平台图形引擎与构架技术能够使产品内容在不同硬件平台上高效移植和平稳运行,此外还可以使公司的数字化软件开发过程可以在 PC 上进行独立操作,增强了 PC 平台和产品平台的兼容性,有效提高了开发效率。其次,公司还具有独特的模具结构设计技术,大大提高了产品设计效果的逼真度,基于该技术公司已获得的发明专利和实用新型专利共计 6 项、外观设计专利共计 92 项。最后,公司还具有先进的微电子技术,是公司早教产品能够图文并茂、声音清晰、极大地提升了产品的竞争力。

3. 产品内容优势

内容是早教产品竞争力的关键,标准化、体系化的产品内容是公司核心竞争力所在。公司的产品内容优势主要体现的以下方面:首先,产品内容具有权威的理论基础与指导,嘉达学前教育研究院的理论成果是公司产品的内容大纲和实施标准。其次,产品内容的标准化与体系化,产品内容体系涵盖了婴幼儿的感官、语言、艺术、阅读、逻辑、情感、情商等多方面的数万种内容素材,有利于公司开发出引领市场需求和行业标准的产品。最后,公司的产品内容主要是自主研发,在一定程度上克服了第三方开发的弊端,也有利于公司知识产权的保护。

4. 嘉达品牌优势

国内早教产品行业企业的规模普遍较小,多数企业还停留在产品制造加工阶段,缺乏自主研发能力,且不注重企业的品牌建设。嘉达早教依靠自主研发,形成了标准化、系统化的内容体系,大大提升了企业产品的竞争力与品牌影响力。公司“JIADA”商标是广东省著名商标,嘉达品牌在国际市场上也具有较高的品牌影响力。

(二)风险分析

1. 市场开发风险

一方面,早期公司产品主要出口到国际市场,国内市场的占有率比较低。国际市场受国家间政策的影响较大,准入门槛的提高与贸易壁垒将影响公司国际市场的开发。近些年,公司一直积极开发国内市场,公司在国际市场上积累的营销模式与销售渠道不能照搬到国内市场,公司不得不重新培养和稳定营销团队。另一方面,公司早期的产品主要为学习机、点读笔等教具类产品,近些年公司转型早教产品内容的开发,公司在国内市场还没有完全摆脱经销商分销的束缚,在内容产品市场的开发上遇到不少阻力。公司财报的数据显示公司在市场开发与转型过程中面临着较大的风险。

2. 产品研发风险

公司的产品主要是自主研发设计，这是公司产品具有核心竞争力的关键，也使公司面临较高的产品研发风险。一方面，公司研发主体由嘉达学前教育研究院、成都嘉达及总部硬件研发中心构成，嘉达学前教育研究院负责早教理论应用研究，成都嘉达主要负责产品平台和系统的搭建、元器件驱动编写及产品教学内容的开发及数字化等，总部主要负责产品的调试、产品外观和模具的设计及外包装设计。三大分支位于距离较远的三地，沟通交流上难免有所不便。另一方面，早教产品的更新换代较快，消费者对产品外观、性能、安全性等要求不断提高，公司能否及时把握市场需求，开发出具有市场影响力的产品，将直接影响公司的业绩。

3. 汇率变动风险

早期公司的产品以出口外销为主，产品大多数以美元等货币结算，虽然在定价时也考虑汇率波动对公司的影响，但仍然无法消除汇率变动的风险。近些年，公司积极开拓国内市场，汇兑损益对公司的业绩影响有所下降，但由于汇率的变动直接影响产品的外币价格，如果人民币汇率大幅上扬，将影响公司产品在国际市场上的价格竞争力。

4. 应收账款回收风险

随着公司业务规模的扩大，应收账款增长较快。2012 年末，公司应收账款 2474.57 万元，较 2011 年末增加 580.93 万元，增长 31%；2013 年 10 月末，公司应收账款 6731.58 万元，较 2012 年末增加 4257.01 万元，增长 172.03%，；2016 年半年报显示，公司的应收账款高达 1.42 亿元，如果发生重大不利或突发性事件，或者公司不能持续完善应收账款的控制和管理，会造成应收账款不能及时回收而变成坏账的风险。

五、艰难转型之路

（一）从国际市场向国内市场转型

公司处于广东省，市场开放程度较高，早期公司产品主要销往国际市场。挂牌新三板前，2011 年、2012 年及 2013 年，公司出口销售占产品销售总额的比例分别为 37.66%、37.64% 和 42.21%，大部分国内客户采购公司产品也主要销往国外，在出口业务中，公司的产品市场主要集中于拉美、中东、俄罗斯等国家和我国香港地区。公司出口销售主要通过参加各种玩具展览会来获取订单，目前国际上知名的展览会有香港国际玩具展、中东迪拜国际玩具展览会、俄罗斯莫斯科玩具展览会。

全球经济不景气和国家间的贸易壁垒,公司产品出口受到较大的影响,公司业绩有所下滑。相对于国外市场的不景气,国内早教产品市场成长空间巨大,公司决定从国际市场向国内市场转型。但由于公司多年专注国外市场,忽略国内市场的开发,转型并不顺利。2015 年公司实现营业收入 2.3 亿元,同比减少 27.03%;营业利润 3606.2 万元,同比减少 5.34%;净利润 3394.2 万元,同比减少 2.9%,基本每股收益 0.5 元。与去年同期相比,公司销售收入及净利润同比下降,主要是公司国外市场因经营环境困难而出现萎缩,同时国内市场开发逊于预期,未能达到增长目标。

(二)从传统制造业向教育行业转型

一方面,传统制造业的周期性特征较强,且容易受原材料等成本的影响。近年来,石油价格的大幅波动,塑料等主要原材料价格也出现了较大幅度的震荡,导致产品的生产成本受到一定影响。另一方面,传统早教产品技术壁垒低,行业规模较小的竞争者增多,未来公司可能面临价格与品牌的双重竞争风险。随着国内早教市场的发展,国际著名早教产品企业,如以伟易达(V - TECH)、跳蛙(Leapfrog)为代表的国外知名品牌企业纷纷抢滩国内市场。国内早教产品企业数量众多,具有一定规模的有洪恩、小霸王、迪宝乐、万虹宝等。

面对这种市场局面,公司不得不转型升级,从传统制造业向教育行业专业,产品重点从早教益智产品研发、生产及销售,转向早教培训、早教咨询服务和软件内容服务的提供。公司希望以优质早教内容为核心竞争力,向市场提供硬件、实体以及软件服务,构建层次化体系化的亲子教育产业链。为此,2015 年公司以 6630 万元收购深圳嘉亨泰科技发展有限公司 51% 的股权,将产品链由 0 岁至 6 岁的早教及学前领域扩展至全教育领域,推进公司基于早教向全教育领域扩展并构建"互联网 + 教育"的发展战略。同年,公司以人民币 3000 万元收购北京达润世纪国际教育科技股份有限公司 28% 的股权。达润教育是国内最早研发制作幼儿园课程多媒体教学内容的提供商,此次收购有利于公司由实体产品提供商逐步向早教内容服务提供商转型。

[案例三十二]华图教育:国内首家登陆国内资本市场的教育培训机构

公司名称:北京华图宏阳教育文化发展股份有限公司

所属行业:其他行业〉其他未列明服务业(国民经济行业分类标准)

行业分类:教育(股转公司分类标准)

挂牌时间:2014 年 7 月 24 日
挂牌地点:全国中小企业股份转让系统
股票代码:830858
股票简称:华图教育
股票种类:人民币普通股
每股面值:1.00 元
股票总量:6150 万股
所属层级:创新层

2014 年 7 月 24 日,北京华图宏阳教育文化发展股份有限公司(以下简称华图教育)以协议转让的方式在全国中小企业股份转让系统(以下简称新三板)挂牌,成为国内首家登陆国内资本市场的教育培训机构。

2009 年华图教育获得深圳达晨创投 2 亿元融资,2011 年开始为上市进行改制和股权分配,剑指 A 股。2012 年 10 月 24 日提交了 IPO 辅导备案,招商证券为其辅导机构。因国内资本市场对教育行业的政策限制,华图教育的 IPO 之路一波三折,看似“遥遥无期”。随后,华图教育为解决企业融资问题选择登陆新三板。

华图教育作为教育培训行业的龙头企业之一,从华图教育的资本运作来看,即使已经挂牌新三板,仍未放弃 IPO 的想法。2015 年 4 月初,*ST 新都发布资产重组公告称,公司拟通过重大资产出售、发行股份购买资产及募集配套资金方式,收购华图教育 100% 股权。直接 IPO 未成,华图教育选择借壳上市。短短两个月后的 6 月 5 日,华图教育宣布放弃资产重组,借壳上市方案流产。

德勤咨询的报告指出,中国的教育培训行业正在发生巨大变化,在 2016 ~ 2018 年,教育机构有望迎来新一波上市和投资热潮,而机会属于在线教育工具和服务的企业。华图教育若顺利以“教育”身份上市 A 股,将对教育行业的其他企业具有指导与示范意义。

一、华图教育的基本概况

华图教育成立于 2003 年,是一家涵盖面授培训、网络培训、图书策划与发行、咨询业务等多种业务的综合性教育培训机构,公司提供包括公职人员招录考试、事业单位招录考试等考前培训产品。截至 2015 年 12 月 31 日,华图教育分公司数量达 206 家,基本覆盖所有一、二线城市。经过十多年的发展,公司在国内人才培训市场具有较高的品牌效应和知名度。

面授培训为华图教育主要的业务收入来源。公司公开转让说明书显示:

2013 年,华图教育营业收入 9.8 亿元,其中面授培训营收 7.9 亿元,占比 80.58%。公司年度报告显示:2014 年,华图教育营业收入 11.5 亿元,其中面授培训营收 9.7 亿元,占比 84.20%;2015 年,华图教育营业收入 13.5 亿元,其中面授培训营收 13.1 亿元,占比 96.70%。就面授培训而言,华图教育的一、二线的业务布局基本已经完成,可深挖的空间不大,且一、二线城市的面授培训机构众多,竞争激烈。三、四线城市已经成为教育培训行业的新风口,多家教育培训机构都在加紧业务布局。2015 年华图教育加大了对重点县市的业务布局,丰富公司的服务网点,这也是华图 2015 年面授培训营业收入大幅度提高的重要原因之一。

积极发展线下面授培训的同时,华图教育不忘布局自己的在线教育生态圈。"华图在线"与"砖题库"为其两个移动学习平台。易定宏曾表示,华图在线的注册用户已经超过 300 万,在 iOS 系统 AppStore 职业教育分类里,下载数量排名第一,已超过学而思的家长帮,华图申论 APP 也超过猿题库和每日一题等教育应用。此外,公司还大力发展直播产品,实现了从题库到直播再到在线学习以及各关键环节的全链条式有机整合。

根据 2016 年上半年报,华图教育实现营业收入 9.7 亿元,同比增长40.10%;实现净利润 2.6 亿元,同比增长 71%。2017 年 3 月 13 日,扬子新材宣布与华图教育实际控制人易定宏签署了《资产重组框架协议》,拟收购华图教育 100% 股权。公司拟换股吸收合并标的公司,不涉及发行股份募集配套资金,重组完成后,将导致公司实际控制人发生变更。这表明,华图教育再一次试图借壳杨子新材登陆 A 股市场。真可谓是"A 股虐我千百遍,我待 A 股如初恋"。

二、公司成立与挂牌历程

(一)登陆新三板前

1.2003 年 2 月,易定宏、易智利分别以现金出资 40 万元、10 万元共同设立北京华图宏阳教育文化发展有限公司,注册资本 50 万元。

2.2009 年 12 月,华图教育获得深圳创投 2000 多万(招股说明书显示为 2260 万元,华图称 2 亿元)的融资,公司启动上市计划。

3.2011 年 9 月,华图有限召开股东会,全体股东一致同意以华图有限全体股东作为发起人,将北京华图宏阳教育文化发展有限公司变更为北京华图宏阳教育文化发展股份有限公司。

4.2012 年 10 月,华图教育正式向证监会提交 IPO 辅导备案,招商证券为其辅导机构,标志着其踏上上市之路。报备后,华图经历长达一年多的空窗期,华图教育无缘 IPO,梦碎深交所。

5.2014 年 7 月,华图教育登陆新三板,成为国内首家登陆国内资本市场的教育培训机构,股票代码为“830858”。

(二)登陆新三板后

1.2015 年 4 月,*ST 新都发布重组预案,拟以 4.09 元/股,向易定宏等股东发行股份收购华图教育 100% 股权。为了促成此次交易,易定宏承诺自愿承担 ST 新都 3.34 亿元债务的偿还义务,并放弃追索权利。由于*ST 新都在此之前发生多起违规担保和违规债务诉讼,且被投诉曝出违规担保事项;此外*ST 新都 2014 年年报被出具无法表示意见,进而导致*ST 新都在 2015 年 5 月 21 日起被暂停上市。华图教育第一次借壳上市以失败告终。

2.2017 年 2 月,华图教育发布公告,拟与 A 股公司扬子新材换股,公司实际控制人与扬子新材实际控制人签订了重组意向性协议,就本次交易达成初步意向。距离上一次借壳上市失败不到 2 年,华图教育再一次希望通过借壳实现弯道超越,登陆 A 股。

三、挂牌架构

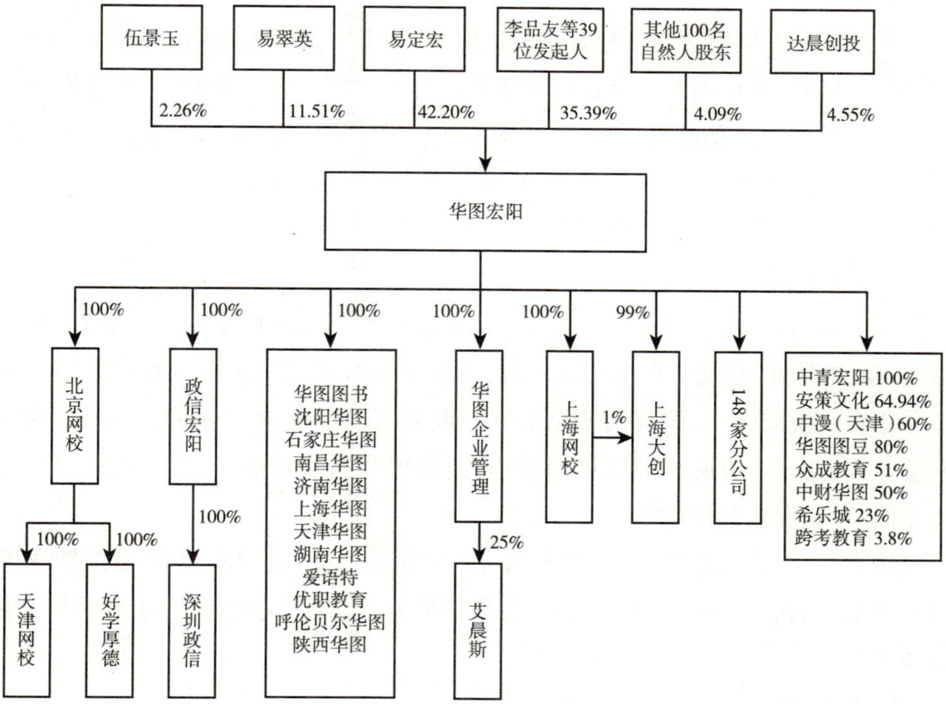

图 49　公司挂牌时的股权架构

资料来源:华图教育公开转让说明书。

华图教育的公开转让说明书显示,截至签署日,易定宏持有公司总股本的42.20%,其妻伍景玉持有公司总股本的2.26%,易定宏、伍景玉夫妇合计持有公司股份占公司总股本的44.46%。易定宏为华图教育的控股股东,易定宏、伍景玉为夫妇因签署《一致行动协议》为华图教育的实际控制人。华图教育成立之初,易定宏持股比例为80%,此后其股权不断被稀释。2011年2月10日至12月27日,易定宏持股比例为39.2%,为登陆新三板前历史最低位。2014年度报告显示,截至报告发布之日,易定宏持股比例为42.2%。2015年度报告显示,截至报告发布之日,易定宏持股比例为42.92%。2016半年度报告显示,截至报告发布之日,易定宏持股比例为40.49%。前十大股东中,易定宏与伍景玉为夫妻关系,易定宏与易翠英为姐弟关系,整个易氏家族的持股份额为高达49.98%。易定宏曾表示,华图教育的理想是做现代企业、做公众企业,而不是家族企业。但从易氏家族的持股比例来看,易定宏对华图教育几乎拥有绝对的话语权。

四、竞争优势与风险分析

(一)竞争优势

1. 品牌优势

华图教育是国内著名的教育培训机构,专注于中高端人才培训,在行业内具有较好的口碑,在市场上具有较高的知名度与美誉度。截至2015年度报告发布之日,公司拥有"华图教育""华图""华图政信""优职"等60个注册商标。曾获得"AAA级信用评级""新三板十佳公司""最具影响力教育机构"等多项志高荣誉,在国内人才培训市场具有较大的品牌优势。

2. 渠道优势

线下方面,华图教育已在全国设立200余家分公司,500余家直营分校,省会城市100%覆盖,地级市90%覆盖,并已延伸至县级城市。华图教育在营销管理上采用直营模式,一方面有利于总部统一调动与分配资源,进行统一决策,开发和整合渠道;另一方面在师资培养使用、新课程产品开发推广,信息和管理现代化方面,有效发挥整体优势。

线上方面,通过华图在线、华图网校(学生版)、华图网校(教师版)、转题库四大线上平台,以录播、直播、题库、答疑等形式,形成了完整丰富的线上线下生态体系。

3. 人才优势

华图教育教研团队,80%具备硕士学历,20%具备博士学历,平均从业年限5年以上。华图教育十分重视培训师作为核心资源的发展,拥有完整的师资培养体系和利益分享机制；通过跨科教学、转岗管理、新项目创业等机制，保持较低的人才流失率；重视对年轻人才的培养，为其提供全国各地的工作机会拓展其眼界，将优秀员工、转岗培训师和管理培训生培养为分公司储备干部。

4. 研发优势

华图教育拥有完善的研发体系，主要包括新产品研发、课程内容和课程资料研发、授课方式和授课技巧研发以及培训辅助软件研发。目前已形成面授、网络培训、图书等产品大类互补的产品链格局。此外，华图教育还建立了自己的数据库和客服中心，不断完善并整合市场反馈信息，为研发提供了强有力的市场保障。

（二）风险分析

1. 政策性风险

华图教育的主要产品包括人才招录类面授培训、资格认证类面授培训、相应的网络培训服务等，其中面授培训收入占比较高。而人才招录类与资格认证类培训受政策影响较大，一旦人才招录制度和资格认证制度发生较大的变化，考试的内容与形式发生较大的变化，公司将很难及时适应市场变化。另外在精简行政机构的背景下，公务员招录岗位将受较大的影响，而这正是华图教育的主要收入来源。

2. 人才流失风险

管理团队与教学团队是教育培训机构的核心竞争力，能否吸引与留住核心人才，尤其是教学人才对公司的发展至关重要。目前国内教育培训行业人才流动性较大，没有形成稳定的人才基础队伍。华图教育自挂牌以来，董高监一直在不停地人事变动。2014～2016 年 6 月以来，除了董事长不曾变动，多数高层皆发生人事变动。其中，董事会秘书几乎一年一换，2014 年，华图教育董高监名单中，有 10 人出现职务变动。2015 年，21 人出现职务变动。2016 年上半年，公司高层流动性大大减少，但也有 3 人职位发生变化。

3. 市场竞争风险

教育培训行业拥有广泛的市场，二级市场不断细化，准入门槛较低，市场竞争日趋激烈。华图教育的主要业务是人才招录类与资格认证类培训服务，就全国而言，中公教育是其强有力的竞争者，区域类培训机构也较多。面授培训是华图教育的主要收入来源，目前在线教育对面授培训冲击较大，尤其是直播类服务，准入门槛极低。

4. 知识产权保护风险

教育培训机构的音频、视频及书面材料的知识产权很难得到有效的保护，盗版侵权现象较严重。这是全行业面临的问题,华图教育作为全国知名的教育培训机构,尤其是公务员考试的视频、书籍等很容易遭到侵权。

五、华图教育的困境与未来

(一)困境

1. 艰难上市之路

2009 年获得深圳达晨创投的融资后,上市一直在华图教育的日程表中。2012 年提交 IPO 辅导备案,遭遇长达一年多的空窗期。排队时间长、政策限制等原因使得华图教育一直无缘 A 股市场。2014 年华图教育挂牌新三板,成为新三板教育培训第一股。登陆新三板后,华图教育可谓是"身在新三板,心系 A 股",动作频频。2015 年华图教育希望借壳*ST 新都,但由于壳本身的原因无奈放弃。2016 年 9 月,华图教育联合创始人于洪泽曾在接受媒体采访时称,华图教育准备独立的以 IPO 形式上市,不打算借壳上市。2017 年 2 月,华图教育发布公告称将与扬子新材换股,时隔不到两年再次借壳上市。实际上,目前借壳上市的审核标准等同于 IPO 的审核标准,而随着《民办教育促进法》的修正,教育资产的法律障碍正在消除,只是短期内难见成效。华图教育之所以多次选择借壳上市的路径主要是要节省时间,否则 IPO 排队又要 3 年。

华图教育为何不模仿新东方、学而思等企业赴美上市?并非华图教育对 A 股市场情有独钟。首先,从华图教育的股权结构来看,易氏家族所占的比例较大,且没有外资背景,这导致华图教育很难海外上市。其次,从 2006 年至今,共有新东方、双威教育、诺亚舟、弘成教育、ATA INC、正保远程、中国教育集团、安博教育、环球雅思、好未来、学大教育、达内科技、海亮教育以及 51talk 等 15 家教育公司先后在美国上市。但其中双威教育、诺亚舟、弘成教育、中国教育集团、安博教育、环球雅思、学大教育 7 家公司从美国退市,有一部分正在谋求登陆 A 股市场。再次,中国概念股经常被做空,市盈率不高,交易量低迷,这对于想套现的投资者极为不利。最后,美国投资者无法理解中国教育机构的商业模式和盈利能力,以及 VIE 架构本身的法律瑕疵。

2. 在线教育的冲击

教育产业具有很强的抗周期性、现金流好、应付账款少等特点。目前母婴幼教、K12 课外培训、教育信息化、职业教育等教育细分市场被各类投资机构看好。在线教育对传统培训机构的冲击尤其大,不少 A 股上市公司并购教育机构,出现"房地产 + 教育""科技 + 教育"等模式。华图教育的主要收入来源是人才招录类和资格认证类考试面授培训,受政策影响性极大。其中,公考培训占华图教育营业额的60% ~70%。面授培训是华图教育的最大竞争优势,如果转型不及时,也可能成为“压死华图教育的最后一根稻草”。

(二)突围

1. 内生创业

人才流失是教育培训行业普遍的问题,华图教育无法改变这一大趋势,只好顺势而为,支持创业者内部创业,实现合作双赢,如华图网校、砖题库、好会计等子公司。一方面创业者留在企业内部创业,不仅可以得到企业的资金支持,同时还可以纳入集团的产业链中;另一方面公司对创业团队又比较了解,经过内部立项的创业项目还可以获得某种独特的竞争优势。

2. 多元化布局

华图教育2016年半年报写到,公司将适应市场的需要,不断改进业务构成,使公司业务多元化,拓宽业务范围,努力把公司的品牌优势、销售渠道优势、人才优势、研发优势转化为综合竞争力。早在2009年,华图教育就围绕整个职业教育逐步拓展了事业单位、教师、医疗、金融等培训业务。在2015年的财报中,华图教育还称将在适当的时机涉足幼教和K12领域。2015年12月,华图教育设立全资子公司华图宏阳投资有限公司,注册资本为人民币1亿元,并以单一LP的身份与华图资本设立了规模10亿元的投资平台。华图教育的多元化布局主要是在线教育方面。除此之外,华图教育还投资包括电影、手游、互联网产品,甚至大健康等项目。

(三)未来

华图教育总市值60.885亿元,流动市值为33亿元,占总市值的54.4%,市盈率28.59%,略高于教育行业企业的平均市盈率,属于新三板“小池塘里的大鱼”。华图教育期待的新三板分层制度、转板制度、连续竞价交易制度虽然一直口风频出,但迟迟未落地。如果不是政策限制,相信华图教育早已登陆A股市场。实际上,华图教育曲折上市之路折射出中国教育机构共同的困境。《民办教育促进法》虽然已经修改,政策红利明显,但缺乏具体的落地措施,教育机构尤其是民办教育机构想要登陆A股市场难度依然很大。

[案例三十三]分豆教育:云智能教育系统研发和服务提供商

公司名称:北京分豆教育科技股份有限公司

所属行业:软件开发(国民经济行业分类标准)

行业分类:软件和信息技术服务业(股转公司分类标准)
挂牌时间:2015 年 1 月 26 日
挂牌地点:全国中小企业股份转让系统
股票代码:831850
股票简称:分豆教育
股票种类:人民币普通股
每股面值:1.00 元
股票总量:3200 万股(定向发行前),3900 万股(定向发行后)
所属层级:创新层

2015 年 1 月 26 日,北京分豆教育科技股份有限公司(以下简称分豆教育)以协议转让的方式在全国中小企业股份转让系统(以下简称新三板)挂牌,是国内领先的云智能教育系统研发和服务提供商。

云智能教育是教育信息化发展的高级阶段。目前我国已经基本完成校园教育信息化的基础设施建设,正在向信息技术与教育教学深度融合方向迈进。分豆教育的云智能教育系统正是教育信息化深度发展的产品,公司发展较快。

2011 ~2013 年,分豆教育从初高中教育切入,主要专注于建立公司的慧学云海——数据资源后台,采购和获取名校的题库、试卷及视频资源等;2014 年公司与 16 省市 33 所名校共建产品,并发布了慧学院中学智慧学习云系统。

分豆教育从产品到平台的发展模式旨在打通教育孤岛,建立云智能教育平台,推倒学校围墙,通过科技手段把教育数据记录下来,让数据自由流转,数据在流转过程中就会产生它的价值。

当初因同时满足创新层的三条标准,分豆教育一直被视为新三板的“三好学生”。公司业绩也相当喜人,2013 年至 2015 年,公司的净利润连年保持高速增长,其中 2014 年净利润 735 万元,同比增长 500%;2015 年净利润为 6285 万元,同比增长 3741%。挂牌新三板后,公司的融资也是水到渠成,共进行 4 次融资,募集资金总额高达 7 亿元。

分豆教育 2016 半年度报告显示:上半年营业收入 8760 万元,同比增长 18.5%;归属于挂牌公司股东的净利润 2269 万元,同比下降 60.92%。公司对此解释称主要是因为收入小幅下降,营业成本和期间费用大幅增长所致。2016 年度报告显示:全年营业收入为 9456 万元,较上年同期减少 1197 万元,降幅 11.24%;归属于挂牌公司股东的净利润为 1393 万元,较上年同期减少 767.8 万元。

一、分豆教育的基本概况

分豆教育成立于2011年1月,是国内领先的云智能教育系统研发和服务提供商,主要向全日制学校、教育机构、家庭和个人提供适合个性化教学与成长的云智能教育产品。

公司的主要产品包括:慧学院中学智慧学习云系统和分豆教务管理系统。

慧学院中学智慧学习云系统是基于中国优质教育资源、依托现代高科技技术、融合国际流行教育理念和学习方法的云智能教育软件产品。该系统主要解决的痛点是因教育资源分配不均而导致的广大学生无法享受到优质教育资源的困境。一方面,分豆教育通过与全国各地名校合作,打造适合各地学生需求的“本地”教育系统,因为各省份的教育要求不同,使用的教材也有所差异,没有适用于全国的资源。另一方面,分豆教育以“微课”为载体,打造以“知识点”为单位的学习系统。考虑到绝大多数学生很难在一节课集中全部注意力进行学习,以“微课”的形式将知识点进行分解,使得学生在短时间内能够对某个知识点全面学习。值得一提的是,该系统还创立了“短板学习法”,通过云计算、大数据分析出学生学习的短板所在,然后有根据地推送相应模块的视频、习题供学生学习,真正做到“因材施教”。

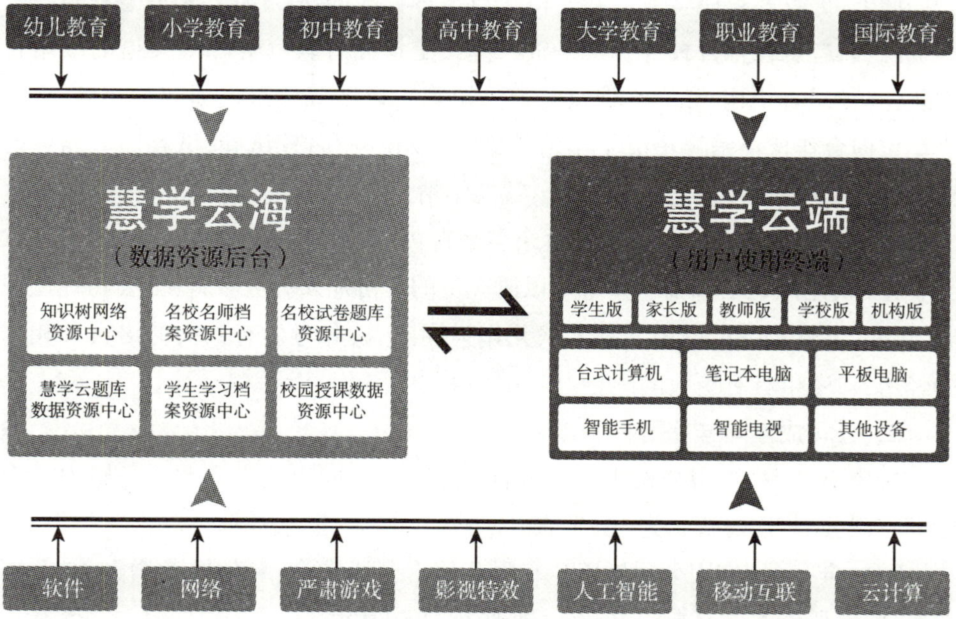

图50　慧学院云系统产品结构

资料来源:华泰证券研究报告。

分豆教务管理系统是针对学校推出的一款定制开发的教务管理系统，帮助学校进行日常教务管理，以提高学校日常运营效率。该系统包括教学管理、学生管理、学校管理三大模块。教学管理主要为教师提供教案管理和学习档案管理；学生管理主要为教务人员提供学生档案管理服务，对学生信息进行统计、分析；学校管理分为班级管理和教师管理两个模块，教务人员通过班级管理模块，有效的排课、分配教师资源，通过教师管理模块，对教师信息进行统计、分析。

分豆教育采用"产品设计—内容采集—产品研发—产品销售"的商业模式。2016年，公司的商业模式发生了部分变更，由以代理为主、直销为辅的模式变更为政府采购及两级合伙人制。两级合伙人，即地级市战略合伙人和学区VIP合伙人，地级市战略合伙人享受区域独家代理权，负责云智能教育系列产品在当地的商务扩展和运维；学区VIP合伙人负责云智能教育系列产品在其负责区域内的销售和运维。其中，以PPP为代表的模式意在锁定各地教育行政管理部门，毕竟在我国K12教育领域以公立学校为主，且学校和学生的付费意愿相对于行政部门较低。分豆教育与教育局合作共建云智能教育平台的应用研发中心就采用了PPP商业模式，在此种模式下，各地市教育局以政府采购的方式向所辖的公立学校提供云智能教育平台，帮助教师进行课前、课中和课后工作。

此外，分豆教育还实现了PPP模式与SOS模式的深度融合，前者意在整合校内资源，后者意在整合校外资源。SOS模式是指拥有教育资源或渠道的战略合作伙伴（如培训机构、私立学校及各类公司等），以区域独家代理的方式，以年度为单位向合作伙伴销售集成了学情诊断、名校视频、名校试卷、试题库等内容的云智能教学产品，并与之合作建立云智能学情诊断中心。

值得一提的是分豆教育还与百余名来自25个省（自治区、直辖市）的高考状元签订"状元计划"，邀请这些考生以研究员的身份加入分豆教育，为公司提供视频、试题、课件等课程资源。高考状元作为同龄人，和考生有共同的语言和相似的经历，对考生具有更大的感召力。

二、公司成立与挂牌历程

2011年1月，有限公司成立。杨静和陈世平共同出资设立北京圣殿山教育顾问有限公司，注册资本为50万元。

2014年4月，有限公司增资。有限公司召开股东会，一致同意增加18名新股东，将注册资本由原来的50万元增加至3200万元。

2014年9月，股份公司成立。有限公司召开股东会，一致同意将有限公司整体变更为股份公司，注册资本为人民币3200万元。公司名称改为北京分豆教育科技股份有限公司。

2014 年 11 月,股份公司增资。股份公司召开 2014 年第二次临时股东大会,一致同意将注册资本增加至 3900 万元,新增注册资本 700 万元,新增 700 万股,由任国斌等 10 位自然人以货币认购。

2015 年 1 月,分豆教育挂牌新三板。

三、挂牌架构

2014 年 11 月 17 日,分豆教育召开了 2014 年第二次临时股东大会。临时股东大会有 20 名股东出席,代表公司股份 3200 万股,占公司总股份数的 100%。临时股东会审议并全票通过了关于向任国斌等 10 个自然人定向发行 700 万股人民币普通股股票的议案。

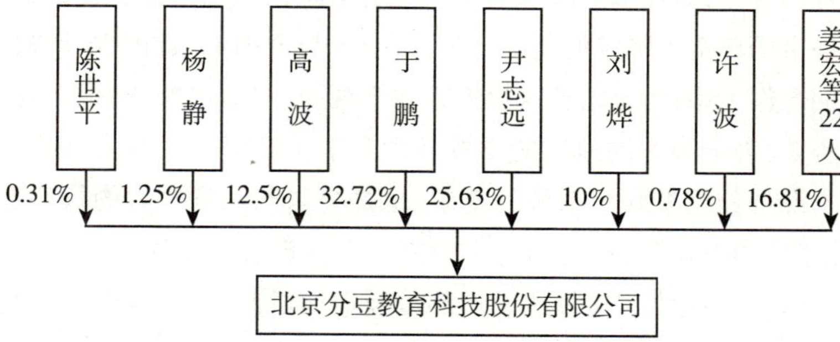

图 51　定向发行前公司的股权架构

资料来源:分豆教育公开转让说明书。

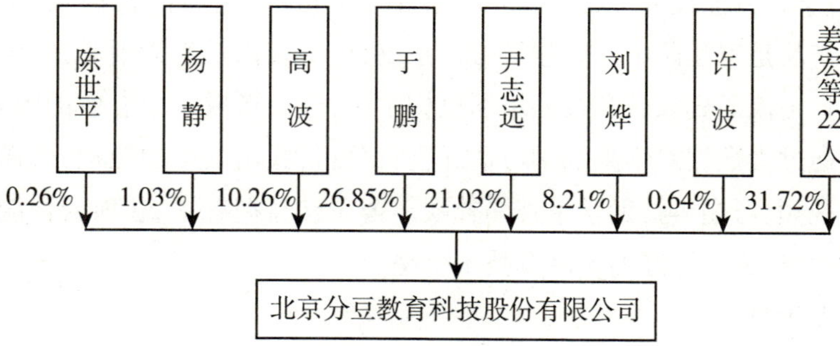

图 52　定向发行后公司的股权架构

截至分豆教育公开转让说明书发布之日,于鹏持有公司 1047 万股,定向发行前持股比例为 32.72%,定向发行后持股比例为 26.85%,虽不足 50%,但其为公司第一大股东。为了避免因股权分散而导致的决策效率低下,于鹏与尹志远、杨静、许波、陈世平签订了《一致行动协议书》(五人共同持有股份1942万股,定向发行前持股比例为60.69%,定向发行后持股比例为49.79%),在各方对有关公司经营发展的重大事项行使何种表决权达不成一致意见时,应以持股数较多的人的意见为表决意见,即以于鹏的意见为表决意见。因此,于鹏、杨静、尹志远是公司的实际控制人。

四、竞争优势与风险分析

(一)竞争优势

1. 资源优势

公司的资源优势主要体现在三个方面:第一,公司与39家地级市教育局签署了《慧学云智能教育平台合作建设科研与应用中心协议》,公司采用PPP模式与各地教育局合作,抓住了K12教育阶段教育信息化市场的重要资源,为在当地进一步拓展市场奠定了坚实的基础。第二,公司与全国17省市35所初、高中名校建立长期合作关系,为公司独家提供其教学视频、习题讲解、模拟试卷、真题试卷等教育资源,为全国不同地区的学校教学和学生学习提供有力支持。名校优质的教育资源是分豆教育云系统的基础,也是公司产品竞争力的核心部分。第三,公司独家签约100名高考状元,协助公司完善现有产品体系,为公司提供讲课视频、习题讲解、在线直播等线上产品以及巡回讲座、冬夏令营、游学、支教等线下活动。

2. 产品优势

分豆教育的主要产品与服务包括慧学云智能教学平台、慧学云智能学情诊断系统、慧学云智能提分王、慧学卫士、慧学云智能教育平台(机构版)等。公司最核心的产品是慧学院中学智慧学习云系统,该系统以学生为中心,学生学习的数据可以自由流通到家长和校外培训机构手中,进而形成一个有效的闭环系统。系统能够通过大数据对学生的学习情况进行分析,找出其中的短板,再通过针对性的推送视频、习题等帮助学生查漏补缺。公司已经拥有了20项云智能教育的软件著作权,形成了深厚的产品及技术壁垒。

3. 先发优势

公司率先提出云智能教育理念,并上线多款云智能教育产品,在市场上广受欢迎。公司的一系列云智能教育产品以学生为中心,利用云计算、人工智能等科技手段推动实现因材施教。通过一些云端数据的采集、存储、共享,打通壁垒;并且公司在校内采集的数据,可以指导老师的教学行为,指导学生自主学习的行为,甚至还能指导其在校外和家庭的学习行为,同时在家庭和校外学习的这些数据又能回传到云端，对校内的学习形成反馈，进而形成一个良性循环的生态圈。

4. 研发优势

分豆教育公开转让说明书显示，在岗技术人员为 107 人，占总职工人数的 36.15%；本科以上学历的职工为 160 人，占职工总人数的 54.05%。具有核心竞争力的产品是公司保持市场领先地位的关键，因此公司非常重视产品的研发。公司产品的研发流程从需求分析到该产品的更新换代共有六个阶段：市场调研阶段、产品可行性分析阶段、产品规划与设计阶段、产品开发与测试阶段、产品上线与使用跟踪阶段、产品改进创新阶段。完善的产品研发流程、巨大的研发资金投入和一流的研发团队使得分豆教育在研发方面始终保持优势。

(二)风险分析

1. 技术人员流失风险

公司是知识密集型企业，对技术人员尤其是核心技术人员的依赖程度很高。公司的核心产品需要技术人员的研发、优化、升级，技术人员的流失可能对公司的发展造成一定的风险。为此，公司 2015 年制订了相应的员工股权激励计划。公司 2016 年年度报告显示，期初核心员工 10 人，期末 4 人；期初核心技术员工 5 人，期末 4 人。

2. 名校违约风险

公司的核心内容产品是建立在名校优质教学资源的基础上，而名校是教育信息化中的稀缺资源，也是市场主要竞争者争抢的对象，一旦名校违约，将会对公司的发展产生较大的影响。为此，公司与 17 个省市 35 所名校均签署了具备法律效力的合作协议，根据公司与名校签署的协议规定，公司从名校采集数据，经加工和处理后，收录进公司系统中，版权归公司所有，即使出现部分名校违约，对产品的销售也影响不大。

3. 知识产权被侵权风险

和众多知识密集型企业一样，公司也面临着知识产权被侵权的风险。如果公司产品遭受侵权，将会使产品市场遭受冲击，影响公司发展。为此，一方面，公司采取措施加大产品的保密性，“终端 + 后台”的模式使产品出现盗版的可能性较低，且不断对产品进行技术更新；另一方面，公司重视用法律手段对侵犯知识产权的个人或企业进行诉讼，以最大限度保护公司的核心产品不受侵权。

4. 应收账款不能回收风险

公司 2016 年年度报告显示，公司期末的应收账款为 14,234,350 元，较之期初的

68,582,909.99 元,增幅高达 242.39%。公司对此的解释是由于采用两级合伙人模式,并同时调整了信用政策,延长了客户赊销期,从而导致应收账款大幅增加。

五、2016 年年度报告为何如此难看

2017 年 4 月 25 日,分豆教育发布的 2016 年年度报告令市场大跌眼镜。曾经剑指千亿市值的"三好学生",2016 年年度报告为何如此难看?

表 14　分豆教育 2016 年年度报告

单位:元

	本期	上年同期	增减比例
营业收入	94,563,690.26	106,536,101.67	-11.24%
毛利率%	81.89	91.57	—
归属于挂牌公司股东的净利润	-13,904,598.59	62,850,253.21	—
归属于挂牌公司股东的扣除非经常性损益后的净利润	-15,131,253.34	58,650,253.20	—
加权平均净资产收益率%(依据归属于挂牌公司股东的净利润计算)	-7.13	51.21	—
加权平均净资产收益率%(归属于挂牌公司股东的扣除非经常性损益后的净利润计算)	-7.76	47.79	—
基本每股收益	-0.11	0.73	—

资料来源:分豆教育 2016 年年度报告。

报告显示,2016 年分豆教育营收 9456.37 万元,比上年同期 1.07 亿元降幅 11.24%;毛利率 81.89%,比上年同期 91.57% 降幅约 10%;净亏损 1390.46 万元,与上年同期 6285.03 万元同比转亏。

对此,年报给出的解释:主要是因为收入小幅下降,营业成本和期间费用大幅增长所致。

具体原因如下:

1. 公司本期对学校资源的采集更加全面导致营业成本大幅上升。

2. 公司加大对新产品的研发,同时与新疆大学合作推出维汉语转换版,研发费用增加。

3. 公司对人员结构及薪酬体系进行了调整,导致用工成本提高。

4. 公司新设立 3 家全资子公司,房租、薪酬、办公费等费用相应增加。

年度报告发布的当天，分豆教育董事长于鹏通过公司官方公众号发布了长达4000多字的公开信《分豆浴烈火，毁灭亦重生》，重点讲述2016年分豆教育所经历的转型期阵痛，意在安抚投资者和相关客户。

表15　分豆教育2016年上半年度报告

单位：元

	本期	上年同期	增减比例(%)
营业收入	87,559,692.64	73,889,939.40	18.50
毛利率%	89.66	93.83	—
归属于挂牌公司股东的净利润	22,686,622.99	58,052,951.80	-60.92
归属于挂牌公司股东的扣除非经常性损益后的净利润	21,520,506.45	57,452,951.80	-62.54
加权平均净资产收益率%(依据归属于挂牌公司股东的净利润计算)	10.64	60.56	—
加权平均净资产收益率%(归属于挂牌公司股东的扣除非经常性损益后的净利润计算)	10.09	59.93	—
基本每股收益	0.18	1.38	-86.98

这就意味着：分豆教育上半年的营收为8756万元，下半年营收仅700万元；上半年扣非净利润为2152万元，下半年累计亏损3665万元。

于鹏在公开信中表示："销售提分王、赚取巨大利润"与"教育平台进校、抢占公立学校入口"这两种模式，冲突日渐明显，"鱼和熊掌、不可得兼"，到了必须进行优先的排序，进行取舍的时候，分豆面临两条路的抉择。

向"教育平台进校、抢占公立学校入口"转型是分豆教育2016年度报告如此难看深层次原因？笔者相信读者与投资者都有自己的判断。

[案例三十四]和君商学："互联网教育+企业培训"

公司名称：北京和君商学在线科技股份有限公司

所属行业："其他服务业"的"其他未列明服务业"(国民经济行业分类标准)

行业分类：其他服务业(上市公司行业分类指引)

挂牌时间：2015年2月5日

挂牌地点：全国中小企业股份转让系统

股票代码：831930

股票简称：和君商学

股票种类：人民币普通股

每股面值：1.00 元

股票总量：1000 万股

转让方式：协议转让

一、和君商学的基本概况

（一）发展历程

北京和君商学在线科技股份有限公司（以下简称和君商学）前身和君商学有限责任公司（以下简称和君有限）成立于 2006 年 6 月 6 日，由原和君咨询[①]与蔡萌共同出资设立，注册资本为 30 万元，设立时实缴货币出资 30 万元。

2006 年 6 月 6 日，北京市工商行政管理局朝阳分局核准和君有限设立，颁发了《企业法人营业执照》，法定代表人王明富，注册资本 30 万元。

2009 年 12 月，原和君咨询存续并分立新设了和君咨询。根据 2009 年 8 月 23 日召开的原和君咨询股东会决议了原和君咨询股东王明富和许地长于 2009 年 8 月 29 日签署的《分立协议》，原和君咨询分立时，其持有的和君有限 51% 的股权转由和君咨询继承。2009 年 12 月 22 日，和君咨询获得北京市工商行政管理局朝阳分局颁发的《企业法人营业执照》正式成立，并成为和君有限的股东。

2013 年 9 月 10 日，公司召开股东会并作出决议：同意增加新股东并且同意注册资本从 30 万元增加至 147 万元。2013 年 9 月 23 日，北京市工商行政管理局朝阳分局向公司核发了新的《企业法人营业执照》。

2014 年 7 月 23 日，大信出具了《审计报告》。经审计，截至 2014 年 6 月 30 日公司账面净资产值为人民币 13,539,515.71 元。

2014 年 7 月 25 日，中铭国际出具了《评估报告》。经评估，截至 2014 年 6 月 30 日公司评估值为人民币 14,025,457.98 元。

2014 年 8 月 3 日，和君有限召开股东会，全体股东一致审议通过如下决议：同意公司以 2014 年 6 月 30 日作为基准日，以不高于经审计后的净资产值按

① 前身为北京和君创业咨询有限公司，于 2006 年 4 月 17 日更名为北京和君咨询有限公司，于 2009 年 12 月更名为北京和众汇富咨询有限公司。

1∶0.738578854 的比例折为股份有限公司股份1000万股，每股面值1元。折股后的股份公司的注册资本为1000万元人民币，净资产扣除股本后的3,539,515.71元转为股份公司的资本公积，整体变更前后各股东（发起人）持有的股权比例不变。

2014年8月18日，和君商学召开了创立大会暨第一次股东大会、第一届董事会第一次会议、第一届监事会第一次会议，分别对公司整体变更设立股份有限公司、公司筹备情况、公司章程、董事会与监事会设立与人员选举等事项进行了讨论，并形成了会议决议。

2014年8月20日，北京市工商行政管理局东城分局准予企业进行整体改制，核发了《企业法人营业执照》。

（二）经营范围

和君商学聚焦于管理培训和商学学习，以线下面授培训、线上网络培训相结合的模式，以企业家和企业高管培训、企业人才培训、企业管理内训、高等院校从商毕业生的就业和创业能力培训为主营业务，逐步开发和建设基于移动互联网和大数据的技术平台运营系统，为企业（主要是中小企业）和个人提供企业管理培训服务。公司营业收入均来自主营业务，主营业务明确。自公司成立以来，主营业务未发生重大变化。

表16　和君商学主营业务情况

服务方式	产品或服务
线上	商学在线学习账户（E-learning 账户）
	青年商学培训计划在线班（商学院）
	商学随身听（APP）
线下	青年商学培训计划现场班（商学院）
	专题培训班
	企业内训
O2O（线上+线下）	和君企业总裁班、区域企业高管研修班
IT技术解决方案	企业大学云平台的设计、建设和运维服务（未来业务）

资料来源：和君咨询订阅号平台。

和君商学是和君集团有限公司（以下简称和君集团）总体格局的有机组成部分：和君集团本着实践出真知、理论与实践相结合的理念，以咨询业务为体，以资本业务和商学业务为两翼，形成“一体两翼”的业务格局。咨询和资本业务，直面企业的真实问题，长期沉浸在经济的真实情景中，感知和研究最鲜活的经济胎动和商业实践，验证理论与方法的实际效果。咨询为资本业务提供项目研判和投资机会，资本为咨询业务强化品牌力道、创新盈利模式。咨询和资本业务为商学教学提供实践真知和案例样本；商学业务以理论与实战相结合的课程，吸引和培养人才，为咨询和资本业务提供优秀人才、科班知识、理论工具和创新活力。最终形成"咨询+资本+商学"两两互哺、彼此涵养、相生互动、良性循环的业务生态效应。和君集团凭此格局和生态，为客户提供咨询、资本和人才的综合服务。

二、公司成立与挂牌历程

有限公司成立。2006年6月6日，由原和君咨询与蔡萌共同出资设立和君商学的前身和君有限，注册资本为30万元，设立时实缴货币出资30万元。

改制为股份公司。2014年8月3日，经股东会审议通过了改制为股份有限公司的决议，并根据评估报告进行折股。2014年8月20日，北京市工商行政管理局东城分局准予企业进行整体改制，核发了《企业法人营业执照》。

挂牌新三板。2015年2月5日，北京和君商学在线科技股份有限公司在全国中小企业股份转让系统挂牌公开转让，证券代码为"831930"。

三、挂牌架构

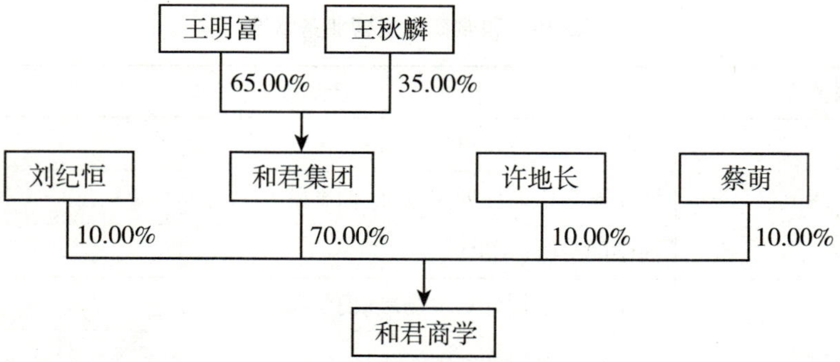

图53　和君商学挂牌架构

资料来源：和君商学公开转让说明书。

四、竞争优势与风险分析

（一）竞争优势

1. 开发特色产品

青年商学培训计划青年商学培训计划每期教学周期为一年，课程以实战为主要特色，核心课程包括：公司战略管理、并购重组、股票投资分析与实战、人力资源管理、营销理论与实战、财务管理、企业文化与基业长青、组织理论与设计、投资银行、市值管理、VC/PE 投资、产业分析、宏观形势、国学与管理等。

商学在线学习账户（E-learning 账户）商学在线学习是通过应用信息科技和互联网技术进行内容传播和快速学习的方法。使用者只需要通过账号登录公司 E-learning 系统，便可快速实时地点播观看培训老师的视频、声音、讲义，突破了时空限制，知识获取方式更为灵活。直播培训过程支持文字问答方式互动。

商学随身听（APP）随着移动互联网的爆发，移动端（智能手机和平板电脑）成为未来在线培训的新媒介。为满足企业家、职业经理人实现碎片化学习、便携式学习、多样化和个性化学习内容的要求，公司推出可随身携带、随时查阅、随地品味的商学随身听（APP），集成和君商学精品课程，汇聚时下商业热点，支持平板电脑、智能手机等移动互联终端，使之成为企业家、职业经理人的随身学习助手、知识地图、学习手册和成长指南，全面助力企业成长。

专题培训班针对某一产业的发展趋势、投资机会、管理工具和方法、最佳实践、行业关键岗位专业技能培训、职业素养解决方案等，或针对某一高管职位的知识、素质与技能，或针对技术升级及企业战略转型的推动等主题，在深入调查分析和研究的基础上，研发设计专题培训体系，举办专题短期培训班，如传统企业的互联网转型培训班、董事会秘书培训班、传统产业 O2O 改造研修班、互联网金融研修班、酒水行业研修班、茶叶行业研修班等。

企业内训是深入企业，为企业提供专属、个性化的专门培训服务。通过对企业人才培养的个性化需求调研，协助企业形成人才培养的系统思考，通过人才盘点、岗位胜任力建模、学习地图设计、课程开发、培训实施、落地辅导、行动学习等方式，为客户提供量身定制的培训方案，帮助客户建立分层分类的培训体系，提高员工素质与能力，协助企业实施人才培养规划。

2. 师资队伍强大

企业管理培训公司为客户提供优质服务，离不开优秀、广泛的师资基础。公司一方面不断培养和建立自己的师资队伍；另一方面与外部智力机构合作，建立内外结合的师资队伍，并根据市场需求设计培训课程体系和课程内容，拟定师资引进方向，优化师资队伍结构。为确保外聘师资的可持续性，保证师资力量的稳定和质量，公司已与外聘师资均建立了长期合作关系。尤其是与控股股东和君集团及和君咨询签订了《师资外包服务协议》，由和君集团及和君咨询委派其合格人员作为讲师为和君商学的客户提供培训服务。和君集团及和君咨询长期从事管理咨询服务，深入中国商业生态的第一线，积累了丰富的企业管理咨询实战经验。公司此种师资采购模式也确保了师资的稳定、可控和优质。公司已经形成了一支实战型的高素质师资队伍，其中的骨干师资都具备名牌大学博士、硕士学历，8 年以上的业务实操经验。随着公司的进一步发展壮大，公司将继续加大自有讲师招聘和培养力度。

3. 运营体系效应好

公司的运营管理体系，设计科学合理、精简而高效，员工队伍素质高，企业文化有强烈的凝聚力。财务稳健，主要表现在：一是公司业务持续增长；二是回款及时，应收账款少；三是现金流稳定，保证公司业务在行业经济周期波动中不受影响。公司稳健的财务管理使其能够集中精力做出公司业务与发展的战略安排，不受外界干扰。

（二）风险分析

1. 品牌影响力和知名度不够

公司虽然在北京地区有较高的影响力与知名度，但由于起步晚、规模小、营销推广少等原因，在国内其他地区的影响力和知名度都比较低。

2. 市场拓展不够

公司目前的业务来源主要以老客户带动新的业务以及客户主动电话咨询提出需求这种被动式的完成销售工作，没有成立专门的市场营销部门进行市场拓展及广告宣传等工作，业务渠道较为单一，制约了公司业务的快速发展。

如果公司能进入并充分利用资本市场，引入战略投资者，公司将进一步加大研发投入，持续加强高端人才引进，除加强自身的业务开拓能力外，积极关注细分行业优秀企业，通过收购、联合等方式进一步拓宽公司业务范围，以获得更大的市场份额和影响力。

3. 技术变更风险

随着信息技术、互联网和移动互联网技术的快速发展，培训媒介、培训手段也日新月异，特别是移动互联时代的到来，给企业管理培训带来了较大的提升空间。新的技术平台、新的模式能够提高老师与学员之间的互动效果、提高学习效率、降低学习成本，给管理培训行业的发展与提升带来新的机遇与挑战。公司作为行业的一员，能否利用现有的信息技术优势，开发出适合公司培训业务发展的技术平台是公司未来保持竞争优势的关键。

4. 知识产权保护不足风险

公司企业管理培训课程系经过多年自主产权课程体系研发，通过深入研究商学思想、持续总结商业实践不断淬炼而成，课程质量的持续提升和完善是公司提高核心竞争能力的关键，公司高度重视该部分课件的知识产权保护，然而侵权盗版现象在我国培训行业仍比较严重,特别是公司近期开展在线培训后,利用网络盗版公司课件资源的风险进一步加重,如果公司课件在推向市场过程中被非法复制,将对公司的业务造成一定影响。

五、企业内生外延的战略规划

(一)内生

公司将持续打造企业管理培训和商学学习,大力发展和君商学院、总裁班、董秘班等业务,打造和君商学内核产品,同时还开发新产品,将企业经营与其他产业相结合,并推出系列课程,如国学思想与企业经营理念结合的课程、企业产业认识的课程、企业战略发展管理的课程,企业人力资源课程等。

(二)外延

深耕商科领域,实现主营业务横向发展,在职业教育领域,预计公司将通过投资并购方式进入经、管、财、税、法等大商科领域,并开拓校企合作新模式,布局高校教育,加码企业管理培训等商科的学习;与此同时,公司将利用自身资本运作的优势和上市公司平台,打造教育生态,扩张教育版图,实现企业纵向延伸发展。

[案例三十五]新道科技:教企结合

公司名称:新道科技股份有限公司

所属行业:软件和信息技术服务业(国民经济行业分类标准)

行业分类:互联网软件与服务(挂牌公司投资型行业分类指引)

挂牌时间:2015 年 10 月 12 日

挂牌地点:全国中小企业股份转让系统

股票代码:833694

股票简称:新道科技

股票种类:人民币普通股

每股面值:1.00 元

股票总量:10,300 万股

转让方式:做市转让

一、新道科技的基本概况

(一)发展经历

用友新道科技有限公司(以下简称新道有限)系由用友软件股份有限公司于

2011 年 4 月出资 5000 万元设立的一人有限公司。

2011 年 4 月 30 日，新道有限取得海南省三亚市工商行政管理局核发的《企业法人营业执照》。

2012 年 12 月 18 日，新道有限股东作出决定：增加北京用友企业管理研究所有限公司（以下简称用友研究所）为股东，注册资本增加至 5356.80 万元。

2013 年 3 月 7 日，海南明志会计师事务所（普通合伙）出具《验资报告》。

2013 年 4 月 2 日，新道有限取得海南省三亚市工商行政管理局核发的新《企业法人营业执照》。

2012 年 12 月 19 日，新道有限召开股东会决议：增加两个股东；注册资本增加至 6,696 万元；修改公司章程相关条款。

2013 年 4 月 3 日，海南明志会计师事务所（普通合伙）出具《验资报告》，2013 年 4 月 3 日，新道有限取得海南省三亚市工商行政管理局核发的《企业法人营业执照》。

2015 年 1 月 28 日，用友网络科技股份有限公司（以下简称用友网络）与郭延生签订股权转让协议。

2015 年 5 月 12 日，新道有限完成工商变更手续。

2015 年 6 月 11 日，新道有限召开股东会，同意以公司 2015 年 3 月 31 日为基准日经审计净的资产值（123,163,484.56 元）折股，其中的 100,000,000 元按 1:1 折为 100,000,000 股，其余净资产计入公司资本公积。新道有限全体股东作为发起人，签署了《发起人协议》，各股东以各自所持有限公司的股权比例作为在股份公司的持股比例。

2015 年 6 月 11 日，中喜会计师事务所对全体发起人投入公司的资产进行验资并出具《验资报告》，确认发起人出资额已按时足额缴纳。

2015 年 6 月 11 日，公司召开创立大会，同意新道有限拟整体变更设立为新道科技股份有限公司。①

2015 年 6 月 17 日，公司取得海南省工商行政管理局颁发的股份公司营业执照。

---

① 有限公司改为股份有限公司的程序：(1)会计师事务所对公司财务先进行审计，出具审计报告。确认公司净资产；(2)资产评出情况进行说明；(3)召开股东大会，商定对多少的净资产进行折股，剩余的净资产进入资本公积；(4)全体股东作为发起人签订《发起人协议》，按股权比例作为在股份有限公司的持股比例；(5)会计师事务所对发起人投入公司的资产进行验资出具《验资报告》；(6)召开创立大会，同意新道有限整体变更为新道科技股份公司；(7)到工商局办法新的营业执照。

（二）经营范围

新道科技是亚太地区领先的企业管理软件、企业互联网服务提供商，基于内涵建设、依托信息技术，面向本科院校、职业院校经管类专业提供实践教学解决方案，以泛经管人才培养为目标，与院校共同构建实践育人能力，服务中国教育事业，服务中国产业发展。

作为"创新创业教育与商科实践教学全球领航者"，新道科技凭借先进的实践育人理念、双赢的产教融合模式、开放的实践教学平台、强大的教育服务体系，与全国 2700 多所院校及社会机构开展合作，覆盖实践教学基地超过 5900 个，培养实践教学师资超过 2.7 万人次，为 260 万家信息化企业输送理解业务、掌握工具、擅长沟通的管理与信息化人才。

二、公司成立与挂牌历程

有限公司成立。2011 年 4 月，新道有限是由用友软件股份有限公司于 2011 年 4 月出资 5000 万元成立的一人有限公司。

改制为股份公司。2015 年 6 月，新道有限整体变更为股份有限公司。明确公司股份为 10000 万股，此次发行之后股东总股本为 10300 万股。

挂牌新三板。2015 年 10 月 12 日，新道科技股份有限公司在全国中小企业股份转让系统挂牌公开转让，证券代码为"833694"。

三、挂牌架构

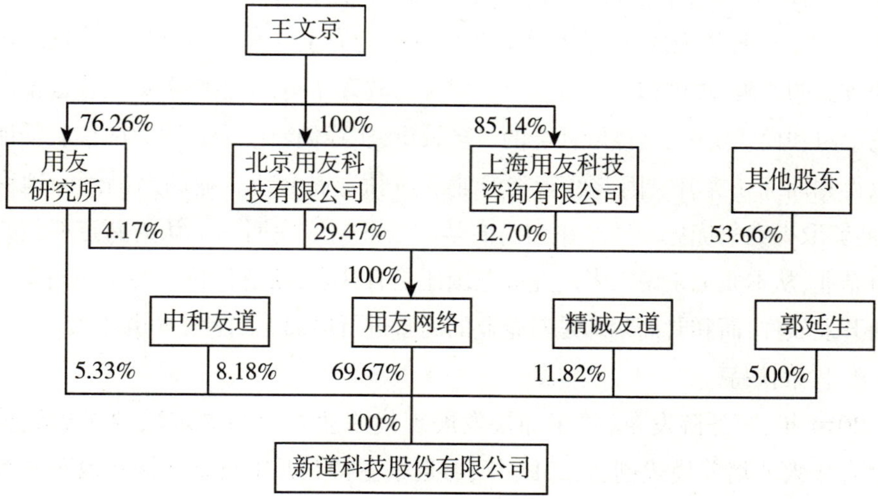

图 54　股票发行前，公司股权结构

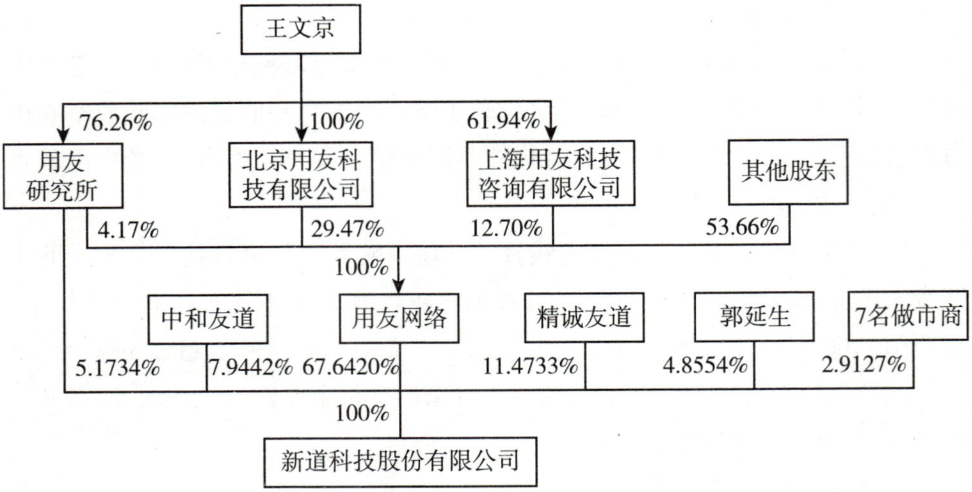

图 55　股票发行后公司股权结构

资料来源:新道科技公开转让说明书。

四、竞争优势与风险分析

(一)竞争优势

1. 客户优势和经管类专业的发展优势

客户群体主要是事业单位,如本科、高职、中职院校的泛经管类专业或院系。客户群体是事业单位,资金方面比较有保证,坏账率会比较低。经管类专业也成为学生追捧的对象,学生人数和素质都在提高,并且在市场经济体制中,每个企业都会需要经管类人才,经管类本科生的创新能力主要表现在对经济管理理论和实践方面的突破、改进和再创造。由于现有的教育体制,学生教学重点普遍偏向于理论学习和模式实验,其接触社会的机会较少,实践创新能力和职业岗位胜任能力难以得到训练和提升。因此经管类专业的蓬勃发展会使企业的产品不断地有市场,能够取得竞争优势。虽然在和君商学的公开招股说明书中认为新道科技是其竞争企业,从本质上来说二者的业务范围还是有区别,新道科技主要是面向学生学习而开发软件,而和君商学却是对企业的高管进行培训。二者竞争并不大。

2. 政策扶持

2014 年,国务院发布《关于加快发展现代职业教育的决定》,要求做到推进校企合作人才培养模式创新;2015 年,习近平主持召开中央全面深化改革领导小组会议强调,要引导和支持高等院校优化学科结构突出学科建设重点;国务院发布《关于深化高等学校创新创业教育改革的实施意见》,提出 2015 年起全面深化高校创新创业教育改革,2017 年普及创新创业教育。《国家中长期教育改革和发展规划纲要(2010～2020年)》中提出了把教育信息化纳入国家信息化发展整体战略,超前部署教育信息网络。到2020年,基本建成覆盖城乡各级各类学校的数字化教育服务体系,促进教育内容、教学手段和方法现代化。借助政策利好,新道科技未来将有巨大发展空间。

"教+荐"结合,吸引客户力度大。职业教育按其目的和效果分类,大致可以分为两种:一是为了获得更好工作的职业教育;二是为了在工作中提高技能和职业素养的职业教育。新道科技在与院校的合作中主要服务于前者。一个职业教育机构能够为学生的就业带来更多维度的帮助,那么其价值更显著,新道科技就是对学生具有多维度职业教育价值的公司:第一个价值维度是"教",公司从教学内容和教育手段方面提供实践教学的条件和基础,在"教不会到会"的过程中使学生获得职业技能;第二个价值维度是"荐",依托于母公司的200多万家企业客户,新道科技拥有庞大的雇主联盟,建立了对接用人企业和人才的"人找人社区",用友众多企业客户委托公司输送人才。

(二)风险分析

1.核心技术人才和管理人才流失的风险

公司自成立以来,一直致力于为经管类职业教育提供解决方案的综合服务商,经过长期发展,培养了一批具有核心竞争力的科研队伍和同时具备经管教育与软件信息化知识的复合型管理人才。如果未来有新的竞争对手进入,市场竞争加剧,势必造成对人才资源的争夺。长期来看公司可能面临核心技术、管理人才流失的风险。

2.知识产权受侵权风险

教学软件类产品是一种智力产品,具有创造性和非物质性,软件的研发需要投入大量的人力、时间和金钱,但是软件内容具有公开性,容易被模仿和复制。我国尚未形成完善的知识产权保护体系,并且软件知识产权保护有其难以及时监控和维权成本较高的特点,不利于行业产品创新和健康发展,有待于软件知识产权保护技术和手段的升级以及全社会知识产权意识的提高。公司的软件产品存在着被竞争对手模仿和复制的风险。公司产品形态除了软件之外,还有仿真道具和教材等,部分院校采购软件时与公司共同编写教材,全套解决方案模仿难度较单一软件产品的模仿难度更高,并且公司的产品设计技术实现底层数据在云端储存,无法复制,但是也面临着产品侵权的风险。

3."财务+互联网"发展前景

新道科技为院校提供智慧教育解决方案(技术环境层的智慧教室建设,主体内涵层的沙盘实验室、ERP For SCHOOL、虚拟商业社会环境 VBSE,增值服务层的人找人社区、师资研修等),针对经管跨专业实习、财会专业、营销专业、开发专业及创新创业有不同解决方案支撑,将企业的真实业务流程、业务场景搬进校园,让学生在学校中能够仿真不同组织、不同岗位的工作内容和流程,实现"上学即上班""校内实训 = 校外实习";利用前沿 IT 技术打造"智慧教育",将信息化与实践教学深度融合,塑造学生探究式的学习环境;设立"师资研修院",针对产品教学、教学方法进行师资培养、能力提升,已有 200 多所院校能够独立授课 VBSE;搭建师资交流、学生学练考赛和就业服务的线上线下相结合的平台,打造"人找人社区"。在互联网教育方面,新道科技抓住市场机遇,不断完善自身产品线。公司自成立以来培育互联网业务,逐渐布局线上教育体系,并以经管专业各种实训课程的在线学习、在线技能训练、在线考试模拟、在线考试平台、在线就业推荐与服务为主要内容。

新道科技将通过"互联网—教育空间",围绕院校、老师、学生、企业等用户群体,提供针对性的、个性化的经管专业技能学习、学生求职、雇主招聘、社交等多维度服务。互联网业务对应的市场空间不可限量。

[案例三十六]行动教育:企业管理 + 投资孵化

公司名称:上海行动成功教育科技股份有限公司

所属行业:教育业(国民经济行业分类标准)

行业分类:教育业(上市公司行业分类指引)

挂牌时间:2015 年 1 月 28 日

挂牌地点:全国中小企业股份转让系统

股票代码:831891

股票简称:行动教育

股票种类:人民币普通股

每股面值:1.00 元

股票总量:1180.35 万股

转让方式:协议转让

一、行动教育的基本情况

(一)发展历程

2006 年 3 月 27 日,侯志奎、常国政以现金出资注册成立了上海行动成功教育信息咨询有限公司(以下简称行动有限)。行动有限注册资本为50万元,其中侯志奎认缴出资40万元,占注册资本的80%;常国政认缴出资10万元,占注册资本的20%。2006年3月27日,公司取得了上海市工商行政管理局闵行分局颁发的《企业法人营业执照》。

2011年5月20日,为满足公司快速发展的需要,行动有限股东会决议增加注册资本,行动有限注册资本由50万元增加至9000万元。2011年5月27日,本次增资在上海工商行政管理局闵行分局完成变更登记手续。

2011年6月17日,行动有限召开股东会,全体股东一致同意将公司由有限公司整体变更为上海行动成功管理技术股份有限公司,变更基准日为2011年9月30日。

行动有限以公司截至2011年9月30日经天健正信会计师事务所有限公司审计的净资产111,997,145.75元为基础,折股为90,000,000股,溢价部分计入资本公积。公司股份由全体发起人(原有限公司全体股东)以各自持有的行动有限的股权所对应的经审计的净资产认购。2011年11月5日,上海万隆资产评估有限公司出具了《评估报告》,评估确认行动有限在评估基准日2011年9月30日的净资产评估价值为13,304.08万元。针对本次整体变更,天健正信会计师事务所有限公司出具了《验资报告》,证明股东的出资已经足额缴纳。2011年11月8日,公司召开创立大会,宣告上海行动成功管理技术股份有限公司成立。

2011年12月5日,上海市工商行政管理局核准了公司的变更登记,行动有限整体变更为股份公司;同时,公司领取了的《企业法人营业执照》。

报告期内减资,考虑到公司现有的商业模式对自有资金的需求较小,2013年10月21日,公司召开临时股东大会,决议公司注册资本由9000万元减少至832.9万元。2013年10月22日,公司就本次减资事项在《上海商报》进行了公告。2013年12月26日,天健会计师事务所(特殊普通合伙)上海分所出具了《验资报告》对减资后公司注册资本进行了验证。2014年1月15日,公司针对本次减资事项办理完毕工商登记事项。

本次减资过程中,存在两种不同的减资方式。第一种方式是公司回购并注销刘卫持有的全部671万股,第二种方式是除刘卫外的16名股东同比例减资90%。

2014年3月21日,公司股东大会作出决议,将公司名称由“上海行动成功管理技术股份有限公司”变更为“上海行动成功教育科技股份有限公司”。2014年3月24日,公司针对本次更名事项办理完毕工商登记事项。

2014 年 6 月，公司召开的 2013 年度股东大会审议通过了《关于增加公司注册资本的议案》并作出决议：公司的注册资本由 832.9 万元增加至 1180.35 万元，股本总额由 832.9 万股增至 1180.35 万股。本次增资价格以公司截至 2013 年 12 月 31 日为基准日的经评估净资产值《上海行动成功教育科技股份有限公司增资扩股项目评估报告》2143.98 万元为基础，并参考公司 2014 年 1 ~4 月的归属于母公司股东的净利润 -453.87 万元和公司拟进行的 2013 年度分红 800 万元，确定为每股 1.07 元。2014 年 6 月 24 日，天健会计师事务所（特殊普通合伙）出具了《验资报告》，对本次增资予以了验证。

（二）股份代持和解除

2011 年 5 月，公司将注册资本由 50 万元增加至 9000 万元。本次增资过程中，李践、侯志奎、常国政、刘卫存在委托其他股东对行动有限进行出资并持股的情形，即以相关受托方的名义进行出资并持股。

李践与杨军等八名受托出资持股方的委托持股关系通过股份转让的方式解除，即杨军等八人分别将代李践持有的股份转让给李践。

侯志奎与李践于 2013 年 2 月签署了《股份转让协议》，将以自己的名义持有公司的 2236 万股以及委托冯那等三人持有公司的 4 万股全部转让给李践。根据前述《股份转让协议》，冯那等三人将代侯志奎持有的股份分别向李践或李践指定的人员进行了转让。

常国政与李践于 2013 年 1 月签署了《股份转让协议》，将以自己的名义持有公司的 571 万股以及委托葛知府等三人持有公司的 120 万股全部转让给李践。根据前述《股份转让协议》，葛知府等三人将代常国政持有的股份分别向李践进行了转让。

（三）经营范围

公司经工商部门核准的经营范围为“在教育管理领域的技术开发、技术咨询、技术转让、技术服务，教育信息咨询（除出国留学咨询及中介服务）、企业管理咨询、投资咨询（咨询类项目除经纪），企业形象策划、市场信息咨询与调查、会务服务、礼仪服务、系统内职工培训；会务资料、工艺礼品（除金银）、文化办公用品、日用百货的销售。（依法须经批准的项目，经相关部门批准后方可开展经营活动）”。公司的主营业务为企业管理培训、管理咨询服务以及相关图书音像制品销售。

二、公司成立与挂牌历程

有限公司成立。2006 年 3 月 27 日，侯志奎、常国政以现金出资注册成立了上海行动成功教育信息咨询有限公司(以下简称行动有限)。行动有限注册资本为50万元,其中侯志奎认缴出资40万元,占注册资本的80%;常国政认缴出资10万元,占注册资本的20%。2006年3月27日,公司取得了上海市工商行政管理局闵行分局颁发的《企业法人营业执照》。

改制为股份公司。2011年6月17日,行动有限召开股东会,全体股东一致同意将公司由有限公司整体变更为上海行动成功管理技术股份有限公司。以2011年9月30日为改制基准日,以经审计的账面净资产值111,997,145.75元,折合股份总额90,000,000股,整体变更为股份公司。2011年11月8日,公司召开创立大会,宣告上海行动成功管理技术股份有限公司成立。

挂牌新三板。2015年1月28日,广州华腾信息科技股份有限公司在全国中小企业股份转让系统挂牌公开转让,证券代码为"831891"。

三、挂牌架构

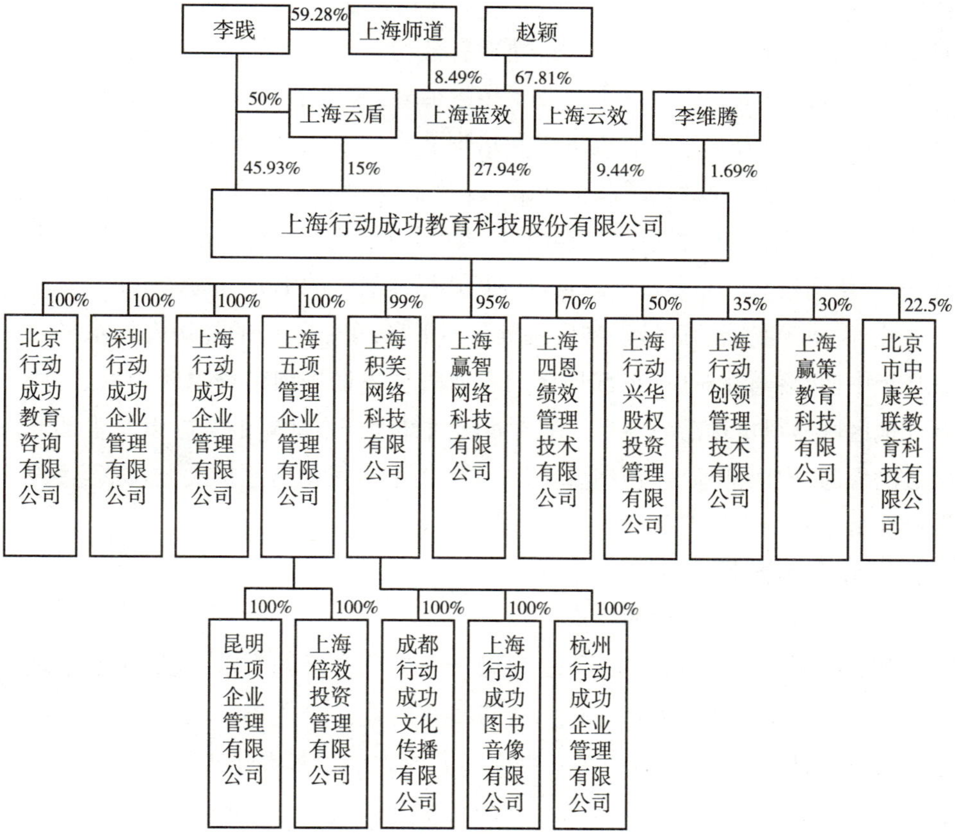

图56　行动有限挂牌架构

资料来源:行动教育转让说明书。

四、竞争优势与风险分析

(一)竞争优势

国家产业政策的支持。近年来,国家政府部门和各主管机关出台了一系列的产业支持政策以鼓励管理培训类企业的发展。2008 年 3 月,《国务院办公厅关于加快发展服务业若干政策措施的实施意见》公布,文件指出要大力培育服务领域领军企业和知名品牌,支持有条件的服务业企业建立实习实训基地,鼓励建立服务人才培养基地;2010 年 7 月,国务院办公厅发布《国务院办公厅关于鼓励和引导民间投资健康发展重点工作分工的通知》,文中指出要鼓励民间资本参与发展教育和社会培训事业;2011 年 9 月,工业和信息化部发布《"十二五"中小企业成长规划》,明确提出要积极引导人才培训、管理咨询类专业服务企业的发展。上述政策为管理培训行业的发展奠定了良好的产业基础和市场环境。

行业发展整体市场需求较大,发展速度较快,中西部经济的发展还将会为管理培训行业带来新的巨大增长空间。目前国内的企业管理水平总体较为落后,而众多的民营中小企业,管理粗放,缺乏有效的公司治理体系和管理制度,迫切需要管理咨询与培训机构提供专业支持。另外,终身学习时代的到来又促使企业员工产生了较为强烈的危机意识和培训需求。因此,现代社会下经营管理的复杂化与落后的企业管理现状的矛盾,以及企业和个人对管理培训的双方面需求等多方面因素决定管理培训行业有巨大的发展空间。从近几年的发展历史来看,管理培训行业已经是整个教育培训行业增速最快的细分市场之一。

此外,由于我国的区域经济发展较为不平衡,东部地区的经济发展水平要显著高于中西部;与此对应,东部地区的企业管理咨询培训市场也较为发达,而中西部地区则显得市场活力不足。随着我国西部大开发战略的实施以及中部经济区域的崛起,中西部地区对专业管理人才的需求市场将迅速扩大,这将为管理培训产业带来新的市场机会。

(二)风险分析

1. 行业市场竞争加剧的风险

随着我国国民经济的持续增长以及产业转型升级的要求,我国企业管理培训产业也得到了较快的发展。但由于进入该行业的企业越来越多,培训产品的同质化竞争日益严重,公司在未来也面临着较大的市场竞争加剧的风险。虽然公司已经开始着力于基于互联网工具的转型升级建设,并加大了产品研发和品牌建设的力度,但由于行业的市场集中度较低,公司的市场份额仍有可能在未来日益激烈的市场竞争环境下受到冲击,进而影响到公司的经营业绩和盈利能力。

2. 政策风险

目前,我国企业管理培训行业缺乏行业统一标准,行业进入门槛较低,导致大大小小管理培训机构众多,行业秩序较为混乱。随着企业对管理培训的重视,国家预计将陆续出台或更新一系列产业政策来规范企业管理培训行业的发展,同时设立行业进入标准。国家产业政策的鼓励和支持可以促进国内企业管理培训行业的健康和可持续发展,但对行业内的新进企业和小企业来说,则可能面临被淘汰的风险。

五、企业管理和投资孵化双驱动业务

从行动教育在公开招股说明书上显示的经营范围来看,大部分的业务是教育培训和咨询,但是也有一项业务叫作"投资咨询"。从官方网站上了解到,行动教育的经营业务有三大板块:(1)管理教育:管理课程、管理图书、教学音响和训练工具;(2)管理咨询:咨询服务、在线加速和在线学习;(3)投资孵化:天使基金、项目孵化和股权投资。从而可知,投资孵化业务应该是投资咨询内容。投资孵化服务是行动教育对企业进行天使基金、项目孵化和股权投资相关业务方面提供咨询,同时利用其在教育咨询上拥有的10万余家企业资源进行项目投资。从而对教育咨询业务进行了进一步的拓展。具体而言,在教育咨询方面建立行动商学院,实现产业链的整合、行业人才的培养;建立4N绩效模式,4N绩效以拥有自主知识产权的"绩效飞轮"四大步骤为核心,通过循环往复的转动绩效飞轮,推动企业每个部门、每个员工自动自发成长,达成经营目标,形成高绩效文化,实现企业业绩倍增;建立资本直通车,包括企业财务规范、股权辅导、运营辅导和上市顾问。投资孵化方面,选准有发展潜力的企业,孵化"互联网+"项目,增加基金投资,加速实现创业梦想。

图57　公司三大业务

资料来源:行动教育公司官网。

[案例三十七]华腾教育:主导线上教育

公司名称:广州华腾教育科技股份有限公司

所属行业:软件开发(国民经济行业分类标准)

行业分类:软件和信息技术服务业(上市公司行业分类指引)

挂牌时间:2015 年 12 月 23 日

挂牌地点:全国中小企业股份转让系统

股票代码:834845

股票简称:华腾教育

股票种类:人民币普通股

每股面值:1.00 元

股票总量:1680 万股(股票发行后)

转让方式:协议转让

一、华腾教育的基本概况

(一)发展历程

2008 年 12 月 1 日,自然人陈集文、熊小伍和钦培英共同签署《广州华腾信息科技有限公司章程》。根据章程规定,公司注册资本为人民币 500 万元。

2009 年 1 月 6 日,广州市工商行政管理局核准了广州华腾信息科技有限公司(以下简称华腾信息)的设立登记并核发了《企业法人营业执照》。根据营业执照,法定代表人为钦培英,设立时的注册资本为人民币 500 万元,企业类别为有限责任公司。

2009 年 9 月 7 日,华腾信息召开股东会并作出决议,同意自然人股东陈集文与给洪伟滨、熊小伍和钦培英之间的股份转让。同意公司实收资本由 230 万元增加至 500 万元,同意将公司法定代表人变更为陈集文以及启用新公司章程。

2009 年 9 月 25 日,广州市工商行政管理局华腾信息核发了新的《企业法人营业执照》。

2011 年 3 月 8 日,华腾信息召开股东会并作出决议,同意原自然人股东陈集文与衷萌之间的股权转让;同意变更公司法定代表人,选举熊小伍为公司法定代表人;同意修订并启用新章程。

2011 年 3 月 25 日,广州市工商行政管理局向华腾信息核发了新的《企业法人营业执照》。

2011 年 11 月 26 日,原股东衷萌、洪伟滨、钦培英、熊小任分别与张彤、孙德山、刘鹏签订《股东转让出资合同书》,钦培英另与邱季壮签订《股东转让出资合同书》。

2011 年 11 月 30 日,广州市工商行政管理局向华腾信息核发了新的《企业法人营业执照》。

2013 年 8 月 28 日,衷萌与广东腾润投资有限公司、熊小任签订《股东转让出资合同书》。

2013 年 9 月 4 日,广州市工商行政管理局向华腾信息核发了新的《企业法人营业执照》。

2013 年 12 月 2 日,洪锐滨与钦培英、邱季壮签订《股东转让出资合同书》。

2013 年 12 月 4 日,广州市工商行政管理局向华腾信息核发了新的《企业法人营业执照》。

2015 年 7 月 18 日,华腾信息召开股东会并作出决议,同意熊小任与黄秀芬之间的股权转让,同意修订并启用新的章程。同日,熊小任与黄秀芬签订《股东转让出资合同书》。

2015 年 7 月 29 日,广州市工商行政管理局向华腾信息科核发了新的《企业法人营业执照》。

2015 年 7 月 23 日,广东正中珠江会计师事务所(特殊普通合伙)出具《审计报告》,确认截至 2015 年 5 月 31 日,华腾信息的净资产为 14,902,257.87 元。

2015 年 7 月 24 日,广东中联羊城资产评估有限公司出具《资产评估报告》,认定截至 2015 年 5 月 31 日,华腾信息净资产评估值为 1865.25 万元。

2015 年 7 月 24 日,华腾信息召开临时股东会,全体股东一致同意作为发起人,以 2015 年 5 月 31 日为改制基准日,以经审计的账面净资产值 14,902,257.87 元,按照 1.0069:1 的比例折合股份总额 14,800,000 股(每股面值人民币 1 元),整体变更为股份公司,变更后股份公司注册资本为 14,800,000.00 元,净资产扣除股本后的余额 102,257.87 元计入资本公积。同日,华腾信息全体股东作为发起人共同签订了《广州华腾教育科技股份有限公司发起人协议》。

2015 年 8 月 8 日,公司全体发起人依法召开了创立大会,通过了股份公司章程,选举了公司第一届董事会及第一届监事会非职工监事。

2015 年 8 月 25 日,公司在广州市工商行政管理局注册登记并领取了《企业法人营业执照》。

（二）经营范围

广州华腾教育科技股份有限公司（以下简称华腾教育）从事的业务是教育信息化软件产品的设计、开发、推广运营及相关运维服务，是专业的信息化教育系统的综合服务商，其中，母公司的主营业务是同步课堂的开发运营维护，具体包括同步课堂产品的开发建设、运行维护、功能改进、经营分析等方面，子公司育蓓教育的主营业务是同步课堂的业务推广，具体包括业务策划、市场推广及服务等，开发体验用户并实现向付费用户的转化。公司是一家国家级高新技术企业，报告期内公司的营业收入全部为主营业务收入，主营业务十分明确。

华腾教育是一家专业策划出版大中专教材的大型文化机构，以出版高品质教材，铸就知识和高效传播为使命。近10年研究探索，华腾教育一直致力于教材教学发展趋势的研究与探索，立志成为教材策划和出版领域的领军机构。拥有150名专业策划、编辑团队，其中100%为本科学历，40%以上为研究生学历，具备深厚的专业知识背景。成功签约2000多位优秀教师作者，其中80%以上为副教授及教授，深谙教学之道。与省级以上精品课程开展深度合作，积极支持和参与教学改革及发展。自主研发1000种教材，其中高职高专涵盖公共基础课、公共英语、经济管理、物流管理、旅游与酒店管理、机械、计算机、电子信息、电子商务、汽车、化学化工、土建、学前教育、护理等多个领域；本科涵盖公共基础课、经济学、管理学、计算机、电子信息、化学等学科领域。华腾教育策划出版的教材已成功进入全国70%以上的高职高专院校，并获得广泛赞誉。华腾教育以打造品质教材，铸就"知识·高效传播"为使命；以"不断创新，追求卓越"为经营理念；以"打造中国图书权威品牌"为创业目标；以"植根高等教育，铸就精品教材"为出版宗旨；以"服务读者、服务教育、服务社会"为服务理念。

二、公司成立与挂牌历程

有限公司成立。2008年12月1日，自然人陈集文、熊小任和钦培英共同出资设立华腾信息。陈集文认缴400万元，占注册资本80%，熊小任和钦培英各认缴50万元，各占注册资本10%。2009年1月6日广州市行政监督管理局颁发了企业法人营业执照。

改制为股份有限公司。2015年7月24日，华腾信息召开临时股东会，全体股东一致同意作为发起人，以2015年5月31日为改制基准日，以经审计的账面净资产值14,902,257.87元，折合股份总额14,800,000股，整体变更为股份公司。同日，华腾有限全体股东作为发起人共同签订了《广州华腾教育科技股份有限公司发起人协议》。

挂牌新三板。2015 年 12 月 23 日,华腾教育在全国中小企业股份转让系统挂牌公开转让,证券代码为“834845”。

三、挂牌架构

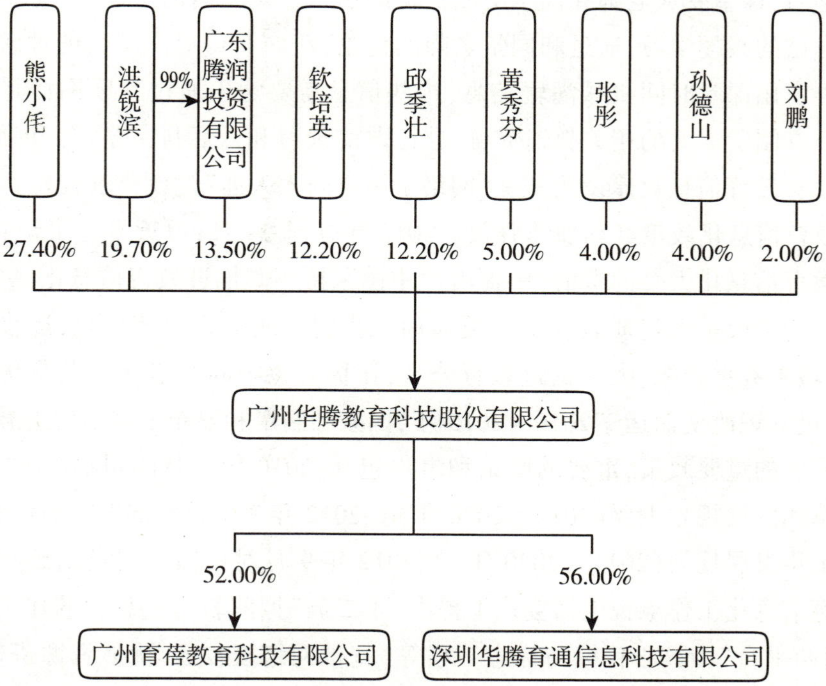

图 58　华腾教育挂牌架构

资料来源:华腾教育公开招股说明书。

四、竞争优势与风险分析

(一)竞争优势

产品优势——“同步课堂”。在国家政策红利驱动下,依托于公立教育体系的教育信息化行业已成风口。《教育信息化“十三五”规划》指出,2020 年前后基本建成“人人皆学、处处能学、时时可学”的教育信息化体系,“网络学习空间人人通”将成为“三通两平台”建设重点。运营商教育增值服务的 2B2C 模式是教育信息化从业公司通过 B 端学校入口打开 C 端业务市场的重要方式。华腾教育是专业的信息化教育系统的综合服务商,公司长期专注于“网络学习空间人人通”教育信息化平台建设,公司自主研发的移动互联网产品同步课堂,紧紧围绕课堂教学,通过电脑、平板、手机客户端等提供教、学、练、测、辅、交流等一体化服务,为教师备课授课,学生自主学习,家长课后辅导提供全方位的服务。

翻转课堂渐成趋势。翻转课堂作为一种新颖的教学方法,重新调整课内外时间,将学习自主权从老师交给学生。在这种模式下,学生在家完成基础知识的学习,课堂变成老师和同学交流互动的场所。课堂内的时间,学生更加专注于自己的兴趣学习,通过和同学老师的讨论,从而获得更深层次的理解。老师不再占用课堂时间机械灌输信息,这些信息需要学生通过互联网海量的教育资源查阅所需要的相关教辅资料,进行课前预习和课后自主学习。因此,翻转课堂对教育信息化建设尤其是“网络学习空间人人通”建设要求较高。

教育信息化政策红利加速释放。2015 年 5 月 23 日,习近平总书记在《致国际教育信息化大会的贺信》中提出:“中国坚持不懈推进教育信息化,努力以信息化为手段扩大优质教育资源覆盖面。我们将通过教育信息化,逐步缩小区域、城乡数字差距,大力促进教育公平,让亿万孩子同在蓝天下共享优质教育、通过知识改变命运。”2010 ~ 2015 年,国家已制定和发布了多项促进教育信息化发展的重要政策,重要的政策和事件包括:2010 年 7 月的《国家中长期教育改革和发展规划纲要(2010 ~ 2020 年)》、2012 年 3 月教育部发布的《教育信息化十年发展规划(2011 ~ 2020 年)》、2012 年 9 月时任国务委员刘延东在全国教育信息化工作电视电话会议上提出“十二五”期间教育信息化的建设要以“三通两平台”为核心目标与标志工程等(宽带网络校校通、优质资源班班通、网络学习空间人人通、教育资源公共服务平台、教育管理公共服务平台)。此外,2012 ~ 2015 年,每年的 2 ~ 3 月,教育部均制定当年的《教育信息化工作要点》,供各教育厅(教委)、部内各司局和各直属单位使用和执行。

(二)风险分析

客户集中的风险。目前公司同步课堂取得的产品开发运维收入和业务推广收入均采取合作分成模式,即公司与电信运营商合作运营,用户主要通过电信运营商扣费方式按期支付信息服务费,公司与运营商基于每月平台用户所产生的总收入和一定的结算比例进行分成,收入确认时点为公司完成相应服务收到运营商结算数据,公司业务部门对其进行核对确认后财务部门根据业务结算单确认收入。虽然实际付费用户是家长,但公司的直接客户体现为中国移动各省、市公司。2013 年、2014 年及 2015 年 1 ~ 5 月,公司从中国移动取得的收入占营业收入的比例分别为 100.00%、100.00%、96.18%,存在由于行业特点及经营模式而导致的客户集中情况。随着中国联通、中国电信加大教育信息化服务市场开发力度,以及依托其他即时通信手段而形成的新产品的涌现,教育信息化服务市场的竞争将会加剧。虽然公司已采取开发在线支付、手机支付功能等方式降低对电信运营商手机扣费的依赖,并且已经实现非合作电信运营商用户的在线自主订购,但截至本公开转让说明书签署之日尚未启用。如果中国移动对于此项业务的经营发展战略发生重大改变,或受到来自中国联通、中国电信教育信息化服务品牌业务或其他新产品的冲击,公司将面临因客户集中而导致经营业绩受到影响的风险。

知识产权保护的风险。教育信息化产品大多为知识密集型产品,产品的研发需要投入大量的人才资源及大量的资金,但是产品内容比较容易被复制,而我国尚未形成完善的知识产权保护体系,使教育信息化行业研发动力不足,进一步导致行业发展畸形。

行业竞争的风险。目前教育信息化行业受到投资资金的热捧,很多企业盲目进入,对整个行业的发展资金、教师等教育资源进行抢夺,使行业竞争进一步加剧。比如在校讯通业务领域,全通教育就是强有力的竞争对手。

五、主推线上教育

(一)手机和平板客户端应用

随着互联技术的创新与发展,移动终端普及,上网环境进一步改善和资费的持续降低,随时、随地、随意开展教、学、辅,实现网络学习空间人人通,必然以移动终端为主体,而平板应用是必然的选择。

(二)加大 app 开发力度

在保持现有 Web 优势基础上,基于移动场景,开发适合移动场景下特有的应用和服务,而非现有业向手机简单迁移。

目前已经规划立项的是,针对中小学口语训练的“同步口语”APP,满足中小学口语训练的需要,提供教师布置口语作业、口语作业自动判分等功能。

(三)加大“在线运营”

逐步加大“在线运营”力度,通过教师“积分兑换”,学生的“积分竞拍”“摇抽奖”等方式,增加服务的黏性,提升用户在线活跃度。为“产品平台”所整合的多样化的服务,提供畅通的营销推广渠道。

[案例三十八]新东方讯程:VIE 架构,挂牌成功

公司名称:北京新东方迅程网络科技股份有限公司

所属行业:信息传输、软件和信息技术服务业(国民经济行业分类标准)

行业分类:互联网和相关服务(上市公司行业分类指引)

挂牌时间:2017 年 3 月 21 日

挂牌地点:全国中小企业股份转让系统

股票代码:839896

股票简称:新东方网

股票种类:人民币普通股

每股面值:1.00 元

股票总量:6000 万股

转让方式:做市转让

一、新东方网的基本情况

(一)发展历程

2005 年 3 月 10 日,新东方教育科技集团有限公司(以下简称新东方集团)和李力决定共同出资设立北京新东方迅程网络科技有限公司(以下简称迅程有限)。讯程有限成立时的注册资本 1000 万元。2005 年 3 月 11 日,迅程有限领取了北京市工商行政管理局核发的企业法人营业执照。

2007 年 12 月 3 日,李力与新东方集团签订《出资转让协议书》,约定李力将所持有的迅程有限 10 万元出资转让给新东方集团。

2007 年 12 月 15 日,迅程有限股东会通过决议,同意股东李力在迅程有限的货币出资 10 万元转让给新东方集团。

2008 年 1 月 7 日,公司领取了北京市工商行政管理局海淀分局向迅程有限核发的《企业法人营业执照》。

2015 年 9 月 29 日,公司召开董事会,同意公司增加注册资本 265.823 万元,由七个有限合伙企业以货币出资形式缴纳增资款项,本次增资后公司的注册资本由人民币 1000 万元增加至 1265.823 万元。

2015 年 9 月 30 日,公司股东决定,同意公司增加注册资本 265.823 万元,由相关股东于 2016 年 5 月 31 日前以货币出资形式缴纳增资款项,本次增资后公司的注册资本由人民币 1000 万元增加至 1265.823 万元。截至 2015 年 11 月 24 日,前述出资共计 125,734,177 元,已由股东全部缴足,出资方式为货币出资,其中 2,658,230 元计入公司注册资本,123,075,947 元计入公司资本公积。

2015 年 10 月 20 日，公司领取了北京市工商行政管理局海淀分局向迅程有限核发的《营业执照》。

2015 年 12 月 25 日，公司召开董事会、股东会，同意将迅程有限整体变更为股份有限公司；同意以 2015 年 11 月 30 日为审计基准日，迅程有限净资产按股东原持股比例，折合股份有限公司股本总额为 30,000,000 股普通股，注册资本为人民币 30,000,000 元。

2015 年 12 月 25 日，北京新东方迅程网络科技股份有限公司（以下简称新东方网）八名发起人签署了《北京新东方迅程网络科技股份有限公司（筹）发起人协议》，约定以 2015 年 11 月 30 日为基准日的迅程有限经审计净资产值人民币 285,503,750.75 元按 1∶0.1051 的比例折为新东方网的总股本和注册资本，超出注册资本部分的人民币 255,503,750.75 元净资产值计入资本公积。并且进行了验资和评估。

2016 年 1 月 21 日，公司领取了北京市工商行政管理局海淀分局向新东方网核发的《营业执照》。

2016 年 1 月 30 日，公司 2016 年第三次临时股东大会决议通过，同意林芝腾讯科技有限公司（以下简称林芝腾讯）出资 32,000 万元，认购公司 4,285,714 股。增资完成后，公司注册资本为 3428.5714 万元。

2016 年 2 月 1 日，新东方网全体股东与林芝腾讯签署增资协议，以取得本次增资完成后公司 12.5% 的股权，剩余部分计入资本公积。

2016 年 2 月 16 日，公司领取了北京市工商行政管理局海淀分局向新东方网核发的《营业执照》。

2016 年 6 月 6 日，公司 2016 年第四次临时股东大会决议通过，同意新东方网以截至 2016 年 3 月 31 日总股本 34,285,714 股为基数，进行资本公积金转增股本，全体股东同比例进行增资，每 1 股转增 0.7208 股，共计转增 24,714,286 股，转增后公司总股本将增加至 59,000,000 股。

2016 年 6 月 20 日，北京中德恒会计师事务所有限公司出具《验资报告》，验证截至 2016 年 6 月 20 日，新东方网已将资本公积 2,471.4286 万元转增资本。

2016 年 6 月 22 日，公司 2015 年度股东大会决议通过，同意向八家做市商共计发行 100 万股，八家做市商共出资 5288 万元，认购公司 100 万股，认股价格为每股 52.88 元，本次增发股份后，公司注册资本由 59,000,000 元增加至 60,000,000 元。

2016 年 6 月 29 日，北京中德恒会计师事务所有限公司出具《验资报告》，验证截至 2016 年 6 月 28 日，新东方网已收到中国国际金融股份有限公司等八家股东缴纳 5288 万元,其中新增注册资本人民币 100 万元,余款 5188 万元计入资本公积,此次全部为货币出资。

2016 年 7 月 7 日,公司领取了北京市工商行政管理局海淀分局向新东方网核发的《营业执照》。

(二)经营范围

新东方网是新东方集团旗下专业的在线教育公司,集研发、推广、销售、运营、客服为一体,主要从事基于 B2C 和 B2B 商业模式的面向学前儿童、中小学生、大学生以及职业人群的专业在线教育服务。

公司基于 B2C 商业模式,通过新东方在线、酷学网、新东方批改网、酷学多纳等在线教育网站及 App 为学前儿童、中小学生、大学生和职业人群,直接提供启蒙教育、中小学考试、国内考试、出国考试、语言学习、职业考试、职业技能等领域的视音频形式的在线教育服务,并将上述数字内容复用、二次封装,再基于 B2B 商业模式,以新东方教育云的统一品牌,为高等院校、中小学校、公共图书馆、其他企事业单位、电信运营商、广电运营商等学校及机构客户提供包含在线教育平台、数字内容资源、技术服务支持等在内的在线教育服务。同时,成功拓展了酷学多纳品牌授权业务,并基于多年在线教育服务业务所积累的技术、研发、产品及运营优势,成功拓展了教育科技相关的软硬件服务业务。

成立至今,新东方网已建立国内最大的大学生在线教育平台、国内最大的英语在线教育平台、国内知名的学前儿童互联网启蒙教育服务品牌,并且是高等院校及公共图书馆在线学习资源市场中最大的内容提供商及服务商之一。新东方在线、酷学网、酷学多纳、新东方教育云在各自细分领域均拥有较高的品牌知名度和美誉。

二、公司成立及挂牌经历

公司成立:2005 年 3 月 10 日,新东方集团和李力签署《北京新东方迅程网络科技有限公司章程》,决定共同出资设立迅程有限。双方认缴注册资本,2005 年 3 月 11 日,迅程有限领取了北京市工商行政管理局核发的企业法人营业执照。

改制重组:2015 年 12 月 25 日,公司召开董事会、股东会,同意将迅程有限整体变更为股份有限公司;股份有限公司股本总额为 30,000,000 股普通股,注册资本为人民币 30,000,000 元。

2015 年 12 月 25 日,新东方网八名发起人签署了《北京新东方迅程网络科技股份有限公司(筹)发起人协议》,并且进行了验资和评估。

2016 年 1 月 21 日,公司领取了北京市工商行政管理局海淀分局向新东方网核发的《营业执照》。

新三板挂牌:2017年3月21日,北京新东方迅程网络科技股份有限公司在全国中小企业股份转让系统挂牌公开转让,证券代码为"839896"。

三、挂牌架构

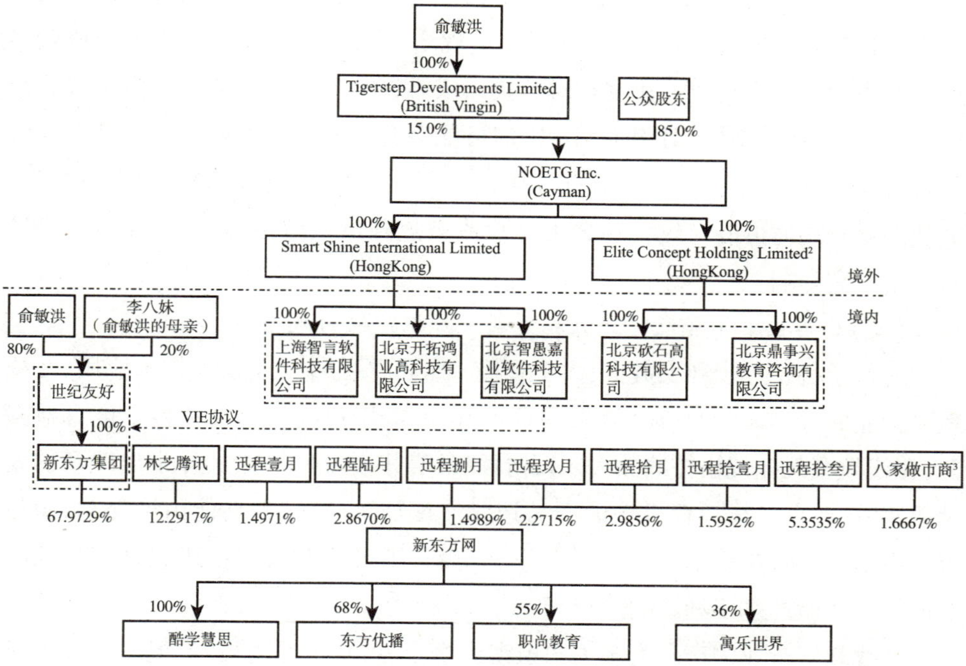

图59　新东方挂牌架构

资料来源:新东方网转让说明书。

四、公司风险分析

(一)教育产业政策变化对经营波动的风险

公司主要从事基于B2C和B2B商业模式的面向学前儿童、中小学生、大学生以及职业人群的专业在线教育服务,其中,应试类培训涉及中小学、托福、雅思、GRE、GMAT、SAT、ACT、英语四六级、专四、专八、考研、考博、职业考试等多个领域。教育的产业化离不开产业政策的推动及规范。相比于非应试类,应试类培训的市场规模更大、用户需求刚性更强、商业模式更成熟,而考试政策、考试内容、通过难度、就业政策等的变化,易影响学生报名在线培训课程的数量和培训需求的迫切程度等,也会对公司的产品规划及运营产生较大影响,若公司不能达到由此产生的对政策把握、政策剖析、市场敏感度、研发匹配等方面要求,则可能给公司经营带来波动。

(二)市场竞争加剧的风险

公司在中国在线教育行业,尤其是在大学生在线培训市场、英语在线培训市场、学前儿童互联网启蒙教育市场中,居于领先地位。伴随大量资本涌入,大型互联网公司、知名教育机构加大对在线教育平台的投入和建设,以及直播等技术手段进步带来的模式演变,行业进入者呈现增多的趋势。拥有自主师资或较强运营能力的线上机构成长速度相对较快。依靠资本投入以增加对业内顶级教研资源的争夺,在短期内,对用户流量走向可能会造成一定的潜在影响。整个在线教育行业对核心教育资源和最终用户的争夺不断加剧,市场格局日益发生变化。激烈的竞争环境可能导致公司失去客户或被迫降价以留住客户,从而对公司经营产生不利影响。

(三)公司技术不能及时升级和更新及知识产权的风险

受益于科技进步和大数据、人工智能、语音识别、直播互动等技术应用,在线教育行业的教学体验及教学效果获得提升,终端用户的认可度和接受度日益提升,在线教育人群规模持续放大。现阶段,计算机及互联网领域经常出现新的发展浪潮,这要求在线教育机构的产品迭代速度加快、持续创新能力增强,以满足市场需求。若公司技术不能及时升级和更新,则可能对公司在线教育产品及服务的用户体验产生不利影响。

在线教育行业的产品大多为知识密集型产品,基于通用技术,但多经过自研扩展和提升,以满足产品应用的细分行业属性及用户的特定需求。一方面,产品研发需要投入大量人、财、物;另一方面,也成为在线教育机构优劣的重要评判标准之一。我国知识产权保护体系仍需不断完善,盗版严重影响在线教育行业研发动力及行业健康发展。若公司具有自主知识产权的数字教育内容及技术被侵权,且未能及时妥善解决此类问题,则会对公司市场竞争力产生较大不利影响。

五、间接控股股东为 VIE 实体的外资限制类挂牌要点分析

VIE 架构分析公司及其附属公司从事业务是否符合国家产业政策及外商投资指导目录的要求,是否存在规避外商投资监管的情形,公司是否符合“合法规范经营”的挂牌条件。

(一)曲线绕过外商准入的持股比例限制

目前中国法律并未明确规定 VIE 架构是否适用或如何适用外商投资的政策和法规,但根据《外商投资产业指导目录(2015 年修订版)》和《外商投资电信企业管理规定》的规定,对互联网增值电信业务运营公司外资准入的限制条件均为持股权比例的限制,并未包括协议关系的限制(尤其是就公司而言,其并未作为协议关系的一方,而仅是其股东作为协议关系的一方)。且因《独家服务总协议第一次修订》对《独家服务总协议》的附件进行了修改,修改后的由 NOETG Inc. 下属子公司提供独家服务的新东方集团子公司清单不再包括新东方网,公司已不再是 VIE 架构项下协议安排有关法律文件的权利义务主体,VIE 协议与新东方网无直接关系,不存在 VIE 协议影响公司股权结构及经营的情况。公司的现有直接和间接股东以及实际控制人均为内资企业或中国籍自然人,未违反相关法律法规的直接规定。

此外,新东方网实际控制人俞敏洪已作出承诺,如未来相关中国政府部门根据对现行中国法律的解释或根据未来颁布的法律法规,尤其是关于外商投资产业政策的规定,作出与本补充法律意见书中的意见相反的认定,其将采取必要措施(包括但不限于对现有协议安排或公司股权进行相应调整)以使公司业务运营符合相关法律的规定。

(二)其符合"合法规范经营"的挂牌条件

2016 年 8 月 31 日,北京市文化市场行政执法总队作出《行政处罚决定书》,因公司变更股东股权结构未及时按照《互联网视听节目服务管理规定》办理审批手续,对公司作出警告及罚款人民币 8000 元的行政处罚。2016 年 9 月 18 日,北京市文化市场行政执法总队出具证明,确认上述被处罚的违规事项不属于情节严重的情形。且公司及中介机构认为该行政处罚不属于因 VIE 架构被主管机关处罚的情形。

2016 年 8 月 8 日,北京市新闻出版广电局出具证明,经其核查,自 2013 年 1 月 1 日至 2016 年 6 月 30 日,北京市新闻出版广电局没有新东方网违反广播电视管理相关法律法规的记录。

2016 年 7 月 11 日,北京市文化市场行政执法总队出具证明,经其查询,自 2013 年 1 月 1 日至 2016 年 6 月 30 日,新东方网没有因违反文化(含互联网文化等)方面行政管理相关法律法规受到北京市文化市场行政执法总队及北京市各区文化委员会行政处罚的记录。

2016 年 7 月 29 日,工业和信息化部信息通信管理局出具证明,经审查,新东方网于 2013 年获得工业和信息化部颁发的《跨地区增值电信业务经营许可证》,已按规定参加并通过工业和信息化部 2013 年度至 2015 年度开展的许可证年度检查。在 2013 年 3 月 15 日至 2016 年 6 月 30 日,该公司无受工业和信息化部信息通信管理局行政处罚的记录。

新东方网及中介机构亦向北京市通信管理局就新东方网经营互联网增值电信业务的合规性进行了咨询,北京市通信管理局告知新东方网及中介机构其已不再对任何所管辖企业为上市或挂牌之目的出具书面合规证明。根据中介机构之后向北京市通信管理局进行的电话访谈,新东方网申请获批及持有《中华人民共和国电信与信息服务业经营许可证》符合相关法律法规及相关监管规定。

附录 1 教育机构资本之路大事记

时间	美股			港股			国内资本市场		
	序号	公司名称	大事记	序号	公司名称	大事记	序号	公司名称	大事记
2006 年	1	新东方	一、2006.09，纽交所上市，融资 1.125 亿美元 二、2012 年，SEC 调查，浑水阻击，股价暴跌 三、2017.03，新东方在线挂牌新三板	—			—		
2007 年	2	诺亚舟	一、2007.10，纽交所上市，融资 1.4 亿美元 二、2014.07，从纽交所退市	—			—		
	3	双威教育	一、2007.10，通过借壳转板至纳斯达克 二、2012.06，退至场外交易市场						

续表

时间	美股			港股			国内资本市场		
	序号	公司名称	大事记	序号	公司名称	大事记	序号	公司名称	大事记
	4	弘成教育	一、2007.12，纳斯达克上市，融资约6820万美元 二、2014年，从纳斯达克退市 三、2016年，启动上市进程			—			—
2008年	5	ATA公司	一、2008.01，纳斯达克上市，融资约4630万美元 二、2015年，旗下全美在线挂牌新三板			—			—
2008年	6	正保远程	一、2008.07，纽交所上市，融资约6125万美元 二、2016年，旗下正保育才挂牌新三板						
2009年	7	中国教育集团	一、2009.07，通过借壳转板纽交所 二、2011.12，退至场外交易市场			—			—

续表

时间	美股			港股			国内资本市场		
	序号	公司名称	大事记	序号	公司名称	大事记	序号	公司名称	大事记
2010年	8	安博教育	一、2010.08，纽交所上市，融资约1.07亿美元 二、2012年，迟交年报，股价暴跌 三、2013年，美国投资者诉讼，质疑财务造假 四、2014年，退至场外交易市场	—			—		
	9	环球雅思	一、2010.10，纳斯达克上市，融资约6100万美元 二、2011，被英国培生收购，从纳斯达克退市						
	10	学而思	一、2010.10，纽交所上市，融资1.2亿美元 二、2013.08，学而思更名为“好未来” 三、2017.03，学而思股价“破百”						
	11	学大教育	一、2010.11，纽交所上市，融资约1.28亿美元 二、2016.06，学大教育退市，成银润投资的子公司						

续表

时间	美股			港股			国内资本市场		
	序号	公司名称	大事记	序号	公司名称	大事记	序号	公司名称	大事记
2013 年	—			—			1	亿童文教	一、2013.07，挂牌新三板 二、2015.03，新三板首例“PE + 挂牌公司”模式 三、2017.01，拟首次公开发行股票并上市
							2	颂大教育	一、2013.07，挂牌新三板 二、2017.02，拟 IPO 上市
2014 年	12	达内科技	2014.04，纳斯达克上市，融资约 1.38 亿美元	1	枫叶教育	一、2014.11，联交所上市，融资 9.62 亿港元 二、2016 年，股价上升超过 3 倍，中产市场潜力大	3	嘉达早教	一、2014.01，挂牌新三板 二、2017.04，延期提交年报
							4	全通教育	一、2014.01.21，创业板上市 二、2016.11.04，全通教育顺利通过了 CMMI5 级评估认证 三、2017.06.30，国家发展改革委办公厅关于开展互联网教育系统技术及应用国家工程实验室组建工作的通知，同意由全通教育作为承担单位，联合相关单位筹建“互联网教育系统技术及应用国家工程实验室”
							5	华图教育	一、2014.07，挂牌新三板 二、2015.04，借壳上市方案流产
							6	上海新南洋	一、2014.08.21，收购昂立教育 二、2016.03.29，以现金出资 1800 万元组件上海新南洋职业教育发展有限公司

续表

<table>
<tr><th rowspan="2">时间</th><th colspan="3">美股</th><th colspan="3">港股</th><th colspan="3">国内资本市场</th></tr>
<tr><th>序号</th><th>公司名称</th><th>大事记</th><th>序号</th><th>公司名称</th><th>大事记</th><th>序号</th><th>公司名称</th><th>大事记</th></tr>
<tr><td rowspan="5">2015 年</td><td rowspan="5">13</td><td rowspan="5">海亮教育</td><td rowspan="5">2015.07,纳斯达克上市,融资 2000 万美元</td><td rowspan="5" colspan="3">—</td><td>7</td><td>分豆教育</td><td>2015.01,挂牌新三板</td></tr>
<tr><td>8</td><td>行动教育</td><td>一、2015.01.28,挂牌新三板
二、2016.07.18,重大资产重组,出售上海虹临科技投资有限公司 50% 的股权,作价 10,000 万元</td></tr>
<tr><td>9</td><td>和君商学</td><td>一、2015.02.5,挂牌新三板
二、2015.08.11,重大资产重组,从西藏丹贝购买汇冠股份 21.91%,作价 13.6 亿元</td></tr>
<tr><td>10</td><td>新道科技</td><td>一、2015.10.12,挂牌新三板
二、2017.03.17,闲置资金购买理财产品,不超过 10,000 万元的资金进行理财投资,周期不超过 12 个月</td></tr>
<tr><td>11</td><td>华腾教育</td><td>一、2015.12.23,挂牌新三板
二、2017.02.27,收购深福鹏科技公司、剑客科技公司、华昱坤信息技术公司持有的深圳创炬 49% 的股权,作价 3920 万元</td></tr>
</table>

续表

时间	美股			港股			国内资本市场		
	序号	公司名称	大事记	序号	公司名称	大事记	序号	公司名称	大事记
2016 年	14	51Talk 无忧英语	2016.06,纽交所上市,融资约 7240 万美元	2	成实外教育	一、2016.01,联交所上市,融资 18 亿港元 二、2016.11,新《民办教育促进法》落地 三、2017.02,公告称新法不会对其产生重大影响	12	勤上光电	一、2016.01.03,收购广州龙文 二、2016.10.21,协议收购深圳市英伦教育产业有限公司 40% 的股权 三、2016.11.08,收购柳州市小红帽教育投资咨询有限公司股权以及其实际控制或所有的幼儿园股权 四、2017.05.24,资产剥离,拟将公司目前主营业务之一的半导体照明业务进行剥离,公司预计相关交易金额将达到公司股东大会的审议标准
							13	东方时尚	一、2016.02.05,主板上市 二、2016.11.17,公司以闲置募集资金 20,000 万元购买银行理财产品 三、2017.02.24,收购荆州市晶崴机动车驾驶员考训有限公司 60% 的股权

续表

时间	美股			港股			国内资本市场		
	序号	公司名称	大事记	序号	公司名称	大事记	序号	公司名称	大事记
	—			—			14	科大讯飞	一、2016.05.09,收购乐至行 二、2017.05.18,科大讯飞特定投资者非公开发行人民币普通股(A股)6,840.00万股,募集资金总额215,186.40万元,扣除发行费用后,募集资金净额210,395.43万元,将全部用于智慧课堂及在线教学云平台
							15	四通股份	一、2016.06.30,拟收购启行教育 二、2017.02.10,终止收购启行教育的重大资产重组事宜
							16	银润投资	一、2016.07.04,收购学大教育 二、2017.04.08,公司因2015年、2016年连续两年亏损,公司股票被实施退市风险警示
							17	新东方网	一、2016.10.31,挂牌新三板 二、2017.04.18,取得编号为0110531信息网络传播视听节目许可证

续表

时间	美股			港股			国内资本市场		
	序号	公司名称	大事记	序号	公司名称	大事记	序号	公司名称	大事记
2017 年	15	博实乐	2017.05，纽交所上市，融资约 2 亿美元	3	睿见教育	2017.01，联交所上市，融资约 8.5 亿港元			—
				4	宇华教育	2017.02，联交所上市，融资约 15.38 亿港元			
				5	民生教育	2017.03，联交所上市，融资约 13 亿港元			
				6	新高教	2017.04，联交所上市，融资约 7 亿港元			

附录2　境内外各主要证券交易所的上市规则及教育法规

1. 教育及其他相关法律法规

中华人民共和国民办教育促进法

（2002年12月28日第九届全国人民代表大会常务委员会第三十一次会议通过
根据2013年6月29日第十二届全国人民代表大会常务委员会第三次会议
《关于修改〈中华人民共和国文物保护法〉等十二部法律的决定》第一次修正
根据2016年11月7日第十二届全国人民代表大会常务委员会第二十四次会议
《关于修改〈中华人民共和国民办教育促进法〉的决定》第二次修正）

第一章　总　　则

第一条　为实施科教兴国战略，促进民办教育事业的健康发展，维护民办学校和受教育者的合法权益，根据宪法和教育法制定本法。

第二条　国家机构以外的社会组织或者个人，利用非国家财政性经费，面向社会举办学校及其他教育机构的活动，适用本法。本法未作规定的，依照教育法和其他有关教育法律执行。

第三条　民办教育事业属于公益性事业，是社会主义教育事业的组成部分。

国家对民办教育实行积极鼓励、大力支持、正确引导、依法管理的方针。

各级人民政府应当将民办教育事业纳入国民经济和社会发展规划。

第四条　民办学校应当遵守法律、法规，贯彻国家的教育方针，保证教育质量，致力于培养社会主义建设事业的各类人才。

民办学校应当贯彻教育与宗教相分离的原则。任何组织和个人不得利用宗教进行妨碍国家教育制度的活动。

第五条　民办学校与公办学校具有同等的法律地位，国家保障民办学校的办学自主权。

国家保障民办学校举办者、校长、教职工和受教育者的合法权益。

第六条　国家鼓励捐资办学。

国家对为发展民办教育事业做出突出贡献的组织和个人，给予奖励和表彰。

第七条　国务院教育行政部门负责全国民办教育工作的统筹规划、综合协调和宏观管理。

国务院人力资源社会保障行政部门及其他有关部门在国务院规定的职责范围内分别负责有关的民办教育工作。

第八条　县级以上地方各级人民政府教育行政部门主管本行政区域内的民办教育工作。

县级以上地方各级人民政府人力资源社会保障行政部门及其他有关部门在各自的职责范围内,分别负责有关的民办教育工作。

第九条 民办学校中的中国共产党基层组织,按照中国共产党章程的规定开展党的活动,加强党的建设。

第二章 设 立

第十条 举办民办学校的社会组织,应当具有法人资格。

举办民办学校的个人,应当具有政治权利和完全民事行为能力。

民办学校应当具备法人条件。

第十一条 设立民办学校应当符合当地教育发展的需求,具备教育法和其他有关法律、法规规定的条件。

民办学校的设置标准参照同级同类公办学校的设置标准执行。

第十二条 举办实施学历教育、学前教育、自学考试助学及其他文化教育的民办学校,由县级以上人民政府教育行政部门按照国家规定的权限审批;举办实施以职业技能为主的职业资格培训、职业技能培训的民办学校,由县级以上人民政府人力资源社会保障行政部门按照国家规定的权限审批,并抄送同级教育行政部门备案。

第十三条 申请筹设民办学校,举办者应当向审批机关提交下列材料:

(一)申办报告,内容应当主要包括:举办者、培养目标、办学规模、办学层次、办学形式、办学条件、内部管理体制、经费筹措与管理使用等;

(二)举办者的姓名、住址或者名称、地址;

(三)资产来源、资金数额及有效证明文件,并载明产权;

(四)属捐赠性质的校产须提交捐赠协议,载明捐赠人的姓名、所捐资产的数额、用途和管理方法及相关有效证明文件。

第十四条 审批机关应当自受理筹设民办学校的申请之日起三十日内以书面形式作出是否同意的决定。

同意筹设的,发给筹设批准书。不同意筹设的,应当说明理由。

筹设期不得超过三年。超过三年的,举办者应当重新申报。

第十五条 申请正式设立民办学校的,举办者应当向审批机关提交下列材料:

(一)筹设批准书;

(二)筹设情况报告;

(三)学校章程、首届学校理事会、董事会或者其他决策机构组成人员名单;

(四)学校资产的有效证明文件;

(五)校长、教师、财会人员的资格证明文件。

第十六条 具备办学条件,达到设置标准的,可以直接申请正式设立,并应当提交本法第十三条和第十五条(三)、(四)、(五)项规定的材料。

第十七条 申请正式设立民办学校的,审批机关应当自受理之日起三个月内以书面形式作出是否批准的决定,并送达申请人;其中申请正式设立民办高等学校的,审批机关也可以自受理之日起六个月内以书面形式作出是否批准的决定,并送达申请人。

第十八条 审批机关对批准正式设立的民办学校发给办学许可证。

审批机关对不批准正式设立的,应当说明理由。

第十九条 民办学校的举办者可以自主选择设立非营利性或者营利性民办学校。但是,不得设立实施义务教育的营利性民办学校。

非营利性民办学校的举办者不得取得办学收益,学校的办学结余全部用于办学。

营利性民办学校的举办者可以取得办学收益,学校的办学结余依照公司法等有关法律、行政法规的规定处理。

民办学校取得办学许可证后,进行法人登记,登记机关应当依法予以办理。

第三章 学校的组织与活动

第二十条 民办学校应当设立学校理事会、董事会或者其他形式的决策机构并建立相应的监督机制。

民办学校的举办者根据学校章程规定的权限和程序参与学校的办学和管理。

第二十一条 学校理事会或者董事会由举办者或者其代表、校长、教职工代表等人员组成。其中三分之一以上的理事或者董事应当具有五年以上教育教学经验。

学校理事会或者董事会由五人以上组成,设理事长或者董事长一人。理事长、理事或者董事长、董事名单报审批机关备案。

第二十二条 学校理事会或者董事会行使下列职权:

(一)聘任和解聘校长;

(二)修改学校章程和制定学校的规章制度;

(三)制定发展规划,批准年度工作计划;

(四)筹集办学经费,审核预算、决算;

(五)决定教职工的编制定额和工资标准;

(六)决定学校的分立、合并、终止;

(七)决定其他重大事项。

其他形式决策机构的职权参照本条规定执行。

第二十三条 民办学校的法定代表人由理事长、董事长或者校长担任。

第二十四条 民办学校参照同级同类公办学校校长任职的条件聘任校长,年龄可以适当放宽。

第二十五条 民办学校校长负责学校的教育教学和行政管理工作,行使下列职权:

(一)执行学校理事会、董事会或者其他形式决策机构的决定;

(二)实施发展规划,拟订年度工作计划、财务预算和学校规章制度;

(三)聘任和解聘学校工作人员,实施奖惩;

(四)组织教育教学、科学研究活动,保证教育教学质量;

(五)负责学校日常管理工作;

(六)学校理事会、董事会或者其他形式决策机构的其他授权。

第二十六条 民办学校对招收的学生,根据其类别、修业年限、学业成绩,可以根据国家有关规定发给学历证书、结业证书或者培训合格证书。

对接受职业技能培训的学生，经政府批准的职业技能鉴定机构鉴定合格的，可以发给国家职业资格证书。

第二十七条 民办学校依法通过以教师为主体的教职工代表大会等形式，保障教职工参与民主管理和监督。

民办学校的教师和其他工作人员，有权依照工会法，建立工会组织，维护其合法权益。

第四章 教师与受教育者

第二十八条 民办学校的教师、受教育者与公办学校的教师、受教育者具有同等的法律地位。

第二十九条 民办学校聘任的教师，应当具有国家规定的任教资格。

第三十条 民办学校应当对教师进行思想品德教育和业务培训。

第三十一条 民办学校应当依法保障教职工的工资、福利待遇和其他合法权益，并为教职工缴纳社会保险费。

国家鼓励民办学校按照国家规定为教职工办理补充养老保险。

第三十二条 民办学校教职工在业务培训、职务聘任、教龄和工龄计算、表彰奖励、社会活动等方面依法享有与公办学校教职工同等权利。

第三十三条 民办学校依法保障受教育者的合法权益。

民办学校按照国家规定建立学籍管理制度，对受教育者实施奖励或者处分。

第三十四条 民办学校的受教育者在升学、就业、社会优待以及参加先进评选等方面享有与同级同类公办学校的受教育者同等权利。

第五章 学校资产与财务管理

第三十五条 民办学校应当依法建立财务、会计制度和资产管理制度，并按照国家有关规定设置会计账簿。

第三十六条 民办学校对举办者投入民办学校的资产、国有资产、受赠的财产以及办学积累，享有法人财产权。

第三十七条 民办学校存续期间，所有资产由民办学校依法管理和使用，任何组织和个人不得侵占。

任何组织和个人都不得违反法律、法规向民办教育机构收取任何费用。

第三十八条 民办学校收取费用的项目和标准根据办学成本、市场需求等因素确定，向社会公示，并接受有关主管部门的监督。

非营利性民办学校收费的具体办法，由省、自治区、直辖市人民政府制定；营利性民办学校的收费标准，实行市场调节，由学校自主决定。

民办学校收取的费用应当主要用于教育教学活动、改善办学条件和保障教职工待遇。

第三十九条 民办学校资产的使用和财务管理受审批机关和其他有关部门的监督。

民办学校应当在每个会计年度结束时制作财务会计报告，委托会计师事务所依法进行审计，并公布审计结果。

第六章　管理与监督

第四十条　教育行政部门及有关部门应当对民办学校的教育教学工作、教师培训工作进行指导。

第四十一条　教育行政部门及有关部门依法对民办学校实行督导，建立民办学校信息公示和信用档案制度，促进提高办学质量；组织或者委托社会中介组织评估办学水平和教育质量，并将评估结果向社会公布。

第四十二条　民办学校的招生简章和广告，应当报审批机关备案。

第四十三条　民办学校侵犯受教育者的合法权益，受教育者及其亲属有权向教育行政部门和其他有关部门申诉，有关部门应当及时予以处理。

第四十四条　国家支持和鼓励社会中介组织为民办学校提供服务。

第七章　扶持与奖励

第四十五条　县级以上各级人民政府可以设立专项资金，用于资助民办学校的发展，奖励和表彰有突出贡献的集体和个人。

第四十六条　县级以上各级人民政府可以采取购买服务、助学贷款、奖助学金和出租、转让闲置的国有资产等措施对民办学校予以扶持；对非营利性民办学校还可以采取政府补贴、基金奖励、捐资激励等扶持措施。

第四十七条　民办学校享受国家规定的税收优惠政策；其中，非营利性民办学校享受与公办学校同等的税收优惠政策。

第四十八条　民办学校依照国家有关法律、法规，可以接受公民、法人或者其他组织的捐赠。

国家对向民办学校捐赠财产的公民、法人或者其他组织按照有关规定给予税收优惠，并予以表彰。

第四十九条　国家鼓励金融机构运用信贷手段，支持民办教育事业的发展。

第五十条　人民政府委托民办学校承担义务教育任务，应当按照委托协议拨付相应的教育经费。

第五十一条　新建、扩建非营利性民办学校，人民政府应当按照与公办学校同等原则，以划拨等方式给予用地优惠。新建、扩建营利性民办学校，人民政府应当按照国家规定供给土地。

教育用地不得用于其他用途。

第五十二条　国家采取措施，支持和鼓励社会组织和个人到少数民族地区、边远贫困地区举办民办学校，发展教育事业。

第八章　变更与终止

第五十三条　民办学校的分立、合并，在进行财务清算后，由学校理事会或者董事会报审批机关批准。

申请分立、合并民办学校的，审批机关应当自受理之日起三个月内以书面形式答复；其中申请分立、合并民办高等学校的，审批机关也可以自受理之日起六个月内以书面形式答复。

第五十四条 民办学校举办者的变更，须由举办者提出，在进行财务清算后，经学校理事会或者董事会同意，报审批机关核准。

第五十五条 民办学校名称、层次、类别的变更，由学校理事会或者董事会报审批机关批准。

申请变更为其他民办学校，审批机关应当自受理之日起三个月内以书面形式答复；其中申请变更为民办高等学校的，审批机关也可以自受理之日起六个月内以书面形式答复。

第五十六条 民办学校有下列情形之一的，应当终止：

（一）根据学校章程规定要求终止，并经审批机关批准的；

（二）被吊销办学许可证的；

（三）因资不抵债无法继续办学的。

第五十七条 民办学校终止时，应当妥善安置在校学生。实施义务教育的民办学校终止时，审批机关应当协助学校安排学生继续就学。

第五十八条 民办学校终止时，应当依法进行财务清算。

民办学校自己要求终止的，由民办学校组织清算；被审批机关依法撤销的，由审批机关组织清算；因资不抵债无法继续办学而被终止的，由人民法院组织清算。

第五十九条 对民办学校的财产按照下列顺序清偿：

（一）应退受教育者学费、杂费和其他费用；

（二）应发教职工的工资及应缴纳的社会保险费用；

（三）偿还其他债务。

非营利性民办学校清偿上述债务后的剩余财产继续用于其他非营利性学校办学；营利性民办学校清偿上述债务后的剩余财产，依照公司法的有关规定处理。

第六十条 终止的民办学校，由审批机关收回办学许可证和销毁印章，并注销登记。

第九章 法律责任

第六十一条 民办学校在教育活动中违反教育法、教师法规定的，依照教育法、教师法的有关规定给予处罚。

第六十二条 民办学校有下列行为之一的，由县级以上人民政府教育行政部门、人力资源社会保障行政部门或者其他有关部门责令限期改正，并予以警告；有违法所得的，退还所收费用后没收违法所得；情节严重的，责令停止招生、吊销办学许可证；构成犯罪的，依法追究刑事责任：

（一）擅自分立、合并民办学校的；

（二）擅自改变民办学校名称、层次、类别和举办者的；

（三）发布虚假招生简章或者广告，骗取钱财的；

（四）非法颁发或者伪造学历证书、结业证书、培训证书、职业资格证书的；

（五）管理混乱严重影响教育教学，产生恶劣社会影响的；

（六）提交虚假证明文件或者采取其他欺诈手段隐瞒重要事实骗取办学许可证的；

（七）伪造、变造、买卖、出租、出借办学许可证的；

(八)恶意终止办学、抽逃资金或者挪用办学经费的。

第六十三条 县级以上人民政府教育行政部门、人力资源社会保障行政部门或者其他有关部门有下列行为之一的,由上级机关责令其改正;情节严重的,对直接负责的主管人员和其他直接责任人员,依法给予处分;造成经济损失的,依法承担赔偿责任;构成犯罪的,依法追究刑事责任:

(一)已受理设立申请,逾期不予答复的;

(二)批准不符合本法规定条件申请的;

(三)疏于管理,造成严重后果的;

(四)违反国家有关规定收取费用的;

(五)侵犯民办学校合法权益的;

(六)其他滥用职权、徇私舞弊的。

第六十四条 违反国家有关规定擅自举办民办学校的,由所在地县级以上地方人民政府教育行政部门或者人力资源社会保障行政部门会同同级公安、民政或者工商行政管理等有关部门责令停止办学、退还所收费用,并对举办者处违法所得一倍以上五倍以下罚款;构成违反治安管理行为的,由公安机关依法给予治安管理处罚;构成犯罪的,依法追究刑事责任。

第十章 附 则

第六十五条 本法所称的民办学校包括依法举办的其他民办教育机构。

本法所称的校长包括其他民办教育机构的主要行政负责人。

第六十六条 境外的组织和个人在中国境内合作办学的办法,由国务院规定。

第六十七条 本法自2003年9月1日起施行。1997年7月31日国务院颁布的《社会力量办学条例》同时废止。

中华人民共和国民办教育促进法实施条例

(2004年2月25日国务院第41次常务会议通过 2004年3月5日
中华人民共和国国务院令第399号公布 自2004年4月1日起施行)

第一章 总 则

第一条 根据《中华人民共和国民办教育促进法》(以下简称民办教育促进法),制定本条例。

第二条 国家机构以外的社会组织或者个人可以利用非国家财政性经费举办各级各类民办学校;但是,不得举办实施军事、警察、政治等特殊性质教育的民办学校。

民办教育促进法和本条例所称国家财政性经费,是指财政拨款、依法取得并应当上缴国库或者财政专户的财政性资金。

第三条 对于捐资举办民办学校表现突出或者为发展民办教育事业做出其他突出贡献

的社会组织或者个人，县级以上人民政府给予奖励和表彰。

第二章　民办学校的举办者

第四条　国家机构以外的社会组织或者个人可以单独或者联合举办民办学校。联合举办民办学校的，应当签订联合办学协议，明确办学宗旨、培养目标以及各方的出资数额、方式和权利、义务等。

第五条　民办学校的举办者可以用资金、实物、土地使用权、知识产权以及其他财产作为办学出资。

国家的资助、向学生收取的费用和民办学校的借款、接受的捐赠财产，不属于民办学校举办者的出资。

第六条　公办学校参与举办民办学校，不得利用国家财政性经费，不得影响公办学校正常的教育教学活动，并应当经主管的教育行政部门或者劳动和社会保障行政部门按照国家规定的条件批准。公办学校参与举办的民办学校应当具有独立的法人资格，具有与公办学校相分离的校园和基本教育教学设施，实行独立的财务会计制度，独立招生，独立颁发学业证书。

参与举办民办学校的公办学校依法享有举办者权益，依法履行国有资产的管理义务，防止国有资产流失。

实施义务教育的公办学校不得转为民办学校。

第七条　举办者以国有资产参与举办民办学校的，应当根据国家有关国有资产监督管理的规定，聘请具有评估资格的中介机构依法进行评估，根据评估结果合理确定出资额，并报对该国有资产负有监管职责的机构备案。

第八条　民办学校的举办者应当按时、足额履行出资义务。民办学校存续期间，举办者不得抽逃出资，不得挪用办学经费。

民办学校的举办者不得向学生、学生家长筹集资金举办民办学校，不得向社会公开募集资金举办民办学校。

第九条　民办学校的举办者应当依照民办教育促进法和本条例的规定制定学校章程，推选民办学校的首届理事会、董事会或者其他形式决策机构的组成人员。

民办学校的举办者参加学校理事会、董事会或者其他形式决策机构的，应当依据学校章程规定的权限与程序，参与学校的办学和管理活动。

第十条　实施国家认可的教育考试、职业资格考试和技术等级考试等考试的机构，不得举办与其所实施的考试相关的民办学校。

第三章　民办学校的设立

第十一条　设立民办学校的审批权限，依照有关法律、法规的规定执行。

第十二条　民办学校的举办者在获得筹设批准书之日起 3 年内完成筹设的，可以提出正式设立申请。

第十三条　申请正式设立实施学历教育的民办学校的，审批机关受理申请后，应当组织专家委员会评议，由专家委员会提出咨询意见。

第十四条　民办学校的章程应当规定下列主要事项：

（一）学校的名称、地址；

（二）办学宗旨、规模、层次、形式等；

（三）学校资产的数额、来源、性质等；

（四）理事会、董事会或者其他形式决策机构的产生方法、人员构成、任期、议事规则等；

（五）学校的法定代表人；

（六）出资人是否要求取得合理回报；

（七）学校自行终止的事由；

（八）章程修改程序。

第十五条　民办学校只能使用一个名称。

民办学校的名称应当符合有关法律、行政法规的规定，不得损害社会公共利益。

第十六条　申请正式设立民办学校有下列情形之一的，审批机关不予批准，并书面说明理由：

（一）举办民办学校的社会组织或者个人不符合法律、行政法规规定的条件，或者实施义务教育的公办学校转为民办学校的；

（二）向学生、学生家长筹集资金举办民办学校或者向社会公开募集资金举办民办学校的；

（三）不具备相应的办学条件、未达到相应的设置标准的；

（四）学校章程不符合本条例规定要求，经告知仍不修改的；

（五）学校理事会、董事会或者其他形式决策机构的人员构成不符合法定要求，或者学校校长、教师、财会人员不具备法定资格，经告知仍不改正的。

第十七条　对批准正式设立的民办学校，审批机关应当颁发办学许可证，并将批准正式设立的民办学校及其章程向社会公告。

民办学校的办学许可证由国务院教育行政部门制定式样，由国务院教育行政部门、劳动和社会保障行政部门按照职责分工分别组织印制。

第十八条　民办学校依照有关法律、行政法规的规定申请登记时，应当向登记机关提交下列材料：

（一）登记申请书；

（二）办学许可证；

（三）拟任法定代表人的身份证明；

（四）学校章程。

登记机关应当自收到前款规定的申请材料之日起5个工作日内完成登记程序。

第四章　民办学校的组织与活动

第十九条　民办学校理事会、董事会或者其他形式决策机构的负责人应当品行良好，具有政治权利和完全民事行为能力。

国家机关工作人员不得担任民办学校理事会、董事会或者其他形式决策机构的成员。

第二十条　民办学校的理事会、董事会或者其他形式决策机构，每年至少召开一次会议。经1/3以上组成人员提议，可以召开理事会、董事会或者其他形式决策机构临时会议。

民办学校的理事会、董事会或者其他形式决策机构讨论下列重大事项,应当经2/3以上组成人员同意方可通过:

(一)聘任、解聘校长;

(二)修改学校章程;

(三)制定发展规划;

(四)审核预算、决算;

(五)决定学校的分立、合并、终止;

(六)学校章程规定的其他重大事项。

民办学校修改章程应当报审批机关备案,由审批机关向社会公告。

第二十一条 民办学校校长依法独立行使教育教学和行政管理职权。

民办学校内部组织机构的设置方案由校长提出,报理事会、董事会或者其他形式决策机构批准。

第二十二条 实施高等教育和中等职业技术学历教育的民办学校,可以按照办学宗旨和培养目标,自行设置专业、开设课程,自主选用教材。但是,民办学校应当将其所设置的专业、开设的课程、选用的教材报审批机关备案。

实施高级中等教育、义务教育的民办学校,可以自主开展教育教学活动。但是,该民办学校的教育教学活动应当达到国务院教育行政部门制定的课程标准,其所选用的教材应当依法审定。

实施学前教育的民办学校可以自主开展教育教学活动,但是,该民办学校不得违反有关法律、行政法规的规定。

实施以职业技能为主的职业资格培训、职业技能培训的民办学校,可以按照国家职业标准的要求开展培训活动。

第二十三条 民办学校聘任的教师应当具备《中华人民共和国教师法》和有关行政法规规定的教师资格和任职条件。

民办学校应当有一定数量的专职教师;其中,实施学历教育的民办学校聘任的专职教师数量应当不少于其教师总数的1/3。

第二十四条 民办学校自主聘任教师、职员。民办学校聘任教师、职员,应当签订聘任合同,明确双方的权利、义务等。

民办学校招用其他工作人员应当订立劳动合同。

民办学校聘任外籍人员,按照国家有关规定执行。

第二十五条 民办学校应当建立教师培训制度,为受聘教师接受相应的思想政治培训和业务培训提供条件。

第二十六条 民办学校应当按照招生简章或者招生广告的承诺,开设相应课程,开展教育教学活动,保证教育教学质量。

民办学校应当提供符合标准的校舍和教育教学设施、设备。

第二十七条 民办学校享有与同级同类公办学校同等的招生权,可以自主确定招生的范围、标准和方式;但是,招收接受高等学历教育的学生应当遵守国家有关规定。

县级以上地方人民政府教育行政部门、劳动和社会保障行政部门应当为外地的民办学校在本地招生提供平等待遇，不得实行地区封锁，不得滥收费用。

民办学校招收境外学生，按照国家有关规定执行。

第二十八条 民办学校应当依法建立学籍和教学管理制度，并报审批机关备案。

第二十九条 民办学校及其教师、职员、受教育者申请国家设立的有关科研项目、课题等，享有与公办学校及其教师、职员、受教育者同等的权利。

民办学校的受教育者在升学、就业、社会优待、参加先进评选、医疗保险等方面，享有与同级同类公办学校的受教育者同等的权利。

第三十条 实施高等学历教育的民办学校符合学位授予条件的，依照有关法律、行政法规的规定经审批同意后，可以获得相应的学位授予资格。

第三十一条 教育行政部门、劳动和社会保障行政部门和其他有关部门，组织有关的评奖评优、文艺体育活动和课题、项目招标，应当为民办学校及其教师、职员、受教育者提供同等的机会。

第三十二条 教育行政部门、劳动和社会保障行政部门应当加强对民办学校的日常监督，定期组织和委托社会中介组织评估民办学校办学水平和教育质量，并鼓励和支持民办学校开展教育教学研究工作，促进民办学校提高教育教学质量。

教育行政部门、劳动和社会保障行政部门对民办学校进行监督时，应当将监督的情况和处理结果予以记录，由监督人员签字后归档。公众有权查阅教育行政部门、劳动和社会保障行政部门的监督记录。

第三十三条 民办学校终止的，由审批机关收回办学许可证，通知登记机关，并予以公告。

第五章 民办学校的资产与财务管理

第三十四条 民办学校应当依照《中华人民共和国会计法》和国家统一的会计制度进行会计核算，编制财务会计报告。

第三十五条 民办学校对接受学历教育的受教育者收取费用的项目和标准，应当报价格主管部门批准并公示；对其他受教育者收取费用的项目和标准，应当报价格主管部门备案并公示。具体办法由国务院价格主管部门会同教育行政部门、劳动和社会保障行政部门制定。

第三十六条 民办学校资产中的国有资产的监督、管理，按照国家有关规定执行。

民办学校接受的捐赠财产的使用和管理，依照《中华人民共和国公益事业捐赠法》的有关规定执行。

第三十七条 在每个会计年度结束时，捐资举办的民办学校和出资人不要求取得合理回报的民办学校应当从年度净资产增加额中、出资人要求取得合理回报的民办学校应当从年度净收益中，按不低于年度净资产增加额或者净收益的25%的比例提取发展基金，用于学校的建设、维护和教学设备的添置、更新等。

第六章 扶持与奖励

第三十八条 捐资举办的民办学校和出资人不要求取得合理回报的民办学校，依法享受与公办学校同等的税收及其他优惠政策。

出资人要求取得合理回报的民办学校享受的税收优惠政策，由国务院财政部门、税务主管部门会同国务院有关行政部门制定。

民办学校应当依法办理税务登记，并在终止时依法办理注销税务登记手续。

第三十九条 民办学校可以设立基金接受捐赠财产，并依照有关法律、行政法规的规定接受监督。

民办学校可以依法以捐赠者的姓名、名称命名学校的校舍或者其他教育教学设施、生活设施。捐赠者对民办学校发展做出特殊贡献的，实施高等学历教育的民办学校经国务院教育行政部门按照国家规定的条件批准，其他民办学校经省、自治区、直辖市人民政府教育行政部门或者劳动和社会保障行政部门按照国家规定的条件批准，可以以捐赠者的姓名或者名称作为学校校名。

第四十条 在西部地区、边远贫困地区和少数民族地区举办的民办学校申请贷款用于学校自身发展的，享受国家相关的信贷优惠政策。

第四十一条 县级以上人民政府可以根据本行政区域的具体情况，设立民办教育发展专项资金。民办教育发展专项资金由财政部门负责管理，由教育行政部门或者劳动和社会保障行政部门报同级财政部门批准后使用。

第四十二条 县级人民政府根据本行政区域实施义务教育的需要，可以与民办学校签订协议，委托其承担部分义务教育任务。县级人民政府委托民办学校承担义务教育任务的，应当根据接受义务教育学生的数量和当地实施义务教育的公办学校的生均教育经费标准，拨付相应的教育经费。

受委托的民办学校向协议就读的学生收取的费用，不得高于当地同级同类公办学校的收费标准。

第四十三条 教育行政部门应当会同有关行政部门建立、完善有关制度，保证教师在公办学校和民办学校之间的合理流动。

第四十四条 出资人根据民办学校章程的规定要求取得合理回报的，可以在每个会计年度结束时，从民办学校的办学结余中按一定比例取得回报。

民办教育促进法和本条例所称办学结余，是指民办学校扣除办学成本等形成的年度净收益，扣除社会捐助、国家资助的资产，并依照本条例的规定预留发展基金以及按照国家有关规定提取其他必需的费用后的余额。

第四十五条 民办学校应当根据下列因素确定本校出资人从办学结余中取得回报的比例：

（一）收取费用的项目和标准；

（二）用于教育教学活动和改善办学条件的支出占收取费用的比例；

（三）办学水平和教育质量。

与同级同类其他民办学校相比较，收取费用高、用于教育教学活动和改善办学条件的支出占收取费用的比例低，并且办学水平和教育质量低的民办学校，其出资人从办学结余中取得回报的比例不得高于同级同类其他民办学校。

第四十六条 民办学校应当在确定出资人取得回报比例前，向社会公布与其办学水平和教育质量有关的材料和财务状况。

民办学校的理事会、董事会或者其他形式决策机构应当根据本条例第四十四条、第四十五条的规定作出出资人取得回报比例的决定。民办学校应当自该决定作出之日起15日内,将该决定和向社会公布的与其办学水平和教育质量有关的材料、财务状况报审批机关备案。

第四十七条　民办学校有下列情形之一的,出资人不得取得回报:

(一)发布虚假招生简章或者招生广告,骗取钱财的;

(二)擅自增加收取费用的项目、提高收取费用的标准,情节严重的;

(三)非法颁发或者伪造学历证书、职业资格证书的;

(四)骗取办学许可证或者伪造、变造、买卖、出租、出借办学许可证的;

(五)未依照《中华人民共和国会计法》和国家统一的会计制度进行会计核算、编制财务会计报告,财务、资产管理混乱的;

(六)违反国家税收征管法律、行政法规的规定,受到税务机关处罚的;

(七)校舍或者其他教育教学设施、设备存在重大安全隐患,未及时采取措施,致使发生重大伤亡事故的;

(八)教育教学质量低下,产生恶劣社会影响的。

出资人抽逃资金或者挪用办学经费的,不得取得回报。

第四十八条　除民办教育促进法和本条例规定的扶持与奖励措施外,省、自治区、直辖市人民政府还可以根据实际情况,制定本地区促进民办教育发展的扶持与奖励措施。

第七章　法律责任

第四十九条　有下列情形之一的,由审批机关没收出资人取得的回报,责令停止招生;情节严重的,吊销办学许可证;构成犯罪的,依法追究刑事责任:

(一)民办学校的章程未规定出资人要求取得合理回报,出资人擅自取得回报的;

(二)违反本条例第四十七条规定,不得取得回报而取得回报的;

(三)出资人不从办学结余而从民办学校的其他经费中提取回报的;

(四)不依照本条例的规定计算办学结余或者确定取得回报的比例的;

(五)出资人从办学结余中取得回报的比例过高,产生恶劣社会影响的。

第五十条　民办学校未依照本条例的规定将出资人取得回报比例的决定和向社会公布的与其办学水平和教育质量有关的材料、财务状况报审批机关备案,或者向审批机关备案的材料不真实的,由审批机关责令改正,并予以警告;有违法所得的,没收违法所得;情节严重的,责令停止招生、吊销办学许可证。

第五十一条　民办学校管理混乱严重影响教育教学,有下列情形之一的,依照民办教育促进法第六十二条的规定予以处罚:

(一)理事会、董事会或者其他形式决策机构未依法履行职责的;

(二)教学条件明显不能满足教学要求、教育教学质量低下,未及时采取措施的;

(三)校舍或者其他教育教学设施、设备存在重大安全隐患,未及时采取措施的;

(四)未依照《中华人民共和国会计法》和国家统一的会计制度进行会计核算、编制财务会计报告,财务、资产管理混乱的;

(五)侵犯受教育者的合法权益,产生恶劣社会影响的;

（六）违反国家规定聘任、解聘教师的。

第八章　附　　则

第五十二条　本条例施行前依法设立的民办学校继续保留，并在本条例施行之日起1年内，由原审批机关换发办学许可证。

第五十三条　本条例规定的扶持与奖励措施适用于中外合作办学机构。

第五十四条　本条例自2004年4月1日起施行。

国务院关于鼓励社会力量兴办教育促进民办教育健康发展的若干意见

（2016年12月29日　国发〔2016〕81号）

各省、自治区、直辖市人民政府，国务院各部委、各直属机构：

社会力量兴办教育是指各种社会力量以捐赠、出资、投资、合作等方式举办或者参与举办法律法规允许的各级各类学校和其他教育机构。改革开放以来，作为社会力量兴办教育主要形式的民办教育不断发展壮大，形成了从学前教育到高等教育、从学历教育到非学历教育，层次类型多样、充满生机活力的发展局面，有效增加了教育服务供给，为推动教育现代化、促进经济社会发展作出了积极贡献，已经成为社会主义教育事业的重要组成部分。同时，民办教育也面临许多制约发展的问题和困难。为鼓励社会力量兴办教育，促进民办教育健康发展，现提出如下意见。

一、总体要求

（一）指导思想。全面贯彻落实党的十八大和十八届三中、四中、五中、六中全会精神，深入贯彻习近平总书记系列重要讲话精神，按照“四个全面”战略布局和党中央、国务院决策部署，牢固树立并切实贯彻创新、协调、绿色、开放、共享五大发展理念，全面贯彻党的教育方针，坚持社会主义办学方向，坚持立德树人，培育和践行社会主义核心价值观。以实行分类管理为突破口，创新体制机制，完善扶持政策，加强规范管理，提高办学质量，进一步调动社会力量兴办教育的积极性，促进民办教育持续健康发展，培养德智体美全面发展的社会主义建设者和接班人。

（二）基本原则。

育人为本，德育为先。把立德树人作为根本任务，把理想信念教育摆在首要位置，形成全员、全过程、全方位育人的工作格局，提高学生服务国家服务人民的社会责任感、勇于探索的创新精神和善于解决问题的实践能力。

分类管理，公益导向。实行非营利性和营利性分类管理，实施差别化扶持政策，积极引导社会力量举办非营利性民办学校。坚持教育的公益属性，无论是非营利性民办学校还是营利性民办学校都要始终把社会效益放在首位。

优化环境，综合施策。统筹教育、登记、财政、土地、收费等相关政策，营造有利于民办教育发展的制度环境。

依法管理，规范办学。简政放权、放管结合、优化服务，依法履职，规范办学秩序，全面提高民办教育治理水平。

鼓励改革，上下联动。依靠改革创新推动发展，坚持顶层设计与基层创新相结合，共同破解民办教育改革发展难题和障碍。

二、加强党对民办学校的领导

（三）切实加强民办学校党的建设。全面加强民办学校党的思想建设、组织建设、作风建设、反腐倡廉建设、制度建设，增强政治意识、大局意识、核心意识、看齐意识。完善民办学校党组织设置，理顺民办学校党组织隶属关系，健全各级党组织工作保障机制，选好配强民办学校党组织负责人。民办学校党组织要发挥政治核心作用，强化思想引领，牢牢把握社会主义办学方向，牢牢把握党对民办学校意识形态工作的领导权、话语权，切实维护民办学校和谐稳定。民办高校党组织负责人兼任政府派驻学校的督导专员。实现学校基层党组织全覆盖、党建工作上水平，有效发挥基层党组织的战斗堡垒作用和共产党员的先锋模范作用。积极做好党员发展和教育管理服务工作。坚持党建带群建，加强民办学校共青团组织建设。各地要把民办学校党组织建设、党对民办学校的领导作为民办学校年度检查的重要内容。

（四）加强和改进民办学校思想政治教育工作。把思想政治教育工作纳入学校事业发展规划，把思想政治工作队伍建设纳入学校人才队伍培养规划，全面提升思想政治教育工作水平。切实加强思想政治理论课和思想品德课课程、教材、教师队伍建设，深入推进中国特色社会主义理论体系进教材、进课堂、进头脑，把社会主义核心价值观融入教育教学全过程、教书育人各环节，不断增强广大师生中国特色社会主义道路自信、理论自信、制度自信、文化自信。提高思想政治教育的针对性、实效性和吸引力、感染力，切实加强理想信念、爱国主义、集体主义、中国特色社会主义教育和中华优秀传统文化、革命传统文化、民族团结教育，引导学生树立正确的世界观、人生观、价值观。大力开展社会实践和志愿服务，积极开展心理健康教育。创新网络思想政治教育方式，大力弘扬主旋律、传播正能量，全面提高教书育人、实践育人、科研育人、管理育人、服务育人的水平。

三、创新体制机制

（五）建立分类管理制度。对民办学校（含其他民办教育机构）实行非营利性和营利性分类管理。非营利性民办学校举办者不取得办学收益，办学结余全部用于办学。营利性民办学校举办者可以取得办学收益，办学结余依据国家有关规定进行分配。民办学校依法享有法人财产权。

举办者自主选择举办非营利性民办学校或者营利性民办学校，依法依规办理登记。对现有民办学校按照举办者自愿的原则，通过政策引导，实现分类管理。

（六）建立差别化政策体系。国家积极鼓励和大力支持社会力量举办非营利性民办学校。各级人民政府要完善制度政策，在政府补贴、政府购买服务、基金奖励、捐资激励、土地划拨、税费减免等方面对非营利性民办学校给予扶持。各级人民政府可根据经济社会发展需要和公共服务需求，通过政府购买服务及税收优惠等方式对营利性民办学校给予支持。

（七）放宽办学准入条件。社会力量投入教育，只要是不属于法律法规禁止进入以及不损害第三方利益、社会公共利益、国家安全的领域，政府不得限制。政府制定准入负面清单，列出禁止和限制的办学行为。各地要重新梳理民办学校准入条件和程序，进一步简政放权，吸引更多的社会资源进入教育领域。

（八）拓宽办学筹资渠道。鼓励和吸引社会资金进入教育领域举办学校或者投入项目建设。创新教育投融资机制，多渠道吸引社会资金，扩大办学资金来源。鼓励金融机构在风险可控前提下开发适合民办学校特点的金融产品，探索办理民办学校未来经营收入、知识产权质押贷款业务，提供银行贷款、信托、融资租赁等多样化的金融服务。鼓励社会力量对非营利性民办学校给予捐赠。

（九）探索多元主体合作办学。推广政府和社会资本合作（PPP）模式，鼓励社会资本参与教育基础设施建设和运营管理、提供专业化服务。积极鼓励公办学校与民办学校相互购买管理服务、教学资源、科研成果。探索举办混合所有制职业院校，允许以资本、知识、技术、管理等要素参与办学并享有相应权利。鼓励营利性民办学校建立股权激励机制。

（十）健全学校退出机制。捐资举办的民办学校终止时，清偿后剩余财产统筹用于教育等社会事业。2016 年 11 月 7 日《全国人民代表大会常务委员会关于修改〈中华人民共和国民办教育促进法〉的决定》公布前设立的民办学校，选择登记为非营利性民办学校的，终止时，民办学校的财产依法清偿后有剩余的，按照国家有关规定给予出资者相应的补偿或者奖励，其余财产继续用于其他非营利性学校办学；选择登记为营利性民办学校的，应当进行财务清算，依法明确财产权属，终止时，民办学校的财产依法清偿后有剩余的，依照《中华人民共和国公司法》有关规定处理。具体办法由省、自治区、直辖市制定。2016 年 11 月 7 日后设立的民办学校终止时，财产处置按照有关规定和学校章程处理。各地要结合实际，健全民办学校退出机制，依法保护受教育者的合法权益。

四、完善扶持制度

（十一）加大财政投入力度。各级人民政府可按照《中华人民共和国预算法》、《中华人民共和国教育法》、《中华人民共和国民办教育促进法》等法律法规和制度要求，因地制宜，调整优化教育支出结构，加大对民办教育的扶持力度。财政扶持民办教育发展的资金要纳入预算，并向社会公开，接受审计和社会监督，提高资金使用效益。

（十二）创新财政扶持方式。地方各级人民政府应建立健全政府补贴制度，明确补贴的项目、对象、标准、用途。完善政府购买服务的标准和程序，建立绩效评价制度，制定向民办学校购买就读学位、课程教材、科研成果、职业培训、政策咨询等教育服务的具体政策措施。地方各级人民政府可按照国家关于基金会管理的规定设立民办教育发展基金，支持成立相应的基金会，组织开展各类有利于民办教育事业发展的活动。

（十三）落实同等资助政策。民办学校学生与公办学校学生按规定同等享受助学贷款、奖助学金等国家资助政策。各级人民政府应建立健全民办学校助学贷款业务扶持制度，提高民办学校家庭经济困难学生获得资助的比例。民办学校要建立健全奖助学金评定、发放等管理机制，应从学费收入中提取不少于 5% 的资金，用于奖励和资助学生。落实鼓励捐资助学的相关优惠政策措施，积极引导和鼓励企事业单位、社会组织和个人面向民办学校设立奖助学金，加大资助力度。

（十四）落实税费优惠等激励政策。民办学校按照国家有关规定享受相关税收优惠政策。对企业办的各类学校、幼儿园自用的房产、土地，免征房产税、城镇土地使用税。对企业支持教育事业的公益性捐赠支出，按照税法有关规定，在年度利润总额12%以内的部分，准予在计算应纳税所得额时扣除；对个人支持教育事业的公益性捐赠支出，按照税收法律法规及政策的相关规定在个人所得税前予以扣除。非营利性民办学校与公办学校享有同等待遇，按照税法规定进行免税资格认定后，免征非营利性收入的企业所得税。捐资建设校舍及开展表彰资助等活动的冠名依法尊重捐赠人意愿。民办学校用电、用水、用气、用热，执行与公办学校相同的价格政策。

（十五）实行差别化用地政策。民办学校建设用地按科教用地管理。非营利性民办学校享受公办学校同等政策，按划拨等方式供应土地。营利性民办学校按国家相应的政策供给土地。只有一个意向用地者的，可按协议方式供地。土地使用权人申请改变全部或者部分土地用途的，政府应当将申请改变用途的土地收回，按时价定价，重新依法供应。

（十六）实行分类收费政策。规范民办学校收费。非营利性民办学校收费，通过市场化改革试点，逐步实行市场调节价，具体政策由省级人民政府根据办学成本以及本地公办教育保障程度、民办学校发展情况等因素确定。营利性民办学校收费实行市场调节价，具体收费标准由民办学校自主确定。政府依法加强对民办学校收费行为的监管。

（十七）保障依法自主办学。扩大民办高等学校和中等职业学校专业设置自主权，鼓励学校根据国家战略需求和区域产业发展需要，依法依规设置和调整学科专业。民办中小学校在完成国家规定课程前提下，可自主开展教育教学活动。支持民办学校参与考试招生制度改革。社会声誉好、教学质量高、就业有保障的民办高等职业学校，可在核定的办学规模内自主确定招生范围和年度招生计划。中等以下层次民办学校按照国家有关规定，在核定的办学规模内，与当地公办学校同期面向社会自主招生。各地不得对民办学校跨区域招生设置障碍。

（十八）保障学校师生权益。完善学校、个人、政府合理分担的民办学校教职工社会保障机制。民办学校应依法为教职工足额缴纳社会保险费和住房公积金。鼓励民办学校按规定为教职工建立补充养老保险，改善教职工退休后的待遇。落实跨统筹地区社会保险关系转移接续政策，完善民办学校教师户籍迁移等方面的服务政策，探索建立民办学校教师人事代理制度和交流制度，促进教师合理流动。民办学校教师在资格认定、职务评聘、培养培训、评优表彰等方面与公办学校教师享有同等权利。非营利性民办学校教师享受当地公办学校同等的人才引进政策。民办学校学生在评奖评优、升学就业、社会优待、医疗保险等方面与同级同类公办学校学生享有同等权利。依法落实民办学校师生对学校办学管理的知情权、参与权，保障师生参与民主管理和民主监督的权利。完善民办学校师生争议处理机制，维护师生的合法权益。

五、加快现代学校制度建设

（十九）完善学校法人治理。民办学校要依法制定章程，按照章程管理学校。健全董事会（理事会）和监事（会）制度，董事会（理事会）和监事（会）成员依据学校章程规定的权限和程序共同参与学校的办学和管理。董事会（理事会）应当优化人员构成，由举办者或者其代表、校长、党组织负责人、教职工代表等共同组成。监事会中应当有党组织领导班子成员。探索实行独立董事（理事）、监事制度。健全党组织参与决策制度，积极推进“双向进入、交叉任职”，学校党组织领导班子成员通过法定程序进入学校决策机构和行政管理机构，党员校长、副校长等行政机构成员可按照党的有关规定进入党组织领导班子。学校党组织要支持学校决策机构和校长依法行使职权,督促其依法治教、规范管理。完善校长选聘机制,依法保障校长行使管理权。民办学校校长应熟悉教育及相关法律法规,具有5年以上教育管理经验和良好办学业绩,个人信用状况良好。学校关键管理岗位实行亲属回避制度。完善教职工代表大会和学生代表大会制度。

(二十)健全资产管理和财务会计制度。民办学校应当明确产权关系,建立健全资产管理制度。民办学校举办者应依法履行出资义务,将出资用于办学的土地、校舍和其他资产足额过户到学校名下。存续期间,民办学校对举办者投入学校的资产、国有资产、受赠的财产以及办学积累享有法人财产权,任何组织和个人不得侵占、挪用、抽逃。进一步规范民办学校会计核算,建立健全第三方审计制度。非营利性和营利性民办学校按照登记的法人属性,根据国家有关规定执行相应的会计制度。民办学校要明晰财务管理,依法设置会计账簿。民办学校应将举办者出资、政府补助、受赠、收费、办学积累等各类资产分类登记入账,定期开展资产清查,并将清查结果向社会公布。各地要探索制定符合民办学校特点的财务管理办法,完善民办学校年度财务、决算报告和预算报告报备制度。

(二十一)规范学校办学行为。民办学校要诚实守信、规范办学。办学条件应符合国家和地方规定的设置标准和有关要求,在校生数要控制在审批机关核定的办学规模内。要按照国家和地方有关规定做好宣传、招生工作,招生简章和广告须经审批机关备案。具有举办学历教育资格的民办学校,应按国家有关规定做好学籍管理工作,对招收的学历教育学生,学习期满成绩合格的颁发毕业证书,未达到学历教育要求的发给结业证书或者其他学业证书;对符合学位授予条件的学生,颁发相应的学位证书。各类民办学校对招收的非学历教育学生,发给结业证书或者培训合格证书。

(二十二)落实安全管理责任。民办学校应遵守国家有关安全法律、法规和规章,重视校园安全工作,确保校园安全技术防范系统建设符合国家和地方有关标准,学校选址和校舍建筑符合国家抗震设防、消防技术等相关标准。建立健全安全管理制度和应急机制,制定和完善突发事件应急预案,定期开展安全检查、巡查,及时发现和消除安全隐患。加强学生和教职员工安全教育培训,定期开展针对上课、课间、午休等不同场景的安全演练,提高师生安全意识和逃生自救能力。建立安全工作组织机构,配备学校内部安全保卫人员,明确安全工作职责。

六、提高教育教学质量

(二十三)明确学校办学定位。积极引导民办学校服务社会需求,更新办学理念,深化教育教学改革,创新办学模式,加强内涵建设,提高办学质量。学前教育阶段鼓励举办普惠性民办幼儿园,坚持科学保教,防止和纠正“小学化”现象。中小学校要执行国家课程方案和课程标准,坚持特色办学优质发展,满足多样化需求。职业院校应明确技术技能人才培养定位,服务区域经济和产业发展,深化产教融合、校企合作,提高技术技能型人才培养水平。鼓励举办应用技术类本科高等学校,培养适应经济结构调整、产业转型升级和新产业、新业态、新商业模式需要的人才。充分发挥民办教育在完善终身教育体系、构建学习型社会中的积极作用。

(二十四)加强教师队伍建设。各级人民政府和民办学校要把教师队伍建设作为提高教育教学质量的重要任务。各地要将民办学校教师队伍建设纳入教师队伍建设整体规划。民办学校要着力加强教师思想政治工作,建立健全教育、宣传、考核、监督与奖惩相结合的师德建设长效机制,全面提升教师师德素养。加强辅导员、班主任队伍建设。加强教学研究活动,重视青年教师培养,加大教师培训力度,不断提高教师的业务能力和水平。学校要在学费收入中安排一定比例资金用于教师培训。要关心教师工作和生活,提高教师工资和福利待遇。吸引各类高层次人才到民办学校任教,做到事业留人、感情留人、待遇留人。

(二十五)引进培育优质教育资源。鼓励支持高水平有特色民办学校培育优质学科、专业、课程、师资、管理,整体提升教育教学质量,着力打造一批具有国际影响力和竞争力的民办教育品牌,着力培养一批有理想、有境界、有情怀、有担当的民办教育家。允许民办高等学校和中等职业学校与世界高水平同类学校在学科、专业、课程建设以及人才培养等方面开展交流。

七、提高管理服务水平

(二十六)强化部门协调机制。各级人民政府要将发展民办教育纳入经济社会发展和教育事业整体规划,加强制度建设、标准制定、政策实施、统筹协调等工作,积极推进民办教育改革发展。国务院建立由教育部牵头,中央编办、国家发展改革委、公安部、民政部、财政部、人力资源社会保障部、国土资源部、住房城乡建设部、人民银行、税务总局、工商总局、银监会、证监会等部门参加的部际联席会议制度,协调解决民办教育发展中的重点难点问题,不断完善制度政策,优化民办教育发展环境。各地也应建立相应的部门协调机制。要将鼓励支持社会力量兴办教育作为考核各级人民政府改进公共服务方式的重要内容。

(二十七)改进政府管理方式。各级人民政府和行政管理部门要积极转变职能,减少事前审批,加强事中事后监管,提高政府管理服务水平。进一步清理涉及民办教育的行政许可事项,向社会公布权力清单、责任清单,严禁法外设权。改进许可方式,简化许可流程,明确工作时限,规范行政许可工作。建立民办教育管理信息系统,推广电子政务和网上办事,逐步实现日常管理事项网上并联办理,及时主动公开行政审批事项,提高服务效率,接受社会监督。

(二十八)健全监督管理机制。加强民办教育管理机构建设,强化民办教育督导,完善民办学校年度报告和年度检查制度。加强对新设立民办学校举办者的资格审查。完善民办学校财务会计制度、内部控制制度、审计监督制度,加强风险防范。推进民办教育信息公开,建立民办学校信息强制公开制度。建立违规失信惩戒机制,将违规办学的学校及其举办者和负责人纳入"黑名单",规范学校办学行为。健全联合执法机制,加大对违法违规办学行为的查处力度。大力推进管办评分离,建立民办学校第三方质量认证和评估制度。民办学校行政管理部门根据评估结果,对办学质量不合格的民办学校予以警告、限期整改直至取消办学资格。

(二十九)发挥行业组织作用。积极培育民办教育行业组织,支持行业组织在行业自律、交流合作、协同创新、履行社会责任等方面发挥桥梁和纽带作用。依托各类专业机构开展民办学校咨询服务等工作。支持非营利性民办高等学校联盟等行业组织及其他教育中介组织在引导民办学校坚持公益性办学、创新人才培养模式、提升人才培养质量等方面发挥作用。

(三十)切实加强宣传引导。深入推进民办教育综合改革,鼓励地方和学校先行先试,总结推广试点地区和学校的成功做法和先进经验。加大对民办教育的宣传力度,按照国家有关规定奖励和表彰对民办教育改革发展作出突出贡献的集体和个人,树立民办教育良好社会形象,努力营造全社会共同关心、共同支持社会力量兴办教育的良好氛围。

鼓励社会力量兴办教育,促进民办教育健康发展,是一项事关当前、又利长远的重要任务。国务院有关部门要进一步解放思想，凝聚共识，加强领导，周密部署，切实落实鼓励社会力量兴办教育的各项政策措施。地方各级人民政府要根据本意见，因地制宜，积极探索，稳步推进，抓紧制定出台符合地方实际的实施意见和配套措施。

国务院
2016 年 12 月 29 日

教育部等五部委关于印发《民办学校分类登记实施细则》的通知

（2016 年 12 月 30 日　教发〔2016〕19 号）

各省、自治区、直辖市教育厅（教委）、人力资源社会保障厅（局）、民政厅（局）、编办、工商行政管理局：

2016 年 11 月 7 日，全国人民代表大会常务委员会通过了《全国人民代表大会常务委员会关于修改〈中华人民共和国民办教育促进法〉的决定》，规定对民办学校实行非营利性和营利性分类管理，并以国家主席习近平签署的中华人民共和国主席令（第五十五号）予以公布。《国务院关于鼓励社会力量兴办教育促进民办教育健康发展的若干意见》（国发〔2016〕81 号，以下简称《若干意见》），全面部署了民办教育改革发展的各项政策措施。为深入贯彻落实党中央、国务院的决策部署，稳妥推进民办学校分类管理改革，特研究制定《民办学校分类登记实施细则》，现予印发。

民办学校分类管理是党中央、国务院确定的重大改革方向，是贯彻落实《民办教育促进法》修法精神的重要举措，是深化教育领域综合改革的重要内容。请各地务必高度重视，紧密结合《民办教育促进法》和《若干意见》的贯彻落实，做好民办学校的分类管理与分类登记工作，明确任务，细化要求，落实责任，确保党中央、国务院决策部署的切实落地和教育系统的和谐稳定。

教育部
人力资源社会保障部
民政部
中央编办
工商总局

民办学校分类登记实施细则

第一章　总　　则

第一条　为贯彻落实《国务院关于鼓励社会力量兴办教育促进民办教育健康发展的若干

意见》，推动民办教育分类管理，促进民办教育健康发展，根据《中华人民共和国教育法》《中华人民共和国民办教育促进法》和2016年11月7日《全国人民代表大会常务委员会关于修改〈中华人民共和国民办教育促进法〉的决定》等法律法规，制定本细则。

第二条　民办教育是社会主义教育事业的重要组成部分。民办学校应当遵守国家法律法规，全面贯彻党的教育方针，坚持党的领导，坚持社会主义办学方向，坚持公益性导向，坚持立德树人，对受教育者加强社会主义核心价值观教育，培养德、智、体、美等方面全面发展的社会主义建设者和接班人。

第二章　设立审批

第三条　民办学校分为非营利性民办学校和营利性民办学校。民办学校的设立应当依据《中华人民共和国民办教育促进法》等法律法规和国家有关规定进行审批。经批准正式设立的民办学校，由审批机关发给办学许可证后，依法依规分类到登记管理机关办理登记证或者营业执照。

第四条　设立民办学校应当具备《中华人民共和国教育法》《中华人民共和国民办教育促进法》和其他有关法律法规规定的条件，符合地方经济社会和教育发展的需要。

第五条　民办学校的设立应当参照国家同级同类学校设置标准，无相应设置标准的由县级以上人民政府按照国家有关规定制定。申请设立民办学校，应当提交《中华人民共和国民办教育促进法》等法律法规和学校设置标准规定的材料、学校党组织建设有关材料。

第六条　审批机关对批准正式设立的民办学校发给办学许可证；对不批准正式设立的，应当以书面形式向申请人说明理由。

第三章　分类登记

第七条　正式批准设立的非营利性民办学校，符合《民办非企业单位登记管理暂行条例》等民办非企业单位登记管理有关规定的到民政部门登记为民办非企业单位，符合《事业单位登记管理暂行条例》等事业单位登记管理有关规定的到事业单位登记管理机关登记为事业单位。

第八条　实施本科以上层次教育的非营利性民办高等学校，由省级人民政府相关部门办理登记。实施专科以下层次教育的非营利性民办学校，由省级人民政府确定的县级以上人民政府相关部门办理登记。

第九条　正式批准设立的营利性民办学校，依据法律法规规定的管辖权限到工商行政管理部门办理登记。

第十条　登记管理机关对符合登记条件的民办学校，依法依规予以登记，并核发登记证或者营业执照；对不符合登记条件的，不予登记，并以书面形式向申请人说明理由。

第十一条　民办学校的名称应当符合国家有关规定，体现学校的办学层次和类别。

第四章　事项变更和注销登记

第十二条　民办学校涉及办学许可证、登记证或者营业执照上事项变更的，依照法律法规和有关规定到原发证机关办理变更手续。其中，民办本科高等学校办学许可证上除名称外需核准的其他事项变更,由省级人民政府核准。

第十三条 民办学校终止办学应当及时办理撤销建制、注销登记手续,将办学许可证、登记证或者营业执照正副本缴回原发证机关。

第五章 现有民办学校分类登记

第十四条 现有民办学校选择登记为非营利性民办学校的,依法修改学校章程,继续办学,履行新的登记手续。

第十五条 现有民办学校选择登记为营利性民办学校的,应当进行财务清算,经省级以下人民政府有关部门和相关机构依法明确土地、校舍、办学积累等财产的权属并缴纳相关税费,办理新的办学许可证,重新登记,继续办学。

第十六条 民办学校变更登记类型的办法由省级人民政府根据国家有关规定,结合地方实际制定。

第六章 附 则

第十七条 本细则所称现有民办学校为2016年11月7日《全国人民代表大会常务委员会关于修改〈中华人民共和国民办教育促进法〉的决定》公布前经批准设立的民办学校。本细则所称的审批机关包括县级以上教育、人力资源社会保障部门以及省级人民政府。本细则所称的登记管理机关包括县级以上民政、编制、工商行政管理部门。

第十八条 本细则由教育部、人力资源社会保障部、民政部、中央编办、工商总局负责解释。

教育部、人力资源社会保障部、工商总局关于印发《营利性民办学校监督管理实施细则》的通知

(2016年12月30日 教发〔2016〕20号)

各省、自治区、直辖市教育厅(教委)、人力资源社会保障厅(局)、工商行政管理局:

2016年11月7日,全国人民代表大会常务委员会通过了《全国人民代表大会常务委员会关于修改〈中华人民共和国民办教育促进法〉的决定》,规定对民办学校实行非营利性和营利性分类管理,并以国家主席习近平签署的中华人民共和国主席令(第五十五号)予以公布。《国务院关于鼓励社会力量兴办教育促进民办教育健康发展的若干意见》(国发〔2016〕81号,以下简称《若干意见》),全面部署了民办教育改革发展的各项政策措施。为深入贯彻落实党中央、国务院的决策部署,确保分类管理改革的有序推进,特研究制定《营利性民办学校监督管理实施细则》,现予印发。

民办学校分类管理是党中央、国务院确定的重大改革方向,是贯彻落实《民办教育促进法》修法精神的重要举措,是深化教育领域综合改革的重要内容。请各地务必高度重视,紧密结合《民办教育促进法》和《若干意见》的贯彻落实,科学稳妥做好营利性民办学校监督管理各

项工作，明确任务，细化要求，落实责任，确保党中央、国务院决策部署的切实落地和教育系统的和谐稳定。

教育部
人力资源社会保障部
工商总局

营利性民办学校监督管理实施细则

第一章 总 则

第一条 为贯彻落实《国务院关于鼓励社会力量兴办教育促进民办教育健康发展的若干意见》，规范营利性民办学校办学行为，促进民办教育健康发展，根据《中华人民共和国教育法》《中华人民共和国民办教育促进法》和2016年11月7日《全国人民代表大会常务委员会关于修改〈中华人民共和国民办教育促进法〉的决定》等法律法规，制定本细则。

第二条 社会组织或者个人可以举办营利性民办高等学校和其他高等教育机构、高中阶段教育学校和幼儿园，不得设立实施义务教育的营利性民办学校。

社会组织或者个人不得以财政性经费、捐赠资产举办或者参与举办营利性民办学校。

第三条 营利性民办学校应当遵守国家法律法规，全面贯彻党的教育方针，坚持党的领导，坚持社会主义办学方向，坚持立德树人，对受教育者加强社会主义核心价值观教育，培养德、智、体、美等方面全面发展的社会主义建设者和接班人。

营利性民办学校应当坚持教育的公益性，始终把培养高素质人才、服务经济社会发展放在首位，实现社会效益与经济效益相统一。

第四条 审批机关、工商行政管理部门和其他相关部门在职责范围内，依法对营利性民办学校行使监督管理职权。

第二章 学校设立

第五条 批准设立营利性民办学校参照国家同级同类学校设置标准，一般分筹设、正式设立两个阶段。经批准筹设的营利性民办学校，举办者应当自批准筹设之日起3年内提出正式设立申请，3年内未提出正式设立申请的，原筹设批复文件自然废止。

营利性民办学校在筹设期内不得招生。

第六条 审批机关应当坚持高水平、有特色导向批准设立营利性民办学校。设立营利性民办高等学校，应当纳入地方高等学校设置规划，按照学校设置标准、办学条件和学科专业数量等严格核定办学规模。中等以下层次营利性民办学校办学规模由省级人民政府根据当地实际制定。

第七条 营利性民办学校注册资本数额要与学校类别、层次、办学规模相适应。

第八条 举办营利性民办学校的社会组织或者个人应当具备与举办学校的层次、类型、规模相适应的经济实力,其净资产或者货币资金能够满足学校建设和发展的需要。

第九条 举办营利性民办学校的社会组织,应当具备下列条件:

(一)有中华人民共和国法人资格。

(二)信用状况良好,未被列入企业经营异常名录或严重违法失信企业名单,无不良记录。

(三)法定代表人有中华人民共和国国籍,在中国境内定居,信用状况良好,无犯罪记录,有政治权利和完全民事行为能力。

第十条 举办营利性民办学校的个人,应当具备下列条件:

(一)有中华人民共和国国籍,在中国境内定居。

(二)信用状况良好,无犯罪记录。

(三)有政治权利和完全民事行为能力。

第十一条 申请筹设营利性民办学校,举办者应当提交下列材料:

(一)筹设申请报告。内容主要包括:举办者的名称、地址或者姓名、住址及其资质,筹设学校的名称、地址、办学层次、办学规模、办学条件、培养目标、办学形式、内部管理机制、党组织设置、经费筹措与管理使用等。

(二)设立学校论证报告。

(三)举办者资质证明文件。举办者是社会组织的,应当包括社会组织的许可证、登记证或者营业执照、法定代表人有效身份证件复印件,决策机构、权力机构负责人及组成人员名单和有效身份证件复印件,有资质的会计师事务所出具的该社会组织近2年的年度财务会计报告审计结果,决策机构、权力机构同意投资举办学校的决议。举办者是个人的,应当包括有效身份证件复印件、个人存款、有本人签名的投资举办学校的决定等证明文件。

(四)资产来源、资金数额及有效证明文件,并载明产权。

(五)民办学校举办者再申请举办营利性民办学校的,还应当提交其举办或者参与举办的现有民办学校的办学许可证、登记证或者营业执照、组织机构代码证、校园土地使用权证、校舍房屋产权证明复印件,近2年年度检查的证明材料,有资质的会计师事务所出具的学校上年度财务会计报告审计结果。

(六)有两个以上举办者的,应当提交合作办学协议,明确各举办者的出资数额、出资方式、权利义务,举办者的排序、争议解决办法等内容。出资计入学校注册资本的,应当明确各举办者计入注册资本的出资数额、出资方式、占注册资本的比例。

第十二条 申请正式设立营利性民办学校,举办者应当提交下列材料:

(一)正式设立申请报告。

(二)筹设批准书。

(三)举办者资质证明文件。提交材料同本细则第十一条第(三)项。

(四)学校章程。

(五)学校首届董事会、监事(会)、行政机构负责人及组成人员名单和有效身份证件复印件。

(六)学校党组织负责人及组成人员名单和有效身份证件复印件,教职工党员名单。

(七)学校资产及其来源的有效证明文件。

(八)学校教师、财会人员名单及资格证明文件。

第十三条　直接申请正式设立营利性民办学校的，须提交本细则第十一条第(二)项规定的材料、第十二条除第(二)项以外的材料。

第十四条　审批机关对批准正式设立的营利性民办学校发给办学许可证；对不批准正式设立的，应当书面说明理由。经审批正式设立的营利性民办学校应当依法到工商行政管理部门登记。

第十五条　设立营利性民办学校，要坚持党的建设同步谋划、党的组织同步设置、党的工作同步开展。

第三章　组织机构

第十六条　营利性民办学校应当建立董事会、监事(会)、行政机构，同时建立党组织、教职工(代表)大会和工会。

营利性民办学校法定代表人由董事长或者校长担任。

第十七条　营利性民办学校董事会、行政机构、校长应当依据国家有关法律法规和学校章程设立和行使职权。

第十八条　营利性民办学校监事会中教职工代表不得少于1/3，主要履行以下职权：

(一)检查学校财务。

(二)监督董事会和行政机构成员履职情况。

(三)向教职工(代表)大会报告履职情况。

(四)国家法律法规和学校章程规定的其他职权。

第十九条　有犯罪记录、无民事行为能力或者限制行为能力者不得在学校董事会、监事会、行政机构任职。一个自然人不得同时在同一所学校的董事会、监事会任职。

第二十条　营利性民办学校应当切实加强党组织建设，强化党组织政治核心和政治引领作用，在事关学校办学方向、师生重大利益的重要决策中发挥指导、保障和监督作用。推进双向进入、交叉任职，党组织书记应当通过法定程序进入学校董事会和行政机构，党员校长、副校长等行政机构成员可按照党的有关规定进入党组织领导班子。监事会中应当有党组织领导班子成员。营利性民办学校应当加强共青团组织建设，充分发挥教职工(代表)大会和工会的作用。

第四章　教育教学

第二十一条　营利性民办学校应当以培养人才为中心，遵循教育规律，不断提高教育教学质量，增强受教育者的社会责任感、创新精神、实践能力。

第二十二条　营利性民办学校应当抓好思想政治教育和德育工作。加强思想政治理论课和思想品德课教学，推进中国特色社会主义理论体系进教材、进课堂、进头脑。深入开展理想信念、爱国主义、集体主义、中国特色社会主义教育和中华优秀传统文化、革命传统文化、民族团结教育，引导师生员工树立正确的世界观、人生观、价值观。

第二十三条　实施学历教育的营利性民办学校应当按照国家规定设置专业、开设课程、选用教材。营利性民办幼儿园应当依据国家和地方有关规定科学开展保育和教育活动。

第二十四条　营利性民办学校招收学历教育学生、境外学生应当遵守国家有关规定，招生简章和广告应当报审批机关备案。其中,本科高等学校的招生简章和广告应当报省级人民政府教育行政部门备案。

第二十五条 营利性民办学校聘任的教师应当具备国家规定的教师资格或者相关专业技能资格,学校应当按照《中华人民共和国教师法》《中华人民共和国劳动合同法》等国家法律法规和有关规定与教职工签订劳动合同。学校应当加强教师师德建设和业务培训,依法保障教职工工资、福利待遇和其他合法权益。学校聘任外籍教师应当符合国家有关规定。

第五章 财务资产

第二十六条 营利性民办学校执行《中华人民共和国公司法》及有关法律规定的财务会计制度。学校应当独立设置财务管理机构,统一学校财务核算,不得账外核算。

第二十七条 营利性民办学校应当建立健全财务内部控制制度,按实际发生数列支,不得虚列虚报,不得以计划数或者预算数代替实际支出数。

第二十八条 营利性民办学校按学期或者学年收费,收费项目及标准应当向社会公示 30 天后执行。不得在公示的项目和标准外收取其他费用,不得以任何名义向学生摊派费用或者强行集资。

第二十九条 营利性民办学校收入应当全部纳入学校财务专户,出具税务部门规定的合法票据,由学校财务部门统一核算、统一管理,保障学校的教育教学、学生资助、教职工待遇以及学校的建设和发展。学校应当将党建工作、思想政治工作和群团组织工作经费纳入学校经费预算。

第三十条 营利性民办学校拥有法人财产权,存续期间,学校所有资产由学校依法管理和使用,任何组织和个人不得侵占、挪用、抽逃。营利性民办学校举办者不得抽逃注册资本,不得用教育教学设施抵押贷款、进行担保,办学结余分配应当在年度财务结算后进行。

第三十一条 营利性民办学校应当建立健全学校风险防范、安全管理制度和应急预警处理机制,保障学校师生权益、生命财产安全,维护学校安全稳定。学校法定代表人是学校安全稳定工作的第一责任人。

第六章 信息公开

第三十二条 营利性民办学校应当依据法律法规建立信息公开制度及信息公开保密审查机制,公开的信息不得危及国家安全、公共安全、经济安全、社会稳定和学校安全稳定。

第三十三条 营利性民办高等学校信息公开内容应当执行《高等学校信息公开办法》等国家有关规定,其他营利性民办学校信息公开办法由地方人民政府学校主管部门制定。

第三十四条 营利性民办学校应当按照《企业信息公示暂行条例》规定,通过国家企业信用信息公示系统,公示年度报告信息、行政许可信息以及行政处罚信息等信用信息。

第三十五条 营利性民办学校信息应当通过学校网站、信息公告栏、电子屏幕等场所和设施公开,并可根据需要设置公共阅览室、资料索取点方便调取和查阅。除学校已经公开的信息外,社会组织或者个人可以书面形式向学校申请获取其他信息。

第七章 变更与终止

第三十六条 营利性民办学校分立、合并、终止及其他重大事项变更,应当由学校董事会通过后报审批机关审批、核准,并依法向工商行政管理部门申请变更、注销登记手续。其中,营利性民办本科高等学校分立、合并、终止、名称变更由教育部审批,其他事项变更由省级人民政府核准。

第三十七条　营利性民办学校分立、合并、终止及其他重大事项变更,应当制定实施方案和应急工作预案,并按隶属关系报学校主管部门备案,保障学校教育教学秩序和师生权益不受影响。

第三十八条　营利性民办学校有下列情形之一的,应当终止:

(一)根据学校章程规定要求终止,并经审批机关批准的。

(二)被吊销办学许可证的。

(三)因资不抵债无法继续办学的。

第三十九条　营利性民办学校终止时,应当依法进行财务清算,财产清偿依据《中华人民共和国民办教育促进法》等法律法规和学校章程的规定处理,切实保障学校师生和相关方面的权益。

第四十条　营利性民办学校终止时,应当及时办理建制撤销、注销登记手续,将学校办学许可证正副本、印章交回原审批机关,将营业执照正副本缴回原登记管理机关。

第四十一条　营利性民办学校发生分立、合并、终止等重大事项变更,学校党组织应当及时向上级党组织报告,上级党组织应当及时对学校党组织的变更或者撤销作出决定。

第八章　监督与处罚

第四十二条　教育、人力资源社会保障行政部门依据《中华人民共和国民办教育促进法》规定的管理权限,对营利性民办学校实施年度检查制度。工商行政管理部门对营利性民办学校实施年度报告公示制度。

第四十三条　教育、人力资源社会保障行政部门依据《中华人民共和国民办教育促进法》规定的管理权限,加大对营利性民办学校招生简章的监管力度,对于使用未经备案的招生简章、发布虚假招生简章的民办学校依法依规予以处理。

第四十四条　教育、人力资源社会保障行政部门依据《中华人民共和国民办教育促进法》规定的管理权限,加强对营利性民办学校办学行为和教育教学质量的监督管理,依法依规开展督导和检查,组织或者委托社会组织定期进行办学水平和教育教学质量评估,并向社会公布评估结果。

第四十五条　教育行政部门应当加强对实施学历教育的营利性民办学校执行电子学籍和学历证书电子注册制度情况的监督,对非法颁发或者伪造学历证书、学位证书的营利性民办学校依法予以处理。

第四十六条　地方教育、人力资源社会保障及其他相关部门应当通过实施审计、建立监管平台等措施对营利性民办学校财务资产状况进行监督。

第四十七条　营利性民办学校违反《中华人民共和国教育法》《中华人民共和国民办教育促进法》及相关法律法规,有下列行为之一的,由教育、人力资源社会保障、工商行政部门或者其他相关部门依法责令限期改正,并予以警告;有违法所得的,退还所收费用后没收违法所得;情节严重的,责令停止招生、吊销办学许可证;构成犯罪的,依法追究刑事责任:

(一)办学方向、教学内容、办学行为违背党的教育方针,违反国家相关法律规定。

(二)办学条件达不到国家规定标准,存在安全隐患。

(三)提供虚假资质或者进行虚假广告、宣传等行为。

(四)筹设期间违规招生,办学期间违规收费。

(五)因学校责任造成教育教学及安全事故。

(六)抽逃办学资金、非法集资。

(七)存在其他违反法律法规行为。

第四十八条 民办学校有下列情形之一的,其举办者不得再举办或者参与举办营利性民办学校:

(一)法人财产权未完全落实。

(二)民办学校属营利性的,其被列入企业经营异常名录或严重违法失信企业名单。

(三)办学条件不达标。

(四)近2年有年度检查不合格情况。

(五)法律法规规定的其他情形。

第九章 附 则

第四十九条 营利性民办培训机构参照本细则执行。

第五十条 本细则由教育部、人力资源社会保障部、工商总局负责解释。

商务部关于外国投资者并购境内企业的规定

(2009年6月22日 商务部令2009年第6号)

第一章 总 则

第一条 为了促进和规范外国投资者来华投资,引进国外的先进技术和管理经验,提高利用外资的水平,实现资源的合理配置,保证就业、维护公平竞争和国家经济安全,依据外商投资企业的法律、行政法规及《公司法》和其他相关法律、行政法规,制定本规定。

第二条 本规定所称外国投资者并购境内企业,系指外国投资者购买境内非外商投资企业(以下称“境内公司”)股东的股权或认购境内公司增资,使该境内公司变更设立为外商投资企业(以下称“股权并购”);或者,外国投资者设立外商投资企业,并通过该企业协议购买境内企业资产且运营该资产,或,外国投资者协议购买境内企业资产,并以该资产投资设立外商投资企业运营该资产(以下称“资产并购”)。

第三条 外国投资者并购境内企业应遵守中国的法律、行政法规和规章,遵循公平合理、等价有偿、诚实信用的原则,不得造成过度集中、排除或限制竞争,不得扰乱社会经济秩序和损害社会公共利益,不得导致国有资产流失。

第四条 外国投资者并购境内企业,应符合中国法律、行政法规和规章对投资者资格的要求及产业、土地、环保等政策。

依照《外商投资产业指导目录》不允许外国投资者独资经营的产业，并购不得导致外国投资者持有企业的全部股权；需由中方控股或相对控股的产业，该产业的企业被并购后，仍应由中方在企业中占控股或相对控股地位；禁止外国投资者经营的产业，外国投资者不得并购从事该产业的企业。

被并购境内企业原有所投资企业的经营范围应符合有关外商投资产业政策的要求；不符合要求的，应进行调整。

第五条 外国投资者并购境内企业涉及企业国有产权转让和上市公司国有股权管理事宜的，应当遵守国有资产管理的相关规定。

第六条 外国投资者并购境内企业设立外商投资企业，应依照本规定经审批机关批准，向登记管理机关办理变更登记或设立登记。

如果被并购企业为境内上市公司，还应根据《外国投资者对上市公司战略投资管理办法》，向国务院证券监督管理机构办理相关手续。

第七条 外国投资者并购境内企业所涉及的各方当事人应当按照中国税法规定纳税，接受税务机关的监督。

第八条 外国投资者并购境内企业所涉及的各方当事人应遵守中国有关外汇管理的法律和行政法规，及时向外汇管理机关办理各项外汇核准、登记、备案及变更手续。

第二章 基本制度

第九条 外国投资者在并购后所设外商投资企业注册资本中的出资比例高于25%的，该企业享受外商投资企业待遇。

外国投资者在并购后所设外商投资企业注册资本中的出资比例低于25%的，除法律和行政法规另有规定外，该企业不享受外商投资企业待遇，其举借外债按照境内非外商投资企业举借外债的有关规定办理。审批机关向其颁发加注“外资比例低于25%”字样的外商投资企业批准证书（以下称“批准证书”）。登记管理机关、外汇管理机关分别向其颁发加注“外资比例低于25%”字样的外商投资企业营业执照和外汇登记证。

境内公司、企业或自然人以其在境外合法设立或控制的公司名义并购与其有关联关系的境内公司，所设立的外商投资企业不享受外商投资企业待遇，但该境外公司认购境内公司增资，或者该境外公司向并购后所设企业增资，增资额占所设企业注册资本比例达到25%以上的除外。根据该款所述方式设立的外商投资企业，其实际控制人以外的外国投资者在企业注册资本中的出资比例高于25%的，享受外商投资企业待遇。

外国投资者并购境内上市公司后所设外商投资企业的待遇，按照国家有关规定办理。

第十条 本规定所称的审批机关为中华人民共和国商务部或省级商务主管部门（以下称“省级审批机关”），登记管理机关为中华人民共和国国家工商行政管理总局或其授权的地方工商行政管理局，外汇管理机关为中华人民共和国国家外汇管理局或其分支机构。

并购后所设外商投资企业，根据法律、行政法规和规章的规定，属于应由商务部审批的特定类型或行业的外商投资企业的，省级审批机关应将申请文件转报商务部审批，商务部依法决定批准或不批准。

第十一条 境内公司、企业或自然人以其在境外合法设立或控制的公司名义并购与其有关联关系的境内的公司,应报商务部审批。

当事人不得以外商投资企业境内投资或其他方式规避前述要求。

第十二条 外国投资者并购境内企业并取得实际控制权,涉及重点行业、存在影响或可能影响国家经济安全因素或者导致拥有驰名商标或中华老字号的境内企业实际控制权转移的,当事人应就此向商务部进行申报。

当事人未予申报,但其并购行为对国家经济安全造成或可能造成重大影响的,商务部可以会同相关部门要求当事人终止交易或采取转让相关股权、资产或其他有效措施,以消除并购行为对国家经济安全的影响。

第十三条 外国投资者股权并购的,并购后所设外商投资企业承继被并购境内公司的债权和债务。

外国投资者资产并购的,出售资产的境内企业承担其原有的债权和债务。

外国投资者、被并购境内企业、债权人及其他当事人可以对被并购境内企业的债权债务的处置另行达成协议,但是该协议不得损害第三人利益和社会公共利益。债权债务的处置协议应报送审批机关。

出售资产的境内企业应当在投资者向审批机关报送申请文件之前至少 15 日,向债权人发出通知书,并在全国发行的省级以上报纸上发布公告。

第十四条 并购当事人应以资产评估机构对拟转让的股权价值或拟出售资产的评估结果作为确定交易价格的依据。并购当事人可以约定在中国境内依法设立的资产评估机构。资产评估应采用国际通行的评估方法。禁止以明显低于评估结果的价格转让股权或出售资产,变相向境外转移资本。

外国投资者并购境内企业,导致以国有资产投资形成的股权变更或国有资产产权转移时,应当符合国有资产管理的有关规定。

第十五条 并购当事人应对并购各方是否存在关联关系进行说明,如果有两方属于同一个实际控制人,则当事人应向审批机关披露其实际控制人,并就并购目的和评估结果是否符合市场公允价值进行解释。当事人不得以信托、代持或其他方式规避前述要求。

第十六条 外国投资者并购境内企业设立外商投资企业,外国投资者应自外商投资企业营业执照颁发之日起 3 个月内向转让股权的股东,或出售资产的境内企业支付全部对价。对特殊情况需要延长者,经审批机关批准后,应自外商投资企业营业执照颁发之日起 6 个月内支付全部对价的 60% 以上,1 年内付清全部对价,并按实际缴付的出资比例分配收益。

外国投资者认购境内公司增资,有限责任公司和以发起方式设立的境内股份有限公司的股东应当在公司申请外商投资企业营业执照时缴付不低于 20% 的新增注册资本,其余部分的出资时间应符合《公司法》、有关外商投资的法律和《公司登记管理条例》的规定。其他法律和行政法规另有规定的,从其规定。股份有限公司为增加注册资本发行新股时,股东认购新股,依照设立股份有限公司缴纳股款的有关规定执行。

外国投资者资产并购的,投资者应在拟设立的外商投资企业合同、章程中规定出资期限。设立外商投资企业,并通过该企业协议购买境内企业资产且运营该资产的,对与资产对价等额部分的出资,投资者应在本条第一款规定的对价支付期限内缴付;其余部分的出资应符合设立外商投资企业出资的相关规定。

外国投资者并购境内企业设立外商投资企业，如果外国投资者出资比例低于企业注册资本25%，投资者以现金出资的，应自外商投资企业营业执照颁发之日起3个月内缴清；投资者以实物、工业产权等出资的，应自外商投资企业营业执照颁发之日起6个月内缴清。

第十七条　作为并购对价的支付手段，应符合国家有关法律和行政法规的规定。外国投资者以其合法拥有的人民币资产作为支付手段的，应经外汇管理机关核准。外国投资者以其拥有处置权的股权作为支付手段的，按照本规定第四章办理。

第十八条　外国投资者协议购买境内公司股东的股权，境内公司变更设立为外商投资企业后，该外商投资企业的注册资本为原境内公司注册资本，外国投资者的出资比例为其所购买股权在原注册资本中所占比例。

外国投资者认购境内有限责任公司增资的，并购后所设外商投资企业的注册资本为原境内公司注册资本与增资额之和。外国投资者与被并购境内公司原其他股东，在境内公司资产评估的基础上，确定各自在外商投资企业注册资本中的出资比例。

外国投资者认购境内股份有限公司增资的，按照《公司法》有关规定确定注册资本。

第十九条　外国投资者股权并购的，除国家另有规定外，对并购后所设外商投资企业应按照以下比例确定投资总额的上限：

（一）注册资本在210万美元以下的，投资总额不得超过注册资本的10/7；

（二）注册资本在210万美元以上至500万美元的，投资总额不得超过注册资本的2倍；

（三）注册资本在500万美元以上至1200万美元的，投资总额不得超过注册资本的2.5倍；

（四）注册资本在1200万美元以上的，投资总额不得超过注册资本的3倍。

第二十条　外国投资者资产并购的，应根据购买资产的交易价格和实际生产经营规模确定拟设立的外商投资企业的投资总额。拟设立的外商投资企业的注册资本与投资总额的比例应符合有关规定。

第三章　审批与登记

第二十一条　外国投资者股权并购的，投资者应根据并购后所设外商投资企业的投资总额、企业类型及所从事的行业，依照设立外商投资企业的法律、行政法规和规章的规定，向具有相应审批权限的审批机关报送下列文件：

（一）被并购境内有限责任公司股东一致同意外国投资者股权并购的决议，或被并购境内股份有限公司同意外国投资者股权并购的股东大会决议；

（二）被并购境内公司依法变更设立为外商投资企业的申请书；

（三）并购后所设外商投资企业的合同、章程；

（四）外国投资者购买境内公司股东股权或认购境内公司增资的协议；

（五）被并购境内公司上一财务年度的财务审计报告；

（六）经公证和依法认证的投资者的身份证明文件或注册登记证明及资信证明文件；

（七）被并购境内公司所投资企业的情况说明；

（八）被并购境内公司及其所投资企业的营业执照（副本）；

(九)被并购境内公司职工安置计划;

(十)本规定第十三条、第十四条、第十五条要求报送的文件。

并购后所设外商投资企业的经营范围、规模、土地使用权的取得等,涉及其他相关政府部门许可的,有关的许可文件应一并报送。

第二十二条 股权购买协议、境内公司增资协议应适用中国法律,并包括以下主要内容:

(一)协议各方的状况,包括名称(姓名),住所,法定代表人姓名、职务、国籍等;

(二)购买股权或认购增资的份额和价款;

(三)协议的履行期限、履行方式;

(四)协议各方的权利、义务;

(五)违约责任、争议解决;

(六)协议签署的时间、地点。

第二十三条 外国投资者资产并购的,投资者应根据拟设立的外商投资企业的投资总额、企业类型及所从事的行业,依照设立外商投资企业的法律、行政法规和规章的规定,向具有相应审批权限的审批机关报送下列文件:

(一)境内企业产权持有人或权力机构同意出售资产的决议;

(二)外商投资企业设立申请书;

(三)拟设立的外商投资企业的合同、章程;

(四)拟设立的外商投资企业与境内企业签署的资产购买协议,或外国投资者与境内企业签署的资产购买协议;

(五)被并购境内企业的章程、营业执照(副本);

(六)被并购境内企业通知、公告债权人的证明以及债权人是否提出异议的说明;

(七)经公证和依法认证的投资者的身份证明文件或开业证明、有关资信证明文件;

(八)被并购境内企业职工安置计划;

(九)本规定第十三条、第十四条、第十五条要求报送的文件。

依照前款的规定购买并运营境内企业的资产,涉及其他相关政府部门许可的,有关的许可文件应一并报送。

外国投资者协议购买境内企业资产并以该资产投资设立外商投资企业的,在外商投资企业成立之前,不得以该资产开展经营活动。

第二十四条 资产购买协议应适用中国法律,并包括以下主要内容:

(一)协议各方的状况,包括名称(姓名),住所,法定代表人姓名、职务、国籍等;

(二)拟购买资产的清单、价格;

(三)协议的履行期限、履行方式;

(四)协议各方的权利、义务;

(五)违约责任、争议解决;

(六)协议签署的时间、地点。

第二十五条 外国投资者并购境内企业设立外商投资企业,除本规定另有规定外,审批机关应自收到规定报送的全部文件之日起30日内,依法决定批准或不批准。决定批准的,由审批机关颁发批准证书。

外国投资者协议购买境内公司股东股权,审批机关决定批准的,应同时将有关批准文件分别抄送股权转让方、境内公司所在地外汇管理机关。股权转让方所在地外汇管理机关为其办理转股收汇外资外汇登记并出具相关证明,转股收汇外资外汇登记证明是证明外方已缴付的股权收购对价已到位的有效文件。

第二十六条 外国投资者资产并购的,投资者应自收到批准证书之日起30日内,向登记管理机关申请办理设立登记,领取外商投资企业营业执照。

外国投资者股权并购的,被并购境内公司应依照本规定向原登记管理机关申请变更登记,领取外商投资企业营业执照。原登记管理机关没有登记管辖权的,应自收到申请文件之日起10日内转送有管辖权的登记管理机关办理,同时附送该境内公司的登记档案。被并购境内公司在申请变更登记时,应提交以下文件,并对其真实性和有效性负责:

(一)变更登记申请书;

(二)外国投资者购买境内公司股东股权或认购境内公司增资的协议;

(三)修改后的公司章程或原章程的修正案和依法需要提交的外商投资企业合同;

(四)外商投资企业批准证书;

(五)外国投资者的主体资格证明或者自然人身份证明;

(六)修改后的董事会名单,记载新增董事姓名、住所的文件和新增董事的任职文件;

(七)国家工商行政管理总局规定的其他有关文件和证件。

投资者自收到外商投资企业营业执照之日起30日内,到税务、海关、土地管理和外汇管理等有关部门办理登记手续。

第四章 外国投资者以股权作为支付手段并购境内公司

第一节 以股权并购的条件

第二十七条 本章所称外国投资者以股权作为支付手段并购境内公司,系指境外公司的股东以其持有的境外公司股权,或者境外公司以其增发的股份,作为支付手段,购买境内公司股东的股权或者境内公司增发股份的行为。

第二十八条 本章所称的境外公司应合法设立并且其注册地具有完善的公司法律制度,且公司及其管理层最近3年未受到监管机构的处罚;除本章第三节所规定的特殊目的公司外,境外公司应为上市公司,其上市所在地应具有完善的证券交易制度。

第二十九条 外国投资者以股权并购境内公司所涉及的境内外公司的股权,应符合以下条件:

(一)股东合法持有并依法可以转让;

(二)无所有权争议且没有设定质押及任何其他权利限制;

(三)境外公司的股权应在境外公开合法证券交易市场(柜台交易市场除外)挂牌交易;

(四)境外公司的股权最近1年交易价格稳定。

前款第(三)、(四)项不适用于本章第三节所规定的特殊目的公司。

第三十条 外国投资者以股权并购境内公司,境内公司或其股东应当聘请在中国注册登记的中介机构担任顾问(以下称“并购顾问”)。并购顾问应就并购申请文件的真实性、境外公司的财务状况以及并购是否符合本规定第十四条、第二十八条和第二十九条的要求作尽职调查,并出具并购顾问报告,就前述内容逐项发表明确的专业意见。

第三十一条 并购顾问应符合以下条件:

(一)信誉良好且有相关从业经验;

(二)无重大违法违规记录;

(三)应有调查并分析境外公司注册地和上市所在地法律制度与境外公司财务状况的能力。

第二节 申报文件与程序

第三十二条 外国投资者以股权并购境内公司应报送商务部审批,境内公司除报送本规定第三章所要求的文件外,另须报送以下文件:

(一)境内公司最近1年股权变动和重大资产变动情况的说明;

(二)并购顾问报告;

(三)所涉及的境内外公司及其股东的开业证明或身份证明文件;

(四)境外公司的股东持股情况说明和持有境外公司5%以上股权的股东名录;

(五)境外公司的章程和对外担保的情况说明;

(六)境外公司最近年度经审计的财务报告和最近半年的股票交易情况报告。

第三十三条 商务部自收到规定报送的全部文件之日起30日内对并购申请进行审核,符合条件的,颁发批准证书,并在批准证书上加注“外国投资者以股权并购境内公司,自营业执照颁发之日起6个月内有效”。

第三十四条 境内公司应自收到加注的批准证书之日起30日内,向登记管理机关、外汇管理机关办理变更登记,由登记管理机关、外汇管理机关分别向其颁发加注“自颁发之日起8个月内有效”字样的外商投资企业营业执照和外汇登记证。

境内公司向登记管理机关办理变更登记时,应当预先提交旨在恢复股权结构的境内公司法定代表人签署的股权变更申请书、公司章程修正案、股权转让协议等文件。

第三十五条 自营业执照颁发之日起6个月内,境内公司或其股东应就其持有境外公司股权事项,向商务部、外汇管理机关申请办理境外投资开办企业核准、登记手续。

当事人除向商务部报送《关于境外投资开办企业核准事项的规定》所要求的文件外,另须报送加注的外商投资企业批准证书和加注的外商投资企业营业执照。商务部在核准境内公司或其股东持有境外公司的股权后,颁发中国企业境外投资批准证书,并换发无加注的外商投资企业批准证书。

境内公司取得无加注的外商投资企业批准证书后,应在30日内向登记管理机关、外汇管理机关申请换发无加注的外商投资企业营业执照、外汇登记证。

第三十六条 自营业执照颁发之日起6个月内,如果境内外公司没有完成其股权变更手续,则加注的批准证书和中国企业境外投资批准证书自动失效。登记管理机关根据境内公司预先提交的股权变更登记申请文件核准变更登记,使境内公司股权结构恢复到股权并购之前的状态。

并购境内公司增发股份而未实现的,在登记管理机关根据前款予以核准变更登记之前,境内公司还应当按照《公司法》的规定,减少相应的注册资本并在报纸上公告。

境内公司未按照前款规定办理相应的登记手续的,由登记管理机关按照《公司登记管理条例》的有关规定处理。

第三十七条 境内公司取得无加注的外商投资企业批准证书、外汇登记证之前,不得向股东分配利润或向有关联关系的公司提供担保,不得对外支付转股、减资、清算等资本项目款项。

第三十八条 境内公司或其股东凭商务部和登记管理机关颁发的无加注批准证书和营业执照,到税务机关办理税务变更登记。

第三节 对于特殊目的公司的特别规定

第三十九条 特殊目的公司系指中国境内公司或自然人为实现以其实际拥有的境内公司权益在境外上市而直接或间接控制的境外公司。

特殊目的公司为实现在境外上市,其股东以其所持公司股权,或者特殊目的公司以其增发的股份,作为支付手段,购买境内公司股东的股权或者境内公司增发的股份的,适用本节规定。

当事人以持有特殊目的公司权益的境外公司作为境外上市主体的,该境外公司应符合本节对于特殊目的公司的相关要求。

第四十条 特殊目的公司境外上市交易,应经国务院证券监督管理机构批准。

特殊目的公司境外上市所在国家或者地区应有完善的法律和监管制度,其证券监管机构已与国务院证券监督管理机构签订监管合作谅解备忘录,并保持着有效的监管合作关系。

第四十一条 本节所述的权益在境外上市的境内公司应符合下列条件:

(一)产权明晰,不存在产权争议或潜在产权争议;

(二)有完整的业务体系和良好的持续经营能力;

(三)有健全的公司治理结构和内部管理制度;

(四)公司及其主要股东近3年无重大违法违规记录。

第四十二条 境内公司在境外设立特殊目的公司,应向商务部申请办理核准手续。办理核准手续时,境内公司除向商务部报送《关于境外投资开办企业核准事项的规定》要求的文件外,另须报送以下文件:

(一)特殊目的公司实际控制人的身份证明文件;

(二)特殊目的公司境外上市商业计划书;

(三)并购顾问就特殊目的公司未来境外上市的股票发行价格所作的评估报告。

获得中国企业境外投资批准证书后,设立人或控制人应向所在地外汇管理机关申请办理相应的境外投资外汇登记手续。

第四十三条 特殊目的公司境外上市的股票发行价总值,不得低于其所对应的经中国有关资产评估机构评估的被并购境内公司股权的价值。

第四十四条 特殊目的公司以股权并购境内公司的,境内公司除向商务部报送本规定第三十二条所要求的文件外,另须报送以下文件:

(一)设立特殊目的公司时的境外投资开办企业批准文件和证书;

（二）特殊目的公司境外投资外汇登记表；

（三）特殊目的公司实际控制人的身份证明文件或开业证明、章程；

（四）特殊目的公司境外上市商业计划书；

（五）并购顾问就特殊目的公司未来境外上市的股票发行价格所作的评估报告。

如果以持有特殊目的公司权益的境外公司作为境外上市主体，境内公司还须报送以下文件：

（一）该境外公司的开业证明和章程；

（二）特殊目的公司与该境外公司之间就被并购的境内公司股权所作的交易安排和折价方法的详细说明。

第四十五条 商务部对本规定第四十四条所规定的文件初审同意的，出具原则批复函，境内公司凭该批复函向国务院证券监督管理机构报送申请上市的文件。国务院证券监督管理机构于20个工作日内决定是否核准。

境内公司获得核准后，向商务部申领批准证书。商务部向其颁发加注"境外特殊目的公司持股，自营业执照颁发之日起1年内有效"字样的批准证书。

并购导致特殊目的公司股权等事项变更的，持有特殊目的公司股权的境内公司或自然人，凭加注的外商投资企业批准证书，向商务部就特殊目的公司相关事项办理境外投资开办企业变更核准手续，并向所在地外汇管理机关申请办理境外投资外汇登记变更。

第四十六条 境内公司应自收到加注的批准证书之日起30日内，向登记管理机关、外汇管理机关办理变更登记，由登记管理机关、外汇管理机关分别向其颁发加注"自颁发之日起14个月内有效"字样的外商投资企业营业执照和外汇登记证。

境内公司向登记管理机关办理变更登记时，应当预先提交旨在恢复股权结构的境内公司法定代表人签署的股权变更申请书、公司章程修正案、股权转让协议等文件。

第四十七条 境内公司应自特殊目的公司或与特殊目的公司有关联关系的境外公司完成境外上市之日起30日内，向商务部报告境外上市情况和融资收入调回计划，并申请换发无加注的外商投资企业批准证书。同时，境内公司应自完成境外上市之日起30日内，向国务院证券监督管理机构报告境外上市情况并提供相关的备案文件。境内公司还应向外汇管理机关报送融资收入调回计划，由外汇管理机关监督实施。境内公司取得无加注的批准证书后，应在30日内向登记管理机关、外汇管理机关申请换发无加注的外商投资企业营业执照、外汇登记证。

如果境内公司在前述期限内未向商务部报告，境内公司加注的批准证书自动失效，境内公司股权结构恢复到股权并购之前的状态，并应按本规定第三十六条办理变更登记手续。

第四十八条 特殊目的公司的境外上市融资收入，应按照报送外汇管理机关备案的调回计划，根据现行外汇管理规定调回境内使用。融资收入可采取以下方式调回境内：

（一）向境内公司提供商业贷款；

（二）在境内新设外商投资企业；

（三）并购境内企业。

在上述情形下调回特殊目的公司境外融资收入，应遵守中国有关外商投资及外债管理的法律和行政法规。如果调回特殊目的公司境外融资收入，导致境内公司和自然人增持特殊目的公司权益或特殊目的公司净资产增加，当事人应如实披露并报批，在完成审批手续后办理相应的外资外汇登记和境外投资登记变更。

境内公司及自然人从特殊目的公司获得的利润、红利及资本变动所得外汇收入，应自获得之日起6个月内调回境内。利润或红利可以进入经常项目外汇账户或者结汇。资本变动外汇收入经外汇管理机关核准，可以开立资本项目专用账户保留，也可经外汇管理机关核准后结汇。

第四十九条　自营业执照颁发之日起1年内，如果境内公司不能取得无加注批准证书，则加注的批准证书自动失效，并应按本规定第三十六条办理变更登记手续。

第五十条　特殊目的公司完成境外上市且境内公司取得无加注的批准证书和营业执照后，当事人继续以该公司股份作为支付手段并购境内公司的，适用本章第一节和第二节的规定。

第五章　附　　则

第五十一条　依据《反垄断法》的规定，外国投资者并购境内企业达到《国务院关于经营者集中申报标准的规定》规定的申报标准的，应当事先向商务部申报，未申报不得实施交易。

第五十二条　外国投资者在中国境内依法设立的投资性公司并购境内企业，适用本规定。

外国投资者购买境内外商投资企业股东的股权或认购境内外商投资企业增资的，适用现行外商投资企业法律、行政法规和外商投资企业投资者股权变更的相关规定，其中没有规定的，参照本规定办理。

外国投资者通过其在中国设立的外商投资企业合并或收购境内企业的，适用关于外商投资企业合并与分立的相关规定和关于外商投资企业境内投资的相关规定，其中没有规定的，参照本规定办理。

外国投资者并购境内有限责任公司并将其改制为股份有限公司的，或者境内公司为股份有限公司的，适用关于设立外商投资股份有限公司的相关规定，其中没有规定的，适用本规定。

第五十三条　申请人或申报人报送文件，应依照本规定对文件进行分类，并附文件目录。规定报送的全部文件应用中文表述。

第五十四条　被股权并购境内公司的中国自然人股东，经批准，可继续作为变更后所设外商投资企业的中方投资者。

第五十五条　境内公司的自然人股东变更国籍的，不改变该公司的企业性质。

第五十六条　相关政府机构工作人员必须忠于职守、依法履行职责，不得利用职务之便牟取不正当利益，并对知悉的商业秘密负有保密义务。

第五十七条　香港特别行政区、澳门特别行政区和台湾地区的投资者并购境内其他地区的企业，参照本规定办理。

第五十八条　本规定自公布之日起施行。

国家外汇管理局关于境内居民通过特殊目的公司境外投融资及返程投资外汇管理有关问题的通知

（2014年7月4日　汇发〔2014〕37号）

国家外汇管理局各省、自治区、直辖市分局、外汇管理部，深圳、大连、青岛、厦门、宁波市分局；各中资外汇指定银行：

为充分发挥市场在资源配置中的决定性作用，支持国家“走出去”战略的实施，充分利用国际国内两种资源、两个市场，进一步简化和便利境内居民通过特殊目的公司从事投融资活动所涉及的跨境资本交易，切实服务实体经济发展，有序提高跨境资本和金融交易可兑换程度，根据《中华人民共和国外汇管理条例》等规定，现就境内居民通过特殊目的公司境外投融资及返程投资外汇管理有关问题通知如下：

一、本通知所称“特殊目的公司”，是指境内居民（含境内机构和境内居民个人）以投融资为目的，以其合法持有的境内企业资产或权益，或者以其合法持有的境外资产或权益，在境外直接设立或间接控制的境外企业。

本通知所称“返程投资”，是指境内居民直接或间接通过特殊目的公司对境内开展的直接投资活动，即通过新设、并购等方式在境内设立外商投资企业或项目（以下简称外商投资企业），并取得所有权、控制权、经营管理权等权益的行为。

本通知所称“境内机构”，是指中国境内依法设立的企业事业法人以及其他经济组织；“境内居民个人”是指持有中国境内居民身份证、军人身份证件、武装警察身份证件的中国公民，以及虽无中国境内合法身份证件、但因经济利益关系在中国境内习惯性居住的境外个人。

本通知所称“控制”，是指境内居民通过收购、信托、代持、投票权、回购、可转换债券等方式取得特殊目的公司的经营权、收益权或者决策权。

二、国家外汇管理局及其分支机构（以下简称外汇局）对境内居民设立特殊目的公司实行登记管理。境内居民个人设立的特殊目的公司登记及相关外汇管理，按本通知执行。境内机构设立的特殊目的公司登记及相关外汇管理，按现行规定和本通知执行。

三、境内居民以境内外合法资产或权益向特殊目的公司出资前，应向外汇局申请办理境外投资外汇登记手续。境内居民以境内合法资产或权益出资的，应向注册地外汇局或者境内企业资产或权益所在地外汇局申请办理登记；境内居民以境外合法资产或权益出资的，应向注册地外汇局或者户籍所在地外汇局申请办理登记。

境内居民个人应提交以下真实性证明材料办理境外投资外汇登记手续：

（一）书面申请与《境内居民个人境外投资外汇登记表》。

（二）个人身份证明文件。

（三）特殊目的公司登记注册文件及股东或实际控制人证明文件（如股东名册、认缴人名册等）。

（四）境内外企业权力机构同意境外投融资的决议书（企业尚未设立的，提供权益所有人同意境外投融资的书面说明）。

（五）境内居民个人直接或间接持有的拟境外投融资境内企业资产或权益，或者合法持有境外资产或权益的证明文件。

（六）在前述材料不能充分说明交易的真实性或申请材料之间的一致性时，要求提供的补充材料。

境内机构按《国家外汇管理局关于发布的通知》（汇发〔2009〕30号）等相关规定办理境外投资外汇登记手续。

境内居民办理境外投资外汇登记后，方可办理后续业务。

四、境内居民及其设立的特殊目的公司，不得危害我国国家主权、安全和社会公共利益；不得违反我国法律法规；不得损害我国与有关国家（地区）关系；不得违反我国对外缔结的国际条约；不得涉及我国禁止出口的技术或产品。

境外特殊目的公司登记不具有证明其投融资行为已符合行业主管部门合法合规的效力。

五、已登记境外特殊目的公司发生境内居民个人股东、名称、经营期限等基本信息变更，或发生境内居民个人增资、减资、股权转让或置换、合并或分立等重要事项变更后，应及时到外汇局办理境外投资外汇变更登记手续。

境内居民境外投资外汇变更登记完成后，方可办理后续业务（含利润、红利汇回）。

六、非上市特殊目的公司以本企业股权或期权等为标的，对其直接或间接控制的境内企业的董事、监事、高级管理人员及其他与公司具有雇佣或劳动关系的员工进行权益激励的，相关境内居民个人在行权前可提交以下材料到外汇局申请办理特殊目的公司外汇登记手续：

（一）书面申请与《境内居民个人境外投资外汇登记表》。

（二）已登记的特殊目的公司的境外投资外汇业务登记凭证。

（三）相关境内企业出具的个人与其雇佣或劳动关系证明材料。

（四）特殊目的公司或其实际控制人出具的能够证明所涉权益激励真实性的证明材料。

（五）在前述材料不能充分说明交易的真实性或申请材料之间的一致性时，要求提供的补充材料。

境内居民个人参与境外上市公司股权激励计划按相关外汇管理规定办理。

七、特殊目的公司完成境外融资后，融资资金如调回境内使用的，应遵守中国外商投资和外债管理等相关规定。返程投资设立的外商投资企业应按照现行外商直接投资外汇管理规定办理相关外汇登记手续，并应如实披露股东的实际控制人等有关信息。

八、境内居民从特殊目的公司获得的利润、红利调回境内的，应按照经常项目外汇管理规定办理；资本变动外汇收入调回境内的，应按照资本项目外汇管理规定办理。

九、因转股、破产、解散、清算、经营期满、身份变更等原因造成境内居民不再持有已登记的特殊目的公司权益的，或者不再属于需要办理特殊目的公司登记的，应提交相关真实性证明材料及时到外汇局办理变更或注销登记手续。

十、境内居民直接或间接控制的境内企业，可在真实、合理需求的基础上按现行规定向其已登记的特殊目的公司放款。

十一、境内居民可在真实、合理需求的基础上购汇汇出资金用于特殊目的公司设立、股份回购或退市等。

十二、本通知实施前，境内居民以境内外合法资产或权益已向特殊目的公司出资但未按规定办理境外投资外汇登记的，境内居民应向外汇局出具说明函说明理由。外汇局根据合法性、合理性等原则办理补登记,对涉嫌违反外汇管理规定的,依法进行行政处罚。

十三、境内居民与境外特殊目的公司之间的跨境收支,应按现行规定办理国际收支统计申报。

十四、外汇局定期分析境内居民通过特殊目的公司境外投融资及返程投资整体情况,密切关注其对国际收支的影响,并加强对境内居民通过特殊目的公司境外投融资及返程投资的事中、事后监管。

十五、境内居民或其直接、间接控制的境内企业通过虚假或构造交易汇出资金用于特殊目的公司,外汇局根据《中华人民共和国外汇管理条例》第三十九条进行处罚。

境内居民未按规定办理相关外汇登记、未如实披露返程投资企业实际控制人信息、存在虚假承诺等行为,外汇局根据《中华人民共和国外汇管理条例》第四十八条第(五)项进行处罚。

在境内居民未按规定办理相关外汇登记、未如实披露返程投资企业实际控制人信息或虚假承诺的情况下,若发生资金流出,外汇局根据《中华人民共和国外汇管理条例》第三十九条进行处罚;若发生资金流入或结汇,根据《中华人民共和国外汇管理条例》第四十一条进行处罚。

境内居民与特殊目的公司相关跨境收支未按规定办理国际收支统计申报的,外汇局根据《中华人民共和国外汇管理条例》第四十八条第(一)项进行处罚。

十六、本通知自发布之日起实施。《国家外汇管理局关于境内居民通过境外特殊目的公司融资及返程投资外汇管理有关问题的通知》(汇发〔2005〕75 号)同时废止。之前相关规定与本通知内容不一致的,以本通知为准。

国家外汇管理局各分局、外汇管理部接到本通知后,应及时转发辖内中心支局、支局、城市商业银行、农村商业银行、外资银行、农村合作银行;各中资银行接到通知后,应及时转发所辖各分支机构。执行中如遇问题,请及时向国家外汇管理局资本项目管理司反馈。

国家外汇管理局

2. 域内上市(挂牌)规则

首次公开发行股票并上市管理办法

(2006 年 5 月 17 日中国证券监督管理委员会第 180 次主席办公会议审议通过
根据 2015 年 12 月 30 日中国证券监督管理委员会令第 122 号中国证券监督管理委员会
《关于修改〈首次公开发行股票并上市管理办法〉的决定》修正)

第一章　总　　则

第一条　为了规范首次公开发行股票并上市的行为,保护投资者的合法权益和社会公共利益,根据《证券法》、《公司法》,制定本办法。

第二条　在中华人民共和国境内首次公开发行股票并上市,适用本办法。

境内公司股票以外币认购和交易的,不适用本办法。

第三条　首次公开发行股票并上市,应当符合《证券法》、《公司法》和本办法规定的发行条件。

第四条　发行人依法披露的信息,必须真实、准确、完整,不得有虚假记载、误导性陈述或者重大遗漏。

第五条　保荐人及其保荐代表人应当遵循勤勉尽责、诚实守信的原则,认真履行审慎核查和辅导义务,并对其所出具的发行保荐书的真实性、准确性、完整性负责。

第六条　为证券发行出具有关文件的证券服务机构和人员,应当按照本行业公认的业务标准和道德规范,严格履行法定职责,并对其所出具文件的真实性、准确性和完整性负责。

第七条　中国证券监督管理委员会(以下简称"中国证监会")对发行人首次公开发行股票的核准,不表明其对该股票的投资价值或者投资者的收益作出实质性判断或者保证。股票依法发行后,因发行人经营与收益的变化引致的投资风险,由投资者自行负责。

第二章　发 行 条 件

第一节　主 体 资 格

第八条　发行人应当是依法设立且合法存续的股份有限公司。

经国务院批准,有限责任公司在依法变更为股份有限公司时,可以采取募集设立方式公开发行股票。

第九条　发行人自股份有限公司成立后,持续经营时间应当在 3 年以上,但经国务院批准的除外。

有限责任公司按原账面净资产值折股整体变更为股份有限公司的,持续经营时间可以从有限责任公司成立之日起计算。

第十条　发行人的注册资本已足额缴纳,发起人或者股东用作出资的资产的财产权转移手续已办理完毕,发行人的主要资产不存在重大权属纠纷。

第十一条 发行人的生产经营符合法律、行政法规和公司章程的规定,符合国家产业政策。

第十二条 发行人最近3年内主营业务和董事、高级管理人员没有发生重大变化,实际控制人没有发生变更。

第十三条 发行人的股权清晰,控股股东和受控股股东、实际控制人支配的股东持有的发行人股份不存在重大权属纠纷。

第二节 规范运行

第十四条 发行人已经依法建立健全股东大会、董事会、监事会、独立董事、董事会秘书制度,相关机构和人员能够依法履行职责。

第十五条 发行人的董事、监事和高级管理人员已经了解与股票发行上市有关的法律法规,知悉上市公司及其董事、监事和高级管理人员的法定义务和责任。

第十六条 发行人的董事、监事和高级管理人员符合法律、行政法规和规章规定的任职资格,且不得有下列情形:

(一)被中国证监会采取证券市场禁入措施尚在禁入期的;

(二)最近36个月内受到中国证监会行政处罚,或者最近12个月内受到证券交易所公开谴责;

(三)因涉嫌犯罪被司法机关立案侦查或者涉嫌违法违规被中国证监会立案调查,尚未有明确结论意见。

第十七条 发行人的内部控制制度健全且被有效执行,能够合理保证财务报告的可靠性、生产经营的合法性、营运的效率与效果。

第十八条 发行人不得有下列情形:

(一)最近36个月内未经法定机关核准,擅自公开或者变相公开发行过证券;或者有关违法行为虽然发生在36个月前,但目前仍处于持续状态;

(二)最近36个月内违反工商、税收、土地、环保、海关以及其他法律、行政法规,受到行政处罚,且情节严重;

(三)最近36个月内曾向中国证监会提出发行申请,但报送的发行申请文件有虚假记载、误导性陈述或重大遗漏;或者不符合发行条件以欺骗手段骗取发行核准;或者以不正当手段干扰中国证监会及其发行审核委员会审核工作;或者伪造、变造发行人或其董事、监事、高级管理人员的签字、盖章;

(四)本次报送的发行申请文件有虚假记载、误导性陈述或者重大遗漏;

(五)涉嫌犯罪被司法机关立案侦查,尚未有明确结论意见;

(六)严重损害投资者合法权益和社会公共利益的其他情形。

第十九条 发行人的公司章程中已明确对外担保的审批权限和审议程序,不存在为控股股东、实际控制人及其控制的其他企业进行违规担保的情形。

第二十条 发行人有严格的资金管理制度,不得有资金被控股股东、实际控制人及其控制的其他企业以借款、代偿债务、代垫款项或者其他方式占用的情形。

第三节　财务与会计

第二十一条　发行人资产质量良好,资产负债结构合理,盈利能力较强,现金流量正常。

第二十二条　发行人的内部控制在所有重大方面是有效的,并由注册会计师出具了无保留结论的内部控制鉴证报告。

第二十三条　发行人会计基础工作规范,财务报表的编制符合企业会计准则和相关会计制度的规定,在所有重大方面公允地反映了发行人的财务状况、经营成果和现金流量,并由注册会计师出具了无保留意见的审计报告。

第二十四条　发行人编制财务报表应以实际发生的交易或者事项为依据;在进行会计确认、计量和报告时应当保持应有的谨慎;对相同或者相似的经济业务,应选用一致的会计政策,不得随意变更。

第二十五条　发行人应完整披露关联方关系并按重要性原则恰当披露关联交易。关联交易价格公允,不存在通过关联交易操纵利润的情形。

第二十六条　发行人应当符合下列条件:

(一)最近3个会计年度净利润均为正数且累计超过人民币3000万元,净利润以扣除非经常性损益前后较低者为计算依据;

(二)最近3个会计年度经营活动产生的现金流量净额累计超过人民币5000万元;或者最近3个会计年度营业收入累计超过人民币3亿元;

(三)发行前股本总额不少于人民币3000万元;

(四)最近一期末无形资产(扣除土地使用权、水面养殖权和采矿权等后)占净资产的比例不高于20%;

(五)最近一期末不存在未弥补亏损。

第二十七条　发行人依法纳税,各项税收优惠符合相关法律法规的规定。发行人的经营成果对税收优惠不存在严重依赖。

第二十八条　发行人不存在重大偿债风险,不存在影响持续经营的担保、诉讼以及仲裁等重大或有事项。

第二十九条　发行人申报文件中不得有下列情形:

(一)故意遗漏或虚构交易、事项或者其他重要信息;

(二)滥用会计政策或者会计估计;

(三)操纵、伪造或篡改编制财务报表所依据的会计记录或者相关凭证。

第三十条　发行人不得有下列影响持续盈利能力的情形:

(一)发行人的经营模式、产品或服务的品种结构已经或者将发生重大变化,并对发行人的持续盈利能力构成重大不利影响;

(二)发行人的行业地位或发行人所处行业的经营环境已经或者将发生重大变化,并对发行人的持续盈利能力构成重大不利影响;

(三)发行人最近1个会计年度的营业收入或净利润对关联方或者存在重大不确定性的客户存在重大依赖;

(四)发行人最近1个会计年度的净利润主要来自合并财务报表范围以外的投资收益;

（五）发行人在用的商标、专利、专有技术以及特许经营权等重要资产或技术的取得或者使用存在重大不利变化的风险；

（六）其他可能对发行人持续盈利能力构成重大不利影响的情形。

第三章 发行程序

第三十一条 发行人董事会应当依法就本次股票发行的具体方案、本次募集资金使用的可行性及其他必须明确的事项作出决议，并提请股东大会批准。

第三十二条 发行人股东大会就本次发行股票作出的决议，至少应当包括下列事项：

（一）本次发行股票的种类和数量；

（二）发行对象；

（三）价格区间或者定价方式；

（四）募集资金用途；

（五）发行前滚存利润的分配方案；

（六）决议的有效期；

（七）对董事会办理本次发行具体事宜的授权；

（八）其他必须明确的事项。

第三十三条 发行人应当按照中国证监会的有关规定制作申请文件，由保荐人保荐并向中国证监会申报。

特定行业的发行人应当提供管理部门的相关意见。

第三十四条 中国证监会收到申请文件后，在 5 个工作日内作出是否受理的决定。

第三十五条 中国证监会受理申请文件后，由相关职能部门对发行人的申请文件进行初审，并由发行审核委员会审核。

第三十六条 中国证监会在初审过程中，将征求发行人注册地省级人民政府是否同意发行人发行股票的意见。

第三十七条 中国证监会依照法定条件对发行人的发行申请作出予以核准或者不予核准的决定，并出具相关文件。

自中国证监会核准发行之日起，发行人应在 6 个月内发行股票；超过 6 个月未发行的，核准文件失效，须重新经中国证监会核准后方可发行。

第三十八条 发行申请核准后、股票发行结束前，发行人发生重大事项的，应当暂缓或者暂停发行，并及时报告中国证监会，同时履行信息披露义务。影响发行条件的，应当重新履行核准程序。

第三十九条 股票发行申请未获核准的，自中国证监会作出不予核准决定之日起 6 个月后，发行人可再次提出股票发行申请。

第四章 信息披露

第四十条 发行人应当按照中国证监会的有关规定编制和披露招股说明书。

第四十一条 招股说明书内容与格式准则是信息披露的最低要求。不论准则是否有明确规定，凡是对投资者作出投资决策有重大影响的信息，均应当予以披露。

第四十二条 发行人应当在招股说明书中披露已达到发行监管对公司独立性的基本要求。

第四十三条 发行人及其全体董事、监事和高级管理人员应当在招股说明书上签字、盖章,保证招股说明书的内容真实、准确、完整。保荐人及其保荐代表人应当对招股说明书的真实性、准确性、完整性进行核查,并在核查意见上签字、盖章。

第四十四条 招股说明书中引用的财务报表在其最近一期截止日后6个月内有效。特别情况下发行人可申请适当延长,但至多不超过1个月。财务报表应当以年度末、半年度末或者季度末为截止日。

第四十五条 招股说明书的有效期为6个月,自中国证监会核准发行申请前招股说明书最后一次签署之日起计算。

第四十六条 申请文件受理后、发行审核委员会审核前,发行人应当将招股说明书(申报稿)在中国证监会网站(www.csrc.gov.cn)预先披露。发行人可以将招股说明书(申报稿)刊登于其企业网站,但披露内容应当完全一致,且不得早于在中国证监会网站的披露时间。

第四十七条 发行人及其全体董事、监事和高级管理人员应当保证预先披露的招股说明书(申报稿)的内容真实、准确、完整。

第四十八条 预先披露的招股说明书(申报稿)不是发行人发行股票的正式文件,不能含有价格信息,发行人不得据此发行股票。

发行人应当在预先披露的招股说明书(申报稿)的显要位置声明:"本公司的发行申请尚未得到中国证监会核准。本招股说明书(申报稿)不具有据以发行股票的法律效力,仅供预先披露之用。投资者应当以正式公告的招股说明书全文作为作出投资决定的依据。"

第四十九条 发行人应当在发行前将招股说明书摘要刊登于至少一种中国证监会指定的报刊,同时将招股说明书全文刊登于中国证监会指定的网站,并将招股说明书全文置备于发行人住所、拟上市证券交易所、保荐人、主承销商和其他承销机构的住所,以备公众查阅。

第五十条 保荐人出具的发行保荐书、证券服务机构出具的有关文件应当作为招股说明书的备查文件,在中国证监会指定的网站上披露,并置备于发行人住所、拟上市证券交易所、保荐人、主承销商和其他承销机构的住所,以备公众查阅。

第五十一条 发行人可以将招股说明书摘要、招股说明书全文、有关备查文件刊登于其他报刊和网站,但披露内容应当完全一致,且不得早于在中国证监会指定报刊和网站的披露时间。

第五章 监管和处罚

第五十二条 发行人向中国证监会报送的发行申请文件有虚假记载、误导性陈述或者重大遗漏的,发行人不符合发行条件以欺骗手段骗取发行核准的,发行人以不正当手段干扰中国证监会及其发行审核委员会审核工作的,发行人或其董事、监事、高级管理人员的签字、盖章系伪造或者变造的,除依照《证券法》的有关规定处罚外,中国证监会将采取终止审核并在36个月内不受理发行人的股票发行申请的监管措施。

第五十三条 保荐人出具有虚假记载、误导性陈述或者重大遗漏的发行保荐书,保荐人以不正当手段干扰中国证监会及其发行审核委员会审核工作的,保荐人或其相关签字人员的签字、盖章系伪造或变造的,或者不履行其他法定职责的,依照《证券法》和保荐制度的有关规定处理。

第五十四条 证券服务机构未勤勉尽责,所制作、出具的文件有虚假记载、误导性陈述或者重大遗漏的,除依照《证券法》及其他相关法律、行政法规和规章的规定处罚外,中国证监会将采取12个月内不接受相关机构出具的证券发行专项文件,36个月内不接受相关签字人员出具的证券发行专项文件的监管措施。

第五十五条 发行人、保荐人或证券服务机构制作或者出具的文件不符合要求,擅自改动已提交的文件,或者拒绝答复中国证监会审核中提出的相关问题的,中国证监会将视情节轻重,对相关机构和责任人员采取监管谈话、责令改正等监管措施,记入诚信档案并公布;情节特别严重的,给予警告。

第五十六条 发行人披露盈利预测的,利润实现数如未达到盈利预测的80%,除因不可抗力外,其法定代表人、盈利预测审核报告签字注册会计师应当在股东大会及中国证监会指定报刊上公开作出解释并道歉;中国证监会可以对法定代表人处以警告。

利润实现数未达到盈利预测的50%的,除因不可抗力外,中国证监会在36个月内不受理该公司的公开发行证券申请。

第六章 附 则

第五十七条 在中华人民共和国境内,首次公开发行股票且不上市的管理办法,由中国证监会另行规定。

第五十八条 本办法自2006年5月18日起施行。《关于股票发行工作若干规定的通知》(证监〔1996〕12号)、《关于做好1997年股票发行工作的通知》(证监〔1997〕13号)、《关于股票发行工作若干问题的补充通知》(证监〔1998〕8号)、《关于对拟发行上市企业改制情况进行调查的通知》(证监发字〔1998〕259号)、《关于对拟公开发行股票公司改制运行情况进行调查的通知》(证监发〔1999〕4号)、《关于拟发行股票公司聘请审计机构等问题的通知》(证监发行字〔2000〕131号)和《关于进一步规范股票首次发行上市有关工作的通知》(证监发行字〔2003〕116号)同时废止。

上海证券交易所股票上市规则(节选)

(1998年1月实施 2000年5月第一次修订 2001年6月第二次修订
2002年2月第三次修订 2004年12月第四次修订 2006年5月第五次修订
2008年9月第六次修订 2012年7月第七次修订
2013年12月第八次修订 2014年10月第九次修订)

第五章 股票和可转换公司债券上市

第一节 首次公开发行股票并上市

5.1.1 发行人首次公开发行股票后申请其股票在本所上市,应当符合下列条件:

(一)股票经中国证监会核准已公开发行;

(二)公司股本总额不少于人民币五千万元;

(三)公开发行的股份达到公司股份总数的25%以上;公司股本总额超过人民币四亿元的,公开发行股份的比例为10%以上;

(四)公司最近三年无重大违法行为,财务会计报告无虚假记载;

(五)本所要求的其他条件。

5.1.2 发行人首次公开发行股票的申请获得中国证监会核准发行后,应当及时向本所提出股票上市申请,并提交下列文件:

(一)上市申请书;

(二)中国证监会核准其股票首次公开发行的文件;

(三)有关本次发行上市事宜的董事会和股东大会决议;

(四)营业执照复印件;

(五)公司章程;

(六)经具有执行证券、期货相关业务资格的会计师事务所审计的发行人最近三年的财务会计报告;

(七)首次公开发行结束后发行人全部股票已经中国证券登记结算有限责任公司上海分公司(以下简称"登记公司")托管的证明文件;

(八)首次公开发行结束后,具有执行证券、期货相关业务资格的会计师事务所出具的验资报告;

(九)关于董事、监事和高级管理人员持有本公司股份的情况说明和《董事(监事、高级管理人员)声明及承诺书》;

(十)发行人拟聘任或者已聘任的董事会秘书的有关资料;

(十一)首次公开发行后至上市前,按规定新增的财务资料和有关重大事项的说明(如适用);

(十二)首次公开发行前已发行股份持有人,自发行人股票上市之日起一年内持股锁定证明;

(十三)第5.1.5条所述承诺函;

(十四)最近一次的招股说明书和经中国证监会审核的全套发行申报材料;

(十五)按照有关规定编制的上市公告书;

(十六)保荐协议和保荐人出具的上市保荐书;

(十七)律师事务所出具的法律意见书;

(十八)本所要求的其他文件。

5.1.3 发行人及其董事、监事、高级管理人员应当保证向本所提交的上市申请文件真实、准确、完整,不存在虚假记载、误导性陈述或者重大遗漏。

5.1.4 发行人首次公开发行股票前已发行的股份,自发行人股票上市之日起一年内不得转让。

5.1.5 发行人向本所申请其首次公开发行股票上市时,控股股东和实际控制人应当承诺:自发行人股票上市之日起三十六个月内,不转让或者委托他人管理其直接和间接持有的发行人首次公开发行股票前已发行股份,也不由发行人回购该部分股份。

但转让双方存在控制关系,或者均受同一实际控制人控制的,自发行人股票上市之日起一年后,经控股股东和实际控制人申请并经本所同意,可豁免遵守前款承诺。

发行人应当在上市公告书中披露上述承诺。

5.1.6 本所在收到发行人提交的第5.1.2条所列全部上市申请文件后七个交易日内,作出是否同意上市的决定并通知发行人。出现特殊情况时,本所可以暂缓作出是否同意上市的决定。

5.1.7 本所设立上市委员会对上市申请进行审议,作出独立的专业判断并形成审核意见。本所根据上市审核委员会的审核意见,作出是否同意上市的决定。

第5.1.1条所列第(一)至第(四)项条件为在本所上市的必备条件,本所并不保证发行人符合上述条件时,其上市申请一定能够获得本所同意。

5.1.8 发行人应当于其股票上市前五个交易日内,在指定媒体或者本所网站上披露下列文件:

(一)上市公告书;

(二)公司章程;

(三)上市保荐书;

(四)法律意见书;

(五)本所要求的其他文件。

上述文件应当备置于公司住所,供公众查阅。

发行人在提出上市申请期间,未经本所同意,不得擅自披露与上市有关的信息。

第二节 上市公司发行股票和可转换公司债券的上市

5.2.1 上市公司向本所申请办理公开发行股票或可转换公司债券发行事宜时,应当提交下列文件:

(一)中国证监会的核准文件;

(二)经中国证监会审核的全部发行申报材料;

(三)发行的预计时间安排;

(四)发行具体实施方案和发行公告;

(五)相关招股意向书或者募集说明书;

(六)本所要求的其他文件。

5.2.2 上市公司应当按照中国证监会有关规定,编制并披露涉及公开发行股票或可转换公司债券的相关公告。

5.2.3 发行结束后,上市公司可以向本所申请公开发行股票或可转换公司债券上市。

5.2.4 上市公司申请可转换公司债券在本所上市,应当符合下列条件:

(一)可转换公司债券的期限为一年以上;

(二)可转换公司债券实际发行额不少于人民币五千万元;

(三)申请上市时仍符合法定的可转换公司债券发行条件。

5.2.5 上市公司向本所申请公开发行股票或可转换公司债券的上市,应当在股票或可转换公司债券上市前五个交易日向本所提交下列文件：

（一）上市申请书；

（二）有关本次发行上市事宜的董事会和股东大会决议；

（三）按照有关规定编制的上市公告书；

（四）保荐协议和保荐人出具的上市保荐书；

（五）发行结束后经具有执行证券、期货相关业务资格的会计师事务所出具的验资报告；

（六）登记公司对新增股份或可转换公司债券登记托管的书面确认文件；

（七）董事、监事和高级管理人员持股情况变动的报告（适用于新股上市）；

（八）本所要求的其他文件。

5.2.6　上市公司应当在公开发行股票或可转换公司债券上市前五个交易日内，在指定媒体上披露下列文件和事项：

（一）上市公告书；

（二）本所要求的其他文件和事项。

5.2.7　上市公司非公开发行股票的限售期届满，申请非公开发行股票上市时，应当在上市前五个交易日向本所提交下列文件：

（一）上市申请书；

（二）发行结果的公告；

（三）发行股份的托管证明；

（四）关于向特定对象发行股份的说明；

（五）上市提示性公告；

（六）本所要求的其他文件。

5.2.8　上市公司非公开发行股票上市申请获得本所同意后，应当在上市前三个交易日内披露上市提示性公告。上市提示性公告应当包括非公开发行股票的上市时间、上市数量、发行价格、发行对象等内容。

第三节　有限售条件的股份上市

5.3.1　上市公司有限售条件的股份上市，应当在上市前五个交易日以书面形式向本所提出上市申请。

5.3.2　上市公司申请公开发行前已发行股份的上市，应当向本所提交下列文件：

（一）上市申请书；

（二）有关股东的持股情况说明及托管情况；

（三）有关股东作出的限售承诺及其履行情况的说明（如有）；

（四）上市提示性公告；

（五）本所要求的其他文件。

5.3.3　经本所同意后，上市公司应当在有关股份上市前三个交易日披露上市提示性公告。上市提示性公告应当包括以下内容：

（一）上市时间和数量；

（二）有关股东所作出的限售承诺及其履行情况；

（三）本所要求的其他内容。

5.3.4　上市公司申请股权分置改革后有限售条件的股份上市，应当参照第5.3.2条、第5.3.3条规定执行，本所另有规定的，从其规定。

5.3.5　上市公司申请向证券投资基金、法人、战略投资者配售的股份上市，应当向本所提交下列文件：

（一）上市申请书；

（二）配售结果的公告；

（三）配售股份的托管证明；

（四）关于向证券投资基金、法人、战略投资者配售股份的说明；

（五）上市提示性公告；

（六）本所要求的其他文件。

5.3.6　经本所同意后，上市公司应当在配售的股份上市前三个交易日内披露上市提示性公告。上市提示性公告应当包括以下内容：

（一）配售股份的上市时间；

（二）配售股份的上市数量；

（三）配售股份的发行价格；

（四）公司历次股份变动情况。

5.3.7　上市公司申请对其有关股东以及（原）董事、监事和高级管理人员所持本公司股份解除锁定时，应当向本所提交下列文件：

（一）持股解锁申请；

（二）全部或者部分解除锁定的理由和相关证明文件（如适用）；

（三）上市提示性公告；

（四）本所要求的其他文件。

5.3.8　上市公司申请其内部职工股上市时，应当向本所提交下列文件：

（一）上市申请书；

（二）中国证监会关于内部职工股上市时间的批文；

（三）有关内部职工股持股情况的说明及其托管证明；

（四）董事、监事和高级管理人员持有内部职工股有关情况的说明；

（五）内部职工股上市提示性公告；

（六）本所要求的其他文件。

5.3.9　经本所同意后，上市公司应当在内部职工股上市前三个交易日内披露上市提示性公告。上市提示性公告应当包括以下内容：

（一）上市日期；

（二）本次上市的股份数量以及董事、监事和高级管理人员持有的数量；

（三）发行价格；

（四）历次股份变动情况；

（五）持有内部职工股的人数。

5.3.10　上市公司向本所申请其他有限售条件的股份上市流通，参照本章相关规定执行。

深圳证券交易所股票上市规则(节选)

(1998年1月实施 2000年5月第一次修订 2001年6月第二次修订
2002年2月第三次修订 2004年12月第四次修订 2006年5月第五次修订
2008年9月第六次修订 2012年7月第七次修订 2014年10月第八次修订)

第五章 股票和可转换公司债券上市

第一节 首次公开发行的股票上市

5.1.1 发行人首次公开发行股票后申请其股票在本所上市,应当符合下列条件:

(一)股票已公开发行;

(二)公司股本总额不少于五千万元;

(三)公开发行的股份达到公司股份总数的25%以上;公司股本总额超过四亿元的,公开发行股份的比例为10%以上;

(四)公司最近三年无重大违法行为,财务会计报告无虚假记载;

(五)本所要求的其他条件。

5.1.2 发行人向本所申请其首次公开发行的股票上市时,应当按照有关规定编制上市公告书。

5.1.3 发行人向本所申请其首次公开发行的股票上市,应当提交下列文件:

(一)上市报告书(申请书);

(二)申请股票上市的董事会和股东大会决议;

(三)公司营业执照复印件;

(四)公司章程;

(五)依法经具有从事证券、期货相关业务资格的会计师事务所审计的发行人最近三年的财务会计报告;

(六)保荐协议和保荐人出具的上市保荐书;

(七)律师事务所出具的法律意见书;

(八)具有从事证券、期货相关业务资格的会计师事务所出具的验资报告;

(九)发行人全部股票已经中国证券登记结算有限责任公司深圳分公司(以下简称“结算公司”)托管的证明文件;

(十)董事、监事和高级管理人员持有本公司股份情况报告和《董事(监事、高级管理人员)声明及承诺书》;

(十一)发行人拟聘任或者已聘任的董事会秘书的有关资料;

(十二)控股股东和实际控制人承诺函;

(十三)公开发行前已发行股份持有人所持股份已在结算公司锁定的证明文件;

（十四）发行后至上市前按规定新增的财务资料和有关重大事件的说明文件（如适用）；

（十五）最近一次的招股说明书；

（十六）上市公告书；

（十七）本规则5.1.6条所述承诺函；

（十八）本所要求的其他文件。

5.1.4　发行人及其董事、监事、高级管理人员应当保证向本所提交的上市申请文件内容真实、准确、完整，不存在虚假记载、误导性陈述或者重大遗漏。

5.1.5　发行人公开发行股票前已发行的股份，自发行人股票上市之日起一年内不得转让。

5.1.6　发行人向本所提出其首次公开发行的股票上市申请时，控股股东和实际控制人应当承诺：自发行人股票上市之日起三十六个月内，不转让或者委托他人管理其直接或者间接持有的发行人公开发行股票前已发行的股份，也不由发行人回购其直接或者间接持有的发行人公开发行股票前已发行的股份。

发行人应当在上市公告书中公告上述承诺。

自发行人股票上市之日起一年后，出现下列情形之一的，经控股股东或者实际控制人申请并经本所同意，可以豁免遵守上述承诺：

（一）转让双方存在实际控制关系，或者均受同一控制人所控制；

（二）因上市公司陷入危机或者面临严重财务困难，受让人提出的挽救公司的重组方案获得该公司股东大会审议通过和有关部门批准，且受让人承诺继续遵守上述承诺；

（三）本所认定的其他情形。

5.1.7　本所在收到全套上市申请文件后七个交易日内，作出是否同意上市的决定。出现特殊情况时，本所可以暂缓作出决定。

5.1.8　本所设立上市委员会对上市申请进行审议，作出独立的专业判断并形成审核意见，本所根据上市委员会意见作出是否同意上市的决定。

本规则5.1.1条所列第（一）项至第（四）项条件为在本所上市的必备条件，本所并不保证发行人符合上述条件时，其上市申请一定能够获得本所同意。

5.1.9　首次公开发行的股票上市申请获得本所同意后，发行人应当于其股票上市前五个交易日内，在指定媒体上披露下列文件：

（一）上市公告书；

（二）公司章程；

（三）申请股票上市的股东大会决议；

（四）法律意见书；

（五）上市保荐书。

上述文件应当置备于公司住所，供公众查阅。

发行人在提出上市申请期间，未经本所同意，不得擅自披露与上市有关的信息。

第二节　上市公司新股和可转换公司债券的发行与上市

5.2.1　上市公司向本所申请办理新股、可转换公司债券或者分离交易的可转换公司债券发行事宜时，应当提交下列文件：

（一）中国证监会的核准文件；

（二）经中国证监会审核的全部发行申报材料；

（三）发行的预计时间安排；

（四）发行具体实施方案和发行公告；

（五）相关招股意向书或者募集说明书；

（六）本所要求的其他文件。

5.2.2　上市公司应当按照中国证监会有关规定，编制并及时披露涉及新股、可转换公司债券或者分离交易的可转换公司债券发行的相关公告。

5.2.3　发行完成后，上市公司可以向本所申请新股、可转换公司债券或者分离交易的可转换公司债券上市。

5.2.4　上市公司申请可转换公司债券在本所上市，应当符合下列条件：

（一）可转换公司债券的期限为一年以上；

（二）可转换公司债券实际发行额不少于五千万元；

（三）申请可转换公司债券上市时仍符合法定的公司债券发行条件。

5.2.5　上市公司申请分离交易的可转换公司债券中公司债券和认股权证在本所上市，应当符合下列条件：

（一）公司最近一期末经审计的净资产不低于十五亿元；

（二）分离交易的可转换公司债券中公司债券的期限为一年以上；

（三）分离交易的可转换公司债券中公司债券的实际发行额不少于五千万元；

（四）分离交易的可转换公司债券中的认股权证自上市之日起存续时间不少于六个月；

（五）申请分离交易的可转换公司债券中公司债券和认股权证上市时公司仍符合法定的分离交易的可转换公司债券发行条件。

5.2.6　上市公司申请新股、可转换公司债券或者分离交易的可转换公司债券上市，应当按照有关规定编制上市公告书；申请新股上市的，还应当编制股份变动报告书。

5.2.7　上市公司向本所申请新股上市时，应当提交下列文件：

（一）上市报告书（申请书）；

（二）保荐协议或者财务顾问协议；

（三）保荐人出具的上市保荐书或者财务顾问报告；

（四）发行完成后经具有从事证券、期货相关业务资格的会计师事务所出具的验资报告；

（五）结算公司对新增股份已登记托管的书面确认文件；

（六）董事、监事和高级管理人员持股情况变动的报告（如适用）；

（七）股份变动报告及上市公告书；

（八）本所要求的其他文件。

5.2.8　上市公司向本所申请可转换公司债券上市时，应当提交下列文件：

（一）上市报告书（申请书）；

（二）申请可转换公司债券上市的董事会决议；

（三）保荐协议和保荐人出具的上市保荐书；

(四)法律意见书；

(五)发行完成后经具有从事证券、期货相关业务资格的会计师事务所出具的验资报告；

(六)结算公司对可转换公司债券已登记托管的书面确认文件；

(七)可转换公司债券募集办法(募集说明书)；

(八)公司关于可转换公司债券的实际发行数额的说明；

(九)本所要求的其他文件。

5.2.9 上市公司向本所申请分离交易的可转换公司债券中公司债券和认股权证上市时,应当提交下列文件:

(一)分离交易的可转换公司债券中公司债券和认股权证上市申请书；

(二)申请分离交易的可转换公司债券中公司债券和认股权证上市的董事会决议；

(三)保荐协议和保荐人出具的上市保荐书；

(四)法律意见书；

(五)发行完成后经具有从事证券、期货相关业务资格的会计师事务所出具的验资报告；

(六)结算公司对分离交易的可转换公司债券中公司债券和认股权证已登记托管的书面确认文件；

(七)分离交易的可转换公司债券中公司债券和认股权证上市公告书；

(八)董事、监事和高级管理人员持有标的证券和权证的情况报告、禁售申请；

(九)分离交易的可转换公司债券募集办法(募集说明书)；

(十)公司关于分离交易的可转换公司债券的实际发行情况说明；

(十一)本所要求的其他文件。

5.2.10 上市公司在本所同意其新股、可转换公司债券或者分离交易的可转换公司债券上市的申请后,应当在新股、可转换公司债券或者分离交易的可转换公司债券上市前五个交易日内,在指定媒体上披露下列文件:

(一)上市公告书；

(二)股份变动报告书(适用于新股上市)；

(三)本所要求的其他文件和事项。

第三节 有限售条件的股份上市流通

5.3.1 上市公司向本所申请内部职工股上市时,应当提交下列文件:

(一)上市申请书；

(二)中国证监会关于内部职工股上市时间的批文；

(三)有关内部职工股的持股情况说明及托管证明；

(四)有关公司董事、监事和高级管理人员持股情况说明；

(五)内部职工股上市提示公告；

(六)本所要求的其他文件。

5.3.2 经本所同意后,上市公司应当在内部职工股上市前三个交易日内披露上市提示公告。上市提示公告应当包括以下内容:

(一)上市日期、本次上市股份数量,董事、监事和高级管理人员持股数；

（二）发行价格；

（三）历次股份变动情况；

（四）持有内部职工股人数。

5.3.3　上市公司向本所申请证券投资基金、法人、战略投资者配售的股份上市流通时，应当向本所提交下列文件：

（一）上市流通申请书；

（二）有关向证券投资基金、法人、战略投资者配售的股份说明；

（三）上市流通提示性公告；

（四）本所要求的其他文件。

5.3.4　经本所同意后，上市公司应当在配售的股份上市流通前三个交易日内披露流通提示性公告。上市流通提示性公告应当包括以下内容：

（一）配售股份的上市流通时间；

（二）配售股份的上市流通数量；

（三）配售股份的发行价格；

（四）公司的历次股份变动情况。

5.3.5　上市公司向本所申请股权分置改革后有限售条件的股份上市流通时，应当向本所提交下列文件：

（一）上市流通申请书；

（二）有限售条件股份的持有人的持股情况说明及托管情况；

（三）有限售条件股份的持有人的有关限售承诺；

（四）限售条件已解除的证明文件；

（五）有限售条件股份上市流通的提示性公告；

（六）本所要求的其他文件。

5.3.6　经本所同意后，上市公司应当在有限售条件的股份上市流通前三个交易日内披露提示性公告，上市流通提示性公告包括以下内容：

（一）限售股份的上市流通时间和数量；

（二）有关股东所作出的限售承诺及其履行情况；

（三）本所要求的其他内容。

5.3.7　上市公司向本所申请其他有限售条件的股份上市流通的，参照本章相关规定办理。

全国中小企业股份转让系统股票挂牌条件适用基本标准指引（试行）

（2013年6月17日公布　股转系统公告〔2013〕18号）

全国中小企业股份转让系统有限责任公司按照“可把控、可举证、可识别”的原则，对《全

国中小企业股份转让系统业务规则(试行)》规定的六项挂牌条件进行细化,形成基本标准如下:

一、依法设立且存续满两年

(一)依法设立,是指公司依据《公司法》等法律、法规及规章的规定向公司登记机关申请登记,并已取得《企业法人营业执照》。

1. 公司设立的主体、程序合法、合规。

(1)国有企业需提供相应的国有资产监督管理机构或国务院、地方政府授权的其他部门、机构关于国有股权设置的批复文件。

(2)外商投资企业须提供商务主管部门出具的设立批复文件。

(3)《公司法》修改(2006 年 1 月 1 日)前设立的股份公司,须取得国务院授权部门或者省级人民政府的批准文件。

2. 公司股东的出资合法、合规,出资方式及比例应符合《公司法》相关规定。

(1)以实物、知识产权、土地使用权等非货币财产出资的,应当评估作价,核实财产,明确权属,财产权转移手续办理完毕。

(2)以国有资产出资的,应遵守有关国有资产评估的规定。

(3)公司注册资本缴足,不存在出资不实情形。

(二)存续两年是指存续两个完整的会计年度。

(三)有限责任公司按原账面净资产值折股整体变更为股份有限公司的,存续时间可以从有限责任公司成立之日起计算。整体变更不应改变历史成本计价原则,不应根据资产评估结果进行账务调整,应以改制基准日经审计的净资产额为依据折合为股份有限公司股本。申报财务报表最近一期截止日不得早于改制基准日。

二、业务明确,具有持续经营能力

(一)业务明确,是指公司能够明确、具体地阐述其经营的业务、产品或服务、用途及其商业模式等信息。

(二)公司可同时经营一种或多种业务,每种业务应具有相应的关键资源要素,该要素组成应具有投入、处理和产出能力,能够与商业合同、收入或成本费用等相匹配。

1. 公司业务如需主管部门审批,应取得相应的资质、许可或特许经营权等。

2. 公司业务须遵守法律、行政法规和规章的规定,符合国家产业政策以及环保、质量、安全等要求。

(三)持续经营能力,是指公司基于报告期内的生产经营状况,在可预见的将来,有能力按照既定目标持续经营下去。

1. 公司业务在报告期内应有持续的营运记录,不应仅存在偶发性交易或事项。营运记录包括现金流量、营业收入、交易客户、研发费用支出等。

2. 公司应按照《企业会计准则》的规定编制并披露报告期内的财务报表,公司不存在《中国注册会计师审计准则第 1324 号——持续经营》中列举的影响其持续经营能力的相关事项,并由具有证券期货相关业务资格的会计师事务所出具标准无保留意见的审计报告。

财务报表被出具带强调事项段的无保留审计意见的,应全文披露审计报告正文以及董事会、监事会和注册会计师对强调事项的详细说明,并披露董事会和监事会对审计报告涉及事项的处理情况,说明该事项对公司的影响是否重大、影响是否已经消除、违反公允性的事项是否已予纠正。

3. 公司不存在依据《公司法》第一百八十一条规定解散的情形,或法院依法受理重整、和解或者破产申请。

三、公司治理机制健全,合法规范经营

(一)公司治理机制健全,是指公司按规定建立股东大会、董事会、监事会和高级管理层(以下简称"三会一层")组成的公司治理架构,制定相应的公司治理制度,并能证明有效运行,保护股东权益。

1. 公司依法建立"三会一层",并按照《公司法》、《非上市公众公司监督管理办法》及《非上市公众公司监管指引第3号——章程必备条款》等规定建立公司治理制度。

2. 公司"三会一层"应按照公司治理制度进行规范运作。在报告期内的有限公司阶段应遵守《公司法》的相关规定。

3. 公司董事会应对报告期内公司治理机制执行情况进行讨论、评估。

(二)合法合规经营,是指公司及其控股股东、实际控制人、董事、监事、高级管理人员须依法开展经营活动,经营行为合法、合规,不存在重大违法违规行为。

1. 公司的重大违法违规行为是指公司最近24个月内因违犯国家法律、行政法规、规章的行为,受到刑事处罚或适用重大违法违规情形的行政处罚。

(1)行政处罚是指经济管理部门对涉及公司经营活动的违法违规行为给予的行政处罚。

(2)重大违法违规情形是指,凡被行政处罚的实施机关给予没收违法所得、没收非法财物以上行政处罚的行为,属于重大违法违规情形,但处罚机关依法认定不属于的除外;被行政处罚的实施机关给予罚款的行为,除主办券商和律师能依法合理说明或处罚机关认定该行为不属于重大违法违规行为的外,都视为重大违法违规情形。

(3)公司最近24个月内不存在涉嫌犯罪被司法机关立案侦查,尚未有明确结论意见的情形。

2. 控股股东、实际控制人合法合规,最近24个月内不存在涉及以下情形的重大违法违规行为:

(1)控股股东、实际控制人受刑事处罚;

(2)受到与公司规范经营相关的行政处罚,且情节严重;情节严重的界定参照前述规定;

(3)涉嫌犯罪被司法机关立案侦查,尚未有明确结论意见。

3. 现任董事、监事和高级管理人员应具备和遵守《公司法》规定的任职资格和义务,不应存在最近24个月内受到中国证监会行政处罚或者被采取证券市场禁入措施的情形。

(三)公司报告期内不应存在股东包括控股股东、实际控制人及其关联方占用公司资金、资产或其他资源的情形。如有,应在申请挂牌前予以归还或规范。

(四)公司应设有独立财务部门进行独立的财务会计核算,相关会计政策能如实反映企业财务状况、经营成果和现金流量。

四、股权明晰,股票发行和转让行为合法合规

(一)股权明晰,是指公司的股权结构清晰,权属分明,真实确定,合法合规,股东特别是控股股东、实际控制人及其关联股东或实际支配的股东持有公司的股份不存在权属争议或潜在纠纷。

1. 公司的股东不存在国家法律、法规、规章及规范性文件规定不适宜担任股东的情形。

2. 申请挂牌前存在国有股权转让的情形，应遵守国资管理规定。

3. 申请挂牌前外商投资企业的股权转让应遵守商务部门的规定。

（二）股票发行和转让合法合规，是指公司的股票发行和转让依法履行必要内部决议、外部审批（如有）程序，股票转让须符合限售的规定。

1. 公司股票发行和转让行为合法合规，不存在下列情形：

（1）最近36个月内未经法定机关核准，擅自公开或者变相公开发行过证券；

（2）违法行为虽然发生在36个月前，目前仍处于持续状态，但《非上市公众公司监督管理办法》实施前形成的股东超200人的股份有限公司经中国证监会确认的除外。

2. 公司股票限售安排应符合《公司法》和《全国中小企业股份转让系统业务规则（试行）》的有关规定。

（三）在区域股权市场及其他交易市场进行权益转让的公司，申请股票在全国股份转让系统挂牌前的发行和转让等行为应合法合规。

（四）公司的控股子公司或纳入合并报表的其他企业的发行和转让行为需符合本指引的规定。

五、主办券商推荐并持续督导

（一）公司须经主办券商推荐，双方签署了《推荐挂牌并持续督导协议》。

（二）主办券商应完成尽职调查和内核程序，对公司是否符合挂牌条件发表独立意见，并出具推荐报告。

六、全国股份转让系统公司要求的其他条件

3. 域外上市规则

The New York Stock Exchange
Listed Company Manual(节选)

Section 1　The Listing Process

102.00　Domestic Companies

102.01　Minimum Numerical Standards—Domestic Companies—Equity Listings

102.01A　A company must meet one of the following distribution criteria:

Companies listing in connection with an IPO:	
Number of holders of 100 shares or more or of a unit of trading if less than 100 shares.	400(A)
And	
Number of publicly held shares.	1,100,000 shares(B)
Affiliated companies:	
Number of holders of 100 shares or more or of a unit of trading if less than 100 shares.	400(A)
And	
Number of publicly held shares.	1,100,000 shares(B)
Companies listing following emergence from bankruptcy:	
Number of holders of 100 shares or more or of a unit of trading if less than 100 shares.	400(A)
And	
Number of publicly held shares.	1,100,000 shares(B)
Companies listing in connection with a transfer or quotation:	
Number of holders of 100 shares or more or of a unit of trading if less than 100 shares.	400(A)
Or	
Total stockholders.	2,200(A)

续表

Companies listing in connection with an IPO:	
Together with average monthly trading volume.	100,000 shares(for most recent 6 months)
Or	
Total stockholders.	500(A)
Together with average monthly trading volume.	1,000,000 shares(for most recent 12 months)
And	
Number of publicly held shares.	1,100,000 shares(B)

(A) The number of beneficial holders of stock held in the name of Exchange member organizations will be considered in addition to holders of record. The Exchange will make any necessary check of such holdings.

(B) If the unit of trading is less than 100 shares, the requirements relating to number of publicly-held shares shall be reduced proportionately. Shares held by directors, officers, or their immediate families and other concentrated holdings of 10 percent or more are excluded in calculating the number of publicly-held shares.

102.01B A Company must demonstrate an aggregate market value of publicly-held shares of $40,000,000 for companies that list either at the time of their initial public offerings(IPO)(C) or as a result of spin-offs or under the Affiliated Company standard or, for companies that list at the time of their Initial Firm Commitment Underwritten Public Offering(C), and $100,000,000 for other companies(D)(E). A company must have a closing price or, if listing in connection with an IPO or Initial Firm Commitment Underwritten Public Offering, an IPO or Initial Firm Commitment Underwritten Public Offering price per share of at least $4 at the time of initial listing.

(C) For companies that list at the time of their IPOs or Initial Firm Commitment Underwritten Public Offering, the Exchange will rely on a written commitment from the underwriter to represent the anticipated value of the company's offering in order to determine a company's compliance with this listing standard. Similarly, for spin-offs, the Exchange will rely on a representation from the parent company's investment banker (or other financial advisor) in order to estimate the market value based upon the as disclosed distribution ratio. For purpose of this paragraph, an IPO is an offering by an issuer which, immediately prior to its original listing, does not have a class of common stock registered under the Securities Exchange Act of 1934. An IPO includes a carve-out, which is defined for purposes of this paragraph as the initial offering of an equity security to the public by a publicly traded company for an underlying interest in its existing business (which may be subsidiary, division, or business unit). For purposes of this paragraph, a company is listing in connection with its Initial Firm Commitment Underwritten Public Offering if(i)such company has a class of common stock registered under the Exchange Act,(ii)such common stock has never been listed on a national securities exchange in the period since the commencement of its current registration under the Exchange Act, and(iii)such company is listing in connection with a firm commitment underwritten public offering that is its first firm commitment underwritten public offering of its common stock since the registration of its common stock under the Exchange Act.

(D) Shares held by directors, officers, or their immediate families and other concentrated holding of 10 percent or more are excluded in calculating thenumber of publicly-held shares. If a company either has a significant concentration of stock, or changing market forces have adversely impacted the public market value of a company which otherwise would qualify for listing on the Exchange, such that its public market value is no more than 10 percent below $40,000,000 or $100,000,000, as applicable, the Exchange will generally consider $40,000,000 or $100,000,000, as applicable, in stockholders'equity as an alternate measure of size and therefore as an alternate basis on which to list the company.

(E) Generally, the Exchange expects to list companies in connection with a firm commitment underwritten IPO, upon transfer from another market, or pursuant to a spin-off. However, the Exchange recognizes that some companies that have not previously had their common equity securities registered under the Exchange Act, but which have sold common equity securities in a private placement, may wish to list their common equity securities on the Exchange at the time of effectiveness of a registration statement filed solely for the purpose of allowing existing shareholders to sell their shares. Consequently, the Exchange will, on a case by case basis, exercise discretion to list companies whose stock is not previously registered under the Exchange Act, where such a company is listing without a related underwritten offering upon effectiveness of a registration statement registering only the resale of shares sold by the company in earlier private placements. In exercising this discretion, the Exchange will determine that such company has met the $100,000,000 aggregate market value of publicly-held shares requirement based on a combination of both (i) an independent third-party valuation (a Valuation) of the company and(ii)the most recent trading price for the company's common stock in a trading system for unregistered securities operated by a national securities exchange or a registered broker-dealer(a "Private Placement Market"). The Exchange will attribute a market value of publicly-held shares to the company equal to the lesser of(i)the value calculable based on the Valuation and(ii)the value calculable based on the most recent trading price in a Private Placement Market. Any Valuation used for this purpose must be provided by an entity that has significant experience and demonstrable competence in the provision of such valuations. The Valuation must be of a recent date as of the time of the approval of the company for listing and the evaluator must have considered, among other factors, the annual financial statements required to be included in the registration statement, along with financial statements for any completed fiscal quarters subsequent to the end of the last year of audited financials included in the registration statement. The Exchange will consider any market factors or factors particular to the listing applicant that would cause concern that the value of the company had diminished since the date of the Valuation and will continue to monitor the company and the appropriateness of relying on the Valuation up to the time of listing. In particular, the Exchange will examine the trading price trends for the stock in the Private Placement Market over a period of several months prior to listing and will only rely on a Private Placement Market price if it is consistent with a sustained historyover that several month period evidencing a market value in excess of the Exchange's market value requirement. The Exchange may withdraw its approval of the listing at any time prior to the listing date if it believes that the Valuation no longer accurately reflects the company's likely market value.

Calculations under the Distribution Criteria

When considering a listing application from a company organized under the laws of Canada, Mexico or the United States (North America), the Exchange will include all North American holders and North American trading volume in applying the minimum stockholder and trading volume requirements detailed above. When listing a company from outside North America, the Exchange may, in its discretion, include holders and trading volume in the company's home country or primary trading market outside the United States in applying the applicable listing standards, provided that such market is a regulated stock exchange. In exercising this discretion, the Exchange will consider all relevant factors including: (i) whether the information is derived from a reliable source, preferably either a government-regulated securities market or a transfer agent that is subject to governmental regulation; (ii) whether there exist efficient mechanisms for the transfer of securities between the company's non-U. S. trading market and the United States; and (iii) the number of shareholders and the extent of trading in the company's securities in the United States prior to the listing. For securities that trade in the format of American Depositary Receipts (ADR's), volume in the ordinary shares will be adjusted to be on an ADR-equivalent basis.

Amended: August 13, 2009 (NYSE - 2009 - 80); January 21, 2010 (NYSE - 2010 - 02); October 18, 2012 (NYSE - 2012 - 52).

102.01C A company must meet one of the following financial standards.

(I) Earnings Test

(1) Pre-tax earnings from continuing operations and after minority interest, amortization and equity in the earnings or losses of investees, adjusted for items specified in (3) (a) through (3) (j) below must total (x) at least \$10,000,000 in the aggregate for the last three fiscal years together with a minimum of \$2,000,000 in each of the two most recent fiscal years, and positive amounts in all three years or (y) at least \$12,000,000 in the aggregate for the last three fiscal years together with a minimum of \$5,000,000 in the most recent fiscal year and \$2,000,000 in the next most recent fiscal year.

A company that (i) qualifies as an emerging growth company as defined in Section 2 (a) (19) of the Securities Act and Section 3 (a) (80) of the Exchange Act and (ii) avails itself of the provisions of the Securities Act and the Exchange Act permitting emerging growth companies to report only two years of audited financial statements, can qualify under the Earnings Test by meeting the following requirements: Pre-tax earnings from continuing operations and after minority interest, amortization and equity in the earnings or losses of investees, adjusted for items specified in(3)(a)through(3)(j)below must total at least \$10,000,000 in the aggregate for the last two fiscal years together with a minimum of \$2,000,000 in both years.

(2) Financial statements compliant with applicable SEC rules covering a period of nine to twelve months shall satisfy the requirement for the most recent fiscal year in those cases where the Company has changed its fiscal year or where there has been a significant change in the Company's operations or capital structure. Financial statements compliant with applicable SEC rules covering a period of six months shall satisfy the requirement for the most recent fiscal year in those cases where the Company has changed its fiscal year or where there has been a significant change in the Company's operations or capital structure, provided that the Company must include financial data as derived from financial statements that have been subject to an SAS 100 review in a public disclosure(either an SEC filing or a press release) prior to the date of listing that confirms that the Company continues to satisfy the applicable standard based on at least nine completed months of the current fiscal year. When qualifying companies for listing based on interim financial information from the current fiscal year, the Exchange must conclude that the Company can reasonably be expected to qualify under the regular earnings standard upon completion of its then current fiscal year. If the Company does not qualify under the regular earnings standard at the end of such current fiscal year or qualify at such time for original listing under another listing standard, the Exchange will promptly initiate suspension and delisting procedures with respect to the Company; and

(3) Adjustments(F)(G) that must be included in the calculation of the amounts required in paragraph(1) are as follows:

(a) Application of Use of Proceeds-If a company is in registration with the SEC and is in the process of an equity offering, adjustments should be made to reflect the net proceeds of that offering, and the specified intended application(s) of such proceeds to:

(i) Pay off existing debt or other financial instruments: The adjustment will include elimination of the actual historical interest expense on debt or other financial instruments classified as liabilities under generally accepted accounting principles being retired with offering proceeds of all relevant periods or by conversion into common stock at the time of an initial public offering occurring in conjunction with the company's listing. If the event giving rise to the adjustment occurred during a time-period such that *pro forma* amounts are not set forth in the SEC registration statement(typically, the *pro forma* effect of repayment of debt will be provided in the current registration statement only with respect to the last fiscal year plus any interim period in accordance with SEC rules), the company must prepare the relevant adjusted financial data to reflect the adjustment to its historical financial data, and its outside audit firm must provide a report of having applied agreed-upon procedures with respect to such adjustments. Such report must be prepared in accordance with the standards established by the American Institute of Certified Public

Accountants.

(ii) Fund an acquisition:

(1) The adjustments will include those applicable with respect to acquisition(s) to be funded with the proceeds. Adjustments will be made that are disclosed as such in accordance with Rule 3 – 05 "Financial Statements of Business Acquired or to beAcquired" and Article 11 of Regulation S – X. Adjustments will be made for all the relevant periods for those acquisitions for which historical financial information of the acquiree is required to be disclosed in the SEC registration statement; and

(2) Adjustments applicable to any period for which*pro forma* numbers are not set forth in the registration statement shall be accompanied by the relevant adjusted financial data to combine the historical results of the acquiree (or relevant portion thereof) and acquiror, as disclosed in the company's SEC filing. Under SEC rules, the number of periods disclosed depends upon the significance level of the acquiree to the acquiror. The adjustments will include those necessary to reflect(a) the allocation of the purchase price, including adjusting assets and liabilities of the acquiree to fair value recognizing any intangibles(and associated amortization and depreciation), and(b) the effects of additional financing to complete the acquisition. The company must prepare the relevant adjusted financial data to reflect the adjustment to its historical financial data, and its outside audit firm must provide a report of having applied agreed-upon procedures with respect to such adjustments. Such report must be prepared in accordance with the standards established by the American Institute of Certified Public Accountants;

(b) Acquisitions and Dispositions:

In instances other than acquisitions (and related dispositions of part of the acquiree) funded with the use of proceeds, adjustments will be made for those acquisitions and dispositions that are disclosed as such in a company's financial statements in accordance with Rule 3 – 05 "Financial Statements of Business Acquired or to be Acquired" and Article 11 of Regulation S-X. If the disclosure does not specify pre-tax earnings from continuing operations, minority interest, and equity in the earnings or losses of investees, then such data must be prepared by the company's outside audit firm for the Exchange's consideration. In this regard, the audit firm would have to issue an independent accountant's report on applying agreed-upon procedures in accordance with the standards established by the American Institute of Certified Public Accountants;

(c) Exclusion of Merger or Acquisition Related Costs Recorded under Pooling of Interests;

(d) Exclusion of nonrecurring Charges or Income Specifically Disclosed in the Applicant's SEC Filing for the Following –

(i) In connection with exiting an activity for the following –

(1) Costs of severance and termination benefits

(2) Costs and associated revenues and expenses associated with the elimination and reduction of product lines

(3) Costs to consolidate or re-locate plant and office facilities

(ii) Loss or gain on disposal of long-lived assets

(iii) Environmental clean-up costs

(iv) Litigation settlements;

(v) Loss or gain from extinguishment of debt prior to its maturity;

(e) Exclusion of Impairment Charges on Long-lived Assets (goodwill, property, plant, and equipment, and other long-lived assets);

(f) Exclusion of Gains or Losses Associated with Sales of a Subsidiary's or Investee's Stock;

(g) Exclusion of In-Process Purchased Research and Development Charges;

(h) Regulation S-X Article 11 Adjustments

Adjustments will include those contained in a company'*spro forma* financial statements provided in a current filing with the SEC pursuant to SEC rules and regulations governing Article 11 "Pro forma information of Regulation S-X Part 210-Form and Content of and Requirements for Financial Statements;"

(i) Exclusion of the Cumulative Effect of Adoption of New Accounting Standards (APB Opinion No. 20)

(j) Exclusion of the income statement effects for all periods of changes in fair value of financial instruments of the company classified as liabilities, provided such financial instrument is either being redeemed with the proceeds of an offering occurring in conjunction with the company's listing or converted into or exercised for common equity securities of the company at the time of such listing.

<u>OR</u>

II) Global Market Capitalization Test*

At least $200,000,000 in global market capitalization. **

* Acquisition companies (as such term is defined in Section 102.06) are not permitted to list under the Global Market Capitalization Test. Such companies will only be listed if they meet the requirements of Section 102.06.

** In considering the listing under the Global Market Capitalization Test of current publicly-traded companies, the Exchange will require such companies to meet the minimum $200,000,000 global market capitalization requirement and maintain a closing price of at least $4 per share in each case for a period of at least 90 consecutive trading days prior to receipt of clearance to make application to list onthe Exchange and will also consider whether the company's business prospects and operating results indicate that the company's market capitalization value is likely to be sustained or increase over time.

In the case of companies listing in connection with an IPO or an Initial Firm Commitment Underwritten Public Offering, the company's underwriter (or, in the case of a spin-off, the parent company's investment banker or other financial advisor) must provide a written representation that demonstrates the company's ability to meet the $200, 000, 000 global market capitalization requirement based upon the completion of the offering (or distribution).

(F) Only adjustments arising from events specifically so indicated in the company's SEC filing (s) as to both categorization and amount can and must be made. Any such adjustment applies only in the year in which the event occurred except with regard to the use of proceeds or acquisitions and dispositions. Any company for which the Exchange relies on adjustments in granting clearance must include all relevant adjusted financial data in its listing application, and disclose the use of adjustments by including a statement in a press release (i) that additional information is available upon which the NYSE relied to list the company and is included in the listing application and (ii) that such information is available to the public upon request. This press release must be issued concurrently with any listing announcement issued by the company or, if a listing announcement is not issued, within 30 days from the date the company lists on the NYSE. The form of listing application and information regarding supporting documents required in connection with adjustments to historical financial data are available on the Exchange's website or from the Exchange upon request.

(G) Interested parties should apply the list of adjustments in accordance with any relevant accounting literature, such as that published by the Financial Accounting Standards Board (FASB), the Accounting Principles Board (APB), the Emerging Issues Task Force (EITF), the American Institute of Certified Public Accountants (AICPA), and the SEC. Any literature is intended to guide issuers and investors regarding the affected adjustment listed. If successor interpretations (or guidelines) are published with respect to any particular adjustment, the most recent relevant interpretations (or guidelines) should be consulted.

****

Aside from the minimum numerical standards listed above, other factors are taken into consideration. The company must be a going concern or be the successor to a going concern. Although the amount of assets and earnings and the aggregate market value are considerations, greater emphasis is placed on such questions as the degree of national interest in the company, the character of the market for its products, its relative stability and position in its industry, and whether or not it is engaged in a expanding industry with prospects for maintaining its position.

Income deposit securities to be traded as a unit will as a general matter be listed if each of the component parts of the unit meets the applicable requirements for listing.

The Exchange is also concerned with such matters as voting rights of shareholder, voting arrangements and pyramiding of control, and related party transactions.

When there is an indication of a lack of public interest in the securities of a company evidenced, for example, by low trading volume on another exchange, lack of dealer interest in the over-the-counter market, unusual geographic concentration of holders of shares, slow growth in the number of shareholders, low rate of transfers, etc., higher distribution standards may apply. In this connection, particular attention will be directed to the number of holders of from 100 to 1,000 shares and the total number of shares in this category.

Amended: November 2, 2009 (NYSE – 2009 – 109); January 21, 2010 (NYSE – 2010 – 02); May

15,2012(NYSE -2012 -12);August 15,2013(NYSE -2013 -33);September 30,2014(NYSE -2014 -52).

102.01D Policy on restated financial statements due to change from an unacceptable to acceptable accounting principle or correction of errors.

If at any time following the Exchange's initial determination that a company meets the Exchange's original listing criteria, the company restates its financial statements due to a change from an unacceptable to an acceptable accounting principle or a correction of errors, and the restatement encompasses financial statements included in its SEC filings at the time of application for listing on the Exchange, the Exchange will reevaluate the company's listing status. In this regard, the Exchange will determine whether, at the time of the original clearance, the company would have qualified under the Exchange's original listing standards utilizing the restated financial data. If not, unless the company meets original listing standards at the time of the restatement, the company will be notified that it does not meet the original listing standards and, if its securities have been listed, such securities will be suspended from trading and the company will immediately be subject to the delisting procedures in Para. 804.

102.01E Policy on reliance on the operating history of acquired companies.

In the event that a company has less than three years of operating history and is acquiring (either completed or committed) an entity with the requisite operating history, the Exchange will consider the combined operating history of the aquiror and acquiree for the preceding period(s) in conducting its financial eligibility review. If it is necessary to combine historical financial statements if the acquiree and acquiror in order to enable the Exchange to conduct its analysis(e.g., overlapping fiscal year), then the combined data would need to be accompanied by an agreed upon procedures letter provided by the company's outside audit firm at the request of the company. The auditor's letter would state the procedures performed with respect to any necessary combination of historical data.

102.01F Policy on Listing Reverse Merger Companies

For purposes of this Section 102.01F, a "Reverse Merger" means any transaction whereby an operating company becomes an Exchange Act reporting company by combining directly or indirectly with a shell company which is an Exchange Act reporting company, whether through a reverse merger, exchange offer, or otherwise. However, a Reverse Merger does not include the acquisition of an operating company by a listed company which qualified for initial listing as an acquisition company under Section 102.06. In determining whether a company is a shell company, the Exchange will consider, among other factors: whether the Company is considered a "shell company" as defined in Rule 12b-2 under theExchange Act; what percentage of the company's assets are active versus passive; whether the company generates revenues, and if so, whether the revenues are passively or actively generated; whether the company's expenses are reasonably related to the revenues being generated; how many employees work in the company's revenue-generating business operations; how long the company has been without material business operations; and whether the company has publicly announced a plan to begin operating activities or generate revenues, including through a near-term acquisition or transaction.

In order to qualify for initial listing, a company that is formed by a Reverse Merger (a "Reverse Merger Company") must comply with one of the initial listing standards set forth in Section 102.01C and the applicable requirements of Sections 102.01A and 102.01B. In addition to satisfying all of the Exchange's other initial listing requirements, a Reverse Merger Company shall be eligible to submit an application for initial listing only if the combined entity has, immediately preceding the filing of the initial listing application:

(1) traded for at least one year in the U. S. over-the-counter market, on another national securities exchange, or on a regulated foreign exchange following the consummation of the Reverse Merger and (i) in the case of a domestic issuer, has filed with the Commission a Form 8 – K containing all of the information required by Item 2.01 (f) of Form 8 – K, including all required audited financial statements, or (ii) in the case of a foreign private issuer, has filed all of the information described in (i) above on Form 20 – F;

(2) maintained a closing stock price of $4 or higher for a sustained period of time, but in no event for less than 30 of the most recent 60 trading days prior to the filing of the initial listing application, and

(3) filed with the Commission all required reports since the consummation of the Reverse Merger, including the filing of at least one annual report containing all required audited financial statements for a full fiscal year commencing on a date after the date of filing with the Commission of the filing described in (1) above.

In addition, in order to qualify for listing, a Reverse Merger Company must have timely filed all required reports for the most recent 12 – month period prior to the listing date, including at least one annual report containing all required audited financial statements.

In addition, a Reverse Merger Company will be required to maintain a closing stock price of $4 or higher for a sustained period of time, but in no event for less than 30 of the most recent 60 trading days prior to the date of the Reverse Merger Company's listing.

The Exchange may in its discretion impose more stringent requirements than those set forth above if the Exchange believes it is warranted in the case of a particular Reverse Merger Company based on, among other things, an inactive trading market in the Reverse Merger Company's securities, the existence of a low number of publicly held shares that are not subject to transfer restrictions, if the Reverse Merger Company has not had a Securities Act registration statement or other filing subjected to a comprehensive review by the Commission, or if the Reverse Merger Company has disclosed that it has material weaknesses in its internal controls which have been identified by management and/or theReverse Merger Company's independent auditor and has not yet implemented an appropriate corrective action plan.

A Reverse Merger Company will not be subject to the requirements of this Section 102.01F if it is listing in connection with an Initial Firm Commitment Underwritten Public Offering (as defined in Section 102. 01B) where the proceeds to the Reverse Merger Company will be sufficient on a stand-alone basis to meet the aggregate market value of publicly-held shares requirement for Initial Firm Commitment Underwritten Public Offerings as set forth in Section 102. 01B and the offering is occurring subsequent to or concurrently with the Reverse Merger. In addition, a Reverse Merger Company will not be subject to the requirement of this Section 102. 01F that it must maintain a closing stock price of $4 or higher for at least 30 of the most recent 60 days prior to each of the filing of the initial listing application and the date of the Reverse Merger Company's listing, if it has satisfied the one-year trading requirement contained in paragraph (1) above and has filed at least four annual reports with the Commission which each contain all required audited financial statements for a full fiscal year commencing after filing the information described in paragraph (1) above. However, such companies will be required to (i) comply with the stock price requirement of Section 102. 01B at the time of each of the filing of the initial listing application and the date of the Reverse Merger Company's listing and (ii) not be delinquent in their filing obligations with the Commission. In either of the cases described in this paragraph, the Reverse Merger Company will only need to meet the requirements of one of the financial initial listing standards in Section 102. 01C, in addition to all other applicable non-financial listing standard requirements, including, without limitation, the requirements of Sections 102. 01A, 102. 01B and 303A.

Adopted: November 8, 2011 (NYSE - 2011 - 38). Amended; September 24, 2013 (NYSE - 2013 - 62).

102. 02 Alternate Listing Standards Companies Operating Primarily to Provide Venture Capital for Small and Medium Sized Businesses Equity Listings

(Applicable only to companies registered under the Investment Company Act of 1940 or the Small Business Investment Act of 1958.)

The Exchange believes that it is necessary to encourage the formation and growth of the private capital essential to finance the expansion of the U. S. economy. Companies operating primarily to provide venture capital for small and medium sized businesses help to serve such a purpose. These companies seek long-term growth rather than current earnings and, as a result, are often unable to meet the minimal annual earnings standards of the Exchange.

Nevertheless they require substantial working capital to do a significant and successful job of assisting small businesses. Therefore, the Exchange has adopted the following alternate size and earnings standards of such companies.

- The earnings requirement will be modified to the extent appropriate for companies of this character.
- Net tangible assets applicable to common stock shall be at least $18,000,000 including a minimum of $8,000,000 composed of paid-in capital or retained earnings.
- The company will be asked for an undertaking not to take action which would significantly reduce its net assets below the $18, 000, 000 level. In this connection, unusual and special circumstances will be considered on their merits.

All other original listing standards will be applicable.

102.03 Minimum Numerical Standards—Domestic Companies—Debt Listings

Market Value

The debt issue must have an aggregate market value or principal amount of no less than $5,000,000.

Convertible Bonds

Debt securities convertible into equity securities may be listed only if the underlying equity securities are subject to real-time last sale reporting in the United States. The convertible debt issue must have an aggregate market value or principal amount of no less than $10,000,000.

Issuer or Bond Rating Status

For the Exchange to list a debt security, the security must be characterized by one of the following conditions:

(A) the issuer of the debt security has equity securities listed on the Exchange;

(B) an issuer of equity securities listed on the Exchange directly or indirectly owns a majority interest in, or is under common control with, the issuer of the debt security;

(C) an issuer of equity securities listed on the Exchange has guaranteed the debt security;

(D) a nationally recognized securities rating organization (an NRSRO) has assigned a current rating to the debt security that is no lower than an S&P Corporation "B" rating or an equivalent rating by another NRSRO; or

(E) if no NRSRO has assigned a rating to the issue, an NRSRO has currently assigned:

(i) an investment grade rating to a senior issue; or

(ii) a rating that is no lower than an S&P Corporation "B" rating, or an equivalent rating by another NRSRO, to a *pari passu* or junior issue.

102.04 Minimum Numerical Standards-Closed-end Management Investment Companies

A. The Exchange will generally authorize the listing of a closed-end management investment company registered under the Investment Company Act of 1940 (a Fund) that meets the requirements of Paras. 102.01A and 102.01B above, provided that the required market value of publicly held shares shall be $60,000,000 regardless of whether it is an IPO or an existing Fund. Para. 102.01C will not apply.

Notwithstanding the foregoing requirement for market value of publicly held shares of $60,000,000, the Exchange will generally authorize the listing of all the Funds in a group of Funds listed concurrently with a common investment adviser or investment advisers who are "affiliated persons", as defined in Section 2(a)(3) of the Investment Company Act of 1940, as amended, if:

• Total group market value of publicly held shares equals in the aggregate at least $200,000,000;

• The group market value of publicly held shares averages at least $45,000,000 per Fund; and

• No one Fund in the group has market value of publicly held shares of less than $30,000,000.

B. The Exchange will generally authorize the listing of a closed-end management investment company that has filed an election to be treated as a business development company under the Investment Company Act of 1940 that meets the requirements of Paras. 102.01A and 102.01B above, provided that the required market value of publicly held shares shall be $60,000,000 regardless of whether it is an IPO or an existing business development company, and provided further that the company has a total market capitalization of listed securities of at least $75,000,000. Para. 102.01C will not apply.

102.05 Minimum Numerical Standards-Real Estate Investment Trusts

For Real Estate Investment Trusts (REITs) that do not have a three-year operating history, the following listing standards apply.

• For such companies with at least $60,000,000 in stockholders' equity, the Exchange will generally authorize the listing of the REIT. For those REITs listing in conjunction with an offering, this requirement must be evidenced by a written commitment from the underwriter (or, in the case of a spin-off or carve-out, from the parent company's investment banker or other financial advisor) on behalf of the REIT;

• For such companies with stockholders' equity below $60,000,000, the Exchange will not consider the REIT eligible for listing.

• For such companies with a three-year operating history, the company must meet the financial standards specified in Para. 102.01 C above*

• As with all companies, compliance with Para. 102.01 A regarding size/volume as well as Para. 102.01 B above regarding size is also required.

102.06 Minimum Numerical Standards-Acquisition Companies

The Exchange will consider on a case-by-case basis the appropriateness for listing of companies (acquisition companies or ACs) with no prior operating history that conduct an initial public offering ofwhich at least 90% of the proceeds, together with the proceeds of any other concurrent sales of the AC's equity securities, will be held in a trust account controlled by an independent custodian until consummation of a business combination in the form of a merger, capital stock exchange, asset acquisition, stock purchase, reorganization, or similar business combination with one or more operating businesses or assets with a fair market value equal to at least 80% of the net assets held in trust (net of amounts disbursed to management for working capital purposes and excluding the amount of any deferred underwriting discount held in trust) (a Business Combination).

ACs must demonstrate an aggregate market value of $100,000,000 (A) and a market value of publicly-held shares of $80,000,000 (A) and must comply with the requirements of Section 102.01A. An AC must have a closing price or, if listing in connection with an IPO, an IPO price per share of at least $4 at the time of initial listing.

(A) Shares held by directors, officers, or their immediate families and other concentrated holdings of 10 percent or more are excluded in calculating the number of publicly-held shares. For ACs that list at the time of their IPOs, if necessary, the Exchange will rely on a written commitment from the underwriter to represent the anticipated value of the AC's offering in order to determine an AC's compliance with this listing standard.

Under the terms of its constitutive documents or by contract, any AC deemed suitable for listing will be subject to the following minimum requirements:

a. if the AC holds a shareholder vote on a Business Combination for which the AC must file and furnish a proxy or information statement subject to Regulation 14A or 14C under the Securities Exchange Act of 1934 in advance of the shareholder meeting, the Business Combination must be approved by a majority of the votes cast by public shareholders at the shareholder meeting at which the Business Combination is being considered;

b. if a shareholder vote on a Business Combination is held, each public shareholder voting against the Business Combination will have the right("Conversion Right") to convert its shares of common stock into a pro rata share of the aggregate amount then on deposit in the trust account(net of taxes payable, and amounts disbursed to management for working capital purposes), provided that the Business Combination is approved and consummated. It will be permissible for an AC to establish a limit(set no lower than 10% of the shares sold in the AC's IPO) as to the maximum number of shares with respect to which any public shareholder, together with any affiliate of such shareholder or any person with whom such shareholder is acting as a "group"[as such term is used in Sections 13(d) and 14(d) of the Exchange Act] may exercise Conversion Rights;

c. if a shareholder vote is not held on a Business Combination for which the company must file and furnish a proxy or information statement subject to Regulation 14A or 14C under the Securities Exchange Act of 1934, the company must provide all shareholders with the opportunity to redeem all their shares for cash equal to their pro rata share of the aggregate amount then in the deposit account (net of taxes payable, and amounts disbursed to management for working capital purposes), pursuant to Rule 13e – 4 and Regulation 14E under the Securities Exchange Act of 1934, which regulates issuer tender offers. The company must file tender offer documents with the Securities and ExchangeCommission containing substantially the same financial and other information about the Business Combination and the redemption rights as would be required under Regulation 14A of the Securities Exchange Act of 1934, which regulates the solicitation of proxies;

d. the AC will be liquidated if no Business Combination has been consummated within a specified time period not to exceed three years. The Exchange will promptly commence delisting procedures with respect to any AC that fails to consummate its Business Combination within (i) the time period specified by its constitutive documents or by contract or (ii) three years, whichever is shorter; and

e. the AC's founding shareholders must waive their rights to participate in any liquidation distribution with respect to all shares of common stock owned by each of them prior to the IPO or purchased in any private placement occurring in conjunction with the IPO, including the common stock underlying any founders' warrants. In addition, the underwriters of the IPO must agree to waive their rights to any deferred underwriting discount deposited in the trust account in the event the AC liquidates prior to the completion of a Business Combination.

In the event that AC securities are listed as units, the components of the units (other than common stock) will be required to meet the applicable initial listing standards for the security types represented by the components.

In determining the suitability for listing of an AC, the Exchange will consider:

- the experience and track record of management;
- the amount of time permitted for the completion of the Business Combination prior to the mandatory dissolution of the AC;
- the nature and extent of management compensation;
- the extent of management's equity ownership in the AC and any restrictions on management's ability to sell AC stock;
- the percentage of the contents of the trust account that must be represented by the fair market value of the Business Combination;
- the percentage of voting publicly-held shares whose votes are needed to approve the Business Combination;
- the percentage of the proceeds of sales of the AC's securities that is placed in the trust account; and
- such other factors as the Exchange believes are consistent with the goals of investor protection and the public interest.

Amended: March 10, 2017 (NYSE - 2016 - 72).

102.07　Minimum Numerical Standards—Equity Investment Tracking Stocks

An Equity Investment Tracking Stock is defined as a class of common equity securities that tracks on an unleveraged basis the performance of an investment by the issuer in the common equity securities of a single other company listed on the Exchange. An Equity Investment Tracking Stock may track multiple classes of common equity securities of a single issuer, so long as all of those classes have identical economic rights and at least one of those classes is listed on the Exchange.

In order for an Equity Investment Tracking Stock to qualify for initial listing, it must meet the requirements of Sections 102.01A and 102.01B and the issuer of the Equity Investment Tracking Stock must meet the Global Market Capitalization Test set forth in Section 102.01C. The Exchange will not list an Equity Investment Tracking Stock if, at the time of the proposed listing, the issuer of the equity tracked by the Equity Investment Tracking Stock has been deemed below compliance with the Exchange's listing standards. The issuer of the Equity Investment Tracking Stock must own (directly or indirectly) at least 50% of both the economic interest and voting power of all of the outstanding classes of common equity securities of the issuer whose equity is tracked by the Equity

Investment Tracking Stock.

Prior to the commencement of trading of any Equity Investment Tracking Stock, the Exchange will distribute an Information Memorandum to its Members and Member Organizations that includes (a) any special characteristics and risks of trading the Equity Investment Tracking Stock, and (b) the Exchange Rules that will apply to the Equity Investment Tracking Stock including Exchange Rules that:

- require Member Organizations to use reasonable diligence in regard to the opening and maintenance of every account, to know (and retain) the essential facts concerning every customer and concerning the authority of each person acting on behalf of such customer; and
- require Member Organizations in recommending transactions in the Equity Investment Tracking Stock to have a reasonable basis to believe that (1) the recommendation is suitable for a customer given reasonable inquiry concerning the customer's investment objectives, financial situation, needs, and any other information known by such Member Organization, and (2) the customer can evaluate the special characteristics, and is able to bear the financial risks, of an investment in the Equity Investment Tracking Stock.

Adopted: June 24, 2016 (NYSE - 2016 - 22).

103.00 Foreign Private Issuers

The Exchange welcomes listing inquiries from foreign private issuers.

Foreign private issuers may elect to qualify for listing either under the Alternate Listing Standards for foreign private issuers or the Exchange's domestic listing criteria. The foreign private issuer must meetall of the criteria within the standards under which it seeks to qualify for listing. For purposes of this Listed Company Manual, the terms "foreign private issuer" and "non-U. S. company" have the same meaning and are defined in accordance with the SEC's definition of foreign private issuer set out in Rule 3b - 4 (c) of the Securities Exchange Act of 1934.

The Alternate Listing Standards are designed to encourage major non-U. S. companies to list their shares on the Exchange.

In addition to the minimum numerical standards for listing, the Exchange has established policies and requirements concerning certain corporate governance practices and the reporting of interim earnings. For example, in many foreign countries, controlling law or common practice compel or permit the non-U. S. company to issue interim earnings reports on a semi-annual, as opposed to quarterly, basis or to have a class or classes of common stock having more or less than one vote per share.

Other Exchange policies concerning the corporate governance practices required of domestic companies which may not be consistent with the home country laws or practices of non-U. S. companies include those which address the structure and composition of the Board of Directors, shareholder approval, quorum requirements for shareholders' meetings and related continued listing criteria.

To assist the Exchange in considering the question of the listing or continued listing of the securities of a non-U. S. company whose interim earnings reporting or corporate governance practices are not in compliance with Exchange requirements for domestic companies, the non-U. S. company should furnish the Exchange with a written certification from independent counsel in the country of the non-U. S. company's domicile as to whether or not the non-complying practices are prohibited by home country law. Notwithstanding the provisions of this Section 103. 00, listed foreign private issuers must in all cases comply with the requirement of Section 203. 03 hereof to disclose interim financial information in a Form 6 – K on, at a minimum, a semi-annual basis.

The Alternate Listing Standards for non-U. S. companies apply only where there is a broad, liquid market for the company's shares in its country of origin.

Amended: October 18, 2012 (NYSE – 2012 – 52); February 19, 2016 (NYSE – 2016 – 12).

103.01 Minimum Numerical Standards Non-U. S. Companies Equity Listings

103.01A A company must meet the following distribution, size and price requirements:

Number of shareholder, holders of 100 or more shares.	5,000 Worldwide
Number of shares publicly held.	2.5 millionWorldwide
Market value of publicly-held shares (A) or for companies listing under the.	$ 100 million Worldwide (B)
Affiliated Company standard.	$ 60 million Worldwide (B)

(A) Shares held by directors, officers, or their immediate families and other concentrated holdings of 10 percent or more are excluded in calculating the number of publicly-held shares. If a company either has a significant concentration of stock, or if changing market forces have adversely impacted the public market value of a company which otherwise would qualify for listing on the Exchange such that its public market value is no more than 10 percent below $ 100,000,000, the Exchange will generally consider $ 100,000,000 in stockholders' equity as an alternate measure of size and therefore, as an alternative basis to list the company.

(B) For companies that list at the time of their initial public offerings (IPOs) or in connection with an Initial Firm Commitment Underwritten Public Offering, if necessary, the Exchange will rely on a written commitment from the underwriter to represent the anticipated value of the company's offering in order to determine a company's compliance with this listing standards. Similarly, for spin-offs, the Exchange will rely on a representation from the parent company's investment banker (or other financial advisor) or transfer agent in order to estimate the market value based upon the as disclosed distribution ratio. For purpose of this paragraph, an IPO include a spin-off and is an offering by an issuer which, immediately prior to its original listing, does not have a class of common stock registered under the Securities Exchange Act of 1934. An IPO includes a carve-out, which is defined for purposed of this paragraph as the initial offering of an equity security to the publicly traded company for an underlying interest in its existing business (may be subsidiary, division, or business unit).

A company must have a closing price or, if listing in connection with an IPO or Initial Firm Commitment Underwritten Public Offering, a public offering price per share of at least $4 at the time of listing.

Amended: January 21, 2010 (NYSE – 2010 – 02).

103.01B A company must meet one of the following financial standards:

(I) Earnings Test

(1) Pre-tax earnings from continuing operations and after minority interest, amortization and equity in the earnings or losses of investees, adjusted for items specified in Section 102.01C(I)(2)(a) through (i) above, and 103.01B(I)(2) below, must total at least $100,000,000 in the aggregate for the last three fiscal years with a minimum of $25,000,000 in each of the most recent two fiscal years.

A company that (i) qualifies as an emerging growth company as defined in Section 2(a)(19) of the Securities Act and Section 3(a)(80) of the Exchange Act and (ii) avails itself of the provisions of the Securities Act and the Exchange Act permitting emerging growth companies to report only two years of audited financial statements, can qualify under the Earnings Test by meeting the following requirements: Pre-tax earnings from continuing operations and after minority interest, amortization and equity in the earnings or losses of investees, adjusted for items specified in Section 102.01C(I)(2)(a) through (i) above, and 103.01B(I)(2) below, must total at least $100,000,000 in the aggregate for the last two fiscal years with a minimum of $25,000,000 in each year.

(2) Additional Adjustment (C)(D) Available for Foreign Currency Devaluation. Non-operating adjustments when associated with translation adjustments representing a significant devaluation of a country's currency (e.g., the currency of a company's country of domicile devalues by more than 10 percent against the U.S. dollar within a six-month period). Adjustments may not include those associated with normal currency gains or losses.

(3) Reconciliation to U.S. GAAP of the third year back would only be required if the Exchange determines that reconciliation is necessary to demonstrate that the aggregate $100,000,000 threshold is satisfied.

<u>OR</u>

(II) Valution/Revenue Test

Companies listing under this standard may satisfy either (a) the Valuation/Revenue with Cash Flow Test or (b) the Pure Valuation/Revenue Test.

(a) <u>Valuation/Revenue with Cash Flow Test</u> –

(1) at least $500,000,000 in global market capitalization,

(2) at least $100,000,000 in revenues during the most recent 12 month period, and

(3) at least $100,000,000 aggregate cash flows for the last three fiscal years, where each of the two most recent years is reported at a minimum of $25,000,000, adjusted in accordance with (C)(D) Section 102.01C(I)(2)(a) and (b).

A company that(i)qualifies as an emerging growth company as defined in Section 2(a)(19) of the Securities Act and Section 3(a)(80) of the Exchange Act and (ii) avails itself of the provisions of the Securities Act and the Exchange Act permitting emerging growth companies to report only two years of audited financial statements, can qualify under the Valuation/Revenue test by meeting the requirements in (1) and (2) above and the following requirement in lieu of (3) above: at least $100,000,000 aggregate cash flows for the last two fiscal years with a minimum of $25,000,000 in each year.

A Company must demonstrate cash flow based on the operating activity section of its cash flow statement. Cash flow represents net income adjusted to (a) reconcile such amounts to cash provided by operating activities, and (b) exclude changes in operating assets and liabilities. With respect to reconciling amounts pursuant to this Paragraph, all such amounts are limited to the amount included in the company's income statement.

In the case of companies listing in connection with an IPO or Initial Firm Commitment Underwritten Public Offering, the company's underwriter (or, in the case of a spin-off, the parent company's investment banker or other financial advisor) must provide a written representation that demonstrates the company's ability to meet the $500,000,000 global market capitalization requirement based upon the completion of the offering (or distribution).

Reconciliation to U. S. GAAP of the third fiscal year back would only be required if the Exchange determines that reconciliation is necessary to demonstrate that the $100,000,000 aggregate cash flow threshold is satisfied.

(b) Pure Valuation/Revenue Test –

(1) at least $750,000,000 in global market capitalization, and

(2) at least $75,000,000 in revenues during the most recent fiscal year.

In the case of companies listing in connection with an IPO or Initial Firm Commitment Underwritten Public Offering, the company's underwriter (or, in the case of a spin-off, the parent company's investment banker or other financial advisor) must provide a written representation that demonstrates the company's ability to meet the $750,000,000 global market capitalization requirement upon completion of the offering (or distribution). For all other companies, market capitalization valuation will be determined over a six-month average.

OR

(III) Affiliated Company Test

(1) at least $500,000,000 in global market capitalization;

(2) at least 12 months of operating history (although a company is not required to have been a separate corporate entity for such period); and

(3) the company's parent or affiliated company is a listed company in good standing (as evidenced by written representation from the company or its financial advisor excluding that portion of the balance sheet attributable to the new entity); and

(4) the company's parent or affiliated company retains control of the entity or is under

common control with the entity.

In the case of companies listing in connection with an IPO or Initial Firm Commitment Underwritten Public Offering, the company's underwriter (or, in the case of a spin-off, the parent company's investment banker or other financial advisor) must provide a written representation that demonstrates the company's ability to meet the \$500,000,000 global market capitalization requirement upon completion of the offering (or distribution).

"Control" for purposes of the Affiliated Company Test will mean having the ability to exercise significant influence over the operating and financial policies of the listing company, and will be presumed to exist where the parent or affiliated company holds 20% or more of the listing company's voting stock directly or indirectly. Other indicia that may be taken into account when determining whether control exists include board representation, participation in policy making processes, material intercompany transactions, interchange of managerial personnel, and technological dependency. The AffiliatedCompany Test is taken from and intended to be consistent with generally accepted accounting principles regarding use of the equity method of accounting for an investment in common stock.

(C) Only adjustments arising from events specifically so indicated in the company's SEC filing(s) as to both categorization and amount can and must be made. Any such adjustments apply only in the year in which the event occurred except with regard to the use of proceeds or acquisitions and dispositions. Any company for which the Exchange relies on adjustments in granting clearance must include all relevant adjusted financial data in its listing application, and disclose the use of adjustments by including a statement in a press release (i) that additional information is available upon which the NYSE relied to list the company and is included in the listing application and (ii) that such information is available to the public upon request. This press release must be issued concurrently with any listing announcement issued by the company or, if a listing announcement is not issued, within 30 days from the date the company lists on the NYSE. The form of listing application and information regarding supporting documents required in connection with adjustments to historical financial data are available on the Exchange's website or from the Exchange upon request.

(D) Interested parties should apply the list of adjustments in accordance with any relevant accounting literature, such as that published by the Financial Accounting Standards Board (FASB), the Accounting Principles Board (APB), the Emerging Issues Task Force (EITF), the American Institute of Certified Public Accountants (AICPA), and the SEC. Any literature is intended to guide issuers and investors regarding the affected adjustment listed. If successor interpretations (or guidelines) are published with respect to any particular adjustment, the most recent relevant interpretations (or guidelines) should be consulted.

Amended: January 21, 2010 (NYSE - 2010 - 02); May 15, 2012 (NYSE - 2012 - 12); August 15, 2013 (NYSE - 2013 - 33).

103.01C Policy on restated financial statements due to change from an unacceptable to acceptable accounting principle or a correction of errors

If at any time following the Exchange's initial determination that a company meets the Exchange's original listing criteria, the company restates its financial statements due to a change from an unacceptable to an acceptable accounting principle or a correction of errors, and the restatement encompasses financial statements included in its SEC filings at the time of application for listing on the Exchange, the Exchange will reevaluate the company's listing status. In this regard, the Exchange will determine whether, at the time of the original clearance, the company would have qualified under the Exchange's original listing standards utilizing the restated financial data. If not, unless the company meets original listing standards at the time of the restatement, the company will be notified that it does not meet the original listing standards and, if its securities have been listed, such securities will be suspended from trading and the company will immediately be subject to the delisting procedures in Para. 804.

103.01D Policy on reliance on the operating history of acquired companies

In the event that a company has less than three years of operating history and is acquiring (either completed or committed) an entity with the requisite operating history, the Exchange will consider the combined operating history of the acquirer and acquiree for the preceding period(s) in conducting its financial eligibility review. If it is necessary to combine historical financial statements of the acquiree and acquiror in order to enable the Exchange to conduct its analysis (e. g., overlapping fiscal years), then the combined data would need to be accompanied by an agreed upon procedures letter provided by the company's outside audit firm at the request of the company. The auditor's letter would state the procedures performed with respect to any necessary combination of historical data.

103.01E Policy on Listing Reverse Merger Companies

For purposes of this Section 103.01E, a "Reverse Merger" means any transaction whereby an operating company becomes an Exchange Act reporting company by combining directly or indirectly with a shell company which is an Exchange Act reporting company, whether through a reverse merger, exchange offer, or otherwise. However, a Reverse Merger does not include the acquisition of an operating company by a listed company which qualified for initial listing as an acquisition company under Section 102.06. In determining whether a company is a shell company, the Exchange will consider, among other factors: whether the Company is considered a "shell company" as defined in Rule 12b-2 under the Exchange Act; what percentage of the company's assets are active versus passive; whether the company generates revenues, and if so, whether the revenues are passively or actively generated; whether the company's expenses are reasonably related to the revenues being generated; how many employees work in the company's revenue-generating business operations; how long the company has been without material business operations; and whether the company has publicly announced a plan to begin operating activities or generate revenues, including through a near-term acquisition or transaction.

In order to qualify for initial listing, a company that is formed by a Reverse Merger (a

"Reverse Merger Company") must comply with one of the initial listing standards set forth in Section 103.01B and the distribution, size and price requirements of Section 103.01A. In addition to satisfying all of the Exchange's other initial listing requirements, a Reverse Merger Company shall be eligible to submit an application for initial listing only if the combined entity has, immediately preceding the filing of the initial listing application:

(1) traded for at least one year in the U. S. over-the-counter market, on another national securities exchange, or on a regulated foreign exchange following the consummation of the Reverse Merger and has filed with the Commission on Form 20 – F all of the information required to be filed by a domestic issuer after consummatuion of a Reverse Merger by Item 2.01(f) of Form 8 – K, including all required audited financial statements;

(2) maintained a closing stock price of $4 or higher for a sustained period of time, but in no event for less than 30 of the most recent 60 trading days prior to the filing of the initial listing application, and

(3) timely filed with the Commission all required reports since the consummation of the Reverse Merger, including the filing of at least one annual report containing all required audited financialstatements for a full fiscal year commencing on a date after the date of filing with the Commission of the filing described in(1) above.

In addition, a Reverse Merger Company will be required to maintain a closing stock price of $4 or higher for a sustained period of time, but in no event for less than 30 of the most recent 60 trading days prior to the date of the Reverse Merger Company's listing.

The Exchange may in its discretion impose more stringent requirements than those set forth above if the Exchange believes it is warranted in the case of a particular Reverse Merger Company based on, among other things, an inactive trading market in the Reverse Merger Company's securities, the existence of a low number of publicly held shares that are not subject to transfer restrictions, if the Reverse Merger Company has not had a Securities Act registration statement or other filing subjected to a comprehensive review by the Commission, or if the Reverse Merger Company has disclosed that it has material weaknesses in its internal controls which have been identified by management and/or the Reverse Merger Company's independent auditor and has not yet adopted an appropriate corrective action plan.

A Reverse Merger Company will not be subject to the requirements of this Section 103.01E if it is listing in connection with an Initial Firm Commitment Underwritten Public Offering(as defined in Section 102.01B) where the proceeds received from the offering by the Reverse Merger Company are sufficient on a standalone basis to generate a minimum of $40,000,000 in aggregate market value of publicly-held shares and the offering is occurring either subsequent to or concurrently with the Reverse Merger. In addition, a Reverse Merger Company will not be subject to the requirement of this Section 103.01E that it must maintain a closing stock price of $4 or higher for at least 30 of the most recent 60 days prior to each of the filing of the initial listing application and the date of the Reverse Merger Company's listing, if it has satisfied the one-year trading requirement contained in paragraph(1) above and has filed at least four annual reports with the Commission which each contain all required audited financial statements for a full fiscal year commencing after filing the information described in paragraph(1) above. However, such companies will be required to(i) comply with the stock price requirement of Section 103. 01A and (ii) not be delinquent in their filing obligations with the Commission. In either of the cases described in this paragraph, the Reverse Merger Company will only need to meet the requirements of one of the financial initial listing standards in Section 103. 01B, in addition to all other applicable non-financial listing standard requirements, including, without limitation, the requirements of Sections 103. 01A and 303A.

Adopted: November 8, 2011 (NYSE - 2011 - 38).

103.02 Securities Exchange Act of 1934

Aside from qualifying under Exchange standards, all corporate securities must be registered under the Securities Exchange Act of 1934 under Section 12(b) before admission to dealings on the Exchange.

103.03 Sponsorship by an Exchange Member Firm

Because of the widespread use of bearer shares outside the United States, some non-U. S. companies might have difficulty in demonstrating that they have the required number of shareholders on aworldwide basis. In such cases, sponsorship by an Exchange member firm as to the liquidity and depth of the market for the company's shares may substitute for documentation concerning the number of shareholders. Nevertheless, the Exchange staff must be satisfied that a broad and independent market exists. For companies listing with minimal U. S. distribution, the primary non-U. S. market must provide the liquidity against which U. S. arbitrage transactions can be effected.

103.04 Sponsored American Depository Receipts or Shares (ADRs)

In order to list ADRs, the Exchange requires that such ADRs be sponsored. Foreign private issuers sponsor their ADRs by entering into a deposit agreement with an American depository bank to provide, such services as cash and stock dividend payments, transfer of ownership, and distribution of company financial statements and notices, such as shareholder meeting material. This agreement is a required supplement to the basic Listing Agreement. The form of Listing Agreement and information regarding supporting documents required in connection with listing ADRs are available on the Exchange's website or from the Exchange upon request.

Amended: August 15, 2013 (NYSE - 2013 - 33).

103.05 Minimum Numerical Standards Non-U. S.

Market Value

The debt issue must have an aggregate market value or principal amount of no less than $5,000,000.

Convertible Bonds

Debt securities convertible into equity securities may be listed only if the underlying equity securities are subject to real-time last sale reporting in the United States.

Issuer or Bond Rating Status

For the Exchange to list a debt security, the security must be characterized by one of the following conditions:

(A) the issuer of the debt security has equity securities listed on the Exchange;

(B) an issuer of equity securities listed on the Exchange directly or indirectly owns a majority interest in, or is under common control with, the issuer of the debt security;

(C) an issuer of equity securities listed on the Exchange has guaranteed the debt security;

(D) a nationally recognized securities rating organization (an NRSRO) has assigned a current rating to the debt security that is no lower than an S&P "B" rating or an equivalent rating by another NRSRO; or

(E) if no NRSRO has assigned a rating to the issue, an NRSRO has currently assigned:

(i) an investment grade rating to a senior issue; or

(ii) a rating that is no lower than an S&P Corporation "B" rating, or an equivalent rating by another NRSRO, to a *pari passu* or junior issue.

NASDAQ: INITIAL LISTING GUIDE(节选)

Nasdaq Global Select Market: Financial Requirements

Companies must meet all of the criteria under at least one of the four financial standards below and the applicable liquidity requirements on the next page. These requirements apply to listing the primary class of securities for an operating company. Refer to our Listing Rules for specific requirements as they pertain to closed end funds, structured products and secondary classes.

Financial Requirements	Standard 1: Earnings	Standard 2: Capitalization with Cash Flow	Standard 3: Capitalization with Revenue	Standard 4: Assets with Equity
Listing Rules	5315(e) and 5315(f)(3)(A)	5315(e) and 5315(f)(3)(B)	5315(e) and 5315(f)(3)(C)	5315(e) and 5315(f)(3)(D)
Pre-Tax Earnings (income from continuing operations before income taxes)	Aggregate in prior three fiscal years ≥ $11 million and Each of the prior three fiscal years ≥ $0 and Each of the two most recent fiscal years ≥ $2.2 million	—	—	—

续表

Financial Requirements	Standard 1: Earnings	Standard 2: Capitalization with Cash Flow	Standard 3: Capitalization with Revenue	Standard 4: Assets with Equity
Cash Flows	—	Aggregate in prior three fiscal years≥ $ 27.5 million and Each of the prior three fiscal years ≥ $ 0	—	—
Market Capitalization	—	Average≥ $ 550 million over prior 12 months	Average≥ $ 850 million over prior 12 months	$ 160 million
Revenue	—	Previous fiscal year≥ $ 110 million	Previous fiscal year≥ $ 90 million	—
Total Assets	—	—	—	$ 80 million
Stockholders' Equity	—	—	—	$ 55 million
Bid Price	$ 4	$ 4	$ 4	$ 4

Nasdaq Global Select Market: Liquidity Requirements

Liquidity Requirements	Initial Public Offerings and Spin-Off Companies	Seasoned Companies: Currently Trading Common Stock or Equivalents	Affiliated Companies	Listing Rule
RoundLot Shareholders or Total Shareholders or Total Shareholders and Average Monthly Trading Volume over Past Twelve Months	450 or 2,200	450 or 2,200 or 550 and 1.1 million	450 or 2,200 or 550 and 1.1 million	5315(f)(1)

续表

Publicly Held Shares	1,250,000	1,250,000	1,250,000	5315(e)(2)
Market Value of Publicly Held Shares or Market Value of Publicly Held Shares and Stockholders' Equity	$45 million	$110 million or $100 million and $110 million	$45 million	5315(f)(2)

* The Company must also have four registered and active Market Makers unless it satisfies the requirements of the Nasdaq Global Market Income Standard or Equity Standard as set forth on the next page, in which case it must have three registered and active Market Makers.

Nasdaq Global Market: Financial and Liquidity Requirements

Companies must meet all of the criteria under at least one of the four standards below.

Requirements	Income Standard	Equity Standard	Market Value Standard*	Total Assets/ Total Revenue Standard
Listing Rules	5405(a) and 5405(b)(1)	5405(a) and 5405(b)(2)	5405(a) and 5405(b)(3)	5405(a) and 5405(b)(4)
Income from continuing operations before income taxes (in latest fiscal year or in two of last three fiscal years)	$1 million	—	—	—
Stockholders' Equity	$15 million	$30 million	—	—
Market Value of Listed Securities	—	—	$75 million	—
Total Assets and Total Revenue (in latest fiscal year or in two of last three fiscal years)	—	—	—	$75 million and $75 million

续表

Requirements	Income Standard	Equity Standard	Market Value Standard *	Total Assets/ Total Revenue Standard
Publicly Held Shares	1.1 million	1.1 million	1.1 million	1.1 million
Market Value of Publicly Held Shares	$ 8 million	$ 18 million	$ 20 million	$ 20 million
Bid Price	$ 4	$ 4	$ 4	$ 4
Shareholders (round lot holders)	400	400	400	400
Market Makers	3	3	4	4
Operating History	—	2 years	—	—

* Currently traded companies qualifying solely under the Market Value Standard must meet the $ 75 million Market Value of Listed Securities and the $ 4 bid price requirement for 90 consecutive trading days before applying.

Nasdaq Capital Market: Financial and Liquidity Requirements

Companies must meet all of the criteria under at least one of the three standards below.

Requirements	Equity Standard	Market Value of Listed Securities Standard *	Net Income Standard
Listing Rules	5505(a) and 5505(b)(1)	5505(a) and 5505(b)(2)	5505(a) and 5505(b)(3)
Stockholders' Equity	$ 5 million	$ 4 million	$ 4 million
Market Value of Publicly Held Shares	$ 15 million	$ 15 million	$ 5 million
Operating History	2 years	—	—
Market Value of Listed Securities	—	$ 50 million	—
Net Income from Continuing Operations (in the latest fiscal year or in two of the last three fiscal years)	—	—	$ 750,000

续表

Requirements	Equity Standard	Market Value of Listed Securities Standard *	Net Income Standard
Publicly Held Shares	1 million	1 million	1 million
Shareholders (round lot holders)	300	300	300
Market Makers	3	3	3
Bid Price OR Closing Price **	\$4 \$3	\$4 \$2	\$4 \$3

* Currently traded companies qualifying solely under the Market Value Standard must meet the \$50 million Market Value of Listed Securities and the applicable bid price requirement for 90 consecutive trading days before applying.

** To qualify under the closing price alternative, a company must have: (i) average annual revenues of \$6 million for three years, or (ii) net tangible assets of \$5 million, or (iii) net tangible assets of \$2 million and a 3 year operating history, in addition to satisfying the other financial and liquidity requirements listed above.

Corporate Governance Requirements

Companies listed on The Nasdaq Stock Market are required to meet high standards of corporate governance, as set forth in the Listing Rule 5600 Series. Certain exemptions and phase-ins from these requirements apply to limited partnerships, foreign private issuers, initial public offerings and controlled companies.

The following chart provides an overview of Nasdaq's corporate governance requirements.

For a more detailed discussion, please refer to our Listing Rules or consult our comprehensive list of frequently asked questions. If you would like to speak with Listing Qualifications Staff at any time, please call us at +1 301 978 8008. While such conversations are generally sufficient to answer your questions, we also provide definitive written guidance, which can be requested through the Listing Center.

Corporate Governance Requirement	Description	Listing Rule
Distribution of Annual or Interim Reports	The company must make its annual and interim reports available to shareholders, either by mail or electronically through the company's website.	5250(d)
Independent Directors	The company's board of directors is required to have a majority of independent directors.	5605(b)

续表

Corporate Governance Requirement	Description	Listing Rule
Audit Committee	The company is required to have an audit committee consisting solely of independent directors who also satisfy the requirements of SEC Rule 10A – 3 and who can read and understand fundamental financial statements. The audit committee must have at least three members. One member of the audit committee must have experience that results in the individual's financial sophistication.	5605(c)
Compensation of Executive Officers	The company is required to have a compensation committee consisting solely of independent directors and having at least two members. In addition, Rule 5605 (d) (2) (A) includes an additional independence test for compensation committee members. The compensation committee must determine, or recommend to the full board for determination, the compensation of the chief executive officer and all other executive officers.	5605(d)
Nomination of Directors	Independent directors must select or recommend nominees for directors.	5605(e)
Code of Conduct	The company must adopt a code of conduct applicable to all directors, officers and employees.	5610
Annual Meetings	The company is required to hold an annual meeting of shareholders no later than one year after the end of its fiscal year.	5620(a)
Solicitation of Proxies	The company is required to solicit proxies for all shareholder meetings.	5620(b)
Quorum	The company must provide for a quorum of not less than 33 1/3% of the outstanding shares of it voting stock for any meeting of the holders of its common stock.	5620(c)
Conflict of Interest	The company must conduct appropriate review and oversight of all related party transactions for potential conflict of interest situations.	5630

续表

Corporate Governance Requirement	Description	Listing Rule
Shareholder Approval	The company is required to obtain shareholder approval of certain issuances of securities, including: • Acquisitions where the issuance equals 20% or more of the pre-transaction outstanding shares, or 5% or more of the pre-transaction outstanding shares when a related party has a 5% or greater interest in the acquisition target • Issuances resulting in a change of control • Equity compensation • Private placements where the issuance equals 20% or more of the pre-transaction outstanding shares at a price less than the greater of book or market value.	5635
Voting Rights	Corporate actions or issuances cannot disparately reduce or restrict the voting rights of existing shareholders.	5640

Fees

The charts below provide an overview of entry and annual fees, by market tier, for most companies. There is a separate entry fee schedule for closed end funds, exchange traded funds and other types of structured products. More information about fees is available in the Listing Rule 5900 Series.

Entry Fees

Entry fees are based upon the aggregate number of shares outstanding at the time of initial listing. The application fee, which is included in the amounts below, is non-refundable and must accompany the application submission. The remainder of the entry fee is due prior to the first day of trading.

Nasdaq Global Select Market and Nasdaq Global Market

Total Shares Outstanding	Entry Fee
Up to 30 million	$125,000, including $25,000 application fee
30 + to 50 million	$150,000, including $25,000 application fee
50 + to 100 million	$200,000, including $25,000 application fee
Over 100 million	$225,000, including $25,000 application fee

Nasdaq Capital Market

Total Shares Outstanding	Entry Fee
Up to 15 million	$ 50,000, including $ 5,000 application fee
Over 15 million	$ 75,000, including $ 5,000 application fee

All-Inclusive Annual Fee

Companies that are newly listed in 2017 are automatically enrolled in the All-Inclusive Annual Listing Fee program. For more information on the All-Inclusive Annual Fee program, please review our frequently asked questions.

In the first year of listing, the company's annual fee will be prorated based on the month of listing.

Nasdaq Global Select and Global Markets

Total Shares Outstanding	Annual Fee Domestic and Foreign Issues (excluding American Depositary Shares)	Annual Fee American Depositary Shares
Up to 10 million	$ 45,000	$ 45,000
10 + to 50 million	$ 55,000	$ 45,000
50 + to 75 million	$ 75,000	$ 52,500
75 + to 100 million	$ 100,000	$ 75,000
100 + to 125 million	$ 125,000	$ 75,000
125 + to 150 million	$ 135,000	$ 75,000
Over 150 million	$ 155,000	$ 75,000

Nasdaq Capital Market

Total Shares Outstanding	Annual Fee Domestic and Foreign Issues (excluding American Depositary Shares)	Annual Fee American Depositary Shares
Up to 10 million	$ 42,000	$ 37,000
10 + to 50 million	$ 55,000	$ 45,000
Over 50 million	$ 75,000	$ 45,000

* The only regulatory fees not included in the All-Inclusive Fee are those for hearings and appeals.

香港联交所:主板上市规则(节选)

综合主板上市规则之声明

香港交易所及/或其附属公司保留对其刊登于网页上及不时更新之上市规则及参考资料之版权。

香港交易所及/或其附属公司竭力确保其提供之资料准确可靠,但不保证该等资料绝对正确可靠;对于任何因资料不确或遗漏又或因根据或倚赖本网站资料所作决定、行动或不行动而引致之损失或损害,香港交易所及/或其附属公司概不负责(不论是民事侵权行为责任或合约责任或其他)。

第八章　股本证券

上市资格

前　言

8.01　本章列明股本证券上市须符合的基本条件。除非另有说明,此等条件适用于每一种上市方式,并且适用于新申请人及上市发行人(包括《上市规则》其他适用条款下视为新申请人的上市发行人)。

基建公司、矿业公司、海外发行人、中国发行人及预托证券发行人须符合的其他条件,分别载于《上市规则》第8.05B(2)条及第十八、十九、十九A及十九B章。本章所载规定亦适用于创业板发行人转板上市,但须按第九A章为此目的而订立的规则及规定作修订处理。

发行人务须注意:

(1)此等规定并非涵盖一切情况,本交易所可就个别申请增订附加的规定;及

(2)本交易所对接纳或拒绝上市申请(包括申请由创业板转往主板上市)保留绝对酌情决定权,而即使申请人符合有关条件,亦不一定保证其适合上市。

因此,本交易所鼓励拟成为发行人者(特别是新申请人)向本交易所寻求非正式及保密的指引,以便能及早得知上市发行的建议是否符合要求。

基本条件

8.02　发行人必须依据其注册或成立所在地的法例正式注册或成立,并须遵守该等法例及其公司章程大纲及细则或同等文件的规定。

8.03　如发行人是一家香港公司,则不得是《公司条例》第11条所指的私人公司。

8.04　发行人及其业务必须属于本交易所认为适合上市者。

8.05　发行人必须符合《上市规则》第8.05(1)条的「盈利测试」,或《上市规则》第8.05(2)条的「市值/收益/现金流量测试」,或《上市规则》第8.05(3)条的「市值/收益测试」。

「盈利测试」

(1)为符合「盈利测试」,新申请人须在相若的拥有权及管理层管理下具备足够的营业记

录。这是指发行人或其有关集团(不包括任何联营公司,或其业绩是以权益会计法记入发行人财务报表内的其他实体)(视属何情况而定)须符合下列各项:

(a)具备不少于3个会计年度的营业记录(参阅《上市规则》第4.04条),而在该段期间,新申请人最近一年的股东应占盈利不得低于2000万港元,及其前两年累计的股东应占盈利亦不得低于3000万港元。上述盈利应扣除日常业务以外的业务所产生的收入或亏损;

(b)至少前3个会计年度的管理层维持不变;及

(c)至少经审计的最近一个会计年度的拥有权和控制权维持不变。

「市值/收益/现金流量测试」

(2)为符合「市值/收益/现金流量测试」,新申请人须符合下列各项:

(a)具备不少于3个会计年度的营业记录;

(b)至少前3个会计年度的管理层维持不变;

(c)至少经审计的最近一个会计年度的拥有权和控制权维持不变;

(d)上市时市值至少为20亿港元;

(e)经审计的最近一个会计年度的收益至少为5亿港元;及

(f)新申请人或其集团的拟上市的业务于前3个会计年度的现金流入合计至少为1亿港元。

「市值/收益测试」

(3)为符合「市值/收益测试」,除非本交易所已根据《上市规则》第8.05A条的规定作出豁免,否则新申请人须符合下列各项:

(a)具备不少于3个会计年度的营业记录;

(b)至少前3个会计年度的管理层维持不变;

(c)至少经审计的最近一个会计年度的拥有权和控制权维持不变;

(d)上市时市值至少为40亿港元;及

(e)经审计的最近一个会计年度的收益至少为5亿港元。

(4)就《上市规则》第8.05(2)及(3)条而言,只计算新申请人主要营业活动所产生的收益,而不计算那些附带的、偶然产生的收益或收入;由「账面」交易[例如以物易物的虚晃交易(banner barter transactions)或拨回会计上的拨备或其他纯粹因入账而产生的类似活动]所产生的收益,概不计算在内。

8.05A 就「市值/收益测试」而言,如新申请人能够向本交易所证明(并获本交易所信纳)其符合下列情况,本交易所会根据《上市规则》第8.05(3)(a)及(b)条的规定,在发行人管理层大致相若的条件下接纳发行人为期较短的营业纪录:

(1)新申请人的董事及管理层在新申请人所属业务及行业中拥有足够(至少三年)及令人满意的经验。新申请人的上市文件必须披露此等经验的详情;及

(2)经审计的最近一个会计年度的管理层维持不变。

附注:依据此条规则的矿业公司,必须遵守《上市规则》第18.04条的更严格规定。

8.05B 在下列情况下,本交易所可接纳为期较短的营业纪录,并/或修订或豁免上述《上市规则》第8.05条所载的盈利或其他财务标准要求:

(1)发行人或其集团是《上市规则》第十八章的条款适用的矿业公司;或

(2)发行人或其集团是新成立的「工程项目」公司(例如为兴建一项主要的基础设施而成立的公司)。本交易所认为,「基建工程」指建立基本有形架构或基础设施的工程,使一个地区或国家可借以付运经济发展所需的公需商品及服务。基建工程的例子包括道路、桥梁、隧道、铁路、集体运输系统、水道及污水系统、发电厂、电讯网络、港口及机场的建设。此等「工程项目」公司的新申请人必须能够证明下列各项:

(a)其本身应是某项基建工程的其中一方,并有权兴建及营运该项基建工程(或有权摊分有关之营运权益)。该等工程项目可由申请人公司直接或透过附属或合营公司进行。本交易所不会依据《上市规则》第8.05B(2)条考虑那些只出资但不承担有关工程发展之公司的上市申请;

(b)上市时,除了基建工程授权文件或合约所载的业务外,没有从事任何其他业务;

(c)该等基建工程必须在政府授予的长期特许或授权(在一般情况下,上市时每一特许或授权工程必须有15年的剩余期限)下进行,并必须具备相当规模(申请人公司在该等工程的总资本承担当中,所占份额一般至少必须为10亿港元,有关工程才算具备相当规模);

(d)若有关公司参与多于一个工程项目,其大部分项目正处于尚未施工或施工阶段;

(e)大部分集资所得款额将用于资助工程建设,而并非用于偿还债务或购置其他基建工程以外的资产;

(f)其不会(并会设法确保其附属公司或合资公司不会)在上市后的首三年内,购入任何其他种类的资产或从事任何活动,导致业务性质改变,令业务与有关基建工程授权文件或合约所订明的不符;

(g)其主要股东及管理层必须拥有所需具备的经验、专业知识、营运纪录以及财政实力,确保能完成有关工程并使其投入运作。尤其是,其董事及管理层在新申请人所属的业务和行业内拥有足够(至少三年)及令人满意的经验。新申请人的上市文件必须披露此等知识及经验的详情;及

(h)本交易所视乎情况而要求的额外文件及其他事项的披露,包括业务估值、可行性报告、敏感度分析及现金流量预测;这些文件及其他事项将包括在新申请人的上市文件内;或

(3)在以下的特殊情况:发行人或其集团具备至少两个会计年度的营业记录,而且,发行人令本交易所确信,发行人的上市符合发行人及投资者的利益,而投资者具有所需的资料就申请上市的发行人及证券作出有根据的判断。在此等情况下,有关发行人须尽早咨询本交易所,本交易所会根据《上市规则》第2.04条施以附加的条款。

8.05C 如发行人或集团(投资公司除外;如属投资公司,则《上市规则》第二十一章所载的条件适用)全部或大部分的资产为现金或短期证券,该发行人或集团(投资公司除外)一般不会被视为适合上市,除非该发行人或集团只从事或主要从事证券经纪业务。「短期证券」指剩余的年期少于一年的证券,例如债券或各种年期的票据。

附注:参阅《第3项应用指引》。

8.06 如属新申请人,其申报会计师报告(参阅第四章)的最后一个会计期间的结算日期,距上市文件刊发日期,不得超过6个月。

8.07 寻求上市的证券必须有充分的市场需求。这是指发行人必须令本交易所确信,将有足够公众人士对发行人的业务及寻求上市的证券感兴趣。

8.08　寻求上市的证券,必须有一个公开市场,这一般指:

(1)(a)无论何时,发行人已发行股份数目总额必须至少有25%由公众人士持有。

(b)对于那些拥有一类或以上证券(除了正申请上市的证券类别外也拥有其他类别的证券)的发行人,其上市时由公众人士持有[在所有受监管市场(包括本交易所)上市]的证券总数,必须占发行人已发行股份数目总额至少25%。然而,正申请上市的证券类别,则不得少于发行人已发行股份数目总额的15%,而其上市时的预期市值也不得少于5000万港元。

附注:(1)发行人应注意,无论何时,证券均须有某一指定的最低百分比由公众人士持有。如由公众人士持有的百分比跌至低于最低限额,则本交易所有权将该证券停牌,直至发行人已采取适当的步骤,以恢复须由公众人士持有的最低百分比为止。就此而言,如公众持股量降至15%以下[如发行人已获得《上市规则》第8.08(1)(d)条下的公众持股量豁免,则有关百分比为10%],则本交易所一般会要求发行人的证券停牌。

(2)尽管由公众人士持有的百分比跌至低于最低限额,但如本交易所确信,有关证券仍有一个公开市场,以及有下列其中一种情况,则本交易所可不用将该证券停牌:

(a)有关百分比达不到指定的水平,纯粹是由于某一人士增持或新收购有关的上市证券所致,而该人士是(或由于该收购而成为)核心关联人士;该人士之所以是或成为核心关联人士,只是由于他是发行人和/或其任何附属公司的主要股东而已。该主要股东不得为发行人的控股股东或单一最大股东,亦必须独立于发行人、发行人的董事及其他主要股东,也不得为发行人的董事。如发行人的董事会中有该主要股东的任何代表,该主要股东必须证明该代表只属非执行性质。一般而言,本交易所预期这条文只适用于那些持有广泛投资项目(除有关的上市证券之外)的机构投资者所持有的上市证券;那些曾于发行人上市前及/或上市后参与发行人管理的风险资本基金,其所持有的上市证券将不符合资格。发行人须向本交易所提供足够资料,以证明该主要股东的独立性,并在获悉任何会影响其独立性的变化情况时,尽快通知本交易所;或

(b)由发行人及控股股东或单一最大股东向本交易所作出承诺,表示将于本交易所可以接受的指定期间内采取适当的步骤,以确保可恢复须由公众人士持有的最低百分比。

(3)无论何时,当由公众人士持有的证券百分比低于规定的最低限额,而同时本交易所亦批准证券继续进行买卖,则本交易所将密切监察一切证券买卖,以确保不会出现虚假市场;如证券价格出现任何异常波动,本交易所亦可能将该证券停牌。

(c)尽管证券无论何时均须维持指定的最低百分比由公众人士持有,但若发行人是《收购守则》下一项全面收购(包括私有化计划)所涉及的对象,本交易所可考虑给予发行人一项临时的豁免,即暂时豁免其遵守最低公众持股量的规定,让其在可接受要约的期限结束后的一段合理时期内将百分比恢复至所规定水平。如获得此项豁免,发行人须在豁免期结束后立刻恢复所规定的最低公众持股量百分比。

(d)如发行人预期在上市时的市值逾100亿港元,另外本交易所亦确信该等证券的数量,以及其持有权的分布情况,仍能使有关市场正常运作,则本交易所可酌情接纳介乎15%至25%之间的一个较低的百分比,条件是发行人须于其首次上市文件中适当披露其获准遵守的较低公众持股量百分比,并于上市后的每份年报中连续确认其公众持股量符合规定(参阅《上市规则》第13.35条)。此外,任何拟在香港及香港以外地区市场同时推出的证券,一般须有

充分数量(事前须与本交易所议定)在香港发售;

附注:经修订的介乎15%及25%之间的较低公众持股量百分比没有追溯效力;2004年3月31日之前已有的安排不会借此作出修订。

如属初次申请上市的证券类别,则于上市时,有关证券须由足够数目的人士所持有,但如果有以下情况则不适用:(a)有关证券为可认购或购买股份的期权、权证或类似权利;(b)有关证券是以发行红利证券方式向上市发行人股份的现有持有人派送;以及(c)在拟作红股发行的公告日期前5年之内,并无情况显示发行人的股份可能集中于几个股东手中。数目须视乎发行的规模及性质而定,但在任何情况下,股东人数须至少为300人;及

上市时由公众人士持有的证券中,由持股量最高的三名公众股东实益拥有的百分比,不得超过50%,但如果有以下情况则不适用:(a)将予上市的证券为可认购或购买股份的期权、权证或类似权利;(b)有关证券是以发行红利证券方式向上市发行人股份的现有持有人派送;以及(c)在拟作红股发行的公告日期前5年之内,并无情况显示发行人的股份可能集中于几个股东手中。

8.09 (1)新申请人的证券其中由公众人士按《上市规则》第8.08(1)条持有的部分(参阅《上市规则》第8.24条),预期在上市时的市值不得低于5,000万港元。

(2)新申请人预期在上市时的市值不得低于2亿港元,而在计算是否符合此项市值要求时,将以新申请人上市时的所有已发行股份[包括正申请上市的证券类别以及其他(如有)非上市或在其他受监管市场上市的证券类别]作计算基准。

(3)寻求上市的每一类证券(期权、权证或可认购或购买证券的类似权利除外),预期在上市时的市值(不论是新申请人或上市发行人)不得低于5,000万港元。

(4)如寻求上市的证券是期权、权证或可认购或购买证券的类似权利,则该等证券预期在上市时的市值(不论是新申请人或上市发行人)不得低于1000万港元。

(5)如再次发行某类已上市的证券,则不受本条规则所规限。在特殊情况下,如本交易所确信拟上市的证券具有市场能力,则会接纳较低的预期最初市值。

附注:申请人即使能符合最低市值的要求,并不表示将获本交易所接受为适合上市。

8.09A 新申请人的非上市证券或在其他受监管市场上市证券的市值,将以新申请人正申请上市之证券的预计发行价作为计算基准。

8.10(1)如新申请人的控股股东除在申请人业务占有权益外,也在另一业务中占有权益,而该业务直接或间接与申请人的业务构成竞争或可能构成竞争(「除外业务」):

(a)申请人的上市文件内须在显眼位置披露下列资料:

(i)不包括该除外业务的理由;

(ii)有关除外业务及其管理层的描述,使投资者能评估该业务的性质、范围及规模,并阐明该业务如何与申请人之业务竞争;

(iii)有关证明申请人能独立于除外业务、基于各自利益来经营其业务的事实;

(iv)控股股东日后是否拟将除外业务注入申请人,以及控股股东拟将或不将该除外业务注入的时间。如上市后有任何该等资料的转变,申请人须在其知悉该转变后,尽快按照《上市规则》第2.07C条的规定刊登公告;以及

(v)本交易所认为必需的任何其他资料;

附注:同时参阅附录1A及1E中第27A段内容。

(b)若申请人在上市后拟购入任何除外业务,经扩大后集团须符合《上市规则》第8.05条的营业纪录规定;以及

(c)申请人在上市后与除外业务之间进行的所有关联交易,均须严格遵守第十四A章的规定。

附注:控股股东在除外业务的权益包括:

(i)如该业务经由一家公司进行,控股股东作为该公司的董事(独立非执行董事除外)或主要股东之权益;

(ii)如该业务经由合伙企业进行,控股股东作为该企业的合伙人之权益;或

(iii)如该业务是经由独资企业进行,控股股东作为该业务的所有人之权益。

如该公司为一家控股公司,则申请人可以一个集团为基准,披露《上市规则》第8.10(1)(a)条所规定有关该公司及其附属公司的资料。

(2)如新申请人的任何董事除在申请人业务占有权益外,也在另一业务中占有权益,而该业务与申请人的业务构成竞争或可能构成竞争:

(a)申请人的上市文件必须在显眼位置,就每一董事在该业务的权益,披露《上市规则》第8.10(1)(a)(ii)及(iii)条所规定的资料,以及本交易所认为必需的任何其他资料;

(b)上市后,董事(包括任何在上市后委任的董事)必须在申请人的年度报告中的显眼位置,继续披露《上市规则》第8.10(2)(a)条所规定的任何该等权益(包括在上市后收购的任何权益)的详情;以及

(c)董事亦须就其以往在上市文件及年度报告中披露的有关资料之任何转变,在申请人的年度报告内的显眼位置作出披露。

附注:(1)董事在该等业务的权益包括:

(i)如该业务是经由一家公司进行,董事作为该公司的董事(独立非执行董事除外)或主要股东之权益;

(ii)如该业务是经由合伙企业进行,董事作为该企业的合伙人之权益;或

(iii)如该业务是经由独资企业进行,董事作为该业务的所有人之权益。

如该公司为一家控股公司,则申请人可以一个集团为基准,披露《上市规则》第8.10(2)条所规定有关该公司及其附属公司的资料。

(2)上市发行人必须自2000年4月30日后刊发的首份年度报告开始,遵从《上市规则》第8.10(2)(b)及(c)条所载的披露规定。

(3)《上市规则》第8.10(2)条所载的披露规定,并不适用于新申请人或上市发行人的独立非执行董事。

(3)如属于上述《上市规则》第8.10(1)或(2)条的情况,本交易所可要求申请人委任足够数目的独立非执行董事,以确保能充分代表全体股东的利益。

附注:董事应注意其对于发行人的诚信责任,并且在履行其董事职务时,必须避免实际及潜在的利益和职务冲突。有关考虑会在以下情况出现:董事持有权益的业务与发行人的业务相类似,或董事议决发行人收购或不收购有关资产或业务。董事亦应注意,他们有责任不得以有损发行人的方式为自己谋取利益。

8.11 新申请人的股本不得包括下述股份：该等股份拟附带的投票权利，与其于缴足股款时所应有的股本权益，是不成合理比例的[「B股」(B Shares)]。本交易所不会批准上市发行人已发行的新B股上市，亦不会允许上市发行人发行新B股(无论该等股份寻求的是在本交易所或其他证券交易所上市)，但下列情况则作别论：

(1)本交易所同意的特殊情况；或

(2)如该等拥有已发行B股的上市公司，通过以股代息或资本化发行的方式，再次发行在各方面与该等B股享有同等地位的B股；但经此次发行后的已发行B股的总数，与已发行的其他有投票权股份总数的比例，须大致维持在该次发行前的水平。

8.12 申请在本交易所做主要上市的新申请人，须有足够的管理层人员在香港。此一般是指该申请人至少须有两名执行董事通常居于香港。

8.13 寻求上市的证券必须可自由转让。未缴足款的证券一般会被视为符合此项条件，但该等未缴足款的证券须被本交易所认为在转让方面未受不合理的限制，而该等证券亦可在公开及正常情况下进行买卖。经本交易所批准的以分期付款方式来销售的现有已发行的证券，一般亦被视为符合此项条件。

附注：在香港，由于买方一般不就每宗交易办理过户登记，因此，出售未缴足款证券的卖方，不能确保其名字从股东名册除下，因而他可能仍须承担缴付该证券其他催缴股款的责任。为使本交易所确信未缴足款的证券可在公开及正常情况下进行买卖，发行人必须向本交易所保证：

(a)发行人已作出充分安排，确保出售未缴足款证券的卖方，可将一切缴付证券其他催缴股款的责任有效地转让予买方，而不附带任何追索权；或

(b)发行人已限制证券的未缴款额最高为发行价的50%，其余额将于证券发行日期后12个月内缴足，且发行人已详细说明，该等证券在未缴足款时附有的特殊风险；或

(c)发行人已作出准备，确保每宗证券买卖均须办理过户登记，使证券的卖方于买卖交收后不再是该等证券登记在册的股东。

8.13A(1)如属新申请人或上市发行人初次上市的证券，寻求上市的证券必须自其开始买卖日期起即属「合资格证券」。

(2)新申请人或上市发行人必须作出一切所需的安排以符合第(1)分段的规定。

(3)如新申请人或上市发行人只因法律条文影响其证券的转让或所有权，而未能符合结算公司不时决定的合资格准则，则第(1)分段并不适用。

(4)在特殊情况及在本交易所绝对酌情决定的情况下，本交易所可以豁免新申请人或上市发行人遵守第(1)分段的规定。

(5)发行人须尽其所能确保其证券持续为「合资格证券」。

8.14 寻求上市的证券，须依循发行人注册或成立所在地的法例及发行人的公司章程大纲及细则或同等文件的规定而发行；依循该等法例或文件而设立和发行该等证券所需的一切批文，均须已正式发出。

8.15 在不影响《上市规则》第8.05A、8.05B(2)及18.04条有关管理层经验的规定下，拟担任发行人董事一职的人士，必须令本交易所确信其符合第三章的要求。

8.16 发行人须为经核准的股票过户登记处，或须聘有经核准的股票过户登记处，以便

在香港设置其股东名册。

8.17 发行人必须委任一名符合《上市规则》第3.28条规定的公司秘书。

8.18 附有可认购或购买股本证券的期权、权证或类似权利的证券,须同时符合适用于寻求上市的证券,以及适用于该等期权、权证或类似权利的规定(参阅第十五章)。

8.19 如就任何类别的证券作出上市申请:

(1)若该类证券全为未上市者,则上市申请须与所有已发行或建议将予发行的该类证券有关;或

(2)若该类证券有部分已上市,则上市申请须与所有再次发行或建议将予再次发行的该类证券有关。

8.20 如再次发行某类已上市的证券,则须于发行前就该等再次发行的证券寻求上市。

8.21(1)除下文第(2)项另有规定外,如有下述情况,本交易所一般不考虑新申请人的上市申请:

(a)该申请人曾于上市文件建议刊发日期前的最近一个完整会计年度(即12个月)内,更改了会计年度的起计日或结算日;或

(b)该申请人拟于盈利预测期(如有)或本会计年度(两者中以较长的时期为准)内,更改会计年度的起计日或结算日。

(2)即使有上文第(1)项的规定,新申请人的附属公司一般可获准更改其会计年度的起计日或结算日,但须符合下列各项规定:

(a)更改是为了使附属公司与新申请人的会计年度一致;

(b)营业记录及盈利预测已作出适当调整,而所作的调整,须在本交易所规定提交的报告中作详尽解释;及

(c)在上市文件及会计师报告中充分披露作出更改的原因,及该项更改对新申请人的集团营业记录或盈利预测的影响。

8.21A(1)新申请人须在上市文件中加入有关营运资金的声明。在作出这项声明时,新申请人须确信其经过适当与审慎查询后,本身及其附属公司进行的业务(如有)有足够的营运资金应付现时(即上市文件日期起计至少12个月)所需。新申请人的保荐人亦须向本交易所书面确认:

(a)其已得到新申请人书面确认,集团的营运资金足够现时(上市文件日期起计至少12个月)所需;及

(b)其信纳这项确认,是经过新申请人适当与审慎查询后作出的;而提供融资的人士或机构,亦已以书面说明确有提供该等融资。

附注:就矿业公司新申请人而言,本条规定已经修订;有关新申请人必须遵守《上市规则》第18.03(4)及18.03(5)条的新规定。

(2)本交易所不会要求业务全部或实质上属提供金融服务的新申请人作出有关营运资金的声明,只要新申请人令本交易所确信:

(a)加入此声明不会为投资者提供重要资讯;及

(b)新申请人的偿付能力及资本充足方面由另一监管机构所审慎监督。

附注:有关保荐人的其他责任,请参阅第三A章。

8.21B [已于2012年2月1日删除]

被视作新申请人

8.21C 在不损害《上市规则》其他适用条款的一般性原则下,除非本交易所已另外给予豁免,否则,被当作新申请人看待的上市发行人必须遵守本第八章所载的所有基本条件。尤其是,在上市发行人获得注入资产或上市发行人正在收购资产的情况下,所注入或收购的资产或经扩大后的集团均须符合《上市规则》第8.05条的规定,而经扩大后的集团须符合本第八章所载的所有其他基本条件。为释疑起见,发行人或顾问须尽早咨询本交易所。

包 销 商

8.22 本交易所保留向发行人查询任何有关建议包销商的财政情况的权利,如本交易所未能确信包销商有履行其包销责任的能力,则可拒绝发行人的上市申请。

分配基准及「公众人士」

8.23 在新申请人的证券发售期结束后,新申请人与包销商必须采用公平的分配基准,以分配发售予公众人士的证券。

8.24 本交易所不会视发行人的核心关联人士为「公众人士」(the public),亦不会视该人士持有的股份为「由公众人士持有」(in public hands)。此外,本交易所不会承认下列人士为「公众人士」:

(1)任何由核心关联人士直接或间接资助购买证券的人士;

(2)就发行人证券作出购买、出售、投票或其他处置,而惯常听取核心关联人士的指示的任何人士,不论该等人士是以自己的名义或其他方式持有该等证券。

香港联交所:创业板上市规则(节选)

第十一章 股本证券

上市资格

前 言

11.01 本章列明股本证券上市须符合的基本条件。除非另有说明,此等条件适用于每一种上市方式,并且适用于新申请人及上市发行人。海外发行人及中国发行人须符合的其他条件,分别载于《创业板上市规则》第二十四及二十五章。发行人务须注意:

(1)此等规定并非涵盖一切情况,本交易所可就个别情况增订附加的规定;及

(2)本交易所对接纳或拒绝上市申请保留绝对酌情决定权,而即使申请人符合有关条件,亦不一定保证其适合上市。

因此,本交易所鼓励准发行人(特别是新申请人)应及早向本交易所寻求就上市发行的建

议是否符合要求的非正式及保密的指引。

附注：如有疑问，在可行情况下该由其保荐人向上市科提出，惟倘发行人无须聘用（或在其他情况下并无聘用）保荐人除外。

11.02 上市发行人于增发已上市证券的相同类别证券前须事先提出上市申请，并不得于获得本交易所批准该等证券上市前发行该等证券。

11.03 如任何董事或股东于某一与新申请人的业务存在或可能存在竞争的业务拥有权益，该新申请人不会因此而被视作不适合上市。

11.04 每名董事、控股股东及主要股东（仅就有关首次上市文件而言）及其各自的紧密联系人与集团业务构成竞争或可能构成竞争的任何业务或权益的详情，以及任何该等人士与或可能与集团发生的任何利益冲突的详情，均须根据《创业板上市规则》（不包括根据《创业板上市规则》第13.08条所刊发的解释声明）须予刊发的每份上市文件及通函，以及于上市发行人的周年报告及账目、半年报告及季度报告中详细及准确地披露。

附注：1. [已于2010年6月3日删除]

2. 本条规则所指的每份文件需载列以特别标题标示董事及主要股东（仅就有关首次上市文件而言）的权益（包括其各自紧密联系人的权益），标题及资料亦应载列在有关文件的显眼处。

3. 就根据本条规则须予披露的权益而言，董事或主要股东必须载述其于任何与集团业务竞争或可能与发行人业务竞争的实体中的董事职务或拥有权。此项披露须包括每个该等实体的名称、其业务性质，以及发行人的董事及主要股东及其各自的紧密联系人于该等实体担任的董事职务及／或拥有权。

4. 同时参阅附录1A中第27A段内容。

适用于所有发行人的一般条件

11.05 发行人必须依据香港、中国、百慕大或开曼群岛的法例正式注册成立，并须遵守该等地区的法例（包括有关配发及发行证券的法例）及其公司组织章程大纲及细则或同等文件的规定。发行人的公司组织章程大纲及细则须符合《创业板上市规则》附录三的规定，此外，（如情况属在特定司法管辖区注册成立的海外发行人）亦须符合《创业板上市规则》附录十一的规定。

11.06 发行人及其业务必须属于本交易所认为适合上市者。在不损害本规则的一般性原则下，其资产全部或大部分属现金或短期证券的发行人通常视作不适合上市，除非该发行人或集团只从事或主要从事证券经纪业务。「短期证券」指剩余的年期少于一年的证券，例如债券或各种年期的票据。

11.07 发行人须委任人士担任以下职责及／或履行以下角色，而发行人必须确保该等人士于获聘任前符合以下规则：

（1）董事—《创业板上市规则》第5.02及5.05条；

（2）公司秘书—《创业板上市规则》第5.14条；

（3）监察主任—《创业板上市规则》第5.19条；

（4）获授权代表—《创业板上市规则》第5.24条；及

（5）核数委员会会员—《创业板上市规则》第5.28及5.29条。

11.08　发行人须为经核准的股票过户登记处,或须聘有经核准的股票过户登记处,以便在香港设置其股东名册。

11.09　发行人必须遵从《创业板上市规则》第六 A 章,特别是有关委聘保荐人及合规顾问的事宜。

11.10　新申请人及上市发行人(若须根据《创业板上市规则》第 7.01 条所规定)必须拥有按《创业板上市规则》第七章所编制的会计师报告,而在新申请人之情况下,该等报告须涵盖的期间为紧接上市文件刊发前两个财政年度(受《创业板上市规则》第 11.14 条所限制)。

附注:如属《创业板上市规则》第 11.12A 条所述之新申请人,会计师报告必须涵盖刊发上市文件前至少两个财政年度的营业纪录期。本交易所鼓励经营业务有超过两年的发行人自愿在会计师报告内披露三年财务业绩,但这只是一般指引。

适用于新申请人的附加条件

会计师报告

11.11　如属新申请人,其申报会计师最近期申报的财政期间,不得早于上市文件刊发日期前六个月结束。

11.12　[已于 2008 年 7 月 1 日删除]

11.12A(1)新申请人或其集团(不包括采用权益会计法或比例综合法将其业绩在发行人财务报表内列账的任何联营公司、合资公司及其他实体)必须具备足够至少两个财政年度的适当编制的营业纪录,及且从日常及正常业务经营过程中产生净现金流入(但未计入调整营运资金的变动及已付税项)。申请上市的新申请人或其集团此等在刊发上市文件前两个财政年度从经营业务所得的净现金流入总额必须最少达 2000 万港元。

附注:为符合《创业板上市规则》第 11.12A 条规定而向本交易所呈交的以间接方式编制的现金流量表,如未有包括在会计师报告内,则亦须载入招股章程内,作为披露内容的一部分。有关以间接方式编制现金流量表的其他详情,请参阅《香港财务报告准则》、《国际财务报告准则》或《中国企业会计准则》中有关处理现金流量表的会计准则。

有关以间接方式编制现金流量表的其他详情,请参阅《香港会计准则》第 7 号。

(2)申请人在刊发上市文件前的完整财政年度及至上市日期为止的整段期间,其拥有权及控制权必须维持不变;及

(3)申请人在刊发上市文件前两个完整财政年度及至上市日期为止的整段期间,其管理层必须大致维持不变。

11.13　如负责经营活跃业务的公司并非新申请人本身,则该业务须由新申请人的一家或多家附属公司负责,而就该等附属公司(「活跃附属公司」)而言:

(1)新申请人必须控制该附属公司以及任何中间控股公司的董事会的组成;及

(2)新申请人必须在该活跃附属公司拥有不少于 50% 的实际经济权益。

11.14　本交易所在下列情况,就《创业板上市规则》第 11.12A 条而言基于本交易所信纳的理由,有可能接纳准新申请人不足两个财政年度的营业记录期(以及会计师报告涵盖的期间较《创业板上市规则》第 11.10 条订明为短),亦有可能豁免遵守或更改《创业板上市规则》第 11.12A(2)及(3)条有关拥有权及管理层的规定:

(1)准申请人为新成立的「项目」公司(例如为一项主要基础建设项目而成立的公司);

(2)准申请人为矿业公司;及

(3)在特殊情况下,本交易所认为接纳较短的时间为合适者。

附注:即使本交易所接纳不足两个财政年度的营业纪录,申请人仍须在该较短的营业纪录期内符合2,000万港元的现金流量规定。

业务目标

11.15　新申请人必须在符合《创业板上市规则》第14.19至14.21条规定的上市文件中的声明,清楚列明其业务目标,并解释拟达致该目标的方法。

附注:新申请人的业务目标声明旨在以合理程度的细节说明新申请人的潜力,以及在特定时限内如何能付诸实现。此外,在编制有关业务目标的声明时,请务必注意《创业板上市规则》第18.08A条的披露规定。

与物业有关的事项

11.16　申请人物业业务中的物业权益,必须就其绝大部分中国物业拥有长期所有权证明书,及／或就绝大部分非位于中国的物业拥有其他适当的所有权证明,不论该等物业已竣工或仍在发展中。

附注:就《创业板上市规则》第11.16条至11.19条而言:

(1)「物业业务」是指《创业板上市规则》第8.01(2)条所界定者;及

(2)本交易所有酌情权决定任何所有权证明书是否属「长期」所有权证明书。

11.17　如任何新申请人并非属《创业板上市规则》第11.16条界定的物业公司,而其拥有的中国物业以资产值或溢利贡献而言属其资产的重大部分者,则新申请人须为该中国物业取得长期所有权证明书。

11.18　如属基础建设公司:-

(1)发行人须为用于基础建设项目的所有中国物业(不论已竣工或仍在发展中)取得长期所有权证明书;及

(2)如该等公司获政府授予长期优惠安排而该等安排并无规定须获批长期所有权证明书,则就上市申请而言,本交易所可(视乎个别情况)接纳在资产预计运作期间内有关中国物业使用权的其他证明。

11.19　就任何并非物业公司或基础建设公司的新申请人而言,倘一项中国物业对申请人的业务属举足轻重者,预期申请人应取得有关的长期所有权证明书,除非获本交易所另外批准者除外。

有关新申请人的其他条件

11.20　除《创业板上市规则》第11.21条另有规定外,新申请人不得:

(1)在紧接上市文件刊发前最后一个完整的财政年度期内更改其财政年度期间;或

(2)在任何溢利预测(如有)期间或在现有财政年度(以较长期间为准)更改其财政年度期间。

11.21　即使有《创业板上市规则》第11.20条规定,新申请人的附属公司通常获准更改其财政年度期间,惟:

(1)该项更改旨在使附属公司的财政年度与新申请人的财政年度配合;

(2)业绩已作适当调整,而有关调整必须在向本交易所提供的报表中作出详细解释;及

(3)在上市文件及会计师报告中作出充分披露,说明更改的理由,以及有关更改对新申请人的集团业绩及溢利预测(如有)的影响。

11.22 [已于2008年7月1日删除]

有关寻求上市证券的条件

11.23 寻求上市的证券,必须有一个公开市场,这一般指:

(1)[已于2008年7月1日删除]

(2)就寻求上市的所有股本证券而言,除第(3)及(4)分段订明者外:

(a)由公众人士持有的股本证券的市值(于上市时厘定)必须最少为30,000,000港元;及

(b)于上市时,该等证券必须有不同方面的人士持有。数目将视乎发行的规模及性质,惟作为指引而言,于上市时,公众持有的股本证券须最少由100个人持有(包括透过中央结算系统持有其证券的人士);

(3)就寻求上市的可认购或购买股份的期权、权证或类似权利(「权证」)而言:

(a)如属新申请人的情况:

(i)有关权证的市值(于其上市时厘定)必须最少为6,000,000港元;及

(ii)于上市时,该等权证必须有不同方面的人士持有。数目将视乎发行的规模及性质,惟作为指引而言,于上市时,公众持有的权证须最少由100个人持有(包括透过中央结算系统持有其权证的人士);及

(b)如属上市发行人的情况:

(i)有关权证的市值(于其上市时厘定)必须最少为6,000,000港元;及

(ii)于上市时,该等权证必须有不同方面的人士持有,但如果有以下情况,则不适用:(a)该等权证是以发行红利证券方式向发行人股份的现有持有人派送;以及(b)在拟作红股发行的公告日期前5年之内,并无情况显示发行人的股份可能集中于几个股东手中。于上市前,该等权证必须有不同方面的人事持有。数目将视乎发行的规模及性质,惟作为指引而言,于上市时,公众持有的权证须最少由100个人持有(包括透过中央结算系统持有其权证的人士);

(4)如情况属上市发行人寻求将已上市的证券类别的更多证券上市,则第(2)及(3)分段所载的限制均不适用;

(5)[已于2008年7月1日删除]

(6)新申请人预期在上市时的市值不得低于1亿港元;而在计算是否符合此项市值要求时,将以新申请人上市时的所有已发行股份[包括正申请上市的证券类别以及其他(如有)非上市或在其他受监管市场上市的证券类别]作计算基准;

(7)在下文第11.23(10)条的规限下,无论何时,发行人已发行股份数目总额必须至少有25%由公众人士持有;

(8)上市时由公众人士持有的证券中,由持股量最高的三名公众股东实益拥有的百分比,不得超过50%,但如果有以下情况,则不适用:(a)将予上市的证券为可认购或购买股份的期权、权证或类似权利;(b)有关证券是以发行红利证券方式向上市发行人股份的现有持有人派送;以及(c)在拟作红股发行的公告日期前5年之内,并无情况显示发行人的股份可能集中于几个股东手中。

(9)对于那些拥有一类或以上证券(除了正申请上市的证券类别外也拥有其他类别的证券)的发行人,其上市时由公众人士持有[在所有受监管市场(包括本交易所)上市]的证券总数,必须占发行人已发行股份数目总额至少25%。然而,正申请上市的证券类别,则不得少于发行人已发行股份数目总额的15%,而其上市时的预期市值也不得少于3000万港元;

(10)如发行人预期在上市时的市值逾100亿港元,另外本交易所亦确信该等证券的数量,以及其持有权的分布情况,仍能使有关市场正常运作,则本交易所可酌情接纳介乎15%至25%之间的一个较低的百分比,条件是发行人须于其首次上市文件中适当披露其获准遵守的较低公众持股量百分比,并于上市后的每份年报中连续确认其公众持股量符合规定(参阅《创业板上市规则》第17.38A条)。此外,任何拟在香港及香港以外地区市场同时推出的证券,一般须有充分数量(事前须与本交易所议定)在香港发售;及

(11)尽管证券无论何时均须维持指定的最低百分比由公众人士持有,但若发行人是《收购守则》下一项全面收购(包括私有化计划)所涉及的对象,本交易所可考虑给予发行人一项临时的豁免,即暂时豁免其遵守最低公众持股量的规定,让其在可接受要约的期限结束后的一段合理时期内将百分比恢复至所规定水平。如获得此项豁免,发行人须在豁免期结束后立刻恢复所规定的最低公众持股量百分比。

附注:1.[已于2008年7月1日删除]

2. 无论何时,本交易所不会视以下人士为「公众人士」(the public):

(a)就中国发行人以外的或及中国发行人任何附属公司以外的发行人而言,该发行人或其任何附属公司的董事、行政总裁或主要股东,或任何该等人士的紧密联系人;或

(b)就中国发行人而言,该中国发行人或其任何附属公司的发起人、董事、监事、行政总裁或主要股东,或任何该等人士的紧密联系人。

此外,本交易所亦不会视任何由上述人士持有的股份为「由公众人士持有」(in public hands)。

3. 本交易所亦不会承认下列人士为「公众人士」:

(a)任何由上文附注2所指人士直接或间接资助购买证券的人士;或

(b)就发行人证券作出购买、出售、投票或以其他处置,而惯常听取上文附注2所指人士的指示的任何人士,不论该等人士是以自己的名义或以其他方式持有该等证券。

4.[已于2008年7月1日删除]

5. 发行人应注意,无论何时,证券均须有某一指定的最低百分比由公众人士持有。如由公众人士持有的百分比跌至低于最低限额,则本交易所有权取消该证券的上市地位或将该证券停牌,直至发行人采取适当的步骤,将公众持股百分比恢复至规定的最低百分比为止(见《创业板上市规则》第17.36条)。

6. 尽管由公众人士持有的百分比跌至低于最低限额,但如本交易所确信,有关证券仍有一个公开市场,以及有下列其中一种情况,则本交易所可不用将该证券停牌:

(a)有关百分比达不到指定的水平,纯粹是由于某一人士增持或新收购有关的上市证券所致,而该人士是(或由于该收购而成为)核心关联人士;该人士之所以是或成为核心关联人士,只是由于他是发行人和/或其任何附属公司的主要股东而已。该主要股东不得为发行人的控股股东或单一最大股东,亦必须独立于发行人、发行人的董事及其他主要股东,也不得为

发行人的董事。如发行人的董事会中有该主要股东的任何代表,该主要股东必须证明该代表只属非执行性质。一般而言,本交易所预期这条文只适用于那些持有广泛投资项目(除有关的上市证券之外)的机构投资者所持有的上市证券;那些曾于发行人上市前及/或上市后参与发行人管理的私募股权基金或风险资本基金,其所持有的上市证券将不符合资格。发行人有责任向本交易所提供足够资料,以证明该主要股东的独立性,并在获悉任何会影响其独立性的变化情况时,尽快通知本交易所;或

(b)由发行人及控股股东或单一最大股东向本交易所作出承诺,表示将于本交易所可以接受的指定期间内采取适当的步骤,以确保可恢复须由公众人士持有的最低百分比。

7. 无论何时,当由公众人士持有的证券百分比低于规定的最低限额,而同时本交易所亦批准证券继续进行买卖,则本交易所将密切监察一切证券买卖,以确保不会出现虚假市场;如证券价格出现任何异常波动,本交易所亦可能将该证券停牌。

8. 获调低最低公众持股量百分比的创业板上市发行人[包括根据已删除的《创业板上市规则》第 11.23(5)条获授豁免者],在遵守《创业板上市规则》第 11.23 条的公众持股量规定方面,可获得三年宽限期。因此,所有创业板发行人最迟必须在 2011 年 6 月 30 日,遵守公众持股量规定。

11.24　倘任何上市申请涉及刊发上市文件,据此发行人拟筹集并非获全数包销的新资本,发行人须指明拟集资的最低数额;如属新申请人,须(在切实可行情况下)在其业务目标声明中加以标明,而能否上市须端视能否筹得此数额而定。

附注:倘上市文件提及拟筹集的数额超逾所指明的最低数额,上市文件须说明筹集该超出数额对发行人的影响及说明其业务目标。在这方面,超出数额将用作营运资金的声明并不足够,除非已对如何运用此营运资金作出合理而详细的解释。

11.25　新申请人的已发行股本,不得包括该等拟附带投票权利与其于缴足股款时所应有的股本权益成不合理比例的股份[「B 股」(B Shares)]。本交易所不会批准上市发行人已发行的新 B 股上市,亦不会允许上市发行人发行新 B 股(无论该等股份寻求的是在本交易所或其他证券交易所上市),但本交易所同意的特殊情况则作别论。

11.26　寻求上市的证券须为可自由转让者。

11.27　部分缴足股份及不记名股份均不会获准在创业板上市。

11.28　《主板上市规则》所指的衍生权证类别不会获准在创业板上市。

11.29(1)如属新申请人或上市发行人的新上市证券类别,寻求上市的证券须自其开始买卖日期起即属「合资格证券」。

(2)新申请人或上市发行人必须作出一切所需安排,以符合第(1)分段的规定。

(3)发行人须尽其所能确保其证券持续为"合资格证券"。

11.30　如就任何证券类别申请上市:

(1)如该类别证券仍未上市,则申请必须与已发行或拟发行的该类别所有证券有关;或

(2)如该类别其中一些证券已上市,则申请必须与已发行或拟发行的该类别所有额外证券有关。

11.31　寻求上市的证券的发行及上市,须依循发行人注册或成立所在地的法例及发行人的公司章程大纲及细则或同等文件的规定而发行;依循该等法例或文件而设立和发行该等

证券及上市所需的一切批文,均须已正式发出。

11.32 附有可认购或购买股本证券的期权、权证或类似权利的证券,须同时符合适用于寻求上市的证券,以及适用于该等期权、权证或类似权利的规定(参阅《创业板上市规则》第二十一章)。

分配基准

11.33 上市文件必须披露发行人拟分配证券的基准的详情,包括公众人士及配售部分(如有)各自持有证券的详情。就所有供公众认购或出售予公众的证券(不论由新申请人或上市发行人发行)而言(为释疑起见,不包括根据配售安排而发行的证券),发行人、其董事、保荐人及包销商(如适用)必须采纳公平准则分配上述证券予所有认购或申请证券的人士。

附注:见《创业板上市规则》第13.01条及13.02条。

就任何公开招股的确定发售期间

11.34 涉及向公众人士招股的任何上市方法,发行人须于上市文件内载列有关发售期限的详情[参阅《创业板上市规则》附录一A部第15(3)(f)段及附录一B部第18(1)段]。

附注:本交易所认为发售期间的详情属上市文件的重要条款,必项能让所有投资者信赖,而对所有投资者而言其意义应该完全相同。此外,为确保所有投资者均得到公平及同等的对待,并避免发售期间内出现混乱或不明朗的情况,上市文件所载的发售期间通常不应更改或延长。

11.35 上市文件所订明可更改或延长发售期间或公开接受认购期间的权利必须:

(1)限于本交易所接纳因热带气旋警告讯号或类似的外来因素而可能引致的延误(不论所述的截止日期是否银行工作日);及

(2)载于上市文件的有关详情内;及

在本交易所接纳的任何条件的规限下,上市文件所述发售期间及公开接受认购期间的截止日期,不可更改或延长,而发行人、包销商或任何其他人士均不可单方面更改或延长该日期或期间。

包销商

11.36 本交易所保留权利就任何拟采用的包销商(如有)在财政上是否适合咨询发行人,倘本交易所不

信纳包销商能够符合所承诺的包销能力,则可拒绝上市申请。

图书在版编目(CIP)数据

利益的追逐与价值的维护:民办教育机构IPO案例全景解析/何周,唐威,谢宝朝著. --北京:法律出版社,2017

ISBN 978-7-5197-1385-0

Ⅰ.①利… Ⅱ.①何…②唐…③谢… Ⅲ.①社会办学-教育法-研究-中国 Ⅳ.①D922.164

中国版本图书馆CIP数据核字(2017)第222634号

利益的追逐与价值的维护
——民办教育机构IPO案例全景解析
LIYI DE ZHUIZHU YU JIAZHI DE WEIHU
—MINBAN JIAOYU JIGOU IPO ANLI QUANJING JIEXI

何 周 唐 威 谢宝朝 著

策划编辑 邢艳萍
责任编辑 邢艳萍
装帧设计 鲍龙卉

出版 法律出版社
总发行 中国法律图书有限公司
经销 新华书店
印刷 三河市兴达印务有限公司
责任印制 吕亚莉

编辑统筹 法律应用·大众出版第二分社
开本 710毫米×1000毫米 1/16
印张 30 **字数** 528千
版本 2017年11月第1版
印次 2017年11月第1次印刷

法律出版社/北京市丰台区莲花池西里7号(100073)
网址/www.lawpress.com.cn
投稿邮箱/info@lawpress.com.cn
举报维权邮箱/jbwq@lawpress.com.cn
销售热线/010-63939792
咨询电话/010-63939796

中国法律图书有限公司/北京市丰台区莲花池西里7号(100073)
全国各地中法图分、子公司销售电话:
统一销售客服/400-660-6393
第一法律书店/010-63939781/9782 西安分公司/029-85330678 重庆分公司/023-67453036
上海分公司/021-62071639/1636 深圳分公司/0755-83072995

书号:ISBN 978-7-5197-1385-0 **定价**:79.00元
(如有缺页或倒装,中国法律图书有限公司负责退换)